국민연금공단

직업기초능력평가+종합직무지식평가

국민연금공단
직업기초능력평가+종합직무지식평가

개정2판 발행		2023년 8월 18일
개정3판 발행		2025년 4월 18일

편 저 자 | 취업적성연구소

발 행 처 | ㈜서원각

등록번호 | 1999-1A-107호

주　　소 | 경기도 고양시 일산서구 덕산로 88-45(가좌동)

교재주문 | 031-923-2051

팩　　스 | 031-923-3815

교재문의 | 카카오톡 플러스 친구[서원각]

홈페이지 | goseowon.com

PREFACE

우리나라 기업들은 1960년대 이후 현재까지 비약적인 발전을 이루었다. 이렇게 급속한 성장을 이룰 수 있었던 배경에는 우리나라 국민들의 근면성 및 도전정신이 있었다. 그러나 빠르게 변화하는 세계 경제의 환경에 적응하기 위해서는 근면성과 도전정신 이외에 또 다른 성장 요인이 필요하다.

최근 많은 공사·공단에서는 기존의 직무 관련성에 대한 고려 없이 인·적성, 지식 중심으로 치러지던 필기전형을 탈피하고, 산업현장에서 직무를 수행하기 위해 요구되는 능력을 산업부문별·수준별로 체계화 및 표준화한 NCS를 기반으로 하여 채용공고 단계에서 제시되는 '직무 설명자료' 상의 직업기초능력과 직무수행능력을 측정하기 위한 직업기초능력평가, 직무수행능력평가 등을 도입하고 있다.

국민연금공단에서도 업무에 필요한 역량 및 책임감과 적응력 등을 구비한 인재를 선발하기 위하여 NCS 기반 필기시험을 치르고 있다. 본서는 국민연금공단 6급갑 채용대비를 위한 필독서로 국민연금공단 필기시험의 출제경향을 철저히 분석하여 응시자들이 보다 쉽게 시험유형을 파악하고 효율적으로 대비할 수 있도록 구성하였다.

신념을 가지고 도전하는 사람은 반드시 그 꿈을 이룰 수 있습니다. 처음에 품은 신념과 열정이 취업 성공의 그 날까지 빛바래지 않도록 서원각이 수험생 여러분을 응원합니다.

STRUCTURE

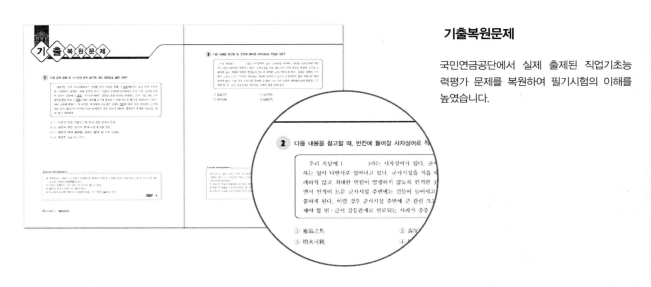

기출복원문제

국민연금공단에서 실제 출제된 직업기초능력평가 문제를 복원하여 필기시험의 이해를 높였습니다.

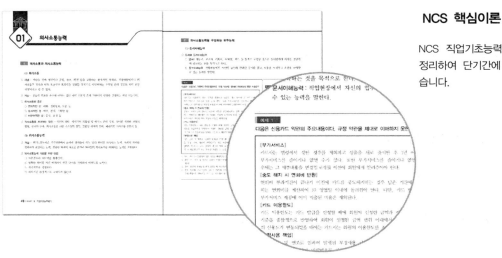

NCS 핵심이론

NCS 직업기초능력 핵심이론을 체계적으로 정리하여 단기간에 학습할 수 있도록 하였습니다.

출제예상문제

적중률 높은 영역별 출제예상문제를 수록하
여 학습효율을 확실하게 높였습니다.

종합직무지식평가

종합직무지식평가 과목인 법·경영·경제·
국민연금법 등 사회보장이론의 핵심이론과
출제가 예상되는 문제를 수록하여 단 한 권
으로 필기시험을 완벽 대비할 수 있다.

CONTENTS

기출복원문제

기출복원문제

1 K는 상사로부터 부서 실적 보고서를 검토해달라는 요청을 받고 보고서를 확인하고 있다. 다음 보고서에 대한 교정 방향으로 적절하지 않은 것은?

> 지역사회 행정 강화를 위한 실적은 민원처리, 주민교육, 대외홍보의 세 분야로 구분된다. 올해 종합 실적은 전년대비 15% 이상 증가하였다. 한편, 주민교육 실적은 대면 활동의 제약으로 인해 전년대비 2% 이하의 증가에 그쳤다.
>
> 올해 대외홍보 성과는 온라인 채널 확대 및 콘텐츠 다양화에 따라 전년대비 4.6% 증가하였다. 올해 주민참여 중심의 홍보사업은 전년대비 실적 ㉠증가률이 홍보 부문 중 가장 높았고, 대외홍보 전체에서 차지하는 실적 비중도 가장 컸다. ㉡또한 R&D 투자액이 매년 증가하여 GDP 대비 R&D 투자액 비중이 증가하였다.
>
> 민원처리 부문은 전자민원 도입과 민원창구 자동화 시스템 구축에 따라 전년대비 25.6% 증가하였다. ㉢한편, 최근 5년간 민원 유형별 접수 비중의 순위는 매년 변화가 없었다. 올해 일반민원은 전체 민원의 59.0%를 차지하였다. 이 중 행정절차 문의와 제도 건의는 전년대비 각각 48.6%, 47.4% 증가하여 일반민원 증가를 ㉣유도하였다. 최근 5년간 해당 민원 유형의 건수는 매년 상승 추세를 보였다.

① ㉠은 맞춤법에 맞지 않는 표현으로 '증가율'로 수정해야 합니다.
② ㉡은 문맥에 맞지 않는 문장으로 삭제하는 것이 좋습니다.
③ ㉢은 앞 뒤 문장이 인과구조이므로 '따라서'로 수정해야 합니다.
④ ㉣ '유도'라는 어휘 대신 문맥상 적합한 '주도'라는 단어로 대체해야 합니다.

🔓 **answer and explanations**

1 ③ 인과구조가 아니며, '한편'으로 쓰는 것이 더 적절하다.
① '증가률'은 잘못된 표기이며, 표준어는 '증가율'이므로 맞춤법 교정으로 적절하다.
② 해당 문장은 수치 기반 실적 흐름 속에 개별적 평가 내용이 끼어 있어 문맥상 부자연스러우며, 삭제하는 것이 더 적절하다.
④ '유도'는 사람의 행동을 이끄는 표현에 더 적합하고, 여기서는 통계 수치 증가의 주요 원인을 나타내야 하므로 '주도'가 적절하다.

◆정답 ③

2 정훈 혼자로는 30일, 정민 혼자로는 40일 걸리는 일이 있다. 둘은 공동 작업으로 일을 시작했으나, 중간에 정훈이가 쉬었기 때문에 끝마치는 데 24일이 걸렸다면 정훈이가 쉬었던 기간은?

① 6일

② 12일

③ 15일

④ 17일

3 2개의 주사위를 동시에 던질 때, 주사위에 나타난 숫자의 합이 7이 될 확률과 두 주사위가 같은 수가 나올 확률의 합은?

① $\frac{1}{12}$

② $\frac{1}{2}$

③ $\frac{1}{9}$

④ $\frac{1}{3}$

🔒 answer and explanations

2 하루 당 정훈이가 하는 일의 양은 $\frac{1}{30}$, 하루 당 정민이가 하는 일의 양은 $\frac{1}{40}$

정민이는 계속해서 24일간 일 했으므로 정민의 일의 양은 $\frac{1}{40} \times 24$

$1 - \frac{24}{40} = \frac{16}{40}$이 나머지 일의 양인데 정훈이가 한 일이므로

나머지 일을 하는데 정훈이가 걸린 시간은 $\frac{16}{40} \div \frac{1}{30} = 12$

∴ 정훈이가 쉬었던 날은 $24 - 12 = 12$(일)

3 두 주사위를 동시에 던질 때 나올 수 있는 모든 경우의 수는 36이다. 숫자의 합이 7이 될 수 있는 확률은 (1,6), (2,5), (3,4), (4,3), (5,2), (6,1) 총 6가지, 두 주사위가 같은 수가 나올 확률은 (1,1), (2,2), (3,3), (4,4), (5,5), (6,6) 총 6가지다.

∴ $\frac{6}{36} + \frac{6}{36} = \frac{1}{3}$

정답 ②, ④

4 5%의 소금물과 15%의 소금물로 12%의 소금물 200g을 만들고 싶다. 각각 몇 g씩 섞으면 되는가?

5% 소금물	15% 소금물
① 40g	160g
② 50g	150g
③ 60g	140g
④ 70g	130g

5 다음의 말이 참일 때 항상 참인 것은?

> • 키가 큰 사람은 우유를 좋아한다.
> • 우유를 좋아하는 사람은 구운 파인애플을 먹지 않는다.
> • 피자를 좋아하는 사람은 구운 파인애플을 먹지 않는다.
> • 우유를 좋아하지 않는 사람은 햄버거를 좋아한다.

① 구운 파인애플을 먹는 사람은 햄버거를 좋아하지 않는다.
② 우유를 좋아하는 사람은 피자를 좋아한다.
③ 구운 파인애플을 먹는 사람은 키가 크지 않다.
④ 키가 큰 사람은 피자를 좋아한다.

🔓 **answer and explanations**

4 200g에 들어 있는 소금의 양은 섞기 전 5%의 소금의 양과 12% 소금이 양을 합친 양과 같아야 한다.
5% 소금물의 필요한 양을 x라 하면 녹아 있는 소금의 양은 $0.05x$
15% 소금물의 소금의 양은 $0.15(200-x)$
$0.05x+0.15(200-x)=0.12\times200$
$5x+3000-15x=2400$
$10x=600$
$x=60(g)$
∴ 5%의 소금물 60g, 15%의 소금물 140g

5 ③ 구운 파인애플을 먹는 사람은 우유를 좋아하지 않고 우유를 좋아하지 않는 사람은 키가 크지 않다.

⊙ 정답 ③, ③

6 甲, 乙, 丙, 丁은 모두 공공서비스 신청을 받기 위해 서류를 신청하려 한다. 다섯 명은 각각 필요 서류를 다음과 같이 제출하였다고 주장하며, 이 중 한 명을 제외한 나머지 모두가 진실을 말하였다고 가정할 때, 거짓말을 하고 있는 사람은 누구인가?

> 甲 : 내가 서류를 제일 늦게 제출했구나.
> 乙 : 나는 丁 다음으로 서류를 제출했어.
> 丙 : 서류는 내가 가장 먼저 제출했을 거야.
> 丁 : 내가 甲과 乙보다 서류를 늦게 제출했구나.

① 甲
② 乙
③ 丙
④ 丁

7 패드나 태블릿에서 필압(압력의 세기)를 인식하여 선의 굵기나 명암 등을 조절할 수 있게 해주는 기술은 무엇인가?

① 블루투스
② 와이파이
③ 핫스팟
④ 포스터치

🔒 **answer and explanations**

6 • 甲이 거짓말을 한다고 가정하면, 乙, 丙, 丁은 모두 진실을 말하는데 乙과 丁의 발언에서 모순이 발생한다.
  • 乙이 거짓말을 한다고 가정하면, 甲, 丙, 丁은 모두 진실을 말하는데 甲과 丁의 발언에서 모순이 발생한다.
  • 丙이 거짓말을 한다고 가정하면 甲, 乙, 丁은 모두 진실을 말하는데 甲과 丁의 발언에서 모순이 발생한다.
  • 丁이 거짓말을 한다고 가정하면 甲, 乙, 丙의 발언이 모순 없이 진실이 되며, 서류를 제출한 순서는 丙 – 丁 – 乙 – 甲의 순서가 된다.

7 포스터치(Force Touch) … 포스터치는 사용자의 터치 강도를 감지해 반응하는 기술로, 애플 디바이스를 중심으로 활용되며 압력 인식 기반 입력 기술의 대표적인 예다.

⊙정답 ④, ④

8 정보의 전략적 기획을 위한 5W 2H에 "정보의 필요목적"에 해당하는 것은?

① WHY   ② WHO

③ HOW MANY   ④ WHAT

9 엑셀 사용 시 발견할 수 있는 다음과 같은 오류 메시지 중 설명이 올바르지 않은 것은 어느 것인가?

① #DIV/0! – 수식에서 어떤 값을 0으로 나누었을 때 표시되는 오류 메시지

② #N/A – 함수나 수식에 사용할 수 없는 데이터를 사용했을 경우 발생하는 오류 메시지

③ #NULL! – 잘못된 인수나 피연산자를 사용했을 경우 발생하는 오류 메시지

④ #NUM! – 수식이나 함수에 잘못된 숫자 값이 포함되어 있을 경우 발생하는 오류 메시지

10 엑셀에서 =COUNTIF(A1:A10, ">5") 함수의 기능으로 올바른 것은?

① A1부터 A10까지의 값 중 5 이하의 셀 개수를 센다.

② A1부터 A10까지의 값 중 5보다 큰 셀 개수를 센다.

③ A1부터 A10까지의 값 중 5와 같은 값을 모두 더한다.

④ A1부터 A10까지의 셀 중 숫자가 입력된 셀의 개수를 센다.

🔒 **answer and explanations**

8 5W 2H
- ㉠ WHAT(무엇을) : 정보의 입수대상
- ㉡ WHERE(어디에서) : 정보의 소스
- ㉢ WHEN(언제까지) : 정보의 요구시점
- ㉣ WHY(왜) : 정보의 필요목적
- ㉤ WHO(누가) : 정보활동의 주체
- ㉥ HOW(어떻게) : 정보의 수집방법
- ㉦ HOW MUCH(얼마나) : 정보의 비용성

9 '#NULL!'은 교차하지 않은 두 영역의 교차점을 참조 영역으로 지정하였을 경우 발생하는 오류 메시지이며, 잘못된 인수나 피연산자를 사용했을 경우 발생하는 오류 메시지는 #VALUE! 이다.

10 COUNTIF(범위, 조건) 함수는 지정된 범위에서 조건을 만족하는 셀의 개수를 구한다. '>5'는 '5보다 큰 값'을 의미하므로, 해당 범위 내 5보다 큰 값의 셀 수를 세는 기능이다.

◉정답 ①, ③, ②

11 다음 글의 밑줄 친 ⊙~@의 한자 표기에 대한 설명으로 옳은 것은?

> 서울시는 신종 코로나바이러스 감염증 확산 방지를 위해 ⊙'다중이용시설 동선 추적 조사반'을 구성한다고 밝혔다. 의사 출신인 박○○ 서울시 보건의료정책과장은 이날 오후 서울시 유튜브 라이브 방송에 ⓒ 출연, 코로나바이러스 감염증 관련 대시민 브리핑을 갖고 "시는 2차, 3차 감염발생에 따라 ⓒ 역학조사를 강화해 조기에 발견하고 관련 정보를 빠르게 제공하려고 한다."라며 이같이 밝혔다. 박 과장은 "확진환자 이동경로 공개@지연에 따라 시민 불안감이 조성된다는 말이 많다."며 "더욱이 다중이용시설의 경우 확인이 어려운 접촉자가 존재할 가능성도 있다."라고 지적했다.

① ⊙ '다중'의 '중'은 '삼중구조'의 '중'과 같은 한자를 쓴다.
② ⓒ '출연'의 '연'은 '연극'의 '연'과 다른 한자를 쓴다.
③ ⓒ '역학'의 '역'에 해당하는 한자는 '歷'과 '易' 모두 아니다.
④ @ '지연'은 '止延'으로 쓴다.

11 ③ '역학조사'는 '감염병 등의 질병이 발생했을 때, 통계적 검정을 통해 질병의 발생 원인과 특성 등을 찾아내는 것'을 일컫는 말로, 한자로는 '疫學調査'로 쓴다.
① '다중'은 '多衆'으로 쓰며, '삼중 구조'의 '중'은 '重'으로 쓴다.
② '출연'과 '연극'의 '연'은 모두 '演'으로 쓴다.
④ '일 따위가 더디게 진행되거나 늦어짐'의 뜻을 가진 '지연'은 '遲延'으로 쓴다.

♦정답 ③

12 다음은 국민연금공단의 연금보험료 지원사업의 공고문이다. 공고문을 본 A ~ D의 반응으로 적절하지 않은 것은?

구분	내용
지원대상	▢ 국민연금 가입 기간이 10년 미만인 가입자 중 아래의 조건을 충족시키는 자 ◦ 저소득자 : 기준 중위소득 80% 이하인 자 ☞ 확인방법 건강보험료 납부확인서, 소득금액증명(국세청) 등으로 확인되는 신청 직전 연도의 월평균소득 또는 월평균 건강보험료 납부액이 아래 표에 표기된 금액 이하인 자

구분		1인 가구	2인 가구	3인 가구	4인 가구	5인 이상
기준중위소득 80%		1,366,000원	2,325,000원	3,008,000원	3,691,000원	4,374,000원
건강 보험료	직장가입자	44,120원	75,600원	97,680원	120,060원	142,720원
	지역가입자	15,550원	40,670원	82,340원	113,530원	142,330원

구분	내용
	◦ 연금수급 연령에 도달한 자 중 대부를 통해 연금수급이 가능한 자
지원금액	▢ 1인당 300만 원 이내
상환조건	▢ 대부조건 : 무담보, 무보증, 무이자 ▢ 상환조건 : 연금수급 개시 월부터 5년 이내 원금균등분할상환
지원절차	▢ 신청접수 → 대출심사 → 대출실행(약정 및 연금보험료 납부 → 연금 청구 및 상환
접수기간	▢ 수시접수 : ~ 자금 소진 시 마감
구비서류	▢ 제출서류 – 지원신청서 1부(신나는 조합 홈페이지 내 양식, 첨부파일 참조) – 개인정보 조회동의서 1부(신나는 조합 홈페이지 내 양식, 첨부파일 참조) – 약정서 1부(신나는 조합 홈페이지 내 양식, 첨부파일 참조) – CMS출금이체 동의서 1부(신나는 조합 홈페이지 내 양식, 첨부파일 참조) – 연금산정용 가입내역확인서 1부(국민연금공단 지사 방문하여 발급) – 주민등록등본 1부 – 소득금액 증빙서류 1부(건강보험 납부확인서, 소득금액증명서 중 택1)
접수방법	▢ 우편접수 – 신나는 조합 홈페이지(http://www.joyfulunion.or.kr) 알림마당 내 공지사항 신청 양식 다운로드 및 작성, 구비서류와 함께 등기우편으로 제출 – 접수처 : 서울 OO구 OO로 107-39 희망든든사업 담당자 앞
문의사항	▢ 신나는 조합 희망든든 연금보험 지원사업 담당자 ☎ OO-OOO-OOOO ▢ 국민연금공단 지사

① A : 연금보험료는 무이자, 무담보로 지원되며 국민연금 수령 후에 연금으로 분할 상환하는 사업이다.

② B : 2인 가구의 경우 중위소득이 2,350,000원이라면 지원대상자에 해당되지 않는다.

③ C : 지원을 받고자 하는 사람은 개인정보 조회동의서를 제출해야 한다.

④ D : 1인당 300만 원 이내로 지원되며 지원사업 공고일로부터 연말까지 접수받는다.

🔒 answer and explanations

12 국민연금공단의 희망든든 연금보험료 지원사업은 무이자, 무담보, 무보증으로 연금보험료를 지원하고 국민연금 수령 후 연금으로 분할 상환할 수 있는 사업이다. 1인당 300만 원 이내로 지원되며 접수 기간은 수시접수로 자금 소진 시 마감되므로 D의 평가는 적절하지 않다.

① A는 희망든든 연금보험료 지원사업의 공고문의 내용을 바르게 이해하였다.

② 지원대상은 저소득자(기준 중위소득 80% 이하인 자)로 2인 가구의 기준 중위소득 80%는 2,325,000원이므로 B의 평가는 적절하다.

③ 제출 서류는 지원신청서, 개인정보 조회동의서, 약정서 등으로 안내되어 있으므로 C의 평가는 적절하다.

정답 ④

13 다음은 K공사의 회의실 사용에 대한 안내문이다. 안내문의 내용을 바르게 이해한 설명은 어느 것인가?

■ 이용안내

임대시간	기본 2시간, 1시간 단위로 연장
요금결제	이용일 7일전 까지 결제(7일 이내 예약 시에는 예약 당일 결제)
취소 수수료	• 결제완료 후 계약을 취소 시 취소수수료 발생 • 이용일 기준 7일 이전 : 전액 환불 • 이용일 기준 6일~3일 이전 : 납부금액의 10% • 이용일 기준 2일~1일 이전 : 납부금액의 50% • 이용일 당일 : 환불 없음
회의실/일자 변경	• 사용가능한 회의실이 있는 경우, 사용일 1일 전까지 가능(해당 역 담당자 전화 신청 필수) • 단, 회의실 임대일 변경, 사용시간 단축은 취소수수료 기준 동일 적용
세금계산서	• 세금계산서 발행을 원하실 경우 반드시 법인 명의로 예약하여 사업자등록번호 입력 • 현금영수증 발행 후에는 세금계산서 변경발행 불가

■ 회의실 이용 시 준수사항

※ 회의실 사용자는 공사의 승인 없이 다음 행위를 할 수 없습니다.

1. 공중에 대하여 불쾌감을 주거나 또는 통로, 기타 공용시설에 간판, 광고물의 설치, 게시, 부착 또는 각종기기의 설치 행위
2. 폭발물, 위험성 있는 물체 또는 인체에 유해하고 불쾌감을 줄 우려가 있는 물품 반입 및 보관행위
4. 공사의 동의 없이 시설물의 이동, 변경 배치행위
5. 공사의 동의 없이 장비, 중량물을 반입하는 등 제반 금지행위
6. 공공질서 및 미풍양식을 위해하는 행위
7. 알코올성 음료의 판매 및 식음행위
8. 흡연행위 및 음식물 등 반입행위
9. 임대의 위임 또는 재임대

① 임대일 4일 전에 예약이 되었을 경우, 이용요금 결제는 회의실 사용 당일에 해야 한다.
② 회의실 임대 예약 날짜를 변경할 경우, 3일 전 변경을 신청하면 10%의 수수료가 발생한다.
③ 이용 당일 임대 회의실을 변경하고자 하면 이용 요금 50%를 추가 지불해야 한다.
④ 팀장 개인 명의로 예약하여 결제해도 세금계산서를 발급받을 수 있다.

13 ② 최소수수료 규정과 동일하게 적용되어 3일 이전이므로 납부금액의 10% 수수료가 발생하게 된다.
　① 임대일 4일 전에 예약이 되었을 경우 이용요금 결제는 회의실 사용 당일이 아닌 예약 당일에 해야 한다.
　③ 이용 당일에는 환불이 없으므로 100%의 이용 요금을 추가로 지불해야 한다.
　④ 세금계산서 발행을 원할 경우 반드시 법인 명의로 예약해야 한다고 규정되어 있다.

　　　　　　　　　　　　　　　　　　　　　　　　　　　　　　　　　　　　　정답 ②

14 다음은 국민연금공단의 OO년 혁신계획이다. 이 글을 읽고 제시한 의견으로 가장 적절하지 않은 것은?

> 국민연금공단과 신나는 조합은 국민연금 사각지대에 놓인 대상자의 국민연금 수급권 확보에 기여하고자 '희망든든 연금보험료 지원사업'을 아래와 같이 진행하고자 합니다.
> 무이자, 무담보, 무보증으로 연금보험료를 지원하고 국민연금 수령 후 연금으로 분할 상환할 수 있는 본 사업에 많은 신청 바랍니다.

① 추진 배경
- ■ 국민 삶의 질 재고를 위한 공공성 중심의 혁신 패러다임 전환 필요
- − 공공의 이익과 공동체의 발전에 기여하는 사회적 가치 중심의 혁신으로 공단 본연의 사회안전망 기능 역할 강화 필요
  ※ 정부 운영을 국민 중심으로 전환하는 내용의 「정부혁신 종합 추진계획」 발표(3. 19.)
- ■ 국민과의 소통으로 국민이 공감하는 혁신에 대한 시대적 요구
- − 정책에 직접 참여하고자 하는 국민의 요구와 급격히 증가하고 있는 시민사회 역량을 반영하는 제도적 기반 확보 시급
- ■ 자발적 혁신을 통해 국민으로부터 신뢰받는 공단 실현
- − 정부의 공공기관 혁신방향에 따라 능동적 · 자율적 혁신 추진

② 추진 체계
- ▢ 혁신 전담조직 구성 및 역할
- ■ 기존 경영혁신 전담조직(열린혁신위원회, 혁신위원회)을 '혁신위원회(위원장 : 이사장)'로 통합 · 개편하여 조직역량을 총결집
- − (구성) 임원, 정책연구원장, 본부 부서장으로 구성
- − (역할) 추진상황 공유 등 중요사항 의사결정
- ■ 혁신위원회 산하에 혁신추진단(단장 : 기획상임이사)을 두고, 혁신 기본방향에 따른 4개 추진팀을 운영
- ▢ 추진팀별 구성 및 역할
- ■ 공공성 강화 추진팀
- − 국민건강보장 실천 및 국민부담 완화, 일하는 방식 혁신 및 제도 개선
- ■ 일자리 · 혁신성장 추진팀
- − 일자리 창출, 혁신성장 관련 인프라 구축, 지역경제 활성화 · 상생
- ■ 신뢰경영 추진팀
- − 윤리경영 적극 실천, 공공자원 개방 확대, 국민참여 플랫폼 운영
- ■ 혁신지원팀
- − 혁신을 위한 조직 내 제도 정비, 추진기반 조성, 성과 홍보 등
- ■ 시민참여혁신단
- − (구성) 시민단체, 사회단체, 전문가, 대학(원)생, 이해관계자, 지역주민 등 다양한 집단 · 분야의 30명으로 구성
  ※ 관련 분야 전문지식을 보유한 전문가를 전문위원으로, 이외 일반위원으로 위촉

계	전문위원	일반위원					
		소계	대학(원)생	시민단체	사회단체	이해관계자	지역주민
30	3	27	5	4	3	7	8

〈집단·분야별 위원 현황〉 (단위 : 명)

- (역할) 건강보험 혁신계획 전반에 대한 자문 및 제언(전문위원), 자유로운 의견 제안 및 과제 발굴 등(일반위원)
- 혁신주니어보드
  - (구성) 20~30대 연령의 5~6급 직원 50명으로 구성
  - (역할) 혁신과제 발굴, 혁신관련 행사 참여, 대내외 소통 등
- □ 운영 방안
- 혁신과제 추진상황 상시 모니터링 및 환류
  - 과제별 추진실적 및 향후 계획을 분기별로 제출받아 총괄본부에서 점검하고, 필요시 조치 사항 등을 협의
- 추진동력 확보를 위한 협의체 운영
  - (혁신위원회) 중요사항에 대한 의사결정 필요시 개최
  - (시민참여혁신단) 전체 회의와 집단별 그룹 회의로 구분 운영
    ※ 온라인으로도 진행 상황 공유, 의견 제시할 수 있는 참여마당 병행 운영
  - (혁신주니어보드) 격월 개최를 원칙으로 하되, 필요시 수시 개최

① 김 팀장 : 정부혁신 종합 추진계획 발표에 따라 사회적 위험으로부터 국민을 보호하기 위하여 제도를 강화할 것이 요청되고 있다.

② 이 주임 : 위원회 수는 기존보다 줄어들 것이다.

③ 박 대리 : 전문지식을 보유한 전문가는 전체 위원의 10%를 차지한다.

④ 홍 주임 : 과제별 추진실적을 점검하기 위해 혁신주니어보드와의 소통을 활성화해야 한다.

14 국민연금공단의 혁신계획은 혁신 전담조직을 구성하여 상시 모니터링 및 환류, 추진동력 확보를 위한 협의체 운영 등의 내용을 담고 있다. 혁신주니어보드는 혁신과제를 발굴하고 혁신관련 행사에 참여하며 대내외 소통 등을 담당한다. 홍 주임이 언급한 '과제별 추진실적 점검'은 총괄본부에서 맡게 된다.

① 김 팀장은 "사회적 위험으로부터 국민을 보호하기 위하여 제도를 강화할 것이 요청되고 있다"고 평가했는데 이는 혁신계획의 서두에 명시된 사회안전망 기능이다.

② 기존 경영혁신 전담조직은 열린혁신위원회와 혁신위원회였는데, 혁신위원회로 통합함에 따라 위원회 수는 기존보다 줄어든다.

③ 박 대리는 시민참여혁신단의 전문가를 말하고 있는데, 전문위원은 전체 위원 중 3명으로 10%에 해당한다.

◎정답 ④

15 다음은 대표적인 단위를 환산한 자료이다. 환산 내용 중 올바르지 않은 수치가 포함된 것은?

단위	단위환산
길이	$1cm = 10mm$, $1m = 100cm$, $1km = 1,000m$
넓이	$1cm^2 = 100mm^2$, $1m^2 = 10,000cm^2$, $1km^2 = 1,000,000m^2$
부피	$1cm^3 = 1,000mm^3$, $1m^3 = 1,000,000cm^3$, $1km^3 = 1,000,000,000m^3$
들이	$1m\ell = 1cm^3$, $1d\ell = 1,000cm^3 = 100m\ell$, $1\ell = 100cm^3 = 10d\ell$
무게	$1kg = 1,000g$, $1t = 1,000kg = 1,000,000g$
시간	1분 = 60초, 1시간 = 60분 = 3,600초
할푼리	1푼 = 0.1할, 1리 = 0.01할, 모 = 0.001할

① 부피   ② 들이
③ 무게   ④ 시간

🔒 **answer and explanations**

15 '들이'의 환산이 다음과 같이 수정되어야 한다.
수정 전 $1d\ell = 1,000cm^3 = 100m\ell$, $1\ell = 100cm^3 = 10d\ell$
수정 후 $1d\ell = 100cm^3 = 100m\ell$, $1\ell = 1,000cm^3 = 10d\ell$

정답 ②

16 설탕 15g으로 10%의 설탕물을 만들었다. 이것을 끓였더니 농도가 20%인 설탕물이 되었다. 너무 달아서 물 15g을 더 넣었다. 몇 %의 설탕물이 만들어 졌는가?

① 10%

② 13%

③ 15%

④ 17%

17 윈도우에서 현재 활성화된 창과 동일한 창을 새로 띄우려고 한다. 어떤 단축키를 사용해야 하는가?

① Ctrl+N

② Alt+N

③ Shift+N

④ Tab+N

🔍 **answer and explanations**

16 설탕 15g으로 10%의 설탕물을 만들었으므로 물의 양을 x라 하면,

$$\frac{15}{x+15} \times 100 = 10\% \text{에서 } x = 135$$

여기에서 설탕물을 끓여 농도가 20%로 되었으므로, 이때의 물의 양을 다시 x라 하면,

$$\frac{15}{x+15} \times 100 = 20\% \text{에서 } x = 60$$

여기에서 물 15g을 더 넣었으므로

$$\frac{15}{60+15+15} \times 100 = 16.67\%$$

약 17%

17 Ctrl+N 단축키는 현재 열려있는 프로그램과 같은 프로그램을 새롭게 실행시킨다. 현재 사용하는 인터넷 브라우저 혹은 폴더를 하나 더 열 대 사용한다.

◎정답 ④, ①

18 다음 주어진 수를 통해 규칙을 찾아내어 빈칸에 들어갈 알맞은 숫자를 고르시오.

> 10   2   12   4   14   8   16   16   ( )

① 18

② 24

③ 28

④ 32

19 각 면에 1, 1, 1, 2, 2, 3의 숫자가 하나씩 적혀있는 정육면체 모양의 상자를 던져 윗면에 적힌 수를 읽기로 한다. 이 상자를 3번 던질 때, 첫 번째와 두 번째 나온 수의 합이 4이고 세 번째 나온 수가 홀수일 확률은?

① $\dfrac{5}{27}$

② $\dfrac{11}{54}$

③ $\dfrac{2}{9}$

④ $\dfrac{13}{54}$

🔒 **answer and explanations**

18 주어진 수열의 홀수 항은 +2, 짝수 항은 ×2의 규칙을 가지고 있다. 따라서 16+2=18이다.

19 처음 두 수의 합이 4인 사건은

(1, 3), (2, 2), (3, 1)

이므로 그 확률은 $\dfrac{3}{6} \times \dfrac{1}{6} + \dfrac{2}{6} \times \dfrac{2}{6} + \dfrac{1}{6} \times \dfrac{3}{6} = \dfrac{5}{18}$

세 번째 수가 홀수일 확률은 $\dfrac{4}{6} = \dfrac{2}{3}$ 이므로 구하는 확률은 $\dfrac{5}{18} \times \dfrac{2}{3} = \dfrac{5}{27}$

정답 ①, ①

20 N은행 고객인 S씨는 작년에 300만 원을 투자하여 3년 만기, 연리 2.3% 적금 상품(비과세, 단리 이율)에 가입하였다. 올 해 추가로 여유 자금이 생긴 S씨는 200만 원을 투자하여 신규 적금 상품에 가입하려 한다. 신규 적금 상품은 복리가 적용되는 이율 방식이며, 2년 만기라 기존 적금 상품과 동시에 만기가 도래하게 된다. 만기 시 두 적금 상품의 원리금의 총 합계가 530만 원 이상이 되기 위해서는 올 해 추가로 가입하는 적금 상품의 연리가 적어도 몇 %여야 하는가? (모든 금액은 절삭하여 원 단위로 표시하며, 이자율은 소수 첫째 자리까지만 계산함)

① 2.2%

② 2.3%

③ 2.4%

④ 2.5%

---

20 단리 이율 계산 방식은 원금에만 이자가 붙는 방식으로 원금은 변동이 없으므로 매년 이자액이 동일하다. 반면, 복리 이율 방식은 '원금+이자'에 이자가 붙는 방식으로 매년 이자가 붙어야 할 금액이 붙어나 갈수록 원리금이 커지게 된다.

작년에 가입한 상품의 만기 시 원리금은 3,000,000+(3,000,000×0.023×3)=3,000,000+ 207,000=3,207,000원이 된다. 따라서 올 해 추가로 가입하는 적금 상품의 만기 시 원리금이 2,093,000원 이상이어야 한다. 이것은 곧 다음과 같은 공식이 성립하게 됨을 알 수 있다.

추가 적금 상품의 이자율을 A%, 이를 100으로 나눈 값을 x라 하면,

2,000,000+(2,000,000× x ×2)≧2,093,000이 된다.

따라서 x≧2.3%이다.

🔒정답 ②

21 다음과 같은 자료를 참고할 때, F3 셀에 들어갈 수식으로 알맞은 것은?

	A	B	C	D	E	F
1	이름	소속	수당(원)		구분	인원 수
2	김xx	C팀	160,000		총 인원	12
3	이xx	A팀	200,000		평균 미만	6
4	홍xx	D팀	175,000		평균 이상	6
5	남xx	B팀	155,000			
6	서xx	D팀	170,000			
7	조xx	B팀	195,000			
8	염xx	A팀	190,000			
9	권xx	B팀	145,000			
10	신xx	C팀	200,000			
11	강xx	D팀	190,000			
12	노xx	A팀	160,000			
13	방xx	D팀	220,000			

① =COUNTIF(C2:C13,"<"&AVERAGE(C2:C13))

② =COUNT(C2:C13,"<"&AVERAGE(C2:C13))

③ =COUNTIF(C2:C13,"<", "&" AVERAGE(C2:C13))

④ =COUNT(C2:C13,">"&AVERAGE(C2:C13))

🔒 answer and explanations

21 COUNTIF 함수는 통계함수로서 범위에서 조건에 맞는 셀의 개수를 구할 때 사용된다. F3 셀은 평균 미만에 해당하는 개수를 구해야 하므로 AVERAGE 함수로 평균 금액을 먼저 구한 후, COUNTIF 함수를 이용할 수 있다.
따라서 =COUNTIF(C2:C13,"<"&AVERAGE(C2:C13))가 된다. 반면, F4 셀은 평균 이상에 해당하는 개수를 구해야 하므로 F4 셀에 들어갈 수식은 =COUNTIF(C2:C13,">="&AVERAGE(C2:C13))이 된다.

❖정답 ①

22 Windows 보조프로그램인 그림판의 기능에 대한 다음의 설명 중 올바르지 않은 것을 모두 고르면?

> [그림판]
> ㉠ 그림판은 간단한 그림을 그리거나 편집하기 위해 사용하는 프로그램이다.
> ㉡ 그림판으로 작성한 파일의 형식은 PNG, JPEG, TIFF, TXT, GIF 등으로 저장할 수 있다.
> ㉢ 원 또는 직사각형을 표현할 수 있으며, 정원이나 정사각형태의 도형 그리기는 지원되지 않는다.
> ㉣ 그림판에서 그림을 그린 다음 다른 문서에 붙여넣거나 바탕화면 배경으로 사용할 수 있다.
> ㉤ '색 채우기' 도구는 연필이나 브러시, 도형 등으로 그린 그림에 채우기가 가능하다. 단, 선택한 영역에 대해서는 불가능하다.
> ㉥ 그림의 크기와 대칭, 회전 등의 작업이 가능하다.

① ㉡, ㉤
② ㉢, ㉣
③ ㉣, ㉤
④ ㉡, ㉢

answer and explanations

22 ㉡ TXT파일은 텍스트 파일로 메모장에서 작업 가능하다.
　㉢ 그림판에서 정원이나 정사각형을 그리려면 타원이나 직사각형을 선택한 후에 'Shift' 키를 누른 상태로 그리기를 하면 된다.

정답 ④

기출복원문제 ›› **27**

23 다음 〈표〉는 OO예탁결제원의 성별·연령대별 전자금융서비스 인증수단 선호도에 관한 자료이다. 이 자료를 검토한 반응으로 옳지 않은 것은?

〈표〉 성별, 연령대별 전자금융서비스 인증수단 선호도 조사결과

(단위 : %)

구분	인증수단	휴대폰 문자 인증	공인 인증서	아이핀	이메일	전화 인증	신용카드	바이오 인증
성별	남자	72.2	69.3	34.5	23.1	22.3	21.1	9.9
	여자	76.6	71.6	27.0	25.3	23.9	20.4	8.3
연령대	10대	82.2	40.1	38.1	54.6	19.1	12.0	11.9
	20대	73.7	67.4	36.0	24.1	25.6	16.9	9.4
	30대	71.6	76.2	29.8	15.7	28.0	22.3	7.8
	40대	75.0	77.7	26.7	17.8	20.6	23.3	8.6
	50대	71.9	79.4	25.7	21.1	21.2	26.0	9.4
전체		74.3	70.4	30.9	24.2	23.1	20.8	9.2

※ 1) 응답자 1인당 최소 1개에서 최대 3개까지 선호하는 인증수단을 선택했음.
　　2) 인증수단 선호도는 전체 응답자 중 해당 인증수단을 선호한다고 선택한 응답자의 비율임.
　　3) 전자금융서비스 인증수단은 제시된 7개로만 한정됨.

① 박 주임 : 연령대별 인증수단 선호도를 살펴보면, 30대와 40대 모두 아이핀이 3번째로 높다.

② 이 팀장 : 전체 응답자 중 선호 인증수단을 3개 선택한 응답자 수는 40% 이상이다.

③ 홍 사원 : 선호하는 인증수단으로, 신용카드를 선택한 남성 수는 바이오 인증을 선택한 남성 수의 3배 이하이다.

④ 오 팀장 : 선호하는 인증수단으로 이메일을 선택한 20대 모두가 아이핀과 공인인증서를 동시에 선택했다면, 신용카드를 선택한 20대 모두가 아이핀을 동시에 선택한 것이 가능하다.

♙ answer and explanations

23 오 팀장은 "선호하는 인증수단으로 이메일을 선택한 20대 모두가 아이핀과 공인인증서를 동시에 선택했다면, 신용카드를 선택한 20대 모두가 아이핀을 동시에 선택하는 것이 가능하다."고 평가했다.

만약 이메일을 선택한 20대 모두가 아이핀과 공인인증서를 동시에 선택했다면 아이핀을 선택한 20대 중에서 11.9%(36.0 −24.1)는 조건에 따라 타 인증수단을 중복 선호할 수 있다. 신용카드를 선호하는 20대는 16.9%로 11.9%보다 더 크다. 따라서, 신용카드를 선택한 20대 모두가 아이핀을 동시에 선택한다고 평가하는 것은 옳지 않다.

① 박 주임은 "연령대별 인증수단 선호도에서 30대와 40대 모두 아이핀이 3번째로 높다고" 본다. 30대의 인증수단은 공인인증서→휴대폰문자 인증→아이핀 순으로 선호도가 높다. 40대의 인증수단은 공인인증서→휴대폰문자 인증→아이핀 순으로 선호도가 높다. 따라서 30대와 40대 모두 아이핀이 3번째로 높으므로 박 주임은 옳게 검토하였다.

② 이 팀장은 "전체 응답자 중 선호 인증수단을 3개 선택한 응답자 수는 40% 이상이다."라고 했다. 인증수단별 하단에 제시된 전체 선호도를 합산하면 252.9가 된다. 7개 인증수단 중 최대 3개까지 중복 응답이 가능하므로 선호 인증수단을 3개 선택한 응답자 수는 최소 40% 이상이 된다. 이 팀장은 옳게 검토하였다.

③ 남성의 인증수단 선호도를 살펴보면, 신용카드를 선택한 남성의 비율은 21.1%로, 바이오인증을 선호하는 9.9%의 3배인 29.7% 이하이다. 따라서 홍 사원은 옳게 검토하였다.

▣정답 ④

24 아래의 내용을 읽고 괄호 안에 들어갈 말을 순서대로 바르게 나열한 것은?

> 전 세계적으로 몇 년간 페이스북 등 소셜 네트워크 서비스나 기기 간 통신을 이용한 센서 네트워크, 그리고 기업의 IT 시스템에서 발생하는 대량 데이터의 수집과 분석, 즉 이른바 (㉠)의 활용이 활발해지고 있다. 2013년에는 '데이터 규모'에서 '데이터 분석 및 활용'으로 초점을 이동하면서 기존의 데이터웨어하우스 개념에서 발전지향적인 DW전략과 새로운 데이터 분석 기술이 결합된 (㉡)시대가 도래할 것으로 예상된다.

① ㉠ 소셜네트워크서비스   ㉡ 빅데이터
② ㉠ 온라인거래처리   ㉡ 온라인분석처리
③ ㉠ 빅데이터   ㉡ 빅데이터
④ ㉠ 만물인터넷   ㉡ 만물인터넷

25 다음 중 메모장에 대한 설명으로 옳지 않은 것은?

① 워드패드보다 간단한 작업을 위해 만들어진 것이다.
② F5키를 누르면 연도, 월, 일, 시간이 자동으로 작성되는 기능이 있다.
③ 초기 메모장과 비교했을 때 현재 메모장의 UI는 완전히 교체되었다.
④ Microsoft Windows에 내장된 텍스트 편집 프로그램이다.

⌀ answer and explanations

24 빅데이터 (Big Data)는 데이터의 생성 양·주기·형식 등이 이전의 데이터에 비해 상당히 크기 때문에, 이전의 방법으로는 수집·저장·검색·분석이 어려운 방대한 데이터를 말한다. 이러한 빅데이터의 환경은 과거에 비해 데이터의 양이 폭증했다는 점과 함께 데이터의 종류도 상당히 다양해져 사람들의 행동은 물론 위치정보 및 SNS 등을 통해 생각과 의견까지도 분석하고 예측이 가능하다.

25 메모장은 Windows 95 시절부터 현재까지도 인터페이스의 변화가 거의 없다.

◑정답 ③, ③

26 맥켄지의 7S 모델에서 모든 조직구성원들이 공유하는 기업의 핵심 이념이나 가치관, 목적 등을 말하며 구성원뿐 아니라 고객이나 투자자 등 다양한 이해관계자들에게 영향을 미치게 된다는 점에서 가장 중요한 요소로 고려되는 요소는?

① 공유가치(shared value)
② 조직구조(structure)
③ 시스템(system)
④ 스타일(style)

26 ② **조직구조(structure)** : 전략을 실행해 가기 위한 틀로서 조직도라 할 수 있다. 구성원들의 역할과 구성원간 상호관계를 지배하는 공식 요소들(예. 권한, 책임)을 포함한다. 시스템과 함께 구성원들의 행동을 특정 방향으로 유도하는 역할을 한다.
③ **시스템(system)** : 조직의 관리체계나 운영절차, 제도 등을 말한다. 성과관리, 보상제도, 경영정보시스템 등 경영 각 분야의 관리제도나 절차 등을 수반하며 구성원들의 행동을 조직이 원하는 방향으로 유도하는 역할을 한다.
④ **스타일(style)** : 조직을 이끌어나가는 관리자의 경영방식이나 리더십 스타일을 말한다. 관리자에 따라 민주적, 독선적, 방임적 등 다양하게 나타날 수 있으며 조직구성원들의 동기부여나 조직문화에 직접적인 영향을 미치게 된다.

정답 ①

27 다음 리더십 이론에 관한 설명 중 바르지 않은 것은?

① 서번트 리더십은 타인을 위한 봉사에 초점을 두고, 구성원과 소비자의 커뮤니티를 우선으로 그들의 니즈를 만족시키기 위해 헌신하는 유형의 리더십이다.

② 규범적 리더십모형에서는 의사결정과정에서 리더가 선택할 수 있는 리더십의 스타일을 5가지로 구분하였다.

③ 거래적 리더십은 규칙을 따르는 의무에 관계되어 있으므로 거래적 리더들은 변화를 촉진하기보다 조직의 안정을 유지하는 것을 중시한다.

④ 상황부합 이론에 의하면 상황이 아주 좋거나 나쁠 때는 관계지향 리더가 효과적인 반면, 보통 상황에서는 과제지향 리더가 효과적이다.

28 다음 중 국민연금공단의 미션으로 적절한 것은?

① 지속가능한 연금과 복지서비스로 국민의 생활안정과 행복한 삶에 기여

② 국민과 함께하는 혁신경영, 연금가족과 행복한 동행

③ 안정적인 연금복지 서비스로 국민의 복지향상과 사회공헌을 돕는다.

④ 세대를 이어 행복을 더하는 글로벌 리딩 연금기관

🔓 answer and explanations

27 ④ 상황부합 이론에 따르면, 상황이 아주 좋거나 반대로 나쁠 때는 과제지향 리더가 효과적인 반면, 보통 상황에서는 관계지향 리더가 효과적이다.

28/ ② 공무원연금공단의 비전
③ 공무원연금공단의 미션
④ 국민연금공단의 비전

정답 ④, ①

29 다음 중 국민연금공단이 하는 일로 옳지 않은 것은?

① 국민연금기금 운용 전문인력 양성

② 가입자 및 가입자였던 자에 대한 기금증식을 위한 자금 대여사업

③ 가입자에 대한 기록의 관리 및 폐기

④ 가입 대상과 수급권자 등을 위한 노후준비서비스 사업

30 다음 내용을 참고할 때, 빈칸에 들어갈 사자성어로 적절한 것은?

우리 속담에 (   )라는 사자성어가 있다. 군사시설 주변에는 이러한 사자성어에 해당하는 일이 다반사로 일어나고 있다. 군사시설을 지을 때는 인근 지역 주민이 생업에 지장을 초래하지 않고 최대한 민원이 발생하지 않도록 한적한 곳에 위치하게 한다. 하지만 세월이 흐르면서 인적이 드문 군사시설 주변에는 건물이 들어서고 상가가 조성되면서 점차 번화가로 탈바꿈하게 된다. 이럴 경우 군사시설 주변에 군 관련 크고 작은 민원이 제기됨으로써 화합을 도모해야 할 민·군이 갈등관계로 변모되는 사례가 종종 있어 왔다.

① 塞翁之馬

② 客反爲主

③ 燈火可親

④ 指鹿爲馬

⚬ answer and explanations

29 국민연금법 제25조
ㄱ 가입자에 대한 기록의 관리 및 유지
ㄴ 연금보험료의 부과
ㄷ 급여의 결정 및 지급
ㄹ 가입자, 가입자였던 자, 수급권자 및 수급자를 위한 자금의 대여와 복지시설의 설치·운영 등 복지사업
ㅁ 가입자 및 가입자였던 자에 대한 기금증식을 위한 자금 대여사업
ㅂ 가입 대상과 수급권자 등을 위한 노후준비서비스 사업
ㅅ 국민연금제도·재정계산·기금운용에 관한 조사연구
ㅇ 국민연금기금 운용 전문인력 양성
ㅈ 국민연금에 관한 국제협력
ㅊ 그 밖에 이 법 또는 다른 법령에 따라 위탁받은 사항
ㅋ 그 밖에 국민연금사업에 관하여 보건복지부장관이 위탁하는 사항

30 '객반위주'라는 말은 '손님이 오히려 주인 행세를 한다.'는 의미의 사자성어로, 비어 있는 곳에 군사시설이 먼저 들어가 있는 상황에서 점차 상가가 조성되어 원래의 군사시설 지역이 지역 주민에게 피해를 주는 시설로 인식되고 있는 상황을 사자성어에 견주어 표현하였다.
① **새옹지마** : 인생의 길흉화복은 늘 바뀌어 변화가 많음을 이르는 말이다.
③ **등화가친** : 등불을 가까이할 만하다는 뜻으로, 서늘한 가을밤은 등불을 가까이 하여 글 읽기에 좋음을 이르는 말이다.
④ **지록위마** : 사슴을 가리켜 말이라 한다는 뜻으로, 윗사람을 농락하여 권세를 휘두르는 경우를 말한다.

◉정답 ③, ②

국민연금공단 소개

Chapter 01 공단소개

1 국민연금공단 소개

(1) 국민연금공단 소개

① 설립 목적 … 국민의 노령, 장애 또는 사망에 대하여 연금급여를 실시함으로써 국민의 생활 안정과 복지 증진에 이바지 하는 것을 목적으로 한다.

② 임무
  ㉠ 가입자에 대한 기록의 관리 및 유지
  ㉡ 연금보험료의 부과
  ㉢ 급여의 결정 및 지급
  ㉣ 가입자, 가입자였던 자, 수급권자 및 수급자를 위한 자금의 대여와 복지시설의 설치 · 운영 등 복지사업
  ㉤ 가입자 및 가입자였던 자에 대한 기금증식을 위한 자금 대여사업
  ㉥ 가입 대상과 수급권자 등을 위한 노후준비서비스 사업
  ㉦ 국민연금제도 · 재정계산 · 기금운용에 관한 조사연구
  ㉧ 국민연금기금 운용 전문인력 양성
  ㉨ 국민연금에 관한 국제협력
  ㉩ 그 밖에 이 법 또는 다른 법령에 따라 위탁받은 사항
  ㉪ 그 밖에 국민연금사업에 관하여 보건복지부장관이 위탁하는 사항

③ 경영방침

국민 모두가 행복한 상생의 연금		
상생경영	신뢰경영	혁신경영

(2) 미션 · 비전

미션	지속가능한 연금과 복지서비스로 국민의 생활 안정과 행복한 삶에 기여
	노후소득보장을 강화하고 연금의 지속가능성을 제고하며 국민이 필요로 하는 복지서비스를 제공하여 국민의 생활 안정과 행복이 실현되는 '국민이 행복한 나라' 를 만드는데 이바지 하겠습니다.
비전	연금과 복지로 세대를 이어 행복을 더하는 글로벌 리딩 연금기관
	신뢰받는 연금과 국민이 필요로 하는 복지서비스 제공을 통해 모든 세대의 행복을 증진시키고 세계 3대 연기금으로서의 위상을 강화해 나가겠습니다.

(3) 핵심가치

신뢰	우리는 윤리와 전문성을 갖추고 책임을 다하여 국민으로부터 신뢰를 받는다.
혁신	우리는 기관과 구성원 모두의 지속 성장을 위해 끊임없는 혁신을 추구한다.
소통	우리는 대국민, 구성원 상호 간 열린 자세로 소통하는 조직문화를 만든다.

(4) 경영슬로건

국민을 든든하게 연금을 튼튼하게	
국민을 든든하게	연금을 튼튼하게
• 기본적인 소명을 충실히 완수하여 국민신뢰를 제고하겠습니다. • 고객이 감동할 때까지 연금서비스의 가치를 높이겠습니다.	• 기본적인 소명을 충실히 완수하여 국민신뢰를 제고하겠습니다. • 고객이 감동할 때까지 연금서비스의 가치를 높이겠습니다.

(5) 전략목표 및 전략과제

지속가능한 상생의 연금제도 확립	• 가입자 확대 등 연금수급권 강화 • 국민참여 확대 및 맞춤형 연금서비스 구현 • 국민소통 기반 연금개혁 지원 강화
기금운용 고도화로 수익 제고	• 기금운용 투자 다변화 및 인프라 강화 • ESG 중심의 책임투자 활성화 • 선제적 · 체계적 리스크관리 고도화
국민이 체감하는 복지서비스 구현	• 전국민 노후준비지원 강화 • 장애인지원 등 서비스 확대 · 개선 • 미래대비 복지서비스 강화
경영혁신을 통한 공공성 · 효율성 강화	• 안전 및 책임경영 고도화 • 디지털 기반 경영효율성 제고 • 효율적이고 공정한 기관운영

Chapter 02 채용안내

(1) 바람직한 연금인상8

① 실천적 윤리人 ··· 최고의 직업윤리를 갖춘 연금인

② 글로벌 전문人 ··· 글로벌 전문성을 높이는 연금인

③ 자율적 혁신人 ··· 혁신과 신기술의 스마트 연금인

(2) 채용원칙

공정하고 투명한 공개채용 - 대국민 서비스 기관에 적합한 우수인재

① 성별제한 폐지

② 학력제한 폐지

③ 연령제한 폐지

④ 전공제한 폐지

⑤ 능력중심

⑥ 역량중심

(3) 전형단계 및 방법

① 서류전형

  ㉠ 방법 : 자격사항 확인 및 직무능력 중심의 정성·정량평가

  ㉡ 채용 직급 및 직렬별 평가 항목

6급 사무직	자기소개서*, 교육사항, 자격사항, 공인어학성적
6급 기술직, 6급보 사무직	자기소개서*, 교육사항, 자격사항

  * 모든 지원자(서류전형 우대자 포함)는 반드시 작성하여야 하며, 불성실 작성자, AI를 활용한 작성, 허위기재자에 대한 불이익이 있음

  ㉢ 선발 : 채용예정인원의 10배수

② 필기시험

  ㉠ 시험과목 : 직업기초능력평가(60문항) 및 종합직무지식평가(50문항)

    ※ 6급보는 직업기초능력평가만 실시

  ㉡ 직업기초능력평가 및 종합직무지식평가 점수를 합산한 점수에 가점을 더하여 합격자 선발

  ㉢ 선발인원 : 채용예정인원의 2배수 선발

③ 인성검사

  ㉠ 대상 : 필기시험 대상자

  ㉡ 방법 : 필기시험 당일 인성 검사 실시*

    * 필기시험실시 이후 인성검사

④ 면접전형

  ㉠ 대상 : 인성검사 적격 및 필기시험 합격자

  ㉡ 방법 : 상황·토론·발표 및 직무수행능력 면접 형태로 집단면접 실시

  ㉢ 장소 : 공단 본부(전북 전주)

    ※ 내·외부 사정에 따라 일정 및 장소는 변경 가능

⑤ 최종합격자 선발

  ㉠ 대상 : 면접전형 합격자

  ㉡ 방법 : 면접전형 합격자 중 필기시험 성적과 면접전형 성적을 5:5의 비율로 합산하여 고득점자 순으로 최종합격자 선발

  ㉢ 입사지원서의 기재사항 및 제출자료 등의 내용이 사실과 다른 경우에는 불합격 처리

(4) 필기시험 과목(6급 사무직)

① 직업기초능력평가

    ㉠ 객관식 60문항

    ㉡ 의사소통능력, 문제해결능력, 수리능력, 조직이해능력, 정보능력, 직업윤리

② 종합직무지식평가

    ㉠ 객관식 50문항

    ㉡ 법, 행정·경영·경제, 국민연금법 등 사회보장론 관련 지식

(5) 응시자격

① 성별·연령·학력 제한 없음 [공단 정년(만 60세) 이상자는 제외]

② 대한민국 국적을 보유한 자

③ 공단이 정한 임용일부터 교육입소 및 근무가 가능한 자

④ 공단 [인사규정 제11조(결격사유)]에 해당하지 않는 자

(6) 이전지역인재 채용목표제 운영

    합격자 중 이전지역인재가 목표비율에 미달하는 경우 모집인원을 초과하여 추가로 합격, 다만 공단에서 정한 채용합격 하한선(합격선의 -3점)에 미달하는 경우는 제외

① 이전지역인재 … 대학까지의 최종학력을 기준으로 전북소재 학교를 최종적으로 졸업하였거나, 졸업예정인 사람

② 적용대상 … 6급 사무직(전국, 취업지원, 장애인), 6급보 사무직

③ 채용목표인원 … 적용대상 모집인원의 30%

④ 적용단계 … 서류전형, 필기시험, 최종합격자 선발

(7) 우대사항

분야		인정 대상	적용단계
취업지원		「국가유공자 등 예우 및 지원에 관한 법률」등 보훈관계법률에 따른 취업지원대상자에 해당하는 사람	서류, 필기, 면접
장애인		「장애인고용촉진 및 직업재활법 시행령」 제3조 및 제4조에 따른 장애인	서류, 필기, 면접
사회형평	국민기초생활수급자	「국민기초생활 보장법」 제2조 제2호에 해당하는 수급자	서류
	한부모가족	「한부모가족지원법」 제5조에 해당하는 수급자	서류
	북한이탈주민	「북한이탈주민의 보호 및 정착지원에 관한 법률」 제2조 제1호에 따른 북한이탈주민	서류
	다문화가족	「다문화가족지원법」 제2조에 따른 다문화가족	서류
	자립준비청년	자립준비청년 해당자(본인 명의로 발급)	서류
	의사상자	• 「의사상자 등 예우 및 지원에 관한 법률」 제2조 제2호에 따른 의사자의 배우자 또는 자녀 • 「의사상자 등 예우 및 지원에 관한 법률」 제2조 제3호에 해당하는 사람 중 같은 법 제13조에 따라 취업보호의 대상이 되는 의상자 • 「의사상자 등 예우 및 지원에 관한 법률」 제2조 제3호에 해당하는 사람 중 같은 법 제13조에 따라 취업보호의 대상이 되는 의상자의 배우자 또는 자녀	서류
경력	청년인턴경험자	• 2024년 우리 공단에서 3개월(90일) 이상 근무하고 청년인턴평가표 상 '미흡' 평가를 받지 않은 사람 • 2024년 우리 공단에서 3개월(90일) 이상 근무하고 청년인턴평가표 상 '미흡' 평가를 받지 않은 사람 중 우수 인턴으로 선정된 사람	서류
	국민연금 대학생 홍보대사	2020년 이후 국민연금 대학생 홍보대사 수료자 중 우수활동자(최초 수료일로부터 8년내에 1회 한정)	서류
	시간선택제 근로자	우리 공단에서 6급 시간선택제 근로자로 6개월 이상 근무하고 근무성적평정표 상 '미흡' 평가를 받지 않은 사람	서류
	공무직	우리 공단에서 특정 직렬 공무직(사업장·지역·고객센터 상담직, 장애등록(직접확보) 상담직, 근로능력평가직)으로 연속하여 6개월 이상 근무하고 근무성적평정표 상 '미흡' 평가를 받지 않은 사람	서류
모집권역(지사) 거주자		당해 연도 1.1.부터 공고일까지 주민등록상 주소지가 계속하여 지원하려는 모집권역(지사)으로 되어있는 사람	서류
이전지역 (전북특별자치도) 인재		「혁신도시 조성 및 발전에 관한 특별법」 제29조의2에 따라 최종학력 기준 전북특별자치도 소재 고등학교 또는 지방대학(대학원 제외)을 졸업하였거나, 졸업 예정인사람	이전지역인재 채용목표제를 따름

직업기초능력평가

Chapter
01 의사소통능력

1 의사소통과 의사소통능력

(1) 의사소통

① 개념 … 사람들 간에 생각이나 감정, 정보, 의견 등을 교환하는 총체적인 행위로, 직장생활에서의 의사소통은 조직과 팀의 효율성과 효과성을 성취할 목적으로 이루어지는 구성원 간의 정보와 지식 전달 과정이라고 할 수 있다.

② 기능 … 공동의 목표를 추구해 나가는 집단 내의 기본적 존재 기반이며 성과를 결정하는 핵심 기능이다.

③ 의사소통의 종류
 ㉠ 언어적인 것 : 대화, 전화통화, 토론 등
 ㉡ 문서적인 것 : 메모, 편지, 기획안 등
 ㉢ 비언어적인 것 : 몸짓, 표정 등

④ 의사소통을 저해하는 요인 … 정보의 과다, 메시지의 복잡성 및 메시지 간의 경쟁, 상이한 직위와 과업지향형, 신뢰의 부족, 의사소통을 위한 구조상의 권한, 잘못된 매체의 선택, 폐쇄적인 의사소통 분위기 등

(2) 의사소통능력

① 개념 … 의사소통능력은 직장생활에서 문서나 상대방이 하는 말의 의미를 파악하는 능력, 자신의 의사를 정확하게 표현하는 능력, 간단한 외국어 자료를 읽거나 외국인의 의사표시를 이해하는 능력을 포함한다.

② 의사소통능력 개발을 위한 방법
 ㉠ 사후검토와 피드백을 활용한다.
 ㉡ 명확한 의미를 가진 이해하기 쉬운 단어를 선택하여 이해도를 높인다.
 ㉢ 적극적으로 경청한다.
 ㉣ 메시지를 감정적으로 곡해하지 않는다.

2 의사소통능력을 구성하는 하위능력

(1) 문서이해능력

① 문서와 문서이해능력
- ㉠ 문서 : 제안서, 보고서, 기획서, 이메일, 팩스 등 문자로 구성된 것으로 상대방에게 의사를 전달하여 설득하는 것을 목적으로 한다.
- ㉡ 문서이해능력 : 직업현장에서 자신의 업무와 관련된 문서를 읽고, 내용을 이해하고 요점을 파악할 수 있는 능력을 말한다.

예제 1

다음은 신용카드 약관의 주요내용이다. 규정 약관을 제대로 이해하지 못한 사람은?

> **[부가서비스]**
> 카드사는 법령에서 정한 경우를 제외하고 상품을 새로 출시한 후 1년 이내에 부가서비스를 줄이거나 없앨 수가 없다. 또한 부가서비스를 줄이거나 없앨 경우에는 그 세부내용을 변경일 6개월 이전에 회원에게 알려주어야 한다.
>
> **[중도 해지 시 연회비 반환]**
> 연회비 부과기간이 끝나기 이전에 카드를 중도해지하는 경우 남은 기간에 해당하는 연회비를 계산하여 10 영업일 이내에 돌려줘야 한다. 다만, 카드 발급 및 부가서비스 제공에 이미 지출된 비용은 제외된다.
>
> **[카드 이용한도]**
> 카드 이용한도는 카드 발급을 신청할 때에 회원이 신청한 금액과 카드사의 심사 기준을 종합적으로 반영하여 회원이 신청한 금액 범위 이내에서 책정되며 회원의 신용도가 변동되었을 때에는 카드사는 회원의 이용한도를 조정할 수 있다.
>
> **[부정사용 책임]**
> 카드 위조 및 변조로 인하여 발생된 부정사용 금액에 대해서는 카드사가 책임을 진다. 다만, 회원이 비밀번호를 다른 사람에게 알려주거나 카드를 다른 사람에게 빌려주는 등의 중대한 과실로 인해 부정사용이 발생하는 경우에는 회원이 그 책임의 전부 또는 일부를 부담할 수 있다.

① 혜수 : 카드사는 법령에서 정한 경우를 제외하고는 1년 이내에 부가서비스를 줄일 수 없어
② 진성 : 카드 위조 및 변조로 인하여 발생된 부정사용 금액은 일괄 카드사가 책임을 지게 돼
③ 영훈 : 회원의 신용도가 변경되었을 때 카드사가 이용한도를 조정할 수 있어
④ 영호 : 연회비 부과기간이 끝나기 이전에 카드를 중도해지하는 경우에는 남은 기간에 해당하는 연회비를 카드사는 돌려줘야 해

출제의도
주어진 약관의 내용을 읽고 그에 대한 상세 내용의 정보를 이해하는 능력을 측정하는 문항이다.

해 설
② 부정사용에 대해 고객의 과실이 있으면 회원이 그 책임의 전부 또는 일부를 부담할 수 있다.

답 ②

② **문서의 종류**

　　㉠ **공문서** : 정부기관에서 공무를 집행하기 위해 작성하는 문서로, 단체 또는 일반회사에서 정부기관을 상
　　　대로 사업을 진행할 때 작성하는 문서도 포함된다. 엄격한 규격과 양식이 특징이다.

　　㉡ **기획서** : 아이디어를 바탕으로 기획한 프로젝트에 대해 상대방에게 전달하여 시행하도록 설득하는 문서
　　　이다.

　　㉢ **기안서** : 업무에 대한 협조를 구하거나 의견을 전달할 때 작성하는 사내 공문서이다.

　　㉣ **보고서** : 특정한 업무에 관한 현황이나 진행 상황, 연구·검토 결과 등을 보고하고자 할 때 작성하는 문
　　　서이다.

　　㉤ **설명서** : 상품의 특성이나 작동 방법 등을 소비자에게 설명하기 위해 작성하는 문서이다.

　　㉥ **보도자료** : 정부기관이나 기업체 등이 언론을 상대로 자신들의 정보를 기사화 되도록 하기 위해 보내는
　　　자료이다.

　　㉦ **자기소개서** : 개인이 자신의 성장과정이나, 입사 동기, 포부 등에 대해 구체적으로 기술하여 자신을 소개
　　　하는 문서이다.

　　㉧ **비즈니스 레터(E-mail)** : 사업상의 이유로 고객에게 보내는 편지다.

　　㉨ **비즈니스 메모** : 업무상 확인해야 할 일을 메모형식으로 작성하여 전달하는 글이다.

③ **문서이해의 절차** … 문서의 목적 이해 → 문서 작성 배경·주제 파악 → 정보 확인 및 현안문제 파악 → 문서
　작성자의 의도 파악 및 자신에게 요구되는 행동 분석 → 목적 달성을 위해 취해야 할 행동 고려 → 문서 작
　성자의 의도를 도표나 그림 등으로 요약·정리

(2) 문서작성능력

① 작성되는 문서에는 대상과 목적, 시기, 기대효과 등이 포함되어야 한다.

② **문서작성의 구성요소**

　　㉠ 짜임새 있는 골격, 이해하기 쉬운 구조

　　㉡ 객관적이고 논리적인 내용

　　㉢ 명료하고 설득력 있는 문장

　　㉣ 세련되고 인상적인 레이아웃

예제 2

다음은 들은 내용을 구조적으로 정리하는 방법이다. 순서에 맞게 배열하면?

ⓐ 관련 있는 내용끼리 묶는다.
ⓑ 묶은 내용에 적절한 이름을 붙인다.
ⓒ 전체 내용을 이해하기 쉽게 구조화한다.
ⓓ 중복된 내용이나 덜 중요한 내용을 삭제한다.

---

① ⓐⓑⓒⓓ
② ⓐⓑⓓⓒ
③ ⓑⓒⓐⓓ
④ ⓑⓐⓓⓒ

출제의도

음성정보는 문자정보와는 달리 쉽게 잊혀지기 때문에 음성정보를 구조화시키는 방법을 묻는 문항이다.

해 설

내용을 구조적으로 정리하는 방법은 'ⓐ 관련 있는 내용끼리 묶는다. → ⓑ 묶은 내용에 적절한 이름을 붙인다. → ⓓ 중복된 내용이나 덜 중요한 내용을 삭제한다. → ⓒ 전체 내용을 이해하기 쉽게 구조화한다.'가 적절하다.

답 ②

---

③ 문서의 종류에 따른 작성방법

　㉠ 공문서

- 육하원칙이 드러나도록 써야 한다.
- 날짜는 반드시 연도와 월, 일을 함께 언급하며, 날짜 다음에 괄호를 사용할 때는 마침표를 찍지 않는다.
- 대외문서이며, 장기간 보관되기 때문에 정확하게 기술해야 한다.
- 내용이 복잡할 경우 '−다음−', '−아래−'와 같은 항목을 만들어 구분한다.
- 한 장에 담아내는 것을 원칙으로 하며, 마지막엔 반드시 '끝'자로 마무리 한다.

　㉡ 설명서

- 정확하고 간결하게 작성한다.
- 이해하기 어려운 전문용어의 사용은 삼가고, 복잡한 내용은 도표화 한다.
- 명령문보다는 평서문을 사용하고, 동어 반복보다는 다양한 표현을 구사하는 것이 바람직하다.

　㉢ 기획서

- 상대를 설득하여 기획서가 채택되는 것이 목적이므로 상대가 요구하는 것이 무엇인지 고려하여 작성하며, 기획의 핵심을 잘 전달하였는지 확인한다.
- 분량이 많을 경우 전체 내용을 한눈에 파악할 수 있도록 목차구성을 신중히 한다.
- 효과적인 내용 전달을 위한 표나 그래프를 적절히 활용하고 산뜻한 느낌을 줄 수 있도록 한다.
- 인용한 자료의 출처 및 내용이 정확해야 하며 제출 전 충분히 검토한다.

ⓔ 보고서
　• 도출하고자 한 핵심내용을 구체적이고 간결하게 작성한다.
　• 내용이 복잡할 경우 도표나 그림을 활용하고, 참고자료는 정확하게 제시한다.
　• 제출하기 전에 최종점검을 하며 질의를 받을 것에 대비한다.

예제 3

다음 중 공문서 작성에 대한 설명으로 가장 적절하지 못한 것은?

① 공문서나 유가증권 등에 금액을 표시할 때에는 한글로 기재하고 그 옆에 괄호를 넣어 숫자로 표기한다.
② 날짜는 숫자로 표기하되 년, 월, 일의 글자는 생략하고 그 자리에 온점(.)을 찍어 표시한다.
③ 첨부물이 있는 경우에는 붙임 표시문 끝에 1자 띄우고 "끝."이라고 표시한다.
④ 공문서의 본문이 끝났을 경우에는 1자를 띄우고 "끝."이라고 표시한다.

출제의도
업무를 할 때 필요한 공문서 작성법을 잘 알고 있는지를 측정하는 문항이다.

해 설
공문서 금액 표시
아라비아 숫자로 쓰고, 숫자 다음에 괄호를 하여 한글로 기재한다.
예) 123,456원의 표시 : 금 123,456(금 일십이만삼천사백오십육원)

답 ①

④ 문서작성의 원칙
　㉠ 문장은 짧고 간결하게 작성한다(간결체 사용).
　㉡ 상대방이 이해하기 쉽게 쓴다.
　㉢ 불필요한 한자의 사용을 자제한다.
　㉣ 문장은 긍정문의 형식을 사용한다.
　㉤ 간단한 표제를 붙인다.
　㉥ 문서의 핵심내용을 먼저 쓰도록 한다(두괄식 구성).

⑤ 문서작성 시 주의사항
　㉠ 육하원칙에 의해 작성한다.
　㉡ 문서 작성시기가 중요하다.
　㉢ 한 사안은 한 장의 용지에 작성한다.
　㉣ 반드시 필요한 자료만 첨부한다.
　㉤ 금액, 수량, 일자 등은 기재에 정확성을 기한다.
　㉥ 경어나 단어사용 등 표현에 신경 쓴다.
　㉦ 문서작성 후 반드시 최종적으로 검토한다.

⑥ 효과적인 문서작성 요령

  ㉠ 내용이해 : 전달하고자 하는 내용과 핵심을 정확하게 이해해야 한다.

  ㉡ 목표설정 : 전달하고자 하는 목표를 분명하게 설정한다.

  ㉢ 구성 : 내용 전달 및 설득에 효과적인 구성과 형식을 고려한다.

  ㉣ 자료수집 : 목표를 뒷받침할 자료를 수집한다.

  ㉤ 핵심전달 : 단락별 핵심을 하위목차로 요약한다.

  ㉥ 대상파악 : 대상에 대한 이해와 분석을 통해 철저히 파악한다.

  ㉦ 보충설명 : 예상되는 질문을 정리하여 구체적인 답변을 준비한다.

  ㉧ 문서표현의 시각화 : 그래프, 그림, 사진 등을 적절히 사용하여 이해를 돕는다.

(3) 경청능력

① 경청의 중요성 … 경청은 다른 사람의 말을 주의 깊게 들으며 공감하는 능력으로 경청을 통해 상대방을 한 개인으로 존중하고 성실한 마음으로 대하게 되며, 상대방의 입장에 공감하고 이해하게 된다.

② 경청을 방해하는 습관 … 짐작하기, 대답할 말 준비하기, 걸러내기, 판단하기, 다른 생각하기, 조언하기, 언쟁하기, 옳아야만 하기, 슬쩍 넘어가기, 비위 맞추기 등

③ 효과적인 경청방법

  ㉠ 준비하기 : 강연이나 프레젠테이션 이전에 나누어주는 자료를 읽어 미리 주제를 파악하고 등장하는 용어를 익혀둔다.

  ㉡ 주의 집중 : 말하는 사람의 모든 것에 집중해서 적극적으로 듣는다.

  ㉢ 예측하기 : 다음에 무엇을 말할 것인가를 추측하려고 노력한다.

  ㉣ 나와 관련짓기 : 상대방이 전달하고자 하는 메시지를 나의 경험과 관련지어 생각해 본다.

  ㉤ 질문하기 : 질문은 듣는 행위를 적극적으로 하게 만들고 집중력을 높인다.

  ㉥ 요약하기 : 주기적으로 상대방이 전달하려는 내용을 요약한다.

  ㉦ 반응하기 : 피드백을 통해 의사소통을 점검한다.

다음은 면접스터디 중 일어난 대화이다. 민아의 고민을 해소하기 위한 조언으로 가장 적절한 것은?

> 지섭 : 민아씨, 어디 아파요? 표정이 안 좋아 보여요.
>
> 민아 : 제가 원서 넣은 공단이 내일 면접이어서요. 그동안 스터디를 통해서 면접 연습을 많이 했는데도 벌써부터 긴장이 되네요.
>
> 지섭 : 민아씨는 자기 의견도 명확히 피력할 줄 알고 조리 있게 설명을 잘 하시니 걱정 안하셔도 될 것 같아요. 아, 손에 꽉 쥐고 계신 건 뭔가요?
>
> 민아 : 아, 제가 예상 답변을 정리해서 모아둔거에요. 내용은 거의 외웠는데 이렇게 쥐고 있지 않으면 불안해서..
>
> 지섭 : 그 정도로 준비를 철저히 하셨으면 걱정할 이유 없을 것 같아요.
>
> 민아 : 그래도 압박면접이거나 예상치 못한 질문이 들어오면 어떻게 하죠?
>
> 지섭 : ＿＿＿＿＿＿＿＿＿＿＿＿＿＿＿＿＿＿＿

① 시선을 적절히 처리하면서 부드러운 어투로 말하는 연습을 해보는 건 어때요?
② 공식적인 자리인 만큼 옷차림을 신경 쓰는 게 좋을 것 같아요.
③ 당황하지 말고 질문자의 의도를 잘 파악해서 침착하게 대답하면 되지 않을까요?
④ 예상 질문에 대한 답변을 좀 더 정확하게 외워보는 건 어떨까요?

상대방이 하는 말을 듣고 질문 의도에 따라 올바르게 답하는 능력을 측정하는 문항이다.

민아는 압박질문이나 예상치 못한 질문에 대해 걱정을 하고 있으므로 침착하게 대응하라고 조언을 해주는 것이 좋다.

답 ③

(4) 의사표현능력

① 의사표현의 개념과 종류

㉠ **개념** : 화자가 자신의 생각과 감정을 청자에게 음성언어나 신체언어로 표현하는 행위이다.

㉡ **종류**

- 공식적 말하기 : 사전에 준비된 내용을 대중을 대상으로 말하는 것으로 연설, 토의, 토론 등이 있다.
- 의례적 말하기 : 사회 · 문화적 행사에서와 같이 절차에 따라 하는 말하기로 식사, 주례, 회의 등이 있다.
- 친교적 말하기 : 친근한 사람들 사이에서 자연스럽게 주고받는 대화 등을 말한다.

② 의사표현의 방해요인

㉠ **연단공포증** : 연단에 섰을 때 가슴이 두근거리거나 땀이 나고 얼굴이 달아오르는 등의 현상으로 충분한 분석과 준비, 더 많은 말하기 기회 등을 통해 극복할 수 있다.

ⓛ 말 : 말의 장단, 고저, 발음, 속도, 쉼 등을 포함한다.

ⓒ 음성 : 목소리와 관련된 것으로 음색, 고저, 명료도, 완급 등을 의미한다.

ⓔ 몸짓 : 비언어적 요소로 화자의 외모, 표정, 동작 등이다.

ⓜ 유머 : 말하기 상황에 따른 적절한 유머를 구사할 수 있어야 한다.

③ 상황과 대상에 따른 의사표현법

ⓖ 잘못을 지적할 때 : 모호한 표현을 삼가고 확실하게 지적하며, 당장 꾸짖고 있는 내용에만 한정한다.

ⓛ 칭찬할 때 : 자칫 아부로 여겨질 수 있으므로 센스 있는 칭찬이 필요하다.

ⓒ 부탁할 때 : 먼저 상대방의 사정을 듣고 응하기 쉽게 구체적으로 부탁하며 거절을 당해도 싫은 내색을 하지 않는다.

ⓔ 요구를 거절할 때 : 먼저 사과하고 응해줄 수 없는 이유를 설명한다.

ⓜ 명령할 때 : 강압적인 말투보다는 '○○을 이렇게 해주는 것이 어떻겠습니까?'와 같은 식으로 부드럽게 표현하는 것이 효과적이다.

ⓗ 설득할 때 : 일방적으로 강요하기보다는 먼저 양보해서 이익을 공유하겠다는 의지를 보여주는 것이 좋다.

ⓢ 충고할 때 : 충고는 가장 최후의 방법이다. 반드시 충고가 필요한 상황이라면 예화를 들어 비유적으로 깨우쳐주는 것이 바람직하다.

ⓞ 질책할 때 : 샌드위치 화법(칭찬의 말 + 질책의 말 + 격려의 말)을 사용하여 청자의 반발을 최소화 한다.

예제 5

당신은 팀장님께 업무 지시내용을 수행하고 결과물을 보고 드렸다. 하지만 팀장님께서는 "최대리 업무를 이렇게 처리하면 어떡하나? 누락된 부분이 있지 않은가."라고 말하였다. 이에 대해 당신이 행할 수 있는 가장 부적절한 대처 자세는?

① "죄송합니다. 제가 잘 모르는 부분이라 이수혁 과장님께 부탁을 했는데 과장님께서 실수를 하신 것 같습니다."

② "주의를 기울이지 못해 죄송합니다. 어느 부분을 수정보완하면 될까요?"

③ "지시하신 내용을 제가 충분히 이해하지 못하였습니다. 내용을 다시 한 번 여쭤보아도 되겠습니까?"

④ "부족한 내용을 보완하는 자료를 취합하기 위해서 하루정도가 더 소요될 것 같습니다. 언제까지 재작성하여 드리면 될까요?"

출제의도

상사가 잘못을 지적하는 상황에서 어떻게 대처해야 하는지를 묻는 문항이다.

해 설

상사가 부탁한 지시사항을 다른 사람에게 부탁하는 것은 옳지 못하며 설사 그렇다고 해도 그 일의 과오에 대해 책임을 전가하는 것은 지양해야 할 자세이다.

답 ①

④ 원활한 의사표현을 위한 지침

    ㉠ 올바른 화법을 위해 독서를 하라.

    ㉡ 좋은 청중이 되라.

    ㉢ 칭찬을 아끼지 마라.

    ㉣ 공감하고, 긍정적으로 보이게 하라.

    ㉤ 겸손은 최고의 미덕임을 잊지 마라.

    ㉥ 과감하게 공개하라.

    ㉦ 뒷말을 숨기지 마라.

    ㉧ 첫마디 말을 준비하라.

    ㉨ 이성과 감성의 조화를 꾀하라.

    ㉩ 대화의 룰을 지켜라.

    ㉪ 문장을 완전하게 말하라.

⑤ 설득력 있는 의사표현을 위한 지침

    ㉠ 'Yes'를 유도하여 미리 설득 분위기를 조성하라.

    ㉡ 대비 효과로 분발심을 불러 일으켜라.

    ㉢ 침묵을 지키는 사람의 참여도를 높여라.

    ㉣ 여운을 남기는 말로 상대방의 감정을 누그러뜨려라.

    ㉤ 하던 말을 갑자기 멈춤으로써 상대방의 주의를 끌어라.

    ㉥ 호칭을 바꿔서 심리적 간격을 좁혀라.

    ㉦ 끄집어 말하여 자존심을 건드려라.

    ㉧ 정보전달 공식을 이용하여 설득하라.

    ㉨ 상대방의 불평이 가져올 결과를 강조하라.

    ㉩ 권위 있는 사람의 말이나 작품을 인용하라.

    ㉪ 약점을 보여 주어 심리적 거리를 좁혀라.

    ㉫ 이상과 현실의 구체적 차이를 확인시켜라.

    ㉬ 자신의 잘못도 솔직하게 인정하라.

    ㉭ 집단의 요구를 거절하려면 개개인의 의견을 물어라.

    ⓐ 동조 심리를 이용하여 설득하라.

    ⓑ 지금까지의 노고를 치하한 뒤 새로운 요구를 하라.

    ⓒ 담당자가 대변자 역할을 하도록 하여 윗사람을 설득하게 하라.

    ⓓ 겉치레 양보로 기선을 제압하라.

    ⓔ 변명의 여지를 만들어 주고 설득하라.

    ⓕ 혼자 말하는 척하면서 상대의 잘못을 지적하라.

(5) 기초외국어능력

① 기초외국어능력의 개념과 필요성
    ㉠ **개념** : 기초외국어능력은 외국어로 된 간단한 자료를 이해하거나, 외국인과의 전화응대와 간단한 대화 등 외국인의 의사표현을 이해하고, 자신의 의사를 기초외국어로 표현할 수 있는 능력이다.
    ㉡ **필요성** : 국제화·세계화 시대에 다른 나라와의 무역을 위해 우리의 언어가 아닌 국제적인 통용어를 사용하거나 그들의 언어로 의사소통을 해야 하는 경우가 생길 수 있다.

② 외국인과의 의사소통에서 피해야 할 행동
    ㉠ 상대를 볼 때 흘겨보거나, 노려보거나, 아예 보지 않는 행동
    ㉡ 팔이나 다리를 꼬는 행동
    ㉢ 표정이 없는 것
    ㉣ 다리를 흔들거나 펜을 돌리는 행동
    ㉤ 맞장구를 치지 않거나 고개를 끄덕이지 않는 행동
    ㉥ 생각 없이 메모하는 행동
    ㉦ 자료만 들여다보는 행동
    ㉧ 바르지 못한 자세로 앉는 행동
    ㉨ 한숨, 하품, 신음소리를 내는 행동
    ㉩ 다른 일을 하며 듣는 행동
    ㉪ 상대방에게 이름이나 호칭을 어떻게 부를지 묻지 않고 마음대로 부르는 행동

③ 기초외국어능력 향상을 위한 공부법
    ㉠ 외국어공부의 목적부터 정하라.
    ㉡ 매일 30분씩 눈과 손과 입에 밸 정도로 반복하라.
    ㉢ 실수를 두려워하지 말고 기회가 있을 때마다 외국어로 말하라.
    ㉣ 외국어 잡지나 원서와 친해져라.
    ㉤ 소홀해지지 않도록 라이벌을 정하고 공부하라.
    ㉥ 업무와 관련된 주요 용어의 외국어는 꼭 알아두자.
    ㉦ 출퇴근 시간에 외국어 방송을 보거나, 듣는 것만으로도 귀가 트인다.
    ㉧ 어린이가 단어를 배우듯 외국어 단어를 암기할 때 그림카드를 사용해 보라.
    ㉨ 가능하면 외국인 친구를 사귀고 대화를 자주 나눠 보라.

1 다음 글은 사회보장제도와 국민연금에 관한 내용이다. 다음 글을 읽고 정리한 〈보기〉의 내용 중 빈 칸 ㈎, ㈏에 들어갈 적절한 말이 순서대로 나열된 것은?

> 산업화 이전의 사회에서도 인간은 질병·노령·장애·빈곤 등과 같은 문제를 겪어 왔습니다. 그러나 이 시기의 위험은 사회구조적인 차원의 문제라기보다는 개인적인 문제로 여겨졌습니다. 이에 따라 문제의 해결 역시 사회구조적인 대안보다는 개인이나 가족의 책임 아래에서 이루어졌습니다.
>
> 그러나 산업사회로 넘어오면서 환경오염, 산업재해, 실직 등과 같이 개인의 힘만으로는 해결하기 어려운 각종 사회적 위험이 부각되었고, 부양 공동체 역할을 수행해오던 대가족 제도가 해체됨에 따라, 개인 차원에서 다루어지던 다양한 문제들이 국가개입 필요성이 요구되는 사회적 문제로 대두되기 시작했습니다.
>
> 이러한 다양한 사회적 위험으로부터 모든 국민을 보호하여 빈곤을 해소하고 국민생활의 질을 향상시키기 위해 국가는 제도적 장치를 마련하였는데, 이것이 바로 사회보장제도입니다. 우리나라에서 시행되고 있는 대표적인 사회보장제도는 국민연금, 건강보험, 산재보험, 고용보험, 노인장기요양보험 등과 같은 사회보험제도, 기초생활보장과 의료보장을 주목적으로 하는 공공부조제도인 국민기초생활보장제도, 그리고 노인·부녀자·아동·장애인 등을 대상으로 제공되는 다양한 사회복지서비스 등이 있습니다. 우리나라의 사회보장제도는 1970년대까지만 해도 구호사업과 구빈정책 위주였으나, 1970년대 후반에 도입된 의료보험과 1988년 실시된 국민연금제도를 통해 그 외연을 확장할 수 있었습니다.
>
> 이처럼 다양한 사회보장제도 중에서 국민연금은 보험원리에 따라 운영되는 대표적인 사회보험제도라고 할 수 있습니다. 즉, 가입자, 사용자로부터 일정액의 보험료를 받고, 이를 재원으로 사회적 위험에 노출되어 소득이 중단되거나 상실될 가능성이 있는 사람들에게 다양한 급여를 제공하는 제도입니다. 국민연금제도를 통해 제공되는 급여에는 노령으로 인한 근로소득 상실을 보전하기 위한 노령연금, 주소득자의 사망에 따른 소득상실을 보전하기 위한 유족연금, 질병 또는 사고로 인한 장기근로능력 상실에 따른 소득상실을 보전하기 위한 장애연금 등이 있으며, 이러한 급여를 지급함으로써 국민의 생활안정과 복지증진을 도모하고자 합니다.

〈보기〉

사회보장 (광의)	사회보장 (협의)	사회보험	건강보험, (가), 고용보험, 노인장기요양보험
			공적연금 – 노령연금, 유족연금, (나)
		공공부조 : 생활보장, 의료보장, 재해보장	
		사회복지서비스 (노인·부녀자·아동·장애인복지 등)	
	관련제도	주택 및 생활환경, 지역사회개발, 공중보건 및 의료	
		영양, 교육, 인구 및 고용대책	

① 연금급여, 사회보험

② 산재보험, 장애연금

③ 사회보험, 연금급여

④ 사회보험, 장애연금

✔ 해설 사회보험의 종류에는 공적연금, 건강보험, 산재보험, 고용(실업)보험, 노인장기요양보험 등이 있으며 공적연금은 다시 노령연금, 유족연금, 장애연금으로 구분되어 있다.

Answer 1.②

2 다음은 국민연금 가입 대상 사업장의 사업장 가입 자격취득 신고와 관련된 안내 사항의 일부이다. 다음 안내 사항의 빈칸 ㈎ ~ ㈐ 중 어느 곳에도 들어갈 수 없는 말은?

㈎ (   )

- 18세 이상 60세 미만인 사용자 및 근로자
  ※ 단, 18세 미만 근로자는 2015. 7. 29.부터 사업장가입자로 당연적용하나, 본인의 신청에 의해 적용제외 가능
- 단시간 근로자로 1개월 이상, 월 60시간(주 15시간) 이상 일하는 사람
- 일용근로자로 사업장에 고용된 날부터 1개월 이상 근로하고, 근로일수가 8일 이상 또는 근로시간이 월 60시간 이상인 사람
  ※ 단, 건설일용근로자는 공사현장을 사업장 단위로 적용하며, 1개월간 근로일수가 20일 이상인 경우 사업장 가입자로 적용
- 조기노령연금 수급권자로서 소득 있는 업무에 종사하거나, 본인이 희망하여 연금지급이 정지된 사람
- 월 60시간 미만인 단시간근로자 중 생업목적으로 3개월 이상 근로를 제공하기로 한 대학 시간강사 또는 사용자 동의를 받아 근로자 적용 희망하는 사람

㈏ (   )

- 근로자 : 직업의 종류에 관계없이 사업장에서 노무를 제공하고 그 대가로 임금을 받아 생활하는 자(법인의 이사, 기타 임원 포함)
- 근로자에서 제외되는 자
  - 일용근로자나 1개월 미만의 기한을 정하여 사용되는 근로자
  - 법인의 이사 중 「소득세법」에 따른 근로소득이 발생하지 않는 사람
  - 1개월 동안의 소정근로시간이 60시간 미만인 단시간근로자.
  - 둘 이상 사업장에 근로를 제공하면서 각 사업장의 1개월 소정근로시간의 합이 60시간 이상인 사람으로서 1개월 소정근로시간이 60시간 미만인 사업장에서 근로자로 적용되기를 희망하는 사람

㈐ (   )

- 사업장이 1인 이상의 근로자를 사용하게 된 때
- 국민연금 적용사업장에 근로자 또는 사용자로 종사하게 된 때
- 임시 · 일용 · 단시간근로자가 당연적용 사업장에 사용된 때 또는 근로자로 된 때
- 국민연금 가입사업장의 월 60시간 미만 단시간근로자 중 생업을 목적으로 3개월 이상 근로를 제공하는 사람(대학시간강사 제외)의 가입신청이 수리된 때
- 둘 이상의 사업장에서 1개월 소정근로시간의 합이 60시간 이상이 되는 단시간근로자의 가입신청이 수리된 때

㈑ (   )

- 사업장가입자 자격취득신고서 1부
- 특수직종근로자의 자격취득 신고 시에는 증빙서류 제출이 필요함

---

① 자격취득시기　　　　　　　　　② 납부예외 조건

③ 제출서류　　　　　　　　　　　④ 근로자의 개념

해설 소득이 없는 등의 사유로 연금보험료를 납부할 수 없는 납부예외에 대한 사항은 제시된 안내 사항에 언급되어 있지 않다. ㈎~㈐의 내용으로 다음과 같은 사실들을 확인할 수 있다.
　㈎ 신고대상
　㈏ 근로자의 개념
　㈐ 자격취득시기
　㈑ 제출서류

3 다음 문장이 들어갈 곳으로 알맞은 것은?

> 면접관들이 면접자들을 평가할 때 그들의 부분적인 특성인 외모나 용모, 인상 등만을 보고 회사 업무에 잘 적응할 만한 사람이라고 판단하는 경우 이러한 효과가 작용했다고 할 수 있다.

> ㈎처음 보는 사람을 평가할 때 몇 초 안에 첫인상이 모든 것을 좌우한다고 할 수 있다. 첫인상이 좋으면 이후에 발견되는 단점은 작게 느껴지지만 첫인상이 좋지 않으면 그의 어떠한 장점도 눈에 들어오지 않는 경우가 많다. ㈏미국 유명 기업 CEO들의 평균 신장이 180cm를 넘는다는 것 역시 큰 키에서 우러나오는 것들이 다른 특징들을 압도했다고 볼 수 있을 것이다. ㈐소비자들이 가격이 비싼 명품 상품이나 인기 브랜드의 상품을 판단할 때 대상의 품질이나 디자인에 있어 다른 브랜드의 상품들에 비해 우수할 것이라고 생각하는 경우도 역시 이러한 내용이 작용한 결과라고 볼 수 있다. ㈑브랜드의 명성'이라는 일부에 대한 특성이 품질, 디자인 등 대상의 전체적인 평가에까지 영향을 준 것이다.

① ㈎　　　　　　　　　　　　　　　② ㈏
③ ㈐　　　　　　　　　　　　　　　④ ㈑

해설 ㈏부분 이전 문장에는 첫인상의 효과가 나오고 있고 ㈏부분 이후 문장에는 유명 기업의 사례를 들며 첫인상의 영향을 설명하고 있다. 그러므로 ㈏부분에는 유명 기업 사례가 나오게 된 배경을 설명하는 것이 적절하다.

Answer　2.② 3.②

4 다음 내용을 참고할 때, 빈 칸 ㈎ ~ ㈑에 들어갈 수 없는 말은?

> 한국사회는 2000년에 이미 고령화 사회에 진입한 이후, 2012년 노인 인구 비율은 10.7%로 불과 10년 사이에 4.1% 증가하였고, 2018년에는 14%를 넘어서게 되었다. 이처럼 한국 사회의 인구 고령화에 있어서 가장 심각한 문제는 바로 그 속도이다. 각국에서의 고령화 사회에서 고령사회로의 속도는 프랑스 115년, 미국은 71년, 이탈리아 61년, 일본은 24년이 걸렸던 것이 한국사회는 출산율저하와 함께 18년 정도 걸릴 것으로 예상된다는 점이다. 이런 속도로 인해 한국사회의 심각한 문제는 노인의 노후보장 즉, 빈곤문제를 대처할 준비시간이 부족하다는 것이다.
>
> 국민의 평균수명 연장과 노령기가 점차 연장되면서 일반 국민을 대상으로 하여 소득보장 및 노후보장을 위한 가장 기본적이고도 핵심적인 삶과 생활을 보장할 새로운 사회보험제도의 도입을 요청하게 되었다. 이런 시대적 상황에서 도입이 된 공적연금제도가 국민연금제도이다.
>
> 우리나라의 국민연금은 가입이 강제적이고 급여가 획일적으로 정해져 있으나 가입자에게 노령, 폐질, 사망이란 사회적 위험이 발생한 경우 가입자의 보험료를 주된 재원으로 하여 가입자 또는 유족에게 법으로 정해진 급여를 지급하여 장기적으로 소득보장을 함으로써 사회경제적 안전을 부여하는 공적연금제도이다.
>
> 공적연금은 사회보험으로서 법률에 정한 위험이 발생하였을 때 정부 또는 그 감독을 받는 기관에 의해 운영되는 위험 분산 장치이며 금전적 급여가 자동적으로 지급되는 사회보장프로그램이다. 베버리지의 '사회보험 및 관련서비스'(Social Insurance and Allied Service)라는 보고서에 의하면, 특정의 실업, 질병, 사고, 노령, 사망, 예외적 지출과 같은 위기상황(contingencies)에서 금전적 혜택을 제공하여 대처하기 위한 사회보장이 사회보험이라고 하였다.
>
> 따라서 공적연금제도의 원칙으로는 첫째, (㈎), 둘째, (㈏), 셋째, (㈐), 넷째, (㈑)는 점을 들 수 있다. 그리고 급여가 충족되지 못하여 이의가 있을 때에는 법원에 청구할 수 있어야 한다. 우리나라의 국민연금은 이러한 원칙을 가진 공적연금 중의 하나이다.

① 수혜자가 원하는 소득대체율이 보장되어야 한다.
② 연금제도의 수혜권리가 명백히 규정되어야 한다.
③ 급여는 과거의 소득과 기여금에 근거해야 한다.
④ 가입대상은 강제적이어야 한다.

✅ **해설** 공적연금으로서의 국민연금 제도의 특징을 설명하고 있는 글이다. 소득대체율은 지급받는 연금이 수혜자의 소득을 얼마나 대체할 수 있는지를 나타내는 환산비율로, 연금 보험료를 근거로 정책적으로 산정되는 것이므로 수혜자가 원하는 수준의 소득대체율이 반드시 보장되어야 하는 특징을 지닌 제도는 아니다.
한편, 제시글에서도 밝히고 있는 바와 같이, 국민연금제도는 가입이 강제적이며, 저소득층이나 취약 계층에 차별적인 요율 적용 등의 혜택이 주어지고 있다. 또한 보험급여는 소득과 재산 수준에 근거하여 산출되며 이에 대한 수혜권리가 명백히 규정되어 정해진 절차에 따라 가입자가 공평하게 혜택을 받는 사회보장프로그램의 일환으로 운영되고 있다.

5 다음은 국민연금 가입자의 네 가지 형태를 설명하고 있는 글이다. ㈎ ~ ㈑에 해당하는 형태의 가입자를 순서대로 올바르게 연결한 것은?

> ㈎ 납부한 국민연금 보험료가 있는 가입자 또는 가입자였던 자로서 60세에 달한 자가 가입기간이 부족하여 연금을 받지 못하거나 가입기간을 연장하여 더 많은 연금을 받기를 원할 경우는 65세에 달할 때까지 신청에 의하여 가입자가 될 수 있다.
>
> ㈏ 60세 이전에 본인의 희망에 의해 가입신청을 하면 가입자가 될 수 있다. 즉, 다른 공적연금에서 퇴직연금(일시금), 장애연금을 받는 퇴직연금 등 수급권자, 국민기초생활보장법에 의한 수급자 중 생계급여 또는 의료급여 또는 보장시설 수급자, 소득활동에 종사하지 않는 사업장가입자 등의 배우자 및 보험료를 납부한 사실이 없고 소득활동에 종사하지 않는 27세 미만인 자는 가입을 희망하는 경우 이 가입자가 될 수 있다.
>
> ㈐ 국내에 거주하는 18세 이상 60세 미만의 국민으로서 사업장가입자가 아닌 사람은 당연히 가입자가 된다. 다만, 다른 공적연금에서 퇴직연금(일시금), 장애연금을 받는 퇴직연금 등 수급권자, 국민기초생활보장법에 의한 수급자 중 생계급여 또는 의료급여 또는 보장시설 수급자, 소득활동에 종사하지 않는 사업장가입자 등의 배우자 및 보험료를 납부한 사실이 없고 소득활동에 종사하지 않는 27세 미만인 자는 이 가입자가 될 수 없다.
>
> ㈑ 국민연금에 가입된 사업장의 18세 이상 60세 미만의 사용자 및 근로자로서 국민연금에 가입된 자를 말한다. 1인 이상의 근로자를 사용하는 사업장 또는 주한외국기관으로서 1인 이상의 대한민국 국민인 근로자를 사용하는 사업장에서 근무하는 18세 이상 60세 미만의 사용자와 근로자는 당연히 이 가입자가 된다.

① 임의계속가입자 – 지역가입자 – 임의가입자 – 사업장 가입자
② 사업장 가입자 – 임의가입자 – 지역가입자 – 임의계속가입자
③ 임의계속가입자 – 임의가입자 – 사업장 가입자 – 지역가입자
④ 임의계속가입자 – 임의가입자 – 지역가입자 – 사업장 가입자

 ㈎ **임의계속가입자** : 국민연금 가입자 또는 가입자였던 자가 기간연장 또는 추가 신청을 통하여 65세까지 가입을 희망하는 가입자를 말한다.
　　㈏ **임의가입자** : 사업장가입자 및 지역가입자 외의 자로서 국민연금에 가입된 자를 말한다.
　　㈐ **지역가입자** : 사업장가입자가 아닌 자로서 국민연금에 가입된 자를 말한다.
　　㈑ **사업장 가입자** : 사업장에 고용된 근로자 및 사용자로서 국민연금에 가입된 자를 말한다.

Answer　4.①　5.④

1988년에 도입된 국민연금은 10인 이상 사업장부터 적용되기 시작하였고, 도입된 지 10여년 만에 전 국민을 대상으로 하는 우리나라의 대표적인 공적연금으로서의 위상을 갖추게 되었다. 그 결과 2015년 12월말 현재 국민연금 가입대상 연령인 18~59세 경제활동인구 대비 국민연금 가입률은 92.5%이며, 특수직역연금을 포함한 공적연금 가입률은 98.9%에 달한다. 그러나 국민연금 가입자 중 보험료를 납부하지 않는 사람들이 많아 경활인구 중 실제 보험료 납부자 비율은 73.8%로 가입자 규모와 많은 차이가 난다. 국민연금은 기본적으로 소득활동을 하는 사람을 가입대상으로 하기 때문에 전업주부나 18~27세 미만의 청년과 같이 소득활동을 하지 않을 것으로 추정되는 일부 집단들을 적용제외자로 분류하여 국민연금 의무가입 대상에서 제외하고 있다. 또한 국민연금의 당연 적용대상이지만 소득이 없는 경우 보험료 납부의무를 지지 않도록 하는 납부예외 규정을 두고 있다. 하지만 실제로는 소득이 있음에도 고의로 소득신고를 기피하는 경우가 많으며, 지역가입자의 경우 소득이 있더라도 보험료를 납부하지 않는 체납자도 많다. 이러한 요인들로 인해 광범위한 국민연금 사각지대가 발생하고 있다.

대부분의 사회보험 방식 연금제도들은 노동시장에서의 소득활동을 전제로 기여가 이루어지고, 제도에 내재된 보험의 원리에 따라 개인의 기여에 비례하는 급여를 제공한다. 국민연금제도 역시 근로 및 사업소득 발생 여부를 중심으로 당연가입자를 결정하고, 개인의 소득수준에 비례하여 보험료 부과 및 급여지급이 이루어지고 있다. 이러한 (㉠) 속성을 지닌 국민연금제도의 특성을 고려했을 때, 노동시장 취약계층에 대한 제도적 배려 없이 기여와 급여를 단선적으로 연결시켜 공식적인 유급노동에서의 소득·기여를 기준으로 연금을 지급한다면, 이들 취약계층 중 상당수는 국민연금 사각지대로 편입될 가능성이 높아지게 된다. 실제로 많은 연구들이 고용불안정성이 국민연금과 같은 사회보험으로부터의 배제와 노후소득의 불안정성으로 이어짐을 밝히고 있다.

6 윗글의 빈 칸 ㉠에 들어갈 가장 적절한 단어는?

① 자의적   ② 일방적

③ 대중적   ④ 계리적

 해설 '계리(actuarial)'란 계산하고 정리한다는 말로 이익의 많고 적음을 잰다는 뜻을 지닌 단어이다. 필자는 제시글에서 국민연금제도의 속성으로, 노동시장 취약계층에 대한 배려가 없이 단순한 소득에 따라 '계리적'으로 보험료와 급여지급액이 지급되는 것에 대한 우려를 주장하고 있다. 따라서 국민연금제도의 속성 중 계리적인 면을 부각시켜 언급하고 있다.

7 다음 중 윗글의 설명을 통하여 알 수 있는 내용이 아닌 것은?

① 국민연금 가입자 비율과 납부자 비율 관한 정보

② 지역가입자의 소득수준과 국민연금 체납률

③ 국민연금 체납자 발생 유형

④ 일반적인 사회보험 방식 연금제도의 특성

실제로 소득이 있는 지역가입자 중 국민연금을 체납하는 사람이 많다고 언급하고 있으나, 이러한 체납이 발생되고 있는 지역가입자의 소득수준이나 체납률에 대한 정보는 언급되어 있지 않다.
① 가입률은 92.5%, 경활인구 중 실제 보험료 납부자 비율은 73.8%로 언급되어 있다.
③ 소득이 있어도 고의로 소득신고를 기피하거나, 지역가입자 중 소득이 있음에도 보험료를 체납하는 경우가 있다고 언급되어 있다.
④ 개인의 기여에 비례하는 급여를 제공하는 특성을 설명하였다.

8 다음 빈칸에 들어갈 단어로 적절한 것은?

> 어떤 사람들이 특정 옷을 입으면 마치 유행처럼 주변 사람들도 이 옷을 따라 입는 경우가 있다. 이처럼 다른 사람의 영향을 받아 상품을 사는 것은 '유행효과'라고 부른다. 유행효과는 일반적으로 특정 상품에 대한 수요가 예측보다 더 늘어나는 현상을 설명해준다. 예를 들어 옷의 가격이 4만 원일 때 5천 벌의 수요가 있고, 3만 원일 때 6천 벌의 수요가 있다고 하자. ㉠____ 유행효과가 있으면 늘어난 소비자의 수에 영향을 받아 새로운 소비가 창출되게 된다. ㉡____ 가격이 3만 원으로 떨어지면 수요가 6천 벌이 되어야 하지만 실제로는 8천 벌로 늘어나게 된다.

	㉠	㉡
①	그런데	그래서
②	그러나	그런데
③	그래서	그런데
④	반면에	그러나

㉠의 앞부분과 뒷부분이 다른 방향으로 전개되고 있으므로 ㉠에는 화제를 앞의 내용과 관련시키면서 다른 방향으로 이끌어 나갈 때 쓰는 접속 부사인 '그런데'를 쓰는 것이 적절하다. ㉡은 앞의 내용이 뒤의 내용의 원인이나 근거, 조건 따위가 될 때 쓰는 접속 부사인 '그래서'를 배치하는 것이 알맞다.

9   다음 글을 참고할 때, '깨진 유리창의 법칙'이 시사하는 바로 가장 적절한 설명은 무엇인가?

> 1969년 미국 스탠포드 대학의 심리학자인 필립 짐바르도 교수는 아주 흥미로운 심리실험을 진행했다. 범죄가 자주 발생하는 골목을 골라 새 승용차 한 대를 보닛을 열어놓은 상태로 방치시켰다. 일주일이 지난 뒤 확인해보니 그 차는 아무런 이상이 없었다. 원상태대로 보존된 것이다. 이번에는 똑같은 새 승용차를 보닛을 열어놓고, 한쪽 유리창을 깬 상태로 방치시켜 두었다. 놀라운 일이 벌어졌다. 불과 10분이 지나자 배터리가 없어지고 차 안에 쓰레기가 버려져 있었다. 시간이 지나면서 낙서, 도난, 파괴가 연이어 일어났다. 1주일이 지나자 그 차는 거의 고철상태가 되어 폐차장으로 실려 갈 정도가 되었던 것이다. 훗날 이 실험결과는 '깨진 유리창의 법칙'이라는 이름으로 불리게 된다.
>
> 1980년대의 뉴욕 시는 연간 60만 건 이상의 중범죄가 발생하는 범죄도시로 악명이 높았다. 당시 여행객들 사이에서 '뉴욕의 지하철은 절대 타지 마라'는 소문이 돌 정도였다. 미국 라토가스 대학의 겔링 교수는 '깨진 유리창의 법칙'에 근거하여, 뉴욕 시의 지하철 흉악 범죄를 줄이기 위한 대책으로 낙서를 철저하게 지울 것을 제안했다. 낙서가 방치되어 있는 상태는 창문이 깨져있는 자동차와 같은 상태라고 생각했기 때문이다.

① 범죄는 대중교통 이용 공간에서 발생확률이 가장 높다.
② 문제는 확인되기 전에 사전 단속이 중요하다.
③ 작은 일을 철저히 관리하면 큰 사고를 막을 수 있다.
④ 낙서는 가장 핵심적인 범죄의 원인이 된다.

> ✅**해설** '깨진 유리창의 법칙'은 깨진 유리창처럼 사소한 것들을 수리하지 않고 방치해두면, 나중에는 큰 범죄로 이어진다는 범죄 심리학 이론으로, 작은 일을 소홀히 관리하면 나중에는 큰일로 이어질 수 있음을 의미한다.

10 다음 글의 내용을 참고할 때, 빈칸에 들어갈 말로 가장 적절하지 않은 것은?

> 2014년 7월부터 65세 이상 노인의 70%를 대상으로 기초연금제도가 시행되고 있다. 기초연금은 기존 기초노령연금과 비교할 때 급여액이 최대 2배 상향되었고, 이는 기존 2028년으로 예정되어 있었던 급여 인상 스케줄을 약 15년 앞당겼다는 점에서 우리나라의 높은 노인 빈곤 해소 및 노인들의 생활안정에 기여할 것으로 기대되고 있다.
>
> 이러한 기초연금이 제도의 본래 목적을 잘 달성하고 있는지, 또한 기초연금 수급자에게 미치는 영향이나 효과는 어떠한지 제도가 시행된 지 현 시점에서 검토하고 평가할 필요가 있다. 보다 구체적으로는 (   ) 등이 그 예가 될 수 있겠다.
>
> 분석결과, 기초연금 도입을 통해 소득이 증가하고 지출이 증가하는 등 수급자들의 가계경제가 안정되었으며, 이외에도 기초연금은 수급자들에게 생활이 안정되면서 심리적으로도 안정되고 가족들과의 관계에서도 당당함을 느낄 뿐 아니라 사회로부터 존중받는 느낌을 받는 등 긍정적인 역할을 하고 있다는 것을 확인하였다. 또한 수급자들이 느끼는 일상생활에서의 만족과 우울, 행복 수준에 대해서도 긍정적인 영향을 미치고 있었으며 사회적 관계가 더 좋아졌고 미래를 긍정적으로 생각할 수 있도록 도움을 주고 있다는 점을 확인할 수 있었다.

① 노인의 소득이 증가하면서 그에 따라 수급자들의 지출이 증가하였는지
② 기초연금제도에 대한 만족도와 같은 수급자들의 평가는 어떠한지
③ 기초연금이 생활에 얼마나 도움을 주고 있는지
④ 기초연금 수급으로 인해 자녀들의 부양비용이 얼마나 감소되었는지

> ✔ 해설 기초연금의 본래 목적으로 언급된 것은 '우리나라의 높은 노인 빈곤 해소 및 노인들의 생활안정에 기여'라고 볼 수 있다. 따라서 노인을 부양하고 있는 자녀들의 부양비용 감소 여부를 파악하는 것은 본래의 기초연금의 목적과 직접적인 관계가 있다고 보기 어렵다.

제00조 지원대상 사업장 신청안내

① 공단은 사업장에서 보험료 지원신청을 할 수 있도록 지원대상 사업장에 대하여 매년 또는 매월 안내하여야 한다.

② 지원대상은 연금 사업장가입자 중 사용자(법인인 경우에는 대표이사를 말한다)를 제외한 근로자가 10명 미만인 사업장에 근무하는 기준소득월액이 고시소득 상한액 미만인 근로자로 한다.

제00조 보험료지원 방법

① 보험료 지원은 해당 월의 보험료 지원금을 다음 달 납부할 보험료에서 공제하는 방식으로 한다.

② 지원대상자의 연금보험료 중 사용자 및 근로자 보험료의 각 1/2를 지원한다.

제00조 자격변동신고

① 지원제외 사유

- 사용자가 공공기관에 해당할 경우(사업장의 별도 신고 불필요)
- 보험료 지원을 받는 사업장이 해당 연도에 3개월 연속 근로자 수가 10명 이상이면 4개월째부터 해당 연도의 마지막 달까지 지원 대상에서 제외
- 매년 12월말 기준 당해 연도 월평균 근로자 수가 10명 이상이면 다음연도는 지원 대상에서 제외
- 매년 12월말 기준 당해 연도 월평균 근로자 수가 10명 미만이나 익년도 1월(신청(간주)월) 근로자 수가 10명 이상인 경우
- 매년 12월말 기준 지원 대상 근로자가 없는 경우

② 근로자 자격변동신고를 지원제외신고로 갈음하므로 자격변동신고를 적기에 하지 않아 보험료 지원 대상 요건에 해당되지 않음이 확인되면 기 지원 금액에 대하여 국가가 이를 환수할 수 있으므로 자격변동신고를 적기에 하시기 바랍니다.

제00조 환수대상 및 금액

① 지원신청 당시 지원요건을 갖추지 못하였음에도 거짓이나 그 밖의 부정한 방법으로 신청하여 지원받은 경우 : 지원받은 금액 전부

② 3개월 연속 10명 이상으로 연금보험료 지원 중단 사유가 발생하였음에도 계속 지원받았음이 확인된 경우 : 그 사유가 발생한 날이 속하는 달의 다음 달 이후부터 지원받은 금액

③ 지원대상 근로자(해당 연도에 사업장가입자 자격을 새로 취득한 근로자에 한정한다)의 다음 연도의 기준소득월액이 고시한 소득상한액의 1천분의 1천100을 초과한 경우 : 해당 근로자가 지원받은 금액 전부(⇒ 가입자 개별 지원제외신청 가능)

④ 그 밖에 사용자의 미신고 등의 사유로 지원대상이 아닌 자에게 지원되었음이 확인된 경우 : 잘못 지원된 금액

11 보험료 지원 신청을 하려는 甲, 乙, 丙, 丁이 위의 규정을 이해한 내용으로 옳지 않은 것은?

① 甲 : 공공기관인 경우는 보험료 지원 대상에서 제외되어 별도 신고가 필요하지 않군.
② 乙 : 지원대상이 아닌 자에게 지원된 금액은 환수조치 하도록 되어 있군.
③ 丙 : 보험료 지원 금액은 사용자 및 근로자 보험료의 각 30%야.
④ 丁 : 공단은 사업장에서 보험료 지원신청을 할 수 있도록 지원 대상 사업장에 대하여 안내장을 보내야 해.

✔️**해설** ③ 지원대상자의 연금보험료 중 사용자 및 근로자 보험료의 각 1/2를 지원한다.

12 공단에서 근무하고 있는 사원 S씨는 보험료를 지원하고 있는 A사업장이 사실은 지원요건을 갖추지 않았음에도 불구하고 거짓으로 신청한 사실을 알았다. 사원 S씨는 어떻게 해야 하는가?

① 부당이득반환청구소송을 진행한다.
② 지원받은 금액 전부를 환수 결정한다.
③ 여태까지 지원한 금액은 그냥 넘어가고 다음 달부터 지원을 하지 않는다.
④ 검찰에 고발한다.

✔️**해설** 지원신청 당시 지원요건을 갖추지 못하였음에도 거짓이나 그 밖의 부정한 방법으로 신청하여 지원받은 경우는 지원받은 금액 전부를 환수한다.

Answer 11.③ 12.②

| 13~14 | 다음은 국민연금과 관련하여 심사청구에 대한 안내이다. 다음을 보고 물음에 답하시오.

심사청구 대상
① 가입자의 자격 취득 / 상실 통지
② 기준소득월액 결정 · 통지
③ 노령(장애/유족)연금 및 반환(사망)일시금 미해당 / 부지급 결정 · 통지
④ 급여지급 결정 · 통지
⑤ 연금 수급권 취소 결정 · 통지
⑥ 부당이득 환수 결정 · 통지 등
※ 2011.1.1부터 연금보험료 징수 관련업무가 건강보험공단으로 위탁됨에 따라 연금보험료 징수와 관련된 건강보험공단의 처분에 이의가 있는 경우에는 건강보험공단에 심사청구를 제기하여야 한다.

청구인과 피청구인
① 청구인
 • 국민연금법 : 가입자의 자격, 기준소득월액, 연금보험료 그 밖의 국민연금법에 따른 징수금과 급여에 관한 공단 또는 건강보험공단의 처분에 이의가 있는 자
 • 행정심판법 : 처분의 취소 또는 변경을 구할 법률상 이익이 있는 자
② 피청구인 : 국민연금공단 또는 건강보험공단

심사청구 기간과 방법
① 기간 : 심사청구는 공단의 처분이 있음을 안 날부터 90일 이내에 정해진 서식에 따라 심사청구서를 작성하여 청구인의 주장을 입증할 수 있는 증거자료와 함께 공단 또는 건강보험공단에 제출하여야 하며, 처분이 있은 날부터 180일을 경과하면 이를 제기하지 못한다.
② 방법 : 청구인이 직접 공단을 방문 또는 우편, 인터넷으로 가능하다.

심사청구 처리절차와 결정절차
① 처리절차 : 심사청구→지사 접수 · 이송→본부 안건 검토→심사위원회 심사 · 의결→결정→결정서 송부
② 결정절차 : 심사청구 사안을 심사하는 국민연금심사위원회는 사회 각계를 대표하는 위원들로 구성되어 있다. 심사위원회에서는 각각의 심사청구 사안에 대하여 증거자료를 수집하고, 필요한 경우 전문가의 자문을 거쳐 처분이 적법 · 타당했는지 심사하게 된다. 공단은 심사위원회의 심사 · 의결에 따라 각하, 기각 또는 인용(처분취소 또는 변경) 결정을 하고 그 결과를 심사청구를 받은 날부터 60일(30일 연장한 경우에는 90일) 이내에 통지한다.

심판기관
국민연금심사위원회 또는 징수심사위원회

13 위의 안내문을 보고 알 수 없는 것은?

① 심사청구를 할 수 있는 기간은 언제인가?
② 연금 수급권 취소 결정이 심사청구 대상에 포함되는가?
③ 심사청구에 대한 결정에 불복하는 자는 어떻게 하여야 하는가?
④ 심사청구의 처리절차는 어떻게 되는가?

✔해설 ③ 위의 안내문에서는 심사청구를 어떻게, 언제 제기하여야 하는가에 대해서는 언급하고 있지만 심사청구 결정에 대해 불복할 때 어떻게 하여야 하는지에 관해서는 언급이 없다.

14 甲은 위의 안내문을 바탕으로 홈페이지에 올라온 고객의 질문에 답변하려고 한다. 답변한 내용으로 옳지 않은 것은?

① Q : 부당이득 환수 결정 처분이 있은 지는 7개월이 되었지만 최근에서야 그 처분이 있었다는 걸 알았습니다. 심사청구가 가능한가요?
　 A : 처분이 있은 날부터 180일을 경과하면 심사청구를 제기하지 못합니다.
② Q : 심사청구를 하려고 하는데 어디에 청구해야 할지 모르겠어요.
　 A : 직접 공단을 방문하거나 우편 또는 인터넷으로 청구하시면 됩니다.
③ Q : 심사청구를 오늘 하였는데 언제 결과를 통지받을 수 있나요?
　 A : 원칙으로라면 60일 이내에 통지하나, 30일을 연장할 수 있기 때문에 최대 90일로 보시면 될 것 같습니다.
④ Q : 연금보험료 징수 처분에 대한 심사청구도 연금공단에 하여야 하나요?
　 A : 네. 심사청구 기간 이내에 연금공단 쪽으로 심사청구 하시면 됩니다.

✔해설 ④ 2011.1.1부터 연금보험료 징수 관련업무가 건강보험공단으로 위탁됨에 따라 연금보험료 징수와 관련된 건강보험공단의 처분에 이의가 있는 경우에는 건강보험공단에 심사청구를 제기하여야 한다.

Answer 13.③ 14.④

┃ 15~16 ┃ 다음은 어느 공사의 윤리강령에 관한 일부 내용이다. 이를 보고 물음에 답하시오.

임직원의 기본윤리

• 제4조 : 임직원은 공사의 경영이념과 비전을 공유하고 공사가 추구하는 목표와 가치에 공감하여 창의적인 정신과 성실한 자세로 맡은바 책임을 다하여야 한다.

• 제7조 : 임직원은 직무를 수행함에 있어 공사의 이익에 상충되는 행위나 이해관계를 하여서는 아니 된다.

• 제8조 : 임직원은 직무와 관련하여 사회통념상 용인되는 범위를 넘어 공정성을 저해할 수 있는 금품 및 향응 등을 직무관련자에게 제공하거나 직무관련자로부터 제공받아서는 아니 된다.

• 제12조 : 임직원은 모든 정보를 정당하고 투명하게 취득 · 관리하여야 하며 회계기록 등의 정보는 정확하고 정직하게 기록 · 관리하여야 한다.

고객에 대한 윤리

• 제13조 : 임직원은 고객이 공사의 존립이유이며 목표라는 인식하에서 항상 고객을 존중하고 고객의 입장에서 생각하며 고객을 모든 행동의 최우선의 기준으로 삼는다.

• 제14조 : 임직원은 고객의 요구와 기대를 정확하게 파악하여 이에 부응하는 최고의 상품과 최상의 서비스를 제공하기 위해 노력한다.

경쟁사 및 거래업체에 대한 윤리

• 제16조 : 임직원은 모든 사업 및 업무활동을 함에 있어서 제반법규를 준수하고 국내외 상거래관습을 존중한다.

• 제17조 : 임직원은 자유경쟁의 원칙에 따라 시장경제 질서를 존중하고 경쟁사와는 상호존중을 기반으로 정당한 선의의 경쟁을 추구한다.

• 제18조 : 임직원은 공사가 시행하는 공사 · 용역 · 물품구매 등의 입찰 및 계약체결 등에 있어서 자격을 구비한 모든 개인 또는 단체에게 평등한 기회를 부여한다.

임직원에 대한 윤리

• 제19조 : 공사는 임직원에 대한 믿음과 애정을 가지고 임직원 개개인을 존엄한 인격체로 대하며, 임직원 개인의 종교적 · 정치적 의사와 사생활을 존중한다.

• 제20조 : 공사는 교육 및 승진 등에 있어서 임직원 개인의 능력과 자질에 따라 균등한 기회를 부여하고, 성과와 업적에 대해서는 공정하게 평가하고 보상하며, 성별 · 학력 · 연령 · 종교 · 출신지역 · 장애 등을 이유로 차별하거나 우대하지 않는다.

• 제21조 : 공사는 임직원의 능력개발을 적극 지원하여 전문적이고 창의적인 인재로 육성하고, 임직원의 독창적이고 자율적인 사고와 행동을 촉진하기 위하여 모든 임직원이 자유롭게 제안하고 의사표현을 할 수 있는 여건을 조성한다.

15 공사의 윤리강령을 보고 이해한 내용으로 가장 적절하지 않은 것은?

① 윤리강령은 윤리적 판단의 기준을 임직원에게 제공하기 위해 작성되었다.

② 국가와 사회에 대한 윤리는 위의 윤리강령에 언급되지 않았다.

③ 임직원이 지켜야 할 행동 기준뿐만 아니라 공사가 임직원을 어떻게 대해야 하는지에 관한 윤리도 포함되었다.

④ 강령에 저촉된 행위를 한 임직원에 대하여는 징계 조치를 취할 수 있다.

> ✔해설 ④ 윤리강령을 나열하였을 뿐, 징계 조치에 관한 부분은 나와 있지 않다.

16 위의 '임직원의 기본윤리' 중 언급되지 않은 항목은?

① 이해충돌 회피

② 부당이득 수수금지

③ 투명한 정보관리

④ 자기계발

> ✔해설 제4조는 책임완수, 제7조는 이해충돌 회피, 제8조는 부당이득 수수금지, 제12조는 투명한 정보관리에 관한 내용이다. 자기계발에 관한 부분은 언급되지 않았다.

Answer 15.④ 16.④

17 다음은 어느 공사의 윤리헌장이다. 밑줄 친 단어를 한자로 바꾸어 쓴 것으로 옳지 않은 것은?

우리 공사는 신뢰와 존경받는 일등 공기업으로서 새롭게 100년의 역사를 만들기 위하여 모든 임직원은 올바른 행동과 가치판단의 기준으로 아래와 같이 윤리헌장을 제정하고 <u>실천</u>을 다짐한다.

하나, 윤리적 기준과 원칙이 모든 경영 활동의 기본이 되고 의사결정의 <u>기초</u>가 된다.

하나, 국내외 법규와 국제협약을 준수한다.

하나, 임직원의 <u>존엄성</u>과 다양성을 존중한다.

하나, 개인의 이해를 초월하여 공사의 <u>이익</u>을 추구한다.

하나, 고객만족을 실천하고 협력업체와 상생을 추구한다.

하나, 기업시민으로서 지켜야 할 의무와 책임을 다한다.

하나, 지속가능경영을 위한 글로벌 스탠다드를 준수한다.

① 실천 – 實踐

② 기초 – 基礎

③ 존엄성 – 尊嚴性

④ 이익 – 李瀷

✔ 해설 ④ '이익'은 한자로 '利益'으로 써야 한다.

18 다음은 S공사의 기간제 근로자 채용 공고문이다. 이에 대한 설명으로 바르지 않은 것은?

> □ 접수기간 : 20xx. 2. 17.(금) ~ 20xx. 2. 21.(화) (09:00~18:00)
> □ 접수방법 : 이메일(abcde@fg.or.kr)
> □ 제출서류
> – 이력서 및 자기소개서 1부(반드시 첨부 양식에 맞춰 작성요망)
> – 자격증 사본 1부(해당자에 한함)
> □ 서류전형발표 : 20xx. 2. 22.(수) 2시 이후(합격자에게만 개별 유선통보)
> □ 면접전형 : 20xx. 2. 23.(목) 오후
> – 면접장소 : 경기도 성남시 분당구 성남대로 54번길 3 경기지역본부 2층
> □ 최종합격자 발표 : 20xx. 2. 24.(금) 오전(합격자에게만 개별 유선통보)
> ※ 위 채용일정은 채용사정에 따라 변동 가능
> □ 근로조건
> – 구분 : 주거복지 보조
> – 근무지 : S공사 경기지역본부
> – 근무조건 : 1일 8시간(09~18시) 주 5일 근무
> – 임금 : 월 170만 원 수준(수당 포함)
> – 계약기간 : 6개월(최대 2년 미만)
> – 4대 보험 가입
> ※ 최초 6개월 이후 근무성적평정 결과에 따라 추가 계약 가능
> ※ 예산 또는 업무량 감소로 인원 감축이 필요하거나 해당 업무가 종료되었을 경우에는 그 시기까지를 계약기간으로 함(최소 계약기간은 보장함).

① 접수 기간 내 접수가 가능한 시간은 근로자의 근무시간대와 동일하다.
② 제출서류는 양식에 맞춰 이메일로만 제출 가능하며, 모든 지원자가 관련 자격증을 제출해야 하는 것은 아니다.
③ 서류전형 발표일 오후 늦게까지 아무런 연락이 없을 경우, S공사 홈페이지에서 확인을 해야 한다.
④ 최종합격자의 공식 근무지는 경기도 성남시 분당구에 위치하게 된다.

✔**해설** ③ 서류전형과 최종합격자 발표는 합격자에게만 개별 유선통보가 되는 것이므로 연락이 없을 경우 합격하지 못한 것으로 판단할 수 있다. 일반적으로 채용 공고문에서는 합격자 발표 방법으로 개별 통보 또는 홈페이지에서 확인 등을 제시하고 있으므로 반드시 이를 숙지할 필요가 있다.
① 접수 가능 시간과 근로자 근무시간대는 동일하게 09:00~18:00이다.
② 접수방법은 이메일이라고 언급하고 있으며, 자격증은 해당자만 제출하면 된다.
④ 근무지는 S공사 경기지역본부이므로 공식 근무지 위치는 경기지역본부 소재지인 경기도 성남시 분당구가 된다.

Answer 17.④ 18.③

제6조(보증사고)
① 보증사고라 함은 아래에 열거된 보증사고 사유 중 하나를 말합니다.
    1. 보증채권자가 전세계약기간 종료 후 1월까지 정당한 사유 없이 전세보증금을 반환받지 못하였을 때
    2. 전세계약 기간 중 전세목적물에 대하여 경매 또는 공매가 실시되어, 배당 후 보증채권자가 전세보증금을 반환받지 못하였을 때
② 제1항 제1호의 보증사고에 있어서는 전세계약기간이 갱신(묵시적 갱신을 포함합니다)되지 않은 경우에 한합니다.

제7조(보증이행 대상이 아닌 채무)
보증회사는 다음 각 호의 어느 하나에 해당하는 사유가 있는 경우에는 보증 채무를 이행하지 아니합니다.
    1. 천재지변, 전쟁, 내란 기타 이와 비슷한 사정으로 주채무자가 전세계약을 이행하지 못함으로써 발생한 채무
    2. 주채무자의 전세보증금 반환의무 지체에 따른 이자 및 지연손해금
    3. 주채무자가 실제 거주하지 않는 명목상 임차인 등 정상계약자가 아닌 자에게 부담하는 채무
    4. 보증채권자가 보증채무이행을 위한 청구서류를 제출하지 아니하거나 협력의무를 이행하지 않는 등 보증채권자의 책임 있는 사유로 발생하거나 증가된 채무 등

제9조(보증채무 이행청구시 제출서류)
① 보증채권자가 보증채무의 이행을 청구할 때에는 보증회사에 다음의 서류를 제출하여야 합니다.
    1. 보증채무이행청구서
    2. 신분증 사본
    3. 보증서 또는 그 사본(보증회사가 확인 가능한 경우에는 생략할 수 있습니다)
    4. 전세계약이 해지 또는 종료되었음을 증명하는 서류
    5. 명도확인서 또는 퇴거예정확인서
    6. 배당표 등 전세보증금 중 미수령액을 증명하는 서류(경·공매시)
    7. 회사가 요구하는 그 밖의 서류
② 보증채권자는 보증회사로부터 전세계약과 관계있는 서류사본의 교부를 요청받은 때에는 이에 응하여야 합니다.
③ 보증채권자가 제1항 내지 제2항의 서류 중 일부를 누락하여 이행을 청구한 경우 보증회사는 서면으로 기한을 정하여 서류보완을 요청할 수 있습니다.

제18조(분실·도난 등)
보증채권자는 이 보증서를 분실·도난 또는 멸실한 경우에는 즉시 보증회사에 신고하여야 합니다. 만일 신고하지 아니함으로써 일어나는 제반 사고에 대하여 보증회사는 책임을 부담하지 아니합니다.

19 이 회사의 사원 L은 약관을 읽고 질의응답에 답변을 했다. 질문에 대한 답변으로 옳지 않은 것은?

① Q : 2년 전세 계약이 만료되고 묵시적으로 계약이 연장되었는데, 이 경우도 보증사고에 해당하는 건가요?
A : 묵시적으로 전세계약기간이 갱신된 경우에는 보증사고에 해당하지 않습니다.

② Q : 보증서를 분실하였는데 어떻게 해야 하나요?
A : 즉시 보증회사에 신고하여야 합니다. 그렇지 않다면 제반 사고에 대하여 보증회사는 책임지지 않습니다.

③ Q : 주채무자가 전세보증금 반환의무를 지체하는 바람에 생긴 지연손해금도 보증회사에서 이행하는 건가요?
A : 네. 주채무자의 전세보증금 반환의무 지체에 따른 이자 및 지연손해금도 보증 채무를 이행하고 있습니다.

④ Q : 보증회사에 제출해야 하는 서류는 어떤 것들이 있나요?
A : 보증채무이행청구서, 신분증 사본, 보증서 또는 그 사본, 전세계약이 해지 또는 종료되었음을 증명하는 서류, 명도확인서 또는 퇴거예정확인서, 배당표 등 전세보증금중 미수령액을 증명하는 서류(경·공매시) 등이 있습니다.

✔️**해설** ③ 주채무자의 전세보증금 반환의무 지체에 따른 이자 및 지연손해금은 보증 채무를 이행하지 아니한다(제7조 제2호).

20 다음과 같은 상황이 발생하여 적용되는 약관을 찾아보려고 한다. 적용되는 약관의 조항과 그에 대한 대응방안으로 옳은 것은?

> 보증채권자인 A는 보증채무 이행을 청구하기 위하여 보증채무이행청구서, 신분증 사본, 보증서 사본, 명도확인서를 제출하였다. 이를 검토해 보던 사원 L은 A가 전세계약이 해지 또는 종료되었음을 증명하는 서류를 제출하지 않은 것을 알게 되었다. 이 때, 사원 L은 어떻게 해야 하는가?

① 제9조 제2항, 청구가 없었던 것으로 본다.
② 제9조 제2항, 기간을 정해 서류보완을 요청한다.
③ 제9조 제3항, 청구가 없었던 것으로 본다.
④ 제9조 제3항, 기간을 정해 서류보완을 요청한다.

✔️**해설** 보증채권자가 서류 중 일부를 누락하여 이행을 청구한 경우 보증회사는 서면으로 기한을 정하여 서류보완을 요청할 수 있다.

Answer 19.③ 20.④

| 21~22 | 다음은 어느 공항의 〈교통약자 공항이용안내〉의 일부이다. 이를 읽고 물음에 답하시오.

패스트트랙
- Fast Track을 이용하려면 교통약자(보행장애인, 7세 미만 유소아, 80세 이상 고령자, 임산부, 동반여객 2인 포함)는 본인이 이용하는 항공사의 체크인카운터에서 이용대상자임을 확인 받고 'Fast Track Pass'를 받아 Fast Track 전용출국장인 출국장 1번, 6번 출국장입구에서 여권과 함께 제시하면 됩니다.
- 인천공항 동편 전용출국통로(Fast Track, 1번 출국장), 오전7시 ~ 오후7시까지 운영 중이며, 운영상의 미비점을 보완하여 정식운영(동·서편, 전 시간 개장)을 개시할 예정에 있습니다.

휠체어 및 유모차 대여
공항 내 모든 안내데스크에서 휠체어 및 유모차를 필요로 하는 분께 무료로 대여하여 드리고 있습니다.

장애인 전용 화장실
- 여객터미널 내 화장실마다 최소 1실의 장애인 전용화장실이 있습니다.
- 장애인분들의 이용 편의를 위하여 넓은 출입구와 내부공간, 버튼식자동문, 비상벨, 센서작동 물내림 시설을 설치하였으며 항상 깨끗하게 관리하여 편안한 공간이 될 수 있도록 하고 있습니다.

주차대행 서비스
- 공항에서 허가된 주차대행 서비스(유료)를 이용하시면 보다 편리하고 안전하게 차량을 주차하실 수 있습니다.
- 경차, 장애인, 국가유공자의 경우 할인된 금액으로 서비스를 이용하실 수 있습니다.

장애인 주차 요금 할인
주차장 출구의 유인부스를 이용하는 장애인 차량은 장애인증을 확인 후 일반주차요금의 50%를 할인하여 드리고 있습니다.

휠체어 리프트 서비스
- 장기주차장에서 여객터미널까지의 이동이 불편한 장애인, 노약자 등 교통약자의 이용 편의 증진을 위해 무료 이동 서비스를 제공하여 드리고 있습니다.
- 여객터미널↔장기주차장, 여객터미널↔화물터미널행의 모든 셔틀버스에 휠체어 탑승리프트를 설치, 편안하고 안전하게 모시고 있습니다.

21 다음 교통약자를 위한 서비스 중 무료로 이용할 수 있는 서비스만으로 묶인 것은?

① 주차대행 서비스, 장애인 전용 화장실 이용
② 장애인 차량 주차, 휠체어 및 유모차 대여
③ 휠체어 및 유모차 대여, 휠체어 리프트 서비스
④ 휠체어 및 유모차 대여, 주차대행 서비스

 ①④ 주차대행 서비스가 유료이다.
② 장애인 차량은 장애인증 확인 후 일반주차요금의 50%가 할인된다.

22 Fast Track 이용 가능한 교통약자가 아닌 사람은?

① 80세 고령자
② 임산부
③ 보행장애인
④ 8세 아동

 Fast Track 이용 가능한 교통약자는 보행장애인, 7세 미만 유소아, 80세 이상 고령자, 임산부, 동반여객 2인이다.

23 다음 자료는 H전자 50주년 기념 프로모션에 대한 안내문이다. 안내문을 보고 이해한 내용으로 틀린 사람을 모두 고른 것은?

H전자 50주년 기념행사 안내

50년이라는 시간동안 저희 H전자를 사랑해주신 고객여러분들께 감사의 마음을 전하고자 아래와 같이 행사를 진행합니다. 많은 이용 부탁드립니다.

– 아래 –

1. 기간 : 20××년 12월 1일~ 12월 15일
2. 대상 : 전 구매고객
3. 내용 : 구매 제품별 혜택 상이

제품명		혜택	비고
노트북	H-100	• 15% 할인 • 2년 무상 A/S • 사은품 : 노트북 파우치 or 5GB USB(택1)	현금결제 시 할인금액의 5% 추가 할인
	H-105		
세탁기	H 휘롬	• 20% 할인 • 사은품 : 세제 세트, 고급 세탁기커버	전시상품 구매 시 할인 금액의 5% 추가 할인
TV	스마트 H TV	• 46in 구매시 LED TV 21.5in 무상 증정	
스마트폰	H-Tab20	• 10만 원 할인(H카드 사용 시) • 사은품 : 샤오밍 10000mAh 보조배터리	–
	H-V10	• 8만 원 할인(H카드 사용 시) • 사은품 : 샤오밍 5000mAh 보조배터리	–

4. 기타 : 기간 내에 H카드로 매장 방문 20만 원 이상 구매고객에게 1만 서비스 포인트를 더 드립니다.
5. 추첨행사 안내 : 매장 방문고객 모두에게 추첨권을 드립니다(1인 1매).

등수	상품
1등상(1명)	H캠-500D
2등상(10명)	샤오밍 10000mAh 보조배터리
3등상(500명)	스타베네 상품권(1만 원)

※ 추첨권 당첨자는 20××년 12월 25일 www.H-digital.co.kr에서 확인하실 수 있습니다.

㉠ 수미 : H-100 노트북을 현금으로 사면 20%나 할인 받을 수 있구나.
㉡ 병진 : 스마트폰 할인을 받으려면 H카드가 있어야 해.
㉢ 지수 : 46in 스마트 H TV를 사면 같은 기종의 작은 TV를 사은품으로 준대.
㉣ 효정 : H전자에서 할인 혜택을 받으려면 H카드나 현금만 사용해야 하나봐.

① 수미　　　　　　　　　　　　　② 병진, 지수

③ 수미, 효정　　　　　　　　　　④ 수미, 지수, 효정

 ㉠ 15% 할인 후 가격에서 5%가 추가로 할인되는 것이므로 20%보다 적게 할인된다.
　　　　㉡ 위 안내문과 일치한다.
　　　　㉢ 같은 기종이 아닌 LED TV가 증정된다.
　　　　㉣ 노트북, 세탁기, TV는 따로 H카드를 사용해야 한다는 항목이 없으므로 옳지 않다.

24 다음은 정보공개 청구권자에 대한 자료이다. 이 자료에서 잘못 쓰여진 글자는 모두 몇 개인가?

정보공개 청구권자

○ 모든 국민

• 미성년자, 재외국민, 수형인 등 포함

• 미성년자에 의한 공개청구에 대하여 법률상 별도의 규정이 없으나, 일반적으로 미성년자는 사법상의 무능력자로서 단독으로는 완전한 법률행위가 불가능하다. 그러나 무능력자의 범위는 대체로 재산보호를 위해 설정된 것이며, 정보공개와 같은 성질의 행위는 다음과 같은 경우에는 가능하다고 본다.

　－중학생 이하 : 비용부담능력이 없기 때문에 단독으로 청구하는 것은 인정하지 않으며, 친권자 등 법정대시인에 의한 청구가 가능

　－고등학생 이상 : 공개제도의 취지, 내용 등에 대하여 충분히 이해가 가능하고 비용부담능력이 있다고 판단되므로 단독청구 가능

○ 법인

• 사법상의 사단법인·재란법인, 공법상의 법인(자치단체 포함), 정부투기기관, 정부출연기관 등

• 법인격 없는 단체나 기관 포함

○ 외국인

• 국내에 일정한 주소를 두고 거주하는 자

• 학술·연구를 위하여 일시적으로 체유하는 자

• 국내에 사무소를 두고 있는 법인 또는 단체

　※ 제외대상 : 외국거주자(개인, 법인), 국내 불법체류 외국인 등

---

① 1개　　　　　　　　　　　　　② 2개

③ 3개　　　　　　　　　　　　　④ 4개

 법정대시인→법정대리인
　　　　재란법인→재단법인
　　　　정부투기기관→정부투자기관
　　　　체유하는→체류하는

25 다음 글은 합리적 의사결정을 위해 필요한 절차적 조건 중의 하나에 관한 설명이다. 다음 보기 중 이 조건을 위배한 것끼리 묶은 것은?

> 합리적 의사결정을 위해서는 정해진 절차를 충실히 따르는 것이 필요하다. 고도로 복잡하고 불확실하나 문제상황 속에서 결정의 절차가 합리적이기 위해서는 다음과 같은 조건이 충족되어야 한다
>
> 〈조건〉
>
> 정책결정 절차에서 논의되었던 모든 내용이 결정절차에 참여하지 않은 다른 사람들에게 투명하게 공개되어야 한다. 그렇지 않으면 이성적 토론이 무력해지고 객관적 증거나 논리 대신 강압이나 회유 등의 방법으로 결론이 도출되기 쉽기 때문이다.

> 〈보기〉
>
> ㉠ 심의에 참여한 분들의 프라이버시 보호를 위해 오늘 회의의 결론만 간략히 알려드리겠습니다.
> ㉡ 시간이 촉박하니 회의 참석자 중에서 부장급 이상만 발언하도록 합시다.
> ㉢ 오늘 논의하는 안건은 매우 민감한 사안이니만큼 비참석자에게는 그 내용을 알리지 않을 것입니다. 그러니 회의자료 및 메모한 내용도 두고 가시기 바랍니다.
> ㉣ 우리가 외부에 자문을 구한 박사님은 이 분야의 최고 전문가이기 때문에 참석자 간의 별도 토론 없이 박사님의 의견을 그대로 채택하도록 합시다.
> ㉤ 오늘 안건은 매우 첨예한 이해관계가 걸려 있으니 상대방에 대한 반론은 자제해주시고 자신의 주장만 말씀해주시기 바랍니다.

① ㉠, ㉡   ② ㉠, ㉢

③ ㉢, ㉣   ④ ㉢, ㉤

✔ **해설** 합리적 의사결정의 조건으로 회의에서 논의된 내용이 투명하게 공개되어야 한다는 조건을 명시하고 있으나, ㉠과 ㉢에서는 비공개주의를 원칙으로 하고 있기 때문에 조건에 위배된다.

▌26~27 ▌ 다음은 가스안전사용요령이다. 이를 보고 물음에 답하시오.

사용 전 주의사항 : 환기
- 가스를 사용하기 전에는 연소기 주변을 비롯한 실내에서 특히 냄새를 맡아 가스가 새지 않았는가를 확인하고 창문을 열어 환기시키는 안전수칙을 생활화 합니다.
- 연소기 부근에는 가연성 물질을 두지 말아야 합니다.
- 콕, 호스 등 연결부에서 가스가 누출되는 경우가 많기 때문에 호스 밴드로 확실하게 조이고, 호스가 낡거나 손상되었을 때에는 즉시 새것으로 교체합니다.
- 연소 기구는 자주 청소하여 불꽃구멍 등에 음식찌꺼기 등이 끼어있지 않도록 유의합니다.

사용 중 주의사항 : 불꽃확인
- 사용 중 가스의 불꽃 색깔이 황색이나 적색인 경우는 불완전 연소되는 것으로, 연소 효율이 좋지 않을 뿐 아니라 일산화탄소가 발생되므로 공기조절장치를 움직여서 파란불꽃 상태가 되도록 조절해야 합니다.
- 바람이 불거나 국물이 넘쳐 불이 꺼지면 가스가 그대로 누출되므로 사용 중에는 불이 꺼지지 않았는지 자주 살펴봅니다. 구조는 버너, 삼발이, 국물받이로 간단히 분해할 수 있게 되어 있으며, 주로 가정용으로 사용되고 있다.
- 불이 꺼질 경우 소화 안전장치가 없는 연소기는 가스가 계속 누출되고 있으므로 가스를 잠근 다음 샌 가스가 완전히 실외로 배출된 것을 확인한 후에 재점화 해야 합니다. 폭발범위 안의 농도로 공기와 혼합된 가스는 아주 작은 불꽃에 의해서도 인화 폭발되므로 배출시킬 때에는 환풍기나 선풍기 같은 전기제품을 절대로 사용하지 말고 방석이나 빗자루를 이용함으로써 전기스파크에 의한 폭발을 막아야 합니다.
- 사용 중에 가스가 떨어져 불이 꺼졌을 경우에도 반드시 연소기의 콕과 중간밸브를 잠그도록 해야 합니다.

사용 후 주의사항 : 밸브잠금
- 가스를 사용하고 난 후에는 연소기에 부착된 콕은 물론 중간밸브도 확실하게 잠그는 습관을 갖도록 해야 합니다.
- 장기간 외출시에는 중간밸브와 함께 용기밸브(LPG)도 잠그고, 도시가스를 사용하는 곳에서는 가스계량기 옆에 설치되어 있는 메인밸브까지 잠가 두어야 밀폐된 빈집에서 가스가 새어나와 냉장고 작동시 생기는 전기불꽃에 의해 폭발하는 등의 불의의 사고를 예방할 수 있습니다.
- 가스를 다 사용하고 난 빈 용기라도 용기 안에 약간의 가스가 남아 있는 경우가 많으므로 빈용기라고 해서 용기밸브를 열어놓은 채 방치하면 남아있는 가스가 새어나올 수 있으므로 용기밸브를 반드시 잠근 후에 화기가 없는 곳에 보관하여야 합니다.

---

26 가스안전사용요령을 읽은 甲의 행동으로 옳지 않은 것은?

① 甲은 호스가 낡아서 즉시 새것으로 교체를 하였다.
② 甲은 가스의 불꽃이 적색인 것을 보고 정상적인 것으로 생각해 그냥 내버려 두었다.
③ 甲은 장기간 집을 비우게 되어 중간밸브와 함께 용기밸브(LPG)도 잠그고 메인밸브까지 잠가두고 집을 나갔다.
④ 甲은 연소 기구를 자주 청소하여 음식물 등이 끼지 않도록 하였다.

✔해설 ② 사용 중 가스의 불꽃 색깔이 황색이나 적색인 경우는 불완전 연소되는 것으로, 연소 효율이 좋지 않을 뿐 아니라 일산화탄소가 발생되므로 공기조절장치를 움직여서 파란불꽃 상태가 되도록 조절해야 한다.

27 가스 사용 중에 가스가 떨어져 불이 꺼졌을 경우에는 어떻게 해야 하는가?

① 창문을 열어 환기시킨다.
② 연소기구를 청소한다.
③ 용기밸브를 열어 놓는다.
④ 연소기의 콕과 중간밸브를 잠그도록 해야 한다.

✔해설 ④ 사용 중에 가스가 떨어져 불이 꺼졌을 경우에도 반드시 연소기의 콕과 중간밸브를 잠그도록 해야 한다.

28 다음 일정표에 대해 잘못 이해한 것을 고르면?

Albert Denton : Tuesday, September 24

8:30 a.m.	Meeting with S.S. Kim in Metropolitan Hotel lobby Taxi to Extec Factory
9:30–11:30 a.m.	Factory Tour
12:00–12:45 p.m.	Lunch in factory cafeteria with quality control supervisors
1:00–2:00 p.m.	Meeting with factory manager
2:00 p.m.	Car to warehouse
2:30–4:00 p.m.	Warehouse tour
4:00 p.m.	Refreshments
5:00 p.m.	Taxi to hotel (approx. 45 min)
7:30 p.m.	Meeting with C.W. Park in lobby
8:00 p.m.	Dinner with senior managers

① They are having lunch at the factory.

② The warehouse tour takes 90 minutes.

③ The factory tour is in the afternoon.

④ Mr. Denton has some spare time before in the afternoon.

✔해설 Albert Denton : 9월 24일, 화요일

8:30 a.m.	Metropolitan 호텔 로비 택시에서 Extec 공장까지 Kim S.S.와 미팅
9:30–11:30 a.m.	공장 투어
12:00–12:45 p.m.	품질 관리 감독관과 공장 식당에서 점심식사
1:00–2:00 p.m.	공장 관리자와 미팅
2:00 p.m.	차로 창고에 가기
2:30–4:00 p.m.	창고 투어
4:00 p.m.	다과
5:00 p.m.	택시로 호텔 (약 45분)
7:30 p.m.	C.W. Park과 로비에서 미팅
8:00 p.m.	고위 간부와 저녁식사

③ 공장 투어는 9시 30분에서 11시 30분까지이므로 오후가 아니다.

29 다음은 어느 시의회의 2025년도 업무보고 청취 회의의 회의록의 일부이다. 회의에 임하는 태도로 가장 부적절한 것은?

A 위원장 : 2025년도 업무보고 청취의 건을 계속해서 상정합니다. 다음은 부문별 보고로 보건관리과 소관 업무보고를 받도록 하겠습니다. ⊙ <u>보건관리과장 나오셔서 신규사업 위주로 보고해 주시기 바랍니다.</u>

보건관리과장 : 보건관리과장 ○○○입니다. 보건관리과 소관 2018년도 주요업무 계획을 보고 드리겠습니다.

(보고사항 생략)

A 위원장 : 수고하셨습니다. 다음은 질의하실 위원 질의하여 주시기 바랍니다.

B 위원 : ⓒ <u>B 위원입니다. ○○○과장님 보고 잘 받았습니다.</u> 우리 시 시민의 건강을 위해 늘 애쓰심에 감사의 말씀을 드리고요. 질의 들어가겠습니다. 보고서 11쪽, 보건소 제증명 인터넷 재발급 서비스를 보면 신규사업인데 비예산 사업이네요. 저는 이런 부분에 대해서 직원 분한테 감사하다는 말씀드리고 싶어요. 기존에 있는 시스템, 프로그램을 활용해서 제증명을 발급하는 거죠?

보건관리과장 : 동은 작년도에 실시했고요. 59.3%를 동에서 발급했습니다.

B 위원 : 비예산으로 사업을 함으로써 우리 시민이 편안하게 행정서비스를 받을 수 있다는 것에 박수를 보내드립니다. 이런 것들이 정말 중요한 사업이 아닌가 생각을 합니다. 감사하고요. 14쪽 '4분의 기적' 꼭 필요한 겁니다. 지금 우리 시 전체 설치된 자동심장충격기가 몇 개죠? 2024년 실적을 보면 종합운동장 등 78개소라고 돼 있는데요.

보건관리과장 : ⓒ <u>올해부터 5월 31일까지 500세대 이상 되는 아파트라든지 집단시설에 의무적으로 설치하도록 되어 있습니다.</u>

B 위원 : 강제조항이 있습니까?

보건관리과장 : 법이 개정돼서 올해부터 점검을 통해서 주택과에서 감사도 하고요. 저희 점검을 통해서, 관리비로 다 세우기 때문에……

B 위원 : ⓔ <u>잘 하시는 사업인데요.</u> 본 위원이 걱정스러운 게 4분의 기적이에요. 일반적으로 평상 시 다니다 보면 '자동심장충격기 여기 있구나.' 알아요. 그런데 급한 시 사용하잖아요. 그때 "자동심장충격기 보신 분 가져다 주세요." 하면 사람들이 위치가 어디인지 파악할 수가 없게 되어 있어요. 요점은, 효과적으로 홍보가 안됐다는 거죠.

---

① ⊙

② ⓒ

③ ⓒ

④ ⓔ

✅ **해설** ③ B 위원은 시 전체 설치된 자동심장충격기가 몇 개인지 물었는데 보건관리과장은 ⓒ에서 다른 답변을 하고 있다. 회의 중 받은 질의에 대해서는 질의자의 질문에 적절한 답변을 해야 한다.
① 명령을 할 때에는 강압적인 말투보다는 요청하듯 부드럽게 표현하는 것이 효과적이다.
② 회의에서 질의를 할 때에는 가장 먼저 자신의 소속이나 이름을 밝히고, 발표자의 보고를 경청했다는 표현 등을 함께 해 주면 좋다.
④ 질책을 하기 전에는 칭찬의 말을 먼저 하고 질책의 말을 하는 것이 바람직하며, 질책 후에는 격려를 함께 하는 것이 청자의 반발을 최소화할 수 있다.

30 다음은 A 그룹 정기총회의 식순이다. 정기총회 준비와 관련하여 대표이사 甲과 비서 乙의 업무처리 과정에서 가장 옳지 않은 것은?

2025년도 ㈜A 그룹 정기총회

주관 : 대표이사 甲

▌ 식순 ▌
1. 성원보고
2. 개회선언
3. 개회사
4. 위원회 보고
5. 미결안건 처리
6. 안건심의
[제1호 의안] 2024년도 회계 결산 보고 및 승인의 건
[제2호 의안] 2025년도 사업 계획 및 예산 승인의 건
[제3호 의안] 이사 선임 및 변경에 대한 추인 건
7. 폐회

---

① 비서 乙은 성원보고와 관련하여 정관의 내용을 확인하고 甲에게 정기총회 요건이 충족되었다고 보고하였다.
② 비서 乙은 2024년도 정기총회의 개회사를 참고하여 2025년도 정기총회 개회사 초안을 작성하여 甲에게 보고하고 검토를 요청하였다.
③ 대표이사 甲은 지난 주주총회에서 미결된 안건이 없었는지 다시 확인해보라고 지시하였고, 비서 乙은 이에 대한 정관을 찾아서 확인 내용을 보고하였다.
④ 주주총회를 위한 회의 준비를 점검하는 과정에서 비서 乙은 빠진 자료가 없는지 매번 확인하였다.

✔해설 ④ 회의 준비를 점검하는 과정에서 매번 빠진 자료가 없는지 확인하는 것은 시간이 많이 소요되므로, 필요한 자료 목록을 작성하여 빠진 자료가 없는지 체크하고 중간점검과 최종점검을 통해 확인한다.

Answer 29.③ 30.④

Chapter 02 문제해결능력

1 문제와 문제해결

(1) 문제의 정의와 분류

① 정의 … 문제란 업무를 수행함에 있어서 답을 요구하는 질문이나 의논하여 해결해야 되는 사항이다.

② 문제의 분류

구분	창의적 문제	분석적 문제
문제제시 방법	현재 문제가 없더라도 보다 나은 방법을 찾기 위한 문제 탐구→문제 자체가 명확하지 않음	현재의 문제점이나 미래의 문제로 예견될 것에 대한 문제 탐구→문제 자체가 명확함
해결방법	창의력에 의한 많은 아이디어의 작성을 통해 해결	분석, 논리, 귀납과 같은 논리적 방법을 통해 해결
해답 수	해답의 수가 많으며, 많은 답 가운데 보다 나은 것을 선택	답의 수가 적으며 한정되어 있음
주요특징	주관적, 직관적, 감각적, 정성적, 개별적, 특수성	객관적, 논리적, 정량적, 이성적, 일반적, 공통성

(2) 업무수행과정에서 발생하는 문제 유형

① 발생형 문제(보이는 문제) … 현재 직면하여 해결하기 위해 고민하는 문제이다. 원인이 내재되어 있기 때문에 원인지향적인 문제라고도 한다.
   ㉠ 일탈문제 : 어떤 기준을 일탈함으로써 생기는 문제
   ㉡ 미달문제 : 어떤 기준에 미달하여 생기는 문제

② 탐색형 문제(찾는 문제) … 현재의 상황을 개선하거나 효율을 높이기 위한 문제이다. 방치할 경우 큰 손실이 따르거나 해결할 수 없는 문제로 나타나게 된다.
   ㉠ 잠재문제 : 문제가 잠재되어 있어 인식하지 못하다가 확대되어 해결이 어려운 문제
   ㉡ 예측문제 : 현재로는 문제가 없으나 현 상태의 진행 상황을 예측하여 찾아야 앞으로 일어날 수 있는 문제가 보이는 문제
   ㉢ 발견문제 : 현재로서는 담당 업무에 문제가 없으나 선진기업의 업무 방법 등 보다 좋은 제도나 기법을 발견하여 개선시킬 수 있는 문제

③ 설정형 문제(미래 문제) … 장래의 경영전략을 생각하는 것으로 앞으로 어떻게 할 것인가 하는 문제이다. 문제해결에 창조적인 노력이 요구되어 창조적 문제라고도 한다.

예제 1

D회사 신입사원으로 입사한 귀하는 신입사원 교육에서 업무수행과정에서 발생하는 문제 유형 중 설정형 문제를 하나씩 찾아오라는 지시를 받았다. 이에 대해 귀하는 교육받은 내용을 다시 복습하려고 한다. 설정형 문제에 해당하는 것은?

① 현재 직면하여 해결하기 위해 고민하는 문제
② 현재의 상황을 개선하거나 효율을 높이기 위한 문제
③ 앞으로 어떻게 할 것인가 하는 문제
④ 원인이 내재되어 있는 원인지향적인 문제

출제의도

업무수행 중 문제가 발생하였을 때 문제 유형을 구분하는 능력을 측정하는 문항이다.

해 설

업무수행과정에서 발생하는 문제 유형으로는 발생형 문제, 탐색형 문제, 설정형 문제가 있으며 ①④는 발생형 문제이며 ②는 탐색형 문제, ③이 설정형 문제이다.

답 ③

---

(3) 문제해결

① 정의 … 목표와 현상을 분석하고 이 결과를 토대로 과제를 도출하여 최적의 해결책을 찾아 실행·평가해 가는 활동이다.

② 문제해결에 필요한 기본적 사고

  ㉠ 전략적 사고 : 문제와 해결방안이 상위 시스템과 어떻게 연결되어 있는지를 생각한다.
  ㉡ 분석적 사고 : 전체를 각각의 요소로 나누어 그 의미를 도출하고 우선순위를 부여하여 구체적인 문제해결 방법을 실행한다.
  ㉢ 발상의 전환 : 인식의 틀을 전환하여 새로운 관점으로 바라보는 사고를 지향한다.
  ㉣ 내·외부자원의 활용 : 기술, 재료, 사람 등 필요한 자원을 효과적으로 활용한다.

③ 문제해결의 장애요소

  ㉠ 문제를 철저하게 분석하지 않는 경우
  ㉡ 고정관념에 얽매이는 경우
  ㉢ 쉽게 떠오르는 단순한 정보에 의지하는 경우
  ㉣ 너무 많은 자료를 수집하려고 노력하는 경우

④ 문제해결방법
   ⊙ 소프트 어프로치 : 문제해결을 위해서 직접적인 표현보다는 무언가를 시사하거나 암시를 통하여 의사를 전달하여 문제해결을 도모하고자 한다.
   ⓒ 하드 어프로치 : 상이한 문화적 토양을 가지고 있는 구성원을 가정하고, 서로의 생각을 직설적으로 주장하고 논쟁이나 협상을 통해 서로의 의견을 조정해 가는 방법이다.
   ⓒ 퍼실리테이션(facilitation) : 촉진을 의미하며 어떤 그룹이나 집단이 의사결정을 잘 하도록 도와주는 일을 의미한다.

2 문제해결능력을 구성하는 하위능력

(1) 사고력

① 창의적 사고 … 개인이 가지고 있는 경험과 지식을 통해 새로운 가치 있는 아이디어를 산출하는 사고능력이다.
   ⊙ 창의적 사고의 특징
     • 정보와 정보의 조합
     • 사회나 개인에게 새로운 가치 창출
     • 창조적인 가능성

예제 2

M사 홍보팀에서 근무하고 있는 귀하는 입사 5년차로 창의적인 기획안을 제출하기로 유명하다. S부장은 이번 신입사원 교육 때 귀하에게 창의적인 사고란 무엇인지 교육을 맡아달라고 부탁하였다. 창의적인 사고에 대한 귀하의 설명으로 옳지 않은 것은?

① 창의적인 사고는 새롭고 유용한 아이디어를 생산해 내는 정신적인 과정이다.
② 창의적인 사고는 특별한 사람들만이 할 수 있는 대단한 능력이다.
③ 창의적인 사고는 기존의 정보들을 특정한 요구조건에 맞거나 유용하도록 새롭게 조합시킨 것이다.
④ 창의적인 사고는 통상적인 것이 아니라 기발하거나, 신기하며 독창적인 것이다.

출제의도

창의적 사고에 대한 개념을 정확히 파악하고 있는지를 묻는 문항이다.

해 설

흔히 사람들은 창의적인 사고에 대해 특별한 사람들만이 할 수 있는 대단한 능력이라고 생각하지만 그리 대단한 능력이 아니며 이미 알고 있는 경험과 지식을 해체하여 다시 새로운 정보로 결합하여 가치 있는 아이디어를 산출하는 사고라고 할 수 있다.

답 ②

ⓛ 발산적 사고 : 창의적 사고를 위해 필요한 것으로 자유연상법, 강제연상법, 비교발상법 등을 통해 개발할 수 있다.

구분	내용
자유연상법	생각나는 대로 자유롭게 발상 ex) 브레인스토밍
강제연상법	각종 힌트에 강제적으로 연결 지어 발상 ex) 체크리스트
비교발상법	주제의 본질과 닮은 것을 힌트로 발상 ex) NM법, Synectics

Point 》 브레인스토밍

ⓐ 진행방법
- 주제를 구체적이고 명확하게 정한다.
- 구성원의 얼굴을 볼 수 있는 좌석 배치와 큰 용지를 준비한다.
- 구성원들의 다양한 의견을 도출할 수 있는 사람을 리더로 선출한다.
- 구성원은 다양한 분야의 사람들로 5~8명 정도로 구성한다.
- 발언은 누구나 자유롭게 할 수 있도록 하며, 모든 발언 내용을 기록한다.
- 아이디어에 대한 평가는 비판해서는 안 된다.

ⓑ 4대 원칙
- 비판엄금(Support) : 평가 단계 이전에 결코 비판이나 판단을 해서는 안 되며 평가는 나중까지 유보한다.
- 자유분방(Silly) : 무엇이든 자유롭게 말하고 이런 바보 같은 소리를 해서는 안 된다는 등의 생각은 하지 않아야 한다.
- 질보다 양(Speed) : 질에는 관계없이 가능한 많은 아이디어들을 생성해내도록 격려한다.
- 결합과 개선(Synergy) : 다른 사람의 아이디어에 자극되어 보다 좋은 생각이 떠오르고, 서로 조합하면 재미있는 아이디어가 될 것 같은 생각이 들면 즉시 조합시킨다.

② 논리적 사고 … 사고의 전개에 있어 전후의 관계가 일치하고 있는가를 살피고 아이디어를 평가하는 사고능력이다.

ⓐ 논리적 사고를 위한 5가지 요소 : 생각하는 습관, 상대 논리의 구조화, 구체적인 생각, 타인에 대한 이해, 설득

ⓑ 논리적 사고 개발 방법
- 피라미드 구조 : 하위의 사실이나 현상부터 사고하여 상위의 주장을 만들어가는 방법
- so what기법 : '그래서 무엇이지?'하고 자문자답하여 주어진 정보로부터 가치 있는 정보를 이끌어 내는 사고 기법

③ 비판적 사고 … 어떤 주제나 주장에 대해서 적극적으로 분석하고 종합하며 평가하는 능동적인 사고이다.

ⓐ 비판적 사고 개발 태도 : 비판적 사고를 개발하기 위해서는 지적 호기심, 객관성, 개방성, 융통성, 지적 회의성, 지적 정직성, 체계성, 지속성, 결단성, 다른 관점에 대한 존중과 같은 태도가 요구된다.

ⓛ 비판적 사고를 위한 태도

- 문제의식 : 비판적인 사고를 위해서 가장 먼저 필요한 것은 바로 문제의식이다. 자신이 지니고 있는 문제와 목적을 확실하고 정확하게 파악하는 것이 비판적인 사고의 시작이다.
- 고정관념 타파 : 지각의 폭을 넓히는 일은 정보에 대한 개방성을 가지고 편견을 갖지 않는 것으로 고정관념을 타파하는 일이 중요하다.

(2) 문제처리능력과 문제해결절차

① 문제처리능력 ··· 목표와 현상을 분석하고 이를 토대로 문제를 도출하여 최적의 해결책을 찾아 실행 · 평가하는 능력이다.

② 문제해결절차 ··· 문제 인식 → 문제 도출 → 원인 분석 → 해결안 개발 → 실행 및 평가

ⓐ 문제 인식 : 문제해결과정 중 'what'을 결정하는 단계로 환경 분석 → 주요 과제 도출 → 과제 선정의 절차를 통해 수행된다.

- 3C 분석 : 환경 분석 방법의 하나로 사업환경을 구성하고 있는 요소인 자사(Company), 경쟁사(Competitor), 고객(Customer)을 분석하는 것이다.

예제 3

L사에서 주력 상품으로 밀고 있는 TV의 판매 이익이 감소하고 있는 상황에서 귀하는 B부장으로부터 3C분석을 통해 해결방안을 강구해 오라는 지시를 받았다. 다음 중 3C에 해당하지 않는 것은?

① Customer   ② Company
③ Competitor   ④ Content

출제의도

3C의 개념과 구성요소를 정확히 숙지하고 있는지를 측정하는 문항이다.

해 설

3C 분석에서 사업 환경을 구성하고 있는 요소인 자사(Company), 경쟁사(Competitor), 고객을 3C(Customer)라고 한다. 3C 분석에서 고객 분석에서는 '고객은 자사의 상품 · 서비스에 만족하고 있는지'를, 자사 분석에서는 '자사가 세운 달성목표와 현상 간에 차이가 없는지'를 경쟁사 분석에서는 '경쟁기업의 우수한 점과 자사의 현상과 차이가 없는지'에 대한 질문을 통해서 환경을 분석하게 된다.

답 ④

- SWOT 분석 : 기업내부의 강점과 약점, 외부환경의 기회와 위협요인을 분석 · 평가하여 문제해결 방안을 개발하는 방법이다.

		내부환경요인	
		강점(Strengths)	약점(Weaknesses)
외부환경요인	기회 (Opportunities)	SO 내부강점과 외부기회 요인을 극대화	WO 외부기회를 이용하여 내부약점을 강점으로 전환
	위협 (Threat)	ST 외부위협을 최소화하기 위해 내부강점을 극대화	WT 내부약점과 외부위협을 최소화

ⓛ 문제 도출 : 선정된 문제를 분석하여 해결해야 할 것이 무엇인지를 명확히 하는 단계로, 문제 구조 파악 → 핵심 문제 선정 단계를 거쳐 수행된다.
- Logic Tree : 문제의 원인을 파고들거나 해결책을 구체화할 때 제한된 시간 안에서 넓이와 깊이를 추구하는데 도움이 되는 기술로 주요 과제를 나무모양으로 분해 · 정리하는 기술이다.

ⓒ 원인 분석 : 문제 도출 후 파악된 핵심 문제에 대한 분석을 통해 근본 원인을 찾는 단계로 Issue 분석 → Data 분석 → 원인 파악의 절차로 진행된다.

ⓔ 해결안 개발 : 원인이 밝혀지면 이를 효과적으로 해결할 수 있는 다양한 해결안을 개발하고 최선의 해결안을 선택하는 것이 필요하다.

ⓜ 실행 및 평가 : 해결안 개발을 통해 만들어진 실행계획을 실제 상황에 적용하는 활동으로 실행계획 수립 → 실행 → Follow-up의 절차로 진행된다.

예제 4

C사는 최근 국내 매출이 지속적으로 하락하고 있어 사내 분위기가 심상치 않다. 이에 대해 Y부장은 이 문제를 극복하고자 문제처리 팀을 구성하여 해결방안을 모색하도록 지시하였다. 문제처리 팀의 문제해결 절차를 올바른 순서로 나열한 것은?

① 문제 인식 → 원인 분석 → 해결안 개발 → 문제 도출 → 실행 및 평가
② 문제 도출 → 문제 인식 → 해결안 개발 → 원인 분석 → 실행 및 평가
③ 문제 인식 → 원인 분석 → 문제 도출 → 해결안 개발 → 실행 및 평가
④ 문제 인식 → 문제 도출 → 원인 분석 → 해결안 개발 → 실행 및 평가

출제의도

실제 업무 상황에서 문제가 일어났을 때 해결 절차를 알고 있는지를 측정하는 문항이다.

해 설

일반적인 문제해결절차는 '문제 인식 → 문제 도출 → 원인 분석 → 해결안 개발 → 실행 및 평가로 이루어진다.

답 ④

출제예상문제

┃1~2┃ 다음은 국민연금의 사업장 가입자 자격취득 신고와 관련한 내용의 안내 자료이다. 다음을 읽고 이어지는 물음에 답하시오.

가. 신고대상

(1) 18세 이상 60세 미만인 사용자 및 근로자

  ※ 단, 본인의 신청에 의해 적용 제외 가능

(2) 단시간 근로자로 1개월 이상, 월 60시간(주 15시간) 이상 일하는 사람

(3) 일용근로자로 사업장에 고용된 날부터 1개월 이상 근로하고, 근로일수가 8일 이상 또는 근로시간이 월 60시간 이상인 사람

  ※ 단, 건설일용근로자는 공사현장을 사업장 단위로 적용하며, 1개월간 근로일수가 20일 이상인 경우 사업장 가입자로 적용

(4) 조기노령연금 수급권자로서 소득이 있는 업무에 종사하거나, 본인이 희망하여 연금지급이 정지된 사람

  * 소득이 있는 업무 종사 : 월 2,176,483원(2017년 기준, 사업소득자 필요경비 공제 후 금액, 근로소득자 근로 소득공제 후 금액)이 넘는 소득이 발생되는 경우

(5) 월 60시간 미만인 단시간근로자 중 생업목적으로 3개월 이상 근로를 제공하기로 한 대학 시간강사 또는 사용자 동의를 받아 근로자 적용 희망하는 사람

나. 근로자의 개념

(1) 근로자 : 직업의 종류에 관계없이 사업장에서 노무를 제공하고 그 대가로 임금을 받아 생활하는 자(법인의 이사, 기타 임원 포함)

(2) 근로자에서 제외되는 자

• 일용근로자나 1개월 미만의 기한을 정하여 사용되는 근로자

  ※ 다만, 1개월 이상 계속 사용되는 경우에는 자격 취득신고 대상임

• 법인의 이사 중 「소득세법」에 따른 근로소득이 발생하지 않는 사람

• 1개월 동안의 소정근로시간이 60시간 미만인 단시간근로자. 다만, 해당 단시간근로자 중 생업을 목적으로 3개월 이상 계속하여 근로를 제공하는 사람으로서, 대학시간강사와 사용자의 동의를 받아 근로자로 적용되기를 희망하는 사람은 제외함

• 둘 이상 사업장에 근로를 제공하면서 각 사업장의 1개월 소정근로시간의 합이 60시간 이상인 사람으로서 1개월 소정근로시간이 60시간 미만인 사업장에서 근로자로 적용되기를 희망하는 사람(2016. 1. 1. 시행)

(3) 생업 목적 판단 기준 : 생업 목적은 원칙적으로 "다른 직업이 없는 경우"를 말하며, 다음의 경우에는 다른 직업이 있는 것으로 보아 생업 목적에 해당되지 않음

• 국민연금 사업장가입자로 이미 가입되어 있거나,

• 국민연금 지역가입자(소득신고자에 한함)로 사업자등록자의 경우 또는 다른 공적소득이 많은 경우

다. 자격취득시기

(1) 사업장이 1인 이상의 근로자를 사용하게 된 때

(2) 국민연금 적용사업장에 근로자 또는 사용자로 종사하게 된 때

(3) 임시 · 일용 · 단시간근로자가 당연적용 사업장에 사용된 때 또는 근로자로 된 때

(4) 국민연금 가입사업장의 월 60시간 미만 단시간근로자 중 생업을 목적으로 3개월 이상 근로를 제공하는 사람(대학 시간강사 제외)의 가입신청이 수리된 때

(5) 둘 이상의 사업장에서 1개월 소정근로시간의 합이 60시간 이상이 되는 단시간근로자의 가입신청이 수리된 때

※ 신고를 하지 않는 경우 근로자의 청구 또는 공단 직권으로 확인 시 자격 취득

1 다음 중 위 안내 자료의 내용을 올바르게 이해한 것은?

① 근로일수가 8일 이상인 건설일용근로자는 신고대상이 된다.

② 월 300만 원의 세후 소득이 있는 조기노령연금 수급권자는 신고 대상이 될 수 없다.

③ 근로시간이 월 70시간인 1년 계약 대학 시간강사는 신고 대상이 될 수 있다.

④ 지역가입자 중 공적소득이 많은 것으로 인정되는 자는 근로자의 개념에 포함되지 않는다.

✓ 해설 지역가입자 중 공적소득이 많은 것으로 인정되는 자는 생업 목적에 해당하는 근로를 제공한다고 보지 않으므로 근로 자에서 제외된다.
① 건설일용근로자는 1개월간 근로일수가 20일 이상인 경우에 사업장 가입자 신고대상이 된다.
② '소득 있는 업무 종사자'가 되므로 조기노령연금 수급권자인 경우에는 다시 사업장 가입자로 신고할 수 있다.
③ 대학 시간강사의 경우 월 60시간 미만인 자로서 생업목적으로 3개월 이상 근로를 제공하기로 한 경우에 신고대상 에 해당된다.

Answer 1.④

2 다음에 제시된 사람 중 국민연금 사업장 가입자 자격 취득 신고를 해야 하는 사람은?

① 두 개의 사업장에서 도합 60시간 근로하는 사람으로 추가 사업장에서 매주 2시간씩의 근로를 제공하는 근로자가 되기를 희망하는 자

② 월 50시간, 3개월 계약 조건을 맺은 생업을 목적으로 한 대학 시간강사

③ 근로계약 기간을 연장 없이 처음부터 1개월 미만으로 정하고 근로를 시작한 근로자

④ K사(법인)의 명예직 전무이사로 소득이 발생하지 않는 자

✔ **해설** 대학 시간강사의 경우, 1개월의 근로시간이 50시간(60시간 미만)이더라도 생업을 목적으로 3개월 이상의 근로를 제공하게 되면, '근로자에서 제외되는 자'의 조건에서 제외되므로 근로자가 되어 사업장 가입자 자격 취득 신고대상이 된다.

① 2016년에 시행된 규정에 의해 둘 이상 사업장에 근로를 제공하면서 각 사업장의 1개월 소정근로시간의 합이 60시간 이상인 사람으로서 1개월 소정근로시간이 60시간 미만인 사업장에서 근로자로 적용되기를 희망하는 자는 근로자에서 제외되므로 신고대상에서 제외된다.

③ 일용근로자 또는 1개월 미만의 기한을 정하여 사용되는 근로자에 해당되므로 '근로자'의 개념에서 제외되어 신고대상에서 제외된다.

④ 소득이 발생하지 않는 법인의 이사이므로 근로자에서 제외되어 신고대상에서 제외된다.

3 연금급여실 최 과장은 국민연금 가입률을 조사하기 위해 A, B 두 지역의 가구 수를 다음과 같이 조사하였다. 조사 자료를 보고 최 과장이 판단한 내용 중 옳은 것으로만 모두 고른 것은?

〈지역별 가구 형태 분포〉

(단위 : 가구)

구분	총 가구 수	1인 가구 수	1세대 가구 수	2세대 가구 수	3세대 이상 가구 수
A지역	10,000	3,000	4,000	2,500	500
B지역	8,000	3,500	4,000	400	100

〈보기〉

㉠ A지역이 B지역보다 핵가족 수가 적다.
㉡ A지역이 B지역보다 총 인구수가 적다.
㉢ 1인 가구 총 인구수는 A지역이 B지역보다 적다.
㉣ 1세대 가구의 비율은 A지역보다 B지역이 더 높다.

① ㉢, ㉣

② ㉠, ㉢

③ ㉡, ㉣

④ ㉠, ㉡

✔해설 ㉠ 2세대 가구에는 핵가족과 확대가족 모두 있기 때문에 알 수 없다. (×)
㉡ 가구 당 가구원 수를 모르기 때문에 총 인구수를 알 수 없다. (×)
㉢ 1인 가구는 1명이기 때문에 A지역의 1인 가구 총 인구수는 3,000명, B지역의 1인 가구 총 인구수는 3,500명으로 A지역이 더 적다. (○)
㉣ A지역은 4,000÷10,000, B지역은 4,000÷8,000으로 B지역이 더 높다. (○)

Answer 2.② 3.①

4 사회보장급여 실시를 위한 자산 조사 제출서류 목록이 다음과 같다. 다음 목록을 보고 판단한 내용 중 적절하지 않은 것은?

제출 목적	제출 서류	비고
가구원 및 부양의무자 확인	실종 등의 신고접수서 등	행방불명자는 보장가구에서 제외 ※ 전산 확인이 가능한 군복무확인서, 재소중명서, 출입국사실증명서, 외국인 등록사실증명서는 제외
소득확인	• 고용 · 임금확인서 • 월급명세서	• 근로소득 파악
	• 건강보험자격득실확인서 • 퇴직증명서	• 취업 · 퇴직사실 확인
	• 소득금액증명원 • 휴 · 폐업 확인서	• 사업자 소득 파악 ※ 사업자등록증 전산 확인 가능
	• 어종별 출하량 및 수입 자료	• 어업소득 파악
	• 임산물 유통기관 판매기록	• 임업소득 파악
	• 임대차 계약서	• 임대소득 파악(건물 · 상가, 본인 거주 외 주택 등이 조회된 경우)
	• 무료임대확인서	• 사적이전소득 파악 • 주거급여 대상 확인
	• 진단서 · 의료비 영수증 • 입학금 · 수업료 납입고지서 등	• 소득평가액 산정 시 가구특성 지출비용으로 실제소득에서 차감처리
	• 지출실태조사표 • 근로활동 및 소득신고서	• 소득파악 곤란자에 대한 소득파악
	• 일용근로소득 사실 확인서	• 국세청 일용근로소득 지급명세서(분기별 신고자료)가 사실과 다름을 주장하는 경우, 확인조사 지침에 따라 적용
재산확인	• 임대차계약서(전 · 월세계약서) ※ 전세권설정등기 또는 확정일자를 받은 계약서	• 임차보증금 파악
부채	• 법원 판결문, 화해 · 조정조서	• 개인 간 사채 확인
	• 임대차계약서	• 임대보증금
근로능력 판정	• 근로능력 평가용 진단서 • 진료기록부 사본(최근 2개월분)	• 근로능력 판정
급여계좌 확인	• 통장사본	• 지급계좌 등록 및 실명 확인

① "재소증명서가 있는 수감자의 경우는 실종 등으로 인한 행방불명자와 다른 지위를 갖게 되는군."
② "취업이나 퇴직을 확인하기 위한 서류는 취업 · 퇴직증명서만 있는 게 아니로군."
③ "임대차계약서는 임대소득을 확인하기 위한 서류니까 무주택 월세 거주자인 경우엔 임대차계약서를 제출하지 않아도 되겠구나."
④ "일용직은 근로소득 증빙이 매월 신고 되지 않아 소득확인이 한두 달 지연될 수도 있겠네."

> ✔ 해설 임대차계약서는 임대소득을 확인하기 위한 목적뿐 아니라 임차보증금 등의 재산상태를 확인하기 위한 제출서류이기도 하다.
> ① 보장가구 제외대상인 행방불명자 등으로 보지 않는 예외 경우에 해당된다.
> ② 건강보험자격득실확인서 또한 취업이나 퇴직의 증빙 서류가 된다.
> ④ 일용근로소득 지급명세서는 분기별 신고 자료라고 언급되어 있으므로 한두 달 소득확인의 지연이 발생할 수 있다.

Answer 4.③

┃5~6┃ 다음은 국민연금관리공단에서 시행하고 있는 두루누리 사회보험료 지원사업에 관한 내용이다. 다음을 읽고 이어지는 물음에 답하시오.

두루누리 지원사업이란 소규모 사업을 운영하는 사업주와 소속 근로자의 사회보험료(고용보험·국민연금)의 일부를 국가에서 지원함으로써 사회보험 가입에 따른 부담을 덜어주고, 사회보험 사각지대를 해소하기 위한 사업입니다.

지원대상
- 근로자 수가 10명 미만인 사업장에 고용된 근로자 중 월평균보수가 210만 원 미만인 근로자와 그 사업주에게 사회보험료(고용보험·국민연금)를 최대 90%까지 각각 지원해 드립니다.('210만 원 미만'이란 근로소득에서 비과세 근로소득을 제외하고 산정한 월평균보수가 210만 원이 되지 않는 경우를 말합니다.)
- 2025년 1월 1일부터 신규지원자 및 기지원자 지원을 합산하여 3년(36개월)만 지원합니다.
- 기지원자의 경우 2027년까지 지원됩니다.(2028년부터 지원 중단)

지원 제외대상
지원 대상에 해당하는 근로자가 아래의 어느 하나라도 해당되는 경우에는 지원 제외됩니다.
- 지원신청일이 속한 보험연도의 전년도 재산의 과세표준액 합계가 6억 원 이상인 자
- 지원신청일이 속한 보험연도의 전년도 근로소득이 연 2,772만 원 이상인 자
- 지원신청일이 속한 보험연도의 전년도 근로소득을 제외한 종합소득이 연 2,520만 원 이상인 자

지원수준
- 신규지원자 : 지원신청일 직전 1년간 피보험자격 취득이력이 없는 근로자와 그 사업주
  * 5명 미만 사업 90% 지원 / 5명 이상 10명 미만 사업 80% 지원
- 기지원자 : 신규지원자에 해당하지 않는 근로자와 사업주
  * 10명 미만 사업 40% 지원

---

5 다음 중 두루누리 지원사업을 올바르게 이해하지 못한 의견은?

① 기지원자와 신규지원자 모두 2028년부터는 두루누리 지원사업이 중단된다.
② 두루누리 지원 대상자의 월평균보수 산정 기준은 과세 대상 근로소득이다.
③ 기지원자는 근무하는 사업장의 근로자 수가 4명인 경우와 7명인 경우에 지원비가 동일하다.
④ 지원신청일이 속한 월의 과세 대상 근로소득이 210만 원을 초과하나, 전년도 과세표준과 근로소득이 지원 제외대상에 포함되지 않는 근로자는 지원 대상이 된다.

지원 제외대상에서 언급한 조건은 해당 시점의 근로소득 기준인 '210만 원 미만' 조건을 충족하는 근로자 중 제외되는 대상을 규정한 것이므로, 지원신청일이 속한 월의 과세 대상 근로소득이 210만 원을 초과한다면 지원 대상에서 당연 배제되는 것이다.
① 2025년 1월 1일부터 신규지원자 및 기지원자 지원을 합산하여 3년만 운영하는 제도이므로 2028년부터는 모두 중단된다.
② 비과세 근로소득을 제외한 부분이 210만 원을 넘는지 여부를 판단하게 되므로 과세 대상 근로소득을 기준으로 산정하는 것이다.
③ 기지원자의 경우 근무하는 사업장 근로자 수가 10명 미만인 경우 동일하게 40%가 지원된다.

6 위의 사업 내역을 참고할 때, 다음 두 가지 경우에 근로자에게 지원되는 지원금액은 각각 얼마인가? (단, 두 경우 모두 신규지원자이며, 지원 제외대상은 아니라고 가정한다)

> A. 근로자 수 4명인 사업장에 고용된 근로자의 월평균보수가 190만 원
>   근로자의 월 고용보험료 총액 : 34,200원
>   근로자의 월 국민연금보험료 총액 : 171,000원
> B. 근로자 수 8명인 사업장에 고용된 근로자의 월평균보수가 190만 원
>   근로자의 월 고용보험료 총액 : 24,700원
>   근로자의 월 국민연금보험료 총액 : 163,000원

① 84,465원, 82,080원
② 17,100원, 12,350원
③ 85,500원, 81,500원
④ 92,340원, 75,080원

✔해설 두 경우 모두 월평균보수가 210만 원 미만이므로 지원 대상이 되며, A의 경우는 5명 미만 사업장이므로 90%가, B의 경우는 5명 이상 10명 미만인 사업장이므로 80%가 지원된다.
제시된 고용보험료와 연금보험료는 근로자에게 부과된 총액이므로 이를 사업주와 근로자가 절반씩 부담하게 되므로 절반 부담액에 대하여 지원 비율이 적용되어 다음과 같이 지원된다.
A : 근로자 부담금 17,100 + 85,500 = 102,600원
  지원금 102,600 × 0.9 = 92,340원
B : 근로자 부담금 12,350 + 81,500 = 93,850원
  지원금 93,850 × 0.8 = 75,080원

┃7~8┃ '기준소득월액'이란 연금보험료와 급여를 산정하기 위하여 연금 가입자의 소득월액을 기준으로 하여 대통령령으로 정하는 금액을 의미한다. 이와 관련한 다음의 설명을 읽고 이어지는 물음에 답하시오.

〈자격취득 및 납부재개 시 기준소득월액의 결정〉

(1) 사용자는 사업장가입자 자격취득신고서 및 납부재개신고서를 작성할 때에는 다음의 방법으로 산출한 소득월액을 기재하여 신고함

   (가) 월이나 주 또는 그 밖에 일정 기간으로 소득이 정하여지는 경우에는 그 소득액을 그 기간의 총 일수로 나눈 금액의 30배에 해당하는 금액

   (나) 일·시간·생산량 또는 도급으로 소득이 정하여지는 경우에는 가입자의 자격을 취득한 날이나 납부를 재개한 날이 속하는 달의 전 1개월 동안 해당 사업장에서 같은 업무에 종사하고 같은 소득이 있는 자가 받은 소득월액을 평균한 금액

   (다) (가)와 (나)에 따라 소득월액을 계산하여 정하기 어려운 자의 경우에는 가입자의 자격을 취득한 날이나 납부를 재개한 날이 속하는 달의 전 1개월 동안에 그 지방에서 같은 업무에 종사하고 같은 소득이 있는 자가 받은 소득월액을 평균한 금액

   (라) 자격취득 및 소득월액 신고를 하지 않을 경우, 소득 자료가 있으면 소득 자료대로, 소득 자료가 없으면 중위수소득(20××년 기준 995천원)으로 결정함.

     * 중위수소득 : 전년도 12월 31일 현재 지역가입자 전체의 중간에 해당하는 자의 기준소득월액

(2) 근로자 입사(복직) 시 소득월액 신고 기준

   (가) 사업장에 입사(복직)한 근로자의 소득월액은 아래 기준에 따라 사용자가 근로자에게 지급하기로 약정하였던 금액으로, 입사(복직) 당시 지급이 예측 가능한 모든 근로소득을 포함해야 함

     • 소득세법 제20조 제1항에 따른 근로소득에서 같은 법 제12조 제3호에 따른 비과세근로소득을 제외

   (나) 급여 항목별 입사(복직) 시 소득월액

구분	포함해야 하는 소득	포함하지 않는 소득
판단 기준	입사(복직) 당시 근로계약서, 보수규정 등에서 지급하기로 확정된 모든 과세소득	소득세법 상 비과세소득, 입사(복직) 당시 지급 여부 및 지급 금액이 확정되지 않은 소득
급여 항목	기본급, 직책수당, 직급보조비, 정기(명절)상여금, 기본 성과급, 휴가비, 교통비, 고정 시간외 근무수당, 복지연금, 기타 각종 수당 등	비과세소득(월 10만 원 이하 식사대, 출산이나 6세 이하 보육수당 월 10만 원 이내 등), 실적에 따라 지급 여부 및 지급금액이 결정되는 실적급 등

   (다) **소득월액 산정 방법**

     입사(복직) 시점에 따른 근로자간 신고 소득월액 차등이 발생하지 않도록 입사(복직) 당시 약정되어 있는 급여 항목에 대한 1년 치 소득총액에 대하여 30일로 환산하여 결정

     ☞ 소득월액=입사(복직) 당시 지급이 약정된 각 급여 항목에 대한 1년간 소득총액÷365×30

     ※ 단, 정규직 전환이 예정된 시보, 인턴 등의 취득 시 소득월액은 시보, 인턴 등의 소득과 그 이후 정규직 소득을 합산한 평균소득으로 신고함

7 다음 중 위의 설명 내용을 올바르게 이해하지 못한 것은?

① 소득월액은 주, 일 단위 소득 발생 시에도 30일을 기준으로 한 월 소득으로 환산하여 적용한다.

② 해당 사업장의 동료나 지역 내 소득 수준은 소득월액의 산정 시 기준으로 작용할 수 있다.

③ 입사 당시 지급받을 것으로 예상이 되는 비과세소득은 소득월액에 포함된다.

④ 정규직으로 전환된 자의 소득월액은 정규직 이전과 이후의 평균 소득 금액을 산정하여 적용한다.

> ✔해설　입사 당시 지급받을 것으로 예상이 된다 해도 비과세소득인 경우는 소득월액에 포함되지 않는 소득으로 간주한다.

8 다음과 같은 경우, 홍길동이 신고해야 할 국민연금 소득월액은?

〈A사에 20××년 3월 5일, 월급제로 입사한 홍길동의 급여 내역〉

- 기본급 : 1,000,000원
- 교통비 : 월 100,000원
- 고정 시간외 수당 : 월 200,000원
- 분기별 상여금 : 기본급의 100%(1, 4, 7, 10월 지급)
- 하계휴가비(매년 7월 지급) : 500,000원

① 1,300,000원　　　　　　　　　　② 1,325,500원

③ 1,446,785원　　　　　　　　　　④ 1,652,055원

> ✔해설　신고 급여 항목이 되어야 할 것은 지급이 약정된 급여 항목 전체인 기본급, 교통비, 고정 시간외 수당, 상여금, 휴가비가 되어야 한다.
> 따라서 주어진 산식에 의하여
> $\{(1,000,000 + 100,000 + 200,000) \times 12 + (1,000,000 \times 4) + 500,000\} \div 365 \times 30 = 1,652,055$ 원이 된다.

┃9~10┃ 다음은 국민연금공단에서 제공하는 휴양콘도 이용 안내문이다. 다음 안내문을 읽고 이어지는 물음에 답하시오.

---

(1) **휴양콘도 이용대상**
- 주말, 성수기 : 월평균소득이 243만 원 이하 근로자
- 평일 : 모든 근로자(월평균소득이 243만 원 초과자 포함), 특수형태근로종사자
- 이용희망일 2개월 전부터 신청 가능
- 이용희망일이 주말, 성수기인 경우 최초 선정일 전날 23시 59분까지 접수 요망. 이후에 접수할 경우 잔여객실 선정 일정에 따라 처리

(2) **휴양콘도 이용우선순위**
- 주말, 성수기
 - 주말·성수기 선정 박수가 적은 근로자
 - 이용가능 점수가 높은 근로자
 - 월평균소득이 낮은 근로자
   ※ 위 기준 순서대로 적용되며, 근로자 신혼여행의 경우 최우선 선정
- 평일 : 선착순

(3) **이용·변경·신청취소**
- 선정결과 통보 : 이용대상자 콘도 이용권 이메일 발송
- 이용대상자로 선정된 후에는 변경 불가 → 변경을 원할 경우 신청 취소 후 재신청
- 신청취소는 「근로복지서비스 → 신청결과확인」 메뉴에서 이용일 10일 전까지 취소
  ※ 9일 전~1일 전 취소는 이용점수가 차감되며, 이용당일 취소 또는 취소 신청 없이 이용하지 않는 경우(No-Show) 1년 동안 이용 불가
- 선정 후 취소 시 선정 박수에는 포함되므로 이용우선순위에 유의(평일 제외)
  ※ 기준년도 내 선정 박수가 적은 근로자 우선으로 자동선발하고, 차순위로 점수가 높은 근로자 순으로 선발하므로 선정 후 취소 시 차후 이용우선순위에 영향을 미치니 유의하시기 바람
- 이용대상자로 선정된 후 타인에게 양도 등 부정사용 시 신청일 부터 5년간 이용 제한

(4) **기본점수 부여 및 차감방법 안내**
☞ 매년(년 1회) 연령에 따른 기본점수 부여

[월평균소득 243만 원 이하 근로자]

연령대	50세 이상	40~49세	30~39세	20~29세	19세 이하
점수	100점	90점	80점	70점	60점

※ 월평균소득 243만 원 초과 근로자, 특수형태근로종사자, 고용·산재보험 가입사업장 : 0점

☞ 기 부여된 점수에서 연중 이용점수 및 벌점에 따라 점수 차감

구분	이용점수(1박당)			벌점	
	성수기	주말	평일	이용취소 (9 ~ 1일 전 취소)	No-show (당일취소, 미이용)
차감점수	20점	10점	0점	50점	1년 사용제한

(5) 벌점(이용취소, No-show)부과 예외
  • 이용자의 배우자 · 직계존비속 또는 배우자의 직계존비속이 사망한 경우
  • 이용자 본인 · 배우자 · 직계존비속 또는 배우자의 직계존비속이 신체이상으로 3일 이상 의료기관에 입원하여 콘도 이용이 곤란한 경우
  • 운송기관의 파업 · 휴업 · 결항 등으로 운송수단을 이용할 수 없어 콘도 이용이 곤란한 경우
  ※ 벌점부과 예외 사유에 의한 취소 시에도 선정박수에는 포함되므로 이용우선순위에 유의하시기 바람

9 다음 중 위의 안내문을 보고 올바른 콘도 이용계획을 세운 사람은?

① "난 이용가능 점수도 높아 거의 1순위인 것 같은데, 올해엔 시간이 없으니 내년 여름휴가 때 이용할 콘도나 미리 예약해 둬야겠군."

② "경태 씨, 우리 신혼여행 때 휴양 콘도 이용 일정을 넣고 싶은데 이용가능점수도 낮고 소득도 좀 높은 편이라 어려울 것 같네요."

③ "여보, 지난 번 신청한 휴양콘도 이용자 선정 결과가 아직 안 나왔나요? 신청할 때 제 전화번호를 기재했다고 해서 계속 기다리고 있는데 전화가 안 오네요."

④ "영업팀 최 부장님은 50세 이상이라서 기본점수가 높지만 지난 번 성수기에 2박 이용을 하셨으니 아직 미사용 중인 20대 엄 대리가 점수 상으로는 좀 더 선정 가능성이 높겠군."

✅**해설** 50세인 최 부장은 기본점수가 100점 이었으나 성수기 2박 이용으로 40점(1박 당 20점)이 차감되어 60점의 기본점수가 남아 있으나 20대인 엄 대리는 미사용으로 기본점수 70점이 남아 있으므로 점수 상으로는 선정 가능성이 더 높다고 할 수 있다.
① 신청은 2개월 전부터 가능하므로 내년 이용 콘도를 지금 예약할 수는 없다.
② 신혼여행 근로자는 최우선 순위로 콘도를 이용할 수 있다.
③ 선정 결과는 유선 통보가 아니며 콘도 이용권을 이메일로 발송하게 된다.

10 다음 〈보기〉의 신청인 중 올해 말 이전 휴양콘도 이용 순위가 높은 사람부터 순서대로 올바르게 나열한 것은?

〈보기〉
- A씨 : 30대, 월 소득 200만 원, 주말 2박 선정 후 3일 전 취소(무벌점)
- B씨 : 20대, 월 소득 180만 원, 신혼여행 시 이용 예정
- C씨 : 40대, 월 소득 220만 원, 성수기 2박 기 사용
- D씨 : 50대, 월 소득 235만 원, 올 초 선정 후 5일 전 취소, 평일 1박 기 사용

① D씨 – B씨 – A씨 – C씨
② B씨 – D씨 – C씨 – A씨
③ C씨 – D씨 – A씨 – B씨
④ B씨 – D씨 – A씨 – C씨

✔**해설** 모두 월 소득이 243만 원 이하이므로 기본점수가 부여되며, 다음과 같이 순위가 선정된다.
우선, 신혼여행을 위해 이용하고자 하는 B씨가 1순위가 된다. 다음으로 주말과 성수기 선정 박수가 적은 신청자가 우선순위가 되므로 주말과 성수기 이용 실적이 없는 D씨가 2순위가 된다. A씨는 기본점수 80점, 3일 전 취소이므로 20점(주말 2박) 차감을 감안하면 60점의 점수를 보유하고 있으며, C씨는 기본점수 90점, 성수기 사용 40점(1박 당 20점) 차감을 감안하면 50점의 점수를 보유하게 된다. 따라서 최종순위는 B씨 – D씨 – A씨 – C씨가 된다.

11 다음 자료를 읽고 2025년 '갑'국의 경제 상황을 2024년과 적절하게 비교한 설명을 〈보기〉에서 모두 고른 것은?

> '갑'국에서는 은퇴 생활자들이 이자 소득만으로 소비 생활을 영위하고 있다. '갑'국 경제의 2024년 이자율은 6%였고, 물가 상승률은 3%였다. 2025년에 이자율은 7%로, 물가 상승률은 3.5%로 상승하였다.

> 〈보기〉
> ㉠ 기업들의 투자는 증가하였을 것이다.
> ㉡ 기업들의 투자는 감소하였을 것이다.
> ㉢ 은퇴 생활자의 이자 소득은 명목 가치로도 증가하였고, 실질 가치로도 증가하였을 것이다.
> ㉣ 은퇴 생활자의 이자 소득은 명목 가치로는 증가하였지만, 실질 가치로는 감소하였을 것이다.
> ㉤ 은퇴 생활자의 이자 소득은 명목 가치로는 증가하였지만, 실질 가치로는 변화가 없었을 것이다.

① ㉠, ㉢   ② ㉠, ㉣

③ ㉡, ㉢   ④ ㉡, ㉣

✔ **해설**   '갑'국의 2024년 이자율은 6%였고, 물가상승률은 3%였다. 2025년에는 이자율은 7%로, 물가상승률은 3.5%로 상승하였다. 이 경우 물가상승을 감안한 실질이자율은 2024년 3%에서 2025년 3.5%로 상승하였고, 투자의 기회비용이 높아졌으므로 기업들의 투자는 감소하였을 것으로 판단할 수 있다. 따라서 ㉡와 ㉢의 설명만이 올바르게 비교한 것이 된다.

12 H 기업 영업부장인 甲은 차장 乙 그리고 직원 丙, 丁과 함께 총 4명이 장거리 출장이 가능하도록 배터리 완전충전 시 주행거리가 200km 이상인 전기자동차 1대를 선정하여 구매팀에 구매를 의뢰하려고 한다. 다음을 근거로 판단할 때, 甲이 선정하게 될 차량은?

❏ 배터리 충전기 설치
- 구매와 동시에 회사 주차장에 배터리 충전기를 설치하려고 하는데, 배터리 충전시간(완속 기준)이 6시간을 초과하지 않으면 완속 충전기를, 6시간을 초과하면 급속 충전기를 설치하려고 한다.

❏ 정부 지원금
- 정부는 전기자동차 활성화를 위하여 전기자동차 구매 보조금을 구매와 동시에 지원하고 있는데, 승용차는 2,000만 원, 승합차는 1,000만 원을 지원하고 있다. 승용차 중 경차는 1,000만 원을 추가로 지원한다.
- 배터리 충전기에 대해서는 완속 충전기에 한하여 구매 및 설치비용을 구매와 동시에 전액 지원하며, 2,000만 원이 소요되는 급속 충전기의 구매 및 설치비용은 지원하지 않는다.

❏ 차량 선택
- 배터리 충전기 설치와 정부 지원금을 감안하여 甲은 차량 A~D 중에서 실구매 비용(충전기 구매 및 설치비용 포함)이 가장 저렴한 차량을 선택하려고 한다. 단, 실구매 비용이 동일할 경우에는 '점수 계산 방식'에 따라 점수가 가장 높은 차량을 구매하려고 한다.

❏ 점수 계산 방식
- 최고속도가 120km/h 미만일 경우에는 120km/h를 기준으로 10km/h가 줄어들 때마다 2점씩 감점
- 승차 정원이 4명을 초과할 경우에는 초과인원 1명당 1점씩 가점

❏ 구매 차량 후보

차량	A	B	C	D	E
최고속도(km/h)	130	100	140	120	120
완전충전 시 주행거리(km)	250	200	300	300	250
충전시간(완속 기준)	7시간	5시간	4시간	5시간	8시간
승차 정원	6명	8명	4명	5명	2명
차종	승용	승합	승용(경차)	승용	승용(경차)
가격(만 원)	5,000	6,000	8,000	8,000	4,000

① A

② B

③ C

④ D

✔해설 승차 정원이 2명인 E를 제외한 나머지 차량의 차량별 실구매 비용을 계산하면 다음과 같다.

(단위 : 만 원)

차량	차량 가격	충전기 구매 및 설치비용	정부 지원금 (완속 충전기 지원금 제외)	실구매 비용
A	5,000	2,000	2,000	5,000 + 2,000 − 2,000 = 5,000
B	6,000	0(정부 지원금)	1,000	6,000 + 0 − 1,000 = 5,000
C	8,000	0(정부 지원금)	3,000	8,000 + 0 − 3,000 = 5,000
D	8,000	0(정부 지원금)	2,000	8,000 + 0 − 2,000 = 6,000

이 중 실구매 비용이 동일한 A, B, C에 대하여 '점수 계산 방식'에 따라 차량별 점수를 구하면 A는 승차 정원에서 2점의 가점을, B는 최고속도에서 4점의 감점과 승차 정원에서 4점의 가점을 받게 되고 C는 감점 및 가점이 없다. 따라서 甲이 선정하게 될 차량은 점수가 가장 높은 A가 된다.

13 ○○기업은 甲, 乙, 丙 3개 신문사를 대상으로 광고비를 지급하기 위해 3가지 선정 방식을 논의 중에 있다. 3개 신문사의 현황이 다음과 같을 때, 〈선정 방식〉에 따라 판단한 내용으로 옳지 않은 것은?

❏ 신문사 현황

신문사	발행부수(부)	유료부수(부)	발행기간(년)
甲	30,000	9,000	5
乙	30,000	11,500	10
丙	20,000	12,000	12

※ 발행부수 = 유료부수 + 무료부수

❏ 선정 방식
• 방식 1 : 항목별 점수를 합산하여 고득점 순으로 500만 원, 300만 원, 200만 원을 광고비로 지급하되, 80점 미만인 신문사에는 지급하지 않는다.

평가항목	항목별 점수			
발행부수 (부)	20,000 이상	15,000~19,999	10,000~14,999	10,000 미만
	50점	40점	30점	20점
유료부수 (부)	15,000 이상	10,000~14,999	5,000~9,999	5,000 미만
	30점	25점	20점	15점
발행기간 (년)	15 이상	12~14	9~11	6~8
	20점	15점	10점	5점

※ 항목별 점수에 해당하지 않을 경우 해당 항목을 0점으로 처리한다.

• 방식 2 : A등급에 400만 원, B등급에 200만 원, C등급에 100만 원을 광고비로 지급하되, 등급별 조건을 모두 충족하는 경우에만 해당 등급을 부여한다.

등급	발행부수(부)	유료부수(부)	발행기간(년)
A	20,000 이상	10,000 이상	10 이상
B	10,000 이상	5,000 이상	5 이상
C	5,000 이상	2,000 이상	2 이상

※ 하나의 신문사가 복수의 등급에 해당할 경우, 그 신문사에게 가장 유리한 등급을 부여한다.

• 방식 3 : 1,000만 원을 발행부수 비율에 따라 각 신문사에 광고비로 지급한다.

① 甲은 방식 3이 가장 유리하다.

② 乙은 방식 2이 가장 유리하다.

③ 방식 2로 선정할 경우, 丙은 甲보다 두 배의 광고비를 지급받는다.

④ 방식 1로 선정할 경우, 甲은 200만 원의 광고비를 지급받는다.

✔ 해설 방식 1~3에 따른 甲, 乙, 丙 신문사가 받을 광고비는 다음과 같다.

구분	甲	乙	丙
방식 1	0원	300만 원	500만 원
방식 2	200만 원	400만 원	400만 원
방식 3	375만 원	375만 원	250만 원

④ 방식 1로 선정할 경우, 甲은 80점 미만을 득점하여 광고비를 지급받지 못한다.

14 甲 공단 재무부에서 근무하는 乙은 2025년도 예산을 편성하기 위해 2024년에 시행되었던 정책 A~F에 대한 평가를 실시하였다. 평가 결과가 다음과 같을 때 乙이 분석한 내용으로 잘못된 것은?

◻ 정책 평가 결과

(단위 : 점)

정책	계획의 충실성	계획 대비 실적	성과지표 달성도
A	96	95	76
B	93	83	81
C	94	96	82
D	98	82	75
E	95	92	79
F	95	90	85

• 정책 평가 영역과 각 영역별 기준 점수는 다음과 같다.
– 계획의 충실성 : 기준 점수 90점
– 계획 대비 실적 : 기준 점수 85점
– 성과지표 달성도 : 기준 점수 80점
• 평가 점수가 해당 영역의 기준 점수 이상인 경우 '통과'로 판단하고 기준 점수 미만인 경우 '미통과'로 판단한다.
• 모든 영역이 통과로 판단된 정책에는 전년과 동일한 금액을 편성하며, 2개 영역이 통과로 판단된 정책에는 전년 대비 10% 감액, 1개 영역만 통과로 판단된 정책에는 15% 감액하여 편성한다. 다만 '계획 대비 실적' 영역이 미통과인 경우 위 기준과 상관없이 15% 감액하여 편성한다.
• 2024년도 재무부의 A~F 정책 예산은 각각 20억 원으로 총 120억 원이었다.

---

① 전년과 동일한 금액의 예산을 편성해야 하는 정책은 총 2개이다.
② 재무부의 2025년도 A~F 정책 예산은 전년 대비 9억 원이 줄어들 것이다.
③ '성과지표 달성도' 영역에서 '통과'로 판단된 경우에도 예산을 감액해야 하는 정책이 있다.
④ 예산을 전년 대비 15% 감액하여 편성하는 정책들은 모두 '계획 대비 실적' 영역이 '미통과'로 판단되었을 것이다.

✔해설 기준 점수에 따라 통과 및 미통과, 2025년도 예산편성을 정리하면 다음과 같다.

정책	계획의 충실성 (기준 점수 90점)	계획 대비 실적 (기준 점수 85점)	성과지표 달성도 (기준 점수 80점)	예산편성
A	통과	통과	미통과	10% 감액
B	통과	미통과	통과	15% 감액
C	통과	통과	통과	동일
D	통과	미통과	미통과	15% 감액
E	통과	통과	미통과	10% 감액
F	통과	통과	통과	동일

② 각 정책별 2025년도 예산은 A 18억, B 17억, C 20억, D 17억, E 18억, F 20억으로 총 110억 원이다. 따라서 재무부의 2025년도 A~F 정책 예산은 전년 대비 10억 원이 줄어든다.

① 전년과 동일한 금액의 예산을 편성해야 하는 정책은 C, F 총 2개이다.

③ 정책 B는 '성과지표 달성도' 영역에서 '통과'로 판단되었지만, '계획 대비 실적'에서 미통과로 판단되어 예산을 감액해야 한다.

④ 예산을 전년 대비 15% 감액하여 편성하는 정책들은 B와 D로 모두 '계획 대비 실적' 영역이 '미통과'로 판단되었다.

15 다음 글을 근거로 판단할 때 〈상황〉에 맞는 대안을 가장 적절히 연결한 것을 고르면?

> OO공사에서는 수익금의 일부를 기부하는 사랑의 바자회를 여름철에 정기적으로 실시하고 있다. 사랑의 바자회를 준비하고 있는 책임자는 바자회를 옥내에서 개최할 것인지 또는 야외에서 개최할 것인지를 검토하고 있는데, 여름철의 날씨와 장소 사용에 따라서 수익금액이 영향을 받는다. 사랑의 바자회를 담당한 주최측에서는 옥내 또는 야외의 개최장소를 결정하는 판단기준으로 일기상황과 예상수입을 토대로 하여 대안별 일기상황의 확률과 예상수입을 곱한 결과 값의 합계가 큰 대안을 선택한다.

〈상황〉

A : 옥내에서 대회를 개최하는 경우 비가 오면 수익금은 150만원 정도로 예상되고, 비가 오지 않으면 190만원 정도로 될 것으로 예상된다고 한다. 한편 야외에서 개최하는 경우 비가 오면 수익금은 70만원 정도로 예상되고, 비가 오지 않으면 300만원 정도로 예상된다고 한다. 일기예보에 의하면 행사 당일에 비가 오지 않을 확률은 70%라고 한다.

B : 옥내에서 대회를 개최하는 경우 비가 오면 수익금은 80만원 정도로 예상되고, 비가 오지 않으면 250만원 정도로 될 것으로 예상된다고 한다. 한편 야외에서 개최하는 경우 비가 오면 수익금은 60만원 정도로 예상되고, 비가 오지 않으면 220만원 정도로 예상된다고 한다. 일기예보에 의하면 행사 당일에 비가 올 확률은 60%라고 한다.

C : 옥내에서 대회를 개최하는 경우 비가 오면 수익금은 150만원 정도로 예상되고, 비가 오지 않으면 200만원 정도로 될 것으로 예상된다고 한다. 한편 야외에서 개최하는 경우 비가 오면 수익금은 100만원 정도로 예상되고, 비가 오지 않으면 210만원 정도로 예상된다고 한다. 일기예보에 의하면 행사 당일에 비가 오지 않을 확률은 20%라고 한다.

---

① A : 옥내, B : 옥내, C : 옥내 ② A : 옥내, B : 야외, C : 옥내

③ A : 야외, B : 옥내, C : 옥내 ④ A : 야외, B : 옥내, C : 야외

⑤ A : 야외, B : 야외, C : 야외

✔해설 ㉠ 상황 A : 야외 선택
- 옥내 : $(150 \times 0.3) + (190 \times 0.7) = 178$(만원)
- 야외 : $(70 \times 0.3) + (300 \times 0.7) = 231$(만원)

㉡ 상황 B : 옥내 선택
- 옥내 : $(80 \times 0.6) + (250 \times 0.4) = 148$(만원)
- 야외 : $(60 \times 0.6) + (220 \times 0.4) = 124$(만원)

㉢ 상황 C : 옥내 선택
- 옥내 : $(150 \times 0.8) + (200 \times 0.2) = 160$(만원)
- 야외 : $(100 \times 0.8) + (210 \times 0.2) = 122$(만원)

16 다음은 국제협력의 개념정의와 목표를 설명한 것이다. 각국의 국제협력 정책과 목표를 가장 적절히 연결한 것을 고르면?

> 국제협력은 국가간 및 국가와 국제기관 간의 모든 유·무상 자본협력, 교역협력, 기술·인력협력, 사회문화협력 등 국제사회에서 발생하는 다양한 형태의 교류를 총제적으로 지칭하는 개념이다.
>
> UN은 다음과 같은 8가지 목표들로 구성된 새천년개발목표를 선언하였다. 새천년개발목표의 선언은 개발도상국의 빈곤문제가 개발도상국 자체만의 문제가 아니라 지구촌 전체의 문제라고 규정하면서 지구촌 모든 국가들의 적극적인 참여를 요청하는 계기가 되었다.
> • 목표1 : 극심한 빈곤과 기아의 근절
> • 목표2 : 초등교육 의무화 달성
> • 목표3 : 성 평등 촉진과 여성권의 향상
> • 목표4 : 아동사망률 감소
> • 목표5 : 모자보건 향상
> • 목표6 : 후천성 면역 결핍증(AIDS), 말라리아 등 질병 퇴치
> • 목표7 : 환경의 지속가능성 보장
> • 목표8 : 개발을 위한 글로벌 파트너십 조성

> 〈국가별 국제협력 정책〉
> • A국 : 개발도상국에 도로건설 지원사업을 실시하면서 야생동물들의 서식지 파괴를 최소화 하고자 하였다.
> • B국 : 빈곤국가인 Z국에 메르스 바이러스로 인한 감염 환자가 급증하자 의료진을 파견하고 재정을 지원하였다.
> • C국 : 빈곤국가인 Y국에 대한 발전소 건립 지원사업의 중복문제를 해소하기 위해 국가 간 협력 네트워크에 참여하였다.

① A국 − 목표3　　　　　　　　　② A국 − 목표5
③ B국 − 목표1　　　　　　　　　④ C국 − 목표8

 ㉠ A국 : 야생동물의 서식지 파괴를 최소화하였으므로 '환경의 지속가능성 보장'(목표7)에 해당한다.
　　　　㉡ B국 : 메르스 바이러스 감염에 대해 의료진 파견과 재정지원을 하였으므로 '후천성 면역 결핍증(AIDS), 말라리아 등 질병 퇴치'(목표6)에 해당한다.
　　　　㉢ C국 : 국가 간 협력 네트워크에 참여한 것은 '개발을 위한 글로벌 파트너십 조성(목표8)'에 해당한다.

17 다음은 난폭운전에 대한 문제점과 그 해결책이다. 각 문제점에 대한 해결책을 가장 적절히 연결한 것을 고르면?

〈문제점〉

㉠ 난폭운전의 개념자체가 모호한 상태이고 난폭운전에 대한 실질적인 단속과 처벌이 미흡하다. 난폭운전에 대한 명확한 개념정의가 없는 상태에서 포괄적인 규정인 안전운전 의무규정으로 단속을 하기 때문에 단속대상을 명확하게 인지할 수 없는 상황이다.

㉡ 난폭운전은 습관이나 정서불안 등 개인이 통제하기 어려운 요인에 의해 발생하게 되는데 고의적인 난폭운전자들에 대한 심리치료와 재발방지교육 프로그램이 미비하다.

〈해결책〉

A : 난폭운전의 적발가능성을 높여 실질적인 단속이 가능하도록 정책적 보완이 필요하다. 난폭운전이 빈번하게 발생하는 혼잡도로에 CCTV를 설치하여 집중단속을 실시하고 온라인으로 난폭운전을 신고할 수 있는 제도를 시행한다.

B : 난폭운전자들의 일반적인 습관이나 정서적인 요인 등을 분석하여 그들에게 맞는 교육프로그램을 개발하고 이를 의무적으로 수강하게 하는 방안을 마련할 뿐 아니라 난폭운전 예방캠페인 등 다양한 매체를 활용한다.

C : 선진국의 입법례와 난폭운전의 여러 가지 양태들을 고려하여 난폭운전의 구체적 요건을 설정하여 난폭운전에 대한 명확한 정의를 내리고 난폭운전에 대한 직접적인 처벌규정을 마련한다.

① ㉠-A, ㉡-B
② ㉠-A, ㉡-C
③ ㉠-B, ㉡-A
④ ㉠-C, ㉡-B

 ㉠ : 난폭운전의 모호한 개념자체를 지적하고 있으므로 난폭운전의 구체적 요건을 설정한다는 C가 대안이다.
㉡ : 난폭운전자들에 대한 심리치료나 교육 프로그램의 미비를 지적하고 있으므로 교육 프로그램을 개발한다는 B가 대안이다.

┃18~19┃ 다음은 지방자치단체(지자체) 경전철 사업분석의 결과로서 분야별 문제점을 정리한 것이다. 다음 물음에 답하시오.

분야	문제점
추진주체 및 방식	• 기초지자체 중심(선심성 공약 남발)의 무리한 사업추진으로 인한 비효율 발생 • 지자체의 사업추진 역량부족으로 지방재정 낭비심화 초래 • 종합적 표준지침 부재로 인한 각 지자체마다 개별적으로 추진
타당성 조사 및 계획수립	• 사업주관 지자체의 행정구역만을 고려한 폐쇄적 계획 수립 • 교통수요 예측 및 사업타당성 검토의 신뢰성 · 적정성 부족 • 이해관계자 참여를 통한 사업계획의 정당성 확보 노력 미흡
사업자 선정 및 재원지원	• 토목 및 건설자 위주 지분참여로 인한 고비용 · 저효율 시공 초래 • 민간투자사업 활성화를 위한 한시적 규제유예 효과 미비
노선건설 및 차량시스템 선정	• 건설시공 이익 검토미흡으로 인한 재원낭비 심화 • 국내개발 시스템 도입 활성화를 위한 방안 마련 부족

18 다음 〈보기〉에서 '추진주체 및 방식'의 문제점에 대한 개선방안을 모두 고르면?

〈보기〉
㉠ 이해관계자 의견수렴 활성화를 통한 사업추진 동력 확보
㉡ 지자체 역량 강화를 통한 사업관리의 전문성 · 효율성 증진
㉢ 교통수요 예측 정확도 제고 등 타당성 조사 강화를 위한 여건 조성
㉣ 경전철 사업관련 업무처리 지침 마련 및 법령 보완
㉤ 무분별한 해외시스템 도입 방지 및 국산기술 · 부품의 활성화 전략 수립
㉥ 상위교통계획 및 생활권과의 연계강화를 통한 사업계획의 체계성 확보
㉦ 시공이익에 대한 적극적 검토를 통해 총사업비 절감 효과 도모

① ㉠㉡
② ㉡㉣
③ ㉡㉣㉦
④ ㉣㉤㉥

✔**해설** ㉡ : '지자체의 사업추진 역량부족으로 지방재정 낭비심화 초래'에 대한 개선방안이다.
㉣ : '종합적 표준지침 부재로 인한 각 지자체마다 개별적으로 추진'에 대한 개선방안이다.

19 다음은 W기업 토론 면접상황이다. 다음 중 한 팀이 될 수 있는 사람들은 누구인가?

> • A, B, C, D, E, F의 여섯 명의 신입사원들이 있다.
> • 신입사원들은 모두 두 팀 중 한 팀에 속해야 한다.
> • 한 팀에 3명씩 두 팀으로 나눠야 한다.
> • A와 B는 한 팀이 될 수 없다.
> • E는 C 또는 F와 한 팀이 되어야 한다.

① A, B, C
② A, B, F
③ A, C, E
④ A, C, F

✔해설 우선 A와 B를 다른 팀에 배치하고 C, D, E, F를 두 명씩 각 팀에 배치하되 C, E, F는 한 팀이 될 수 없고 C와 E 또는 E와 F가 한 팀이 되어야 하므로 (A,C,E/B,D,F), (B,C,E/A,D,F), (A,E,F/B,C,D), (B,E,F/A,C,D)의 네 가지 경우로 나눌 수 있다.

20 다음은 건물주 甲이 판단한 입주 희망 상점에 대한 정보이다. 다음에 근거하여 건물주 甲이 입주시킬 두 상점을 고르면?

〈표〉 입주 희망 상점 정보

상점	월세(만원)	폐업위험도	월세 납부일 미준수비율
중국집	90	중	0.3
한식집	100	상	0.2
분식집	80	중	0.15
편의점	70	하	0.2
영어학원	80	하	0.3
태권도학원	90	상	0.1

※ 음식점 : 중국집, 한식집, 분식집
※ 학원 : 영어학원, 태권도학원

〈정보〉

• 건물주 甲은 자신의 효용을 극대화하는 상점을 입주시킨다.
• 甲의 효용 : 월세(만원)×입주 기간(개월) − 월세 납부일 미준수비율×입주 기간(개월)×100(만원)
• 입주 기간 : 폐업위험도가 '상'인 경우 입주 기간은 12개월, '중'인 경우 15개월, '하'인 경우 18개월
• 음식점 2개를 입주시킬 경우 20만원의 효용이 추가로 발생한다.
• 학원 2개를 입주시킬 경우 30만원의 효용이 추가로 발생한다.

① 중국집, 한식집
② 한식집, 분식집
③ 분식집, 태권도학원
④ 영어학원, 태권도학원

✔ 해설   중국집 : $90 \times 15 - 0.3 \times 15 \times 100 = 900$
한식집 : $100 \times 12 - 0.2 \times 12 \times 100 = 960$
분식집 : $80 \times 15 - 0.15 \times 15 \times 100 = 975$
편의점 : $70 \times 18 - 0.2 \times 18 \times 100 = 900$
영어학원 : $80 \times 18 - 0.3 \times 18 \times 100 = 900$
태권도학원 : $90 \times 12 - 0.1 \times 12 \times 100 = 960$
분식집의 효용이 가장 높고, 한식집과 태권도학원이 960으로 같다. 음식점 2개를 입주시킬 경우 20만원의 효용이 추가로 발생하므로 분식집과 한식집을 입주시킨다.

21 다음 조건을 바탕으로 을순이의 사무실과 어제 갔던 식당이 위치한 곳을 올바르게 짝지은 것은?

- 갑동, 을순, 병호는 각각 10동, 11동, 12동 중 한 곳에 사무실이 있으며 서로 같은 동에 사무실이 있지 않다.
- 이들 세 명은 어제 각각 자신의 사무실이 있는 건물이 아닌 다른 동에 있는 식당에 갔었으며, 서로 같은 동의 식당에 가지 않았다.
- 병호는 12동에서 근무하며, 갑동이와 을순이는 어제 11동 식당에 가지 않았다.
- 을순이는 병호가 어제 갔던 식당이 있는 동에서 근무한다.

	사무실	식당			사무실	식당
①	11동	10동		②	10동	11동
③	12동	12동		④	11동	12동

> **해설** 세 사람은 모두 각기 다른 동에 사무실이 있으며, 어제 갔던 식당도 서로 겹치지 않는다.
> - 세 번째 조건 후단에서 갑동이와 을순이는 어제 11동 식당에 가지 않았다고 하였으므로, 어제 11동 식당에 간 것은 병호이다. 따라서 병호는 12동에 근무하며 11동 식당에 갔었다.
> - 네 번째 조건에 따라 을순이는 11동에 근무하므로, 남은 갑동이는 10동에 근무한다.
> - 두 번째 조건 전단에 따라 을순이가 10동 식당에, 갑동이가 12동 식당을 간 것이 된다.
> 따라서 을순이는 11동에 사무실이 있으며, 어제 갔던 식당은 10동에 위치해 있다.

22 다음은 이경제씨가 금융 상품에 대해 상담을 받는 내용이다. 이에 대한 옳은 설명을 모두 고른 것은?

이경제씨 : 저기 1,000만원을 예금하려고 합니다.
　　　　　정기 예금 상품을 좀 추천해 주시겠습니까?
은행직원 : 원금에만 연 5%의 금리가 적용되는 A 상품과 원금뿐만 아니라 이자에 대해서도 연 4.5%의 금리가 적용되는 B 상품이 있습니다. 예금 계약 기간은 고객님께서 연 단위로 정하실 수 있습니다.

- ㉠ 이경제씨는 요구불 예금에 가입하고자 한다.
- ㉡ 이경제씨는 간접 금융 시장에 참여하고자 한다.
- ㉢ A 상품은 복리, B 상품은 단리가 적용된다.
- ㉣ 예금 계약 기간에 따라 이경제씨의 정기 예금 상품에 대한 합리적 선택은 달라질 수 있다.

① ㉠㉡　　　　　　　　　　　　　　　② ㉠㉢
③ ㉡㉢　　　　　　　　　　　　　　　④ ㉡㉣

> **해설** ㉠ 정기 예금은 저축성 예금에 해당한다.
> ㉢ A는 단리, B는 복리가 적용된 정기 예금 상품이다.

23 다음 SWOT 분석기법에 대한 설명과 분석 결과 사례를 토대로 한 대응 전략으로 가장 적절한 것은?

> SWOT 분석은 내부 환경요인과 외부 환경요인의 2개의 축으로 구성되어 있다. 내부 환경요인은 자사 내부의 환경을 분석하는 것으로 분석은 다시 자사의 강점과 약점으로 분석된다. 외부환경요인은 자사 외부의 환경을 분석하는 것으로 분석은 다시 기회와 위협으로 구분된다. 내부환경요인과 외부환경요인에 대한 분석이 끝난 후에 매트릭스가 겹치는 SO, WO, ST, WT에 해당되는 최종 분석을 실시하게 된다. 내부의 강점과 약점을, 외부의 기회와 위협을 대응시켜 기업의 목표를 달성하려는 SWOT 분석에 의한 발전전략의 특성은 다음과 같다.
> • SO전략 : 외부 환경의 기회를 활용하기 위해 강점을 사용하는 전략 선택
> • ST전략 : 외부 환경의 위협을 회피하기 위해 강점을 사용하는 전략 선택
> • WO전략 : 자신의 약점을 극복함으로써 외부 환경의 기회를 활용하는 전략 선택
> • WT전략 : 외부 환경의 위협을 회피하고 자신의 약점을 최소화하는 전략 선택
>
> [분석 결과 사례]
>
> | 강점
(Strength) | • 해외 조직 관리 경험 풍부
• 자사 해외 네트워크 및 유통망 다수 확보 |
> |---|---|
> | 약점
(Weakness) | • 순환 보직으로 인한 잦은 담당자 교체로 업무 효율성 저하
• 브랜드 이미지 관리에 따른 업무 융통성 부족 |
> | 기회
(Opportunity) | • 현지에서 친숙한 자사 이미지
• 현지 정부의 우대 혜택 및 세제 지원 약속 |
> | 위협
(Threat) | • 일본 경쟁업체와의 본격 경쟁체제 돌입
• 위안화 환율 불안에 따른 환차손 우려 |

내부환경 외부환경	강점(Strength)	약점(Weakness)
기회(Opportunity)	① 세제 혜택을 통하여 환차손 리스크 회피 모색	② 타 해외 조직의 운영 경험을 살려 업무 효율성 벤치마킹
위협(Threat)	③ 다양한 유통채널을 통하여 경쟁체제 우회 극복	④ 해외 진출 경험으로 축적된 우수 인력 투입으로 업무 누수 방지

✔ 해설 네트워크와 유통망이 다양한 것은 자사의 강점이며 이를 통하여 심화되고 있는 일본 업체와의 경쟁을 우회하여 돌파할 수 있는 전략은 주어진 환경에서 적절한 ST전략이라고 볼 수 있다.
① 세제 혜택(O)을 통하여 환차손 리스크 회피 모색(T)
② 타 해외 조직의 운영 경험(S)을 살려 업무 효율성 벤치마킹(W)
④ 해외 진출 경험으로 축적된 우수 인력(S) 투입으로 업무 누수 방지(W)

Answer   21.①   22.④   23.③

24 다음은 특보의 종류 및 기준에 관한 자료이다. ㉠과 ㉡의 상황에 어울리는 특보를 올바르게 짝지은 것은?

〈특보의 종류 및 기준〉

종류	주의보	경보
강풍	육상에서 풍속 14m/s 이상 또는 순간풍속 20m/s 이상이 예상될 때. 다만, 산지는 풍속 17m/s 이상 또는 순간풍속 25m/s 이상이 예상될 때	육상에서 풍속 21m/s 이상 또는 순간풍속 26m/s 이상이 예상될 때. 다만, 산지는 풍속 24m/s 이상 또는 순간풍속 30m/s 이상이 예상될 때
호우	6시간 강우량이 70mm 이상 예상되거나 12시간 강우량이 110mm 이상 예상될 때	6시간 강우량이 110mm 이상 예상되거나 12시간 강우량이 180mm 이상 예상될 때
태풍	태풍으로 인하여 강풍, 풍랑, 호우 현상 등이 주의보 기준에 도달할 것으로 예상될 때	태풍으로 인하여 풍속이 17m/s 이상 또는 강우량이 100mm 이상 예상될 때. 다만, 예상되는 바람과 비의 정도에 따라 아래와 같이 세분한다.
폭염	6월~9월에 일최고기온이 33℃ 이상이고, 일최고열지수가 32℃ 이상인 상태가 2일 이상 지속될 것으로 예상될 때	6월~9월에 일최고기온이 35℃ 이상이고, 일최고열지수가 41℃ 이상인 상태가 2일 이상 지속될 것으로 예상될 때

	3급	2급	1급
바람(m/s)	17~24	25~32	33이상
비(mm)	100~249	250~399	400이상

㉠ 태풍이 남해안에 상륙하여 울산지역에 270mm의 비와 함께 풍속 26m/s의 바람이 예상된다.
㉡ 지리산에 오후 3시에서 오후 9시 사이에 약 130mm의 강우와 함께 순간풍속 28m/s가 예상된다.

	㉠	㉡
①	태풍경보 1급	호우주의보
②	태풍경보 2급	호우경보＋강풍주의보
③	태풍주의보	강풍주의보
④	태풍경보 2급	호우경보＋강풍경보

✔ 해설 ㉠ : 태풍경보 표를 보면 알 수 있다. 비가 270mm이고 풍속 26m/s에 해당하는 경우는 태풍경보 2급이다.
㉡ : 6시간 강우량이 130mm 이상 예상되므로 호우경보에 해당하며 산지의 경우 순간풍속 28m/s 이상이 예상되므로 강풍주의보에 해당한다.

25 다음으로부터 추론한 것으로 옳은 것은?

> 갑, 을, 병, 정이 문구점에서 산 학용품에 대해서 다음과 같은 사실이 있다.
> • 갑은 연필, 병은 지우개, 정은 샤프심을 샀다.
> • 을은 매직을 사지 않았다.
> • 갑이 산 학용품을 을도 샀다.
> • 갑과 병은 같은 학용품을 사지 않았다.
> • 갑, 을, 병은 각각 2종류의 학용품을 샀다.
> • 갑은 매직을 사지 않았다.
> • 갑, 을, 병, 정은 연필, 지우개, 샤프심, 매직 외의 학용품을 사지 않았다.

① 을은 연필을 사지 않았다.
② 을과 병이 공통으로 산 학용품이 있다.
③ 병은 사지 않았지만 정이 산 학용품이 있다.
④ 3명이 공통으로 산 학용품은 없다.

✔ 해설

	연필	지우개	샤프심	매직
갑	○	×	○	×
을	○	×	○	×
병	×	○	×	○
정	×	×	○	×

| 26~27 | 다음 글은 어린이집 입소기준에 대한 규정이다. 다음 글을 읽고 물음에 답하시오.

어린이집 입소기준
• 어린이집의 장은 당해시설에 결원이 생겼을 때마다 '명부 작성방법' 및 '입소 우선순위'를 기준으로 작성된 명부의 선 순위자를 우선 입소조치 한다.

명부작성방법
• 동일 입소신청자가 1 · 2순위 항목에 중복 해당되는 경우, 해당 항목별 점수를 합하여 점수가 높은 순으로 명부를 작성함
• 1순위 항목당 100점, 2순위 항목당 50점 산정
– 다만, 2순위 항목만 있는 경우 점수합계가 1순위 항목이 있는 자보다 같거나 높더라도 1순위 항목이 있는 자보다 우선순위가 될 수 없으며, 1순위 항목점수가 동일한 경우에 한하여 2순위 항목에 해당될 경우 추가합산 가능함
• 영유가 2자녀 이상 가구가 동일 순위일 경우 다자녀가구 자녀가 우선입소
• 대기자 명부 조정은 매분기 시작 월 1일을 기준으로 함

입소 우선순위
• 1순위
– 국민기초생활보장법에 따른 수급자
– 국민기초생활보장법 제24조의 규정에 의한 차상위계층의 자녀
– 장애인 중 보건복지부령이 정하는 장애 등급 이상에 해당하는 자의 자녀
– 아동복지시설에서 생활 중인 영유아
– 다문화가족의 영유아
– 자녀가 3명 이상인 가구 또는 영유아가 2자녀 가구의 영유아
– 산업단지 입주기업체 및 지원기관 근로자의 자녀로서 산업 단지에 설치된 어린이집을 이용하는 영유아
• 2순위
– 한부모 가족의 영유아
– 조손 가족의 영유아
– 입양된 영유아

26 어린이집에 근무하는 A씨가 접수합계를 내보니, 두 영유아가 1순위 항목에서 동일한 점수를 얻었다. 이 경우에는 어떻게 해야 하는가?

① 두 영유아 모두 입소조치 한다.
② 다자녀가구 자녀를 우선 입소조치 한다.
③ 한부모 가족의 영유아를 우선 입소조치 한다.
④ 2순위 항목에 해당될 경우 1순위 항목에 추가합산 한다.

> ✔해설 명부작성방법에서 1순위 항목점수가 동일한 경우에 한하여 2순위 항목에 해당될 경우 추가합산 가능하다고 나와 있다.

27 다음에 주어진 영유아들의 입소순위로 높은 것부터 나열한 것은?

> ㉠ 혈족으로는 할머니가 유일하나, 현재는 아동복지시설에서 생활 중인 영유아
> ㉡ 아버지를 여의고 어머니가 근무하는 산업단지에 설치된 어린이집을 동생과 함께 이용하는 영유아
> ㉢ 동남아에서 건너온 어머니와 가장 높은 장애 등급을 가진 한국인 아버지가 국민기초생활보장법에 의한 차상위 계층에 해당되는 영유아

① ㉠ - ㉡ - ㉢   ② ㉡ - ㉠ - ㉢
③ ㉡ - ㉢ - ㉠   ④ ㉢ - ㉡ - ㉠

> ✔해설 ㉢ 300점
> ㉡ 250점
> ㉠ 150점

28 다음 조건에 따라 진성, 세준, 성훈, 시언, 수길, 지훈 6명의 자리를 배정하려고 할 때 2번에 앉는 사람은 누구인가?

> • 친한 사람끼리는 바로 옆자리에 배정해야 하고, 친하지 않은 사람끼리는 바로 옆자리에 배정해서는 안 된다.
> • 진성과 성훈은 서로 친하지 않다.
> • 세준과 성훈은 친하다.
> • 세준과 시언이는 친하다.
> • 진성과 지훈이는 친하지 않다.
> • 수길은 진성과 친하며 6번 자리에 앉아야 한다.

① 지훈   ② 세준
③ 성훈   ④ 진성

 해설

1	2	3	4	5	6
지훈	성훈	세준	시언	진성	수길

29 민희, 수영, 진희, 선영은 창가, 책장 맞은편, 화장실 옆, 구석자리가 있는 카페에 도착하여 각각 네 곳 중 한 곳을 선택하여 앉았다. 다음 중 앉은 사람과 자리가 바르게 연결된 것은?

> • 처음 도착한 민희는 창가 테이블에 앉았다.
> • 가장 늦게 도착한 선영은 화장실 옆 테이블 또는 책장 맞은편 테이블에 앉았다.
> • 구석 테이블에 앉은 사람보다 먼저 도착한 수영은 화장실 옆 테이블에 앉았다.

① 진희 – 구석자리
② 진희 – 책장 맞은편
③ 선영 – 화장실 옆
④ 수영 – 창가

해설

	창가	책장 맞은편	화장실 옆	구석자리
민희	o	x	x	x
수영	x	x	o	x
진희	x	x	x	o
선영	x	o	x	x

30 다음 조건을 참고할 때, 4명이 입고 있는 옷의 색깔을 올바르게 설명하고 있는 것은?

> • A, B, C, D 4명은 각기 노란색, 초록색, 검정색, 흰색 옷을 입고 있다.
> • A는 검정색 옷을 입지 않았다.
> • C는 노란색 옷을 입지 않았다.
> • B는 노란색 옷을 입었다.
> • D는 초록색 옷을 입지 않았다.

① A가 흰색 옷을 입었다면 C는 노란색 옷을 입고 있다.
② C가 흰색 옷을 입었다면 A는 검정색 옷을 입고 있다.
③ A가 흰색 옷을 입었다면 C는 초록색 옷을 입고 있다.
④ B가 노란색 옷을 입었다면 D는 초록색 옷을 입고 있다.

✔ 해설

경우	A	B	C	D
㉠	흰색	노란색	초록색	검정색
㉡	초록색	노란색	흰색	검정색
㉢	초록색	노란색	검정색	흰색

Chapter 03 수리능력

1 직장생활과 수리능력

(1) 기초직업능력으로서의 수리능력

① 개념 ··· 직장생활에서 요구되는 사칙연산과 기초적인 통계를 이해하고 도표의 의미를 파악하거나 도표를 이용해서 결과를 효과적으로 제시하는 능력을 말한다.

② 수리능력은 크게 기초연산능력, 기초통계능력, 도표분석능력, 도표작성능력으로 구성된다.
  ㉠ **기초연산능력** : 직장생활에서 필요한 기초적인 사칙연산과 계산방법을 이해하고 활용할 수 있는 능력
  ㉡ **기초통계능력** : 평균, 합계, 빈도 등 직장생활에서 자주 사용되는 기초적인 통계기법을 활용하여 자료의 특성과 경향성을 파악하는 능력
  ㉢ **도표분석능력** : 그래프, 그림 등 도표의 의미를 파악하고 필요한 정보를 해석하는 능력
  ㉣ **도표작성능력** : 도표를 이용하여 결과를 효과적으로 제시하는 능력

(2) 업무수행에서 수리능력이 활용되는 경우

① 업무상 계산을 수행하고 결과를 정리하는 경우

② 업무비용을 측정하는 경우

③ 고객과 소비자의 정보를 조사하고 결과를 종합하는 경우

④ 조직의 예산안을 작성하는 경우

⑤ 업무수행 경비를 제시해야 하는 경우

⑥ 다른 상품과 가격비교를 하는 경우

⑦ 연간 상품 판매실적을 제시하는 경우

⑧ 업무비용을 다른 조직과 비교해야 하는 경우

⑨ 상품판매를 위한 지역조사를 실시해야 하는 경우

⑩ 업무수행과정에서 도표로 주어진 자료를 해석하는 경우

⑪ 도표로 제시된 업무비용을 측정하는 경우

예제 1

다음 자료를 보고 주어진 상황에 대한 물음에 답하시오.

〈근로소득에 대한 간이 세액표〉

월 급여액(천 원) [비과세 및 학자금 제외]		공제대상 가족 수				
이상	미만	1	2	3	4	5
2,500	2,520	38,960	29,280	16,940	13,570	10,190
2,520	2,540	40,670	29,960	17,360	13,990	10,610
2,540	2,560	42,380	30,640	17,790	14,410	11,040
2,560	2,580	44,090	31,330	18,210	14,840	11,460
2,580	2,600	45,800	32,680	18,640	15,260	11,890
2,600	2,620	47,520	34,390	19,240	15,680	12,310
2,620	2,640	49,230	36,100	19,900	16,110	12,730
2,640	2,660	50,940	37,810	20,560	16,530	13,160
2,660	2,680	52,650	39,530	21,220	16,960	13,580
2,680	2,700	54,360	41,240	21,880	17,380	14,010
2,700	2,720	56,070	42,950	22,540	17,800	14,430
2,720	2,740	57,780	44,660	23,200	18,230	14,850
2,740	2,760	59,500	46,370	23,860	18,650	15,280

※ 갑근세는 제시되어 있는 간이 세액표에 따름
※ 주민세=갑근세의 10%
※ 국민연금=급여액의 4.50%
※ 고용보험=국민연금의 10%
※ 건강보험=급여액의 2.90%
※ 교육지원금=분기별 100,000원(매 분기별 첫 달에 지급)

박○○ 사원의 5월 급여내역이 다음과 같고 전월과 동일하게 근무하였으나, 특별수당은 없고 차량지원금으로 100,000원을 받게 된다면, 6월에 받게 되는 급여는 얼마인가? (단, 원 단위 절삭)

(주) 서원플랜테크 5월 급여내역			
성명	박○○	지급일	5월 12일
기본급여	2,240,000	갑근세	39,530
직무수당	400,000	주민세	3,950
명절 상여금		고용보험	11,970
특별수당	20,000	국민연금	119,700
차량지원금		건강보험	77,140
교육지원		기타	
급여계	2,660,000	공제합계	252,290
		지급총액	2,407,710

① 2,443,910
② 2,453,910
③ 2,463,910
④ 2,473,910

해 설

기본급여	2,240,000	갑근세	46,370
직무수당	400,000	주민세	4,630
명절 상여금		고용보험	12,330
특별수당		국민연금	123,300
차량지원금	100,000	건강보험	79,460
교육지원		기타	
급여계	2,740,000	공제합계	266,090
		지급총액	2,473,910

답 ④

(3) 수리능력의 중요성

① 수학적 사고를 통한 문제해결

② 직업세계의 변화에의 적응

③ 실용적 가치의 구현

(4) 단위환산표

구분	단위환산
길이	$1cm = 10mm$, $1m = 100cm$, $1km = 1,000m$
넓이	$1cm^2 = 100mm^2$, $1m^2 = 10,000cm^2$, $1km^2 = 1,000,000m^2$
부피	$1cm^3 = 1,000mm^3$, $1m^3 = 1,000,000cm^3$, $1km^3 = 1,000,000,000m^3$
들이	$1m\ell = 1cm^3$, $1d\ell = 100cm^3$, $1L = 1,000cm^3 = 10d\ell$
무게	$1kg = 1,000g$, $1t = 1,000kg = 1,000,000g$
시간	1분 $= 60$초, 1시간 $= 60$분 $= 3,600$초
할푼리	1푼 $= 0.1$할, 1리 $= 0.01$할, 1모 $= 0.001$할

예제 2

둘레의 길이가 4.4km인 정사각형 모양의 공원이 있다. 이 공원의 넓이는 몇 a인가?

① 12,100a   ② 1,210a
③ 121a   ④ 12.1a

출제의도

길이, 넓이, 부피, 들이, 무게, 시간, 속도 등 단위에 대한 기본적인 환산 능력을 평가하는 문제로서, 소수점 계산이 필요하며, 자릿수를 읽고 구분할 줄 알아야 한다.

해 설

공원의 한 변의 길이는
$4.4 \div 4 = 1.1(km)$이고
$1km^2 = 10000a$이므로
공원의 넓이는
$1.1km \times 1.1km = 1.21km^2 = 12100a$

답 ①

---

2 수리능력을 구성하는 하위능력

(1) 기초연산능력

① 사칙연산 … 수에 관한 덧셈, 뺄셈, 곱셈, 나눗셈의 네 종류의 계산법으로 업무를 원활하게 수행하기 위해서는 기본적인 사칙연산뿐만 아니라 다단계의 복잡한 사칙연산까지도 수행할 수 있어야 한다.

② 검산 … 연산의 결과를 확인하는 과정으로 대표적인 검산방법으로 역연산과 구거법이 있다.

    ㉠ 역연산 : 덧셈은 뺄셈으로, 뺄셈은 덧셈으로, 곱셈은 나눗셈으로, 나눗셈은 곱셈으로 확인하는 방법이다.

    ㉡ 구거법 : 원래의 수와 각 자리 수의 합이 9로 나눈 나머지가 같다는 원리를 이용한 것으로 9를 버리고 남은 수로 계산하는 것이다.

예제 3

다음 식을 바르게 계산한 것은?

$$1 + \frac{2}{3} + \frac{1}{2} - \frac{3}{4}$$

① $\frac{13}{12}$

② $\frac{15}{12}$

③ $\frac{17}{12}$

④ $\frac{19}{12}$

출제의도

직장생활에서 필요한 기초적인 사칙연산과 계산방법을 이해하고 활용할 수 있는 능력을 평가하는 문제로서, 분수의 계산과 통분에 대한 기본적인 이해가 필요하다.

해 설

$$\frac{12}{12} + \frac{8}{12} + \frac{6}{12} - \frac{9}{12} = \frac{17}{12}$$

답 ③

---

(2) 기초통계능력

① 업무수행과 통계

    ㉠ 통계의 의미 : 통계란 집단현상에 대한 구체적인 양적 기술을 반영하는 숫자이다.

    ㉡ 업무수행에 통계를 활용함으로써 얻을 수 있는 이점

    • 많은 수량적 자료를 처리가능하고 쉽게 이해할 수 있는 형태로 축소

    • 표본을 통해 연구대상 집단의 특성을 유추

    • 의사결정의 보조수단

    • 관찰 가능한 자료를 통해 논리적으로 결론을 추출·검증

    ㉢ 기본적인 통계치

    • 빈도와 빈도분포 : 빈도란 어떤 사건이 일어나거나 증상이 나타나는 정도를 의미하며, 빈도분포란 빈도를 표나 그래프로 종합적으로 표시하는 것이다.

- 평균 : 모든 사례의 수치를 합한 후 총 사례 수로 나눈 값이다.
- 백분율 : 전체의 수량을 100으로 하여 생각하는 수량이 그중 몇이 되는가를 퍼센트로 나타낸 것이다.

② 통계기법

　㉠ 범위와 평균

- 범위 : 분포의 흩어진 정도를 가장 간단히 알아보는 방법으로 최곳값에서 최젓값을 뺀 값을 의미한다.
- 평균 : 집단의 특성을 요약하기 위해 가장 자주 활용하는 값으로 모든 사례의 수치를 합한 후 총 사례 수로 나눈 값이다.
- 관찰값이 1, 3, 5, 7, 9일 경우 범위는 $9 - 1 = 8$이 되고, 평균은 $\dfrac{1 + 3 + 5 + 7 + 9}{5} = 5$가 된다.

　㉡ 분산과 표준편차

- 분산 : 관찰값의 흩어진 정도로, 각 관찰값과 평균값의 차의 제곱의 평균이다.
- 표준편차 : 평균으로부터 얼마나 떨어져 있는가를 나타내는 개념으로 분산값의 제곱근 값이다.
- 관찰값이 1, 2, 3이고 평균이 2인 집단의 분산은 $\dfrac{(1-2)^2 + (2-2)^2 + (3-2)^2}{3} = \dfrac{2}{3}$이고 표준편차는 분산값의 제곱근 값인 $\sqrt{\dfrac{2}{3}}$이다.

③ 통계자료의 해석

　㉠ 다섯숫자요약

- 최솟값 : 원자료 중 값의 크기가 가장 작은 값
- 최댓값 : 원자료 중 값의 크기가 가장 큰 값
- 중앙값 : 최솟값부터 최댓값까지 크기에 의하여 배열했을 때 중앙에 위치하는 사례의 값
- 하위 25%값 · 상위 25%값 : 원자료를 크기 순으로 배열하여 4등분한 값

　㉡ 평균값과 중앙값 : 평균값과 중앙값은 그 개념이 다르기 때문에 명확하게 제시해야 한다.

인터넷 쇼핑몰에서 회원가입을 하고 디지털캠코더를 구매하려고 한다. 다음은 구입하고자 하는 모델에 대하여 인터넷 쇼핑몰 세 곳의 가격과 조건을 제시한 표이다. 표에 있는 모든 혜택을 적용하였을 때 디지털캠코더의 배송비를 포함한 실제 구매가격을 바르게 비교한 것은?

구분	A 쇼핑몰	B 쇼핑몰	C 쇼핑몰
정상가격	129,000원	131,000원	130,000원
회원혜택	7,000원 할인	3,500원 할인	7% 할인
할인쿠폰	5% 쿠폰	3% 쿠폰	5,000원
중복할인여부	불가	가능	불가
배송비	2,000원	무료	2,500원

① A<B<C　　　　　　　　② B<C<A
③ C<A<B　　　　　　　　④ C<B<A

해 설

㉠ A 쇼핑몰
- 회원혜택을 선택한 경우 : $129,000 - 7,000 + 2,000 = 124,000$(원)
- 5% 할인쿠폰을 선택한 경우 : $129,000 \times 0.95 + 2,000 = 124,550$
㉡ B 쇼핑몰 : $131,000 \times 0.97 - 3,500 = 123,570$
㉢ C 쇼핑몰
- 회원혜택을 선택한 경우 : $130,000 \times 0.93 + 2,500 = 123,400$
- 5,000원 할인쿠폰을 선택한 경우 : $130,000 - 5,000 + 2,500 = 127,500$
∴ C<B<A

답 ④

(3) 도표분석능력

① 도표의 종류

　㉠ **목적별** : 관리(계획 및 통제), 해설(분석), 보고

　㉡ **용도별** : 경과 그래프, 내역 그래프, 비교 그래프, 분포 그래프, 상관 그래프, 계산 그래프

　㉢ **형상별** : 선 그래프, 막대 그래프, 원 그래프, 점 그래프, 층별 그래프, 레이더 차트

② 도표의 활용

　㉠ 선 그래프

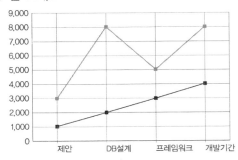

- 주로 시간의 경과에 따라 수량에 의한 변화 상황 (시계열 변화)을 절선의 기울기로 나타내는 그래프이다.
- 경과, 비교, 분포를 비롯하여 상관관계 등을 나타낼 때 쓰인다.

　㉡ 막대 그래프

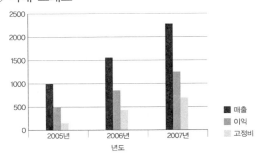

- 비교하고자 하는 수량을 막대 길이로 표시하고 그 길이를 통해 수량 간의 대소관계를 나타내는 그래프이다.
- 내역, 비교, 경과, 도수 등을 표시하는 용도로 쓰인다.

　㉢ 원 그래프

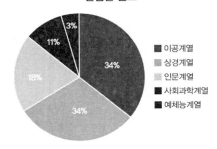

- 내역이나 내용의 구성비를 원을 분할하여 나타낸 그래프이다.
- 전체에 대해 부분이 차지하는 비율을 표시하는 용도로 쓰인다.

ⓔ 점 그래프

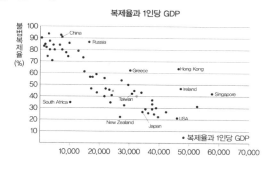

• 종축과 횡축에 2요소를 두고 보고자 하는 것이 어떤 위치에 있는가를 나타내는 그래프이다.
• 지역분포를 비롯하여 도시, 지방, 기업, 상품 등의 평가나 위치·성격을 표시하는데 쓰인다.

ⓜ 층별 그래프

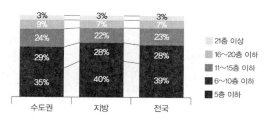

• 선 그래프의 변형으로 연속내역 봉 그래프라고 할 수 있다. 선과 선 사이의 크기로 데이터 변화를 나타낸다.
• 합계와 부분의 크기를 백분율로 나타내고 시간적 변화를 보고자 할 때나 합계와 각 부분의 크기를 실수로 나타내고 시간적 변화를 보고자 할 때 쓰인다.

ⓑ 레이더 차트(거미줄 그래프)

• 원 그래프의 일종으로 비교하는 수량을 직경, 또는 반경으로 나누어 원의 중심에서의 거리에 따라 각 수량의 관계를 나타내는 그래프이다.
• 비교하거나 경과를 나타내는 용도로 쓰인다.

③ 도표 해석상의 유의사항
    ㉠ 요구되는 지식의 수준을 넓힌다.
    ㉡ 도표에 제시된 자료의 의미를 정확히 숙지한다.
    ㉢ 도표로부터 알 수 있는 것과 없는 것을 구별한다.
    ㉣ 총량의 증가와 비율의 증가를 구분한다.
    ㉤ 백분위수와 사분위수를 정확히 이해하고 있어야 한다.

예제 5

다음 표는 2024 ~ 2025년 지역별 직장인들의 자기개발에 관해 조사한 내용을 정리한 것이다. 이에 대한 분석으로 옳은 것은?

(단위 : %)

연도 구분 지역	2024				2025			
	자기개발하고 있음	자기개발 비용 부담 주체			자기개발하고 있음	자기개발 비용 부담 주체		
		직장 100%	본인 100%	직장50% + 본인50%		직장 100%	본인 100%	직장50% + 본인50%
충청도	36.8	8.5	88.5	3.1	45.9	9.0	65.5	24.5
제주도	57.4	8.3	89.1	2.9	68.5	7.9	68.3	23.8
경기도	58.2	12	86.3	2.6	71.0	7.5	74.0	18.5
서울시	60.6	13.4	84.2	2.4	72.7	11.0	73.7	15.3
경상도	40.5	10.7	86.1	3.2	51.0	13.6	74.9	11.6

① 2024년과 2025년 모두 자기개발 비용을 본인이 100% 부담하는 사람의 수는 응답자의 절반 이상이다.
② 자기개발을 하고 있다고 응답한 사람의 수는 2024년과 2025년 모두 서울시가 가장 많다.
③ 자기개발 비용을 직장과 본인이 각각 절반씩 부담하는 사람의 비율은 2024년과 2025년 모두 서울시가 가장 높다.
④ 2024년과 2025년 모두 자기개발을 하고 있다고 응답한 비율이 가장 높은 지역에서 자기개발비용을 직장이 100% 부담한다고 응답한 사람의 비율이 가장 높다.

출제의도

그래프, 그림, 도표 등 주어진 자료를 이해하고 의미를 파악하여 필요한 정보를 해석하는 능력을 평가하는 문제이다.

해 설

② 지역별 인원수가 제시되어 있지 않으므로, 각 지역별 응답자 수는 알 수 없다.
③ 2024년에는 경상도에서, 2025년에는 충청도에서 가장 높은 비율을 보인다.
④ 2024년과 2025년 모두 '자기 개발을 하고 있다'고 응답한 비율이 가장 높은 지역은 서울시이며, 2025년의 경우 자기개발 비용을 직장이 100% 부담한다고 응답한 사람의 비율이 가장 높은 지역은 경상도이다.

답 ①

(4) 도표작성능력

① 도표작성 절차
   ㉠ 어떠한 도표로 작성할 것인지를 결정
   ㉡ 가로축과 세로축에 나타낼 것을 결정
   ㉢ 한 눈금의 크기를 결정
   ㉣ 자료의 내용을 가로축과 세로축이 만나는 곳에 표현
   ㉤ 표현한 점들을 선분으로 연결
   ㉥ 도표의 제목을 표기

② 도표작성 시 유의사항
   ㉠ 선 그래프 작성 시 유의점
   • 세로축에 수량, 가로축에 명칭구분을 제시한다.
   • 선의 높이에 따라 수치를 파악하는 경우가 많으므로 세로축의 눈금을 가로축보다 크게 하는 것이 효과
     적이다.
   • 선이 두 종류 이상일 경우 반드시 그 명칭을 기입한다.
   ㉡ 막대 그래프 작성 시 유의점
   • 막대 수가 많을 경우에는 눈금선을 기입하는 것이 알아보기 쉽다.
   • 막대의 폭은 모두 같게 하여야 한다.
   ㉢ 원 그래프 작성 시 유의점
   • 정각 12시의 선을 기점으로 오른쪽으로 그리는 것이 보통이다.
   • 분할선은 구성비율이 큰 순서로 그린다.
   ㉣ 층별 그래프 작성 시 유의점
   • 눈금은 선 그래프나 막대 그래프보다 적게 하고 눈금선은 넣지 않는다.
   • 층별로 색이나 모양이 완전히 다른 것이어야 한다.
   • 같은 항목은 옆에 있는 층과 선으로 연결하여 보기 쉽도록 한다.

1 다음은 국민연금 보험료를 산정하기 위한 소득월액 산정 방법에 대한 설명이다. 다음 설명을 참고할 때, 김 갑동 씨의 신고 소득월액은?

> 소득월액은 입사(복직) 시점에 따른 근로자간 신고 소득월액 차등이 발생하지 않도록 입사(복직) 당시 약 정되어 있는 급여 항목에 대한 1년치 소득총액에 대하여 30일로 환산하여 결정하며, 다음과 같은 계산 방식을 적용한다.
>
> 소득월액 = 입사(복직) 당시 지급이 약정된 각 급여 항목에 대한 1년간 소득총액 ÷ 365 × 30

> 〈김갑동 씨의 급여 내역〉
>
> • 기본급 : 1,000,000원
> • 교통비 : 월 100,000원
> • 고정 시간외 수당 : 월 200,000원
> • 분기별 상여금 : 기본급의 100%(1, 4, 7, 10월 지급)
> • 하계휴가비(매년 7월 지급) : 500,000원

① 1,645,660원

② 1,652,055원

③ 1,668,900원

④ 1,727,050원

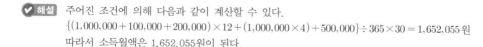 주어진 조건에 의해 다음과 같이 계산할 수 있다.

$\{(1,000,000+100,000+200,000)\times12+(1,000,000\times4)+500,000\}\div365\times30=1,652,055$ 원

따라서 소득월액은 1,652,055원이 된다.

2 다음 자료를 통하여 확인할 수 있는 사항은?

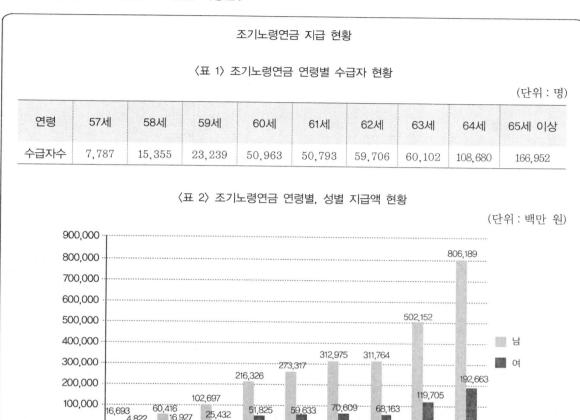

조기노령연금 지급 현황

〈표 1〉 조기노령연금 연령별 수급자 현황

(단위 : 명)

연령	57세	58세	59세	60세	61세	62세	63세	64세	65세 이상
수급자수	7,787	15,355	23,239	50,963	50,793	59,706	60,102	108,680	166,952

〈표 2〉 조기노령연금 연령별, 성별 지급액 현황

(단위 : 백만 원)

① 연령별 성별 수급자 비중
② 연령별 남성 수급자 1인당 평균 수급액
③ 연령별 수급자 1인당 평균 수급액의 성별 차이
④ 연령별 수급자 1인당 평균 수급액

✔해설 주어진 두 개의 자료는 각 연령대별 수급자 현황과 성별 수급액의 현황이므로 연령대별 성별 수급액에 관한 자료를 알 수는 없다. 따라서 제시된 보기의 내용 중에서는, 전체 수급액을 전체 수급자 수로 나누어 성별 구분 없는 '연령별 수급자 1인당 평균 수급액'만을 알 수 있다.

Answer 1.② 2.④

3~4 다음 자료를 보고 이어지는 물음에 답하시오.

〈65세 이상 노인인구 대비 기초 (노령)연금 수급자 현황〉

(단위 : 명, %)

연도	65세 이상 노인인구	기초(노령) 연금수급자	국민연금 동시 수급자
2018	5,267,708	3,630,147	719,030
2019	5,506,352	3,727,940	823,218
2020	5,700,972	3,818,186	915,543
2021	5,980,060	3,933,095	1,023,457
2022	6,250,986	4,065,672	1,138,726
2023	6,520,607	4,353,482	1,323,226
2024	6,771,214	4,495,183	1,444,286
2025	6,987,489	4,581,406	1,541,216

〈가구유형별 기초연금 수급자 현황(2025년)〉

(단위 : 명, %)

65세 이상 노인 수	수급자 수					수급률
	계	단독가구	부부가구			
			소계	1인수급	2인수급	
6,987,489	4,581,406	2,351,026	2,230,380	380,302	1,850,078	65.6

3 위 자료를 참고할 때, 2018년 대비 2025년의 기초연금 수급률 증감률은? (단, 백분율은 반올림하여 소수 첫째 자리까지만 표시한다)

① -2.7%

② -3.2%

③ -3.6%

④ -4.8%

> ✔해설 2025년의 기초연금 수급률이 65.6%이므로 기초연금 수급률은 65세 이상 노인 수 대비 수급자의 비율이라고 볼 수 있다.
> 따라서 이에 의해 2018년의 기초연금 수급률을 구해 보면,
> $3,630,147 \div 5,267,708 \times 100 = 68.9\%$가 된다. 따라서 68.9%와 65.6%와의 증감률을 구하면 된다.
> 이것은 다시 $(65.6 - 68.9) \div 68.9 \times 100 = -4.8\%$가 된다.

4 다음 중 위의 자료를 올바르게 분석한 것이 아닌 것은?

① 기초연금 수급자 대비 국민연금 동시 수급자의 비율은 2018년 대비 2025년에 증가하였다.

② 기초연금 수급률은 65세 이상 노인 수 대비 수급자의 비율이다.

③ 2025년 단독가구 수급자는 전체 수급자의 50%가 넘는다.

④ 2025년 1인 수급자는 전체 기초연금 수급자의 약 17%에 해당한다.

> ✔해설 1인 수급자는 전체 부부가구 수급자의 약 17%에 해당하며, 전체 기초연금 수급자인 4,581,406명에 대해서는 약 8.3%에 해당한다.
> ① 기초연금 수급자 대비 국민연금 동시 수급자의 비율은 2018년이
> $719,030 \div 3,630,147 \times 100 = 19.8\%$이며, 2025년이 $1,541,216 \div 4,581,406 \times 100 = 33.6\%$이다.
> ② $4,581,406 \div 6,987,489 \times 100 = 65.6\%$이므로 올바른 설명이다.
> ③ 전체 수급자는 4,581,406명이며, 이 중 2,351,026명이 단독가구 수급자이므로 전체의 약 51.3%에 해당한다.

Answer 3.④ 4.④

▌5~6▐ 다음은 국민연금공단에서 조사한 20××년 기준 우리나라 가구의 월평균 소비지출 규모를 나타낸 자료이다. 이를 보고 이어지는 물음에 답하시오.

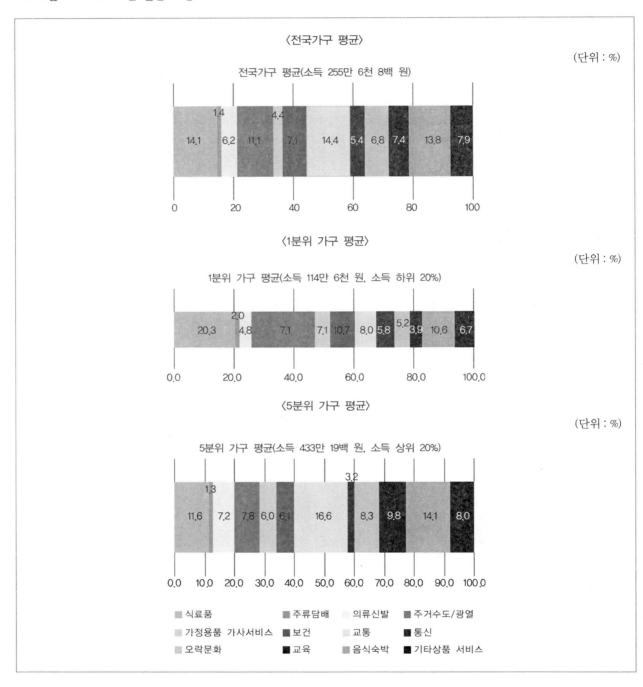

5 다음 중 위의 자료에 대한 올바른 설명이 아닌 것은?

① 5분위 가구>전국 평균>1분위 가구의 순으로 지출 비중이 구성된 분야는 모두 5가지 분야이다.

② 1분위 가구는 식료품, 5분위 가구는 교통비 지출 비중이 가장 크다.

③ 1분위 가구는 생활에 필수적인 분야의 소비가 전국 평균보다 많다.

④ 소득 상위 계층은 소득 하위 계층보다 가정용품비, 교통비, 교육비 등에 2배 이상의 지출 비중을 보이고 있다.

 의류신발, 가정용품, 교통비, 오락문화, 교육비, 음식숙박, 기타의 7가지 분야가 해당된다.
　② 1분위 가구는 식료품이 20.3%, 5분위 가구는 교통비 지출이 16.6%로 가장 큰 비중을 차지하는 항목이다.
　③ 1분위 가구는 소득 하위 계층으로 식료품, 주거 수도, 보건 등의 분야에서 전국 평균보다 더 많은 지출을 하고 있음을 알 수 있다.
　④ 언급된 세 가지 분야의 지출은 소득 상위와 하위 계층에서 2배 이상의 지출 비중 차이를 보이고 있다.

6 해당 분위별 월 평균 소득을 기준으로 할 때, 1분위와 5분위 가구의 식료품 지출 차액과 교통비 지출 차액에 대한 옳은 설명은?

① 1분위 가구의 식료품과 교통비 지출액의 합은 5분위 가구의 식료품 지출액보다 적다.

② 1분위와 5분위 가구 모두 식료품 분야에 30만 원 이상의 비용을 지출한다.

③ 1분위 가구는 식료품 지출액이 교통비 지출액보다 20만 원 이상 많다.

④ 1분위와 2분위의 교통비 지출액 차이는 50~60만 원 사이이다.

해설 제시된 1분위와 5분위의 평균 소득액을 근거로 식료품과 교통비 지출 금액을 비중에 맞게 계산해 보면 다음과 같다.

	식료품	교통비
1분위(소득 114.6만 원)	20.3%=약 23.3만 원	8.0%=9.2만 원
5분위(소득 433.19만 원)	11.6%=약 50.3만 원	16.6%=71.9만 원

따라서 ①의 내용만이 옳은 것을 확인할 수 있다.

▮7~8▮ 다음은 퇴직연금제도 도입 사업장에 관한 현황을 나타낸 자료이다. 다음 자료를 보고 이어지는 물음에 답하시오.

〈종사자규모별 사업장 도입 현황〉

(단위 : 개소, %)

구분	2024년			2025년		
	전체 도입 사업장	도입 대상 사업장	도입사업장	전체 도입 사업장	도입 대상 사업장	도입사업장
합계 (구성비)	334,820 (100.0)	1,203,784 (100.0)	323,864 (100.0)	354,018 (100.0)	1,259,585 (100.0)	343,134 (100.0)
5인 미만	77,678 (23.2)	619,517 (51.5)	68,865 (21.3)	82,936 (23.4)	659,198 (52.3)	74,360 (21.7)
5~9인	93,500 (27.9)	307,047 (25.5)	92,108 (28.4)	102,312 (28.9)	320,042 (25.4)	100,742 (29.4)
10~29인	101,912 (30.4)	195,414 (16.2)	101,327 (31.3)	106,718 (30.1)	198,753 (15.8)	106,132 (30.9)
30~49인	24,178 (7.2)	35,207 (2.9)	24,092 (7.4)	24,456 (6.9)	35,101 (2.8)	24,371 (7.1)
50~99인	20,660 (6.2)	26,822 (2.2)	20,591 (6.4)	20,727 (5.9)	26,712 (2.1)	20,676 (6.0)
100~299인	12,339 (3.7)	14,768 (1.2)	12,330 (3.8)	12,283 (3.5)	14,732 (1.2)	12,270 (3.6)
300인 이상	4,553 (1.4)	5,009 (0.5)	4,551 (1.4)	4,586 (1.3)	5,047 (0.4)	4,583 (1.3)

〈산업별 사업장 도입 현황〉

(단위 : 개소)

구분	2024년			2025년		
	전체 도입 사업장	도입 대상 사업장	도입사업장	전체 도입 사업장	도입 대상 사업장	도입사업장
전체	334,820	1,203,784	323,864	354,018	1,259,585	343,134
농림어업	1,080	7,846	1,040	1,135	8,481	1,103
광업	303	734	299	297	746	297
제조업	98,422	258,385	96,678	101,100	265,543	99,479
전기가스업	380	1,270	363	395	1,413	379
수도하수업	2,470	6,164	2,436	2,612	6,363	2,577
건설업	19,524	94,004	18,807	20,485	98,971	19,780
도소매업	57,453	280,106	55,287	60,822	294,876	58,737
운수업	9,372	31,152	8,954	9,489	31,717	9,167
숙박음식업	7,327	102,031	6,567	7,705	108,674	7,030
정보통신업	8,699	30,001	8,511	9,093	32,272	8,911
금융보험업	11,148	17,904	11,102	11,161	18,520	11,124
부동산업	7,455	61,062	7,087	7,849	65,356	7,482
전문과학기술업	21,096	67,700	20,455	22,670	72,963	22,014
사업서비스업	9,370	33,323	8,840	9,495	34,795	9,005
공공행정	880	3,238	874	878	3,469	874
교육서비스업	13,558	38,869	13,333	14,606	40,348	14,409
보건사회복지업	55,121	118,203	52,513	62,253	120,445	59,254
예술스포츠여가업	2,182	11,147	2,064	2,289	11,944	2,195
협회 및 단체 등	8,980	40,645	8,654	9,684	42,689	9,317

* 도입률=도입 사업장÷도입 대상 사업장×100

7 다음 중 위의 자료에 대한 설명으로 적절하지 않은 것은?

① 전체 사업장의 퇴직연금제도 도입률은 2024년보다 2025년에 더 높아졌다.

② 종사자규모별 모든 사업장이 2024년보다 2025년에 퇴직연금제도 도입률이 더 높아진 것은 아니다.

③ 산업별 사업장의 경우, 도입 대상 사업장의 개수와 도입률과는 아무런 상관관계가 없다.

④ 2024년과 2025년에 도입률이 가장 낮은 업종은 각각 부동산업과 숙박음식업이다.

> ✔해설 두 해 모두 숙박음식업은 각각 6.4%와 6.5%의 도입률을 보여 도입률이 가장 낮은 업종이며, 부동산업은 각각 11.6%와 11.4%로 두 번째로 도입률이 낮은 업종임을 알 수 있다.
> ① 26.9 → 27.2%로 전년보다 더 높아졌다.
> ② 100~299인 사업장은 83.5 → 83.3%로 낮아졌으며, 300인 이상 사업장은 90.9 → 90.8%로 낮아졌다.
> ③ 도입 대상 사업장의 개수가 많고 적음에 따라 도입률이 높거나 낮아지는 상관관계를 찾아볼 수 없다.

8 다음 중 2025년의 퇴직연금제도 도입률이 가장 높은 사업장 규모와 가장 낮은 사업장 규모가 순서대로 올바르게 나열된 것은?

① 300인 이상 사업장, 5인 미만 사업장

② 300인 이상 사업장, 5~9인 사업장

③ 100~299인 사업장, 5인 미만 사업장

④ 100~299인 사업장, 5~9인 사업장

> ✔해설 주어진 산식에 의해 연도별 사업장 규모별 도입률을 구해 보면 다음과 같다.
> 5인 미만 : 11.3%, 5~9인 : 31.5%, 10~29인 : 53.4%, 30~49인 : 69.4%, 50~99인 : 77.4%, 100~299인 : 83.3%, 300인 이상 : 90.8%
> 따라서 사업장 규모에 따라 도입률이 비례 관계를 보이고 있으므로 300인 이상 사업장이 가장 도입률이 높고, 5인 미만 사업장이 가장 낮은 도입률을 보이고 있음을 알 수 있다.

9 120개 단위 지역의 연금수급자 현황을 모두 정리하는 데 양 대리는 2시간, 박 사원은 3시간이 걸린다. 양 대리가 80개 지역의 현황을 정리하고 난 후, 나머지 40개 지역은 양 대리와 박 사원이 함께 정리하려고 한다. 이 때 120개 지역의 현황을 모두 정리하는 데 걸리는 시간은? (단, 시간은 반올림하여 소수 첫째 자리로 표시한다)

① 1.8시간　　　　　　　　　　　　② 1.7시간

③ 1.6시간　　　　　　　　　　　　④ 1.5시간

 양 대리가 1시간 동안 할 수 있는 일률은 $120 \div 2 = 60$이며, 박 사원이 1시간 동안 할 수 있는 일률은 $120 \div 3 = 40$이 된다.

양 대리가 80개 지역의 현황을 정리하는 데 필요한 시간은 $80 \div 60 = 1.3$시간이다. 두 사람이 함께 일을 할 경우의 일률은 $60 + 40 = 100$이므로 나머지 40개를 두 사람이 함께 작업하여 완료하기 위해서는 0.4시간이 필요하게 된다.

따라서 1.3시간 + 0.4시간 = 1.7시간이 된다.

| 10~11 | 국민연금의 반환일시금과 관련된 다음 자료를 보고 이어지는 물음에 답하시오.

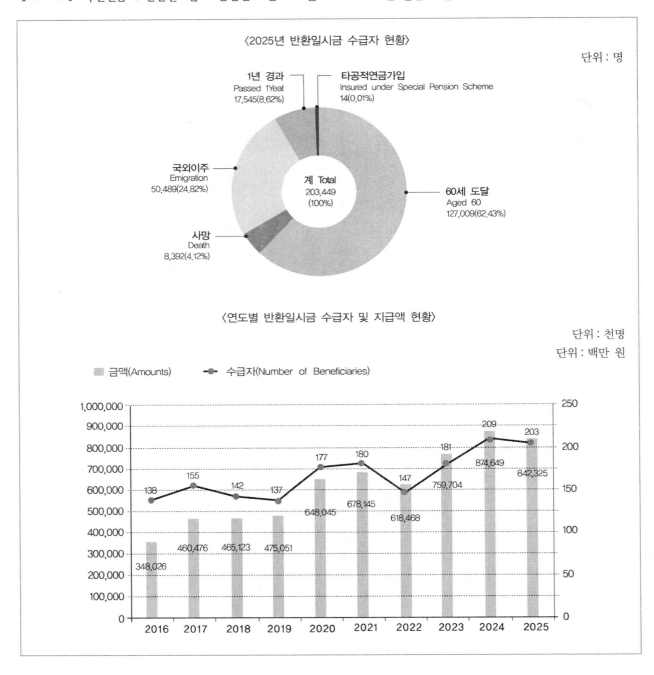

〈2025년 반환일시금 수급자 현황〉

단위 : 명

1년 경과
Passed 1Yeat
17,545(8.62%)

타공적연금가입
Insured under Special Pension Scheme
14(0.01%)

국외이주
Emigration
50,489(24.82%)

계 Total
203,449
(100%)

60세 도달
Aged 60
127,009(62.43%)

사망
Death
8,392(4.12%)

〈연도별 반환일시금 수급자 및 지급액 현황〉

단위 : 천명
단위 : 백만 원

■ 금액(Amounts) ━●━ 수급자(Number of Beneficiaries)

10 다음 중 수급자 1인 당 반환일시금이 가장 많은 해는 언제인가?

① 2021년

② 2022년

③ 2023년

④ 2024년

> ✔해설 2022년의 수급자 1인 당 반환일시금은 618,468 ÷ 147,000 = 4.21백만 원으로 가장 높은 것을 알 수 있다.

11 다음 중 위의 자료를 올바르게 해석하지 못한 것은?

① 2016년 ~ 2025년 기간 동안 수급자 1인 당 반환일시금은 매년 꾸준히 증가하였다.

② 2025년의 반환일시금 수급자 수는 국외이주 사유가 사망 사유보다 많다.

③ 2019년 이후 반환일시금 수급자의 수와 반환일시금액은 연도별 증감추이가 매년 같다.

④ 수급자 1인 당 반환일시금이 가장 적은 해는 2016년이다.

> ✔해설 2021년까지는 매년 증가하였으나 2022년을 정점으로 이후에는 매년 감소하고 있다.
> ② 60세 도달＞국외이주＞1년 경과＞사망의 순임을 알 수 있다.
> ③ 2019년 이후 매년 반환일시금 수급자가 증가(감소)함에 따라 반환일시금액도 증가(감소)하였음을 알 수 있다.
> ④ 2016년의 수급자 1인 당 반환일시금은 348,026÷138,000=2.52백만 원으로 가장 적다.

┃12~14┃ 일정한 규칙을 찾아 빈칸에 들어갈 알맞은 숫자를 고르시오.

12

| 1 4 8 13 19 26 34 ( ) |

① 40   ② 41
③ 42   ④ 43

✔해설 처음 숫자를 시작으로 3, 4, 5, 6,....9까지 오름차순으로 더해나간다.

13

| 1 3 6 4 8 32 28 34 204 ( ) |

① 195   ② 196
③ 197   ④ 198

✔해설 처음에 앞의 숫자에 +2, ×2, −2의 수식이 행해지고 그 다음에는 +4, ×4, −4 그 다음은 +6, ×6, −6의 수식이 행해진다.

14

| 12 6 2   25 5 5   72 ( ) 4   15 5 3 |

① 17   ② 18
③ 19   ④ 20

✔해설 $12 \div 2 = 6$
$25 \div 5 = 5$
$72 \div 4 = 18$
$15 \div 3 = 5$

15 B기업에서는 매년 3월에 정기 승진 시험이 있다. 시험을 응시한 사람이 남자사원, 여자사원을 합하여 총 100명이고 시험의 평균이 남자사원은 70점, 여자사원은 75점이며 남녀 전체평균은 72점일 때 시험을 응시한 여자사원의 수는?

① 35명　　　　　　　　　　　　　② 40명
③ 45명　　　　　　　　　　　　　④ 50명

 시험을 응시한 여자사원의 수를 x라 하고, 여자사원의 총점+남자사원의 총점=전체 사원의 총점이므로 $75x+70(100-x)=72\times100$

식을 간단히 하면 $5x=200$, $x=40$

∴ 여자사원은 40명이다.

16 5%의 소금물과 15%의 소금물로 12%의 소금물 200g을 만들고 싶다. 각각 몇 g씩 섞으면 되는가?

　　5% 소금물　　　　　　　　15% 소금물
①　40g　　　　　　　　　　　160g
②　50g　　　　　　　　　　　150g
③　60g　　　　　　　　　　　140g
④　70g　　　　　　　　　　　130g

✔해설 200g에 들어 있는 소금의 양은 섞기 전 5%의 소금의 양과 12% 소금이 양을 합친 양과 같아야 한다.

5% 소금물의 필요한 양을 x라 하면 녹아 있는 소금의 양은 $0.05x$

15% 소금물의 소금의 양은 $0.15(200-x)$

$0.05x+0.15(200-x)=0.12\times200$

$5x+3000-15x=2400$

$10x=600$

$x=60(g)$

∴ 5%의 소금물 60g, 15%의 소금물 140g

17 아버지가 8만 원을 나눠서 세 딸에게 용돈을 주려고 한다. 첫째 딸과 둘째 딸은 3:1, 둘째 딸과 막내딸은 7:4의 비율로 주려고 한다면 막내딸이 받는 용돈은 얼마인가?

① 10,000원 ② 15,000원
③ 20,000원 ④ 25,000원

 딸들이 받는 돈의 비율은 21:7:4이다. 막내딸은 80,000원의 $\frac{4}{32}$ 을 받으므로 10,000원을 받는다.

18 어떤 일을 하는데 정빈이는 18일, 수인이는 14일이 걸린다. 처음에는 정빈이 혼자서 3일 동안 일하고, 그 다음은 정빈이와 수인이가 같이 일을 하다가 마지막 하루는 수인이만 일하여 일을 끝냈다. 정빈이와 수인이가 같이 일한 기간은 며칠인가?

① 3일 ② 4일
③ 5일 ④ 6일

 정빈이가 하루 일하는 양 $\frac{1}{18}$

수인이가 하루 일하는 양 $\frac{1}{14}$

전체 일의 양을 1로 놓고 같이 일을 한 일을 x라 하면

$\frac{3}{18} + \left(\frac{1}{18} + \frac{1}{14}\right)x + \frac{1}{14} = 1$

$\frac{16x + 30}{126} = 1$

∴ $x = 6$일

19 어떤 강을 따라 36km 떨어진 지점을 배로 왕복하려고 한다. 올라 갈 때에는 6시간이 걸리고 내려올 때는 4시간이 걸린다고 할 때 강물이 흘러가는 속력은 몇인가? (단, 배의 속력은 일정하다)

① 1.3km/h ② 1.5km/h
③ 1.7km/h ④ 1.9km/h

 배의 속력을 x라 하고 강물의 속력을 y라 하면 거리는 36km로 일정하므로

$6(x - y) = 36 \cdots ㉠$

$4(x + y) = 36 \cdots ㉡$

㉡식을 변형하여 $x = 9 - y$를 ㉠에 대입하면

∴ $y = 1.5$km/h

20 갑동이는 올해 10살이다. 엄마의 나이는 갑동이와 누나의 나이를 합한 값의 두 배이고, 3년 후의 엄마의 나이는 누나의 나이의 세 배일 때, 올해 누나의 나이는 얼마인가?

① 12세 ② 13세
③ 14세 ④ 15세

> ✔ 해설 누나의 나이를 x, 엄마의 나이를 y라 하면,
> $2(10+x)=y$
> $3(x+3)=y+3$
> 두 식을 연립하여 풀면,
> $x=14$(세)

21 다음은 신용대출의 중도상환에 관한 내용이다. 甲씨는 1년 후에 일시 상환하는 조건으로 500만원을 신용대출 받았다. 그러나 잔여기간이 100일 남은 상태에서 중도 상환하려고 한다. 甲씨가 부담해야 하는 해약금은 약 얼마인가? (단, 원단위는 절사한다)

• 중도상환해약금 : 중도상환금액×중도상환적용요율×(잔여기간/대출기간)

구분	가계대출		기업대출	
	부동산 담보대출	신용/기타 담보대출	부동산 담보대출	신용/기타 담보대출
적용요율	1.4%	0.8%	1.4%	1.0%

• 대출기간은 대출개시일로부터 대출기간만료일까지의 일수로 계산하되, 대출기간이 3년을 초과하는 경우에는 3년이 되는 날을 대출기간만료일로 한다.
• 잔여기간은 대출기간에서 대출개시일로부터 중도상환일까지의 경과일수를 차감하여 계산한다.

① 10,950원 ② 11,950원
③ 12,950원 ④ 13,950원

> ✔ 해설 신용대출이므로 적용요율이 0.8% 적용된다.
> 500만원×0.8%×(100/365)=10,958원
> 원단위 절사하면 10,950원이다.

22 다음 〈표〉는 2020년부터 2025년까지의 연도별 평균 가계직접부담의료비에 대한 자료이다. 이에 대한 설명으로 옳지 않은 것은?

(단위 : 만원)

구분		2020년	2021년	2022년	2023년	2024년	2025년
전체		135.9	132.6	147.9	168.4	177.4	176.4
가구 원수	1인	66.6	70.8	78.3	103.7	105.2	99.4
	2인	138.7	146.5	169.2	188.8	194.1	197.3
	3인	154.8	145.3	156.4	187.7	203.2	201.4
	4인	153.4	145.8	165.1	178.4	191.7	198.9
	5인	194.9	180.4	197.6	210.8	233.7	226.6
	6인 이상	221.3	203.2	250.4	251.8	280.7	259.3
소득 분위	1분위	93.7	93.6	104.0	122.3	130.8	134.2
	2분위	126.4	119.9	139.5	169.5	157.3	161.1
	3분위	131.9	122.6	141.0	166.8	183.2	178.4
	4분위	145.7	143.5	170.3	170.5	190.0	188.5
	5분위	180.5	179.7	185.4	214.7	226.1	219.3
지역	서울	139.5	143.6	152.2	180.5	189.0	192.4
	광역시	139.2	128.7	147.7	159.3	164.1	168.2
	도	132.9	130.2	146.3	168.2	179.4	174.4

① 매년 저소득층에서 고소득층으로 갈수록 가계직접부담의료비가 증가하고 있다.

② 지역만 놓고 볼 때, 서울은 도보다 매년 가계직접부담의료비가 많다.

③ 2025년 전체 가계직접부담의료비는 2020년보다 약 30% 증가했다.

④ 2020년 6인 이상 가구 가계직접부담의료비는 1인 가구의 3배를 넘는다.

✔ 해설 ① 2023년에는 2분위가 3분위보다 가계직접부담의료비가 많다.

23 다음은 어느 보험회사의 보험계약 현황에 관한 표이다. 이에 대한 설명으로 옳지 않은 것은?

(단위 : 건, 억원)

구분	2025년		2024년	
	건수	금액	건수	금액
개인보험	5,852,844	1,288,847	5,868,027	1,225,968
생존보험	1,485,908	392,222	1,428,422	368,731
사망보험	3,204,140	604,558	3,241,308	561,046
생사혼합	1,162,792	292,068	1,198,297	296,191
단체보험	0	0	0	0
단체보장	0	0	0	0
단체저축	0	0	0	0
소계	5,852,844	1,288,847	5,868,027	1,225,968

※ 건수는 보유계약의 건수임

※ 금액은 주계약 및 특약의 보험가입금액임

① 2024년과 2025년에 단체보험 보유계약의 건수는 0건이다.

② 2025년은 2024년에 비해 개인보험 보유계약 건수가 감소하였다.

③ 2025년은 2024년에 비해 개인보험 보험가입금액은 증가하였다.

④ 2025년 개인보험 보험가입금액에서 생존보험 금액이 차지하는 구성비는 30% 미만이다.

 해설　④ $\dfrac{392,222}{1,288,847} \times 100 = 30.43\%$

따라서 30%를 초과한다.

┃24~25┃ 다음 표는 2022년부터 2025년까지 4년간 손해보험과 생명보험의 전체 수지실적에 관한 자료이다. 이를 보고 물음에 답하시오.

〈표 1〉 4년간 손해보험의 수지실적

(단위 : 십억원)

연도	경과보험료	발생손해액	순사업비
2022년	23,712	18,671	5,351
2023년	27,413	21,705	6,377
2024년	32,253	24,867	7,402
2025년	36,682	28,300	8,967

〈표 2〉 4년간 생명보험의 수지실적

(단위 : 십억원)

연도	경과보험료	발생손해액	순사업비
2022년	61,472	35,584	10,989
2023년	66,455	35,146	12,084
2024년	75,096	44,877	13,881
2025년	73,561	47,544	13,715

※ 손해율(%) = (총지출액/경과보험료) × 100

※ 손해율은 보험사의 수지실적을 나타내는 대표적인 지표이다.

※ 총지출액 = 발생손해액 + 순사업비

24 위의 자료에 대한 설명으로 옳은 것은?

① 4년간 손해보험과 생명보험 모두 경과보험료는 매년 증가하고 있다.

② 2022년 손해보험의 손해율은 105%가 넘는다.

③ 2025년 생명보험의 경과보험료는 손해보험 경과보험료의 2배 이상이다.

④ 2023년 경과보험료 대비 순사업비의 비중은 손해보험이 생명보험보다 낮다.

 ① 2025년 생명보험의 경과보험료는 전년대비 감소하였다.
② 2022년 손해보험의 손해율은 101.3%이다.
④ 손해보험이 생명보험보다 높다.

25 다음 중 생명보험의 손해율이 가장 컸던 해는? (단, 소수점 둘째자리에서 반올림한다)

① 2022년   ② 2023년

③ 2024년   ④ 2025년

 ① 2022년 : $\dfrac{35,584+10,989}{61,472}\times100 = 75.8\%$

② 2023년 : $\dfrac{35,146+12,084}{66,455}\times100 = 71.1\%$

③ 2024년 : $\dfrac{44,877+13,881}{75,096}\times100 = 78.2\%$

④ 2025년 : $\dfrac{47,544+13,715}{73,561}\times100 = 83.3\%$

Answer   24.③   25.④

26 다음 표는 어느 회사의 공장별 제품 생산 및 판매 실적에 대한 자료이다. 이에 대한 설명으로 옳지 않은 것은?

(단위 : 대)

공장	2024년 12월	2024년 전체	
	생산 대수	생산 대수	판매 대수
A	25	586	475
B	21	780	738
C	32	1,046	996
D	19	1,105	1,081
E	38	1,022	956
F	39	1,350	1,238
G	15	969	947
H	18	1,014	962
I	26	794	702

※ 2025년 1월 1일 기준 재고 수 = 2024년 전체 생산 대수 − 2024년 전체 판매 대수

※ 판매율(%) = $\frac{판매\ 대수}{생산\ 대수} \times 100$

※ 2024년 1월 1일부터 제품을 생산 · 판매하였음

① 2025년 1월 1일 기준 재고 수가 가장 적은 공장은 G공장이다.
② 2025년 1월 1일 기준 재고 수가 가장 많은 공장의 2024년 전체 판매율은 90% 이상이다.
③ 2024년 12월 생산 대수가 가장 많은 공장과 2025년 1월 1일 기준 재고 수가 가장 많은 공장은 동일하다.
④ I공장의 2024년 전체 판매율은 90% 이상이다.

 ④ I공장의 2024년 전체 판매율 : $\frac{702}{794} \times 100 = 88.4\%$

┃27~28┃ 음료회사에 근무하고 있는 甲은 하절기 음료 수요 예측에 따라 향후 음료 수요 충당을 위해 자사 직전 3개년 음료판매 현황과 생산기계 보유현황에 대한 보서를 작성하고 있다. 물음에 답하시오.

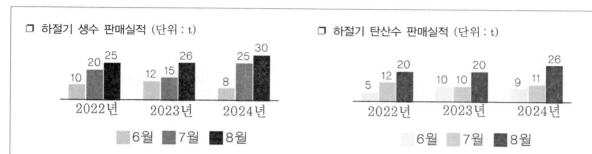

❑ 하절기 생수 판매실적 (단위 : t)

❑ 하절기 탄산수 판매실적 (단위 : t)

■6월 ■7월 ■8월

❑ 자사 생산 계획안

　2025년 우리 회사에서는 올 하절기(6~8월)에 보다 효율적인 음료 생산을 위하여 2022년부터 2024년까지의 음료 판매현황을 조사하였습니다. 그 결과 초여름(6월)에서 늦여름(8월)까지 우리 회사의 음료 판매 실적은 꾸준히 상승하였습니다. 세부적으로 살펴보면 생수의 경우 2022년에 55t에서 2024년에 63t으로 8t이 증가하였고, 탄산수의 경우에는 2022년에 37t에서 2024년에 46t으로 9t이 증가하였습니다. 이러한 직전 3개년 간 음료 판매현황 조사에 따라 2025년 음료 생산량을 계획하려 합니다. 기상청의 2025년 하절기 평균 기온이 작년에 비해 상승할 것으로 예상됨에 따라 2025년 6~8월까지 각 월별 음료 생산량은 음료 종류에 따라 직전 3개년 평균 음료 판매량의 1.5배를 생산하도록 하겠습니다. 현재 재고 음료는 없으며, 2025년 음료 생산은 5월부터 진행하고 판매되지 않고 남은 음료는 그 다음달로 이월하여 판매할 수 있도록 하겠습니다. 이에 따라 현재 우리 회사가 보유하고 있는 생산기계 현황을 파악하여, 생산 목표량 확보를 위하여 추가적으로 생산기계를 구입할 필요가 있습니다. 현재 우리 회사가 보유하고 있는 생산기계 현황은 아래와 같습니다.

생산기계	생산량 (kg/일)	길이(cm)			제조방식	생산가능 음료
		가로	세로	높이		
A	60	700	400	600	역삼투압식	생수
B	100	900	900	500	중공사막식	탄산수
C	300	1,200	800	400	역삼투압식	탄산수
D	440	1,000	1,000	200	중공사막식	생수

27 보고서를 검토한 상사 乙이 甲에게 2025년 하절기 음료별 생산 목표량을 정리해 오라고 지시하였다. 甲이 작성한 그래프로 적절한 것은?

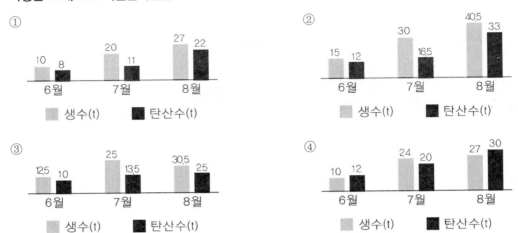

①

| | 10 | 8 | 20 | 11 | 27 | 22 |

6월 / 7월 / 8월
■ 생수(t) ■ 탄산수(t)

②

15 / 12 / 30 / 16.5 / 40.5 / 33

6월 / 7월 / 8월
■ 생수(t) ■ 탄산수(t)

③

12.5 / 10 / 25 / 13.5 / 30.5 / 25

6월 / 7월 / 8월
■ 생수(t) ■ 탄산수(t)

④

10 / 12 / 24 / 20 / 27 / 30

6월 / 7월 / 8월
■ 생수(t) ■ 탄산수(t)

✔ 해설 2025년 6~8월까지 각 월별 음료 생산량은 음료 종류에 따라 직전 3개년 평균 음료 판매량의 1.5배를 생산하므로, 각 월별 음료 생산량은 다음과 같다.

6월	생수	$\{(10 + 12 + 8) \div 3\} \times 1.5 = 15$
	탄산수	$\{(5 + 10 + 9) \div 3\} \times 1.5 = 12$
7월	생수	$\{(20 + 15 + 25) \div 3\} \times 1.5 = 30$
	탄산수	$\{(12 + 10 + 11) \div 3\} \times 1.5 = 16.5$
8월	생수	$\{(25 + 26 + 30) \div 3\} \times 1.5 = 40.5$
	탄산수	$\{(20 + 20 + 26) \div 3\} \times 1.5 = 33$

28 이 음료회사는 매달 20일 동안 생산기계를 가동하여 음료를 생산한다. 甲이 분석한 2025년 상황과 향후 생산 계획에 대한 설명으로 옳은 것을 고르면?

① 2025년 7월까지는 현재 보유한 생산기계로 각 음료 생산 목표량 달성이 가능하다.

② 현재 보유한 생산기계 중 부피가 가장 큰 것은 역삼투압식으로 탄산수를 생산하는 기계이다.

③ 현재 보유한 생산기계를 이용해 2025년 6월에 생산한 음료량은 생수가 탄산수보다 20% 많았다.

④ 2025년 8월 중 30일 동안 탄산수 생산기계를 가동하더라도 탄산수 신규 생산기계 구매 없이는 8월 탄산수 생산 목표량 달성이 불가능하다.

 ④ 2025년 8월 중 30일 동안 탄산수 생산기계를 가동하였을 때 생산할 수 있는 탄산수의 양은 (100 × 30) + (300 × 30) = 12t으로 2025년 8월 탄산수 생산 목표량인 33t을 달성할 수 없다.

　 ① 이 회사의 한 달 음료 생산량은 생수가 (60 × 20) + (440 × 20) = 10t, 탄산수가 (100 × 20) + (300 × 20) = 8t 으로 2025년 6월 생산 목표량도 달성이 불가능하다.

　 ② 현재 보유한 생산기계 중 부피가 가장 큰 것은 중공사막식으로 탄산수를 생산하는 기계인 B이다.

　 ③ 현재 보유한 생산기계를 이용해 2025년 6월에 생산한 생수량은 10t이고 탄산수량은 8t이다. 생수가 탄산수보다 25% 많았다.

29 다음은 2020~2024년 甲 공단의 A, B 사업장의 연간 매출액을 토대로 2025년 A, B 사업장의 직원 증원에 대해 검토한 자료이다. 2025년 A, B 사업장의 증원 인원별 연간 매출액을 추정한 결과로 옳은 것은?

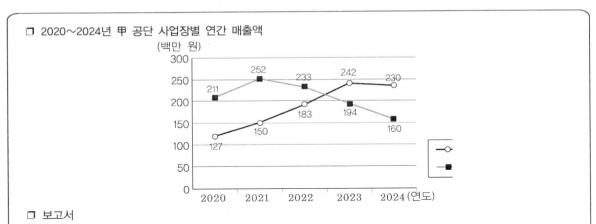

❑ 2020~2024년 甲 공단 사업장별 연간 매출액

❑ 보고서
• 2025년 'A', 'B' 사업장은 각각 0~3명의 직원을 증원할 계획이다.
• 추정 결과, 직원을 증원하지 않을 경우 'A', 'B' 사업장의 2024년 대비 2025년 매출액 증감률은 각각 10% 이하일 것으로 예상된다.
• 직원 증원이 없을 때와 직원 3명을 증원할 때의 2025년 매출액 차이는 'B' 사업장이 'A' 사업장보다 클 것으로 추정된다.
• 'B' 사업장이 2020~2024년 중 최대 매출액을 기록했던 2021년보다 큰 매출액을 기록하기 위해서는 2025년에 최소 2명의 직원을 증원해야 한다.

①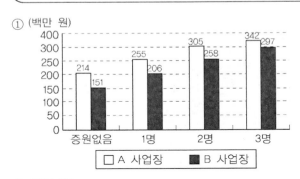

②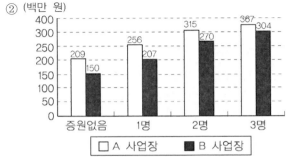

③ (백만 원)

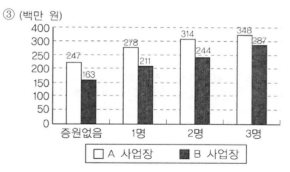

④ (백만 원)

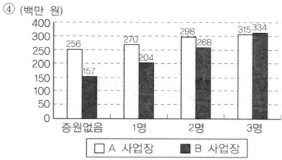

✔해설 • 추정 결과, 직원을 증원하지 않을 경우 'A', 'B' 사업장의 2024년 대비 2025년 매출액 증감률은 각각 10% 이하일 것으로 예상되므로, 직원을 증원하지 않을 경우 2025년 매출액은 'A' 사업장은 207~253 사이이고, 'B' 사업장은 144~176 사이이다. → ④ 틀림
• 직원 증원이 없을 때와 직원 3명을 증원할 때의 2025년 매출액 차이는 'B' 사업장이 'A' 사업장보다 클 것으로 추정된다. → ② 틀림
• 'B' 사업장이 2020~2024년 중 최대 매출액을 기록했던 2021년보다 큰 매출액을 기록하기 위해서는 2025년에 최소 2명의 직원을 증원해야 한다. → ③ 틀림

Answer 29.①

30 A 공단에 근무하고 있는 甲은 2025년 우리나라의 노인학대 현황에 관한 보고서를 작성하고 있다. 효율적인 보고를 위하여 표 및 그래프를 활용한다고 할 때, 甲이 작성한 내용 중 옳은 것을 모두 고르면?

> 2025년 1월 1일부터 12월 31일까지 한 해 동안 전국 29개 지역의 노인보호전문기관에 신고된 전체 11,905건의 노인학대 의심사례 중에 학대 인정사례는 3,818건으로 나타났다. 이는 전년대비 학대 인정사례 건수가 8% 이상 증가한 것이다.
>
> 학대 인정사례 3,818건을 신고자 유형별로 살펴보면 신고의무자에 의해 신고된 학대 인정사례는 707건, 비신고의무자에 의해 신고된 학대 인정사례는 3,111건이었다. 신고의무자에 의해 신고된 학대 인정사례 중 사회복지전담 공무원의 신고에 의한 학대 인정사례가 40% 이상으로 나타났다. 비신고의무자에 의해 신고된 학대 인정사례 중에서는 관련기관 종사자의 신고에 의한 학대 인정사례가 48% 이상으로 가장 높았고, 학대 행위자 본인의 신고에 의한 학대 인정사례의 비율이 가장 낮았다.
>
> 또한 3,818건의 학대 인정사례를 발생장소별로 살펴보면 기타를 제외하고 가정 내 학대가 85.8%로 가장 높게 나타났으며, 다음으로 생활시설 5.4%, 병원 2.3%, 공공장소 2.1%의 순으로 나타났다. 학대 인정사례 중 병원에서의 학대 인정사례 비율은 2022~2025년 동안 매년 감소한 것으로 나타났다.
>
> 한편, 학대 인정사례를 가구형태별로 살펴보면 2022~2025년 동안 매년 학대 인정사례 건수가 가장 많은 가구 형태는 노인단독가구였다.

㉠ 2025년 신고자 유형별 노인학대 인정사례 건수

	신고자 유형	건수(건)		신고자 유형	건수(건)
신고의무자	의료인	44	비신고의무자	학대피해노인 본인	722
	노인복지시설 종사자	178		학대행위자 본인	8
	장애노인시설 종사자	16		친족	567
	가정폭력 관련 종사자	101		타인	320
	사회복지전담 공무원	290		관련기관 종사자	1,494
	노숙인 보호시설 종사자	31		–	–
	구급대원	9		–	–
	재가장기요양기관 종사자	38		–	–
	계	707		계	3,111

㉡ 2024년과 2025년 노인보호전문기관에 신고된 노인학대 의심사례 신고 건수와 구성비

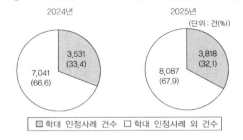

2024년

2025년

(단위 : 건(%))

3,531 (33.4)

7,041 (66.6)

3,818 (32.1)

8,087 (67.9)

□ 학대 인정사례 건수   □ 학대 인정사례 외 건수

※ 구성비는 소수점 아래 둘째 자리에서 반올림한 값임.

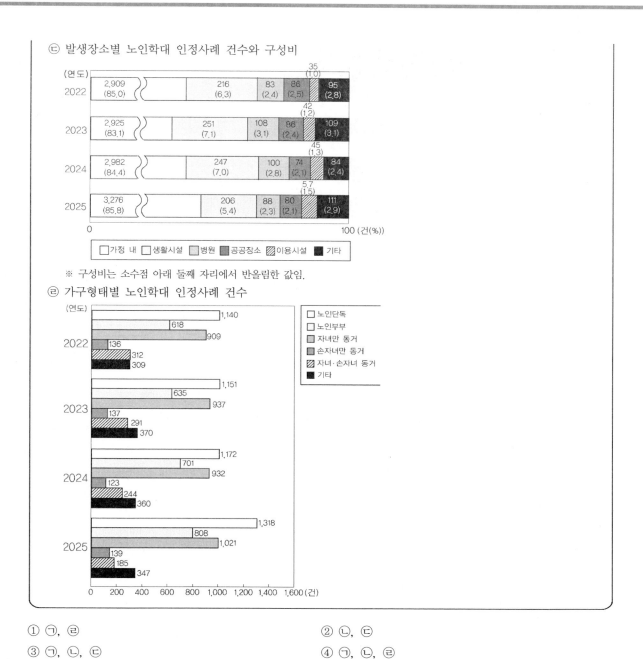

ⓒ 발생장소별 노인학대 인정사례 건수와 구성비

ⓡ 가구형태별 노인학대 인정사례 건수

① ㉠, ㉣

② ㉡, ㉢

③ ㉠, ㉡, ㉢

④ ㉠, ㉡, ㉣

✔ 해설 ㉢ 학대 인정사례 중 병원에서의 학대 인정사례 비율은 2022~2025년 동안 매년 감소한 것으로 나타났는데, 그래프 상에서는 2023년에 전년 대비 증가하였다.

Chapter 04 조직이해능력

1 조직과 개인

(1) 조직

① 조직과 기업
  ㉠ 조직 : 두 사람 이상이 공동의 목표를 달성하기 위해 의식적으로 구성된 상호작용과 조정을 행하는 행동의 집합체
  ㉡ 기업 : 노동, 자본, 물자, 기술 등을 투입하여 제품이나 서비스를 산출하는 기관

② 조직의 유형

기준	구분	예
공식성	공식조직	조직의 규모, 기능, 규정이 조직화된 조직
	비공식조직	인간관계에 따라 형성된 자발적 조직
영리성	영리조직	사기업
	비영리조직	정부조직, 병원, 대학, 시민단체
조직규모	소규모 조직	가족 소유의 상점
	대규모 조직	대기업

(2) 경영

① 경영의 의미 … 경영은 조직의 목적을 달성하기 위한 전략, 관리, 운영활동이다.

② 경영의 구성요소
  ㉠ 경영목적 : 조직의 목적을 달성하기 위한 방법이나 과정
  ㉡ 인적자원 : 조직의 구성원·인적자원의 배치와 활용
  ㉢ 자금 : 경영활동에 요구되는 돈·경영의 방향과 범위 한정
  ㉣ 경영전략 : 변화하는 환경에 적응하기 위한 경영활동 체계화

③ 경영자의 역할

대인적 역할	정보적 역할	의사결정적 역할
• 조직의 대표자 • 조직의 리더 • 상징자, 지도자	• 외부환경 모니터 • 변화전달 • 정보전달자	• 문제 조정 • 대외적 협상 주도 • 분쟁조정자, 자원배분자, 협상가

(3) 조직체제 구성요소

① **조직목표** … 전체 조직의 성과, 자원, 시장, 인력개발, 혁신과 변화, 생산성에 대한 목표

② **조직구조** … 조직 내의 부문 사이에 형성된 관계

③ **조직문화** … 조직구성원들 간에 공유하는 생활양식이나 가치

④ **규칙 및 규정** … 조직의 목표나 전략에 따라 수립되어 조직구성원들이 활동범위를 제약하고 일관성을 부여하는 기능

예제 1

주어진 글의 빈칸에 들어갈 말로 가장 적절한 것은?

> 조직이 지속되게 되면 조직구성원들 간 생활양식이나 가치를 공유하게 되는데 이를 조직의 (㉠)라고 한다. 이는 조직구성원들의 사고와 행동에 영향을 미치며 일체 감과 정체성을 부여하고 조직이 (㉡)으로 유지되게 한다. 최근 이에 대한 중요성 이 부각되면서 긍정적인 방향으로 조성하기 위한 경영층의 노력이 이루어지고 있다.

① ㉠ : 목표, ㉡ : 혁신적
② ㉠ : 구조, ㉡ : 단계적
③ ㉠ : 문화, ㉡ : 안정적
④ ㉠ : 규칙, ㉡ : 체계적

출제의도

본 문항은 조직체계의 구성요소들의 개념을 묻는 문제이다.

해 설

조직문화란 조직구성원들 간에 공유하 게 되는 생활양식이나 가치를 말한다. 이는 조직구성원들의 사고와 행동에 영향을 미치며 일체감과 정체성을 부 여하고 조직이 안정적으로 유지되게 한다.

답 ③

---

(4) 조직변화의 과정

환경변화 인지 → 조직변화 방향 수립 → 조직변화 실행 → 변화결과 평가

(5) 조직과 개인

개인	지식, 기술, 경험 →	조직
	← 연봉, 성과급, 인정, 칭찬, 만족감	

2 조직이해능력을 구성하는 하위능력

(1) 경영이해능력

① 경영 … 경영은 조직의 목적을 달성하기 위한 전략, 관리, 운영활동이다.
  ㉠ 경영의 구성요소 : 경영목적, 인적자원, 자금, 전략
  ㉡ 경영의 과정

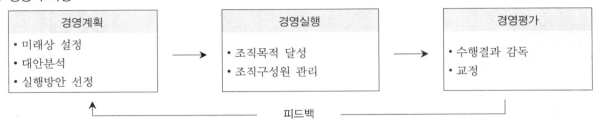

  ㉢ 경영활동 유형
  • 외부경영활동 : 조직외부에서 조직의 효과성을 높이기 위해 이루어지는 활동이다.
  • 내부경영활동 : 조직내부에서 인적, 물적 자원 및 생산기술을 관리하는 것이다.

② 의사결정과정
  ㉠ 의사결정의 과정
  • 확인 단계 : 의사결정이 필요한 문제를 인식한다.
  • 개발 단계 : 확인된 문제에 대하여 해결방안을 모색하는 단계이다.
  • 선택 단계 : 해결방안을 마련하며 실행가능한 해결안을 선택한다.
  ㉡ 집단의사결정의 특징
  • 지식과 정보가 더 많아 효과적인 결정을 할 수 있다.
  • 다양한 견해를 가지고 접근할 수 있다.
  • 결정된 사항에 대하여 의사결정에 참여한 사람들이 해결책을 수월하게 수용하고, 의사소통의 기회도 향상된다.
  • 의견이 불일치하는 경우 의사결정을 내리는데 시간이 많이 소요된다.

• 특정 구성원에 의해 의사결정이 독점될 가능성이 있다.

③ 경영전략

㉠ 경영전략 추진과정

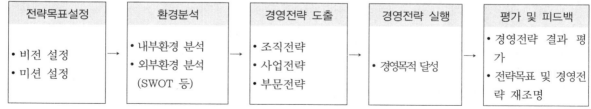

전략목표설정	환경분석	경영전략 도출	경영전략 실행	평가 및 피드백
• 비전 설정 • 미션 설정	• 내부환경 분석 • 외부환경 분석 　(SWOT 등)	• 조직전략 • 사업전략 • 부문전략	• 경영목적 달성	• 경영전략 결과 평가 • 전략목표 및 경영전략 재조명

㉡ 마이클 포터의 본원적 경쟁전략

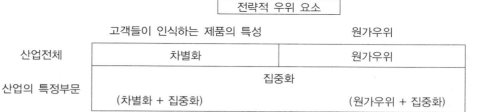

		전략적 우위 요소	
		고객들이 인식하는 제품의 특성	원가우위
전략적 목표	산업전체	차별화	원가우위
	산업의 특정부문	집중화	
		(차별화 + 집중화)	(원가우위 + 집중화)

예제 2

다음은 경영전략을 세우는 방법 중 하나인 SWOT에 따른 어느 기업의 분석결과이다. 다음 중 주어진 기업 분석 결과에 대응하는 전략은?

강점(Strength)	• 차별화된 맛과 메뉴 • 폭넓은 네트워크
약점(Weakness)	• 매출의 계절적 변동폭이 큼 • 딱딱한 기업 이미지
기회(Opportunity)	• 소비자의 수요 트랜드 변화 • 가계의 외식 횟수 증가 • 경기회복 가능성
위협(Threat)	• 새로운 경쟁자의 진입 가능성 • 과도한 가계부채

내부환경 외부환경	강점(Strength)	약점(Weakness)
기회 (Opportunity)	① 계절 메뉴 개발을 통한 분기 매출 확보	② 고객의 소비패턴을 반영한 광고를 통한 이미지 쇄신
위협 (Threat)	③ 소비 트렌드 변화를 반영한 시장 세분화 정책	④ 고급화 전략을 통한 매출 확대

④ 경영참가제도
　㉠ 목적
　　• 경영의 민주성을 제고할 수 있다.
　　• 공동으로 문제를 해결하고 노사 간의 세력 균형을 이룰 수 있다.
　　• 경영의 효율성을 제고할 수 있다.
　　• 노사 간 상호 신뢰를 증진시킬 수 있다.
　㉡ 유형
　　• 경영참가 : 경영자의 권한인 의사결정과정에 근로자 또는 노동조합이 참여하는 것
　　• 이윤참가 : 조직의 경영성과에 대하여 근로자에게 배분하는 것
　　• 자본참가 : 근로자가 조직 재산의 소유에 참여하는 것

예제 3

다음은 중국의 H사에서 시행하는 경영참가제도에 대한 기사이다. 밑줄 친 이 제도는 무엇인가?

> H사는 '사람' 중심의 수평적 기업문화가 발달했다. H사는 <u>이 제도</u>의 시행을 통해 직원들이 경영에 간접적으로 참여할 수 있게 하였는데 이에 따라 자연스레 기업에 대한 직원들의 책임 의식도 강화됐다. 참여주주는 8만2471명이다. 모두 H사의 임직원이며, 이 중 창립자인 CEO R은 개인 주주로 총 주식의 1.18%의 지분과 퇴직연금으로 주식총액의 0.21%만을 보유하고 있다.

① 노사협의회제도　　　　　　② 이윤분배제도
③ 종업원지주제도　　　　　　④ 노동주제도

---

(2) 체제이해능력

① 조직목표 : 조직이 달성하려는 장래의 상태
　㉠ 조직목표의 기능
　　• 조직이 존재하는 정당성과 합법성 제공
　　• 조직이 나아갈 방향 제시
　　• 조직구성원 의사결정의 기준
　　• 조직구성원 행동수행의 동기유발
　　• 수행평가 기준
　　• 조직설계의 기준

ⓛ 조직목표의 특징
- 공식적 목표와 실제적 목표가 다를 수 있음
- 다수의 조직목표 추구 가능
- 조직목표 간 위계적 상호관계가 있음
- 가변적 속성
- 조직의 구성요소와 상호관계를 가짐

② 조직구조
  ㉠ 조직구조의 결정요인 : 전략, 규모, 기술, 환경
  ㉡ 조직구조의 유형과 특징

유형	특징
기계적 조직	• 구성원들의 업무가 분명하게 규정 • 엄격한 상하 간 위계질서 • 다수의 규칙과 규정 존재
유기적 조직	• 비공식적인 상호의사소통 • 급변하는 환경에 적합한 조직

③ 조직문화
  ㉠ 조직문화 기능
- 조직구성원들에게 일체감, 정체성 부여
- 조직몰입 향상
- 조직구성원들의 행동지침 : 사회화 및 일탈행동 통제
- 조직의 안정성 유지
  ㉡ **조직문화 구성요소**(7S) : 공유가치(Shared Value), 리더십 스타일(Style), 구성원(Staff), 제도 · 절차(System), 구조(Structure), 전략(Strategy), 스킬(Skill)

④ **조직 내 집단**
  ㉠ **공식적 집단** : 조직에서 의식적으로 만든 집단으로 집단의 목표, 임무가 명확하게 규정되어 있다.
     예 임시위원회, 작업팀 등
  ㉡ **비공식적 집단** : 조직구성원들의 요구에 따라 자발적으로 형성된 집단이다.
     예 스터디모임, 봉사활동 동아리, 각종 친목회 등

(3) 업무이해능력

① 업무 … 업무는 상품이나 서비스를 창출하기 위한 생산적인 활동이다.

　㉠ 업무의 종류

부서	업무(예)
총무부	주주총회 및 이사회개최 관련 업무, 의전 및 비서업무, 집기비품 및 소모품의 구입과 관리, 사무실 임차 및 관리, 차량 및 통신시설의 운영, 국내외 출장 업무 협조, 복리후생 업무, 법률자문과 소송 관리, 사내외 홍보 광고업무
인사부	조직기구의 개편 및 조정, 업무분장 및 조정, 인력수급계획 및 관리, 직무 및 정원의 조정 종합, 노사관리, 평가관리, 상벌관리, 인사발령, 교육체계 수립 및 관리, 임금제도, 복리후생제도 및 지원 업무, 복무관리, 퇴직관리
기획부	경영계획 및 전략 수립, 전사기획업무 종합 및 조정, 중장기 사업계획의 종합 및 조정, 경영정보 조사 및 기획보고, 경영진단업무, 종합예산수립 및 실적관리, 단기사업계획 종합 및 조정, 사업계획, 손익추정, 실적관리 및 분석
회계부	회계제도의 유지 및 관리, 재무상태 및 경영실적 보고, 결산 관련 업무, 재무제표분석 및 보고, 법인세, 부가가치세, 국세 지방세 업무자문 및 지원, 보험가입 및 보상업무, 고정자산 관련 업무
영업부	판매 계획, 판매예산의 편성, 시장조사, 광고 선전, 견적 및 계약, 제조지시서의 발행, 외상매출금의 청구 및 회수, 제품의 재고 조절, 거래처로부터의 불만처리, 제품의 애프터서비스, 판매원가 및 판매가격의 조사 검토

예제 4

다음은 I기업의 조직도와 팀장님의 지시사항이다. H씨가 팀장님의 심부름을 수행하기 위해 연락해야 할 부서로 옳은 것은?

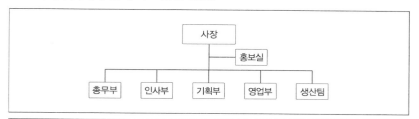

> H씨! 내가 지금 너무 바빠서 그러는데 부탁 좀 들어줄래요? 다음 주 중에 사장님 모시고 클라이언트와 만나야 할 일이 있으니까 사장님 일정을 확인해주시구요. 이번 달에 신입사원 교육·훈련계획이 있었던 것 같은데 정확한 시간이랑 날짜를 확인해주세요.

① 총무부, 인사부
② 총무부, 홍보실
③ 기획부, 총무부
④ 영업부, 기획부

출제의도

조직도와 부서의 명칭을 보고 개략적인 부서의 소관 업무를 분별할 수 있는지를 묻는 문항이다.

해 설

사장의 일정에 관한 사항은 비서실에서 관리하나 비서실이 없는 회사의 경우 총무부(또는 팀)에서 비서업무를 담당하기도 한다. 또한 신입사원 관리 및 교육은 인사부에서 관리한다.

답 ①

ⓛ 업무의 특성
- 공통된 조직의 목적 지향
- 요구되는 지식, 기술, 도구의 다양성
- 다른 업무와의 관계, 독립성
- 업무수행의 자율성, 재량권

② 업무수행 계획

ⓐ 업무지침 확인 : 조직의 업무지침과 나의 업무지침을 확인한다.

ⓑ 활용 자원 확인 : 시간, 예산, 기술, 인간관계

ⓒ 업무수행 시트 작성
- 간트 차트 : 단계별로 업무의 시작과 끝 시간을 바 형식으로 표현
- 워크 플로 시트 : 일의 흐름을 동적으로 보여줌
- 체크리스트 : 수행수준 달성을 자가점검

Point ≫ 간트 차트와 플로 차트

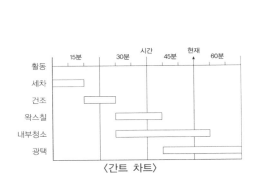

〈간트 차트〉

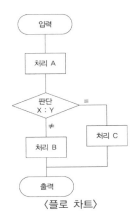

〈플로 차트〉

예제 5

다음 중 업무수행 시 단계별로 업무를 시작해서 끝나는 데까지 걸리는 시간을 바 형식으로 표시하여 전체 일정 및 단계별로 소요되는 시간과 각 업무활동 사이의 관계를 볼 수 있는 업무수행 시트는?

① 간트 차트
② 워크 플로 차트
③ 체크리스트
④ 퍼트 차트

출제의도

업무수행 계획을 수립할 때 간트 차트, 워크 플로 시트, 체크리스트 등의 수단을 이용하면 효과적으로 계획하고 마지막에 급하게 일을 처리하지 않고 주어진 시간 내에 끝마칠 수 있다. 본 문항은 그러한 수단이 되는 차트들의 이해도를 묻는 문항이다.

해 설

② 일의 절차 처리의 흐름을 표현하기 위해 기호를 써서 도식화한 것
③ 업무를 세부적으로 나누고 각 활동별로 수행수준을 달성했는지를 확인하는 데 효과적
④ 하나의 사업을 수행하는 데 필요한 다수의 세부사업을 단계와 활동으로 세분하여 관련된 계획 공정으로 묶고, 각 활동의 소요시간을 낙관시간, 최가능시간, 비관시간 등 세 가지로 추정하고 이를 평균하여 기대시간을 추정

답 ①

③ 업무 방해요소
    ㉠ 다른 사람의 방문, 인터넷, 전화, 메신저 등
    ㉡ 갈등관리
    ㉢ 스트레스

(4) 국제감각

① 세계화와 국제경영

    ㉠ 세계화 : 3Bs(국경 ; Border, 경계 ; Boundary, 장벽 ; Barrier)가 완화되면서 활동범위가 세계로 확대되는 현상이다.

    ㉡ 국제경영 : 다국적 내지 초국적 기업이 등장하여 범지구적 시스템과 네트워크 안에서 기업 활동이 이루어지는 것이다.

② 이문화 커뮤니케이션 … 서로 상이한 문화 간 커뮤니케이션으로 직업인이 자신의 일을 수행하는 가운데 문화 배경을 달리하는 사람과 커뮤니케이션을 하는 것이 이에 해당한다. 이문화 커뮤니케이션은 언어적 커뮤니케이션과 비언어적 커뮤니케이션으로 구분된다.

③ 국제 동향 파악 방법

    ㉠ 관련 분야 해외사이트를 방문해 최신 이슈를 확인한다.

    ㉡ 매일 신문의 국제면을 읽는다.

    ㉢ 업무와 관련된 국제잡지를 정기구독 한다.

    ㉣ 고용노동부, 한국산업인력공단, 산업통상자원부, 중소기업청, 상공회의소, 산업별인적자원개발협의체 등의 사이트를 방문해 국제동향을 확인한다.

    ㉤ 국제학술대회에 참석한다.

    ㉥ 업무와 관련된 주요 용어의 외국어를 알아둔다.

    ㉦ 해외서점 사이트를 방문해 최신 서적 목록과 주요 내용을 파악한다.

    ㉧ 외국인 친구를 사귀고 대화를 자주 나눈다.

④ 대표적인 국제매너

    ㉠ 미국인과 인사할 때에는 눈이나 얼굴을 보는 것이 좋으며 오른손으로 상대방의 오른손을 힘주어 잡았다가 놓아야 한다.

    ㉡ 러시아와 라틴아메리카 사람들은 인사할 때에 포옹을 하는 경우가 있는데 이는 친밀함의 표현이므로 자연스럽게 받아주는 것이 좋다.

    ㉢ 명함은 받으면 꾸기거나 계속 만지지 않고 한 번 보고나서 탁자 위에 보이는 채로 대화하거나 명함집에 넣는다.

    ㉣ 미국인들은 시간 엄수를 중요하게 생각하므로 약속시간에 늦지 않도록 주의한다.

    ㉤ 스프를 먹을 때에는 몸쪽에서 바깥쪽으로 숟가락을 사용한다.

    ㉥ 생선요리는 뒤집어 먹지 않는다.

    ㉦ 빵은 스프를 먹고 난 후부터 디저트를 먹을 때까지 먹는다.

출제예상문제

1 다음 중 '조직의 구분'에 대한 설명으로 옳지 않은 것은?

① 대학이나 병원 등은 비영리조직이다.

② 가족 소유의 상점은 소규모 조직이다.

③ 코카콜라와 같은 기업은 대규모 영리조직이다.

④ 종교단체는 비공식 비영리조직이다.

> ✔ **해설** 공식조직은 조직의 구조, 기능, 규정 등이 조직화되어 있는 조직을 의미하며, 비공식조직은 개인들의 협동과 상호작용에 따라 형성된 자발적인 집단 조직이다. 또한 영리성을 기준으로 영리조직과 비영리조직으로 구분되며, 규모에 의해 대규모 조직과 소규모 조직으로 구분할 수 있다.
> ④ 종교단체는 영리를 추구하지 않으므로 비영리조직을 볼 수 있으나, 구조, 기능, 규정을 갖춘 공식조직으로 분류된다.

2 다음에 제시된 두 개의 조직도에 해당하는 조직의 특성을 올바르게 설명하지 못한 것은?

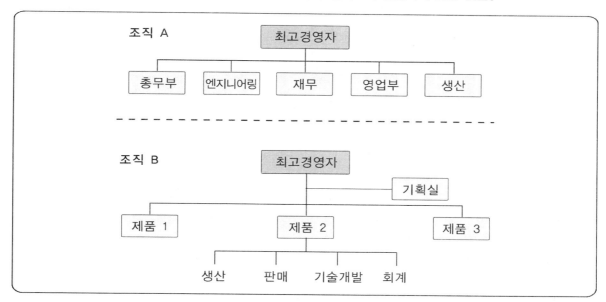

① 조직의 내부 효율성을 중요시하는 작은 규모 조직에서는 조직 A와 같은 조직도가 적합하다.

② 조직 A와 같은 조직도를 가진 조직은 결재 라인이 짧아 보다 신속한 의사결정이 가능하다.

③ 주요 프로젝트나 생산 제품 등에 의하여 구분되는 업무가 많은 조직에서는 조직 B와 같은 조직도가 적합하다.

④ 조직 B와 같은 조직도를 가진 조직은 내부 경쟁보다는 유사 조직 간의 협력과 단결된 업무 능력을 발휘하기에 더 적합하다.

> **✔ 해설** 조직 B와 같은 조직도를 가진 조직은 사업이나 제품별로 단위 조직화되는 경우가 많아 사업조직별 내부 경쟁을 통해 긍정적인 발전을 도모할 수 있다.
> 환경이 안정적이거나 일상적인 기술, 조직의 내부 효율성을 중요시하며 기업의 규모가 작을 때에는 업무의 내용이 유사하고 관련성이 있는 것들을 결합해서 조직 A와 같은 조직도를 갖게 된다. 반대로, 급변하는 환경변화에 효과적으로 대응하고 제품, 지역, 고객별 차이에 신속하게 적응하기 위해서는 분권화된 의사결정이 가능한 사업별 조직구조 형태를 이룰 필요가 있다. 사업별 조직구조는 개별 제품, 서비스, 제품그룹, 주요 프로젝트나 프로그램 등에 따라 조직화된다. 즉, 조직 B와 같이 제품에 따라 조직이 구성되고 각 사업별 구조 아래 생산, 판매, 회계 등의 역할이 이루어진다.

---

3 A사는 조직 구조 개편을 위해 관련 분야 전문가인 S사 대표를 초청하여 전 직원을 상대로 다음과 같은 내용의 강의를 진행하였다. S사 대표의 다음 강의 내용을 토대로 한 A사 직원들의 반응으로 가장 합리적인 것은?

> 작년 한 해 동안 세계적으로 많은 조직 개편사례가 있었습니다. 특히, 저희가 담당한 조직 개편은 57건이었는데, 실적 개선을 가져온 사례는 아쉽게도 33%에 못 미쳤습니다. 그리고 V그룹의 조사에 따르면 1,000명 이상 대기업 임원 1,600명 중 조직 개편이 성공적이라고 답한 사람은 50%도 안 되었다고 발표했습니다.
>
> 이렇게 조직 개편의 성공률이 낮다는 것을 먼저 말씀드리는 것은 조직 개편이 실패하면 기회비용뿐만 아니라 경영수지 악화, 생산성 하락, 직원 만족 저하와 같은 부작용도 발생하기 때문에 조직 개편에 대한 아주 신중한 접근이 필요하기 때문입니다.
>
> 하지만 이런 장애 요소가 매우 뚜렷함에도 불구하고, 조직 개편이 많은 기업의 성과 향상에 필수적으로 요구되는 것은 사실입니다. 결국 중요한 것은 어떻게 조직 개편을 해서 성공을 이끌어 낼 것이냐 하는 것이겠죠. 가장 첫 번째로 고려되는 것은 사업의 우선순위입니다. 기업은 새로운 고객 확보, 신제품 출시 고려, 비용 절감 등 다양한 목표를 두고 있습니다. 그렇기 때문에 구체적으로 어떤 사업에 우선성을 둘 것인지가 먼저 검토가 되어야 적절한 전략이나 개편 방향을 설정할 수 있습니다.
>
> 그렇게 조직 구조를 어느 정도 설정하면, 조직별로 적절한 인력을 배치해야 합니다. 조직의 사업 전략에 대한 이해와 그에 맞는 역량을 가진 사람을 리더 및 구성원으로 선별해야 원하는 성과를 얻어낼 수 있습니다. 물론 이를 위해서는 직원들의 역량에 대한 분석 및 파악을 바탕으로 한 인재 관리 능력이 요구됩니다.
>
> 그리고 협업을 촉진하기 위한 과정이 구축될 필요가 있습니다. 조직 구조 개편의 방향은 일반적으로 조직 간 협업 활성화에 초점이 맞춰지는데, 이는 단순히 구조의 개편에 그치지 않고, 구성원들 간의 의식이 바뀌어야 하는 부분도 있습니다. 그렇기 때문에 협업의 촉진을 위해 조직 및 해당 구성원 간의 역할 및 책임에 대한 명확한 인식이 매우 중요하죠.

① "조직 개편의 성공률이 저렇게 낮다면, 이번 우리 회사 조직 개편은 무리하게 진행하지 않겠군."
② "기존의 조직 개편이 실패한 이유는 모두 인재 관리 능력이 부족하기 때문이군 그래."
③ "이번에 취임한 새 CEO는 조직 개편을 위해서 가장 먼저 각 부서 간 인력 재배치를 단행하겠군."
④ "이번 강의를 통해 우리 회사에서도 각 부서별 진행 사업 현황 보고와 각 사업 수행의 우선순위를 결정하려 하겠군."

> ✔ **해설** 조직 개편을 목표로 두고 있는 기업이 가장 먼저 고려해야 하는 것은 사업의 우선순위 결정이라는 점이 강의의 내용에 포함되어 있다.
> ① 강의의 핵심 내용은 조직 개편의 성공률이 낮다는 것이 아니라, 성공률을 높이기 위하여 필요한 것은 무엇인지를 설명하는 것이다. 따라서 적절한 판단이라고 보기 어렵다.
> ② 조직 개편의 성공을 위한 요소를 지적하였으나, 실패의 원인을 인재 관리 능력 부족으로 판단하는 것은 근거가 없다.
> ③ 조직 개편을 위해 가장 먼저 고려되어야 하는 것은 사업의 우선순위 선정이다. 이를 통해 조직 구조가 먼저 개편되어야 하며, 인력 재배치를 먼저 단행하는 것은 강의의 내용에 맞지 않는다.

4 업무를 수행할 때는 업무지침과 활용자원을 확인하여 구체적인 업무수행 계획을 수립하게 된다. 이러한 업무수행을 계획하는 다음과 같은 형식의 자료를 지칭하는 이름은 무엇인가?

업무	6월	7월	8월	9월
설계				
자료수집				
기본설계				
타당성 조사 및 실시설계				
시공				
시공				
결과 보고				

① 워크 플로우 시트(work flow sheet)
② 간트 차트(Gantt chart)
③ 체크리스트(check list)
④ 대차대조표

✔ **해설** 간트 차트는 미국의 간트(Henry Laurence Gantt)가 1919년에 창안한 작업진도 도표로, 단계별로 업무를 시작해서 끝나는데 걸리는 시간을 바(bar) 형식으로 표시할한 것이다. 이는 전체 일정을 한 눈에 볼 수 있고, 단계별로 소요되는 시간과 각 업무활동 사이의 관계를 보여줄 수 있다.
워크 플로우 시트는 일의 흐름을 동적으로 보여주는데 효과적이다. 특히 워크 플로우 시트에 사용하는 도형을 다르게 표현함으로써 주된 작업과 부차적인 작업, 혼자 처리할 수 있는 일과 다른 사람의 협조를 필요로 하는 일, 주의해야 할 일, 컴퓨터와 같은 도구를 사용해서 할 일 등을 구분해서 표현할 수 있다.

Answer 3.④ 4.②

5 다음 중 밑줄 친 ㈎와 ㈏에 대한 설명으로 적절하지 않은 것은?

> 조직 내에서는 ㈎개인이 단독으로 의사결정을 내리는 경우도 있지만 집단이 의사결정을 하기도 한다. 조직에서 여러 문제가 발생하면 직업인은 의사결정과정에 참여하게 된다. 이때 조직의 의사결정은 ㈏집단적으로 이루어지는 경우가 많으며, 여러 가지 제약요건이 존재하기 때문에 조직의 의사결정에 적합한 과정을 거쳐야 한다. 조직의 의사결정은 개인의 의사결정에 비해 복잡하고 불확실하다. 따라서 대부분 기존의 결정을 조금씩 수정해 나가는 방향으로 이루어진다.

① ㈎는 의사결정을 신속히 내릴 수 있다.
② ㈎는 결정된 사항에 대하여 조직 구성원이 수월하게 수용하지 않을 수도 있다.
③ ㈏는 ㈎보다 효과적인 결정을 내릴 확률이 높다.
④ ㈏는 의사소통 기회가 저해될 수 있다.

✔ 해설 집단의사결정은 한 사람이 가진 지식보다 집단이 가지고 있는 지식과 정보가 더 많아 효과적인 결정을 할 수 있다. 또한 다양한 집단구성원이 갖고 있는 능력은 각기 다르므로 각자 다른 시각으로 문제를 바라봄에 따라 다양한 견해를 가지고 접근할 수 있다. 집단의사결정을 할 경우 결정된 사항에 대하여 의사결정에 참여한 사람들이 해결책을 수월하게 수용하고, 의사소통의 기회도 향상되는 장점이 있다. 반면에 의견이 불일치하는 경우 의사결정을 내리는 데 시간이 많이 소요되며, 특정 구성원들에 의해 의사결정이 독점될 가능성이 있다.

6 다음은 조직 업무와 연결되어 실행되고 있는 업무 기능과 세부 활동 영역을 나타낸 표이다. 다음 표를 참고로 할 때, 〈보기〉의 A, B 업무를 수행하는 조직을 순서대로 바르게 나열한 것은?

관리 업무	세부 활동 내역
조달부	원자재의 납기 내 조달 및 검수
구매관리부	원자재의 구매, 품질 검사
생산관리부	제품의 최적 생산 관리
공정관리부	효율적인 제품 생산 지원을 위한 공정관리
창고관리부	생산된 제품의 일시적인 보관을 위한 창고 관리
재고관리부	최적 재고와 안전 재고 확보
마케팅관리부	생산된 제품의 판매와 마케팅 관리
영업관리부	영업사원을 통한 세일즈
고객관리부	고객 DB 및 만족도, 고객관계관리 업무
회계관리부	자금 조달, 현금 흐름, 원가관리, 세무관리
인사관리부	근태관리, 채용 및 급여관리, 업적평가, 복리후생관리
정보관리부	IT기반 정보기술, ERP, WEB기반 정보기술
기타관리부	기업 외부의 이해관계자 집단과의 관리 업무

〈보기〉
A. 교육, 업무 평가, 모집, 선발, 고용, 직무배치, 교육훈련
B. 조직의 매출을 분석하여 손익계산서, 대차대조표 등의 재무제표를 작성

① 생산관리부, 공정관리부
② 조달부, 영업관리부
③ 인사관리부, 정보관리부
④ 인사관리부, 회계관리부

✔해설 각 조직마다 명칭상의 차이는 조금씩 있으나, 인력 충원, 교육, 업무 평가, 모집, 선발, 고용, 직무배치, 종업원 후생복리, 교육훈련 등은 인사관리부(인사부, 인사팀, 인재개발팀 등)의 고유 업무이며, 조직의 매출을 분석하여 손익계산서, 대차대조표 등의 재무제표를 작성하는 업무는 회계관리부(회계부, 회계팀 등)의 업무이다.

Answer 5.④ 6.④

7 다음은 K공단의 남녀평등 실현 및 모성보호에 관한 내부 규정의 일부이다. 다음 규정을 참고할 때, 여성에게 부여된 권리의 내용으로 적절하지 않은 것은?

> 제24조(남녀평등실현) 회사는 모집과 채용, 임금, 임금이외의 금품 및 복리후생, 교육훈련 · 배치 및 승진, 정년 · 퇴직 및 해고 등과 관련하여 성별에 의한 차별을 하지 않는다. 또한 현존하는 차별을 해소하여 실질적인 남녀평등을 실현하기 위한 다양한 적극적 조치를 추진한다.
> 제25조(생리휴가) 여성에 대하여 월 1일의 유급 생리휴가를 제공한다. 사용하지 않은 생리휴가에 대하여는 해당 월의 임금지급 시 수당으로 지급한다.
> 제26조(임신 중의 여성보호 및 휴가)
> 1. 임신 중의 여성에 대하여 월 1일의 유급태아검진휴가를 제공한다.
> 2. 태아나 모체의 건강상 요양이 필요한 경우 의사의 소견에 따라 유급휴가를 제공한다.
> 3. 임신 중인 여성의 모성보호를 위하여 본인의 요청이 있을 시 출퇴근시간을 조정할 수 있다.
> 제27조(산전후휴가)
> 1. 임신 중의 여성에 대하여는 산전, 후를 통하여 100일의 유급보호휴가를 제공하고, 산후에 70일 이상이 확보되도록 한다.
> 2. 배우자가 출산하였을 경우 7일의 유급출산 간호휴가를 제공한다.
> 제28조(유 · 사산휴가)
> 1. 임신 4개월 미만의 유산의 경우, 의사소견에 따라 30일 이내의 유급휴가를 제공한다.
> 2. 4개월 이상 8개월 미만의 유산, 조산, 사산의 경우 50일 이내의 유급휴가를 제공한다.
> 3. 8개월 이상의 조산, 사산의 경우 출산과 동일한 유급휴가를 제공한다.
> 제29조(수유시간) 생후 1년 미만의 영아를 가진 여성에 대하여는 1일 1시간씩의 수유시간을 제공하여야 하며, 조건이 마련되지 않은 경우에는 출퇴근시간을 조정한다.
> 제30조(육아휴직)
> 1. 만 8세 이하 또는 초등학교 2학년 이하의 자녀(입양한 자녀를 포함한다)양육을 위해 육아휴직을 신청하는 경우 1년 이내의 육아휴직을 제공한다.
> 2. 육아휴직기간 중(출산휴가 제외) 사회보험 또는 국가재정에 의해 지급되는 부분을 포함하여 최초의 3개월은 본인 평균임금의 70%, 그 이후는 50%가 되도록 지급한다.

① 생리휴가를 사용하지 않은 여성에 대하여는 해당 일수만큼의 수당이 지급된다.
② 임신 중인 여성은 필요 시 매월 휴가 및 출퇴근시간 조정을 할 수 있다.
③ 임신 중인 여성은 필요 시 산전 최대 50일까지의 유급휴가를 사용할 수 있다.
④ 유산을 하게 된 경우 최대 30~50일 간의 유급휴가가 제공된다.

✔**해설** 산전과 후 100일의 유급휴가를 사용할 수 있으나, 산후에 70일 이상이 확보되어야 하므로 산전에는 최대 30일의 유급휴가를 사용할 수 있다고 규정되어 있다.
② 월 1일의 유급태아검진휴가 및 본인 요청에 의한 출퇴근시간 조정이 가능하다고 규정하고 있다.
③ 유산을 하게 된 시점에 따라 30일 이내 또는 50일 이내의 유급휴가가 제공된다.

8 다음 '갑' 기업과 '을' 기업에 대한 설명 중 적절하지 않은 것은?

> '갑' 기업은 다양한 사외 기관, 단체들과의 상호 교류 등 업무가 잦아 관련 업무를 전담하는 조직이 갖춰져 있다. 전담 조직의 인원이 바뀌는 일은 가끔 있지만, 상설 조직이 있어 매번 발생하는 유사 업무를 효율적으로 수행한다.
> '을' 기업은 사내 당구 동호회가 구성되어 있어 동호회에 가입한 직원들은 정기적으로 당구장을 찾아 쌓인 스트레스를 풀곤 한다. 가입과 탈퇴가 자유로우며 당구를 좋아하는 직원은 누구든 참여가 가능하다. 당구 동호회에 가입한 직원은 직급이 아닌 당구 실력으로만 평가 받으며, 언제 어디서 당구를 즐기든 상사의 지시를 받지 않아도 된다.

① '갑' 기업의 상설 조직은 의도적으로 만들어진 집단이다.
② '갑' 기업 상설 조직의 임무는 보통 명확하지 않고 즉흥적인 성격을 띤다.
③ '을' 기업 당구 동호회는 공식적인 임무 이외에 다양한 요구들에 의해 구성되는 경우가 많다.
④ '갑' 기업 상설 조직의 구성원은 인위적으로 참여한다.

✔ **해설** '갑' 기업의 상설 조직은 공식적, '을' 기업의 당구 동호회는 비공식적 집단이다. 공식적인 집단은 조직의 공식적인 목표를 추구하기 위해 조직에서 의도적으로 만든 집단이다. 따라서 공식적인 집단의 목표나 임무는 비교적 명확하게 규정되어 있으며, 여기에 참여하는 구성원들도 인위적으로 결정되는 경우가 많다.

9 다음은 국민연금공단의 내부 조직 구조를 나타내는 그림이다. 다음 조직도를 참고할 때, 〈보기〉에 제시된 ㈎, ㈏의 기사문의 내용과 관련된 업무를 담당하는 조직을 산하 부서로 둔 곳의 명칭이 순서대로 올바르게 짝지어진 것은?

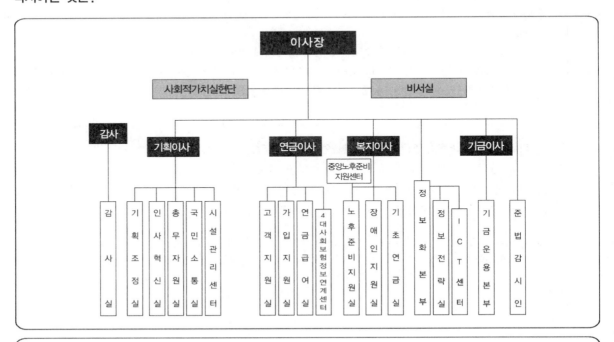

〈보기〉

㈎ 국민연금공단은 2월 15일(금)부터 노후준비서비스의 일환으로 노인 일자리 추천서비스를 개시한다고 밝혔다. 이는 국민연금공단과 한국노인인력개발원이 협업하여 노인일자리 및 사회활동 지원 사업 정보를 안내하는 서비스로 대상은 만 65세 이상 기초연금수급자이며 일부 일자리 유형은 60세 이상자도 참여할 수 있다. 일자리를 희망하는 사람은 전국 109개 국민연금공단 지사에서 서비스를 제공 받을 수 있다.

㈏ 국민연금공단은 26일(수) 서울남부지역본부(서울 강남구)에서, (사)한국자폐인사랑협회, (사)한국장애인부모회, 한국장애인개발원과 '발달장애인 공공신탁' 시범사업의 성공적 추진을 위해 업무협약을 체결했다. 이번 협약은 발달장애인 재산을 안전하게 보호하여 이들의 삶의 질을 향상시키는 데 각 기관이 보유한 자원을 교류하는 등 상호 협력하기 위해 추진됐다. 향후 4개 기관은 이번 협약에 따라 △공공신탁 상담 및 연계 협력 △공공신탁 제도연구 및 교육 지원 △시범사업 홍보 및 사업 활성화 등에 협력하기로 하였다.

① 국민소통실, 연금급여실

② 기초연금실, 장애인지원실

③ 노후준비지원실, 장애인지원실

④ 기획조정실, 총무지원실

> ✔ 해설 (개) 기사문은 노인일자리 추천서비스를 실시한다는 내용이므로 이는 노후준비서비스를 담당하고 있는 노후준비지원실 산하 조직의 업무로 보는 것이 타당하다.(실제로 노후준비지원실 산하 노후준비기획부의 업무 내용이다.)
>
> (나) 기사문은 장애인 단체들과의 업무협약과 이에 따른 교류 사업에 대한 내용을 언급하고 있으므로 장애인지원실의 업무로 볼 수 있다.(실제로 장애인지원실 산하 장애인서비스지원팀의 업무 내용이다.)

10 다음 〈보기〉와 같은 조직문화의 형태와 그 특징에 대한 설명 중 적절한 것만을 모두 고른 것은?

〈보기〉
(개) 위계를 지향하는 조직문화는 조직원 개개인의 능력과 개성을 존중한다.
(나) 과업을 지향하는 조직문화는 업무 수행의 효율성을 강조한다.
(다) 혁신을 지향하는 조직문화는 조직의 유연성과 외부 환경에의 적응에 초점을 둔다.
(라) 관계를 지향하는 조직문화는 구성원들의 상호 신뢰와 인화 단결을 중요시한다.

① (나), (다), (라)

② (개), (다), (라)

③ (개), (나), (라)

④ (개), (나), (다)

> ✔ 해설 (개) 위계를 강조하는 조직문화 하에서는 조직 내부의 안정적이고 지속적인 통합, 조정을 바탕으로 일사불란한 조직 운영의 효율성을 추구하게 되는 특징이 있다. 조직원 개개인의 능력과 개성을 존중하는 모습은 혁신과 관계를 지향하는 조직문화에서 찾아볼 수 있는 특징이다.

11 다음은 국민연금공단의 조직도와 인원현황이다. 잘못 이해한 사람은?

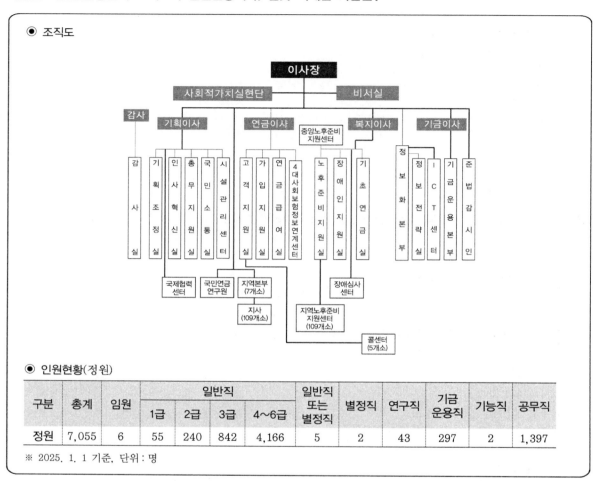

◉ 조직도

◉ 인원현황(정원)

구분	총계	임원	일반직				일반직 또는 별정직	별정직	연구직	기금 운용직	기능직	공무직
			1급	2급	3급	4~6급						
정원	7,055	6	55	240	842	4,166	5	2	43	297	2	1,397

※ 2025. 1. 1 기준, 단위 : 명

① 이사장 아래 총 4명의 이사가 존재한다.
② 감사실은 독립된 부서이다.
③ 국제협력센터는 기획이사 관리하에 있다.
④ 공무직이 차지하는 비중은 총 정원의 5% 이하이다.

✔해설 ④ 공무직 정원은 1,397명으로 총 정원인 7,055명의 약 20%를 차지한다.

12 다음은 국민연금공단의 비전·전략체계도이다. 이에 대한 설명으로 가장 옳지 않은 것은?

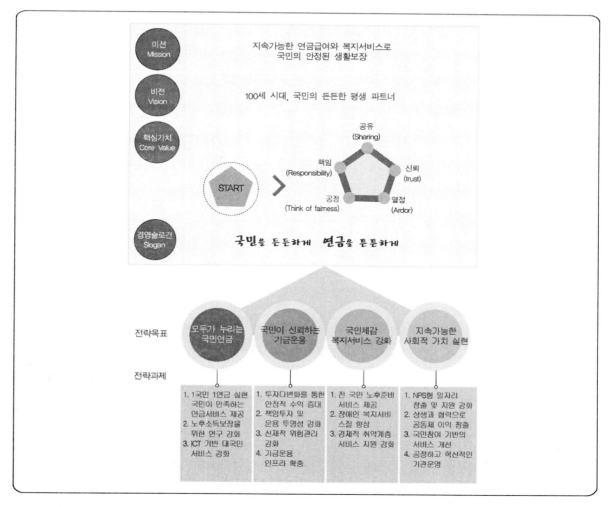

① '100세 시대, 국민의 든든한 평생 파트너'라는 비전 달성을 위해서는 지속가능한 연금급여가 보장되어야 한다.

② 국민연금공단의 핵심가치는 신뢰, 책임, 공유, 공정, 열정으로 그 경중에 차이가 있다.

③ '국민을 든든하게 연금을 튼튼하게' 하기 위해서는 전략과제 시행을 통한 전략목표 달성이 요구된다.

④ 책임투자 및 운용 투명성 강화를 통해 기금운용의 안정적 수익을 증대할 수 있다.

✔ 해설 ② 비전·전략체계도상에서 NPC 5 Values 간의 경중(중요하고 중요하지 않음)에는 차이가 없다.

▌13~14 ▌다음은 어느 회사의 사내 복지 제도와 지원내역에 관한 자료이다. 물음에 답하시오.

〈20××년 사내 복지 제도〉

주택 지원
주택구입자금 대출
전보자 및 독신자를 위한 합숙소 운영

자녀학자금 지원
중고생 전액지원, 대학생 무이자융자

경조사 지원
사내근로복지기금을 운영하여 각종 경조금 지원

기타
사내 동호회 활동비 지원
상병 휴가, 휴직, 4대보험 지원
생일 축하금(상품권 지급)

〈20××년 1/4분기 지원 내역〉

이름	부서	직위	내역	금액(만 원)
엄영식	총무팀	차장	주택구입자금 대출	−
이수연	전산팀	사원	본인 결혼	10
임효진	인사팀	대리	독신자 합숙소 지원	−
김영태	영업팀	과장	휴직(병가)	−
김원식	편집팀	부장	대학생 학자금 무이자융자	−
심민지	홍보팀	대리	부친상	10
이영호	행정팀	대리	사내 동호회 활동비 지원	10
류민호	자원팀	사원	생일(상품권 지급)	5
백성미	디자인팀	과장	중학생 학자금 전액지원	100
채준민	재무팀	인턴	사내 동호회 활동비 지원	10

13 인사팀에 근무하고 있는 사원 B씨는 20××년 1분기에 지원을 받은 사원들을 정리했다. 다음 중 분류가 잘못된 사원은?

구분	이름
주택 지원	엄영식, 임효진
자녀학자금 지원	김원식, 백성미
경조사 지원	이수연, 심민지, 김영태
기타	이영호, 류민호, 채준민

① 엄영식   ② 김원식

③ 심민지   ④ 김영태

✔해설 김영태는 병가로 인한 휴직이므로 '기타'에 속해야 한다.

14 사원 B씨는 위의 복지제도와 지원 내역을 바탕으로 2분기에도 사원들을 지원하려고 한다. 지원한 내용으로 옳지 않은 것은?

① 엄영식 차장이 장모상을 당하셔서 경조금 10만원을 지원하였다.

② 심민지 대리가 동호회에 참여하게 되어서 활동비 10만원을 지원하였다.

③ 이수연 사원의 생일이라서 현금 5만원을 지원하였다.

④ 류민호 사원이 결혼을 해서 10만원을 지원하였다.

✔해설 ③ 생일인 경우에는 상품권 5만원을 지원한다.

15 다음은 기업용 소프트웨어를 개발·판매하는 A기업의 조직도와 사내 업무협조전이다. 주어진 업무협조전의 발신부서와 수신부서로 가장 적절한 것은?

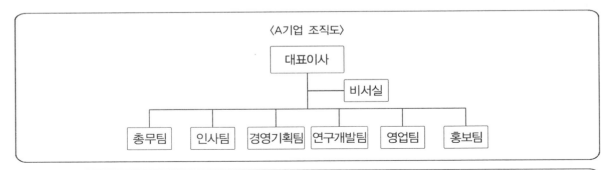

〈A기업 조직도〉

대표이사 — 비서실

총무팀 | 인사팀 | 경영기획팀 | 연구개발팀 | 영업팀 | 홍보팀

업무협조전

제목 : 콘텐츠 개발에 따른 적극적 영업 마케팅 협조
내용 :
20××년 경영기획팀의 요청으로 저희 팀에서 제작하기 시작한 업무매니저 "한방에" 소프트웨어가 모두 제작 완료되었습니다. 하여 해당 소프트웨어 5종에 관한 적극적인 마케팅을 부탁드립니다.
"한방에"는 거래처관리 소프트웨어, 직원/급여관리 소프트웨어, 매입/매출관리 소프트웨어, 증명서 발급관리 소프트웨어, 거래/견적/세금관리 소프트웨어로 각 분야별 영업을 진행하시면 될 것 같습니다.
특히나 직원/급여관리 소프트웨어는 회사 직원과 급여를 통합적으로 관리할 수 있는 프로그램으로 중소기업에서도 보편적으로 이용할 수 있도록 설계되어 있기 때문에 적극적인 영업 마케팅이 더해졌을 때 큰 이익을 낼 수 있을 거라 예상됩니다.
해당 5개의 프로그램의 이용 매뉴얼과 설명서를 첨부해드리오니 담당자분들께서는 이를 숙지하시고 판매에 효율성을 가지시기 바랍니다.
첨부 : 업무매니저 "한방에" 매뉴얼 및 설명서

	발신	수신		발신	수신
①	경영기획팀	홍보팀	②	연구개발팀	영업팀
③	총무팀	인사팀	④	영업팀	연구개발팀

✔ 해설 발신부서는 소프트웨어를 제작하는 팀이므로 연구개발팀이고, 발신부서는 수신부서에게 신제품 개발에 대한 대략적인 내용과 함께 영업 마케팅에 대한 당부를 하고 있으므로 수신부서는 영업팀이 가장 적절하다.

16 다음 기사를 읽고 밑줄 친 부분과 관련한 내용으로 가장 거리가 먼 것은?

> 　최근 포항·경주 등 경북지역 기업들에 정부의 일학습병행제가 본격 추진되면서 큰 관심을 보이고 있는 가운데, 포스코 외주파트너사인 (주)세영기업이 지난 17일 직무개발훈련장의 개소식을 열고 첫 발걸음을 내디뎠다. 청년층의 실업난 해소와 고용 창출의 해법으로 정부가 시행하는 일학습병행제는 기업이 청년 취업 희망자를 채용해 이론 및 실무교육을 실시한 뒤 정부로부터 보조금을 지원받을 수 있는 제도로, (주)세영기업은 최근 한국산업인력공단 포항지사와 함께 취업희망자를 선발했고 오는 8월 1일부터 본격적인 실무교육에 나설 전망이다.
>
> 　(주)세영기업 대표이사는 "사업 전 신입사원 <u>OJT</u>는 단기간 수료해 현장 배치 및 직무수행을 하면서 직무능력수준 및 조직적응력 저하, 안전사고 발생위험 등 여러 가지 문제가 있었다"며 "이번 사업을 통해 2~3년 소요되던 직무능력을 1년 만에 갖출 수 있어 생산성 향상과 조직만족도가 향상될 것"이라고 밝혔다.

① 전사적인 교육훈련이 아닌 통상적으로 각 부서의 장이 주관하여 업무에 관련된 계획 및 집행의 책임을 지는 일종의 부서 내 교육훈련이다.

② 교육훈련에 대한 내용 및 수준에 있어서의 통일성을 기하기 어렵다.

③ 상사 또는 동료 간 이해 및 협조정신 등을 높일 수 있다.

④ 다수의 종업원을 훈련하는 데에 있어 가장 적절한 훈련기법이다.

> ✔해설　OJT(On the Job Training ; 사내교육훈련)는 다수의 종업원을 훈련하는 데에 있어 부적절하다.

17 다음 기사를 보고 ( ) 안에 들어갈 말로 가장 적절한 것은?

> 본격적인 임금·단체협약시기를 앞두고 경제계가 통상임금, 정년연장, 근로시간 단축 등 노사 간 쟁점에 대한 교섭방안을 내놨다. 대한상공회의소는 노동시장 제도변화에 따른 기업의 대응방안을 담은 '2014년 임단협 대응방향 가이드'를 19일 발표했다. 대한상공회의소에서 기업의 임단협 안내서 성격인 가이드를 발표한 것은 이번이 처음이다. 대한상공회의소의 관계자는 "올해 노동시장은 대법원 통상임금 확대판결, 2016년 시행되는 정년 60세 의무화, 국회에서 추진 중인 근로시간 단축 등 굵직한 변화를 겪고 있다"며 "어느 때보다 혼란스럽고 중요한 임단협이 될 것이란 판단에 가이드를 발표했다"고 밝혔다. 가이드에는 통상임금, 정년연장, 근로시간 등 3대 노동현안에 대한 기업의 대응방안이 중점적으로 제시되었다. 통상임금의 경우, 각종 수당과 상여금을 통상임금에서 무조건 제외하기보다 노조·근로자와 성실한 대화로 연착륙 방안을 찾아야 한다고 강조했다. 임금구성항목 단순화, 임금체계 개편, 근무체계 개선, 소급분 해소 등이 필요하다고 권고했다. 2016년 시행되는 정년 60세 의무화와 관련, 준비 없는 정년연장의 부작용을 예방하기 위해 (   ) 의 도입을 적극 고려할 것을 주문했다.

① Profit Sharing Plan
② Profit Sliding Scale Plan
③ Salary Peak System
④ Selling Price Sliding Scale Plan

> ✔ **해설** 임금피크제도(Salary Peak System) … 조직의 종업원이 일정한 나이가 지나면 생산성에 따라 임금을 지급하는 제도로 현실적으로는 나이가 들어 생산성이 내려가면서 임금을 낮추는 제도인데, 조직의 구성원이 일정한 연령에 이르면 그 때의 연봉을 기준으로 임금을 줄여나가는 대신 계속 근무를 할 수 있도록 하는 새로운 정년보장 제도를 의미한다.

18 다음 글의 '직무순환제'와 연관성의 높은 설명에 해당하는 것은?

> 경북 포항시에 본사를 둔 대기환경관리 전문업체 (주)에어릭스는 직원들의 업무능력을 배양하고 유기적인 조직운영을 위해 '직무순환제'를 실시하고 있다. 에어릭스의 직무순환제는 대기환경설비의 생산, 정비, 설계, 영업 파트에 속한 직원들이 일정 기간 해당 업무를 익힌 후 다른 부서로 이동해 또 다른 업무를 직접 경험해볼 수 있도록 하는 제도이다. 직무순환제를 통해 젊은 직원들은 다양한 업무를 거치면서 개개인의 역량을 쌓을 수 있을 뿐 아니라 풍부한 현장 경험을 축적한다. 특히 대기환경설비 등 플랜트 사업은 설계, 구매·조달, 시공 등 모든 파트의 유기적인 운영이 중요하다. 에어릭스의 경우에도 현장에서 실시하는 환경진단과 설비 운영 및 정비 등의 경험을 쌓은 직원이 효율적으로 집진기를 설계하며 생생한 현장 노하우가 영업에서의 성과로 이어진다. 또한 직무순환제를 통해 다른 부서의 업무를 실질적으로 이해함으로써 각 부서 간 활발한 소통과 협업을 이루고 있다.

① 직무순환을 실시함으로써 구성원들의 노동에 대한 싫증 및 소외감을 더 많이 느끼게 될 것이다.

② 직무순환을 실시할 경우 구성원 자신이 조직의 구성원으로써 가치 있는 존재로 인식을 하게끔 하는 역할을 수행한다.

③ 구성원들을 승진시키기 전 단계에서 실시하는 하나의 단계적인 교육훈련방법으로 파악하기 어렵다.

④ 직무순환은 조직변동에 따른 부서 간의 과부족 인원의 조정 또는 사원 개개인의 사정에 의한 구제를 하지 않기 위함이다.

✔ 해설 직무순환은 종업원들의 여러 업무에 대한 능력개발 및 단일직무로 인한 나태함을 줄이기 위한 것에 그 의미가 있으며, 여러 가지 다양한 업무를 경험함으로써 종업원에게도 어떠한 성장할 수 있는 기회를 제공한다. 따라서 인사와 교육의 측면에서 장기적 관점으로 검토해야 한다.

19 다음 기사를 읽고 밑줄 친 부분에 관련한 설명으로 틀린 것은?

결국 밖에서 지켜보고 이야기를 듣는 것 자체만으로도 안타까움을 넘어서 짜증스럽기까지 했던 골 깊은 조직 갈등이 대형 사고를 쳤다. 청주시문화산업진흥재단의 안종철 사무총장과 이상현 비엔날레부장, 정규호 문화예술부장, 변광섭 문화산업부장, 유향길 경영지원부장 등 4명의 집단사표, 지난 8일 지역사회에 충격을 안겨준 이번 사태는 출범 초기부터 안고 있던 정치적 행태와 <u>조직문화의 병폐</u>가 더 이상 갈 곳을 잃고 폭발하고만 것이라는 지적이다. 청주시문화재단은 선거캠프 보은인사, 지역 인사의 인척 등 복잡한 인적 구성으로 인해 조직 안의 세력이 갈리고 불신이 깊게 자리 잡다 보니 한 부서에서 일어나는 작은 일까지 굴절된 시각으로 확대 해석하는 일들이 빈번하게 발생하면서 구성원들의 사기저하와 불만이 팽배한 상태였다. 문화재단의 한 직원은 "그동안 지역의 문화예술발전을 위해 정부 공모사업 유치와 다양한 문화행사를 펼쳤지만, 업무 외에 접하는 서로 간의 불신과 음해가 많은 상처와 회의감을 줬다"며 "실제로 이런 조직문화에 지치고 염증을 느껴 재단을 떠난 사람들도 많고, 지금도 업무보다 사람에 시달리는 게 더 힘들다"고 토로했다. 이와 함께 이승훈 청주시장이 취임하면서 강조하고 있는 경제활성화를 초점에 둔 '문화예술의 산업화'가 이번 사태의 한 원인이 됐다는 지적도 있다. 전임 한범덕 시장은 '향유하는 문화'를 지향한 반면, 이승훈 현 시장은 '수익 창출 문화산업'에 방점을 찍고 있다. 임기만료를 앞두고 시행한 안 총장의 목표관리 평가와 최근 단행한 전 부서장의 순환인사도 연임을 염두에 두고 현 시장의 문화예술정책 기조를 받들기 위한 것임은 다 알고 있던 터였다. 이러한 안 총장의 행보는 50대 초반의 전문가가 2년만 일하고 떠나기는 개인적으로나 업무적으로나 아쉬움이 클 거라는 동조 의견과 의욕은 좋으나 포용력과 리더십이 부족하다는 양면적인 평가를 받아왔다. 안 총장은 그동안 청주국제공예비엔날레, 한·중·일 예술명인전 등 국제행사의 성공적 개최는 물론 2014년 지역문화브랜드 최우수상 수상, 2015년 동아시아 문화도시 선정 등 의욕적인 활동을 벌였으나 밀어붙이기식 업무 추진이 내부 직원들의 불만을 샀다. 안 총장은 그동안 시청의 고위직이 맡았던 기존의 관례를 깨고 전 한범덕 시장 시절 처음으로 외부 공모를 통해 임명된 인사다. 그렇기 때문에 안 총장 본인도 휴가를 반납하면서 까지 열정적으로 일하며 '첫 외부인사로서 새로운 신화'를 쓰고자 했으나, 결국 재단이 출범 초기부터 안고 있던 고질적 병폐에 백기를 들었다는 해석도 가능하다. 아무튼 재단을 진두지휘하는 수장과 실무 부서장들의 전원 사표라는 초유 사태는 시민들에게 큰 실망감을 안겨주고 있으며, 청주문화재단의 이미지를 대내외적으로 크게 실추시키고 있다. 이번 사태를 기점으로 정치색과 행정을 벗어나 좀 더 창의적으로 일할 수 있는 조직혁신과 업무에만 매진할 수 있는 인적 쇄신 등 대대적 수술이 필요하다. 청주국제공예비엔날레, 국립현대미술관 분원 유치, 2015 동아시아 문화도시 선정 등 그동안 재단이 이루어놓은 굵직한 사업이 차질 없이 추진되고, '문화로 행복한 청주'를 만드는 일에 전념할 수 있는 청주시문화재단으로 새롭게 만들어야 한다는 여론이다. 한 지역문화예술인은 "집단사표 소식을 전해 듣고 깜짝 놀랐다"며 "사무총장은 그렇다 치고 10여 년 세월을 고생하고 애써서 가꾼 문화재단의 명예를 성숙하지 못한 처신으로 이렇게 허물 수 있냐"고 반문하며 안타까워했다. 이어 "이번 사태는 공중에 떠 있는 문화재단의 현주소를 시인한 것이며 이 일을 거울삼아 대대적인 조직정비를 단행해 건강한 '통합청주시의 문화예술의 전초기지'로 거듭났으면 좋겠다"고 말했다.

① 조직구성원들의 고유 가치에도 동기부여를 함으로써 종업원들의 조직에 대한 근로의욕 및 조직에 대한 몰입도를 낮출 수 있는 역할을 수행한다.

② 하나의 조직 구성원들이 공유하는 가치와 신념 및 이념, 관습, 전통, 규범 등을 통합한 개념이다.

③ 조직문화의 기능은 그 역할이 강할수록, 기업 조직의 활동에 있어서 통일된 지각을 형성하게 해 줌으로써 조직 내 통제에 긍정적인 역할을 할 수가 있다.

④ 조직 구성원들에게 정보의 탐색 및 그에 따른 해석과 축적, 전달 등을 쉽게 할 수 있으므로, 그들 구성원들에게 공통의 의사결정기준을 제공해주는 역할을 한다.

> ✔해설 조직구성원들의 고유 가치에도 동기부여를 함으로써 종업원들의 조직에 대한 근로의욕 및 조직에 대한 몰입도를 높일 수 있는 역할을 수행한다.

20 다음은 I기업의 조직도와 팀장님의 지시사항이다. H씨가 팀장님의 심부름을 수행하기 위해 연락해야 할 부서로 옳은 것은?

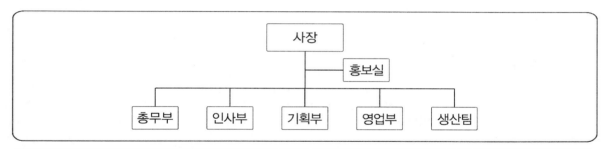

H씨! 내가 지금 너무 바빠서 그러는데 부탁 좀 들어줄래요? 다음 주 중에 사장님 모시고 클라이언트와 만나야 할 일이 있으니까 사장님 일정을 확인해주시구요. 이번 달에 신입사원 교육·훈련계획이 있었던 것 같은데 정확한 시간이랑 날짜를 확인해주세요.

① 총무부, 인사부　　　　　　　② 총무부, 홍보실

③ 기획부, 총무부　　　　　　　④ 기획부, 홍보실

> ✔해설 사장의 일정에 관한 사항은 비서실에서 관리하나 비서실이 없는 회사의 경우 총무부(또는 팀)에서 비서업무를 담당하기도 한다. 또한 신입사원 관리 및 교육은 인사부에서 관리한다.

21 다음의 빈칸에 들어갈 말을 순서대로 나열한 것은?

> 조직의 (㉠)은/는 조직 내의 부문 사이에 형성된 관계로 조직목표를 달성하기 위한 조직구성원들의 상호작용을 보여준다. 이는 결정권의 집중정도, 명령계통, 최고경영자의 통제, 규칙과 규제의 정도에 따라 달라지며 구성원들의 업무나 권한이 분명하게 정의된 기계적 조직과 의사결정권이 하부구성원들에게 많이 위임되고 업무가 고정적이지 않은 유기적 조직으로 구분될 수 있다. (㉡)은/는 이를 쉽게 파악할 수 있고 구성원들의 임무, 수행하는 과업, 일하는 장소 등을 파악하는데 용이하다.
>
> 한편 조직이 지속되게 되면 조직구성원들 간 생활양식이나 가치를 공유하게 되는데 이를 조직의 (㉢) 라고 한다. 이는 조직구성원들의 사고와 행동에 영향을 미치며 일체감과 정체성을 부여하고 조직이 (㉣) 으로 유지되게 한다. 최근 이에 대한 중요성이 부각되면서 긍정적인 방향으로 조성하기 위한 경영층의 노력이 이루어지고 있다.

	㉠	㉡	㉢	㉣
①	구조	조직도	문화	안정적
②	목표	비전	규정	체계적
③	미션	핵심가치	구조	혁신적
④	직급	규정	비전	단계적

✔ 해설 조직체제 구성요소

㉠ **조직목표** : 조직이 달성하려는 장래의 상태로 조직이 존재하는 정당성과 합법성을 제공한다. 전체 조직의 성과, 자원, 시장, 인력개발, 혁신과 변화, 생산성에 대한 목표가 포함된다.

㉡ **조직구조** : 조직 내의 부문 사이에 형성된 관계로 조직목표를 달성하기 위한 조직구성원들의 상호작용을 보여준다. 조직구조는 결정권의 집중정도, 명령계통, 최고경영자의 통제, 규칙과 규제의 정도에 따라 달라지며 구성원들의 업무나 권한이 분명하게 정의된 기계적 조직과 의사결정권이 하부구성원들에게 많이 위임되고 업무가 고정적이지 않은 유기적 조직으로 구분될 수 있다. 조직의 구성은 조직도를 통해 쉽게 파악할 수 있는데, 이는 구성원들의 임무, 수행하는 과업, 일하는 장소 등을 파악하는데 용이하다.

㉢ **조직문화** : 조직이 지속되게 되면서 조직구성원들 간에 공유되는 생활양식이나 가치로 조직구성원들의 사고와 행동에 영향을 미치며 일체감과 정체성을 부여하고 조직이 안정적으로 유지되게 한다. 최근 조직문화에 대한 중요성이 부각되면서 긍정적인 방향으로 조성하기 위한 경영층의 노력이 이루어지고 있다.

㉣ **조직의 규칙과 규정** : 조직의 목표나 전략에 따라 수립되어 조직구성원들의 활동범위를 제약하고 일관성을 부여하는 기능을 하는 것으로 인사규정, 총무규정, 회계규정 등이 있다. 특히 조직이 구성원들의 행동을 관리하기 위하여 규칙이나 절차에 의존하고 있는 공식화 정도에 따라 조직의 구조가 결정되기도 한다.

22 다음은 어느 회사의 홈페이지 소개 페이지이다. 다음의 자료로 알 수 있는 것을 모두 고른 것은?

창조적 열정으로 세상의 가치를 건설하여 신뢰받는
BEST PARTNER & FIRST COMPANY

GLOBAL BEST & FIRST

핵심가치

GREAT INNOVATION	GREAT CHALLENGE	GREAT PARTNERSHIP
변화	최고	신뢰
창의적 발상으로 나부터 바꾸자	도전과 열정으로 최고가 되자	존중하고 소통하여 함께 성장하자

VISION 2020 GOAL
Sustainable Global Company로의 도약
수익성을 동반한 지속가능한 성장을 추구합니다.
글로벌사업 운영체계의 확립을 통해 세계속 GS건설로 도약합니다.

2025년 경영목표 수주 35조, 매출 27조, 영업이익 2조

㉠ 회사의 목표	㉡ 회사의 구조
㉢ 회사의 문화	㉣ 회사의 규칙과 규정

① ㉠㉡   ② ㉠㉢

③ ㉡㉢   ④ ㉡㉣

✔해설 주어진 자료의 VISION 2025(경영목표)을 통해 조직이 달성하려는 장래의 상태, 즉 회사의 목표를 알 수 있으며 핵심가치를 통해 창의, 도전과 열정, 존중과 소통 등을 강조하는 회사의 문화를 알 수 있다.

|23~24| 다음 결재규정을 보고 주어진 상황에 알맞게 작성된 양식을 고르시오.

〈결재규정〉

- 결재를 받으려면 업무에 대해서는 최고결재권자(대표이사)를 포함한 이하 직책자의 결재를 받아야 한다.
- '전결'이라 함은 회사의 경영활동이나 관리활동을 수행함에 있어 의사결정이나 판단을 요하는 일에 대하여 최고결재권자의 결재를 생략하고, 자신의 책임 하에 최종적으로 의사결정이나 판단을 하는 행위를 말한다.
- 전결사항에 대해서도 위임 받은 자를 포함한 이하 직책자의 결재를 받아야 한다.
- 표시내용 : 결재를 올리는 자는 최고결재권자로부터 전결사항을 위임 받은 자가 있는 경우 결재란에 전결이라고 표시하고 최종 결재권자에 위임 받은 자를 표시한다. 다만, 결재가 불필요한 직책자의 결재란은 상황대각선으로 표시한다.
- 최고결재권자의 결재사항 및 최고결재권자로부터 위임된 전결사항은 다음의 표에 따른다.

구분	내용	금액기준	결재서류	팀장	본부장	대표이사
접대비	거래처 식대, 경조사비 등	20만 원 이하	접대비지출품의서 지출결의서	● ■		
		30만 원 이하			● ■	
		30만 원 초과				● ■
교통비	국내 출장비	30만 원 이하	출장계획서 출장비신청서	● ■		
		50만 원 이하		●	■	
		50만 원 초과		●		■
	해외 출장비			●		■

● : 기안서, 출장계획서, 접대비지출품의서
■ : 지출결의서, 세금계산서, 발행요청서, 각종 신청서

23 영업부 사원 L씨는 편집부 K씨의 부친상에 부조금 50만 원을 회사 명의로 지급하기로 하였다. L씨가 작성한 결재 방식은?

①

접대비지출품의서				
결 재	담당	팀장	본부장	최종 결재
	L			팀장

②

접대비지출품의서				
결 재	담당	팀장	본부장	최종 결재
	L		전결	본부장

③

지출결의서				
결 재	담당	팀장	본부장	최종 결재
	L	전결		대표이사

④

지출결의서				
결 재	담당	팀장	본부장	최종 결재
	L			대표이사

✔ 해설 경조사비는 접대비에 해당하므로 접대비지출품의서나 지출결의서를 작성하고 30만 원을 초과하였으므로 결재권자는 대표이사에게 있다. 또한 누구에게도 전결되지 않았다.

24 영업부 사원 I씨는 거래업체 직원들과 저녁 식사를 위해 270,000원을 지불하였다. I씨가 작성해야 하는 결재 방식으로 옳은 것은?

①

접대비지출품의서			
결재	담당	팀장	본부장	최종 결재
	I			전결

②

접대비지출품의서			
결재	담당	팀장	본부장	최종 결재
	I	전결		본부장

③

지출결의서			
결재	담당	팀장	본부장	최종 결재
	I	전결		본부장

④

접대비지출품의서			
결재	담당	팀장	본부장	최종 결재
	I		전결	본부장

✔ 해설 거래처 식대이므로 접대비지출품의서나 지출결의서를 작성하고 30만 원 이하이므로 최종 결재는 본부장이 한다. 본부장이 최종 결재를 하고 본부장 란에는 전결을 표시한다.

업무지시문(업무협조전 사용에 대한 지시)

수신 : 전 부서장님들께
참조 :

제목 : 업무협조전 사용에 대한 지시문
업무 수행에 노고가 많으십니다.
  부서 간의 원활한 업무진행을 위하여 다음과 같이 업무협조전을 사용하도록 결정하였습니다. 업무효율화를 도모하고자 업무협조전을 사용하도록 권장하는 것이니 본사의 지시에 따라주시기 바랍니다. 궁금하신 점은 ___⊙__ 담당자(내선 : 012)에게 문의해주시기 바랍니다.

- 다음 -

1. 목적
  (1) 업무협조전 이용의 미비로 인한 부서 간 업무 차질 해소
  (2) 발신부서와 수신부서 간의 명확한 책임소재 규명
  (3) 부서 간의 원활한 의견교환을 통한 업무 효율화 추구
  (4) 부서 간의 업무 절차와 내용에 대한 근거확보
2. 부서 내의 적극적인 사용권장을 통해 업무협조전이 사내에 정착될 수 있도록 부탁드립니다.
3. 첨부된 업무협조전 양식을 사용하시기 바랍니다.
4. 기타 : 문서관리규정을 회사사규에 등재할 예정이오니 업무에 참고하시기 바랍니다.

20××년 12월 10일

S통상
__⊙__ 장 ○○○ 배상

25 다음 중 빈칸 ⊙에 들어갈 부서로 가장 적절한 것은?

① 총무부   ② 기획부
③ 인사부   ④ 영업부

✔해설 조직기구의 업무분장 및 조절 등에 관한 사항은 인사부에서 관리한다.

26 업무협조전에 대한 설명으로 옳지 않은 것은?

① 부서 간의 책임소재가 분명해진다.
② 업무 협업 시 높아진 효율성을 기대할 수 있다.
③ 업무 절차와 내용에 대한 근거를 확보할 수 있다.
④ 부서별로 자유로운 양식의 업무협조전을 사용할 수 있다.

✔️**해설** 업무지시문에 첨부된 업무협조전 양식을 사용하여야 한다.

27 다음 글의 빈칸에 들어갈 적절한 말은 어느 것인가?

> 하나의 조직이 조직의 목적을 달성하기 위해서는 이를 관리, 운영하는 활동이 요구된다. 이러한 활동은 조직이 수립한 목적을 달성하기 위하여 계획을 세우고 실행하고 그 결과를 평가하는 과정이다. 직업인은 조직의 한 구성원으로서 자신이 속한 조직이 어떻게 운영되고 있으며, 어떤 방향으로 흘러가고 있는지, 현재 운영체제의 문제는 무엇이고 생산성을 높이기 위해 어떻게 개선되어야 하는지 등을 이해하고 자신의 업무 영역에 맞게 적용하는 (   )이 요구된다.

① 체제이해능력
② 경영이해능력
③ 업무이해능력
④ 자기개발능력

✔️**해설** 경영은 한마디로 조직의 목적을 달성하기 위한 전략, 관리, 운영활동이다. 즉, 경영은 경영의 대상인 조직과 조직의 목적, 경영의 내용인 전략, 관리, 운영으로 이루어진다. 과거에는 경영(administration)을 단순히 관리(management)라고 생각하였다. 관리는 투입되는 자원을 최소화하거나 주어진 자원을 이용하여 추구하는 목표를 최대한 달성하기 위한 활동이다.

28 다음은 영업부 사원 H씨가 T대리와 함께 거래처에 방문하여 생긴 일이다. H씨의 행동 중 T대리가 지적할 사항으로 가장 적절한 것은?

> 거래처 실무 담당인 A씨와 그 상사인 B과장이 함께 나왔다. 일전에 영업차 본 적이 있는 A씨에게 H씨는 먼저 눈을 맞추며 반갑게 인사한 후 먼저 상의 안쪽 주머니의 명함 케이스에서 명함을 양손으로 내밀며 소속과 이름을 밝혔다. B과장에게도 같은 방법으로 명함을 건넨 후 두 사람의 명함을 받아 테이블 위에 놓고 가볍게 이야기를 시작했다.

① 명함은 한 손으로 글씨가 잘 보이도록 여백을 잡고 건네야 합니다.
② 소속과 이름은 명함에 나와 있으므로 굳이 언급하지 않아도 됩니다.
③ 고객이 2인 이상인 경우 명함은 윗사람에게 먼저 건네야 합니다.
④ 명함은 받자마자 바로 명함케이스에 깨끗하게 넣어두세요.

✔**해설** ① 명함을 건넬 때는 양손으로 명함의 여백을 잡고 고객이 바로 볼 수 있도록 건넨다.
② 소속과 이름을 정확하게 밝히며 명함을 건넨다.
④ 명함을 받자마자 바로 넣는 것은 예의에 어긋나는 행동이다. 명함을 보고 가벼운 대화를 시작하거나 테이블 위에 바르게 올려두는 것이 좋다.
※ **명함 수수법**
  ㉠ 명함을 동시에 주고받을 때는 오른손으로 주고 왼손으로 받는다.
  ㉡ 혹시 모르는 한자가 있는 경우 "실례하지만, 어떻게 읽습니까?"라고 질문한다.
  ㉢ 면담예정자 한 사람에 대하여 최소 3장 정도 준비한다.
  ㉣ 받은 명함과 자신의 명함은 항시 구분하여 넣는다.

29 다음은 SWOT분석에 대한 설명과 프랑스 유제품 회사 국내영업부의 SWOT분석이다. 주어진 전략 중 가장 적절한 것은?

SWOT이란, 강점(Strength), 약점(Weakness), 기회(Opportunity), 위협(Threat)의 머리글자를 모아 만든 단어로 경영 전략을 수립하기 위한 도구이다. SWOT분석을 통해 도출된 조직의 외부/내부 환경을 분석 결과를 통해 각각에 대응하는 전략을 도출하게 된다.

SO 전략이란 기회를 활용하면서 강점을 더욱 강화하는 공격적인 전략이고, WO 전략이란 외부환경의 기회를 활용하면서 자신의 약점을 보완하는 전략으로 이를 통해 기업이 처한 국면의 전환을 가능하게 할 수 있다. ST 전략은 외부환경의 위험요소를 회피하면서 강점을 활용하는 전략이며, WT 전략이란 외부환경의 위협요인을 회피하고 자사의 약점을 보완하는 전략으로 방어적 성격을 갖는다.

외부＼내부	강점(Strength)	약점(Weakness)
기회(Opportunity)	SO 전략(강점-기회 전략)	WO 전략(약점-기회 전략)
위협(Threat)	ST 전략(강점-위협 전략)	WT 전략(약점-위협 전략)

강점(Strength)	• 세계 제일의 기술력 보유 • 압도적으로 큰 기업 규모 • 프랑스 기업의 세련된 이미지
약점(Weakness)	• 국내에서의 낮은 인지도 • 국내 기업에 비해 높은 가격
기회(Opportunity)	• 국내 대형 유제품 회사의 유해물질 사태로 인한 반사효과 • 신흥 경쟁사의 유입 가능성이 낮음
위협(Threat)	• 대체할 수 있는 국내 경쟁 기업이 많음 • 경기침체로 인한 시장의 감소

외부＼내부	강점(Strength)	약점(Weakness)
기회(Opportunity)	(개)	(내)
위협(Threat)	(대)	(래)

① (개) : 다양한 마케팅전략을 통한 국내 인지도 상승을 통해 국내 경쟁력을 확보
② (내) : 프랑스 기업의 세련된 이미지를 부각시킨 마케팅으로 반사효과 극대화
③ (대) : 세련된 이미지와 기술력 홍보로 유해한 성분이 없음을 강조
④ (래) : 유통 마진을 줄여 가격을 낮추고 국내 경쟁력을 확보

✅해설 높은 가격이라는 약점을 유통 마진 감소를 통한 가격 인하로 보완하고 이를 통해 국내 경쟁기업들의 위협 속에서 경쟁력을 확보하려는 전략은 적절한 WT 전략이라 할 수 있다.

30 H항만회사는 내년부터 주요 사업들에 대하여 식스시그마를 적용하려고 한다. 다음 중 식스시그마를 주도적으로 담당하기에 가장 적절한 부서는?

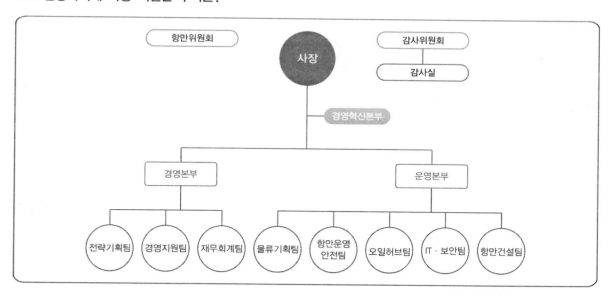

① 경영혁신본부   ② 감사실
③ 경영지원팀   ④ 항만위원회

✔ 해설   식스시그마란 모든 프로세스에 적용할 수 있는 전방위 경영혁신 운동으로, 1987년 미국의 마이클 해리가 창안한 품질경영 혁신기법이다. 이는 결점을 제로에 가깝게 줄이는 목표를 가리키며 식스시그마의 목적은 제공하는 제품이나 서비스가 고객 요구를 만족시키거나 혹은 그것을 초과 달성하도록 하는 데 있다. 따라서 사장 직속의 경영혁신본부에서 담당하는 것이 가장 적절하다.

Chapter 05 정보능력

1 정보화사회와 정보능력

(1) 정보와 정보화사회

① 자료 · 정보 · 지식

구분	특징
자료(Data)	객관적 실제의 반영이며, 그것을 전달할 수 있도록 기호화한 것
정보 (Information)	자료를 특정한 목적과 문제해결에 도움이 되도록 가공한 것
지식 (Knowledge)	정보를 집적하고 체계화하여 장래의 일반적인 사항에 대비해 보편성을 갖도록 한 것

② **정보화사회** … 필요로 하는 정보가 사회의 중심이 되는 사회

(2) 업무수행과 정보능력

① 컴퓨터의 활용 분야
  ㉠ 기업 경영 분야에서의 활용 : 판매, 회계, 재무, 인사 및 조직관리, 금융 업무 등
  ㉡ 행정 분야에서의 활용 : 민원처리, 각종 행정 통계 등
  ㉢ 산업 분야에서의 활용 : 공장 자동화, 산업용 로봇, 판매시점관리시스템(POS) 등
  ㉣ 기타 분야에서의 활용 : 교육, 연구소, 출판, 가정, 도서관, 예술 분야 등

② 정보처리과정
  ㉠ 정보 활용 절차 : 기획→수집→관리→활용
  ㉡ 5W2H : 정보 활용의 전략적 기획
  • WHAT(무엇을?) : 정보의 입수대상을 명확히 한다.
  • WHERE(어디에서?) : 정보의 소스(정보원)를 파악한다.
  • WHEN(언제까지) : 정보의 요구(수집)시점을 고려한다.
  • WHY(왜?) : 정보의 필요목적을 염두에 둔다.
  • WHO(누가?) : 정보활동의 주체를 확정한다.

» PART Ⅲ. 직업기초능력평가

- HOW(어떻게) : 정보의 수집방법을 검토한다.
- HOW MUCH(얼마나?) : 정보수집의 비용성(효용성)을 중시한다.

5W2H는 정보를 전략적으로 수집·활용할 때 주로 사용하는 방법이다. 5W2H에 대한 설명으로 옳지 않은 것은?

① WHAT : 정보의 수집방법을 검토한다.
② WHERE : 정보의 소스(정보원)를 파악한다.
③ WHEN : 정보의 요구(수집)시점을 고려한다.
④ HOW : 정보의 수집방법을 검토한다.

출제의도

방대한 정보들 중 꼭 필요한 정보와 수집 방법 등을 전략적으로 기획하고 정보수집이 이루어질 때 효과적인 정보 수집이 가능해진다. 5W2H는 이러한 전략적 정보 활용 기획의 방법으로 그 개념을 이해하고 있는지를 묻는 질문이다.

해 설

5W2H의 'WHAT'은 정보의 입수대상을 명확히 하는 것이다. 정보의 수집방법을 검토하는 것은 HOW(어떻게)에 해당되는 내용이다.

답 ①

(3) 사이버공간에서 지켜야 할 예절

① 인터넷의 역기능
  ㉠ 불건전 정보의 유통
  ㉡ 개인 정보 유출
  ㉢ 사이버 성폭력
  ㉣ 사이버 언어폭력
  ㉤ 언어 훼손
  ㉥ 인터넷 중독
  ㉦ 불건전한 교제
  ㉧ 저작권 침해

② 네티켓(netiquette) … 네트워크(network) + 에티켓(etiquette)

(4) 정보의 유출에 따른 피해사례

① 개인정보의 종류

　　㉠ **일반 정보** : 이름, 주민등록번호, 운전면허정보, 주소, 전화번호, 생년월일, 출생지, 본적지, 성별, 국적 등

　　㉡ **가족 정보** : 가족의 이름, 직업, 생년월일, 주민등록번호, 출생지 등

　　㉢ **교육 및 훈련 정보** : 최종학력, 성적, 기술자격증/전문면허증, 이수훈련 프로그램, 서클 활동, 상벌사항, 성격/행태보고 등

　　㉣ **병역 정보** : 군번 및 계급, 제대유형, 주특기, 근무부대 등

　　㉤ **부동산 및 동산 정보** : 소유주택 및 토지, 자동차, 저축현황, 현금카드, 주식 및 채권, 수집품, 고가의 예술품 등

　　㉥ **소득 정보** : 연봉, 소득의 원천, 소득세 지불 현황 등

　　㉦ **기타 수익 정보** : 보험가입현황, 수익자, 회사의 판공비 등

　　㉧ **신용 정보** : 대부상황, 저당, 신용카드, 담보설정 여부 등

　　㉨ **고용 정보** : 고용주, 회사주소, 상관의 이름, 직무수행 평가 기록, 훈련기록, 상벌기록 등

　　㉩ **법적 정보** : 전과기록, 구속기록, 이혼기록 등

　　㉪ **의료 정보** : 가족병력기록, 과거 의료기록, 신체장애, 혈액형 등

　　㉫ **조직 정보** : 노조가입, 정당가입, 클럽회원, 종교단체 활동 등

　　㉬ **습관 및 취미 정보** : 흡연/음주량, 여가활동, 도박성향, 비디오 대여기록 등

② 개인정보 유출방지 방법

　　㉠ 회원 가입 시 이용 약관을 읽는다.

　　㉡ 이용 목적에 부합하는 정보를 요구하는지 확인한다.

　　㉢ 비밀번호는 정기적으로 교체한다.

　　㉣ 정체불명의 사이트는 멀리한다.

　　㉤ 가입 해지 시 정보 파기 여부를 확인한다.

　　㉥ 남들이 쉽게 유추할 수 있는 비밀번호는 자제한다.

2 **정보능력을 구성하는 하위능력**

(1) 컴퓨터활용능력

① 인터넷 서비스 활용
  ㉠ 전자우편(E-mail) 서비스 : 정보 통신망을 이용하여 다른 사용자들과 편지나 여러 정보를 주고받는 통신 방법
  ㉡ 인터넷 디스크/웹 하드 : 웹 서버에 대용량의 저장 기능을 갖추고 사용자가 개인용 컴퓨터의 하드디스크와 같은 기능을 인터넷을 통하여 이용할 수 있게 하는 서비스
  ㉢ 메신저 : 인터넷에서 실시간으로 메시지와 데이터를 주고받을 수 있는 소프트웨어
  ㉣ 전자상거래 : 인터넷을 통해 상품을 사고팔거나 재화나 용역을 거래하는 사이버 비즈니스

② 정보검색 … 여러 곳에 분산되어 있는 수많은 정보 중에서 특정 목적에 적합한 정보만을 신속하고 정확하게 찾아내어 수집, 분류, 축적하는 과정
  ㉠ 검색엔진의 유형
    • 키워드 검색 방식 : 찾고자 하는 정보와 관련된 핵심적인 언어인 키워드를 직접 입력하여 이를 검색 엔진에 보내어 검색 엔진이 키워드와 관련된 정보를 찾는 방식
    • 주제별 검색 방식 : 인터넷상에 존재하는 웹 문서들을 주제별, 계층별로 정리하여 데이터베이스를 구축한 후 이용하는 방식
    • 통합형 검색방식 : 사용자가 입력하는 검색어들이 연계된 다른 검색 엔진에게 보내고 이를 통하여 얻어진 검색 결과를 사용자에게 보여주는 방식
  ㉡ 정보 검색 연산자

기호	연산자	검색조건
*, &	AND	두 단어가 모두 포함된 문서를 검색
|	OR	두 단어가 모두 포함되거나 두 단어 중에서 하나만 포함된 문서를 검색
-, !	NOT	'-' 기호나 '!' 기호 다음에 오는 단어는 포함하지 않는 문서를 검색
~, near	인접검색	앞/뒤의 단어가 가깝게 있는 문서를 검색

③ 소프트웨어의 활용
  ㉠ 워드프로세서
    • 특징 : 문서의 내용을 화면으로 확인하면서 쉽게 수정 가능, 문서 작성 후 인쇄 및 저장 가능, 글이나 그림의 입력 및 편집 가능
    • 기능 : 입력기능, 표시기능, 저장기능, 편집기능, 인쇄기능 등

ⓛ 스프레드시트
- 특징 : 쉽게 계산 수행, 계산 결과를 차트로 표시, 문서를 작성하고 편집 가능
- 기능 : 계산, 수식, 차트, 저장, 편집, 인쇄기능 등

예제 2

귀하는 커피 전문점을 운영하고 있다. 아래와 같이 엑셀 워크시트로 4개 지점의 원두 구매 수량과 단가를 이용하여 금액을 산출하고 있다. 귀하가 다음 중 D3셀에서 사용하고 있는 함수식으로 옳은 것은? (단, 금액 = 수량 × 단가)

	A	B	C	D	E
1	지점	원두	수량(100g)	금액	
2	A	케냐	15	150000	
3	B	콜롬비아	25	175000	
4	C	케냐	30	300000	
5	D	브라질	35	210000	
6					
7		원두	100g당 단가		
8		케냐	10,000		
9		콜롬비아	7,000		
10		브라질	6,000		
11					

① =C3*VLOOKUP(B3, $B$8:$C$10, 1, 1)
② =B3*HLOOKUP(C3, $B$8:$C$10, 2, 0)
③ =C3*VLOOKUP(B3, $B$8:$C$10, 2, 0)
④ =C3*HLOOKUP($B$8:$C$10, 2, B3)

해 설

"VLOOKUP(B3, $B$8:$C$10, 2, 0)"의 함수를 해설해보면 B3의 값(콜롬비아)을 B8:C10에서 찾은 후 그 영역의 2번째 열(C열, 100g당 단가)에 있는 값을 나타내는 함수이다. 금액은 "수량 × 단가"로 나타내므로 D3셀에 사용되는 함수식은 "=C3*VLOOKUP(B3, $B$8:$C$10, 2, 0)"이다.

※ HLOOKUP과 VLOOKUP
  ⓐ HLOOKUP : 배열의 첫 행에서 값을 검색하여, 지정한 행의 같은 열에서 데이터를 추출
  ⓑ VLOOKUP : 배열의 첫 열에서 값을 검색하여, 지정한 열의 같은 행에서 데이터를 추출

답 ③

ⓒ 프레젠테이션
- 특징 : 각종 정보를 사용자 또는 대상자에게 쉽게 전달
- 기능 : 저장, 편집, 인쇄, 슬라이드 쇼 기능 등
ⓓ 유틸리티 프로그램 : 파일 압축 유틸리티, 바이러스 백신 프로그램

④ 데이터베이스의 필요성
ⓐ 데이터의 중복을 줄인다.
ⓑ 데이터의 무결성을 높인다.
ⓒ 검색을 쉽게 해준다.
ⓓ 데이터의 안정성을 높인다.
ⓔ 개발기간을 단축한다.

(2) 정보처리능력

① **정보원** … 1차 자료는 원래의 연구성과가 기록된 자료이며, 2차 자료는 1차 자료를 효과적으로 찾아보기 위한 자료 또는 1차 자료에 포함되어 있는 정보를 압축·정리한 형태로 제공하는 자료이다.

　　㉠ **1차 자료** : 단행본, 학술지와 논문, 학술회의자료, 연구보고서, 학위논문, 특허정보, 표준 및 규격자료, 레터, 출판 전 배포자료, 신문, 잡지, 웹 정보자원 등

　　㉡ **2차 자료** : 사전, 백과사전, 편람, 연감, 서지데이터베이스 등

② **정보분석 및 가공**

　　㉠ **정보분석의 절차** : 분석과제의 발생 → 과제(요구)의 분석 → 조사항목의 선정 → 관련정보의 수집(기존자료 조사/신규자료 조사) → 수집정보의 분류 → 항목별 분석 → 종합·결론 → 활용·정리

　　㉡ **가공** : 서열화 및 구조화

③ **정보관리**

　　㉠ 목록을 이용한 정보관리

　　㉡ 색인을 이용한 정보관리

　　㉢ 분류를 이용한 정보관리

예제 3

인사팀에서 근무하는 J씨는 회사가 성장함에 따라 직원 수가 급증하기 시작하면서 직원들의 정보관리 방법을 모색하던 중 다음과 같은 A사의 직원 정보관리 방법을 보게 되었다. J씨는 A사가 하고 있는 이 방법을 회사에도 도입하고자 한다. 이 방법은 무엇인가?

> A사의 인사부서에 근무하는 H씨는 직원들의 개인정보를 관리하는 업무를 담당하고 있다. A사에서 근무하는 직원은 수천 명에 달하기 때문에 H씨는 주요 키워드나 주제어를 가지고 직원들의 정보를 구분하여 관리하여, 찾을 때도 쉽고 내용을 수정할 때도 이전보다 훨씬 간편할 수 있도록 했다.

① 목록을 활용한 정보관리
② 색인을 활용한 정보관리
③ 분류를 활용한 정보관리
④ 1 : 1 매칭을 활용한 정보관리

출제의도

본 문항은 정보관리 방법의 개념을 이해하고 있는가를 묻는 문제이다.

해 설

주어진 자료의 A사에서 사용하는 정보관리는 주요 키워드나 주제어를 가지고 정보를 관리하는 방식인 색인을 활용한 정보관리이다. 디지털 파일에 색인을 저장할 경우 추가, 삭제, 변경 등이 쉽다는 점에서 정보관리에 효율적이다.

답 ②

출제예상문제

1 다음 중 '클라우드 컴퓨팅'에 대한 적절한 설명이 아닌 것은?

① 사용자들이 복잡한 정보를 보관하기 위해 별도의 데이터 센터를 구축할 필요가 없다.

② 정보의 보관보다 정보의 처리 속도와 정확성이 관건인 네트워크 서비스이다.

③ 장소와 시간에 관계없이 다양한 단말기를 통해 정보에 접근할 수 있다.

④ 주소록, 동영상, 음원, 오피스 문서, 게임, 메일 등 다양한 콘텐츠를 대상으로 한다.

> **✔ 해설** 클라우드 컴퓨팅이란 인터넷을 통해 제공되는 서버를 활용해 정보를 보관하고 있다가 필요할 때 꺼내 쓰는 기술을 말한다. 따라서 클라우드 컴퓨팅의 핵심은 데이터의 저장·처리·네트워킹 및 다양한 어플리케이션 사용 등 IT 관련 서비스를 인터넷과 같은 네트워크를 기반으로 제공하는데 있어, 정보의 보관 분야에 있어 획기적인 컴퓨팅 기술이라고 할 수 있다.

2 많은 전문가들은 미래의 사회는 정보기술(IT), 생명공학(BT), 나노기술(NT), 환경기술(ET), 문화산업(CT), 우주항공기술(ST) 등을 이용한 정보화 산업이 주도해 나갈 것이라고 예언한다. 다음 중, 이와 같은 미래 정보화 사회의 6T 주도 환경의 모습을 설명한 것으로 적절하지 않은 것은 어느 것인가?

① 부가가치 창출 요인이 토지, 자본, 노동에서 지식 및 정보 생산 요소로 전환된다.

② 모든 국가의 시장이 국경 없는 하나의 세계 시장으로 통합되는 세계화가 진전된다.

③ 무한한 정보를 중심으로 하는 열린사회로 정보제공자와 정보소비자의 구분이 명확해진다.

④ 과학적 지식이 폭발적으로 증가한다.

> **✔ 해설** 미래사회는 지식정보의 창출 및 유통 능력이 국가경쟁력의 원천이 되는 정보사회로 발전할 것이다. 정보사회는 무한한 정보를 중심으로 하는 열린사회로 정보제공자와 정보소비자의 구분이 모호해지며 네트워크를 통한 범세계적인 시장 형성과 경제활동이 이루어진다. 정보통신은 이러한 미래 정보사회의 기반으로서, 지식정보의 창출과 원활한 유통이 가능해지기 위해서는 정보통신의 역할이 중요하다. 정보통신 기반을 활용함에 따라 정보사회의 활동 주체들은 모든 사회 경제활동을 시간·장소·대상에 구애 받지 않고 수행할 수 있게 될 것이다.

3 다음 내용에 해당하는 인터넷 검색 방식을 일컫는 말은 어느 것인가?

> 이 검색 방식은 검색엔진에서 문장 형태의 질의어를 형태소 분석을 거쳐 언제(when), 어디서(where), 누가(who), 무엇을(what), 왜(why), 어떻게(how), 얼마나(how much)에 해당하는 5W 2H를 읽어내고 분석하여 각 질문에 답이 들어있는 사이트를 연결해 주는 검색엔진이다.

① 자연어 검색 방식
② 주제별 검색 방식
③ 통합형 검색 방식
④ 키워드 검색 방식

✔ 해설 자연어 검색이란 컴퓨터를 전혀 모르는 사람이라도 대화하듯이, 일반적인 문장의 형태로 검색어를 입력하는 방식을 말한다. 일반적인 키워드 검색과 달리 자연어 검색은 사용자가 질문하는 문장을 분석하여 질문의 의미 파악을 통해 정보를 찾기 때문에 훨씬 더 간편하고 정확도 높은 답을 찾을 수 있다. 단순한 키워드 검색의 경우 중복 검색이 되거나 필요 없는 정보가 더 많아서 여러 차례 해당하는 정보를 찾기 위해 불편을 감수해야 하지만, 자연어 검색은 질문의 의미에 적합한 답만을 찾아주기 때문에 더 효율적이다.
② 주제별 검색 방식 : 인터넷상에 존재하는 웹 문서들을 주제별, 계층별로 정리하여 데이터베이스를 구축한 후 이용하는 방식이다. 사용자는 단지 자신이 원하는 정보를 찾을 때까지 상위의 주제부터 하위의 주제까지 분류되어 있는 내용을 선택하여 검색하면 원하는 정보를 발견하게 된다.
③ 통합형 검색 방식 : 통합형 검색 방식의 검색은 키워드 검색 방식과 매우 유사하다. 그러나 통합형 검색 방식은 키워드 검색 방식과 같이 검색 엔진 자신만의 데이터베이스를 구축하여 관리하는 방식이 아니라, 사용자가 입력하는 검색어들이 연계된 다른 검색 엔진에게 보내고, 이를 통하여 얻어진 검색 결과를 사용자에게 보여주는 방식을 사용한다.
④ 키워드 검색 방식 : 키워드 검색 방식은 찾고자 하는 정보와 관련된 핵심적인 언어인 키워드를 직접 입력하여 이를 검색 엔진에 보내어 검색 엔진이 키워드와 관련된 정보를 찾는 방식이다. 사용자 입장에서는 키워드만을 입력하여 정보 검색을 간단히 할 수 있는 장점이 있는 반면에, 키워드가 불명확하게 입력된 경우에는 검색 결과가 너무 많아 효율적인 검색이 어려울 수 있는 단점이 있다.

4 다양한 정보 중 어떤 것들은 입수한 그 자리에서 판단해 처리하고 미련 없이 버리는 것이 바람직한 '동적정보' 형태인 것들이 있다. 다음 중 이러한 동적정보에 속하지 않는 것은?

① 각국의 해외여행 시 지참해야 할 물품을 기록해 둔 목록표

② 비행 전, 목적지의 기상 상태를 확인하기 위해 알아 본 인터넷 정보

③ 신문에서 확인한 해외 특정 국가의 질병 감염 가능성이 담긴 여행 자제 권고 소식

④ 입국장 검색 절차가 한층 복잡해졌음을 알리는 뉴스 기사

> ✔해설 각국의 해외여행 시 지참해야 할 물품이 기록된 자료는 향후에도 유용하게 쓸 수 있는 정보이므로 바로 버려도 되는 동적정보로 볼 수 없다. 나머지 선택지에 제시된 정보들은 모두 1회성이거나 단기에 그 효용이 끝나게 되므로 동적정보이다.
>
> ※ 신문이나 텔레비전의 뉴스는 상황변화에 따라 수시로 변하기 때문에 동적정보이다. 반면에 잡지나 책에 들어있는 정보는 정적정보이다. CD-ROM이나 비디오테이프 등에 수록되어 있는 영상정보도 일정한 형태로 보존되어 언제든지 동일한 상태로 재생할 수 있기 때문에 정적정보로 간주할 수 있다.

5 다음은 정보 분석 절차를 도식화한 것이다. 이를 참고할 때, 공공기관이 새롭게 제정한 정책을 시행하기 전 설문조사를 통하여 시민의 의견을 알아보는 행위가 포함되는 것은 ㈎~㈃ 중 어느 것인가?

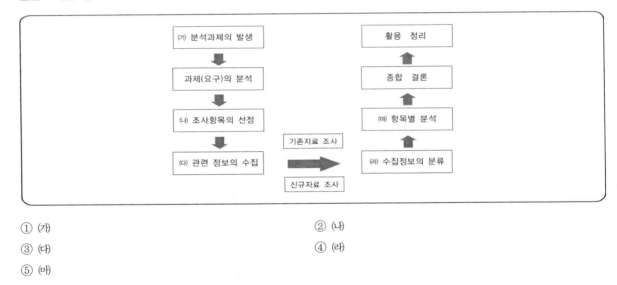

① ㈎

② ㈏

③ ㈐

④ ㈑

⑤ ㈒

> ✔해설 새로운 정책에 대하여 시민의 의견을 알아보고자 하는 것은 정책 시행 전 관련된 정보를 수집하는 단계로, 설문조사의 결과에 따라 다른 정보의 분석 내용과 함께 원하는 결론을 얻을 수 있다.

6 다음 (가)~(다)의 설명에 맞는 용어가 순서대로 올바르게 짝지어진 것은?

> (가) 유통분야에서 일반적으로 물품관리를 위해 사용된 바코드를 대체할 차세대 인식기술로 꼽히며, 판독 및 해독 기능을 하는 판독기(reader)와 정보를 제공하는 태그(tag)로 구성된다.
> (나) 컴퓨터 관련 기술이 생활 구석구석에 스며들어 있음을 뜻하는 '퍼베이시브 컴퓨팅(pervasive computing)'과 같은 개념이다.
> (다) 메신저 애플리케이션의 통화 기능 또는 별도의 데이터 통화 애플리케이션을 설치하면 통신사의 이동통신망이 아니더라도 와이파이(Wi-Fi)를 통해 단말기로 데이터 음성통화를 할 수 있으며, 이동통신망의 음성을 쓰지 않기 때문에 국외 통화 시 비용을 절감할 수 있다는 장점이 있다.

① RFID, 유비쿼터스, VoIP
② POS, 유비쿼터스, RFID
③ RFID, POS, 핫스팟
④ POS, VoIP, 핫스팟

 (가) RFID : IC칩과 무선을 통해 식품·동물·사물 등 다양한 개체의 정보를 관리할 수 있는 인식 기술을 지칭한다. '전자태그' 혹은 '스마트 태그', '전자 라벨', '무선식별' 등으로 불린다. 이를 기업의 제품에 활용할 경우 생산에서 판매에 이르는 전 과정의 정보를 초소형 칩(IC칩)에 내장시켜 이를 무선주파수로 추적할 수 있다.
(나) 유비쿼터스 : 유비쿼터스는 '언제 어디에나 존재한다.'는 뜻의 라틴어로, 사용자가 컴퓨터나 네트워크를 의식하지 않고 장소에 상관없이 자유롭게 네트워크에 접속할 수 있는 환경을 말한다.
(다) VoIP : VoIP(Voice over Internet Protocol)는 IP 주소를 사용하는 네트워크를 통해 음성을 디지털 패킷(데이터 전송의 최소 단위)으로 변환하고 전송하는 기술이다. 다른 말로 인터넷전화라고 부르며, 'IP 텔레포니' 혹은 '인터넷 텔레포니'라고도 한다.

7 국내에서 사용하는 인터넷 도메인(Domain)은 현재 2단계 도메인으로 구성되어 있다. 다음 중 도메인 종류와 해당 기관의 성격이 올바르게 연결되지 않은 것은?

① re.kr − 연구기관　　　　　　　　　② pe.kr − 개인

③ kg.kr − 유치원　　　　　　　　　　④ ed.kr − 대학

> ✔해설　대학은 Academy의 약어를 활용한 'ac.kr'을 도메인으로 사용한다. 주어진 도메인 외에도 다음과 같은 것들을 참고할 수 있다.
> ㉠ co.kr − 기업/상업기관(Commercial)
> ㉡ ne.kr − 네트워크(Network)
> ㉢ or.kr − 비영리기관(Organization)
> ㉣ go.kr − 정부기관(Government)
> ㉤ hs.kr − 고등학교(High school)
> ㉥ ms.kr − 중학교(Middle school)
> ㉦ es.kr − 초등학교(Elementary school)

8 다음 그림에서 A6 셀에 수식 '=$A$1+$A2'를 입력한 후 다시 A6 셀을 복사하여 C6와 C8에 각각 붙여넣기를 하였을 경우, (A)와 (B)에 나타나게 되는 숫자의 합은 얼마인가?

	A	B	C
1	7	2	8
2	3	3	8
3	1	5	7
4	2	5	2
5			
6			(A)
7			
8			(B)

① 10　　　　　　　　　　　　　　　　② 12

③ 14　　　　　　　　　　　　　　　　④ 19

> ✔해설　'$'는 다음에 오는 셀 기호를 고정값으로 묶어 두는 기능을 하게 된다.
> (A) : A6 셀을 복사하여 C6 셀에 붙이게 되면, 'A'셀이 고정값으로 묶여 있어 (A)에는 A6 셀과 같은 '$A$1+$A2'의 값 10이 입력된다.
> (B) : (B)에는 '$'로 묶여 있지 않은 2행의 값 대신에 4행의 값이 대응될 것이다. 따라서 '$A$1+$A4'의 값인 9가 입력된다.
> 따라서 (A)와 (B)의 합은 10+9=19가 된다.

9 길동이는 이번 달 사용한 카드 사용금액을 시기별, 항목별로 다음과 같이 정리하였다. 항목별 단가를 확인한 후 D2 셀에 함수식을 넣어 D5까지 드래그를 하여 결과값을 알아보고자 한다. 길동이가 D2 셀에 입력해야 할 함수식으로 적절한 것은 어느 것인가?

	A	B	C	D
1	시기	항목	횟수	사용금액(원)
2	1주	식비	10	
3	2주	의류구입	3	
4	3주	교통비	12	
5	4주	식비	8	
6				
7	항목	단가		
8	식비	6500		
9	의류구입	43000		
10	교통비	3500		

① =C2*HLOOKUP(B2,$A$8:$B$10,2,0)

② =B2*HLOOKUP(C2,$A$8:$B$10,2,0)

③ =B2*VLOOKUP(B2,$A$8:$B$10,2,0)

④ =C2*VLOOKUP(B2,$A$8:$B$10,2,0)

✔ 해설 VLOOKUP은 범위의 첫 열에서 찾을 값에 해당하는 데이터를 찾은 후 찾을 값이 있는 행에서 열 번호 위치에 해당하는 데이터를 구하는 함수이다. 단가를 찾아 연결하기 위해서는 열에 대하여 '항목'을 찾아 단가를 구하게 되므로 VLOOKUP 함수를 사용해야 한다.

찾을 방법은 TRUE(1) 또는 생략할 경우, 찾을 값의 아래로 근삿값, FALSE(0)이면 정확한 값을 표시한다. VLOOKUP(B2,$A$8:$B$10,2,0)은 'A8:B10' 영역의 첫 열에서 '식비'에 해당하는 데이터를 찾아 2열에 있는 단가 값인 6500을 선택하게 된다.

따라서 '=C2*VLOOKUP(B2,$A$8:$B$10,2,0)'은 10 × 6500이 되어 결과값은 65000이 되며, 이를 드래그하면, 각각 129000, 42000, 52000의 사용금액을 결과값으로 나타내게 된다.

10 다음과 같은 네 명의 카드 사용실적에 관한 자료를 토대로 한 함수식의 결과값이 동일한 것을 〈보기〉에서 모두 고른 것은 어느 것인가?

	A	B	C	D	E
1		갑	을	병	정
2	1일 카드사용 횟수	6	7	3	5
3	평균 사용금액	8,500	7,000	12,000	10,000

〈보기〉

(가) =COUNTIF(B2:E2,"◇"&E2)

(나) =COUNTIF(B2:E2,">3")

(다) =INDEX(A1:E3,2,4)

(라) =TRUNC(SQRT(C2),2)

① (가), (나), (다)

② (가), (나), (라)

③ (가), (다), (라)

④ (나), (다), (라)

 (가) COUNTIF는 범위에서 해당 조건을 만족하는 셀의 개수를 구하는 함수이다. 따라서 'B2:E2' 영역에서 E2의 값인 5와 같지 않은 셀의 개수를 구하면 3이 된다.

(나) 'B2:E2' 영역에서 3을 초과하는 셀의 개수를 구하면 3이 된다.

(다) INDEX는 표나 범위에서 지정된 행 번호와 열 번호에 해당하는 데이터를 구하는 함수이다. 따라서 'A1:E3' 영역에서 2행 4열에 있는 데이터를 구하면 3이 된다.

(라) TRUNC는 지정한 자릿수 미만을 버리는 함수이며, SQRT(인수)는 인수의 양의 제곱근을 구하는 함수이다. 따라서 'C2' 셀의 값 7의 제곱근을 구하면 2.645751이 되고, 2.645751에서 소수점 2자리만 남기고 나머지는 버리게 되어 결과값은 2.64가 된다.

따라서 (가), (나), (다)는 모두 3의 결과값을 갖는 것을 알 수 있다.

11 다음 중 '자료', '정보', '지식'의 관계에 대한 설명으로 옳지 않은 것은?

① 객관적 실제의 반영이며, 그것을 전달할 수 있도록 기호화한 것을 자료라고 한다.

② 특정 상황에서 그 가치가 평가된 데이터를 정보와 지식이라고 말한다.

③ 데이터를 집적하고 체계화하여 장래의 일반적인 사항에 대비해 보편성을 갖도록 한 것을 지식이라고 한다.

④ 업무 활동을 통해 알게 된 세부 데이터를 컴퓨터로 일목요연하게 정리해 둔 것을 지식이라고 볼 수 있다.

✔️**해설** '지식'이란 '어떤 특정의 목적을 달성하기 위해 과학적 또는 이론적으로 추상화되거나 정립되어 있는 일반화된 '정보'를 뜻하는 것으로, 어떤 대상에 대하여 원리적·통일적으로 조직되어 객관적 타당성을 요구할 수 있는 판단의 체계를 제시한다.
④ 가치가 포함되어 있지 않은 단순한 데이터베이스라고 볼 수 있다.

12 다음 중 필요한 정보를 효과적으로 수집하기 위하여 가져야 하는 정보 인식 태도에 대한 설명으로 적절하지 않은 것은?

① 중요한 정보를 수집하기 위해서는 우선적으로 신뢰관계가 전제가 되어야 한다.

② 정보는 빨리 취득하는 것보다 항상 정보의 질과 내용을 우선시하여야 한다.

③ 단순한 인포메이션을 수집할 것이 아니라 직접적으로 도움을 줄 수 있는 인텔리전스를 수집할 필요가 있다.

④ 수집된 정보를 효과적으로 분류하여 관리할 수 있는 저장 툴을 만들어 두어야 한다.

✔️**해설** 변화가 심한 시대에는 정보를 빨리 잡는다는 것도 상당히 중요한 포인트가 된다. 때로는 질이나 내용보다는 정보를 남보다 빠르게 잡는 것만으로도 앞설 수 있다. 더군다나 격동의 시대에는 빠른 정보수집이 결정적인 효과를 가져 올 가능성이 클 것이다.

13 다음 글에서 알 수 있는 '정보'의 특징으로 적절하지 않은 것은?

> 천연가스 도매요금이 인상될 것이라는 전망과 그 예측에 관한 정보는 가스사업자에게나 유용한 것이지 일반 대중에게 직접적인 영향을 주는 정보는 아니다. 관련된 일을 하거나 특별한 이유가 있어서 찾아보는 경우를 제외하면 이러한 정보에 관심을 갖게 되는 사람들이 있을까?

① 우리가 필요로 하는 정보의 가치는 여러 가지 상황에 따라서 아주 달라질 수 있다.
② 정보의 가치는 우리의 요구, 사용 목적, 그것이 활용되는 시기와 장소에 따라서 다르게 평가된다.
③ 정보는 비공개 정보보다는 반공개 정보가, 반공개 정보보다는 공개 정보가 더 큰 가치를 가질 수 있다.
④ 원하는 때에 제공되지 못하는 정보는 정보로서의 가치가 없어지게 될 것이다.

✔해설 적시성과 독점성은 정보의 핵심적인 특성이다. 따라서 정보는 우리가 원하는 시간에 제공되어야 하며, 원하는 시간에 제공되지 못하는 정보는 정보로서의 가치가 없어지게 될 것이다. 또한 정보는 아무리 중요한 내용이라도 공개가 되고 나면 그 가치가 급격하게 떨어지는 것이 보통이다. 따라서 정보는 공개 정보보다는 반공개 정보가, 반공개 정보보다는 비공개 정보가 더 큰 가치를 가질 수 있다. 그러나 비공개 정보는 정보의 활용이라는 면에서 경제성이 떨어지고, 공개 정보는 경쟁성이 떨어지게 된다. 따라서 정보는 공개 정보와 비공개 정보를 적절히 구성함으로써 경제성과 경쟁성을 동시에 추구해야 한다.

14 사이버 공간은 다양한 연령층의 사람들이 익명성을 보장받은 상태에서 상호 교류를 가질 수 있는 곳이다. 다음 중 이러한 사이버 공간에서의 예절에 대한 설명으로 적절하지 않은 것은?

① 이모티콘을 윗사람에게 보내는 것은 예의에 어긋나는 행위이다.
② 대화방에 새로 들어가게 되면 그간의 대화 내용을 파악하려고 노력한 후 대화에 참여한다.
③ 게시판에 글을 게재할 경우에는 글을 쓰기 전에 이미 같은 내용의 글이 없는지 확인한다.
④ 공개 자료실에 여러 개의 파일을 올릴 때에는 가급적 압축을 한 후 올리도록 한다.

✔해설 ① 이모티콘은 경우에 따라서 완곡하고 애교 섞인 표현의 역할을 할 수도 있으므로 무조건 예의에 어긋나는 행위로 볼 수는 없다.
② 다수의 대화자들에 대한 기본 예의이다.
③ 같은 내용의 글을 재차 확인해야 하는 독자들의 입장을 고려해야 한다.
④ 용량이 큰 여러 개의 파일을 아무렇게나 올리는 것은 자료실 관리 및 사용자의 편의 측면에서도 바람직한 행위로 볼 수 없다.

15 다음 중 '유틸리티 프로그램'으로 볼 수 없는 것은?

① 고객 관리 프로그램　　　　　　② 화면 캡쳐 프로그램

③ 이미지 뷰어 프로그램　　　　　　④ 동영상 재생 프로그램

> **✔해설** 사용자가 컴퓨터를 좀 더 쉽게 사용할 수 있도록 도와주는 소프트웨어(프로그램)를 '유틸리티 프로그램'이라고 하고 통상 줄여서 '유틸리티'라고 한다. 유틸리티 프로그램은 본격적인 응용 소프트웨어라고 하기에는 크기가 작고 기능이 단순하다는 특징을 가지고 있으며, 사용자가 컴퓨터를 사용하면서 처리하게 되는 여러 가지 작업을 의미한다.
> ① 고객 관리 프로그램, 자원관리 프로그램 등은 대표적인 응용 소프트웨어에 속한다.

16 다음은 Window 보조프로그램인 그림판과 메모장에 대한 기능을 설명하는 표이다. 다음 표의 밑줄 친 부분의 설명 중 옳지 않은 것은?

그림판	메모장
• 그림판은 간단한 그림을 그리거나 편집하기 위해 사용하는 프로그램이다. • 그림판으로 작성된 파일의 형식은 ㉠PNG, JPG, BMP, GIF 등으로 저장할 수 있다. • 원 또는 직사각형을 표현할 수 있으며, ㉡정원이나 정사각 형태의 도형 그리기는 지원되지 않는다. • 그림판에서 그림을 그린 다음 다른 문서에 붙여 넣거나 바탕 화면 배경으로 사용할 수 있다. • '색 채우기' 도구는 연필이나 브러시, 도형 등으로 그린 그림에 채우기가 가능하다. 단, 선택한 영역에 대해서는 불가능하다. • ㉢그림의 크기와 대칭, 회전 등의 작업이 가능하다.	• 간단한 문서 또는 웹 페이지를 만들 때 사용할 수 있는 기본 텍스트 편집기이다. • 메모장으로 작성된 파일을 ㉡ANSI, 유니코드, UTF-8 등의 인코딩 형식으로 저장할 수 있다. • 자동 줄 바꿈, 찾기, 시간/날짜 삽입 등의 기능을 제공한다. • 문서 전체에 대하여 글꼴 서식(글꼴 종류, 크기, 속성 등)을 지정할 수 있다. 문서 일부분에 별도 지정은 불가능하다. • 특정 문자나 단어를 찾아서 바꾸기를 할 수 있다. • 텍스트를 잘라내기, 복사하기, 붙여넣기 또는 삭제를 할 수 있다. • 메모장에서는 그림이나 차트 등과 같은 OLE 개체 삽입이 불가능하다.

① ㉠　　　　　　　　　　　　② ㉡

③ ㉢　　　　　　　　　　　　④ ㉣

> **✔해설** ㉢ 그림판에서는 정원 또는 정사각형을 그리기를 지원한다. 정원이나 정사각형을 그리려면 타원이나 직사각형을 선택한 후에 'shift' 키를 누른 상태로 그리기를 하면 된다.

Answer　13.③　14.①　15.①　16.③

17 소프트웨어는 사용권(저작권)에 따라 분류될 수 있다. 다음 중 이에 따라 분류된 소프트웨어의 특징에 대한 설명으로 옳지 않은 것은?

① Shareware – 배너 광고를 보는 대가로 무료로 사용하는 소프트웨어

② Freeware – 무료 사용 및 배포, 기간 및 기능에 제한이 없는 누구나 사용할 수 있는 소프트웨어

③ 베타(Beta) 버전 – 정식 버전이 출시되기 전에 프로그램에 대한 일반인의 평가를 받기 위해 제작된 소프트웨어

④ 상용 소프트웨어 – 사용 기간의 제한 없이 무료 사용과 배포가 가능한 프로그램

> ✔해설 ④ 상용 소프트웨어는 정해진 금액을 지불하고 정식으로 사용하는 프로그램이다. 한편, 사용 기간의 제한 없이 무료 사용과 배포가 가능한 프로그램은 공개 소프트웨어라고 한다.

18 다음 중 네트워크 관련 장비의 이름과 해당 설명이 올바르게 연결되지 않은 것은?

① 게이트웨이(Gateway)란 주로 LAN에서 다른 네트워크에 데이터를 보내거나 다른 네트워크로부터 데이터를 받아들이는 데 사용되는 장치를 말한다.

② 허브(Hub)는 네트워크를 구성할 때 각 회선을 통합적으로 관리하여 한꺼번에 여러 대의 컴퓨터를 연결하는 장치를 말한다.

③ 리피터(Repeater)는 네트워크 계층의 연동 장치로, 최적 경로 설정에 이용되는 장치이다.

④ 스위칭 허브(Switching Hub)는 근거리통신망 구축 시 단말기의 집선 장치로 이용하는 스위칭 기능을 가진 통신 장비로, 통신 효율을 향상시킨 허브로 볼 수 있다.

> ✔해설 ③ 리피터(Repeater)는 장거리 전송을 위하여 전송 신호를 재생시키거나 출력 전압을 높여주는 장치를 말하며 디지털 데이터의 감쇠 현상을 방지하기 위해 사용된다. 네트워크 계층의 연동 장치로서 최적 경로 설정에 이용되는 장치는 라우터(Router)이다.

19 다음 중 컴퓨터에서 사용되는 자료의 물리적 단위가 큰 것부터 순서대로 올바르게 나열된 것은?

① Word − Byte − Nibble − Bit

② Byte − Word − Nibble − Bit

③ Word − Byte − Bit − Nibble

④ Word − Nibble − Byte − Bit

> 데이터의 구성단위는 큰 단위부터 Database → File → Record → Field → Word → Byte(8Bit) → Nibble(4Bit) → Bit의 순이다. Bit는 자료를 나타내는 최소의 단위이며, Byte는 문자 표현의 최소 단위로 1Byte = 8Bit이다.

20 다음 (가)~(마) 중 '인쇄 미리 보기'와 출력에 대한 옳지 않은 설명을 모두 고른 것은?

> (가) '인쇄 미리 보기'를 실행한 상태에서 '페이지 설정'을 클릭하여 '여백' 탭에서 여백을 조절할 수 있다.
> (나) '인쇄 미리 보기' 창에서 셀 너비를 조절할 수 있으나 워크시트에는 변경된 너비가 적용되지 않는다.
> (다) 엑셀에서 그림을 시트 배경으로 사용하면 화면에 표시된 형태로 시트 배경이 인쇄된다.
> (라) 차트를 선택하고 '인쇄 미리 보기'를 하면 차트만 보여 준다.
> (마) 차트를 클릭한 후 'Office 단추' − '인쇄'를 선택하면 '인쇄' 대화 상자의 인쇄 대상이 '선택한 차트'로 지정된다.

① (가), (나), (라)

② (나), (라), (마)

③ (나), (마)

④ (나), (다)

> (나) '인쇄 미리 보기' 창에서 열 너비를 조정한 경우 미리 보기를 해제하면 워크시트에 조정된 너비가 적용되어 나타난다. (X)
> (다) 워크시트에서 그림을 인쇄 배경으로 사용하려면 '삽입' − '머리글/바닥글' − 디자인 탭이 생성되면 '머리글/바닥글 요소' 그룹의 '그림' 아이콘 − 시트배경 대화 상자에서 그림을 선택하고 '삽입'의 과정을 거쳐야 한다. (X)

▌21~22 ▌ 다음 H상사의 물류 창고별 책임자와 각 창고 내 재고 물품의 코드 목록을 보고 이어지는 질문에 답하시오.

책임자	코드번호	책임자	코드번호
정 대리	24082D0200400135	강 대리	24056N0401100030
오 사원	25083F0200901009	윤 대리	24046O0300900045
권 사원	24093F0200600100	양 사원	24053G0401201182
민 대리	25107P0300700085	박 사원	25076N0200700030
최 대리	25114H0601501250	변 대리	25107Q0501300045
엄 사원	25091C0200500835	이 사원	24091B0100200770
홍 사원	24035L0601701005	장 사원	25081B0100101012

〈예시〉

2024년 8월에 독일 액손 사에서 생산된 검정색 원단의 500번째 입고 제품

→ 2408 - 4H - 02005 - 00500

생산 연월	생산지				물품 코드				입고품 수량
	원산지 코드		제조사 코드		분야 코드		세부 코드		
	1	미국	A	스카이	01	소품	001	폴리백	
			B	영스			002	포스터	
			C	세븐럭			003	빨강	
	2	일본	D	히토리	02	원단	004	노랑	
			E	노바라			005	검정	
〈예시〉	3	중국	F	왕청			006	초록	
			G	메이			007	외장재	
2024년 10월			H	액손	03	철제	008	내장재	00001부터
→ 2410	4	독일	I	바이스			009	프레임	다섯 자리
			J	네오			010	이음쇠	시리얼넘버
2022년			K	페이스	04	플라스틱	011	공구	부여
1월	5	영국	L	S-10			012	팻치	
→ 2201			M	마인스			013	박스	
	6	태국	N	홍챠	05	포장구	014	스트링	
			O	덕홍			015	라벨지	
	7	베트남	P	비엣퐁	06	라벨류	016	인쇄물	
			Q	응산			017	내지	

21 재고물품 중 2024년 영국 '페이스' 사에서 생산된 철제 프레임의 코드로 알맞은 것은 어느 것인가?

① 24035K0300901201
② 25025K0300800200
③ 24055K0601500085
④ 25074H0501400100

> **✔해설** ① 제조 시기는 24xx이며, 원산지와 제조사 코드는 5K, 철제 프레임은 03009가 되어야 한다. 뒤에 다섯 자리 01201은 1,201번째로 입고된 물품을 의미하므로 모든 코드가 적절하게 구성되어 있음을 알 수 있다.

22 다음 중 생산지(국가)가 동일한 물품을 보관하는 물류 창고의 책임자들로 알맞게 짝지어진 것은 어느 것인가?

① 엄 사원, 변 대리
② 정 대리, 윤 대리
③ 오 사원, 양 사원
④ 민 대리, 박 사원

> **✔해설** 생산지는 영문 알파벳 코드 바로 앞자리이므로 오 사원과 양 사원이 모두 3으로 중국에서 생산된 물품을 보관하고 있음을 확인할 수 있다.

▌23~25 ▌ 다음 자료는 J회사 창고에 있는 가전제품 코드 목록이다. 다음을 보고 물음에 답하시오.

SE－11－KOR－3A－2512	CH－08－CHA－2C－2308	SE－07－KOR－2C－2503
CO－14－IND－2A－2511	JE－28－KOR－1C－2508	TE－11－IND－2A－2411
CH－19－IND－1C－2301	SE－01－KOR－3B－2411	CH－26－KOR－1C－2307
NA－17－PHI－2B－2405	AI－12－PHI－1A－2502	NA－16－IND－1B－2311
JE－24－PHI－2C－2401	TE－02－PHI－2C－2503	SE－08－KOR－2B－2507
CO－14－PHI－3C－2508	CO－31－PHI－1A－2501	AI－22－IND－2A－2503
TE－17－CHA－1B－2501	JE－17－KOR－1C－2506	JE－18－IND－1C－2504
NA－05－CHA－3A－2411	SE－18－KOR－1A－2503	CO－20－KOR－1C－2502
AI－07－KOR－2A－2501	TE－12－IND－1A－2511	AI－19－IND－1A－2503
SE－17－KOR－1B－2502	CO－09－CHA－3C－2504	CH－28－KOR－1C－2308
TE－18－IND－1C－2510	JE－19－PHI－2B－2407	SE－16－KOR－2C－2505
CO－19－CHA－3A－2509	NA－06－KOR－2A－2401	AI－10－KOR－1A－2509

〈코드 부여 방식〉
[제품 종류]－[모델 번호]－[생산 국가]－[공장과 라인]－[제조연월]

〈예시〉
TE－13－CHA－2C－2501
2025년 1월에 중국 2공장 C라인에서 생산된 텔레비전 13번 모델

제품 종류 코드	제품 종류	생산 국가 코드	생산 국가
SE	세탁기	CHA	중국
TE	텔레비전	KOR	한국
CO	컴퓨터	IND	인도네시아
NA	냉장고	PHI	필리핀
AI	에어컨		
JE	전자레인지		
GA	가습기		
CH	청소기		

23 위의 코드 부여 방식을 참고할 때 옳지 않은 내용은?

① 창고에 있는 기기 중 세탁기는 모두 한국에서 제조된 것들이다.

② 창고에 있는 기기 중 컴퓨터는 모두 2025년에 제조된 것들이다.

③ 창고에 있는 기기 중 청소기는 있지만 가습기는 없다.

④ 창고에 있는 기기 중 2023년에 제조된 것은 청소기 뿐이다.

> ✔해설 NA−16−IND−1B−2311가 있으므로 2023년에 제조된 냉장고도 창고에 있다.

24 J회사에 다니는 Y씨는 가전제품 코드 목록을 파일로 불러와 검색을 하고자 한다. 검색의 결과로 옳지 않은 것은?

① 창고에 있는 세탁기가 몇 개인지 알기 위해 'SE'를 검색한 결과 7개임을 알았다.

② 창고에 있는 기기 중 인도네시아에서 제조된 제품이 몇 개인지 알기 위해 'IND'를 검색한 결과 10개임을 알았다.

③ 모델 번호가 19번인 제품을 알기 위해 '19'를 검색한 결과 4개임을 알았다.

④ 1공장 A라인에서 제조된 제품을 알기 위해 '1A'를 검색한 결과 6개임을 알았다.

> ✔해설 ② 인도네시아에서 제조된 제품은 9개이다.

25 2025년 4월에 한국 1공장 A라인에서 생산된 에어컨 12번 모델의 코드로 옳은 것은?

① AI − 12 − KOR − 2A − 2504

② AI − 12 − KOR − 1A −2504

③ AI − 11 − PHI − 1A − 2504

④ CH − 12 − KOR − 1A − 2504

> ✔해설 [제품 종류] − [모델 번호] − [생산 국가] − [공장과 라인] − [제조연월]
> AI(에어컨) − 12 − KOR − 1A −2504

26 G사 홍보팀에서는 다음과 같이 직원들의 수당을 지급하고자 한다. C12셀부터 D15셀까지 기재된 사항을 참고로 D열에 수식을 넣어 직책별 수당을 작성하였다. D2셀에 수식을 넣어 D10까지 드래그하여 다음과 같은 자료를 작성하였다면, D2셀에 들어가야 할 적절한 수식은 어느 것인가?

	A	B	C	D
1	사번	직책	기본급	수당
2	9610114	대리	1,720,000	450,000
3	9610070	대리	1,800,000	450,000
4	9410065	과장	2,300,000	550,000
5	9810112	사원	1,500,000	400,000
6	9410105	과장	2,450,000	550,000
7	9010043	부장	3,850,000	650,000
8	9510036	대리	1,750,000	450,000
9	9410068	과장	2,380,000	550,000
10	9810020	사원	1,500,000	400,000
11				
12			부장	650,000
13			과장	550,000
14			대리	450,000
15			사원	400,000

① =VLOOKUP(C12,$C$12:$D$15,2,1)

② =VLOOKUP(C12,$C$12:$D$15,2,0)

③ =VLOOKUP(B2,$C$12:$D$15,2,0)

④ =VLOOKUP(B2,$C$12:$D$15,2,1)

✔ **해설** D2셀에 기재되어야 할 수식은 =VLOOKUP(B2,$C$12:$D$15,2,0)이다. B2는 직책이 대리이므로 대리가 있는 셀을 입력하여야 하며, 데이터 범위인 C12:D15가 변하지 않도록 절대 주소로 지정을 해 주게 된다. 또한 대리 직책에 대한 수당이 있는 열의 위치인 2를 입력하게 되며, 마지막에 직책이 정확히 일치하는 값을 찾아야 하므로 0을 기재하게 된다.

27 다음은 '데이터 통합'을 실행하기 위한 방법을 설명하고 있다. 〈보기〉에 설명된 실행 방법 중 올바른 설명을 모두 고른 것은?

〈보기〉

㈎ 원본 데이터가 변경되면 자동으로 통합 기능을 이용해 구한 계산 결과가 변경되게 할지 여부를 선택할 수 있다.

㈏ 여러 시트에 입력되어 있는 데이터들을 하나로 통합할 수 있으나 다른 통합 문서에 입력되어 있는 데이터를 통합할 수는 없다.

㈐ 통합 기능에서는 표준편차와 분산 함수도 사용할 수 있다.

㈑ 다른 원본 영역의 레이블과 일치하지 않는 레이블이 있는 경우에도 통합 기능을 수행할 수 있다.

① ㈏, ㈐, ㈑
② ㈎, ㈏, ㈐
③ ㈎, ㈏, ㈑
④ ㈎, ㈐, ㈑

해설 ㈎ 대화 상자에서 '원본 데이터 연결'을 선택하면 제시된 바와 같은 기능을 실행할 수 있다. (○)
㈏ 통합 문서 내의 다른 워크시트뿐 아니라 다른 통합 문서에 있는 워크시트도 통합할 수 있다. (×)
㈐ 통합 기능에서 사용할 수 있는 함수로는 합계, 개수, 평균, 최댓값/최솟값, 곱, 숫자 개수, 표준편차, 분산 등이 있다. (○)
㈑ 제시된 바와 같은 경우, 별도의 행이나 열이 만들어지게 되므로 통합 기능을 수행할 수 있다. (○)

28 다음은 그래픽(이미지) 데이터의 파일 형식에 대한 설명이다. 각 항목의 설명과 파일명을 올바르게 짝지은 것은?

> ㉠ Windows에서 기본적으로 지원하는 포맷으로, 고해상도 이미지를 제공하지만 압축을 사용하지 않으므로 파일의 크기가 크다.
> ㉡ 사진과 같은 정지 영상을 표현하기 위한 국제 표준 압축 방식으로 24비트 컬러를 사용하여 트루 컬러로 이미지를 표현한다.
> ㉢ 인터넷 표준 그래픽 파일 형식으로, 256가지 색을 표현하지만 애니메이션으로도 표현할 수 있다.
> ㉣ Windows에서 사용하는 메타파일 방식으로, 비트맵과 벡터 정보를 함께 표현하고자 할 경우 적합하다.
> ㉤ 데이터의 호환성이 좋아 응용프로그램 간 데이터 교환용으로 사용하는 파일 형식이다.
> ㉥ GIF와 JPEG의 효과적인 기능들을 조합하여 만든 그래픽 파일 포맷이다.

① ㉠ – JPG(JPEG)

② ㉡ – WMF

③ ㉢ – GIF

④ ㉣ – PNG

✅ **해설** 주어진 설명에 해당하는 파일명은 다음과 같다.
  ㉠ BMP
  ㉡ JPG(JPEG) : 사용자가 압축률을 지정해서 이미지를 압축하는 압축 기법을 사용할 수 있다.
  ㉢ GIF : 여러 번 압축하여도 원본과 비교해 화질의 손상이 없는 특징이 있다.
  ㉣ WMF
  ㉤ TIF(TIFF)
  ㉥ PNG

29 다음은 한글 Windows XP의 휴지통에 관한 설명이다. 올바른 설명을 모두 고른 것은?

> (개) 각 드라이브마다 휴지통의 크기를 다르게 설정하는 것이 가능하다.
> (내) 원하는 경우 휴지통에 보관된 폴더나 파일을 직접 실행할 수도 있고 복원할 수도 있다.
> (대) 지정된 휴지통의 용량을 초과하면 가장 오래 전에 삭제되어 보관된 파일부터 지워진다.
> (래) 휴지통은 지워진 파일뿐만 아니라 시간, 날짜, 파일의 경로에 대한 정보까지 저장하고 있다.

① (개), (내), (대), (래)
② (개), (내), (래)
③ (내), (대), (래)
④ (개), (대), (래)

✔해설 (내) 휴지통 내에 보관된 파일은 직접 사용할 수 없으며, 원래의 저장 위치로 복원한 다음 원래의 위치에서 실행이 가능하다.

30 다음 시트의 [D10]셀에서 =DCOUNT(A2:F7,4,A9:B10)을 입력했을 때 결과 값으로 옳은 것은?

	A	B	C	D	E	F
1	4차 산업혁명 주요 테마별 사업체당 종사자 수					
2		2015	2016	2017	2018	2019
3	자율주행	24.2	21.2	21.9	20.6	20
4	인공지능	22.6	17	19.2	18.7	18.7
5	빅데이터	21.8	17.5	18.9	17.8	18
6	드론	43.8	37.2	40.5	39.6	39.7
7	3D프린팅	25	18.6	21.8	22.7	22.6
8						
9	2015	2019				
10	<25	>19				

① 0
② 1
③ 2
④ 3

✔해설 DCOUNT는 조건을 만족하는 개수를 구하는 함수로, [A2:F7]영역에서 '2015'(2015년도 종사자 수)가 25보다 작고 '2019'(2019년도 종사자 수)가 19보다 큰 레코드의 수는 1이 된다. 조건 영역은 [A9:B10]이 되며, 조건이 같은 행에 입력되어 있으므로 AND 조건이 된다.

1 윤리와 직업

(1) 윤리의 의미

① 윤리적 인간 … 공동의 이익을 추구하고 도덕적 가치 신념을 기반으로 형성된다.

② 윤리규범의 형성 … 공동생활과 협력을 필요로 하는 인간생활에서 형성되는 공동행동의 룰을 기반으로 형성된다.

③ 윤리의 의미 … 인간과 인간 사이에서 지켜야 할 도리를 바르게 하는 것으로 인간 사회에 필요한 올바른 질서라고 할 수 있다.

예제 1

① 윤리는 인간과 인간 사이에서 지켜져야 할 도리를 바르게 하는 것으로 볼 수 있다.

② 동양적 사고에서 윤리는 인륜과 동일한 의미이며, 엄격한 규율이나 규범의 의미가 배어 있다.

③ 인간은 윤리를 존중하며 살아야 사회가 질서와 평화를 얻게 되고, 모든 사람이 안심하고 개인적 행복을 얻게 된다.

④ 윤리는 세상에 두 사람 이상이 있으면 존재하며, 반대로 혼자 있을 때도 지켜져야 한다.

출제의도

윤리의 의미와 윤리적 인간, 윤리규범의 형성 등에 대한 기본적인 이해를 평가는 문제이다.

해 설

윤리는 인간과 인간 사이에서 지켜져야 할 도리를 바르게 하는 것으로서 이 세상에 두 사람 이상이 있으면 존재하고 반대로 혼자 있을 때에는 의미가 없는 말이 되기도 한다.

답 ④

(2) 직업의 의미

① 직업은 본인의 자발적 의사에 의한 장기적으로 지속하는 일로, 경제적 보상이 따라야 한다.

② **입신출세론** … 입신양명(立身揚名)이 입신출세(立身出世)로 바뀌면서 현대에 와서는 직업 활동의 결과를 출세에 비중을 두는 경향이 짙어졌다.

③ **3D 기피현상** … 힘들고(Difficult), 더럽고(Dirty), 위험한(Dangerous) 일은 하지 않으려고 하는 현상

(3) 직업윤리

① 직업윤리란 직업인이라면 반드시 지켜야 할 공통적인 윤리규범으로 어느 직장에 다니느냐를 구분하지 않는다.

② 직업윤리와 개인윤리의 조화

    ㉠ 업무상 행해지는 개인의 판단과 행동이 사회적 파급력이 큰 기업시스템을 통하여 다수의 이해관계자와 관련된다.

    ㉡ 많은 사람의 고도화 된 협력을 요구하므로 맡은 역할에 대한 책임완수와 투명한 일 처리가 필요하다.

    ㉢ 규모가 큰 공동 재산·정보 등을 개인이 관리하므로 높은 윤리의식이 요구된다.

    ㉣ 직장이라는 특수 상황에서 갖는 집단적 인간관계는 가족관계, 친분관계와는 다른 배려가 요구된다.

    ㉤ 기업은 경쟁을 통하여 사회적 책임을 다하고, 보다 강한 경쟁력을 키우기 위하여 조직원인의 역할과 능력을 꾸준히 향상시켜야 한다.

    ㉥ 직무에 따른 특수한 상황에서는 개인 차원의 일반 상식과 기준으로는 규제할 수 없는 경우가 많다.

예제 2

① 개인윤리를 바탕으로 각자가 직업에 종사하는 과정에서 요구되는 특수한 윤리규범이다.

② 직업에 종사하는 현대인으로서 누구나 공통적으로 지켜야 할 윤리기준을 직업윤리라 한다.

③ 개인윤리의 기본 덕목인 사랑, 자비 등과 공동발전의 추구, 장기적 상호이익 등의 기본은 직업윤리도 동일하다.

④ 직업을 가진 사람이라면 반드시 지켜야 할 윤리규범이며, 중소기업 이상의 직장에 다니느냐에 따라 구분된다.

출제의도

직업윤리의 정의와 내용에 대한 올바른 이해를 요구하는 문제이다.

해 설

직업윤리란 직업을 가진 사람이라면 반드시 지켜야 할 공통적인 윤리규범을 말하는 것으로 어느 직장에 다니느냐를 구분하지 않는다.

답 ④

직업윤리를 구성하는 하위능력

(1) 근로윤리

① 근면한 태도

　⊙ 근면이란 게으르지 않고 부지런한 것으로 근면하기 위해서는 일에 임할 때 적극적이고 능동적인 자세가
　　 필요하다.

　ⓒ 근면의 종류
　　 • 외부로부터 강요당한 근면
　　 • 스스로 자진해서 하는 근면

② 정직한 행동

　⊙ 정직은 신뢰를 형성하고 유지하는 데 기본적이고 필수적인 규범이다.

　ⓒ 정직과 신용을 구축하기 위한 지침
　　 • 정직과 신뢰의 자산을 매일 조금씩 쌓아가자.
　　 • 잘못된 것도 정직하게 밝히자.
　　 • 타협하거나 부정직을 눈감아 주지 말자.
　　 • 부정직한 관행은 인정하지 말자.

③ **성실한 자세** … 성실은 일관하는 마음과 정성의 덕으로 자신의 일에 최선을 다하고자 하는 마음자세를 가지
　 고 업무에 임하는 것이다.

예제 3

① 정직과 신뢰의 자산을 매일 조금씩 쌓아가도록 한다.
② 잘못된 것도 정직하게 밝혀야 한다.
③ 작은 실수는 눈감아 주고 때론 타협을 하여야 한다.
④ 부정직한 관행은 인정하지 말아야 한다.

출제의도

근로윤리 중에서도 정직한 행동과 성실한
자세에 대해 올바르게 이해하고 있는지
평가하는 문제이다.

해 설

타협하거나 부정직한 일에 대해서는 눈감
아주지 말아야 한다.

답 ③

(2) 공동체윤리

① 봉사(서비스)의 의미

    ㉠ 직업인에게 봉사란 자신보다 고객의 가치를 최우선으로 하는 서비스 개념이다.

    ㉡ SERVICE의 7가지 의미
- S(Smile & Speed) : 서비스는 미소와 함께 신속하게 하는 것
- E(Emotion) : 서비스는 감동을 주는 것
- R(Respect) : 서비스는 고객을 존중하는 것
- V(Value) : 서비스는 고객에게 가치를 제공하는 것
- I(Image) : 서비스는 고객에게 좋은 이미지를 심어 주는 것
- C(Courtesy) : 서비스는 예의를 갖추고 정중하게 하는 것
- E(Excellence) : 서비스는 고객에게 탁월하게 제공되어져야 하는 것

    ㉢ **고객접점서비스** : 고객과 서비스 요원 사이에서 15초 동안의 짧은 순간에 이루어지는 서비스로, 이 순간을 진실의 순간(MOT ; Moment of Truth) 또는 결정적 순간이라고 한다.

② **책임의 의미** … 책임은 모든 결과는 나의 선택으로 인한 결과임을 인식하는 태도로, 상황을 회피하지 않고 맞닥뜨려 해결하는 자세가 필요하다.

③ **준법의 의미** … 준법은 민주 시민으로서 기본적으로 지켜야 하는 의무이며 생활 자세이다.

④ **예절의 의미** … 예절은 일정한 생활문화권에서 오랜 생활습관을 통해 하나의 공통된 생활방법으로 정립되어 관습적으로 행해지는 사회계약적 생활규범으로, 언어문화권에 따라 다르고 같은 언어문화권이라도 지방에 따라 다를 수 있다.

⑤ **직장에서의 예절**

    ㉠ **직장에서의 인사예절**
- 악수
  - 악수를 하는 동안에는 상대에게 집중하는 의미로 반드시 눈을 맞추고 미소를 짓는다.
  - 악수를 할 때는 오른손을 사용하고, 너무 강하게 쥐어짜듯이 잡지 않는다.
  - 악수는 힘 있게 해야 하지만 상대의 뼈를 부수듯이 손을 잡지 말아야 한다.
  - 악수는 서로의 이름을 말하고 간단한 인사 몇 마디를 주고받는 정도의 시간 안에 끝내야 한다.
- 소개
  - 나이 어린 사람을 연장자에게 소개한다.
  - 내가 속해 있는 회사의 관계자를 타 회사의 관계자에게 소개한다.
  - 신참자를 고참자에게 소개한다.
  - 동료임원을 고객, 손님에게 소개한다.
  - 비임원을 임원에게 소개한다.
  - 소개받는 사람의 별칭은 그 이름이 비즈니스에서 사용되는 것이 아니라면 사용하지 않는다.

–반드시 성과 이름을 함께 말한다.

–상대방이 항상 사용하는 경우라면, Dr. 또는 Ph.D. 등의 칭호를 함께 언급한다.

–정부 고관의 직급명은 퇴직한 경우라도 항상 사용한다.

–천천히 그리고 명확하게 말한다.

–각각의 관심사와 최근의 성과에 대하여 간단한 언급을 한다.

• 명함 교환

–명함은 반드시 명함 지갑에서 꺼내고 상대방에게 받은 명함도 명함 지갑에 넣는다.

–상대방에게서 명함을 받으면 받은 즉시 호주머니에 넣지 않는다.

–명함은 하위에 있는 사람이 먼저 꺼내는데 상위자에 대해서는 왼손으로 가볍게 받쳐 내는 것이 예의이며, 동위자, 하위자에게는 오른손으로만 쥐고 건넨다.

–명함을 받으면 그대로 집어넣지 말고 명함에 관해서 한두 마디 대화를 건네 본다.

–쌍방이 동시에 명함을 꺼낼 때는 왼손으로 서로 교환하고 오른손으로 옮겨진다.

ⓒ 직장에서의 전화예절

• 전화걸기

–전화를 걸기 전에 먼저 준비를 한다. 정보를 얻기 위해 전화를 하는 경우라면 얻고자 하는 내용을 미리 메모하도록 한다.

–전화를 건 이유를 숙지하고 이와 관련하여 대화를 나눌 수 있도록 준비한다.

–전화는 정상적인 업무가 이루어지고 있는 근무 시간에 걸도록 한다.

–당신이 통화를 원하는 상대와 통화할 수 없을 경우에 대비하여 비서나 다른 사람에게 메시지를 남길 수 있도록 준비한다.

–전화는 직접 걸도록 한다.

–전화를 해달라는 메시지를 받았다면 가능한 한 48시간 안에 답해주도록 한다.

• 전화받기

–전화벨이 3~4번 울리기 전에 받는다.

–당신이 누구인지를 즉시 말한다.

–천천히, 명확하게 예의를 갖추고 말한다.

–밝은 목소리로 말한다.

–말을 할 때 상대방의 이름을 함께 사용한다.

–메시지를 받아 적을 수 있도록 펜과 메모지를 곁에 둔다.

–주위의 소음을 최소화한다.

–긍정적인 말로서 전화 통화를 마치고 전화를 건 상대방에게 감사를 표시한다.

• 휴대전화

–당신이 어디에서 휴대전화로 전화를 하든지 간에 상대방에게 통화를 강요하지 않는다.

–상대방이 장거리 요금을 지불하게 되는 휴대전화의 사용은 피한다.

–운전하면서 휴대전화를 하지 않는다.

–친구의 휴대전화를 빌려 달라고 부탁하지 않는다.

–비상시에만 휴대전화를 사용하는 친구에게는 휴대전화로 전화하지 않는다.

ⓒ 직장에서의 E-mail 예절

• E-mail 보내기

–상단에 보내는 사람의 이름을 적는다.

–메시지에는 언제나 제목을 넣도록 한다.

–메시지는 간략하게 만든다.

–요점을 빗나가지 않는 제목을 잡도록 한다.

–올바른 철자와 문법을 사용한다.

• E-mail 답하기

–원래 이-메일의 내용과 관련된 일관성 있는 답을 하도록 한다.

–다른 비즈니스 서신에서와 마찬가지로 화가 난 감정의 표현을 보내는 것은 피한다.

–답장이 어디로, 누구에게로 보내는지 주의한다.

⑥ **성예절을 지키기 위한 자세** … 직장에서 여성의 특징을 살린 한정된 업무를 담당하던 과거와는 달리 여성과 남성이 대등한 동반자 관계로 동등한 역할과 능력발휘를 한다는 인식을 가질 필요가 있다.

    ㉠ 직장 내에서 여성이 남성과 동등한 지위를 보장 받기 위해서 그만한 책임과 역할을 다해야 하며, 조직은 그에 상응하는 여건을 조성해야 한다.

    ㉡ 성희롱 문제를 사전에 예방하고 효과적으로 처리하는 방안이 필요한 것이다.

    ㉢ 남성 위주의 가부장적 문화와 성 역할에 대한 과거의 잘못된 인식을 타파하고 남녀공존의 직장문화를 정착하는 노력이 필요하다.

예제 4

① 예절은 일정한 생활문화권에서 오랜 생활습관을 통해 하나의 공통된 생활방식으로 정립되어 관습적으로 행해지는 사회계약적인 생활규범이라 할 수 있다.

② 예절은 언어문화권에 따라 다르나 동일한 언어문화권일 경우에는 모두 동일하다.

③ 무리를 지어 하나의 문화를 형성하여 사는 일정한 지역을 생활문화권이라 하며, 이 문화권에 사는 사람들이 가장 편리하고 바람직한 방법이라고 여겨 그렇게 행하는 생활방법이 예절이다.

④ 예절은 한 나라에서 통일되어야 국민들이 생활하기가 수월하며, 올바른 예절을 지키는 것이 바른 삶을 사는 것이라 할 수 있다.

출제의도

공동체윤리에 속하는 여러 항목 중 예절의 의미와 특성에 대한 이해능력을 평가하는 문제이다.

해 설

예절은 언어문화권에 따라 다르고, 동일한 언어문화권이라도 지방에 따라 다를 수 있다. 예를 들면 우리나라의 경우 서울과 지방에 따라 예절이 조금씩 다르다.

답 ②

1 다음 두 가지 근면의 사례를 구분하는 가장 중요한 요소로 적절한 것은?

> (가) 연일 계속되는 야근과 휴일 근무로 인해 육체의 수고와 정신적 스트레스는 물론 가정의 화목까지 위협 받지만 온 힘을 다하여 새벽부터 출근길에 오르는 수많은 직장인들
>
> (나) 부유한 집안에서 태어나 젊은 나이에도 학업과 직장 생활을 뒤로 하고 방탕한 생활을 하다가, 40대 후 반이 되어서야 만학의 꿈을 갖고 스스로 불철주야 도서관에서 학문에 정진하는 중년

① 근면의 방법   ② 보수의 유무

③ 근면의 동기   ④ 근면의 사회성

> ✔ **해설** (가)은 외부로부터 강요당한 근면, (나)는 스스로 자진해서 하는 근면의 모습이며 이는 '근면의 동기'로 구분될 수 있는 종 류이다. (가)과 같은 근면은 수동적, 소극적인 반면, (나)와 같은 근면은 능동적, 적극적이다.

2 다음과 같은 직업윤리의 덕목을 참고할 때, 빈칸에 공통으로 들어갈 알맞은 말은 무엇인가?

> 사회시스템은 구성원 서로가 신뢰하는 가운데 운영이 가능한 것이며, 그 신뢰를 형성하고 유지하는 데 필 요한 가장 기본적이고 필수적인 규범이 바로 (   )인 것이다.
>
> 그러나 우리 사회의 (   )은(는) 아직까지 완벽하지 못하다. 거센 역사의 소용돌이 속에서 여러 가지 부 당한 핍박을 받은 경험이 있어서 그럴 수도 있지만, 원칙보다는 집단 내의 정과 의리를 소중히 하는 문화적 정서도 그 원인이라 할 수 있다

① 성실   ② 정직

③ 인내   ④ 도전

> ✔ **해설** 이러한 정직과 신용을 구축하기 위한 4가지 지침으로 다음과 같은 것들이 있다.
>   ㉠ 정직과 신뢰의 자산을 매일 조금씩 쌓아가자.
>   ㉡ 잘못된 것도 정직하게 밝히자.
>   ㉢ 정직하지 못한 것을 눈감아 주지 말자.
>   ㉣ 부정직한 관행은 인정하지 말자.

3 다음 글의 빈칸에 공통으로 들어갈 윤리 덕목으로 적절한 것은?

> (   )이란 사전적인 의미로는 새로운 기업을 만들어 경제활동을 하는 사람들이 지니고 있는 것이라고 말할 수 있다. 즉, 경제적인 이윤을 얻기 위해 위험을 무릅쓰고 창업을 하는 사람들이 지니고 있는 가치 지향이나 태도인 것이다.
>
> 오스트리아 출신 미국 경제학자 조셉 슘페터는 새로운 가치를 창출하여 사회와 경제에 기여하려는 사람들로 정의하고, 이들이 지니고 있는 혁신적 사고와 태도를 (   )이라고 정의하였다. 그리고 그는 이것이 건강한 자본주의 경제의 핵심이라고 보았다. 경쟁적 시장경제에서는 진입 장벽이 낮아서 개인이 혁신적인 사고만 가지고도 새로운 기회를 만들어서 기업으로 발전시킨 사례가 많이 나타난다. 이러한 혁신적 사고와 도전 정신 속에서 경제는 활력이 넘치고, 시민들은 그 활력에 따른 성장의 혜택을 누리게 된다.

① 창의성　　　　　　　　　　　② 지속 가능성
③ 기업가 정신　　　　　　　　　④ 사명감

✔해설 기업가 정신의 대표적인 예로 마이크로 소프트의 빌 게이츠나 애플의 창시자 스티브 잡스와 같은 창업자들이 보여준 새로운 혁신과 도전의 정신이 있다. 기업가 정신은 경제적 이익 추구와 더불어 국민 전체의 이익을 증진시키지만, 반대로 기업가 정신이 부족한 기업이 많아지면 경제는 활력을 잃고 국민의 삶은 나아지지 않는다. 그러므로 기업가 정신은 건강한 경제와 경제성장의 핵심이라고 할 수 있다.

4 다음 글에서 엿볼 수 있는 우리나라 기업 문화의 비윤리적인 악습을 지칭하는 말로 적절한 것은?

> 근대 이전으로 거슬러 올라갈수록 사회적 강자의 약자에 대한 지배는 인신예속적 양상을 보인다. 봉건적 신분 제도가 가진 중요한 특징은 개인이 사회에서 차지하는 직분이 단순한 기능적 차원을 넘어 인신예속적 성격을 띤다는 점이다. 예를 들어 지주와 소작농의 관계는 토지 임대인-임차인의 관계를 넘어 주인-머슴의 관계와 동일시되었다. 따라서 지주는 토지 임대인으로서 가지는 법적 권리를 넘어 주인 또는 상전으로서 무한한 권리를 향유할 수 있었으며, 소작농은 토지 임차인으로서 가지는 법적 의무를 넘어 머슴이나 상놈으로서 무한한 의무를 걸머지지 않으면 안 되었다.

① 성희롱　　　　　　　　　　　② 갑질
③ 상하관계　　　　　　　　　　④ 빈익빈부익부

✔해설 최근 사회적 문제로 대두되고 있는 갑질 문제의 근원을 설명하고 있는 글이다. 갑질은 계약 권리에 있어 쌍방을 의미하는 갑을(甲乙) 관계에서 상대적으로 우위에 있는 '갑'이 우월한 신분, 지위, 직급, 위치 등을 이용하여 상대방에 오만무례하게 행동하거나 이래라저래라 하며 제멋대로 구는 행동을 말한다. 갑질의 범위에는 육체적, 정신적 폭력, 언어폭력, 괴롭히는 환경 조장 등이 해당된다.

Answer　1.③　2.②　3.③　4.②

5 다음은 「청탁금지법」에 저촉되는지 여부에 대한 'Q&A'이다. 해당 질문에 대한 답변이 적절하지 않은 것은?

① Q : 골프접대의 경우도 선물로 인정되어, 가액기준 내라면 수수가 가능한가요?

　A : 접대·향응에 해당하는 골프접대는 선물로 볼 수 없어 가액기준(5만 원) 이하라도 다른 예외사유가 없는 한 허용되지 않습니다.

② Q : 언론사 임직원이 직무관련자로부터 15만 원 상당의 선물을 받고, 지체 없이 반환하고 신고한 경우 선물 제공자는 「청탁금지법」 위반인가요?

　A : 지체 없이 반환하여 실제 수수가 이루어지지 않았다면 「청탁금지법」에 저촉되지 않습니다.

③ Q : 식사접대와 선물을 동시에 받을 수 있는지요?

　A : 그런 경우 수수한 물품의 가액을 합산하여 합산된 가액이 정해진 기준을 넘지 않아야 합니다.

④ Q : 언론사 임직원이 축의금으로 15만 원을 받은 경우 가액한도를 초과한 부분(10만 원)만 반환하면 되나요?

　A : 가액기준을 초과하는 경조사비를 수수한 경우 가액기준을 초과하는 부분만 반환하면 제재대상에서 제외됩니다.

> ✔ 해설　직무와 관련된 언론사 임직원에게 가액기준을 초과하는 선물을 제공하거나 제공의 약속 또는 의사표시를 한 경우 실제 언론사 임직원이 수수하였는지 여부와 상관없이 청탁금지법 위반이다.
> ① '선물'은 금전, 유가증권, 음식물 및 경조사비를 제외한 일체의 물품, 그 밖에 이에 준하는 것에 한정되며, 접대·향응에 해당하는 골프접대는 선물로 볼 수 없어 가액기준(5만 원) 이하라도 다른 예외사유가 없는 한 허용되지 않는다.
> ③ 사교·의례 등 목적으로 음식물과 선물을 함께 수수한 경우에는 그 가액을 합산하고 이 경우 가액 범위는 함께 받은 음식물, 선물의 가액 범위 중 가장 높은 금액으로 하되, 각각의 가액범위[음식물 3만 원 이하, 선물 5만 원 이하(농수산물, 농수산가공품은 10만 원 이하)]를 넘지 못한다.
> ④ 가액기준을 초과하는 경조사비를 수수한 경우 가액기준을 초과하는 부분만 반환하면 제재대상에서 제외되나, 제공자는 제공한 경조사비 전액을 기준으로 제재된다.

6 다음은 공무원이 준수해야 할 직업윤리의 중요성을 설명하는 글이다. 빈칸에 들어갈 가장 적절한 말은 어느 것인가?

> 공무원은 국민 전체에 대한 봉사자로서 공적업무를 수행함에 있어서 공무원 개인의 이해나 관심에 따라 직무수행에 영향을 받아서는 아니 된다. 이러한 공무원들에게는 일반 국민에게 기대되는 것보다 더욱 높은 수준의 도덕성이 요구되고 공무원에게 기대되는 바람직한 행동의 방향과 원칙에 대한 명확한 기준의 제시가 필요하며 이러한 기능을 수행하는 것이 바로 (   )(이)라 할 수 있다.
> 우리 사회에서 공무원이 수행하는 역할과 그 영향력은 어느 영역보다도 크고 중요한 것으로 국민들에게 인식되고 있다. 이로 인하여 일반 국민들은 공무원들이 가지고 있는 가치관이나 의사결정, 그리고 행동에 대하여 매우 민감하게 반응한다. 그리고 공무원의 그릇된 행동이 미치는 사회적 영향력 또한 매우 크다는 점에서 공무원의 바람직한 의식과 행동을 담보하기 위한 지침의 제정이 요구되는 것이다.

① 공무원 윤리지침
② 공무원 행동강령
③ 공무원 청렴평가
④ 직무의 공정성

> ✔해설 공무원들에게는 일반 국민들에게 기대되는 것 보다 높은 수준의 사고와 도덕성이 요구된다. 일반 국민들과 비교하여 '축소(절제)된 사생활의 원칙'이 적용되며, 이러한 원칙을 규범화한 것이 바로 「공무원 행동강령」이라고 할 수 있다.

7 다음 중 직업에 대한 설명으로 옳은 것끼리 짝지어진 것은?

> ㉠ 경제적인 보상이 있어야 한다.
> ㉡ 본인의 자발적 의사에 의한 것이어야 한다.
> ㉢ 장기적으로 계속해서 일하는 지속성이 있어야 한다.
> ㉣ 취미활동, 아르바이트, 강제노동 등도 포함된다.
> ㉤ 다른 사람들과 함께 인간관계를 쌓을 수 있는 기회가 된다.
> ㉥ 직업(職業)의 職은 사회적 역할의 분배인 직분(職分)을 의미한다.
> ㉦ 직업(職業)의 業은 일 또는 행위이다.

① ㉠, ㉡, ㉢, ㉣
② ㉠, ㉢, ㉣, ㉤
③ ㉠, ㉡, ㉤, ㉥
④ ㉠, ㉡, ㉢, ㉤, ㉥, ㉦

> ✔해설 ㉣ 취미활동, 아르바이트, 강제노동 등은 직업에 포함되지 않는다.

8 다음 중 개인윤리와 직업윤리의 조화로운 상황만을 바르게 묶은 것은?

> ㉠ 업무상 개인의 판단과 행동은 직장 내 다수의 이해관계자와 관련되게 된다.
> ㉡ 개인윤리를 기반으로 공동의 협력을 추구한다.
> ㉢ 규모가 큰 공동의 재산, 정보 등을 개인의 권한 하에 위임하는 것이다.
> ㉣ 팔은 안으로 굽는다는 속담이 있듯이, 직장 내에서도 활용된다.
> ㉤ 각 직무에서 모든 특수한 상황에서는 개인윤리와 충돌하는 경우도 있다.

① ㉠, ㉡, ㉢, ㉣
② ㉠, ㉢, ㉣, ㉤
③ ㉠, ㉡, ㉢, ㉣, ㉤
④ ㉠, ㉡, ㉢, ㉤

✔ 해설 ㉣ "팔은 안으로 굽는다는 속담이 있듯이, 직장 내에서도 활용된다."는 공과 사를 구분하지 못한 것으로 올바른 직업 윤리라고 볼 수 없다.

9 한국인이 강조하는 직업윤리가 아닌 것은?

① 성실함
② 책임감
③ 창의성
④ 복종성

✔ 해설 한국인들이 중요하게 생각하는 직업윤리 덕목
㉠ 책임감
㉡ 성실함
㉢ 정직함
㉣ 신뢰성
㉤ 창의성
㉥ 협조성
㉦ 청렴성

10 다음에서 알 수 있는 슈펭글러의 사례가 우리 사회에 발생하지 않도록 하기 위한 적절한 제도적 장치로 가장 적절하지 않은 것은?

> 2000년대 초, 독일 카셀의 폭스바겐 공장에서 근무하던 슈펭글러는 믿을 수 없는 장면을 목격했다. 폭스바겐 내에서 공금 유용과 비용 부풀리기를 이용한 착복 등이 일어나고 있었던 것이다. 슈펭글러가 확인한 바에 따르면 이는 일부 몇몇 직원의 일탈이 아니라 노조까지 연루된 부패 사건이었다. 그는 이 사실을 직속 상사와 감사담당관, 경영진에게 알렸으나, 몇 해가 지나도록 그들은 묵묵부답이었다.
>
> 2003년, 회사에 알리는 것만으로는 이를 해결할 수 없다는 걸 깨달은 슈펭글러는 주주들과 감독이사회에 편지를 보내기에 이른다. 하지만 며칠 뒤 그가 받은 답변은 슈펭글러 자신의 해고 통지였다. 부정행위로 회사의 공금이 새고 있음을 고발한 대가는 가혹했다. 슈펭글러는 긴 시간 동안 법정 투쟁 속에 힘든 싸움을 이어가야 했으며, 수년 후에야 검찰 수사를 통해 슈펭글러가 고발한 사내 부패문제가 밝혀졌다.

① 직원의 신원은 확실히 보호되고 모든 제보가 진지하게 다루어지며 제기된 문제는 적절하게 조사된다는 내용이 명확하게 명시된 정책을 운영해야 한다.
② 개인의 불평불만과도 관련될 수 있으므로 인사부 직원을 중심으로 한 '고충신고라인' 등의 제도와 연계시키는 정책을 추진하여야 한다.
③ 조직 내의 모든 관리자와 직원은 물론 외부 이해관계자까지 포함하는 포괄적인 정책이 마련되어야 한다.
④ 고발 행위는 자발적인 행동이 아니라 의무가 돼야 하고 이 의무는 정책에서 분명하게 설명되어야 한다.

✔ **해설** 기업의 내부고발에 대한 문제이다. 내부고발자는 자신의 업무에서 알게 된 조직 내 불법 행위나 위험한 활동에 우려를 제기하는 사람이다. 따라서 내부고발과 개인적인 불평불만은 구분돼야 하며 이 둘은 별도의 보고체계를 갖는 것이 중요하다. 일반적인 고충신고라인은 복리후생을 담당하는 인사부와 연결되며, 내부고발의 문제는 이보다 훨씬 중요한 사안이므로 근본적이고 독립적인 내부고발 시스템으로 다루어져야 할 문제이다.

Answer 8.④ 9.④ 10.②

11 다음 중 직장 내에서 정직성에 어긋나는 사례로 적절한 것은?

① 출퇴근 시간을 엄격히 지킨다.
② 상품이 경쟁회사에 비해 품질이 떨어지는 부분이 있어도 판매 시 언급하지 않는다.
③ 점심시간이 부족하더라도 철저히 시간을 엄수한다.
④ 어쩔 수 없이 출근 시간을 지키지 못하더라도 변명을 하지 않는다.

 상품에 대해 정확하게 진실된 정보를 주는 것이 당장의 판매 이익보다 장기적으로 제품의 신뢰를 얻는데 더 유리하다.

12 다음 중 일반적으로 시간 약속에 늦었을 때 약속한 상대에게 말할 수 있는 정직함과 관련된 가장 적절한 대답은?

① 미안합니다. 차가 막혀서 늦었습니다.
② 당신도 저번에 늦었던 적이 있으니 이번만 이해해 주십시오.
③ 휴대폰을 깜빡하고 가져오지 않아 다시 가지러 갔다가 늦게 되었습니다.
④ 사실 이번 만남은 별로 오고 싶지 않아서 늑장을 부리다 늦었습니다.

 자신의 감정을 솔직히 표현한 내용이 정직함에 가장 잘 어울린다.

13 다음에서 설명하고 있는 직업윤리의 덕목은?

> 자신의 일이 자신의 능력과 적성에 꼭 맞는다고 여기고 그 일에 열성을 가지고 성실히 임하는 태도

① 소명의식   ② 천직의식
③ 직분의식   ④ 책임의식

 ① 자신이 맡은 일은 하늘에 의해 맡겨진 일이라고 생각하는 태도
③ 자신이 하고 있는 일이 사회나 기업을 위해 중요한 역할을 하고 있다고 믿고 자신의 활동을 수행하는 태도
④ 직업에 대한 사회적 역할과 책무를 충실히 수행하고 책임을 다하는 태도

14 일반적인 직업의 의미가 아닌 것은?

① 직업은 경제적 보상을 받는 일이다.
② 직업은 계속적으로 수행하는 일이다.
③ 직업은 자기의 의사와 관계없이 해야 하는 일이다.
④ 직업은 사회적 효용이 있는 일이다.

> **✔해설** 직업의 일반적 의미
> ㉠ 직업은 경제적 보상을 받는 일이다.
> ㉡ 직업은 계속적으로 수행하는 일이다.
> ㉢ 직업은 사회적 효용이 있는 일이다.
> ㉣ 직업은 성인이 하는 일이다.
> ㉤ 직업은 자기의 의사에 따라 하는 일이다.
> ㉥ 직업은 노력이 소용되는 일이다.

15 다음 중 인사예절에 어긋한 행동은?

① 윗사람에게는 먼저 목례를 한 후 악수를 한다.
② 상대의 눈을 보며 밝은 표정을 짓는다.
③ 주머니에 손을 넣고 악수를 한다.
④ 명함을 받으면 즉시 호주머니에 넣지 않는다.

> **✔해설** 주머니에 손을 넣고 악수를 하지 않는다.

16 전화예절로 바르지 못한 것은?

① 전화벨이 3 ~ 4번 울리기 전에 받는다.
② 자신이 누구인지를 즉시 말한다.
③ 말을 할 때 상대방의 이름을 사용하지 않는다.
④ 천천히, 명확하게 예의를 갖추고 말한다.

> **✔해설** 말을 할 때는 상대방의 이름을 함께 사용한다.

Answer 11.② 12.④ 13.② 14.③ 15.③ 16.③

17 현재 우리나라에서 힘들고(Difficult), 더럽고(Dirty), 위험한(Dangerous) 일은 하지 않으려고 하는 현상으로 노동력은 풍부하지만 생산인력은 부족하다는 파행적 모습을 보여 실업자 증가와 외국인 노동자들의 불법취업이라는 새로운 사회문제를 야기시키는 현상은?

① 3D 기피현상
② 청년실업현상
③ 아노미현상
④ 님비현상

> ✔해설 힘들고, 더럽고, 위험한 일을 기피하는 현상을 3D 기피현상이라 한다.

18 다음 중 개인윤리와 직업윤리의 관계에 대한 설명이 아닌 것은?

① 직업윤리는 개인윤리를 바탕으로 각 직업에서 요구되는 특수한 윤리이다.
② 개인적인 삶보다 직업의 규모가 더 크므로 개인윤리가 직업윤리에 포함된다.
③ 모든 사람은 직업의 성격에 따라 각각 다른 직업윤리를 지닌다.
④ 개인윤리에는 폭력이 금지되어 있지만, 경찰관에게는 허용된다.

> ✔해설 일반적으로 직업윤리가 개인윤리에 포함되지만 가끔 충돌하기도 한다.

19 같은 일을 하더라도 누구는 즐겁게 하고, 누구는 억지로 하는 것은 어떠한 자세가 결여되었기 때문인가?

① 능동적이고 적극적인 자세
② 수동적인 자세
③ 우울한 자세
④ 소극적인 자세

> ✔해설 근면에는 능동적이고 적극적인 자세가 필요하다.

20 우리나라의 정직성은 어느 수준에 있는지 그 예가 잘못된 것은?

① 아직까지 융통성이라는 이유로 정해진 규칙을 잘 지키는 사람은 고지식하고 답답하다고 하는 사람들이 많이 있다.

② 아직까지 부정직한 사람이 정치인도 되고, 기업인도 되고, 성공하는 일이 비일비재하다.

③ 교통신호를 위반해도 크게 양심의 가책을 느끼지 않는다.

④ 거짓말하는 사람은 이 땅에 발도 못 부칠 정도로 가혹하게 처벌받는다.

✔ 해설 아직까지 우리 사회에서 거짓말하는 사람이 이 땅에 발을 못 부칠 정도로 가혹하게 처벌받지 않는다.

21 돈벌이에 있어서 성실한 사람과 그렇지 않은 사람에 대한 설명으로 틀린 것은?

① 현대 사회에서는 빨리 큰돈을 벌어야 한다고 성급하게 생각하기 때문에, 성실하지 않은 삶을 찾게 된다.

② 성실하게 번 돈은 유흥비 등으로 쉽게 쓰게 된다.

③ 사기나 횡령 등과 같이 성실하지 않게 번 사람들은 자칫하면 패가망신할 수도 있다.

④ 성실하게 돈을 벌어 절약하면서 얼마든지 생활을 유지할 수 있다.

✔ 해설 성실하지 않게 번 돈을 유흥비 등으로 쉽게 쓰게 된다.

22 직장 내에서 성희롱을 당한 경우 대처방법으로 옳지 않은 것은?

① 직접적으로 거부의사를 밝히고 중지할 것을 항의한다.

② 증거자료를 수거하고 공식적 처리를 준비한다.

③ 공정한 처리를 위해 개인 정보를 공개한다.

④ 가해자에 대해 납득할 정도의 조치를 취하고 결과를 피해자에게 통지한다.

✔ 해설 직장은 성 예절에 어긋나는 행동에 대해 도움을 요청받았을 시 개인 정보의 유출을 철저히 방지해야 한다.
①② 개인적 대응
④ 직장의 대응

23 직장에서의 성 예절을 지키기 위한 자세로 옳지 않은 것은?

① 여성과 남성이 대등한 동반자 관계로 동등한 역할과 능력발휘를 한다는 인식을 가진다.

② 직장에서 여성은 본인의 특징을 살린 한정된 업무를 담당하게 한다.

③ 직장 내에서 여성이 남성과 동등한 지위를 보장받기 위해서는 그만한 책임과 역할을 다해야 한다.

④ 성희롱 문제를 사전에 예방하고 효과적으로 처리하는 방안이 필요하다.

> ✔️해설 직장에서 여성의 특징을 살린 한정된 업무를 담당하던 과거와는 달리 여성과 남성이 대등한 동반자 관계로 동등한 역할과 능력발휘를 한다는 인식을 가질 필요가 있다.

24 직장에서의 소개 예절로 옳지 않은 것은?

① 나이 어린 사람을 연장자에게 소개한다.

② 신참자를 고참자에게 소개한다.

③ 반드시 성과 이름을 함께 말한다.

④ 빠르게 그리고 명확하게 말한다.

> ✔️해설 직장에서의 소개 예절
> ㉠ 나이 어린 사람을 연장자에게 소개한다.
> ㉡ 내가 속해 있는 회사의 관계자를 타 회사의 관계자에게 소개한다.
> ㉢ 신참자를 고참자에게 소개한다.
> ㉣ 동료, 임원을 고객, 손님에게 소개한다.
> ㉤ 비임원을 임원에게 소개한다.
> ㉥ 소개받는 사람의 별칭은 그 이름이 비즈니스에서 사용되는 것이 아니라면 사용하지 않는다.
> ㉦ 반드시 성과 이름을 함께 말한다.
> ㉧ 상대방이 항상 사용하는 경우라면 Dr. 또는 Ph.D. 등의 칭호를 함께 언급한다.
> ㉨ 정부 고관의 직급명은 퇴직한 경우라도 항상 사용한다.
> ㉩ 천천히 그리고 명확하게 말한다.
> ㉪ 각각의 관심사와 최근의 성과에 대하여 간단한 언급을 한다.

25 근면에 대한 설명 중 바르지 않은 것은?

① 근면한 것은 성공을 이루게 되는 기본 조건이 된다.

② 근면과 관련해서 「탈무드」에는 "이 세상에서 가장 한심한 것은 할 일이 없는 것이다"라고 하였다.

③ 근면과 관련해서 「시편」에는 "눈물을 흘리며 씨를 뿌리는 자는 기쁨으로 거두리로다"라고 노래하고 있다.

④ 근면과 게으름은 습관보다는 원래부터 타고난 성품이다.

✔해설 근면과 게으름은 타고난 성품이라기보다 생활 속에 굳혀진 습관이다.

26 근면에는 두 가지의 종류가 있다. 하나는 외부로부터 강요당한 근면이고, 다른 하나는 스스로 자진해서 하는 근면이 있다. 다음 중 외부로부터 강요당한 근면에 해당하는 것끼리 짝지어진 것은?

> ㉠ 가난했을 때 논밭이나 작업장에서 열악한 노동 조건 하에서 기계적으로 삶을 유지하기 위해 하는 일
> ㉡ 상사의 명령에 의해 잔업하는 일
> ㉢ 회사 내 진급시험을 위해 외국어를 열심히 공부하는 일
> ㉣ 세일즈맨이 자신의 성과를 높이기 위해서 노력하는 일

① ㉠, ㉡   ② ㉠, ㉢

③ ㉡, ㉢   ④ ㉢, ㉣

✔해설 외부로부터 강요당한 근면은 억지로 하는 노동과 상사에 의한 잔업이 해당된다.
자진해서 하는 근면은 일정한 목표를 성취하기 위해 노력하는 것이 해당된다.

27 다음 정직에 대한 설명 중 옳지 않은 것은?

① 사람은 혼자서는 살아갈 수 없으므로, 다른 사람과의 신뢰가 필요하다.

② 정직한 것은 성공을 이루게 되는 기본 조건이다.

③ 다른 사람이 전하는 말이나 행동이 사실과 부합된다는 신뢰가 없어도 사회생활을 하는데 별로 지장이 없다.

④ 신뢰를 형성하기 위해 필요한 규점이 정직이다.

> ✔해설 사람은 사회적 동물이므로 다른 사람들과의 관계가 매우 중요하다. 이러한 관계를 유지하기 위해서는 다른 사람이 전하는 말이나 행동이 사실과 부합된다는 신뢰가 있어야 한다.

28 성실에 대한 설명 중 옳지 않은 것은?

① "최고보다는 최선을 꿈꾸어라"라는 말은 성실의 중요성을 뜻한다.

② "천재는 1퍼센트의 영감과 99퍼센트의 노력으로 만들어진다"라는 말 역시 성실의 중요성을 뜻한다.

③ 성실이란 근면한 태도와 정직한 태도 모두와 관련이 되어 있다.

④ 성실하면 사회생활을 하는 데 있어서 바보 소리를 듣고, 실패하기 쉽다.

> ✔해설 성실하면 사회생활을 하는데 있어서 바보 소리를 드고, 실패하기 쉽다는 말은 잘못된 내용이다. 성공한 사람은 모두 성실하게 일을 한 사람들이다.

29 다음 설명에 해당하는 직업윤리의 덕목은?

> 자신의 일이 누구나 할 수 있는 것이 아니라 해당 분야의 지식을 바탕으로 가능한 것이라 믿는 태도

① 전문가의식　　　　　　　　　　② 소명의식
③ 천직의식　　　　　　　　　　　④ 직분의식

✔ 해설　직업윤리의 덕목
　　　⊙ 소명의식 : 자신이 맡은 일은 하늘에 의해 맡겨진 일이라고 생각하는 태도
　　　ⓒ 천직의식 : 자신의 일이 자신의 능력에 맞는다 여기고 열성을 가지고 성실히 임하는 태도
　　　ⓒ 직분의식 : 자신이 하고 있는 일이 사회나 기업을 위해 중요한 역할을 하고 있다고 믿는 태도
　　　ⓒ 책임의식 : 직업에 대한 사회적 역할과 책무를 충실히 수행하고 책임을 다하는 태도
　　　ⓜ 전문가의식 : 자신의 일이 누구나 할 수 있는 것이 아니라 해당 분야의 지식을 바탕으로 가능한 것이라 믿는 태도
　　　ⓗ 봉사의식 : 직업활동을 통해 다른 사람과 공동체에 대해 봉사하는 정신을 갖춘 태도

30 다음 중 직장에서의 명함교환 예절로 옳지 않은 것은?

① 상대방에게서 명함을 받으면 받은 즉시 호주머니에 넣는다.
② 명함은 하위에 있는 사람이 먼저 꺼낸다.
③ 쌍방이 동시에 명함을 꺼낼 때에는 왼손으로 서로 교환하고 오른손으로 옮겨진다.
④ 명함은 반드시 명함 지갑에서 꺼내고 상대방에게 받은 명함도 명함 지갑에 넣는다.

✔ 해설　명함교환 예절
　　　⊙ 명함은 반드시 명함 지갑에서 꺼내고 상대방에게 받은 명함도 명함 지갑에 넣는다.
　　　ⓒ 상대방에게서 명함을 받으면 받은 즉시 호주머니에 넣지 않는다.
　　　ⓒ 명함은 하위에 있는 사람이 먼저 꺼내는데 상위자에 대해서는 왼손으로 가볍게 받쳐 내는 것이 예의이며, 동위자,
　　　　 하위자에게는 오른손으로만 쥐고 건넨다.
　　　ⓒ 명함을 받으면 그대로 집어넣지 말고 명함에 관해서 한두 마디 대화를 건네 본다.
　　　ⓜ 쌍방이 동시에 명함을 꺼낼 때에는 왼손으로 서로 교환하고 오른손으로 옮겨진다.

종합직무지식평가

Chapter 01 법학

1 법의 일반

1. 법의 기초이론

(1) 법의 이념과 본질

① 법과 사회생활

- ㉠ 사회규범 : 사회성원이 지켜야 할 준칙, 당위의 법칙이며 관습, 도덕, 종교규범, 법 등이 이에 속한다.
  - 관습 : 일상생활 중에서 오랜 기간 동안 반복되면서 형성된 준칙을 의미한다.
  - 도덕 : 인간의 양심을 기본으로 하여 사회 존속을 위해 필요한 가치를 의미한다.
  - 종교규범 : 종교규율이 사회적으로 행위기준이 될 경우를 말한다.
  - 법 : 내용, 제재방식 등을 제도화한 준칙을 의미한다.
- ㉡ 사회규범으로서의 법 : 국가권력에 의하여 강제력이 뒷받침된다(강제규범).

② 법의 이념

- ㉠ 합목적성 : 법이 따라야 할 가치 또는 기준으로 국가와 사회가 처해 있는 상황과 이데올로기에 따라 달라진다.
- ㉡ 법적 안정성 : 법에 의해 보호 또는 보장되는 사회생활의 안정성을 의미하며, 법이 자주 변경되면 사회안정을 해치게 되므로 법의 제정은 신중하게 이루어져야 한다.

③ 법 이념의 상호관계

- ㉠ 법의 목적 : 합목적성과 법적 안정성을 통하여 사회정의를 실현하는 것이다.
- ㉡ 헌법 규정 : 헌법은 법 이념이 충돌하는 경우 법적 안정성 위에서 정의의 원칙인 인간의 자유와 권리가 우선하도록 함으로써 법 이념의 상호관계를 조절한다.

④ 자연법과 실정법

- ㉠ 자연법 : 실정법이 지향하는 보편적인 기준이 되는 것으로 시대와 민족, 국가와 사회를 초월하여 보편타당하게 적용될 수 있는 객관적 질서이다.

ⓒ 실정법 : 경험적 · 역사적 사실에 의해 성립되며 현실적인 제도로서 시행되고 있는 법이다.
　　　• 성문법 : 입법절차에 따라 문서형식으로 제정된 법으로 헌법, 법률, 명령 등이 있다.
　　　• 불문법 : 성문법이 아닌 법으로 관습법, 판례법, 조리 등이 있다.
　　ⓒ 관계 : 자연법은 실정법을 통해서 구체화되고, 실정법은 자연법에 근거하여야 그 타당성이 인정된다.

⑤ 법의 제정과 실현
　　㉠ 법의 제정 : 정당한 국가기관에 의하여 규정된 절차에 따라 올바르게 제정되어야 한다.
　　　• 헌법 : 법 중에서도 최고의 법으로 국민에 의해 제정된다.
　　　• 법률 : 국민의 대표기관인 국회에 의해 제정된다.
　　　• 명령 : 행정기관에 의해 제정된다.
　　　• 자치법규(조례와 규칙) : 지방자치단체의 기관에 의해 제정된다.
　　ⓒ 법의 실현 : 시간적, 장소적, 대인적으로 한정된 범위 안에서 효력이 발생하며 현실적으로 적용된다.
　　　• 시간적 : 성문법은 시행일로부터 폐지일까지 효력을 지니며, 공포한 날로부터 20일이 경과하면 효력을 지닌다.
　　　• 장소적 : 영토고권을 존중하여 나라 영역 내의 모든 사람과 사물에 평등하게 적용되나 외교관이나 치외법권자는 예외이다.
　　　• 대인적 : 대체적으로 속지주의를 원칙으로 하고 있다.
　　ⓒ 법의 해석 : 법의 의미를 명확히 밝히는 해석을 통하여 구체적인 사실에 올바로 적용, 실현된다.
　　　• 유권해석 : 국가나 국가기관에 의한 해석으로 공적 구속력을 가지며, 기관의 성격에 따라 입법 · 행정 · 사법해석으로 나뉜다.
　　　• 학리해석 : 학자들에 의한 해석으로 공적 구속력을 가지지 못하며, 문리해석과 논리해석으로 나뉜다.

(2) 법의 이념과 현실

① 법 이념의 갈등
　　㉠ 정의 : 정의라는 이름으로 세력을 과시하거나 자신의 이익만을 충족하고자 하면 각종 범죄와 부정부패가 발생하게 된다.
　　ⓒ 합목적성 : 정치의 변화에 따라 법이 바뀌게 되면 정권획득이나 집권의 연장을 위해 헌법을 개정하거나 권위주의적인 법을 제정하게 된다.
　　ⓒ 법적 안정성 : 잘못된 법을 고치지 않고 묵인하면 법의 권위가 약화되고 법 준수의지도 약화된다.

② 법치주의의 실현
　　㉠ **법치주의** : 법에 의한 지배로, 그 자체가 목적이 아니라 인간의 존엄성과 자유를 존중하고 정의를 실현하기 위한 수단이다.
　　㉡ **형식적 법치주의** : 형식적인 실정법 규정에 의한 지배이며, 통치의 합법성을 특징으로 한다.
　　㉢ **실질적 법치주의** : 법적 안정성의 유지뿐 아니라, 정의의 실천을 내용으로 하는 통치원리이다.

(3) 법의 분류

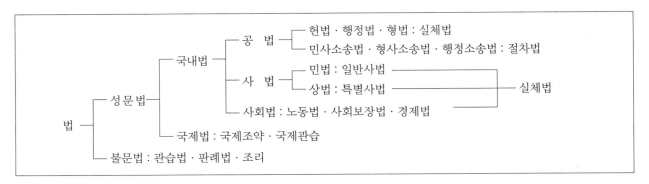

(4) 법의 효력

① 법의 시간적 효력
　　㉠ **법의 시행기간** : 성문법은 그 시행일로부터 폐지일까지 효력을 가진다.
　　㉡ **법의 효력에 관한 일반원칙**
　　　• **법률불소급의 원칙** : 법은 효력 발생 이전의 사안에 대해서는 과거로 거슬러 올라가 적용되지 않는다(법률 생활의 안정, 기득권의 보장).
　　　• **신법 우선의 원칙** : 신법이 구법에 우선한다.
　　　• **특별법 우선의 원칙** : 특별법이 일반법에 우선한다.
　　　• **성문법 우선의 원칙** : 성문법이 불문법에 우선한다.

② 법의 장소적 효력
　　㉠ **원칙** : 일반적으로 한 나라의 법은 그 나라의 전영역에 있는 모든 사람과 물건에 적용된다(영토고권).
　　㉡ **예외** : 치외법권을 누리는 자나, 섭외사법에 의하여 본국법의 적용을 받도록 되어 있는 자에 한해서는 예외이다.

③ 법의 인적 효력

　　㉠ 속지주의 : 한 나라의 법은 내국인은 물론 외국인까지 포함하여 그 영역 내에 있는 모든 사람에게 적용된다.

　　㉡ 속인주의 : 한 나라의 법은 국적을 기준으로 하여 국내외 어느 곳에 있든지 그 있는 곳을 불문하고 모든 자국의 국민에게 적용된다.

2. 법 생활과 권리 · 의무

(1) 법률관계

① 의미 … 법에 의하여 규율되는 생활관계로, 사회생활의 대부분이 법률관계로 되어 있다.

② 구성과 내용

　　㉠ 사람과 사람의 관계 ┐
　　㉡ 사람과 물건의 관계 ┘ 권리의무의 관계

(2) 실정법의 분류

① 공 · 사법과 사회법(규율하는 생활의 실체에 따른 분류)

　　㉠ 공법 : 공적인 국가생활관계를 규율하는 법으로 헌법, 형법, 행정법 등이 있으며, 상하수직관계가 성립된다.

　　　• 헌법 : 국가의 조직과 그 작용을 규정한 법이다.

　　　• 형법 : 범죄와 그에 해당하는 형벌을 규정한 법이다.

　　　• 행정법 : 행정의 조직과 그 작용, 구제를 규정한 법이다.

　　㉡ 사법 : 사적인 사회생활관계를 규율하는 법으로 민법과 상법이 있으며 대등한 수평관계가 형성된다.

　　　• 민법 : 개인 간의 재산적 · 신분적 관계를 규정한 법이다.

　　　• 상법 : 기업의 경제적 관계를 규정한 법이다.

　　㉢ 사회법 : 사법이 공법화되어 가는 과정에서 발생한 중간적인 법의 영역으로 노동법, 경제법, 사회보장법이 있다.

　　　• 노동법 : 근로조건을 개선하고 자주적인 노동운동을 보장하여 근로자의 생활수준을 향상시키기 위한 법으로 근로기준법, 노동조합 및 노동관계조정법과 근로자참여 및 협력증진에 관한 법률 등이 있다.

- 경제법 : 모든 국민에게 생활의 기본적 수요를 충족시키는 정의사회의 실현과 국민경제의 발전을 위한 법으로 독점규제 및 공정거래에 관한 법률과 소비자기본법 등이 있다.
- 사회보장법 : 모든 국민의 최소한의 인간다운 삶을 보장하기 위한 법으로 국민기초생활 보장법, 아동복지법, 장애인복지법 등이 있다.

② 실체법과 절차법(규율하는 내용에 따른 분류)
  ㉠ 실체법 : 민법과 형법처럼 권리와 의무의 발생, 변경 등 그 자체의 내용을 규정한 법이다.
  ㉡ 절차법 : 민사소송법과 형사소송법처럼 실체법상의 권리와 의무를 실현하는 절차를 규정한 법이다.

③ 일반법과 특수법(효력이 미치는 범위에 따른 분류)
  ㉠ 일반법 : 민법과 형법처럼 일반적으로 적용되는 법이다.
  ㉡ 특별법 : 상법과 군형법처럼 특정 장소, 사람, 사물에만 적용되는 법이다.

(3) 권리와 의무

① 권리
  ㉠ 의미 : 일정한 이익을 누리기 위하여 그의 의사를 관철시킬 수 있는 법률상의 힘을 말한다. → 사권(私權)
  ㉡ 분류
    - 공권
    − 국가적 공권 : 입법권, 행정권, 사법권, 형벌권, 징병권, 징세권
    − 개인적 공권 : 자유권, 참정권, 청구권적 기본권
    - 사권
    − 재산권 : 물권, 채권, 무체재산권(특허권 · 저작권 등)
    − 비재산권 : 인격권, 신분권 등
    - 사회권 : 단결권, 단체교섭권, 단체행동권, 생존권

② 의무
  ㉠ 의미 : 본인의 의사와는 관계없이 일정한 행위를 하거나 하지 말아야 할 법률상의 구속을 말한다.
  ㉡ 분류
    - 공법상 의무 : 납세 · 국방 · 교육 · 근로 · 재산권행사 · 환경보전의 의무 등
    - 사법상의 의무 : 호주와 가족 간의 상호 부양의무, 채무(재산법상의 의무) 등

2 헌법(憲法)

1. 헌법의 분류

(1) 헌법전의 존재형식에 따른 분류

① 성문헌법(成文憲法) … '헌법전'이라는 성문형식을 취하는 헌법으로 대부분의 대륙법계 국가들이 해당된다.

② 불문헌법(不文憲法) … '헌법전'이라는 형식을 취하지 아니하고 역사적인 다수의 문서나 관습으로 헌법이 존재하는 형태로 영미법계 국가들(영국·이스라엘 등)이 이에 해당된다.

(2) 제정주체에 따른 분류

① 협약헌법(協約憲法)
    ㉠ 군주와 국민 또는 군주와 국민대표 간의 타협에 의해 제정된 헌법
    ㉡ 1215년의 대헌장, 1689년 권리장전, 1830년의 프랑스 헌법

② 국약헌법(國約憲法)
    ㉠ 연방국가에서 연방정부와 지방정부 사이 합의에 의하여 제정된 헌법
    ㉡ 미합중국, 스위스, 서독의 헌법

③ 흠정헌법(欽定憲法)
    ㉠ 군주국가에서 군주가 일방적으로 제정한 헌법
    ㉡ 1814년 프랑스 헌법, 제2차 세계대전 이전의 일본 헌법

④ 민정헌법(民定憲法)
    ㉠ 국민주권사상에 입각, 국민 또는 국민의 대표자에 의하여 제정된 헌법
    ㉡ 오늘날 대다수 민주국가의 헌법

(3) 개정절차의 난이에 따른 분류

① 경성헌법(硬性憲法) … 개정절차가 일반법률보다 까다로운 헌법으로 대부분의 성문법이 해당한다.

② 연성헌법(軟性憲法) … 일반법률의 개정절차에 의해서도 개정할 수 있는 헌법으로 대부분의 불문법이 해당한다(1848년 이탈리아 헌법).

2. 우리나라 헌법의 기본성격

(1) 기본성질

① 국민주권주의
  ㉠ 국민주권원리의 선언 : 헌법 제1조 제2항에 의하면 "대한민국의 주권은 국민에게 있고, 모든 권력은 국민으로부터 나온다."하여 국민주권원리를 선언하고 있다.
  ㉡ 국민주권원리의 구현형태
    • 대의정치제도 : 복수정당제와 민주적 선거제도가 바탕
    • 직접민주제의 가미 : 국민투표제 채택
    • 언론 · 출판 및 집회 · 결사의 자유 보장 : 정치적 의사표현의 수단 보장
    • 지방자치제 : 국민자치의 구체화

② 자유민주주의
  ㉠ 의미 : 자유주의와 민주주의가 결합된 정치원리를 가리키는 말로서, 공산주의자들이 말하는 인민민주주의와는 구별된다.
  ㉡ 구체적 내용
    • 기본적 인권 보장 : 인간의 존엄과 가치 존중
    • 국민자치 : 상향식 의사형성과정의 보장
    • 권력의 분립 : 적극국가의 원리에 따라 약간 병용
    • 복수정당제 : 다당제 지향, 자유로운 정당활동 보장
    • 법치주의 : 법률에 의한 행정

③ 복지국가 원리
  ㉠ 복지국가의 지향 : 우리나라 헌법 전문은 '안으로는 국민생활의 균등한 형성을 기하고'라고 함으로써, 복지국가를 지향한다는 것을 선언하고 있다.
  ㉡ 구체적 내용
    • 모든 국민이 인간다운 생활을 할 권리
    • 법률이 정하는 바에 의한 최저임금제 실시
    • 사회보장 · 사회복지의 증진에 노력할 국가의 의무
    • 균형있는 국민경제의 성장 · 안정과 적정한 소득의 분배, 시장지배와 경제력 남용의 방지, 경제주체간의 조화를 통한 경제의 민주화를 위한 규제와 조정

④ 국제평화주의

 ㉠ **국제평화주의의 선언** : 헌법 전문에서 '밖으로는 항구적인 세계평화와 인류공영에 이바지함으로써 …', 또한 헌법 제5조 제1항에서 "국제평화 유지에 노력하고 침략적 전쟁을 부인한다."라고 명시하고 있다.

 ㉡ **구체적 내용**

  • 헌법에 의하여 체결·공포된 조약과 일반적으로 승인된 국제법규는 국내법과 같은 효력을 가진다.

  • 외국인에 대해서는 국제법과 조약에 정한 바에 의하여 그 지위를 보장한다.

⑤ 조국의 평화적 통일의 지향

 ㉠ **평화적 통일의 역사적 사명 선언** : 헌법은 전문에서 조국의 평화적 통일은 민주개혁과 함께 역사적 사명으로 선언하고, 총강에서 "대한민국은 통일을 지향하며, 자유민주적 기본질서에 입각한 평화적 통일정책을 수립하고 이를 추진한다."고 규정하고 있다.

 ㉡ **평화적 통일에 관한 헌법상의 규정**

  • 대통령에게 조국의 평화적 통일을 위한 성실한 의무 부과

  • 민주평화통일자문회의의 설치

(2) 헌법의 개정절차

절차	내용
제안	• 대통령 발의 • 국회재적의원 과반수
공고	• 대통령이 공고 • 20일 이상
국회의결	• 공고된 날로부터 60일 이내 • 재적의원 3분의 2 이상 찬성
국민투표	• 국회의결 후 30일 이내 국민투표로 확정 • 국회의원 선거권자 과반수의 투표와 투표자 과반수의 찬성
공포	• 대통령의 공포 • 즉시 공포(거부권 없음)

(3) 헌법의 개정과정

시기	주요 내용	공화국
제1차(1952)	대통령직선제, 국회양원제	제1공화국(대통령제)
제2차(1954)	초대대통령 중임제한 철폐, 국민투표제 채택	
제3차(1960)	내각책임제, 대법원장 · 대법관선거제	제2공화국(의원내각제)
제4차(1960)	반민주행위자 · 부정축재자 · 부정선거관련자 처벌을 위한 소급입법의 근거인 헌법 부칙 마련	
제5차(1962)	대통령제, 단원제, 법원에 위헌법률심사권 부여	제3공화국(대통령제)
제6차(1969)	대통령 3선 취임 허용, 대통령 탄핵소추요건 강화	
제7차(1972)	통일주체국민회의 설치, 대통령간선제, 긴급조치권, 헌법위원회 설치	제4공화국 (영도적 대통령제)
제8차(1980)	대통령 7년 단임제, 선거인단의 간선제, 비례대표제	제5공화국(대통령제)
제9차(1987)	대통령직선제, 대통령 5년 단임제, 국회권한 강화, 대통령권한 약화, 기본적 인권신장	제6공화국(대통령제)

3. 기본권이론

우리 헌법은 천부인권사상을 표현한 헌법 제10조와 실정법사상을 표현한 헌법 제37조 제2항을 두어 둘 간의 조화를 이루고 있다.

(1) 기본권의 내용

① 일반적이고 원칙적 규정〈헌법 제10조〉
  ㉠ 인간으로서의 존엄과 가치 존중
  ㉡ 행복추구권

② 평등의 권리 … 본질적으로 기본권으로 "모든 국민은 법 앞에서 평등하다〈헌법 제11조 제1항〉."의 평등은 누구든지 성별, 종교, 사회적 신분 등에 의해 차별받지 않는 상대적 · 비례적 · 실질적 평등을 의미한다.

③ 자유권적 기본권 … 평등권과 더불어 본질적인 기본권으로 국가권력으로부터의 개인의 자유를 보장하며, 핵심적이고 소극적이며 포괄적인 권리이다. 종류로는 신체의 자유, 거주 · 이전의 자유, 직업선택의 자유, 주거의 자유, 사생활 비밀과 자유의 불가침, 통신의 자유, 양심의 자유, 종교의 자유, 언론 · 출판 · 집회 · 결사의 자유, 학문과 예술의 자유, 재산권 보장 등이 있다.

④ 참정권 … 민주국가에 있어서 국민이 국가의 정치에 참여할 수 있는 능동적 권리로 공무원선거권, 공무담임권, 국민 투표권 등이 있다.

⑤ **사회적 기본권** ⋯ 인간다운 생활을 위해 국가에 대하여 어떤 보호나 생활수단의 제공을 요구할 수 있는 적극적 권리이며 열거적 권리(개별적 권리)로 인간다운 생활을 할 권리, 교육을 받을 권리, 근로의 권리, 근로자의 노동 3권, 환경권, 혼인·가족·모성·보건에 관한 권리 등이 있다.

⑥ **청구권적 기본권** ⋯ 국민의 침해당한 기본권의 구제를 국가에 대해 청구하는 적극적 권리이며 기본권을 보장하기 위한 수단적 기본권으로 청원권, 재판청구권, 형사보상청구권, 국가배상청구권, 범죄피해자의 국가구조청구권 등이 있다.

(2) 기본권의 제한

① 기본권 제한의 기준과 한계
  ㉠ 기본권 제한의 기준 : 법률로써 제한하는 경우에도 국가안전보장, 질서유지, 공공복리를 위하여 필요한 경우에 한한다.
  ㉡ 기본권 제한의 한계 : 법률로써 제한하는 경우에도 자유와 권리의 본질적인 내용은 침해할 수 없다.
  ㉢ 헌법에 위배되는 경우 : 법률에 의하지 않았거나 법률에 의했을지라도 필요 이상으로 기본권을 제한하는 것은 헌법에 위배되며, 어떤 경우에도 자유와 권리의 본질적 내용을 침해하는 것은 금지된다.

② 기본권 제한의 예외
  ㉠ 국가긴급권의 발동과 명령·처분에 의한 제한
  ㉡ 비상조치에 의한 기본권 정지
  ㉢ 비상계엄하의 특별조치

3 행정법(行政法)

1. 행정법 일반

(1) 행정법의 의의

행정법이란 '행정의 조직과 작용 및 구제에 관한 국내 공법'을 말한다.

① **행정법은 '행정'에 관한 법이다.** ⋯ 행정법은 행정을 대상으로 하는 점에서 국가의 기본조직과 작용에 관한 법인 헌법과 구별된다. 또한 입법권의 조직과 작용에 관한 법인 입법법(국회법 등)과, 사법권의 조직과 작용에 관한 법인 사법법(법원조직법, 민사소송법 등)과 구별된다.

② 행정법은 행정에 관한 '공법'이다. … 행정법은 행정에 관한 모든 법 가운데 행정에 고유한 공법만을 의미한다. 따라서 행정법은 권력행정·관리행정·국고행정 중 공법상의 법률관계라 할 수 있는 권력행정을 규율대상으로 한다. 관리행정과 국고행정은 원칙상 사법이 적용되나 공적 목적을 추구하는 범위 내에서는 공법이 적용되며 이러한 한도 내에서 행정법의 연구대상이 된다.

③ 행정법은 행정에 관한 '국내법'이다. … 행정법은 행정에 관한 공법 중 국제법을 제외한 국내법을 말한다. 다만, 헌법에 의하여 체결·공포된 조약과 일반적으로 승인된 국제법규는 국내법과 동일한 효력을 가지므로 그 한도 내에서는 국내 행정법의 일부가 된다〈헌법 제6조 제1항〉.

(2) 행정법의 특수성

① 형식상의 특수성
  ㉠ 성문성 : 행정작용은 획일적이고 강행적인 규율이 대부분이고 국민생활의 법적안정성과 예측가능성이 중요하므로 성문법주의를 원칙으로 한다. 다만, 불문법도 보충적인 법원이 될 수 있다.
  ㉡ 다양성 : 행정은 그 규율대상이 복잡·다양하고 수시로 변화하므로 행정법을 구성하는 법의 형식도 단일의 행정법전이 존재함이 없이 헌법, 법률, 명령, 자치법규(조례·규칙), 국제법규 등 다양하다.

② 성질상의 특수성
  ㉠ 재량성 : 행정법은 구체적인 상황에 적절히 대처하도록 행정청에 재량을 부여하는 경우가 많다. 그러나 이러한 재량도 일탈·남용의 경우 위법하여 사법심사의 대상이 된다.
  ㉡ 수단·기술성 : 헌법 등에 비해 목적달성을 위한 수단적·기술적 성격을 가진다.
  ㉢ 획일성 : 행정법은 전체 국민에 적용되는 경우가 많으므로 획일적으로 강행적인 성질을 지닌다.
  ㉣ 외관성 : 행정법은 일반 국민의 신뢰보호를 위해 외형상 나타나는 모습을 기준으로 판단하는 것이 원칙이다.
  ㉤ 명령성 : 행정법은 국민에게 의무를 명하는 명령규정(단속법규)으로 이루어져 있는 것이 일반적이다.

③ 내용상의 특수성
  ㉠ 행정주체의 우월성 : 행정주체와 국민 간의 관계를 규율하는 행정법은 행정주체에게 우월한 법적 힘을 인정하는 것이 일반적이다. 이러한 우월성으로 인해 행정주체의 명령권과 형성권, 행정행위의 공정력, 행정상 자력집행력 등이 인정된다.
  ㉡ 공익추구성 : 행정법은 공익달성을 위해 일반사법과는 다른 특별한 규율을 하는 경우가 있다. 이것은 사익을 무시하는 것이 아니고, 공익과 사익의 조화를 도모하여 전체로서 공익목적의 실현을 기하고 있는 것인데, 이 점에서도 행정법의 특수성을 발견할 수 있다.
  ㉢ 집단·평등성 : 행정법은 불특정 다수인을 대상으로 획일적으로 규율함이 보통이므로 집단적 성격을 띠며 평등성을 내용으로 한다.

(3) 행정법의 법원

① **개념** … 행정법의 법원이란 행정법의 인식근거 또는 존재형식을 말한다. 법원은 크게 성문법과 불문법원이 있는데 우리나라는 원칙적으로 성문법주의를 채택하고 보충적으로 불문법을 적용하고 있다.

② **성문법원**

　ㄱ **헌법** : 국가의 기본조직과 작용에 관한 기본법인 헌법이 행정법의 최고법원이 된다.

　ㄴ **법률** : 국회가 입법절차에 따라 제정하는 형식적 의미의 법률을 말한다.

　ㄷ **명령**

　　• 법규명령 : 국민의 권리와 의무를 규정하는, 즉 법규의 성질을 가지는 명령을 말한다.

　　• 행정규칙 : 법규성이 없는 명령으로서 행정기관 내부에서만 효력을 가질 뿐 국민에 대해 구속력을 가지지 않는다. 우리나라 다수설은 행정규칙도 법원성을 인정한다.

　ㄹ **자치법규** : 지방자치단체가 자치입법권에 의하여 법령범위 내에서 제정하는 것으로, 지방의회가 제정하는 조례와 지방자치단체의 장이 제정하는 규칙이 있다. 당해 지방자치단체의 구역 내에서만 효력을 가진다.

　ㅁ **조약·국제법규** : 헌법에 의하여 체결·공포된 조약과 일반적으로 승인된 국제법규는 국내법과 같은 효력을 갖는다〈헌법 제6조 제1항〉. 이러한 조약과 국제법규는 법률과 동위의 효력을 가지는 것도 있고 명령과 같은 효력을 가지는 것도 있으며, 이들 조약은 별도의 시행법률이 없어도 국내법에서 효력을 가진다. 국내법과 충돌하는 경우에는 신법우선의 원리, 특별법우선의 원리가 적용된다.

③ **불문법원**

　ㄱ **관습법** : 오랫동안 동일한 사실이 관행으로 반복되고 이러한 관행이 국민의 법적 확신을 얻어 법규범으로 인정받는 것을 말한다. 행정선례법과 민중관습법이 있다.

　ㄴ **판례법** : 행정사건에 대한 법원의 판결이 행정법의 해석·적용과 관련하여 추상적인 행정법규를 구체화하고 명백히 하여, 일정한 법원리 내지 기준을 설정하는 경우를 말한다.

　ㄷ **조리법(행정법의 일반원리)** : 조리란 사물의 본질적 법칙 또는 일반 사회의 정의 관념에 비추어 반드시 그러하여야 할 것이라고 인정되는 것을 말한다.

(4) 행정법의 일반원리

① **의의** … 행정법의 일반원리란 관습법과 판례법에 속하지 않는 모든 행정법의 불문법원리를 말한다. 이는 그 종류와 연원, 효력 등이 모두 다른 각각의 원리들을 포괄적으로 규정한 관념이다.

② **종류**

　ㄱ **평등의 원칙** : 정당한 사유가 없는 한 다른 자에게 행한 처분보다 불리한 처분을 하여서는 안된다는 원칙을 말한다.

　ㄴ **행정의 자기구속의 원칙** : 평등의 원칙에서 도출되는 원리로서 동종의 사안에 대하여 제3자에게 한 것과 동일한 기준의 결정을 상대방에게도 하여야 한다는 원칙이다.

ⓒ 비례의 원칙(과잉금지의 원칙) : 행정작용에 있어 목적과 수단 사이에는 합리적인 비례관계가 있어야 한다는 원리이다.

ⓔ 신뢰보호의 원칙 : 행정기관의 일정한 명시적·묵시적 언동으로 인한 개인의 보호가치 있는 신뢰를 보호해야 한다는 원칙을 말한다. 영미법상의 '금반언의 법리(Estoppel)'와 같은 의미이다.

ⓜ 부당결부금지의 원칙 : 행정작용을 함에 있어서 그와 실체적 관련이 없는 상대방의 반대 급부를 조건으로 해서는 안된다는 원칙이다(백화점 건축허가에 있어 인근 공원의 미화사업을 조건으로 하는 경우 등).

Point 》 우리나라 행정법의 기본원리

ⓐ 민주행정의 원리 : 국민주권주의와 자유민주적 기본질서는 헌법상 최고원리의 하나인 바, 이에 따라 행정의 조직과 작용도 민주주의 원칙에 입각하여야 한다. 이를 위해 우리나라는 행정조직 법정주의, 직업공무원제, 행정과정에의 국민참여 등을 채택하고 있다.

ⓑ 실질적 법치주의의 원리 : 국민의 기본권 보호를 위해 행정권의 발동은 법률에 근거하여야 한다. 우리나라는 위헌법률심사제도, 행정구제제도 등을 통해 실질적인 법치주의를 보장하고 있다.

ⓒ 사회국가의 원리(복지국가주의) : 19세기의 자유방임주의를 지양하고 국민의 자유와 평등을 실질적으로 보장하기 위해 행정부가 적극 개입하여 국민의 사회적 기본권을 보장하는 원리이다.

ⓓ 자치행정의 원리 : 현행 헌법은 각 지방의 독자성의 보장과 활성화를 위해 지방자치제도를 규정하고 있으며〈헌법 제117조, 제118조〉, 그 기본법으로서 지방자치법 등이 제정되어 있다.

ⓔ 사법국가의 원리 : 우리나라는 영·미식의 사법국가주의를 채택하고 있다. 그러나 공·사법 이원적 체제를 취하고 있으므로 행정소송에 있어 민사소송에 대한 특례가 다수 인정되고 있다.

2. 행정법 관계

(1) 행정법 관계의 종류

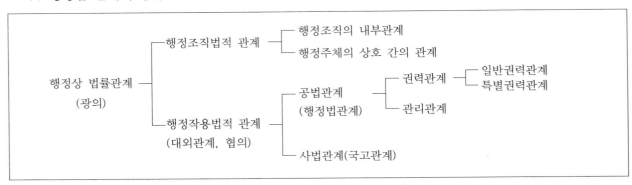

(2) 행정법 관계의 특징

① 법적합성 … 법치행정의 원칙상 당연한 결과로서 행정은 법에 적합해야 한다. 그러나 비권력 행정에 대하여도 이 원칙이 타당할 것인가에 대하여는 법률유보의 범위에 따라 달라진다.

② 공정력(예선적 효력) … 행정행위에 있어 그 성립에 흠이 있는 경우에도 그 흠이 중대·명백하여 당연무효로 되는 경우를 제외하고는 일단 유효한 행위로 통용되어 권한있는 기관 또는 일정한 쟁송수단에 의하여 취소되기 전까지는 그 효력을 부인할 수 없는 힘을 말한다.

③ **구성요건적 효력** … 행정청의 행위를 다른 국가기관이 존중하여 스스로의 처분의 기초 내지 구성요건으로 삼아야 한다는 것을 말한다. 이는 효력의 근거, 효력이 미치는 범위 등에서 공정력과 구별된다.

④ **확정력(존속력)** … 하자있는 행정행위라도 일정 기간의 도과로 인해 또는 그 성질상 취소할 수 없는 경우를 말한다.

  ㉠ 불가쟁력(형식적 확정력) : 하자있는 행정행위라 할지라도 그에 대한 불복기간이 도과하거나 쟁송절차가 모두 경료된 경우에는 더 이상 그 효력을 다툴 수 없게 된다. 다만, 처분청은 직권으로 당해 행위를 취소할 수 있고 상대방은 효력을 다툴 수는 없으나 행정상 손해배상을 청구할 수는 있다. 불가쟁력은 모든 행정행위에 인정되는 절차법적 구속력이며, 국민에 대한 구속력이다.

  ㉡ 불가변력(실질적 확정력) : 일정한 행정행위는 그 성질상 행정청도 이를 취소·철회하지 못하는 효력을 갖는다. 그러나 상대방 또는 제3자는 행정쟁송절차에 의해 당해 행위의 효력을 다툴 수 있다. 행정심판의 재결, 소청심사위원회·토지수용위원회의 재결, 국가시험합격자의 결정, 당선인 결정, 발명특허 등의 확인행위들이 이에 해당한다. 준사법적 행정행위 등에만 인정되는 실체법적 구속력이며, 행정청에 대한 구속력이라 할 수 있다.

⑤ **강제력(자력집행력)** … 상대방이 행정상의 의무를 이행하지 않는 경우 행정청은 스스로 실력을 행사하여 그 이행을 확보하거나 일정한 제재(행정형벌·행정질서벌)를 가하여 간접적으로 그 의무이행을 담보할 수 있다.

⑥ **권리·의무의 특수성** … 개인의 권리가 공익적 사항과 관계될 경우 그 권리가 동시에 의무의 성격을 가지는 경우가 있다. 이 경우 그 이전·포기가 제한되고 특별한 보호와 강제가 과하여지는 경우가 있다.

⑦ **권리구제수단의 특수성**

  ㉠ 행정상 손해전보 : 행정작용으로 인한 손해의 전보는 행정상 손해배상과 손실보상이 있다. 손해전보는 성질상 행정소송(당사자소송)에 의해야 할 것이나 소송실무상으로는 민사소송으로 다루어지고 있다. 손해배상을 학설은 공법관계로, 판례는 사법관계로 보고 있다.

  ㉡ 행정쟁송 : 우리나라는 영미식의 사법국가에 해당하나 행정사건의 특수성에 비추어 일정한 특칙을 두고 있다. 임의적 행정심판전치주의, 행정법원 제1심 관할주의, 단기제소기간, 집행부정지원칙, 사정판결 등이 그 예이다.

(3) 행정법관계의 당사자

① **행정주체** … 행정법관계에 있어 행정권의 담당자인 당사자를 행정주체라 한다.
  ㉠ 국가 : 시원적으로 행정권을 가지고 있는 행정주체이다.
  ㉡ 공공단체
    • 지방자치단체 : 국가 영토의 일부 지역을 그 구성단위로 하여 그 지역 안의 주민을 통치하는 포괄적 자치권을 가진 공공단체이다. 지방자치단체에는 보통지방자치단체와 특별지방자치단체가 있는 바, 보통지방자치단체에는 광역자치단체(특별시·광역시·특별자치시·도·특별자치도)와 기초자치단체(시·군·자치구)가 있고 특별지방자치단체에는 지방자치단체조합이 있다.

- 공공조합(공법상의 사단법인) : 특정한 행정목적을 위해 일정한 자격을 가진 사람으로 구성된 사단법인을 말한다. 상공회의소, 변호사회, 의사회, 약사회, 국민건강보험공단, 농협 등이 이에 해당한다.
- 영조물법인 : 일정한 행정목적 달성을 위해 설립된 인적·물적 결합체(영조물)에 공법상의 법인격을 부여한 경우를 말한다. 한국은행, 한국방송공사, 한국전력공사, 한국도로공사, 한국토지주택공사, 서울대학교 병원, 적십자병원, 한국과학기술원 등이 이에 속한다. 단, 국립대학·도서관·극장·박물관·의료원 등은 영조물이지만 법인격을 취득하지 않았기 때문에 행정주체가 될 수 없다.
- 공법상 재단 : 국가나 지방자치단체가 출연한 재산을 관리하기 위해 설립된 재단법인을 말한다. 한국학중앙연구원, 한국연구재단 등이 있다.
  © 공무수탁사인(공권이 부여된 사인)
- 사인은 일반적으로 행정객체가 되지만, 예외적으로 특정 행정의 수행을 위해 법규상 공권력이 부여되어 자신의 명의로 공행정작용을 수행하는 사인 또는 사기업을 말한다.
- 종업원의 조세를 원천징수하는 사기업, 공익사업을 위한 토지 등의 취득 및 보상에 관한 법률에 따라 개인의 토지를 수용하는 사업시행자(기업자), 일정한 경찰사무 또는 호적사무를 수행하는 상선의 선장, 별정우체국장, 학위를 수여하는 사립대학장 등이 이에 해당한다.
- 학설은 조세의 원천징수자를 공무수탁사인으로 인정하나 판례는 조세원천징수행위를 행정처분이 아니라 하여 간접적으로 부정하고 있다.
② 행정객체 … 행정주체의 상대방으로서 행정권 발동의 대상이 되는 자를 행정객체라 한다. 공공단체(지방자치단체, 공공조합, 영조물법인, 공법상 재단)와 사인(내국인, 외국인, 자연인, 법인 모두 포함)은 모두 행정객체가 될 수 있으나 국가는 시원적 권리주체로서 행정객체가 될 수 없다. 행정청은 국가 등의 기관일 뿐 권리·의무의 주체가 아니므로 역시 행정객체가 될 수 없다.

3. 행정행위

(1) 법률행위적 행정행위

① 명령적 행정행위 … 상대방에게 일정한 의무를 과하거나 해제함을 내용으로 하는 행정행위를 말한다.
  ⊙ 하명 : 일정한 작위·부작위·수인·급부를 명하는 행정행위를 말한다. 이 중에서 작위·수인·급부의무를 과하는 것을 명령이라 하고 부작위의무를 과하는 것을 금지라 한다.
  ⓒ 허가 : 법령에 의한 일반적·상대적 금지, 즉 부작위의무를 특정한 경우에 해제하여 자연적 자유를 회복시켜 주는 명령적 행정행위를 말한다. 실정법상 허가·면허·인가·특허·승인 등의 용어가 사용되었더라도 학문상의 허가와는 다르므로 그 실질에 따라 판단해야 한다. 허가는 상대적 금지(건축허가)의 경우에만 인정되고 절대적 금지(미성년자 음주)를 해제하는 것은 인정되지 않는다.
  ⓒ 면제 : 법령에 의하여 일반적으로 부과되어 있는 작위·수인·급부의무를 특정한 경우에 해제하는 행정행위를 말한다(예방접종 면제, 조세면제 등). 의무를 해제한다는 점에서 허가와 동일하나 허가가 부작위의무의 해제인 데 비해 면제는 작위·수인·급부의무의 해제이다.

② **형성적 행정행위** ··· 국민에게 새로운 권리·능력 기타 법적 지위를 발생·변경·소멸시키는 행정행위를 말한다. 직접 상대방을 위하여 권리·능력 기타 법적 지위를 발생·변경·소멸시키는 특허, 타인을 위하여 그 행위의 효력을 보충하는 인가, 그리고 타인을 대신하여 행하는 대리로 나뉘어진다.

　ⓐ **특허**
　　• 특정 상대방을 위하여 새로이 권리를 설정하는 행위(공기업특허, 공물사용권의 특허, 광업허가, 어업면허 등)
　　• 능력을 설정하는 행위(공법인의 설립행위 등)
　　• 포괄적 법적 지위를 설정하는 행위(공무원 임명, 귀화허가 등)
　ⓑ **인가** : 제3자의 법률행위를 보충하여 그 법률적 효력을 완성시키는 행정행위를 말한다(사업양도의 인가, 비영리법인 설립인가, 공공조합 설립인가, 사립대설립인가, 지방채기채승인, 토지거래계약허가, 하천사용권양도인가, 특허기업요금인가 등).
　ⓒ **공법상 대리** : 타자가 하여야 할 행위를 행정주체가 대신하여 행하고 그 행위의 효과는 본인이 행한 것과 같은 법적 효과를 발생하는 행정행위를 말한다. 이는 본인의 의사에 의한 대리행위가 아니라 법령의 규정에 의한 법정대리이다. 행정행위로서의 대리를 의미하므로 행정조직 내부에서 행해지는 행정청의 대리는 포함되지 않는다.

(2) 준법률행위적 행정행위

① **확인** ··· 특정 사실 또는 법률관계에 관하여 의문이 있거나 다툼이 있는 경우에 공권적으로 그 존부 또는 정부를 판단·선언하는 행위이다.

② **공증** ··· 특정 사실 또는 법률관계의 존부를 공적으로 증명하여 공적 증거력을 부여하는 행정행위로 의문 또는 다툼이 없는 사항을 대상으로 한다.

③ **통지** ··· 특정인 또는 불특정 다수인에게 특정 사실을 알리는 행정행위를 말한다.

④ **수리** ··· 타인의 행위를 유효한 행위로 받아들이는 행위를 말한다.

4. 행정절차

(1) 행정절차의 개념

① **광의** ··· 행정의 결정과 집행에 관한 일체의 과정을 말한다. 이에는 행정입법, 행정계획, 행정처분, 행정계약 및 행정지도에 관한 절차와 행정심판절차, 행정상의 의무이행확보절차까지 모두 포함된다.

② **협의** ··· 행정청이 공권력을 행사하여 행정에 관한 결정을 함에 있어 요구되는 일련의 교섭과정, 즉 종국적 행정처분의 형성과정에서 이루어지는 제1차적 행정절차만을 의미한다(통설).

③ **최협의** ··· 행정처분(행정행위)의 사전절차만을 의미한다.

(2) 행정절차의 필요성

① **행정의 민주화** … 행정과정에 이해관계인의 참여기회를 보장함으로써 행정작용의 민주화에 기여한다.

② **행정작용의 적정화** … 이해관계인에게 자신의 의견 등을 진술할 기회를 부여함으로써 사실인정 및 법령의 해석·적용을 올바르게 하여 행정의 적법·타당성(적정화)을 확보할 수 있게 한다.

③ **행정의 능률화** … 복잡한 행정작용에 관한 절차를 행정절차를 통해서 법으로 명확히 하는 것은 행정작용을 원활하게 수행하게 하여 행정능률을 높인다. 다만, 지나치게 번잡한 사전절차는 행정의 신속성을 해하는 요인으로 작용할 수 있음에 유의한다.

④ **국민의 참여 확대** … 적절한 행정절차에 따라 상대방의 능동적인 참여하에 행정작용이 이루어지는 경우에 상대방의 신뢰감에 따른 협력을 기대할 수 있다.

⑤ **사전적 권익 구제** … 행정작용으로 인한 권익 침해를 미연에 방지하고 사후구제로 인한 시간과 비용을 절약하는 효과가 있다.

⑥ **사법기능의 보완** … 종국적 처분에 앞서 상대방에게 의견진술·자료제출 등의 기회를 부여하여 행정의 적법·타당성을 보장하는 기능을 수행한다.

(3) 행정절차법

① **구조** … 행정절차에 관한 일반법으로서 총칙, 처분, 신고, 행정상 입법예고, 행정예고, 행정지도, 국민참여의 확대, 보칙의 총 8장으로 이루어져 있다.

② **특징**
  ㉠ 원칙적으로 절차규정만으로 구성되어 있다. 예외적으로 처분의 정정과 행정지도에 관한 일부 규정은 실체적 규정에 해당한다.
  ㉡ 규율범위가 사전절차에 한정되어 있다.
  ㉢ 행정계획 및 행정조사절차가 제외되어 있다.

5. 행정의 실효성 확보수단

행정은 공익의 실현을 목적으로 하는 국가작용이므로 국민에 대하여 일정한 의무를 부과하거나 일정한 행위를 금지하는 경우가 많으며 이를 실효성 있게 확보하기 위해 여러가지 수단이 인정되고 있다. 이를 행정의 실효성확보수단 또는 행정의 의무이행확보수단이라 한다.

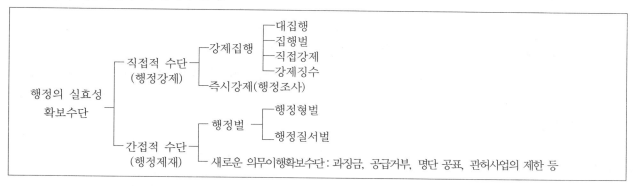

6. 행정구제

(1) 행정구제

행정작용으로 인해 자기의 권리·이익이 침해되었거나 침해될 것으로 주장하는 자가 행정기관이나 법원에 손해전보·원상회복 또는 당해 행정작용의 취소·변경 기타 피해구제 및 예방을 청구하고 이에 대해 행정기관 또는 법원이 심리하여 권리·이익 보호에 관한 판정을 내리는 것을 말한다.

(2) 종류

① 사전구제제도 … 행정절차법과 행정정보공개제도, 개인정보보호제도, 행정규제기본법, 청원제도, 옴부즈만제도, 민원사무처리제도 등이 있다.

② 사후구제제도
　　㉠ 행정상 손해전보제도 : 손해배상제도, 손실보상제도가 있다.
　　㉡ 행정쟁송제도 : 행정심판, 행정소송이 있다.

(3) 손해전보제도

① 손실보상제도 … 공공필요에 의한 적법한 공권력 행사에 의하여 개인의 재산에 가하여진 특별한 손해에 대하여 전체적인 평등부담의 견지에서 행하여지는 재산적 보상을 말한다. 손실보상은 공공필요에 의한 국민의 재산권에 대한 공권적 침해, 즉 공용수용시에 발생한다. 공용수용에는 수용, 사용, 제한이 있다.

② 손해배상제도 … 국가 또는 공공단체의 위법한 행정작용으로 인하여 발생한 개인의 손해를 국가 등의 행정 기관이 배상하여 주는 제도를 말한다. 손해배상청구권을 보장함으로써 법치국가원리를 최종적으로 담보하는 수단으로서의 의미를 갖는다.

③ 행정쟁송제도 … 현행법상 행정쟁송은 행정심판과 행정소송으로 나눌 수 있다. 행정심판은 취소심판, 무효등 확인심판, 의무이행심판으로 나뉜다. 행정소송은 주관적 소송과 객관적 소송으로 나뉘고 주관적 소송은 다시 항고소송과 당사자소송, 객관적 소송은 민중소송과 기관소송으로 나뉜다.

  ㉠ 행정심판 : 행정기관이 행정법상의 분쟁에 대하여 심리 · 판정하는 절차를 말한다.
  ㉡ 행정소송 : 법원이 행정법상의 분쟁에 대하여 심리 · 판정하는 절차를 말한다. 행정소송법상 행정심판은 원칙적으로 임의절차이지만 예외적으로 공무원관계법률, 도로교통법, 조세관계법률은 행정심판전치주의를 취한다.

(4) 행정쟁송제도

구분	행정심판	행정소송
공통점	소송대상의 개괄주의, 불고불리의 원칙, 불이익변경금지의 원칙, 직권증거조사주의, 단기제소기간, 집행부정지원칙, 사정재결 · 사정판결	
본질	행정통제적 성격	행정구제적 성격
대상	위법 · 부당한 처분, 부작위	위법한 처분, 부작위
판정기관	행정심판위원회	법원
절차	약식쟁송	정식쟁송
심리	구술 또는 서면심리주의원칙	구두변론
공개	비공개원칙	공개원칙
내용	적극적 변경 가능	소극적 변경(일부 취소)만 가능
종류	취소심판, 무효등확인심판, 의무이행심판	취소소송, 무효등확인소송, 부작위위법확인소송, 당사자소송, 민중소송, 기관소송

4 민법(民法)

1. 민법총칙

(1) 민법의 의의

① 민법의 뜻 … 민법은 개인 상호 간의 사적 생활관계를 규율하는 법이다.
  ㉠ 재산법 : 개인의 재산권을 보호하기 위하여 재산관계를 규율하는 것으로 물권법, 채권법이 있다.
  ㉡ 신분법 : 가계(家系)의 보존을 위하여 신분관계를 규율하는 것으로 친족법, 상속법이 있다.

② 민법의 법원(法源) … 민법전, 관습법, 조리이다.

③ 민법의 지도원리

근대 민법의 기본원칙	현대 민법의 기본원리
사적자치의 원칙(계약자유의 원칙)	계약공정의 원칙(신의성실의 원칙)
사유재산보장의 원칙(소유권 절대의 원칙)	소유권 공공의 원칙(공공복리)
과실책임의 원칙(자기책임의 원칙)	무과실책임의 원칙

(2) 총칙

① 권리의 주체 … 권리를 가지는 자로 자연인과 법인이 있다.

② 권리의 객체
  ㉠ 물권의 객체 : 물건(부동산, 동산)
  ㉡ 채권의 객체 : 급여(금전의 지급, 물건의 인도, 노무의 제공)
  ㉢ 신분권의 객체 : 일정한 친족관계에 있는 사람

(3) 법률행위

① 의미 … 재산권적 · 신분적 법률적 효과의 발생을 목적으로 하는 행위이다.

② 효력발생요건
  ㉠ 당사자의 행위능력
  ㉡ 적법성 및 타당성
  ㉢ 의사표시에 하자가 없어야 함
  ㉣ 이상의 요건을 갖추지 못한 행위는 무효로 되거나 취소할 수 있음

2. 물권(物權)

(1) 물권일반

① 의미 … 물권이란 동산, 부동산 등 물건을 직접 지배하여 이익을 얻는 권리이다.

② 종류

 ㉠ 소유권 : 동산 · 부동산의 물건을 직접적 · 배타적으로 사용 · 수익 · 처분하거나 그밖의 방법으로 지배할 수 있는 포괄적 권리이다.

 ㉡ 제한물권 : 물권의 한정된 면만을 지배할 수 있는 권리이다.

  • 용익물권 : 일정한 목적을 위하여 타인의 물건을 사용 · 수익할 수 있는 권리

  − 지상권 : 타인의 토지 위에 건물, 기타 공작물이나 수목을 소유하기 위하여 타인의 토지를 이용할 수 있는 권리(부동산)

  − 지역권 : 일정한 목적을 위하여 타인의 토지를 자기 토지의 편익에 이용할 수 있는 권리(부동산)

  − 전세권 : 전세금을 지급하고 타인의 부동산을 그 용도에 따라서 사용 · 수익할 수 있는 권리(부동산)

  • 담보물권 : 자기의 채권확보를 위해 다른 사람의 소유인 물건에 제한을 가하는 권리

  − 유치권 : 타인의 물건을 점유한 자가 그 물건 때문에 생긴 채권을 변제받을 때까지 그 물건을 유치할 수 있는 권리(동산)

  − 질권 : 채권의 확보를 위하여 타인의 동산을 담보로 할 수 있는 권리(동산 · 권리)

  − 저당권 : 채권의 확보를 위하여 타인의 부동산을 담보로 할 수 있는 권리(부동산)

 ㉢ 점유권 : 점유자가 그 물건을 지배할 권리가 있는지의 여부를 묻지 않고 점유라는 사실상태를 보호하는 권리이다.

(2) 물권의 변동

① 물권변동의 뜻 … 물권의 소유권이 이전되거나 저당권이 설정되는 등 끊임없이 취득(발생) · 변경 · 상실되는 현상을 말한다.

② 공시의 원칙 … 물권에 변동이 있을 때에는 거래의 안전을 위하여 당사자는 물론 제3자도 쉽게 그 변동관계를 알 수 있도록 밖으로 나타낼 필요가 있는데, 이를 공시(公示)의 원칙이라 한다.

3. 채권

(1) 채권일반

① **채권과 채무의 뜻**
　㉠ 채권 : 특정인(채권자)이 다른 특정인(채무자)에 대하여 일정한 행위(급여)를 청구할 수 있는 권리이다.
　㉡ 채무 : 채무자가 채권자에 대하여 급여를 해야 할 의무이다.

② **채권의 목적** … 채권의 내용인 채무자의 행위, 즉 급여를 채권의 목적이라고 하는데 채권의 목적인 급여는 실현가능성, 적법성, 사회타당성, 확정성이 있는 것이어야 한다.

(2) 채무불이행과 강제집행

① **채무불이행** … 채무를 이행하여야 할 시기가 되었는데도 채무를 이행하지 않는 것을 말한다.

② **강제집행과 손해배상의 청구** … 채권자는 채무자를 상대로 법원에 소송을 제기하여 법원이 판결로 급여이행을 명령하고 강제집행할 수 있으며, 채권자가 손해를 입었을 때에는 그 손해의 배상도 청구할 수 있다.

(3) 채권의 발생과 소멸

① **채권의 발생원인** … 채권발생의 가장 대표적인 원인은 계약으로 그 외에 사무관리, 부당이득, 불법행위 등이 있다.

② **채권의 소멸원인** … 채무의 내용을 이행하는 채무자의 행위를 변제라고 하는데, 변제로써 채권과 채무는 소멸하게 된다. 그 외에 대물변제, 공탁, 상계, 경개, 면제, 혼동 등이 있다.

Point ≫ 물권과 채권의 비교

구분	물권	채권
권리관계	사람과 물건과의 관계	사람과 사람과의 관계
주장하는 대상	모든 사람(배타성)	채무자(비배타성)
내용	물권법정주의	계약자유의 원칙에 따라 결정
공시여부	물권변동에는 공시 필요(등기 · 인도)	채권의 성립과 내용은 공시 불필요

5 상법(商法)

1. 총칙

(1) 상법

① 의의 ··· 기업을 중심으로 한 생활관계를 규율하는 특별사법이다.

② 이념 ··· 기업의 유지 강화, 거래의 안전보호이다.

(2) 상인

① 당연상인 ··· 자기 명의로 상행위를 하는 자이다.

② 의제상인 ··· 당연상인과 유사한 설비와 방식으로 영업행위를 하는 자이다.

(3) 상업사용인

① 의의 ··· 특정한 상인에 종속하여 경영상의 노무에 종사하는 자이다.

> Point ≫ 지배인 ··· 영업주에 갈음하여 그 영업에 관한 재판상 또는 재판 이외의 모든 행위를 할 수 있는 대리권을 가진 자이다.
> ㉠ 지배권의 내용 : 포괄성, 정형성, 불가제한성
> ㉡ 지배권의 범위 : 영업주의 영업권에 관한 것으로 상호 또는 영업(소)에 의해 개별화된 특정 영업이다.

② 의무

㉠ 겸업금지의무 : 영업주의 허락없이 자기 또는 제3자의 계산으로 영업주의 영업부류에 속한 거래의 금지의무이다. 위법시 계약의 해지권, 손해배상청구권, 개입권의 효과가 있다.

㉡ 겸직금지의무 : 영업주의 허락없이 타 회사의 무한책임사원, 이사 또는 다른 상인이 사용인이 되는 것을 금지한 것이다. 위반시 계약의 해지권, 손해배상청구권의 효과가 있다.

(4) 상업등기

① 의의 ··· 일정 사항을 공시할 목적으로 상법의 규정에 의해 등기할 사항을 법원의 상업등기부에 하는 등기이다.

② 효력

㉠ 등기 전의 효력 : 등기의무자는 선의의 제3자에 대항하지 못한다.

㉡ 등기후의 효력 : 등기사항에 관하여 등기가 있으면 제3자에게 대항이 가능하다. 다만, 제3자가 정당한 사유로 인하여 알지 못한 때에는 대항할 수 없다.

① 의의 … 영업의 동일성을 유지하면서 영업용 재산과 재산적 가치가 있는 사실관계가 합하여 이루어진 조직적·기능적 재산으로서의 영업재산의 일체의 이전을 목적으로 한 채권계약을 말한다.

② 효과

    ㉠ 양도인의 **겸업금지의무**(대내적 관계)

        • 당사자 사이에 약정이 있는 경우 : 20년을 초과하지 않는 범위 내에서 동일한 시·군과 인접 시·군에서 동종영업금지

        • 당사자 사이에 약정이 없는 경우 : 10년간 동일 시·군과 인접 시·군에서 동종영업금지

        • 위법한 경우 : 양도인의 비용으로 위반한 것을 제거하고 장래에 대한 처분을 법원에 청구 가능

    ㉡ 대외관계

        • **영업상의 채권자 보호**

        －양수인이 상호를 속용하는 경우 : 양도인의 영업으로 인한 제3자의 채권에 대하여 양수인도 변제할 책임이 있다. 다만, 양수인이 영업양도를 받은 후 지체없이 양도인의 채무에 대한 책임이 없음을 등기한 때에는 적용하지 아니한다.

        －양수인이 상호를 속용하지 않은 경우 : 양수인은 원칙적으로 영업이전의 외관이 뚜렷하므로 양도인의 영업으로 인한 채무를 변제할 책임이 없다. 그러나 예외적으로 양수인이 양도인의 채무를 인수할 것을 광고한 때에는 양수인도 변제할 책임이 있다.

        • **영업상의 채무자보호**

        －양수인이 상호를 속용하는 경우 : 원칙적으로 채무자가 선의·무중과실로 양수인에 변제시 유효하나, 증권채권의 경우 적용하지 않는다.

        －양수인이 상호를 속용하지 않는 경우 : 원칙적으로 채권양도가 없는 한, 채무자의 양수인에 대한 변제는 면책불가하다. 예외적으로 채권양도가 있었던 것처럼 양도인의 동의(묵인)하에 광고, 양도인과 함께 통지한 경우 채무자는 면책가능하다.

2. 회사

(1) 의의

① 개념 … 영리를 목적으로 하는 사단법인을 말한다.

② 회사의 종류

    ㉠ 합명회사 : 2인 이상의 사원이 공동으로 정관을 작성하여야 한다.

    ㉡ 합자회사 : 무한책임사원과 유한책임사원으로 조직한다.

    ㉢ 유한책임회사 : 설립할 때에 사원은 정관을 작성하여야 한다.

    ㉣ 주식회사 : 설립할 때에 발기인이 정관을 작성하여야 한다.

    ㉤ 유한회사 : 설립할 때에 사원이 정관을 작성하여야 한다.

(2) 회사의 설립

① 회사설립에 대한 입법주의
  ㉠ 영리성, 상인성, 사단성, 법인성, 준칙성의 성격을 가진다.
  ㉡ 일정한 규칙에 따르기만 하면 자유로이 설립할 수 있다는 준칙주의를 채택하고 있다.

② 설립절차 … 회사는 사단결성 → 정관작성 → 주식인수 등의 설립행위 → 설립등기를 함으로써 이루어진다.

(3) 주식회사

① 의의 … 주주의 출자에 의한 자본으로 주주는 그가 인수한 주식의 인수가액을 한도로 회사에 대해서 책임을 지는 유한책임회사이다.

② 설립절차 … 정관작성 → 주식회사절차 → 출자이행절차 → 기관구성절차 → 설립경과조사절차 → 설립등기의 절차를 거친다.

③ 기관
  ㉠ 주주총회 : 주주로 구성된 회사의 기본적 사항에 대해 회사의 의사를 결정하는 상설기관으로 상법 또는 정관에서 정하는 사항에 한하여만 결의할 권한을 가진다.
  ㉡ 이사회 : 회사의 업무집행에 관한 의사결정과 이사의 직무집행을 감독할 권한을 가진 이사 전원으로 구성되는 상설기관이다.
  ㉢ 대표이사 : 대내적으로 회사의 업무집행, 대외적으로 회사를 대표하는 권한을 가진 주식회사의 상설 독립기관이다.
  ㉣ 감사기관

3. 보험과 유가증권

(1) 보험

① 의의 … 우발적인 사고로 인해 생기는 경제생활의 불안정을 제거 또는 경감하는 기능을 한다.

② 보험의 종류
  ㉠ 손해보험 : 피보험자의 재산상의 손해를 보상(화재 · 운송 · 해상 · 책임보험)
  ㉡ 인보험 : 사람의 생명이나 신체에 대한 사고로 인하여 생기는 손해를 보험금으로 지급(생명 · 상해보험)

(2) 유가증권

① 유가증권의 뜻 … 재산적 가치가 있는 사권(私權)을 표시하는 증권이다.

② 유가증권의 종류
- ㉠ 어음 : 주로 신용거래에 사용
  - 약속어음 : 일정한 금액을 약속한 기일에 채권자에게 지급할 것을 명시하는 어음
  - 환어음 : 발행인이 제3자에게 지급을 위탁하는 형태의 어음
- ㉡ 수표 : 소지인에게 기재된 금액을 지급할 것을 위탁하는 형식의 유가증권이며, 현금 대신에 사용

6 형법(刑法)

1. 죄형법정주의

(1) 죄형법정주의의 의의와 근거

① 개념
- ㉠ 어떤 행위가 범죄로 되고 그 범죄에 대하여 어떤 형벌을 과할 것인가를 미리 성문의 법률로 규정해 놓아야 한다는 원칙으로 형법의 최고원리이다. 보통 "법률이 없으면, 범죄도 없고 형벌도 없다(Nullum crimen, nulla poena sine lege)."라는 명제로 표현되기도 한다.
- ㉡ 국가형벌권의 확장과 자의적 행사로부터 시민의 자유를 보장하기 위한 최고원리이며, 형법의 보장적 기능도 이에 의하여 효과를 달성할 수 있다.

② 실정법적 근거 … 헌법 제12조 제1항, 제13조 제1항, 형법 제1조 제1항, 형사소송법 제323조 제1항을 근거로 한다.

(2) 죄형법정주의의 내용(파생원칙)

① **관습법금지의 원칙(성문법주의)** … 범죄와 형벌은 성문의 법률에 규정되어야 하고, 관습법에 의하여 가벌성을 인정하거나 형을 가중하여서는 안된다는 원칙으로 관습법이 형법의 법원(法源)이 될 수 없음을 의미한다. 그러나 관습법을 통하여 형을 완화하거나 제거하는 것은 인정된다.

② **소급효금지의 원칙(행위시법주의)** … 형벌법규는 그 시행 이후에 이루어진 행위에 대하여만 적용되고, 시행 이전의 행위에까지 소급하여 적용될 수 없다는 원칙이다.
- ㉠ 행위자에게 유리한 경우에는 허용된다.
- ㉡ 법에 대한 국민의 신뢰와 예측가능성을 담보로 행동의 자유를 보장한다.

③ **명확성의 원칙**(절대적 부정기형 금지의 원칙) … 입법자는 무엇이 범죄이고 그에 대한 형벌은 어떤 것인가를 명확하게 규정해야 한다는 원칙이다.
　　㉠ 구성요건의 명확성 · 제재의 명확성 · 부정기형의 금지가 있다.
　　㉡ 절대적 부정기형은 허용되지 않지만 상대적 부정기형은 허용한다.

④ **유추해석금지의 원칙** … 법률에 규정이 없는 사항에 대하여 그것과 유사한 성질을 가지는 사항에 관한 법률을 적용하는 것을 금지하는 원칙이다.
　　㉠ 형벌의 감경 등 피고인에게 유리한 유추해석은 허용되지만 피고인에게 불리한 경우에는 적용이 금지된다.
　　㉡ 법률상 근거가 있고, 어의상 가능한 범위 내의 해석은 확장해석이라 하여 허용한다(통설).

⑤ **적정성의 원칙**(실질적 의미의 죄형법정주의) … 범죄와 형벌을 규정하는 법률의 내용은 기본적 인권을 실질적으로 보장할 수 있도록 적정해야 한다는 원칙이다.
　　㉠ 형벌법규 적용의 필요성과 죄형의 균형을 내용으로 한다.
　　㉡ 입법자의 자의에 의한 형벌권의 남용을 방지하기 위한 원칙으로 죄형법정주의의 현대적 원칙에 해당한다.
　　㉢ 실질적 법치국가사상에 근거한다.

2. 범죄

(1) 범죄의 성립조건 · 처벌조건 · 소추조건

① **범죄의 성립조건** … 범죄가 성립하기 위해서는 구성요건해당성과 위법성 및 책임성이 있어야 한다. 이를 범죄의 성립요건이라 하며, 이 가운데 어느 하나라도 갖추지 못한 때에는 범죄가 성립하지 않는다.
　　㉠ 구성요건해당성 : 구체적인 사실이 범죄의 구성요건에 해당하는 성질로 형벌을 부과할 행위를 유형적 · 추상적으로 파악하여 법률에 기술해 놓은 것이다. 즉, 형법 각 본조가 규정하는 추상적 구성요건이다.
　　㉡ 위법성 : 구성요건에 해당하는 행위가 법률상 허용되지 않는 성질로 구성요건에 해당하는 성질은 원칙적으로 위법이다.
　　㉢ 책임 : 위법행위를 한 행위자 개인에 대한 비난가능성이다.

② **범죄의 처벌조건** … 이미 성립된 범죄에 대하여 국가형벌권이 발동되기 위해서 필요한 조건을 말한다. 대부분의 범죄는 성립조건이 갖춰지면 곧바로 국가형벌권이 발동될 수 있지만, 어떤 범죄는 범죄가 성립한 후 처벌조건을 갖추어야 국가형벌권이 발동될 수 있다.
　　㉠ 객관적 처벌조건 : 범죄의 성부와 관계없이 성립한 범죄에 대한 형벌권의 발생을 좌우하는 외부적 객관적 사유를 말하는 것으로, 예컨대 파산범죄에 있어서 파산의 선고가 확정된 때, 또는 사전수뢰죄에 있어서 공무원 또는 중재인이 된 사실이 여기에 해당한다.
　　㉡ 인적 처벌조각사유 : 이미 성립한 범죄에 대하여 행위자의 특수한 신분관계로 인하여 형벌권이 발생하지 않는 경우를 말하는 것으로, 예컨대 형을 면제하는 중지미수에 있어서 자의로 중지한 자, 친족상도례에 있어서 일정한 신분이 여기에 해당한다.

③ **범죄의 소추조건** ··· 범죄가 성립하고 형벌권이 발생했더라도 그 범죄를 소추하기 위한 소송법상의 필요한 조건을 말한다.

　　㉠ **친고죄** : 공소제기를 위하여는 피해자 기타 고소권자의 고소가 있을 것을 요하는 범죄이다.

　　㉡ **반의사불벌죄** : 피해자의 의사에 관계없이 공소를 제기할 수 있으나, 피해자의 명시한 의사에 반하여 공소를 제기할 수 없는 범죄이다.

(2) 범죄의 종류

① **결과범과 형식범**

　　㉠ **결과범(실질범)** : 구성요건이 행위 이외의 일정한 결과의 발생도 구성요건요소로 삼는 범죄로, 살인, 존속살해죄 · 상해죄 · 강도죄 · 손괴죄 등 대부분의 범죄가 이에 해당한다.

　　㉡ **형식범(거동범)** : 구성요건의 내용이 결과의 발생을 요하지 않고 법에 규정된 행위를 함으로써 충족되는 범죄로 주거침입죄 · 모욕죄 · 명예훼손죄 · 무고죄 · 위증죄 등이 이에 해당한다.

② **침해범과 위험범(위태범)**

　　㉠ **침해범** : 구성요건이 법익의 현실적 침해를 요하는 범죄로, 살인죄 · 상해죄 · 강도죄 · 절도죄 등이 이에 해당한다.

　　㉡ **위험범** : 구성요건이 전제로 하는 보호법익에 대한 위험의 야기로 족한 범죄로, 유기죄 · 업무방해죄 · 방화죄 · 통화위조죄 등이 이에 해당한다.

　　　• **구체적 위험범** : 현실적 위험의 발생을 요건으로 하는 범죄로 자기소유일반건조물방화죄 · (과실)일수죄 · 실화죄, 일반물건방화죄 · 실화죄, 가스 · 전기 등 방류죄 · 공급방해죄, 폭발성물건파열죄, 사람의 생명에 대한 위험을 발생하게 한 중유기죄 등이 이에 해당한다.

　　　• **추상적 위험범** : 법익침해의 일반적 위험이 있으면 구성요건이 충족되는 범죄로, 현주건조물방화죄 · 일수죄 · 실화죄, 공용건조물방화죄 · 실화죄, 타인소유일반건조물방화죄, 유가증권위조죄, 업무방해죄, 명예훼손죄, 위증죄, 무고죄, 유기죄, 낙태죄 등이 이에 해당한다.

③ **즉시범과 계속범 및 상태범**

　　㉠ **즉시범** : 구성요건적 행위의 결과 발생과 동시에 범죄가 기수에 해당하고 종료되는 범죄로 대부분의 범죄가 이에 해당한다.

　　㉡ **계속범** : 구성요건적 행위가 위법상태의 야기뿐만 아니라 시간적 계속을 요하므로 행위의 계속과 위법상태의 계속이 일치하는 범죄로, 체포감금죄, 주거침입죄, 다중불해산죄 등이 이에 해당한다.

　　㉢ **상태범** : 구성요건적 행위의 결과 발생과 동시에 범죄는 완성되지만 범죄의 종료 후에도 그 위법상태가 계속되는 범죄로, 살인죄 · 침해죄 · 강도죄 · 절도죄 · 횡령죄 등이 이에 해당한다.

④ **일반범과 신분범 및 자수범**

　　㉠ **일반범** : 누구나 행위자가 될 수 있는 범죄로, 구성요건에 단순히 '○○○한 자'라고 규정되어 있는 범죄는 모두 일반범이다.

     ⓛ **신분범** : 구성요건이 행위의 주체에 일정한 신분을 요하는 범죄이다. 여기서 신분이란 일정한 범죄행위에 관련된 인적 관계인 특수한 지위·상태를 말한다.

       • **진정신분범** : 일정한 신분 있는 자에 의하여만 범죄가 성립하는 범죄로, 위증죄·수뢰죄·횡령죄·배임죄·유기죄 등이 이에 해당한다.

       • **부진정신분범** : 일정한 신분 있는 자가 죄를 범한 때에 형이 가중되거나 감경되는 범죄로, 존속살해·상해·폭행·유기죄, 업무상횡령죄·배임죄·과실치사죄, 영아살해죄·유기죄, 상습도박죄 등이 이에 해당한다.

     ⓒ **자수범** : 행위자가 자신이 직접 실행해야 범할 수 있는 범죄로, 위증죄·수뢰죄·준강간죄 등이 이에 해당한다.

⑤ **목적범과 경향범 및 표현범**

     ㉠ **목적범** : 구성요건상 고의 이외에 일정한 행위의 목적을 필요로 하는 범죄로 각종 위조의 '행사할 목적', 내란죄의 '국헌문란의 목적' 등이 있다.

       • **진정목적범** : 목적의 존재가 범죄의 성립요건이 되는 범죄로 목적이 없으면 범죄가 성립하지 않는다.

       • **부진정목적범** : 목적이 없어도 범죄는 성립하지만 목적이 있으면 형이 가중되거나 감경되는 범죄이다.

     ⓛ **경향범** : 행위의 객관적인 측면이 행위자의 일정한 주관적 경향의 발현으로 행해졌을 때 구성요건이 충족되는 범죄로, 공연음란죄·학대죄·가혹행위죄 등이 이에 해당한다.

     ⓒ **표현범** : 행위자의 내심적 상태가 행위로 표현되었을 때 성립하는 범죄로, 위증죄 등이 이에 해당한다.

⑥ **망각범** … 과실에 의한 부진정부작위범, 즉 일정한 작위가 기대됨에도 불구하고 부주의로 그 작위의무를 인식하지 못하여 결과를 발생시키는 범죄를 말한다.

(3) 행위론

① **의의** … 범죄론에 대한 체계적 상위개념으로서 범죄의 작위범과 부작위범, 고의범과 과실범에 보편타당하게 적용될 수 있는 행위개념은 가능한가, 또 이러한 행위개념은 존재론적으로 파악해야 하는가 또는 규범적으로 파악해야 하는가의 문제를 의미한다.

② **행위개념의 기능**

     ㉠ **한계기능(한계요소)** : 형법적 의미에서 행위와 비행위를 구별하고 어떤 의미에서도 처벌의 대상이 될 수 없는 거동은 행위에서 제외시키는 기능이다.

     ⓛ **분류기능(근본요소)** : 형법상 의미를 가질 수 있는 모든 종류의 인간의 행위, 즉 고의와 과실, 작위와 부작위를 포함한 모든 행위를 하나의 통일개념으로 파악하는 기능이다.

     ⓒ **결합기능(연결요소)** : 구성요건해당성·위법성·책임성을 체계적으로 연결시킴으로써 형법체계 전체를 통하여 체계의 중추를 형성하는 기능이다.

③ 유형

　㉠ 인과적 행위론

　　• 행위 : 인간의 의사에 기한 신체적 형태로 외계의 변동을 야기하는 것이라고 정의한다.

　　• 비판 : 고의의 의미 파악과 부작위와 미수의 설명이 곤란하다.

　㉡ 목적적 행위론

　　• 행위 : 의식적인 목적활동성의 작용이라고 정의한다.

　　• 비판 : 과실의 행위성을 인정하기 곤란하고, 부작위의 구조를 설명하는 데 적합하지 못하다.

　㉢ 사회적 행위론

　　• 행위 : 객관적으로 예견 가능한 사회적 결과에 대한 객관적으로 지배 가능한 일체의 행태이며(Maihofer), 사회적으로 중요한 인간의 행태라고 정의한다(Jescheck).

　　• 비판 : 이론적 통일성이 없고, 행위론의 한계기능을 다하지 못한다.

　㉣ 인격적 행위론

　　• 행위 : 인격의 객관화 또는 인격의 발현이라고 정의한다.

　　• 비판 : 사회적 행위론의 범위를 벗어난 것이라고 볼 수는 없다.

　㉤ 행위개념 부인론

　　• 행위 : 전구성요건적 행위개념은 포기되어야 하고 그 대신에 구성요건해당성을 형법체계의 기초로 삼아야 한다는 주장이다.

　　• 비판 : 행위개념의 결합요소로서의 기능과 실천적 한계기능을 무시했다.

3. 형벌론

(1) 형벌의 의의

① 의의

　㉠ 국가가 범죄에 대한 법률상의 효과로서 범죄자에 대하여 그의 책임을 전제로 하여 과하는 법익의 박탈을 의미한다.

　㉡ 범죄를 원인으로 하는 법률적 효과이지만 범죄에 대하여 과하여지는 것이 아니라 원칙적으로 범죄의 주체인 범죄자에 대하여 과하여지는 것이다.

　　Point ≫ 보안처분과의 구별

　　　　㉠ 형벌은 행위자의 책임을 기초로 하고, 보안처분은 범죄인의 위험성을 기초로 한다.

　　　　㉡ 형벌은 과거를 대상으로 하지만, 보안처분은 미래에 대한 제재를 대상으로 한다.

② 목적(본질)

　㉠ 응보형주의(절대주의, 절대설) : 형벌의 본질을 범죄에 대한 응보로서의 해악으로 이해하는 사상으로 형벌은 범죄를 범하였기 때문에 당연히 과하여지는 것이지 다른 목적이 있을 수 없다고 한다.

ⓒ **목적형주의**(상대주의, 상대설) : 형벌은 그 자체가 목적이 아니라 범죄로부터 사회를 방어·보호하는 목적을 달성하기 위한 수단이라고 한다.
  • **일반예방주의** : 일반인을 위하여 범죄가능성이 있는 잠재적 범죄인이 장차 범죄를 범하지 않도록 예방함에 있다고 보는 견해이다.
  • **특별예방주의** : 범죄인을 개선·교화하여 다시는 죄를 범하지 않도록 재사회화하는 데 있다고 보는 견해이다.
ⓒ **절충설**(다수설) : 책임은 형벌의 상한을 제한할 뿐이며, 형벌의 하한은 일반예방과 특별예방의 목적에 의하여 결정된다.

(2) 형벌의 종류

① **사형**(생명형)
  ㉠ **의의** : 수형자의 생명을 박탈하여 사회로부터 영구히 제거시키는 형벌로, 형법에 규정된 형벌 중 가장 중한 형벌이다.
  ㉡ **집행방법** : 사형은 형무소 내에서 교수하여 집행하며〈형법 제66조〉, 군형법은 총살형을 인정하고 있다〈군형법 제3조〉.
  ㉢ **사형범죄의 범위**
    • 절대적 법정형으로 사형만이 규정된 범죄 : 여적죄
    • 상대적 법정형으로 사형과 자유형이 선택적인 범죄
    −국가적 법익 : 내란죄, 내란목적살인죄, 외환유치죄, 모병이적죄, 시설제공이적죄, 시설파괴이적죄, 간첩죄
    −사회적 법익 : 폭발물사용죄, 현주건조물방화치사죄
    −국가적 법익 : 살인, 존속살인죄, 강간살인죄, 인질살해죄, 강도살인죄, 해상강도살인·치사·강간죄
  ㉣ **사형존폐론**
    • 사형폐지론
    −사형은 인간의 존엄과 가치의 전제가 되는 생명권을 침해하는 것이므로 헌법에 반한다.
    −사형은 오판의 경우에는 회복이 불가능하다.
    −사형은 범죄억제력 즉, 위하적 효과가 크지 않다.
    −형벌의 목적을 개선과 교육에 있다고 볼 때 사형은 전혀 이러한 목적을 달성할 수 없는 무의미한 형벌이다.
    • 사형존치론
    −생명은 인간이 가장 애착을 느끼는 것으로 위하적 효과는 부정할 수 없다.
    −형벌의 본질이 응보에 있는 이상 흉악범은 사회로부터 영구적으로 격리시킬 필요가 있다.
    −살인을 한 자에 대하여 그 생명을 박탈하는 것은 일반 국민의 법적 확신 내지 정의관념에 합치하므로 사형은 필요하다.
    • 결론 : 다수설은 우리 현실에 비추어 사형의 폐지는 아직 시기상조라고 보고 있으며, 판례도 우리나라의 실정과 국민의 도덕적 감정을 고려하여 사형을 합헌이라고 인정한다.

② 자유형

 ⊙ 의의 : 수형자의 신체적 자유를 박탈하는 것을 내용으로 하는 형벌로, 징역·금고·구류라는 3종을 인정하고 있다.

 ⓛ 형법상의 자유형

  • 징역 : 수형자를 형무소 내에 구치하여 정역에 복무하게 하는 것을 내용으로 하는 형벌이다〈형법 제67조〉. 징역 또는 금고는 유기와 무기의 2종이 있는데 유기징역은 1월 이상 30년 이하이고 유기징역 또는 유기금고에 대하여 형을 가중하는 때에는 50년까지로 한다〈형법 제42조〉.

  • 금고 : 수형자를 형무소 내에 구치하여 자유를 박탈하는 것을 내용으로 하는 형벌로, 정역에 복무하지 않는 점에서 징역과 다르다〈형법 제68조〉.

  • 구류 : 수형자를 형무소 내에 구치하는 것을 내용으로 하는 형벌로 그 기간은 1일 이상 30일 미만이다〈형법 제46조, 제68조〉.

 ⓒ 자유형의 개선

  • 자유형의 단일화 : 징역·금고·구류의 3종류의 자유형의 구별을 폐지하고, 자유형을 단일화해야 한다는 것으로 우리나라에서도 지배적이다.

  • 단기자유형의 제한 : 단기자유형이란 6개월 이하의 자유형을 의미하는데, 이는 수형자의 교화·개선에 도움이 되지 않는다.

③ 재산형

 ⊙ 의의 : 범인으로부터 일정한 재산을 박탈하는 것을 내용으로 하는 형벌로서, 형법은 벌금·과료·몰수의 3종을 규정하고 있다.

 ⓛ 형법상의 재산형

  • 벌금

  -의의 : 범죄인에게 일정한 금액의 지불의무를 강제적으로 부담시키는 것을 내용으로 하는 형벌로 5만 원 이상으로 하며(총액벌금형제도), 다만 감경하는 경우에는 5만 원 미만으로 할 수 있다〈형법 제45조〉.

  -개선책 : 일수벌금형제도, 벌금의 분납제도, 벌금형의 집행유예제도 등이 있으며, 벌금형 적용범위의 확대를 도입하여 현행제도의 문제점을 보완해야 한다.

  • 과료

  -의의 : 범죄인에게 일정한 금액의 지급의무를 강제적으로 부담시키는 것으로 2천 원 이상 5만 원 미만으로 한다〈형법 제47조〉.

  -성질 : 과료는 형법상의 형벌이고, 과태료는 행정상의 제재이다.

  • 몰수

  -의의 : 범죄행위와 관련된 재산을 박탈하는 것을 내용으로 하는 재산형으로, 타형에 부가하여 과하는 것을 원칙으로 한다. 다만, 예외적으로 유죄의 재판을 아니할 때에도 몰수의 요건이 있는 때에는 몰수만을 선고할 수 있다〈형법 제49조〉.

  -대상〈형법 제48조 제1항〉 : 범죄행위에 제공하였거나 제공하려고 한 물건, 범죄행위로 인하여 생하였거나 이로 인하여 취득한 물건, 범죄행위로 인하여 생하였거나 이로 인하여 취득한 물건의 대가로 취득한 물건

- 추징 : 몰수의 대상인 물건을 몰수할 수 없을 때에는 그 가액을 추징하고〈형법 제48조 제2항〉, 문서·도화·전자기록 등 특수매체기록 또는 유가증권의 일부가 몰수에 해당하는 때에는 그 부분을 폐기한다〈형법 제48조 제3항〉.

④ 명예형(자격형)
  ㉠ 의의 : 범인의 명예 또는 자격을 박탈하는 것을 내용으로 하는 형벌로, 자격상실과 자격정지가 있다.
  ㉡ 형법상의 명예형
    - 자격상실 : 사형, 무기징역, 또는 무기금고의 판결을 받은 자는 다음에 기재한 자격을 상실한다〈형법 제43조 제1항〉.
    -공무원이 되는 자격
    -공법상의 선거권과 피선거권
    -법률로 요건을 정한 공법상의 업무에 관한 자격
    -법인의 이사, 감사 또는 지배인 기타 법인의 업무에 관한 검사역이나 재산관리인이 되는 자격
    - 자격정지
    -의의 : 일정한 기간 동안 일정한 자격의 전부 또는 일부를 정지시키는 형벌이다.
    -종류 : 당연정지, 선고정지
    -기간 : 1년 이상 15년 이하로 한다. 자격정지기간의 기산점은 유기징역 또는 유기금고에 병과한 때에는 징역 또는 금고의 집행을 종료하거나 면제된 날로부터 기산한다〈형법 제44조 제2항〉.

(3) 형의 양정

① 의의 … 일정한 범죄에 대하여 일정한 종류와 범위 내에서 법관이 구체적인 행위자에 대하여 선고할 형벌의 종류와 양을 정하는 것을 말한다.
② 형의 양정의 단계
  ㉠ 법정형 : 입법자가 각 구성요건의 전형적인 불법을 일반적으로 평가한 형벌의 범위로서 개개의 구성요건에 규정되어 있는 형벌이다.
  ㉡ 처단형 : 법정형을 구체적 범죄사실에 적용함에 있어서 먼저 적용할 형종을 선택하고, 이 선택한 형에 다시 법률상 및 재판상의 가중·감경을 하여 처단범위가 구체화된 형벌을 말한다.
  ㉢ 선고형 : 법원이 처단형의 범위 내에서 구체적으로 형을 양정하여 당해 피고인에게 선고하는 형벌이다.

③ 형의 가중 · 감경 · 면제

　㉠ 형의 가중

　　• 의의 : 죄형법정주의 원칙상 법률상 가중만 인정되고 재판상 가중은 인정되지 않는다. 또한 필요적 가중만 인정되고, 임의적 가중은 인정되지 않는다.

　　• 가중사유

　　-일반적 가중사유 : 일반적으로 모든 범죄에 통용되는 가중사유로서 경합범가중〈형법 제38조〉, 누범가중〈형법 제35조〉, 특수교사 · 방조〈형법 제34조 제2항〉 등이 있다.

　　-특수한 가중사유 : 형법각칙의 특별구성요소에 의한 가중사유를 말하며 상습가중범〈형법 제203조, 제264조, 제279조〉, 공무원범죄〈형법 제135조〉 등이 있다.

　㉡ 형의 감경

　　• 법률상의 감경 : 법률의 규정에 의하여 형이 감경되는 경우로 필요적 감경사유와 임의적 감경사유가 있다.

　　• 재판상의 감경(작량감경) : 법률상 전혀 특정한 감경사유가 없더라도 법원은 범죄의 정상에 참작할만한 사유가 있는 때에는 작량하여 그 형을 감경할 수 있다〈형법 제53조〉. 작량감경은 법률상 형을 가중 또는 감경한 경우에도 다시 작량감경을 할 수 있다〈형법 제56조 제6호〉.

　㉢ 형의 면제

　　• 의의 : 범죄는 성립되어 형벌권은 발생하였으나 재판확정 전의 사유로 인하여 형만을 과하지 않는 경우를 말한다. 이에는 법률상 면제(임의적 면제와 필요적 면제)에 한하며, 재판상 면제는 인정되지 않는다.

　　• 면제사유

　　-필요적 면제사유 : 법률에 면제사유가 있으면 반드시 형을 면제해야 하는 경우로, 중지범 · 자수 등이 있다.

　　-임의적 면제사유 : 외국에서 받은 형의 집행, 과잉방위, 과잉피난, 과잉자구행위, 불능미수, 자수 · 자복이 있다.

④ **자수와 자복**

　㉠ **자수** : 범인이 자발적으로 수사기관에 자기의 범죄사실을 신고하여 소추를 구하는 의사표시를 말한다. 죄를 범한 후 수사책임이 있는 관서에 자수한 때에는 그 형을 감경 또는 면제할 수 있다〈형법 제52조 제1항〉.

　㉡ **자복** : 해제조건부 범죄에 있어서 범인이 피해자에게 자신의 범죄를 고백하는 것을 말한다. 피해자의 의사에 반하여 처벌할 수 없는 죄에 있어서 피해자에게 자복한 때에도 그 형을 감경 또는 면제할 수 있다〈형법 제52조 제2항〉.

✻ 핵심용어정리

⭘ 사회규범과 법규범

규범이란 개인이나 집단을 규율하는 행위 기준으로 당위의 법칙이 지배한다. 사회규범은 다양성, 보편성, 상대성을 특징으로 한다. 법은 강제 규범이며 위반 시 처벌을 받는 규범이라는데 특징이 있다.

⭘ 사회규범의 종류

관습이란 어떠한 형태가 사회 구성원 사이에 오랜 세월에 걸쳐 반복됨으로써 점차 사회적 행위의 기준으로 인정된 것으로 대표적으로 관혼상제가 있다. 종교 규범이란 기독교, 불교, 천주교와 같은 종교상의 계율이 사회 구성원의 행위에 대한 기준으로 인정된 것으로 십계명, 중세 사회의 신 중심의 교리를 예로 들 수 있다.

⭘ 자연법과 실정법

실정법이란 성문법은 물론이고 불문법까지도 포함하여 현실적으로 시행되고 있는 모든 법을 의미한다. 인간이 태어나기 이전의 자연 상태를 상징하여 자연 상태에서의 질서 또는 인간의 이성에 바탕한 보편적이고 항구적인 법을 자연법이라 한다.

⭘ 법의 이념

정의는 법이 추구하는 긍정적인 이념으로 시대와 상황에 따라 다르게 표현되고 있을 만큼 다양한 개념이 존재한다. 합목적성이란 법이 그 사회가 추구하는 목적을 달성하는 데 합치 또는 기여해야 함을 의미한다. 법적안정성이란 법에 규정된 개개의 내용이 안정적으로, 동요됨이 없이 잘 시행되고 있어 법에 의한 안전한 보호가 보장되고 있다는 것을 의미한다.

⭘ 법의 효력

구분	내용
실질적 효력	• 실효성 : 법질서에 대한 위법한 상태가 발생한 경우 국가가 강제 수단을 발동하여 공권력으로써 법의 효력을 보장하는 것 • 타당성 : 국민이 법규범을 자발적으로 따를 수 있도록 법은 정당한 내용을 담고 있어야 한다는 것
형식적 효력	• 시간적 효력 : 법은 시행일부터 폐지일까지 효력이 있으며 시행 후에 발생한 사항에 관해서만 적용 • 장소적 효력 : 법은 원칙적으로 한 국가의 영역에서 발생하는 모든 사건에 적용 • 대인적 효력 : 속인주의와 속지주의

○ 법의 원천(존재형태)

구분	내용
성문법	헌법, 법률, 명령, 조례, 규칙, 조약
불문법	관습법, 조리, 판례

○ 법의 체계

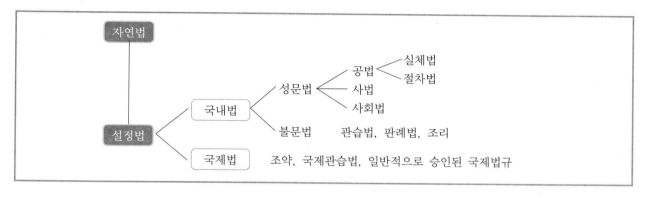

○ 헌법의 개정절차

구분	헌법 조항	내용
제안	제128조 제1항	국회 재적 의원 과반수 또는 대통령의 발의로 제안된다.
공고	제129조	제안된 헌법 개정안은 대통령이 20일 이상의 기간 동안 이를 공고하여야 한다.
의결	제130조 제1항	국회는 헌법 개정안이 공고된 날로부터 60일 이내에 의결하여야 하며, 국회의 의결은 재적의원 3분의 2 이상의 찬성을 얻어야 한다.
국민투표	제130조 제2항	국회가 의결한 후 30일 이내에 국민투표에 붙여 국회의원 선거권자 과반수의 투표와 투표자 과반수의 찬성을 얻어야 한다.
공포	제130조 제3항	국민투표에 의하여 찬성을 얻은 때에는 헌법개정은 확정되며, 대통령은 즉시 공포하여야 한다.

⭕ 기본권의 체계

구분		세부내용	
인간의 존엄과 가치, 행복 추구권	인간의 존엄과 가치		
	행복추구권	자기결정권, 일반적 행동 자유권, 개성의 자유발현권, 평화적 생존권, 휴식권, 수면권, 일조권	
평등권	차별을 받지 않을 권리, 사회적 특수계급 제도 부인, 영전일대의 원칙, 근로영역에서의 여성의 차별 금지, 혼인과 가족생활에 있어서의 양성 평등, 교육의 기회 균등, 평등선거, 경제질서에 있어서의 균형성		
자유권적 기본권 (자유권)	정신적 자유	양심의 자유, 종교의 자유, 언론·출판의 자유, 집회·결사의 자유, 학문과 예술의 자유	
	신체적 자유	생명권, 신체를 훼손당하지 않을 권리, 신체의 자유	
	사회·경제적 자유	사생활의 자유	사생활의 비밀과 자유, 주거의 자유, 거주·이전의 자유, 통신의 비밀과 자유
		경제적 자유	재산권, 직업의 자유
정치적 기본권	정치적 기본권		
	참정권	선거권	
		국민투표권	
		공무담임권	피선거권, 공직취임권
청구권적 기본권 (청구권)	청원권	국회에 대한 청원, 국가기관에 대한 청원	
	재판청구권	법관에 의한 재판, 법률에 의한 재판, 신속한 재판, 공개재판, 공정한 재판, 외국의 배심제와 참심제, 우리나라의 국민참여 재판	
	국가배상 청구권	직무상 불법행위로 인한 손해배상청구권(헌법규정) 영조물의 설치나 관리상의 하자로 인한 국가배상(국가배상법 규정)	
	형사보상 청구권		
	범죄피해자구조 청구권		

○ 국회의 권한

구분	세부내용
입법에 관한 권한	• 헌법 개정에 대한 권한 : 국회는 헌법개정에 관하여 발의권과 의결권 행사, 국회의원 재적 과반수로 헌법 개정안이 발의되며 대통령도 헌법 개정안 발의가 가능. 헌법 개정안이 공고되면 60일 이내에 국회의 의결을 거쳐야 하고, 이때, 국회의 의결에는 재적의원 3분의 2 이상의 찬성을 얻어야 한다. • 법률 제정에 관한 권한 : 통상의 입법절차는 국회 또는 정부에서 법률안을 제안하여 국회에서 심의 · 의결하고 정부에 이송되어 15일 이내에 대통령이 공포함으로써 효력이 발생(특별한 규정이 없으면 공포한 날로부터 20일 경과)함 • 국회의 재의 : 정부에 이송된 법률안에 대해 대통령은 15일 이내에 이의서를 붙여 환부하고 재의를 할 수 있음. 재의에는 국회 재적의원 과반수 출석과 출석의원 2/3 이상의 찬성으로 재의결 및 확정됨 • 국회의장의 공포 : 정부에 이송된 법률안을 15일 이내에 공포하지 않고, 재의 요구도 하지 않을 경우, 또는 재의결 된 법률안을 5일 이내에 공포하지 않을 경우는 국회의장이 공포함
국정 통제에 관한 권한	• 탄핵 소추권 : 탄핵이란 일반적인 사법절차에 의하여는 책임을 추궁하기 어려운 고위공무원을 의회가 소추하는 제도로 탄핵대상자는 대통령, 국무총리, 국무위원, 행정각부의 장, 헌법재판소 재판관, 법관, 중앙선거관리위원회 위원, 감사원장, 감사위원 기타 법률이 정하는 공무원임 • 국정감사 · 조사권 • 국무총리 국무위원의 해임건의권 • 국무총리 등의 국회출석요구 및 질문권
헌법 기관 구성에 관한 권한	• 대통령선거에서 최고득표자가 2인 이상인 때 대통령 선출권 • 국무총리, 대법원장, 대법관, 감사원장, 헌법재판소장 임명에 대한 동의권 • 헌법재판소 재판관 3인과 중앙선거관리위원회 위원 3인 선출권
재정에 관한 권한	• 예산 심의 확정권 • 정부의 재정행위에 대한 권한 : 예비비 지출에 대한 승인권, 기채동의권, 예산 외의 국가의 부담이 될 계약체결에 대한 동의권, 재정적 부담을 지우는 조약의 체결 비준에 대한 동의권 • 결산심사권

○ 대통령의 권한

일반적 권한	내용
일반적 권한	국회의 입법과정에서 법률안제출권, 법률안거부권과 행정부 수반으로서 행정입법권, 공무원 임명권, 국군통수권과 사법부에 관하여 재판관 등의 임명권, 사면권 등
비상적 권한	긴급재정 · 경제처분 및 명령권과 긴급명령권, 계엄선포권
전직 대통령의 예우	전직대통령의 신분과 예우에 관하여는 법률로써 정함

○ 사법권의 독립

법관이 어떠한 외부적 간섭을 받음이 없이 헌법과 법률, 양심에 따라 독립하여 심판하는데 재판상 독립과 법원의 독립, 법관의 신분상 독립을 포함

○ 법의 적용

구분	내용
입증	어떠한 분쟁이나 재판에 있어서, 관련 사실의 존재나 부존재에 관하여 자료나 증거에 의해 증명하는 것
추정	확실하지 않은 사실을 그 반대 증거가 제시될 때까지는 진실한 것으로 인정하여 법적 효과를 발생
간주	사실 여하를 불문하고 법에 의해 일정한 사실관계를 확정하는 것

○ 권리의 유형

권리	공권	공법상의 권리	국가적 공권	입법권, 행정권, 사법권, 형벌권, 재정권
			개인적 공권	자유권, 정치권(참정권), 청구권
	사권	사법상의 권리	재산권	물권, 채권, 지적재산권
			비재산권	인격권, 가족권(친족·상속권)
	사회권	사회법상의 권리	노동법, 경제법, 사회보장기본법상의 권리	

○ 민법의 구성

구분	내용
총칙	민법 전반에 대한 통칙으로 권리변동, 법률행위와 의사표시, 법률행위의 유효 요건, 법률행위의 당사자, 법률행위의 목적, 법률행위의 대리, 효력, 소멸시효 등을 규정
물권법	물권의 종류와 효력, 변동, 점유권과 소유권, 용익물권, 담보물권에 대해 규정
채권법	채권의 특징과 목적, 효력, 다수당사자의 채권관계, 채권양도와 채무인수, 채권의 소멸, 계약, 사무관리, 부당이득, 불법행위를 규정
친족법	친족의 유형, 범위, 가족, 혼인, 부모와 지식 간의 법률관계, 후견, 친족회, 부양에 대해 규정
상속법	상속인, 상속의 효력, 유언, 유류분에 대해 규정

⭘ 근대 민법의 3대 원칙

구분	내용
사유재산권 존중의 원칙	개인의 사유재산에 대한 절대적 지배를 인정하고, 국가나 다른 개인은 이에 간섭하거나 제한을 가하지 못함
사적 자치의 원칙	개인의 자유로운 의사에 기초하여 법률관계를 형성할 수 있는 권리
과실 책임의 원칙	타인에게 끼친 손해에 대해서 가해자에게 고의 혹은 과실이 있을 때에만 책임을 진다는 원칙

⭘ 법률행위의 무효와 취소

구분	내용
무효사유	강행규정에 위반한 법률행위, 불공정한 법률행위, 실형 불가능한 행위, 의사무능력자의 행위
취소사유	행위무능력자의 법률행위, 착오에 의한 의사표시, 사기 강박에 의한 의사표시

⭘ 민법상의 능력

구분	개념	법률관계
권리능력	권리를 갖고 의무를 부담할 수 있는 자격	권리능력을 갖는 주체는 자연인과 법인
의사능력	행위의 의미나 결과를 변별하고 판단할 수 있는 능력	의사무능력자의 행위는 무효
행위능력	단독으로 완전하고 유효한 법률행위를 할 수 있는 지위나 자격	행위무능력자의 법률행위는 취소가능
책임능력	불법행위책임을 변식할 수 있는 지능이나 인식능력	책임무능력자의 행위로 피해발생시 감독의무자 또는 보호자의 책임을 인정

⭘ 주택임대차보호법

구분	내용
의의	세입자의 주거생활의 안정을 보호하기 위하여 제정한 특별법
대항력 인정	임차인이 주택을 인도받아 주민등록을 마치면 제3자에게 대항할 수 있는 효력이 생기며 전입신고라도 무방
임대차의 최단존속 기간	최소 2년 이상 거주할 수 있도록 보호
보증금의 우선변제	대항요건, 확정일자

○ 채무불이행

구분	개념	특징
이행 지체	이행이 가능한 경우인데도 이행하지 않는 경우	채무자에게 책임 유무를 불문하고 강제이행 청구 가능, 채무자에게 책임이 있으면 손해배상 청구도 가능
이행 불능	채무이행이 불가능한 경우(파손 등)	채무자에게 책임이 없다면 채무 소멸, 채무자에게 책임이 있다면 손해배상
불완전 이행	채무를 이행하였으나 내용이 완전하지 못한 경우	완전이행청구 가능, 완전이행이 의미 없을 경우 손해배상 청구 가능

○ 상속

사람이 사망함으로써 사망한 사람이 가지고 있던 재산에 관한 권리와 의무를 일정범위의 친족과 배우자에게 포괄적으로 승계해 주는 이전을 말하며 피상속인의 직계비속, 피상속인의 직계존속, 피상속인의 형제자매, 피상속인의 4촌 이내의 방계혈족 순으로 상속된다.

○ 상법상의 회사

합명회사	무한책임사원만으로 구성되는 회사
합자회사	무한책임사원과 유한책임사원으로 구성되는 복합적 조직의 회사
주식회사	주식으로 세분화된 일정한 자본을 토대로 주식인수가액을 한도로 출자의무만 부담
유한회사	사원이 회사에 대하여 출자금액을 한도로 책임을 질 뿐, 회사채권자에 대하여 책임을 지지는 않는 형태

○ 죄형법정주의

구분	내용
개념	어떤 행위가 범죄가 되는지, 그러한 범죄를 저지르면 어떤 처벌을 받는지가 미리 성문의 법률에 규정되어 있어야 한다는 원칙
파생원칙	관습형 금지, 명확성, 유추 해석 금지, 형벌 불소급, 적정성

○ 위법성 조각사유

정당행위, 정당방위, 긴급피난, 자구행위, 피해자의 승낙

책임조각사유

구분(형법)	내용	효과
형사미성년자(제9조)	14세 미만자의 행위	벌하지 않음
심신상실자(제10조 제1항)	심신장애로 인하여 사물을 변별할 능력이 없거나 의사를 결정할 능력이 없는 자의 행위	벌하지 않음
심신미약자(제10조 제2항)	심신장애로 인하여 사물을 변별하거나 의사를 결정할 능력이 미약한 자	형을 감경
농아자(제11조)	청각과 발음기능에 장애가 있는 자	형을 감경
원인에 있어서 자유로운 행위 (제10조 제3항)	위험의 발생을 예견하고 자의로 심신장애를 야기한 자의 행위	처벌
법률의 착오(제16조)	자기의 행위가 법령에 의하여 죄가 되지 아니하는 것으로 오인한 경우	정당한 이유 있으면 벌하지 않음
강요된 행위(제12조)	저항할 수 없는 폭력이나 자기 또는 친족의 생명, 신체에 대한 위해를 방어할 방법이 없는 협박에 의하여 강요된 행위	벌하지 않음

미수범

구분	내용
착수미수	범죄의 실행에 착수하였으나 실행행위를 종료하지 못한 경우
실행미수	범죄의 실행행위를 종료했으나 결과가 발생하지 않은 경우
장애미수	자의 이외의 원인에 의하여 실행에 착수한 행위를 실행하지 못하였거나 결과가 발생하지 않은 경우
중지미수	자의로 실행에 착수한 행위를 실행하지 않았거나 결과의 발생을 방지한 경우

형사소송의 주체

구분	내용
법원	최고법원인 대법원과 고등법원, 지방법원으로 구성되어 있고, 특별법원으로는 군사법원이 있음
검사	공소권을 행사하는 공익의 대표자
피고인	검사에 의하여 법원에 공소가 제기된 자로 형사책임을 지게 되는 주체
변호인	피고인 또는 피의자의 방어력을 보충하기 위하여 선임된 보조자

● 형사소송의 절차

단계	세부내용
범죄발생	사실관계 발생
수사	수사기관의 활동 : 현행범 체포, 불심 검문, 변사체 검시, 기사 타인의 제보 또는 자수 : 고소, 고발, 자수 체포 및 구속 적부 심사 청구 가능 구속된 경우 보증금 납입조건부 석방 가능
공소	공소에 의해 피의자는 피고인으로 지위 변경, 불고불리의 원칙
1심 공판	재판장의 신문과 증거 수집·증거조사, 판결
상소	1심 공판에 대한 불복 절차, 불이익 변경금지의 원칙

● 특수한 소송절차

구분	내용
약식명령	지방법원의 관할에 속하는 사건에 관하여 공판절차에 의하지 아니하고 서면심리에 의하여 벌금·과료 또는 몰수를 관하는 절차
즉결심판	정식수사와 재판을 거치지 않고 간략하고 신속한 절차로 처벌하는 절차
배상명령	형사사건의 피해자에게 손해가 발생한 경우 법원의 직권 또는 피해자의 신청에 의해 신속하고 간편한 방법으로 피고인에게 민사적 손해배상을 명하는 절차

● 행정법의 기본 원리

민주행정의 원리, 법치행정의 원리, 복지행정의 원리, 사법국가주의, 지방분권주의

● 행정상의 특별권력관계

특별한 법률원인에 의하여 공법상의 특별목적에 필요한 한도 내에서 일방이 타방을 포괄적으로 지배할 수 있고, 타방이 이에 복종하여야 할 것을 내용으로 하는 관계

● 행정행위

구분	내용
법률행위적 행정행위	• 명령적 행위 : 하명, 허가, 면제 • 형성적 행위 : 특허, 인가, 공법상 대리
준법률행위적 행정행위	확인, 공증, 통지, 수리

⭕ 행정구제 양상

구분	종류	내용
사전적 구제 수단	청문	행정관청이 특정 처분을 하기 전에 이해관계자의 의견을 듣고 증거를 조사하는 절차
	민원처리	민원인이 행정기관에 특정 행위를 요구하는 경우 민원사무의 공정한 처리를 통해 국민의 권익을 보호
	청원	국민이 문서로 국가기관에 자신의 의사나 희망을 진술할 수 있는 권리
	입법예고	법령 등을 제정, 개정, 폐지하는 경우 미리 이를 예고하는 것
사후적 구제 수단	행정상의 손해전보(국가배상)	행정상의 손해배상, 행정상의 손실 보상
	행정쟁송	행정심판, 행정소송

⭕ 행정심판의 종류

종류	개념
취소심판	행정청의 위법 또는 부당한 처분의 취소나 변경을 하는 심판
무효 등 확인심판	행정청의 처분의 효력유무 또는 존재 여부에 대한 확인을 하는 심판
의무이행심판	행정청의 위법 또는 부당한 거부처분이나 부작위에 대하여 일정한 처분을 하도록 하는 심판

⭕ 행정상의 손해배상과 손실보상

구분	행정상의 손해배상	행정상의 손실보상
특징	위법한 행위를 대상으로 함	적법한 행위를 대상으로 함
책임 발생	공무원의 직무상 불법행위, 공공의 영조물의 설치 및 관리상 하자	공공의 필요에 의한 사유재산권의 특별한 희생
구제 양상	상당한 인과관계가 있는 모든 손해 배상함. 배상심의회가 배상금을 결정하며 불복할 경우 법원에 행정소송 제기, 이때 배상심의회를 거치지 않아도 무방함	법률에 의한 정당한 보상(재산권 침해의 이전 상태를 보상해주는 완전한 보상)을 해야 하며 개별법에 따라 절차는 다르게 규율하고 있으나, 보통은 협의, 행정심판, 행정소송 등 다양한 방법이 인정됨
	재산상 + 정신상의 손해	재산상 손실

● 행정소송의 종류

구분	세부내용	성질
항고소송	취소소송, 무효 등 확인소송, 부작위 위법 확인소송	• 주관적 소송 : 침해된 당사자의 권리 구제
당사자소송	행정청의 처분 등을 원인으로 하는 법률관계에 관한 소송 그밖에 공법상 법률관계에 관한 소송으로서 그 법률관계의 한쪽 당사자를 피고로 하는 소송	
민중소송	국가 또는 공공단체의 기관이 법률에 위반한 행위를 했을 때, 직접 자신의 법률상의 이익과 관계없이 그 시정을 구하려고 제기하는 소송	• 객관적 소송 : 개인의 권리구제가 아닌 권력의 적법한 행사와 행정법규의 바른 정립이 목적
기관소송	국가 또는 공공단체의 기관 상호간에 권한의 존재 여부나 권한의 행사에 관한 다툼이 있을 때에 제기하는 소송	

● 노동 3권

구분	개념
단결권	근로자들이 주체가 되어 단체를 조직하고 가입하며 노동조합을 설립할 수 있는 권리
단체교섭권	사용자 또는 사용자 단체와 자주적으로 교섭하는 권리
단체행동권	단체교섭 등 근로 조건에 관한 근로자 측의 요구와 주장이 제대로 관철되지 못한 경우 쟁의행위를 할 수 있는 권리이다.

● 부당노동행위

사용자가 정상적인 근로자의 노동조합 운동이나 운영을 방해하는 행위를 의미하며 불이익대우, 황견계약, 단체교섭 거부, 지배·개입 및 경비원조가 있다.

1 지역권에 대한 설명 중 옳지 않은 것은?

① 지역권은 요역지소유권에 부종하여 이전하며 또는 요역지에 대한 소유권이외의 권리의 목적이 된다.

② 토지공유자의 1인은 지분에 관하여 그 토지를 위한 지역권 또는 그 토지가 부담한 지역권을 소멸하게 하지 못한다.

③ 공유자의 1인이 지역권을 취득한 때에는 다른 공유자도 이를 취득한다.

④ 점유로 인한 지역권취득기간의 중단은 지역권을 행사하는 모든 공유자에 대한 사유가 아니어도 효력이 있다.

⑤ 요역지가 수인의 공유인 경우에 그 1인에 의한 지역권소멸시효의 중단 또는 정지는 다른 공유자를 위하여 효력이 있다.

✔해설 ④ 점유로 인한 지역권취득기간의 중단은 지역권을 행사하는 모든 공유자에 대한 사유가 아니면 그 효력이 없다〈민법 제295조 제2항〉.

2 다음 중 민법상 공탁에 관한 설명으로 옳지 않은 것은?

① 공탁은 채무이행지의 공탁소에 하여야 한다.

② 변제자는 언제든지 공탁물을 회수할 수 있다.

③ 채무자가 채권자의 상대의무이행과 동시에 변제할 경우에는 채권자는 그 의무이행을 하지 아니하면 공탁물을 수령하지 못한다.

④ 공탁자는 지체 없이 채권자에게 공탁통지를 하여야 한다.

⑤ 변제의 목적물이 공탁에 적당하지 아니한 경우에는 변제자는 법원의 허가를 얻어 물건을 경매하여 대금을 공탁할 수 있다.

✔해설 ② 채권자가 공탁을 승인하거나 공탁소에 대하여 공탁물을 받기를 통고하거나 공탁유효의 판결이 확정되기까지는 변제자는 공탁물을 회수할 수 있다. 이 경우에는 공탁하지 아니한 것으로 본다〈민법 제489조 제1항〉.
① 민법 제488조 제1항 ③ 민법 제491조 ④ 민법 제488조 제3항 ⑤ 민법 제490조

Answer 1.④ 2.②

3 다음 중 형사소송법상 재정신청에 관한 설명으로 옳은 것은?

① 고소권자로서 고소를 한 자는 검사로부터 공소를 제기하지 아니한다는 통지를 받은 때에는 그 검사 소속의 지방검찰청 소재지를 관할하는 고등법원에 그 당부에 관한 재정을 신청할 수 있다.
② 재정신청서에는 사유를 기재하지 않아도 된다.
③ 항고 신청 후 항고에 대한 처분이 행하여지지 아니하고 5개월이 경과한 경우에도 항고를 거쳐 재정신청을 하여야 한다.
④ 재정신청을 하려는 자는 항고기각 결정을 통지받은 날부터 7일 이내에 지방검찰청검사장 또는 지청장에게 재정신청서를 제출하여야 한다.
⑤ 원칙적으로 검찰청법에 따른 항고를 거치지 않고서도 재정신청이 가능하다.

 해설 재정신청〈형사소송법 제260조〉
ⓐ 고소권자로서 고소를 한 자는 검사로부터 공소를 제기하지 아니한다는 통지를 받은 때에는 그 검사 소속의 지방검찰청 소재지를 관할하는 고등법원에 그 당부에 관한 재정을 신청할 수 있다. 다만, 형법에서 피의사실공표의 죄에 대하여는 피공표자의 명시한 의사에 반하여 재정을 신청할 수 없다.
ⓑ ⓐ에 따른 재정신청을 하려면 검찰청법에 따른 항고를 거쳐야 한다. 다만, 다음의 어느 하나에 해당하는 경우에는 그러하지 아니하다.
• 항고 이후 재기수사가 이루어진 다음에 다시 공소를 제기하지 아니한다는 통지를 받은 경우
• 항고 신청 후 항고에 대한 처분이 행하여지지 아니하고 3개월이 경과한 경우
• 검사가 공소시효 만료일 30일 전까지 공소를 제기하지 아니하는 경우
ⓒ ⓐ에 따른 재정신청을 하려는 자는 항고기각 결정을 통지받은 날 또는 ⓑ 각 호의 사유가 발생한 날부터 10일 이내에 지방검찰청검사장 또는 지청장에게 재정신청서를 제출하여야 한다. 다만, ⓑ의 검사가 공소시효 만료일 30일 전까지 공소를 제기하지 아니하는 경우에는 공소시효 만료일 전날까지 재정신청서를 제출할 수 있다.
ⓓ 재정신청서에는 재정신청의 대상이 되는 사건의 범죄사실 및 증거 등 재정신청을 이유 있게 하는 사유를 기재하여야 한다.

4 다음 중 행정상 강제집행에 관한 설명으로 옳지 않은 것은?

① 건축법상의 이행강제금 부과
② 국세징수법상의 체납처분
③ 주민등록법상의 과태료 부과
④ 식품위생법상의 무허가영업소 폐쇄
⑤ 건축법상의 대집행

해설 ① 이행강제금(집행벌)
② 강제징수
③ 과태료 부과는 행정벌(행정질서벌)
④ 직접강제
⑤ 대집행

5 다음 중 헌법개정절차에 관한 순서가 올바르게 나열된 것은?

① 제안 - 공고 - 국민투표 - 국회의결 - 공포 - 발효
② 제안 - 공포 - 국회의결 - 국민투표 - 공고 - 발효
③ 제안 - 공포 - 국민투표 - 국회의결 - 공포 - 발효
④ 제안 - 공고 - 국회의결 - 국민투표 - 공포 - 발효
⑤ 제안 - 국회의결 - 공고 - 국민투표 - 공포 - 발효

> ✔해설 헌법개정절차
> ㉠ 제안 : 헌법개정은 국회재적의원 과반수 또는 대통령의 발의로 제안된다.
> ㉡ 공고 : 제안된 헌법개정안은 대통령이 20일 이상의 기간 이를 공고하여야 한다.
> ㉢ 국회의결 : 국회는 헌법개정안이 공고된 날로부터 60일 이내에 의결하여야 하며, 국회의 의결은 재적의원 3분의 2 이상의 찬성을 얻어야 한다.
> ㉣ 국민투표 : 헌법개정안은 국회가 의결한 후 30일 이내에 국민투표에 붙여 국회의원선거권자 과반수의 투표와 투표자 과반수의 찬성을 얻어야 한다.
> ㉤ 공포 : 헌법개정안이 국민투표의 찬성을 얻은 때에는 헌법개정은 확정되며, 대통령은 즉시 이를 공포하여야 한다.

6 민법상 대리에 관한 설명 중 옳지 않은 것은?

① 대리인이 그 권한내에서 본인을 위한 것임을 표시한 의사표시는 직접 본인에게 대하여 효력이 생긴다.
② 의사표시의 효력이 의사의 흠결, 사기, 강박 또는 어느 사정을 알았거나 과실로 알지 못한 것으로 영향을 받을 경우 그 사실의 유무는 대리인을 표준하여 결정한다.
③ 대리인은 행위능력자임을 요한다.
④ 대리인이 여러 명일 때에는 각자가 본인을 대리한다. 그러나 법률 또는 수권행위에 다른 정한 바가 있는 때에는 그러하지 않는다.
⑤ 대리권이 법률행위에 의하여 부여된 경우에는 대리인은 본인의 승낙이 있거나 부득이한 사유 있는 때가 아니면 복대리인을 선임하지 못한다.

> ✔해설 대리인은 행위능력자임을 요하지 아니한다〈민법 제117조〉.

7 다음 중 법률행위적 행정행위로 옳지 않은 것은?

① 대리   ② 인가
③ 특허   ④ 통지
⑤ 허가

✔ 해설 통지는 준법률행위적 행정행위이다.

8 법의 효력에 대한 설명 중 옳지 않은 것은?

① 신법은 구법에 우선하여 적용된다.
② 특별법은 일반법에 우선하여 적용된다.
③ 법은 법률에 특별한 규정이 없는 한 공포한 날로부터 20일이 경과함으로써 효력을 발생한다.
④ 속인주의를 원칙으로 하고, 속지주의를 보충적으로 적용한다.
⑤ 성문법이 불문법에 우선하여 적용된다.

✔ 해설 대부분의 국가는 영토고권을 내세워 속지주의를 원칙으로 하고, 보충적으로 속인주의를 채택하고 있다.

9 다음 중 법의 효력발생요건은?

① 타당성과 임의성   ② 타당성과 실효성
③ 강제성과 목적성   ④ 정당성과 타당성
⑤ 강제성과 정당성

✔ 해설 법은 규범적 타당성과 실효성을 확보해야 한다.

10 상거래로 생긴 채권의 소멸시효에 대해서 상법의 규정이 민법의 규정에 우선하여 적용된다. 어느 원칙이 적용되기 때문인가?

① 특별법은 일반법에 우선한다.
② 상위법은 하위법에 우선한다.
③ 신법은 구법에 우선한다.
④ 법률은 원칙적으로 소급하여 적용하여서는 안된다.
⑤ 성문법은 불문법에 우선한다.

> ✔해설 특별법우선의 원칙 … 일반법과 특별법이 서로 충돌할 때 특별법이 일반법에 우선하여 적용된다는 원칙이다.

11 행정지도에 대한 다음 설명 중 옳지 않은 것은?

① 상대방의 의사에 반하여 부당하게 강요하여서는 아니 된다.
② 행정기관은 행정지도의 상대방이 행정지도에 따르지 아니하였다는 것을 이유로 불이익한 조치를 하여서는 아니 된다.
③ 행정지도를 하는 자는 그 상대방에게 그 행정지도의 취지 및 내용과 신분을 밝혀야 한다.
④ 행정지도는 반드시 문서로 하여야 한다.
⑤ 행정지도는 그 목적 달성에 필요한 최소한도에 그쳐야 한다.

> ✔해설 ④ 「행정절차법」 제49조(행정지도의 방식) 제2항 … 행정지도가 말로 이루어지는 경우에 상대방이 행정지도의 취지, 내용과 신분 사항을 적은 서면의 교부를 요구하면 그 행정지도를 하는 자는 직무 수행에 특별한 지장이 없으면 이를 교부하여야 한다.

12 다음의 효력 중 가장 하위에 있는 것은?

① 헌법   ② 대통령령

③ 국제법   ④ 법률

⑤ 조례

> ✔**해설** 법의 단계 … 헌법 → 법률 → 명령 → 조례 → 규칙
>
> 헌법에 의하여 체결·공포된 조약과 일반적으로 승인된 국제법규는 국내법과 같은 효력을 가진다〈헌법 제6조〉.

13 법의 해석에 있어서 "악법도 법이다."라는 말이 있는데, 이는 다음 어느 것을 나타내는가?

① 법의 윤리성   ② 법의 강제성

③ 법의 타당성   ④ 법의 규범성

⑤ 법의 실효성

> ✔**해설** "악법도 법이다(소크라테스)."는 법의 강제성, 법적 안정성, 준법의식을 강조한 말이다.

14 유권해석(有權解釋)이란 무엇인가?

① 주권자인 국민의 해석   ② 관계 국가기관의 해석

③ 저명한 법학자의 해석   ④ 권리 당사자의 해석

⑤ 제3자의 해석

> ✔**해설** 유권해석(有權解釋) … 국가기관이 행하는 법 해석을 뜻하며, 해석하는 기관에 따라 입법해석·행정해석·사법해석으로 구별된다.

15 다음 중 입법권으로부터 기본적 인권이 침해되었을 때 가장 유효한 구제수단은?

① 형사보상청구권
② 위헌법률심사제도
③ 행정소송제도
④ 손해배상청구권
⑤ 이의신청제도

> ✔ 해설 법률이 헌법에 규정된 기본적 인권을 침해한다는 것은 곧 위헌법률의 판단문제를 의미한다.

16 우리 헌법상 법치주의원리의 요소로 볼 수 없는 것은?

① 복수정당제
② 권력분립
③ 위헌법률심판
④ 국가배상
⑤ 포괄적 위임입법 금지

> ✔ 해설 ① 복수정당제도는 민주적 기본질서와 관계있는 요소이다.

17 법률이 시행시기를 정하고 있었는데, 법률이 정한 시행일 이후에 법률을 공포한 경우는?

① 법률은 효력이 발생하지 않는다.
② 법률을 공포한 때부터 효력이 발생한다.
③ 법률이 정한 시행시기부터 효력이 발생한다.
④ 법률을 공포한 때부터 20일이 지나야 효력이 발생한다.
⑤ 법률을 공포한 다음날부터 효력이 발생한다.

> ✔ 해설 공포가 없는 한 법률의 효력은 발생하지 않으며, 또 법률에 시행일이 명시된 경우에도 시행일 이후에 공포된 때에는 시행일에 관한 법률규정은 그 효력을 상실하게 된다. 따라서 본 사안에서는 시행일에 관한 규정이 효력을 상실하므로 헌법 제53조 제7항에 의해 공포한 날로부터 20일을 경과함으로써 효력을 발생한다.

18 우리나라 헌법전문(前文)이 직접 언급하고 있지 않은 것은?

① 기회균등   ② 권력분립
③ 평화통일   ④ 상해임시정부의 법통계승
⑤ 자유민주적 기본질서

✔해설

헌법전문에 규정된 이념(내용)	헌법전문에 규정되지 않은 내용
• 국민주권주의 • 자유민주주의 • 평화통일원리 • 문화국가원리 • 국제평화주의 • 민족의 단결 • 기회균등, 능력의 발휘 • 자유화 권리에 따르는 책임과 의무 완수	• 권력분립제도 • 5 · 16혁명 • 국가형태〈헌법 제1조〉 • 대한민국의 영토〈헌법 제3조〉 • 침략전쟁의 부인〈헌법 제5조 제1항〉 • 민족문화의 창달〈헌법 제9조〉

※ 대한민국 헌법전문 … 유구한 역사와 전통에 빛나는 우리 대한민국은 3 · 1운동으로 건립된 대한민국임시정부의 법통과 불의에 항거한 4 · 19민주이념을 계승하고 조국의 민주개혁과 평화적 통일의 사명에 입각하여 정의 · 인도와 동포애로써 민족의 단결을 공고히 하고, 모든 사회적 폐습과 불의를 타파하며, 자율과 조화를 바탕으로 자유민주적 기본질서를 더욱 확고히 하여 정치 · 경제 · 사회 · 문화의 모든 영역에 있어서 각인의 기회를 균등히 하고 능력을 최고도로 발휘하게 하며, 자유와 권리에 따르는 책임과 의무를 완수하게 하여 안으로는 국민생활의 균등한 향상을 기하고 밖으로는 항구적인 세계평화와 인류공영에 이바지함으로써 우리들과 우리들의 자손의 안전과 자유와 행복을 영원히 확보할 것을 다짐하면서 1948년 7월 12일에 제정되고 8차에 걸쳐 개정된 헌법을 이제 국회의 의결을 거쳐 국민투표에 의하여 개정한다.

19 우리나라 헌법에서 국민의 권리인 동시에 의무인 것은?

① 납세 · 교육   ② 국방 · 교육
③ 납세 · 국방   ④ 교육 · 근로
⑤ 근로 · 납세

✔해설 헌법상 권리인 동시에 의무인 것은 교육, 근로, 환경보전, 재산권행사이다.

20 우리나라 헌법의 편제순서로 옳은 것은?

① 국회 – 정부 – 국민의 권리의무 – 법원 – 헌법재판소
② 법원 – 정부 – 국회 – 헌법재판소 – 국민의 권리의무
③ 국민의 권리의무 – 국회 – 정부 – 법원 – 헌법재판소
④ 정부 – 국회 – 법원 – 헌법재판소 – 국민의 권리의무
⑤ 국민의 권리의무 – 정부 – 국회 – 법원 – 헌법재판소

> ✔ 해설   우리나라 헌법은 총강 – 국민의 권리와 의무 – 국회 – 정부(대통령, 행정부), 법원, 헌법재판소 – 선거관리 – 지방자
> 치 – 경제 – 헌법개정으로 편제되어 있다.

21 「행정소송법」에서 규정하고 있는 항고소송은?

① 기관소송   ② 당사자소송
③ 예방적 금지소송   ④ 부작위위법확인소송
⑤ 의무이행소송

> ✔ 해설   행정소송법에서 규정하고 있는 항고소송으로는 취소소송, 무효 등 확인소송, 부작위위법확인소송이 있다.

22 헌법상 국가기관이 아닌 것은?

① 감사원   ② 헌법재판소
③ 정당   ④ 중앙선거관리위원회
⑤ 대법원

> ✔ 해설   우리나라 통설과 헌법재판소의 판례는 중개적 기관설의 입장을 취하며, 정당은 국민과 국가 간의 정치적 의사를 매개
> 하는 기관이라고 본다.

23 기본권은 인간의 권리와 국민의 권리로 나누어 설명할 수 있다. 다음 중 성격이 다른 하나는?

① 종교의 자유   ② 평등권

③ 행복추구권   ④ 선거권

⑤ 인간의 존엄성

> **✔해설** 인간의 권리는 내국인·외국인을 불문하고 적용하는 천부인권이며 국민의 권리는 국내법에 따라 적용되는 국가 내적인 국민의 권리이다.
> ④ 선거권은 국가 내적인 참정권이다.

24 다음 중 기본권의 제한에 관한 설명으로 옳지 않은 것은?

① 기본권은 일반적으로 승인된 국제법규에 의하여는 제한될 수 있으나, 국가 간의 조약에 의하여는 제한될 수 없다.

② 국민의 자유와 권리는 국가안전보장·질서유지 또는 공공복리를 위하여 필요한 경우에 한하여 법률로써 제한할 수 있다.

③ 헌법재판소 결정은 과잉금지원칙의 네 가지 요소로 목적의 정당성, 방법의 적절성, 피해의 최소성, 법익의 균형성을 들고 있다.

④ 기본권의 제한은 그 자체가 목적이 아니라 기본권과 타 법익의 보호를 위해서 필요한 것이다.

⑤ 국민의 자유와 권리를 제한하는 경우에도 자유와 권리의 본질적인 내용을 참해할 수 없다.

> **✔해설** ① 조약에 의해서도 국민의 기본권의 제한이 가능하다. 국가 간에 체결된 조약은 법률과 동일한 효력이 있다.

25 다음 중 평등의 원칙에 위반되는 것은?

① 여성 근로에 대한 특별한 보호

② 누범자에 대한 형의 가중

③ 귀화인에 대한 공직취임의 제한

④ 헌법재판에 있어서의 변호사 강제주의

⑤ 공무원의 겸직금지

> **✔해설** ③ 귀화자의 공직취임을 금지하는 외무공무원법의 규정은 1995년에 개정되었다. 따라서 귀화자도 공무원 임용에서 제외되지 않으며, 이를 제한하는 것은 평등의 원칙에 반한다.

26 헌법 제10조의 인간의 존엄과 가치·행복추구권에 관한 다음 설명 중 타당치 않은 것은?

① 기본권 보장의 궁극적 목적이자 국가의 공권력 행사의 한계가 된다.

② 법인은 주체가 될 수 없으나 태아와 사자(死者)에게는 예외적으로 주체성이 인정된다.

③ 인간으로서의 존엄과 가치는 헌법에 열거되지 아니한 자유·권리와 상호보완관계에 있다.

④ 행복추구권은 1787년 미국연방헌법에서 최초로 명문화되었다.

⑤ 행복추구권은 국민뿐만 아니라 외국인도 향유할 수 있는 권리이다.

> **해설** ④ 행복추구권은 1776년 Virginia 권리장전 제2조에 최초로 규정되었다.

27 국민이 내는 소득세율을 변경할 수 있는 기관은?

① 국회   ② 국세청
③ 기획재정부   ④ 국무회의
⑤ 지방자치단체

> **해설** 조세법률주의의 원칙상 국회에서만 세율의 변경을 의결할 수 있다.

28 민법상 도급에 대한 설명으로 옳지 않은 것은?

① 도급은 당사자 일방이 어느 일을 완성할 것을 약정하고 상대방이 그 일의 결과에 대하여 보수를 지급할 것을 약정함으로써 그 효력이 생긴다.

② 보수는 그 완성된 목적물의 인도와 동시에 지급하여야 한다.

③ 완성된 목적물 또는 완성전의 성취된 부분에 하자가 있는 때에는 도급인은 수급인에 대하여 상당한 기간을 정하여 그 하자의 보수를 청구할 수 있다.

④ 도급인은 하자의 보수에 갈음하여 또는 보수와 함께 손해배상을 청구할 수 없다.

⑤ 도급인이 완성된 목적물의 하자로 인하여 계약의 목적을 달성할 수 없는 때에는 계약을 해제할 수 있다.

> **해설** ④ 도급인은 하자의 보수에 갈음하여 또는 보수와 함께 손해배상을 청구할 수 있다〈민법 제667조 제2항〉.

Answer   23.④   24.①   25.③   26.④   27.①   28.④

29 「질서위반행위규제법」의 내용에 대한 설명으로 옳지 않은 것은?

① 고의 또는 과실이 없는 질서위반행위는 과태료를 부과하지 아니한다.

② 과태료는 행정청의 과태료 부과처분이나 법원의 과태료 재판이 확정된 후 5년간 징수하지 아니하거나 집행하지 아니하면 시효로 인하여 소멸한다.

③ 신분에 의하여 성립하는 질서위반행위에 신분이 없는 자가 가담한 때에는 신분이 없는 자에 대하여는 질서위반행위가 성립하지 않는다.

④ 행정청이 질서위반행위에 대하여 과태료를 부과하고자 하는 때에는 미리 당사자에게 대통령령으로 정하는 사항을 통지하고, 10일 이상의 기간을 정하여 의견을 제출할 기회를 주어야 한다.

⑤ 하나의 행위가 2 이상의 질서위반행위에 해당하는 경우에는 각 질서위반행위에 대하여 정한 과태료 중 가장 중한 과태료를 부과한다.

> ✔해설 ③ 신분에 의하여 성립하는 질서위반행위에 신분이 없는 자가 가담한 때에는 신분이 없는 자에 대하여도 질서위반행위가 성립한다〈질서위반행위규제법 제12조 제2항〉.

30 법률의 제정절차에 관한 설명 중 옳은 것은?

① 공포된 법률은 특별한 규정이 없는 한 공포 즉시 효력을 발생한다.

② 국회에서 의결된 법률안은 정부로 이송되어 20일 이내에 대통령이 공포한다.

③ 법률안 제출은 국회만의 고유권한이다.

④ 대통령이 의결된 법률안을 국회에 환부하여 재의를 요구할 때에는 수정거부할 수 없다.

⑤ 대통령은 법률안의 일부에 대하여 재의를 요구할 수 있다.

> ✔해설 ① 공포된 날로부터 20일을 경과함으로써 효력을 발생한다.
> ② 정부로 이송되어 15일 이내에 대통령이 공포한다.
> ③ 법률안 제출은 국회의원(10인 이상), 정부(대통령)가 할 수 있다.
> ⑤ 대통령은 법률안의 일부에 대하여 재의를 요구할 수 없다.

31 헌법상 탄핵소추의 대상이 아닌 직책은?

① 대통령
② 국회의장
③ 감사위원
④ 중앙선거관리위원회 위원
⑤ 헌법재판소 재판관

> ✔해설 **탄핵소추대상** … 대통령, 국무총리, 국무위원, 행정 각부의 장, 헌법재판소 재판관, 법관, 중앙선거관리위원회 위원, 감사원장, 감사위원, 기타 법률이 정한 공무원이다.

32 다음 중 설명이 옳지 않은 것은?

① 대한민국헌법에 따르면 국회의원수는 법률로 정하되, 200인 이상이어야 한다.

② 헌법 제46조는 국회의원의 의무로 청렴의 의무, 헌법준수의무, 국가이익을 우선하여 양심에 따라 직무를 수행할 의무, 지위를 이용한 이권개입금지의무를 규정하고 있다.

③ 법률은 특별한 규정이 없는 한 공포한 날로부터 20일을 경과함으로써 효력을 발생한다.

④ 금고 이상의 형의 선고유예를 선고받고 그 선고유예기간 중에 있는 사람을 공무원의 결격사유로 규정한 지방공무원법 제31조는 합헌이다.

⑤ 국회의원은 국회에서 직무상 행한 발언과 표결에 관하여 국회외에서 책임을 지지 아니한다.

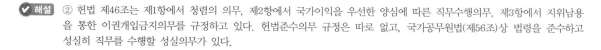 ② 헌법 제46조는 제1항에서 청렴의 의무, 제2항에서 국가이익을 우선한 양심에 따른 직무수행의무, 제3항에서 지위남용을 통한 이권개입금지의무를 규정하고 있다. 헌법준수의무 규정은 따로 없고, 국가공무원법(제56조)상 법령을 준수하고 성실히 직무를 수행할 성실의무가 있다.

33 다음의 헌법상 규정 중 옳지 않은 것은?

① 대통령의 임기가 만료되는 때에는 임기만료 70일 내지 40일 전에 후임자를 선거한다.

② 국회에서 의결된 법률안은 정부에 이송되어 15일 이내에 대통령이 공포한다.

③ 대통령으로 선거될 수 있는 자는 국회의원 피선거권이 있고 선거일 현재 40세에 달하여야 한다.

④ 통신·방송의 시설기준과 신문의 기능을 보장하기 위해 필요한 사항은 대통령령으로 정한다.

⑤ 대통령 후보자가 1인일 때에는 그 득표수가 선거권자 총수의 3분의 1 이상이 아니면 대통령으로 당선될 수 없다.

✔ 해설 ④ 통신·방송의 시설기준과 신문기능 보장에 대한 사항은 법률로 정한다〈헌법 제21조 제3항〉.

34 헌법재판소의 심판사항에 해당하지 않는 것은?

① 탄핵사건 심판   ② 정당해산 결정

③ 권한쟁의 심판   ④ 명령위헌 여부 심사

⑤ 헌법소원 심판

✔ 해설   헌법재판소는 위헌법률을 심사하며 위헌명령·규칙은 각급 법원이 심사한다.
     ※ 헌법재판소 심판사항 ⋯ 법률의 위헌여부심판, 탄핵심판, 정당해산심판, 권한쟁의심판, 법률이 정한 헌법소원심판

35 다음 중 현대복지국가 이념을 배경으로 발전한 기본권은?

① 청원권   ② 재산권

③ 신체의 자유   ④ 교육받을 권리

⑤ 평등권

✔ 해설   현대복지국가에서 강조하는 기본권은 생존권이다. 생존권적 기본권은 국민이 인간다운 생활을 확보하기 위해 필요한
     일정한 국가적 급부와 배려를 요구할 수 있는 권리를 말하며, 사회적 기본권이라고 한다. 이에는 인간다운 생활을 할
     권리, 교육을 받을 권리, 근로의 권리, 근로자의 노동 3권, 환경권, 혼인과 가족생활, 모성·보건을 보호받을 권리를
     들 수 있다.

36 다음 중 국민의 청원권에 해당되지 않는 것은?

① 피해에 대한 보상이나 구제   ② 재판에 대한 의견 제시

③ 공무원의 비위 시정 요구   ④ 공공제도 또는 시설의 운영

⑤ 법률의 제정·개정 요구

✔ 해설   청원권(請願權) ⋯ 국가기관이나 지방자치단체에 대해서 국민이 희망을 진술할 수 있는 권리를 말한다.
     ※ 청원사항〈청원법 제5조〉
        ㉠ 피해의 구제
        ㉡ 공무원의 위법·부당한 행위에 대한 시정이나 징계의 요구
        ㉢ 법률·명령·조례·규칙 등의 제정·개정 또는 폐지
        ㉣ 공공의 제도 또는 시설의 운영
        ㉤ 그 밖에 국가기관 등의 권한에 속하는 사항

37 다음 중 반사적 이익이 아닌 것은?

① 공무원이 상관의 직무명령을 준수하여 직무를 수행함으로써 개인이 이익을 받는 경우

② 공중목욕탕업의 거리제한으로 인하여 이미 허가를 얻은 업자가 사실상의 독점이익을 받는 경우

③ 약사법에 약사의 조제의무를 정함으로 인하여 환자가 이익을 받는 경우

④ 어업의 면허를 받는 자가 이익을 받는 경우

⑤ 의사의 진료의무를 규정한 의료법으로 인해 환자가 이익을 받는 경우

 해설 ① 직무명령은 행정규칙으로서 법규성이 인정되지 않는다. 직무명령의 수행으로 인해 개인이 받는 이익은 반사적 이익이다.

② 공중목욕탕업의 거리제한으로 인한 업자의 사실상 독점이익은 법률상 이익이 아닌 반사적 이익에 불과하다.

③ 약사법이 약사에 부과하는 조제의무는 공중위생을 위한 정책적 규율에 불과하고 특정 환자에 대한 조제의무를 강요하는 것은 아니므로 이로 인해 환자가 받는 이익은 반사적 이익에 불과하다.

④ 어업권은 강학상 특허에 해당하므로 개인적 공권에 해당한다.

⑤ 의사의 진료의무를 규정한 의료법으로 인해 환자가 받는 이익은 반사적 이익이므로 의사가 진료를 거부해도 이는 처벌대상이 될 뿐 환자는 진료를 요구할 수 없다.

38 다음 중 무효가 아닌 행정행위는?

① 뇌물을 받고 이루어진 건축허가

② 경찰서장이 행한 음식적 영업허가

③ 사자(死者)에 대한 운전면허

④ 여자에 대한 징집영장의 발부

⑤ 납세자가 아닌 제3자의 재산을 대상으로 한 압류처분

해설 ① 부정, 사기, 강박에 의해 이루어진 행정행위는 일반적으로 취소할 수 있는 행정행위로 본다.

1 행정의 기초이론

1. 행정의 의의

(1) 현대행정의 개념

① 개념 ··· 정치권력을 배경으로 국가발전목표를 설정하고 이를 효율적으로 달성하기 위해 정책을 결정·형성하며 형성된 정책을 구체화하는 사무·관리·기술체계로, 집단적·협동적인 복수의 의사결정과정이다.

② 특징 ··· 안정성·계속성, 공익성·공공성, 정치성·정책성·권력성, 합리성, 협동성, 집단성, 기술성

(2) 공행정과 사행정(행정과 경영)

① 의의 ··· 공행정이란 국가 또는 공공기관이 공익이나 특정 목표를 달성하기 위해서 행하는 활동을 의미하며, 사행정이란 사기업이나 민간단체가 조직목표를 달성하기 위해서 행하는 활동을 의미한다.

② 유사점 ··· 목표달성수단, 관료제적 성격, 협동행위, 관리기술, 의사결정, 봉사성, 개방체제

③ 차이점

구분	행정	경영
목적	공익, 질서유지 등 다원적 목적	이윤의 극대화라는 일원적 목적
주체	국가 또는 공공기관	기업
정치적 성격	강함	상대적으로 약함
신분보장	강함	약함

2. 현대행정의 특징

(1) 행정국가의 성립

① 현대행정국가의 특징
  ㉠ 양적 측면
    • 행정기능의 확대 · 강화
    • 행정기구의 증가
    • 공무원 수의 증가
    • 재정규모의 팽창
    • 공기업 수의 증가
  ㉡ 질적 측면
    • 행정의 전문화 · 기술화
    • 정책결정 및 기획의 중시(정치 · 행정일원론)
    • 행정조직의 동태화(Adhocracy)
    • 예산의 기획지향성(PPBS, MBO, ZBB)
    • 행정책임의 중시 및 행정평가제도의 발달
    • 신중앙집권화
    • 행정의 광역화(광역행정)

② 행정국가의 한계
  ㉠ 행정권의 집중화 · 과대화
  ㉡ 행정의 특수 이익화
  ㉢ 신중앙집권화와 광역행정으로 지방자치 위기 초래

(2) 시장실패와 정부실패

① 시장실패 … 공공재의 문제, 외부효과의 문제, 불완전경쟁문제, 불완전정보문제, 소득분배의 불공평성

② 정부실패
  ㉠ 정부실패의 원인
    • 행정기구의 내부성과 조직내부목표
    • 정부개입의 파생적 효과
    • 정부산출의 정의 및 측정 곤란성
    • 정보의 불충분

ⓛ 정부실패의 대응
- 소정부화 : 권력의 통제, 행정관리의 효율화, 행정영역의 감축, 내부관리의 효율화, 행정기능의 재정립
- 민영화 : 공기업의 민영화, 계약에 의한 민간위탁, 생산보조금, 독점판매권, 구매권, 공동생산, 규제완화

(3) 복지행정과 사회보장제도

① 의의

ⓐ 복지(welfare) : 누구나 잘 살고 공평한 대우를 받는 상태를 의미한다. 이를 위해서 행정은 자유·민주· 참여가 실현되어야 하고 완전고용이 이루어져야 하며, 일에 참여한 사람들이 공정한 분배와 정당한 보상을 받는 제도가 정착되어야 하고, 지역 간의 균형발전과 교육의 보편화가 실현되어야 한다.

ⓑ 사회보장제도 : 1935년 미국의 사회보장법에서 시작하여 1942년 영국의 Beveridge보고서에 의해 법률로 제정됨으로써 본격화되었다.

② 복지국가 실현방안

ⓐ 사회보험제도 : 관리주체는 국가로서 고용보험, 국민연금, 산재보험, 국민건강보험 등이며 주로 선진국에서 발달하였다.

ⓑ 공공부조 : 극빈자나 노동능력이 결여된 자 또는 원호보호대상자에 한해 원호·구호·구제하는 사업이다.

(4) 정보화 사회

① 의의

ⓐ 개념 : 산업사회 이후에 나타난 사회로서 어떠한 물질, 재화, 에너지보다도 정보의 가치, 지식, 기술이 중시되는 사회를 말한다.

ⓑ 특성 : 다양성, 탈계층성의 강조, 신지식인의 등장, 전자정부가 나타나며 행정서비스의 질(신속성, 정확성, 능률성)이 향상되어 고객수요자가 중심이 되고, 다품종 소량생산체제로 전이한다.

② 정보화 사회의 역기능

ⓐ 인간성 상실, 윤리의 상실과 소외현상

ⓑ 관료들의 문제불감증

ⓒ 정보독점에 따른 기업·지역·국가 간 격차증대 및 집권화의 위험

ⓓ 컴퓨터 보안문제와 개인의 사생활 침해문제

3. 행정학의 발달

(1) 미국 행정학의 발달

① **기술적 행정학(정치 행정이원론)**
- ㉠ 의의 : 행정은 정치권력이 아닌 공공사무의 관리·기술수단이며 정치분야가 아닌 경영분야이다.
- ㉡ 내용 : 능률성을 강조하여 상의하달식 의사전달방식을 택하여 권위적 지배·복종관계를 중시하고, 권한·책임한계의 명확화와 공식성·표준화 수준을 높이기 위해 공식구조를 강조하며 내부의 관리절차와 수단을 중시한다.
- ㉢ 한계 : 비공식조직의 중요성, 사회적 능률성, 외부환경변수, 인간의 감정적 요인 등을 인식하지 못한 점에 한계가 있다.

② **기능적 행정학(정치 행정일원론)**
- ㉠ 의의 : 기술적 행정학의 한계를 극복하기 위해 나온 이론으로 행정은 정책결정기능과 형성기능을 적극적으로 수행해야 한다고 본다.
- ㉡ 내용 : 사회문제의 적극적인 해결을 위해 가치중립성에서 벗어나 가치지향성을 추구하게 되었고 이를 행정의 정책결정기능과 형성기능을 통해 구체화하였으며, 사회적 능률성을 강조하였다.

(2) 과학적 관리론과 인간관계론

① **과학적 관리론**
- ㉠ 특징
  - 전문화·분업의 원리 중시를 통한 행정의 전문성을 강조하였다.
  - 계층제 형태의 공식구조와 조직을 중시하였다.
  - 경제적·합리적 인간관(X이론적 인간관)과 기계적 능률성을 중시하였다.
  - 폐쇄체제적 환경(환경변수 무시)이다.
  - 상의하달식 의사전달체계이다.
  - 시간과 동작의 연구를 통해 일일 과업량을 설정하였다.
- ㉡ 내용
  - 테일러 시스템(Taylor system) : 과학적 방법으로 생산 공정의 요소단위를 분석하고 최선의 방법을 통해 작업조건을 표준화하여 개인에게 일일과업을 부여한다. 경제적 유인으로 동기부여가 된다.
  - 포드 시스템(Ford system) : 작업공정을 Gilbreth의 기본동작연구를 이용하여 세분화·전문화·표준화하고 이를 기계로 대치하여 이동조립법을 실시했다.

ⓒ 영향
　　　• 정치·행정이원론(기술적 행정학)의 성립에 기여했다.
　　　• 행정의 과학화를 강조하고 행정의 능률화에 기여했다.
　　ⓔ 한계
　　　• 공익을 우선으로 해야 하는 행정에 한계가 있다.
　　　• 인간의 부품화, 인간성의 상실, 종속변수로서의 인간 인식을 초래하였다.
　　　• 조직과 환경과의 상호의존작용을 무시하였다.
　　　• 인간의 사회적·심리적 요인 등을 간과하였다.
　　　• 비공식조직을 무시하였다.

② 인간관계론
　　ⓐ 내용 및 특징 : 사회 심리적 요인의 중시, 비합리적·감정적 요소의 중시, 비합리적·사회적 존재의 강조, 비공식집단의 중시, 조직 관리의 민주화·인간화 강조를 들 수 있다.
　　ⓑ 영향
　　　• 비공식조직의 중요성을 인식하는 계기가 되었다.
　　　• 사회인관, Y이론적 인간관으로 변화하였다.
　　　• 인간을 사회·심리적 욕구를 지닌 전인격적 존재로 파악하였다.
　　　• 인간행태를 독립변수화하였다.
　　ⓒ 한계
　　　• 합리적 경제인관을 과소평가하였다.
　　　• 지나친 비합리주의와 감정 지향적 성향을 가진다.
　　　• 공식조직·외부환경과의 관계를 경시하였다.

(3) 비교행정

① 비교행정의 접근방법
　　ⓐ Riggs의 분류 : Riggs는 비교행정의 접근방법 경향이 종래의 규범적 접근방법에서 경험적 접근방법으로, 개별적 접근방법에서 일반법칙적 접근방법으로, 비생태적 접근방법에서 생태적 접근방법으로 전환하고 있다고 지적했다.
　　ⓑ Heady의 중범위 이론모형 : 일반체제이론이 포괄적이어서 실증적인 자료에 의한 뒷받침이 어려우므로 연구대상 및 범위를 좁혀 집중적으로 연구하는 것이 효과적이라는 관점에서 제기된 방법이다.

② 평가
　　ⓐ 공헌 : 후진국 및 신생국의 행정행태를 개방체제적 관점에서 고찰하여 행정행태의 특성형성에 관련되는 사회·문화적 환경요인을 규명했다.
　　ⓑ 비판 : 정태적 균형이론으로 사회의 변동과 발전을 충분히 다루지 못했으며, 환경을 지나치게 강조하여 신생국의 발전과 근대화에 비관적이다.

(4) 발전행정

① 접근방법

　ㄱ 행정체제적 접근방법(행정체제 자체의 발전전략) : 균형적 접근방법, 불균형적 접근방법

　ㄴ 사회체제적 접근방법(타체제와의 전체적인 발전전략) : 균형적 접근방법(Riggs, Eisenstadt), 불균형적 접근방법(Esman, Weidner)

② 비판 … 행정의 비대화, 서구적 편견, 공정성의 문제, 다양한 발전의 경로 봉쇄, 과학성의 결여

(5) 신행정론

① 내용

　ㄱ 특징 : 사회적 평등 강조, 가치주의 중시, 사회변화에 대한 대응 중시

　ㄴ 접근방법 : 현상학적 접근방법, 역사주의적 접근방법

　ㄷ 내용

　　• 행태론과 실증주의를 비판

　　• 행정의 독립변수역할과 적극적 행정인의 역할을 강조

　　• 수익자 · 고객 중심의 행정지향과 참여확대 추구

　　• 비계층적 · 탈관료제적인 협력체제를 모색

② 평가 … 관료들의 가치지향적 행동을 지나치게 강조 · 의존

(6) 신공공관리론

① 내용

　ㄱ 신공공관리론의 패러다임 : 시장주의와 신관리주의가 결합된 것이다.

　ㄴ 특징

　　• 정부기능의 감축 및 공공부문의 시장화

　　• 개방형 임용제

　　• 성과급의 도입 및 근무성적평정제도를 강화

　　• 총체적 품질관리(TQM)

② 방법

　ㄱ TQM(총체적 품질관리)

　ㄴ Downsizing

　ㄷ Benchmarking system

　ㄹ Restructuring

　ㅁ Reengineering

　ㅂ Reorientaion

　ㅅ Outsourcing

③ 한계
    ㉠ 형평성 약화, 성과 측정의 어려움
    ㉡ 공공부문 · 민간부문의 환경간 근본적 차이 도외시

(7) 신국정관리론(New-govermance)

① 이슈공동체 ⋯ 공통의 기술적 전문성을 가진 다양한 참여자들의 지식공유집단이며, 광범위한 정책연계망이다.

② 정책공동체 ⋯ 대립하는 신념과 가치를 가진 전문가들이 특정 분야의 정책에 관심을 가지는 가상적 공동체이다.

③ 인식공동체 ⋯ 특정 분야의 정책문제에 대한 전문성과 지식을 가진 것으로 인정되는 전문직업인의 연계망이다.

4. 행정학의 접근방법

(1) 행태론적 접근방법

① 의의 ⋯ 인간적 요인에 초점을 두며 H.A. Simon의 행정행태론이 대표적이다.

② 내용 ⋯ 논리적 실증주의, 정치 · 행정이원론, 객관화와 계량화, 과학성, 방법론적 개인주의 등이 있다.

(2) 생태론적 접근방법

① 의의 ⋯ 행정을 일종의 유기체로 파악하여 행정체제와 환경 간의 상호작용관계에 연구의 초점을 둔다. 행정체제의 개방성을 강조하고, 환경에 대한 행정의 종속변수적 측면을 강조한 거시적 접근법이다.

② 내용
    ㉠ Gaus의 생태론 ⋯ 행정에 영향을 미치는 7대 환경변수를 제시하였다.
    ㉡ Riggs의 생태론 ⋯ 구조기능적으로 분석하여 사회삼원론(융합사회, 프리즘적 사회, 산업사회)을 제시하였다.

(3) 체제론적 접근방법

① 의의(Parsons, Scott, Etzioni) … 행정현상을 하나의 유기체로 보아 행정을 둘러싸고 있는 다른 환경과의 관련 속에서 행정현상을 연구하려는 개방체제적 접근법이다.

② 체제의 특징과 기능

    ㉠ 특징 : 전체성, 경계가 존재한다.

    ㉡ 기능 : (T. Parsons의 AGIL 기능) : 적응기능(Adaptation), 목표달성기능(Goal attainment), 통합기능 (Integration), 체제유지기능(Latent pattern maintenance)을 한다.

(4) 현대행정학의 동향

① 행정학의 보편성과 특수성

    ㉠ 보편성 : 행정행태론과 비교행정론에서 중시된 개념으로 우수한 행정이론이나 제도는 시대와 상황이 다른 곳에 적용되어도 그 효용성이 감소되지 않는다는 것을 전제로 한다.

    ㉡ 특수성 : 제2차 세계대전 이후 미국의 행정이론이 신생국에 도입되었으나 각종 부작용이 발생한 경험을 토대로 행정의 특수성이 제기되었다. 이는 행정이론과 제도가 특정한 역사적 상황이나 문화적 맥락 속에서 각기 다른 효용성을 보임을 뜻한다.

② 행정학의 과학성과 기술성

    ㉠ 과학성(행정관리설, 행정행태설) : 행정학을 경험적 검증을 거친 과학적 학문분과로 파악하여 설명성, 인과성, 객관성 및 유형성을 강조하고 사회현상이나 자연현상의 인과적인 설명에 중점을 둔다.

    ㉡ 기술성(통치기능설, 발전기능설) : 정해진 목표의 효율적 성취방법을 의미하며 실용성, 실천성, 처방성을 강조하고 리더십의 연구에 있어 행정의 기술성이 가장 강조된다.

5. 행정의 가치

(1) 행정이념

① 의의 … 행정이 지향하는 최고가치, 이상적인 미래상 또는 행정철학, 행정의 지도정신 나아가 공무원의 행동지침 및 방향을 의미한다.

② 내용
   ㉠ 합법성(Legality)
   ㉡ 능률성(Efficiency)
   ㉢ 민주성(Democracy)
   ㉣ 효과성(Effectiveness)
   ㉤ 생산성(Productivity)
   ㉥ 사회적 형평성(Social equity)
   ㉦ 가외성(Redundancy)

(2) 공익

① 의의
   ㉠ 개념 : 국민에 대한 책임 있는 의사결정행위로서, 일반적인 불특정 다수인의 배분적 이익, 사회전체에 공유된 가치로서의 사회일반의 공동이익이라고 정의할 수 있다.
   ㉡ 중요성
     • 행정의 이념적 최고가치이며 행정인의 활동에 관한 최고의 규범적 기준이 된다.
     • 국민에 대한 행정의 책임성을 판단하는 기준이자 정책결정의 가장 중요한 기준이 된다.

② 기능 … 결정자의 가치를 객관적 · 보편적 가치로 환원하는데 기여한다.

(3) 사회지표

① 의의 … 사회적 상태를 총체적으로 나타내어 생활의 양적 · 질적인 측면을 측정하여 인간생활의 전반적인 복지수준을 파악 가능하게 해주는 척도이다.

② 문제점 … 중복 계산되거나 누락되는 경우가 많아 수량적 측정이 곤란한 경우가 많고, 객관적 지표와 주관적 지표가 일치하지 않는 경우가 많다.

2 **행정목표 · 정책론 · 기획론**

1. 행정목표와 목표관리

(1) 행정목표

① 개념 ··· 목표설정이란 행정조직이 달성하고자 하는 미래의 바람직한 상태를 정립하는 창조적인 활동이다.

② 목표의 구조

　㉠ 수단 – 목표의 연쇄성 : 조직의 상위목표와 하위목표는 목표와 수단의 관계로 연결되어 있음을 의미한다. 즉, 일정한 목표는 그보다 상위의 목표에 대해서는 달성수단이 되고 하위의 목표에 대해서는 달성목표가 되는 것이다.

　㉡ 목표의 다원성 : 여러 목표의 상호보완적인 관계로 많은 사람으로부터의 지원을 확보할 수 있으나 구성원 간 대립 · 상충이 발생한다.

(2) 목표의 변동

① 목표의 전환(대치, 전치, 왜곡) ··· 본래의 조직목표를 망각하고 다른 수단적 목표를 택하는 것으로서 조직의 목표가 수단에 의해서 희생되는 현상을 의미한다.

② 목표의 승계 ··· 조직의 원래 목표가 달성되었거나 달성이 불가능하여 새로운 목표를 추구하고자 할 때 혹은 환경의 변동으로 목표의 정당성이 상실된 경우, 조직의 존속을 위해 새로운 목표를 설정하여 추구하고자 할 때에 나타난다.

③ 목표의 다원화 · 확대 · 축소 ··· 본래의 목표에 새로운 목표를 추가하는 경우를 목표의 다원화라 하고, 목표의 확대란 조직 내 · 외부의 환경과 조건의 변화에 대응하기 위해 목표의 범위를 확장하여 양적 변동을 추구하는 것을 말하며, 그 반대되는 경우를 목표의 축소라 한다.

④ 목표관리(MBO ; Management By Objectives) ··· 상하구성원의 참여과정을 통하여 조직의 공통목표를 명확히 하고, 조직구성원 개개인의 목표를 합의하여 체계적으로 부과하여 수행결과를 사후에 평가하여 환류함으로써 궁극적으로 조직의 효율성을 향상시키고자 하는 관리기법 내지 관리체제이다.

2. 정책론

(1) 정책의 본질

① 정책의 유형

    ㉠ 학자들의 분류

- Almond와 Powell : 추출정책, 분배정책, 규제정책, 상징정책
- Lowi : 분배정책, 재분배정책, 규제정책, 구성정책

    ㉡ 정책의 성격에 의한 분류

- 분배정책 : 특정한 개인이나 집단에 공공서비스와 편익을 배분하는 것으로 수출 특혜금융, 지방자치단체에 대한 국가보조금 지급, 주택자금대출, 농어촌 지원대책, 철도·체신사업 등이 해당된다.
- 규제정책 : 특정한 개인·집단의 사유재산과 경제활동에 통제·제한을 가하여 행동이나 재량권을 규제하는 정책으로 환경오염에 대한 규제, 독과점 규제, 기업활동 규제 등이 있다.
- 재분배정책 : 부와 재화를 많이 가진 집단으로부터 그렇지 못한 집단으로 이전시키는 정책으로 누진과세, 영세민 취로사업, 임대주택의 건설 등이 해당된다.
- 구성정책 : 정부기관의 기능·구조 변경 또는 신설 등과 관련된 정책이다.
- 추출정책 : 국내외의 환경으로부터 인적·물적 자원을 확보하는 것으로 조세, 병역 등이 해당된다.
- 상징정책 : 국가의 정당성 확보 또는 국민의 자긍심을 높이기 위한 정책으로 경복궁 복원, 군대 열병 등이 그 예이다.

② 정책과정과 참여자

    ㉠ 정책과정 : 정책의 형성부터 종결에 이르기까지의 일정한 과정이다. 정책과정은 대체로 정책의제 형성 → 정책분석과 결정 → 정책집행 → 정책평가 → 정책종결과 환류(Feed back)의 과정을 갖는다.

    ㉡ 정책과정의 참여자

- 정책결정담당자 : 행정수반, 입법부, 공무원, 사법부와 지방자치단체가 있다.
- 비공식적 참여자 : 이익집단, 정당, 일반시민과 전문가, 정책공동체가 있다.

(2) 정책의 형성

① 정책의제형성
　　㉠ 의의 : 정부가 사회문제를 정책적으로 해결하기 위하여 검토하기로 결정하는 행위 또는 과정을 말한다.
　　㉡ 정책의제형성모형
　　　• 외부주도형 : 정부 외부의 집단에 의해 이슈가 제기되는 경우로서 다원화되고 평등한 사회일수록 외부주도형에 의존할 가능성이 크다.
　　　• 내부주도형(동원형) : 정부 내의 정책결정자들에 의하여 주도되어 거의 자동적으로 정책의제가 채택되는 경우로 정부의제가 된 이후 공중에게 알려지게 되므로 행정PR을 필요로 한다.
　　　• 내부접근형(음모형) : 외부 국민들과는 관계없이 정부관료제 내부에서만 이루어진다.

② 정책결정
　　㉠ 의의 : 정부기관이 정책을 동태적 과정을 거쳐 공적 문제의 해결을 위하여 미래의 바람직한 정부의 대안을 탐색·선택하는 과정을 말한다.
　　㉡ 과정(G.B. Galloway) : 정책문제의 인지 → 목표의 설정 → 정보수집 및 분석 → 대안의 작성 및 비교·분석 → 최선의 대안 선택
　　㉢ 정책결정 이론모형
　　　• 합리모형 : 합리적인 경제인인 정책결정자는 전지전능한 존재라는 가정하에 목표달성의 극대화를 위한 합리적 대안을 탐색·추구하는 이론으로 종합성, 합리성, 체계성, 완전분석성, 근본적 검토 등을 특징으로 하는 이상론적인 정책결정과정을 가리킨다.
　　　• 점증모형(Lindblom & Wildavsky) : 인간의 지적 능력의 한계와 정책결정수단의 기술적 제약을 인정하고, 정책대안의 선택은 종래의 정책이나 결정의 점진적·순차적 수정이나 부분적인 약간의 향상으로 이루어진다고 보며 정치적 합리성을 중요시한다. 그러나 안이한 정책결정을 조장하고 쇄신을 저해한다는 비판을 받는다.
　　　• 만족모형(Simon & March) : 인간의 인지능력, 시간, 비용, 정보 등의 부족으로 최적 대안보다는 현실적으로 만족할 만한 대안을 선택하게 된다는 제한된 합리성을 가정한다.
　　　• 혼합주사모형(Etzioni) : 규범적·이상적 접근방법인 합리모형과 현실적·실증적 접근방법인 점증모형을 혼용함으로써 현실적이면서도 합리적인 결정을 할 수 있다고 본다.
　　　• 최적모형(Dror) : 합리모형의 비현실적인 측면과 점증주의의 보수적인 측면을 모두 비판하고 규범적이고 처방적인 입장에서 제시된 것으로, 계량적인 면과 질적인 면을 적절히 결합시키고 합리적인 요소와 초합리적인 요소를 함께 고려하여야 함을 강조했다.
　　　• 공공선택이론모형(Vincent Ostrom & Elinor Ostrom) : 행정을 근본적으로 공공재의 공급과 소비로 파악하고, 국민의 투표를 통한 선호를 표출시킴으로써 공공재를 스스로 선택할 수 있도록 하는 공공선택을 주장하였다. 홉스적 인간관을 전제로 공공재의 효율적인 생산과 공급은 제도적 장치의 마련을 통해 가능하다는 입장을 기본으로 하고 있다.
　　　• 사이버네틱스모형 : 적응적·관습적 의사결정모형으로, 불확실한 상황하에서 시행착오를 거쳐 정보를 지속적으로 제어하고 환류하는 가운데 점진적인 적응을 해나간다고 본다.

- 쓰레기통모형 : 의사결정은 조직화된 환경, 참여자, 목표수단의 불확실상태에서 우연한 계기로 인해 정책결정이 이루어진다고 본다.

③ **정책분석** … 넓은 의미로서 의사결정자의 판단의 질을 높여주기 위한 각종 대안에 대한 과학적인 비교 및 체계적인 검토와 분석을 뜻하며 대체로 분석의 차원과 유형에 따라 관리과학, 체제분석, 정책분석의 세 차원으로 구분된다.

    ㉠ **체제분석(SA ; System Analysis)** : 의사결정자가 최적대안을 선택하는 데 도움을 주기 위한 체계적이고 과학적인 접근방법으로, 계량평가를 전제로 질적 가치문제에 대한 평가를 하게 된다.

    ㉡ **정책분석(협의의 정책분석)** : 정책목표를 달성하기 위한 최선의 대안을 선택하도록 하는 정책의 사전적 평가로, 수집된 자료·정보를 근거로 정책대안을 체계적으로 탐색·분석하여 결과를 예측함으로써 최선의 대안이 선택되도록 하는 활동이다.

④ **정책집행**

    ㉠ **의의 및 특징** : 권위 있는 정책지시를 실천에 옮기는 과정이다. 정책집행은 정치적 성격을 가지며 정책과 정책결과 또는 영향을 이어주는 매개변수이므로 명확하지 않은 계속적 과정으로 정책결정 및 정책평가와 상호작용을 한다.

    ㉡ **정책집행의 순응과 불응** : 순응이란 정책집행자나 정책대상집단이 정책결정자의 의도나 정책 또는 법규의 내용에 일치되는 행위를 하는 것을 의미하고, 이와 상반되는 행위를 불응이라 한다.

⑤ **정책평가**

    ㉠ **의의** : 정책이 본래의 목표에 맞게 수행되고 있는지의 여부와 그 결과에 대한 사후평가와 분석으로서 정책결정의 환류기능을 수행한다.

    ㉡ **정책평가를 위한 사회실험**

- 비실험 : 통제집단을 구성하지 못하는 경우 이들 통제집단과 실험집단의 구분 없이 정책처리를 하는 실험으로, 비교집단이 최초 실험설계시 존재하지 않는다.
- 진실험 : 실험집단과 통제집단의 동질성을 확보하여 행하는 사회실험방법이다.
- 준실험 : 진실험방법이 갖는 정치적·기술적 문제를 완화하기 위한 방법으로 실험집단과 통제집단의 동질성을 확보하지 않고 행하는 실험이다.

    ㉢ **정책평가의 타당성** : 정책평가가 정책의 효과를 얼마나 진실에 가깝게 추정해 내고 있는지를 나타내는 개념이다.

- 구성적 타당성 : 처리, 결과, 모집단 및 상황들에 대한 이론적 구성요소들이 성공적으로 조작화된 정도를 의미한다.
- 통계적 결론의 타당성 : 정책의 결과가 존재하고 이것이 제대로 조작되었다고 할 때, 이에 대한 효과를 찾아낼 만큼 충분히 정밀하고 강력하게 연구설계가 이루어진 정도를 말한다.

- 내적 타당성 : 정책집행결과상 변화의 인과론적 명확성 정도를 나타낸다. 즉, 결과에 대하여 찾아낸 효과가 다른 경쟁적인 원인이 아닌 정책에 기인된 것이라고 볼 수 있는 정도를 말한다.
- 외적 타당성 : 내적 타당성을 확보한 정책평가가 다른 상황에도 그대로 적용될 수 있는 정도를 말한다. 즉, 실험결과나 관찰된 효과가 다른 상황에서도 얼마나 일반화될 수 있는가의 정도를 나타낸다.

⑥ **정책종결** … 정책평가의 결과 역기능적이거나 불필요한 것으로 판단되는 정책을 정부가 의도적으로 축소·폐지하는 것으로 정책의 유효성을 위한 감축관리의 한 방법이다.

3 조직의 구조와 관리

1. 조직이론의 기초

(1) 조직이론의 개관

① 조직의 의의
  ㉠ **개념** : 조직은 일반적으로 일정한 환경에서 구성원의 협동·노력으로 특정한 목표를 달성하기 위한 인적 집합체 또는 분업체제로서 이해된다.
  ㉡ **조직구조의 주요변수** : 복잡성, 공식성, 집권성
  ㉢ **조직의 상황변수** : 규모, 기술

② 조직이론의 발달과정
  ㉠ **고전적 조직이론(폐쇄적 합리체제)** : 합리주의적 입장에서 절약과 능률, 최고관리층에 의한 행정통제에 중점을 두고 있다. 또한 원리적 접근을 특색으로 하며, 정치행정이원론에 입각하고 있다.
  ㉡ **신고전적 조직이론(폐쇄적 자연체제)** : 과학적 관리론의 결점을 보완하기 위해 정치·행정이원론적 입장의 인간관계론에 근거를 두고 발전한 이론으로, 조직을 폐쇄체제로 보면서도 조직구성원의 사회적 욕구와 조직의 비공식적 요인에 중점을 두고 있다.
  ㉢ **현대조직이론(개방적 합리체제)** : 현대의 조직은 개인을 다양한 욕구와 변이성을 지닌 자아실현인, 복잡인의 관점에서 파악하며 복잡하고 불확실한 환경 속에서 목표의 달성을 위해 개성이 강한 인간행동을 종합하는 활동을 의미한다.
  ㉣ **신조직이론(개방적 자연체제)** : 조직군 생태론, 자원의존이론, 제도화 이론, 혼돈이론, 전략적 선택이론 등이 있다.

(2) 조직의 유형

① Blau & Scott(수혜자 기준)
   ㉠ 호혜조직 : 조직구성원이 주요 수혜자로서 정당, 노동조합, 직업단체 등이 있다.
   ㉡ 사업조직 : 조직의 소유자나 출자자가 주요 수혜자로서 사기업 등이 있다.
   ㉢ 봉사조직 : 조직과 직접적인 관계의 고객이 주요 수혜자로서 병원, 학교 등이 있다.
   ㉣ 공익조직 : 일반 대중이 주요 수익자로서 일반행정기관, 군대, 경찰서 등이 있다.

② T. Parsons · Katz & Kahn(사회적 기능 기준)

구분	T. Parsons	Katz & Kahn
적응기능	경제조직(회사, 공기업)	적응조직(연구소, 조사기관)
목표달성기능	정치조직(정당, 행정기관)	경제적 · 생산적 조직(산업체)
통합기능	통합조직(정부조직, 경찰)	정치 · 관리적 조직(정당, 노동조합)
현상유지기능	현상유지조직(학교, 종교단체)	현상유지조직(학교, 종교단체)

③ Etzioni(복종관계 기준)
   ㉠ 강제적 조직 : 강제적 권력과 소외적 관여의 결합(교도소, 강제수용소)
   ㉡ 공리적 조직 : 보수적 권력과 타산적 관여의 결합(기업, 이익단체)
   ㉢ 규범적 조직 : 규범적 권력과 도덕적 관여의 결합(정당, 종교단체)

④ Likert(의사결정에의 참여도 기준)
   ㉠ 수탈적 권위형(체제1) : 조직의 최고책임자가 단독으로 모든 결정권을 행사하고 구성원의 의지는 반영되지 않는다.
   ㉡ 온정적 권위형(체제2) : 주요 정책은 고위층에서 결정하고 하급자는 주어진 영역 내에서만 재량권을 발휘할 수 있으나 최종 결정에 앞서 상급자의 동의를 거쳐야 한다.
   ㉢ 협의적 민주형(체제3) : 주요 정책은 고위층에서 결정하지만 한정된 범위의 특정 사안에 한해서는 하급자가 결정할 수 있다.
   ㉣ 참여적 민주형(체제4) : 조직의 구성원이 결정에 광범위하게 참여할 수 있으며 상호간 완전한 신뢰를 전제로 한다.

⑤ Mintzberg(조직의 특징 기준)
   ㉠ 단순구조 : 조직환경이 매우 동태적이며 상대적으로 규모가 작고 조직기술은 정교하지 않은 조직으로 신생조직 · 독재조직 · 위기에 처한 조직 등이 이에 속한다.
   ㉡ 기계적 관료제 : 조직규모가 크고 조직환경이 안정되어 있으며, 표준화된 절차에 의해 업무가 수행되는 조직으로서 은행, 우체국, 대량생산업체, 항공회사 등이 이에 속한다.

ⓒ 전문관료제 : 전문적 · 기술적 훈련을 받은 구성원에 의해 표준화된 업무가 수행되고 전문가 중심의 분권화된 조직이며, 조직환경이 상대적으로 안정되고 외부통제가 없는 조직으로서 대학, 종합병원, 사회복지기관, 컨설팅회사 등이 이에 속한다.

ⓔ 분립구조, 사업부제구조 : 독자적 구조를 가진 분립된 조직이며 중간관리층이 핵심적 역할을 하는 조직으로 대기업 · 대학분교 · 지역병원을 가진 병원조직 등이 이에 속한다.

ⓜ 임시체제(Adhocracy) : 고정된 계층구조를 갖지 않고 공식화된 규칙이나 표준적 운영절차가 없으며, 조직구조가 매우 유동적이고 환경도 동태적인 조직으로 첨단기술연구소 등이 이에 속한다.

> Point 》 조직의 새로운 유형
>   ⊙ 네트워크조직 : 유기적 조직유형의 하나로서 정보통신기술의 발달로 적용된 조직구조 접근법이다.
>   ⓛ 팀제 조직 : 특정 과업을 수행하기 위해 조직되어 스스로 문제를 해결해 나가는 소단위의 조직이다.

(3) 조직의 원리

① **통솔범위의 원리** … 부하를 효과적으로 통솔할 수 있는 범위를 말한다.

② **계층제의 원리** … 통솔범위가 확대되면 계층수는 적어지고, 통솔범위가 축소되면 계층수가 늘어난다. 책임한계가 명확하고 신속 · 능률적인 업무 수행이 가능하지만 의사소통 왜곡, 환경변동에의 부적응 등 경직성을 초래한다.

③ **전문화의 원리(분업의 원리, 기능의 원리)** … 전문화는 해당 업무를 숙달시켜 직업의 경제적 · 능률적 수행과 조직의 합리적 편성, 특정 분야의 전문가 양성에 기여하는 바가 크다.

④ **부처편성의 원리(Gulick)** … 목적 · 기능별 분류, 과정 · 절차별 분류, 대상 · 고객별 분류, 지역 · 장소별 분류가 있다.

⑤ **조정의 원리** … 행정조직의 대규모화, 행정기능의 전문화 · 복잡화로 조정의 필요성이 증가한다.

⑥ **명령통일의 원리** … 명령체계의 책임성의 확보와 능률적 업무처리에 필요하다.

2. 조직구조론

(1) 관료제

① 베버(M. Weber)의 관료제 … 관념의 순수한 구성물로서 관료제를 파악하는 것으로, 근대관료제의 성립은 근대적 합리성에 기초한 인간 이성의 진보로부터 가능하다고 보았다.

② 관료제의 병리현상
  ㉠ 구조적 측면 : 할거주의(Selznick), 갈등조정수단 부족, 전문가적 무능, 조직의 활력 상실
  ㉡ 행태적 측면 : 무사안일주의, 인간성 상실
  ㉢ 환경적 측면 : 서면주의, 형식주의, 번문욕례, 목표와 수단 전도, 동조과잉, 변동에 저항

(2) 계선과 막료

① 계선과 막료의 장·단점

구분	계선기관	막료기관
장점	• 권한과 책임의 한계 명확 • 능률적 업무수행 • 명령복종관계에 의한 강력한 통솔력	• 기관장의 통솔범위 확대 • 전문지식활용 합리적 결정에 기여 • 조직에 신축성 부여
단점	• 전문가의 지식·기술의 활용 곤란 • 조직의 경직성 초래 • 조직운영의 능률성, 효과성 저하	• 의사전달경로의 혼란 우려 • 책임전가의 우려 • 계선과 막료 간의 불화와 갈등 조성

② 계선과 막료의 특징

구분	계선기관	막료기관
직무	목표달성에 직접적 기여	목표달성에 간접적 기여
권한	결정권·명령권·집행권	공적 권한 없음
조직	수직적 계층제	수평적·부차적 조직
책임	직접적 행정책임	간접적 행정책임
성향	현실적·실제적·보수적	이상적·개혁적·비판적
업무유형	실시·지휘·명령·감독·결정	계선의 업무를 지원·조성·촉진
사례	장관, 차관, 실·국장	차관보, 비서실, 담당관

(3) 위원회조직

① **의의** … 복수의 자연인에 의해 구성되는 수평적 분권제로서 합의제적이고 계속적인 조직이다.

② **위원회조직의 장·단점**
　　㉠ 장점 : 민주성에 부합하고, 위원들의 전문적 지식과 경험을 반영한다.
　　㉡ 단점 : 책임의 분산과 혼란을 가져오며 문제발생시 책임회피의 경향이 있다.

(4) 공기업

① **개념** … 국가 또는 공공단체가 수행하는 여러 사업 중 공공수요의 총족을 위해 기업적·경영적 성격을 지닌 사업을 수행하는 기업으로 국가나 지방자치단체가 이를 소유하여 지배한다.

② **공기업의 유형**
　　㉠ **정부부처형** : 조직·인사·재정상의 제약으로 인해 공기업의 이점인 자율성·능률성·신축성을 갖지 못하고 관료적인 경향을 띠며, 기업경영에 필요한 창의력과 탄력성을 발휘하기 어렵기 때문에 공사로 전환하는 경향이 늘어나고 있다.
　　㉡ **주식회사형** : 정부가 주식의 전부 또는 일부를 소유하는 형태의 공기업으로서 주로 국가적으로 중요한 기업체의 도산을 방지하려는 경우, 개발도상국 정부가 외국사기업의 기술과 자본을 이용하려는 경우, 사기업의 창의력이나 신축성을 정부가 뒷받침하여 국책을 수행하려는 경우 등에 설치된다.
　　㉢ **공사형** : 공공성과 기업성의 조화를 도모하기 위해 시작된 제도로서, 전액정부투자기관이고, 정부가 운영의 손익에 대해 최종책임을 지며, 정부가 임명한 임원이 운영을 담당하고, 일반 행정기관에 적용되는 예산·인사·감사·회계에 관한 법령의 적용을 받지 않는다. 사양산업에 대한 지원이나 모험적 사업의 수행 또는 사회복지의 증진 등을 강력히 추진하는 데에 유리하다.

3. 조직과 개인 및 환경

(1) 환경에 대한 조직의 대응(Scott)

① **완충전략** … 분류, 비축, 형평화, 예측, 성장

② **연결전략** … 권위주의, 경쟁, 계약, 합병

(2) 조직과 인간

① 인간관과 관리전략

　㉠ E.H. Schein의 인간관 유형과 관리전략

　　• 합리적·경제적 인간관 : 인간은 타산적 존재이므로 경제적 유인으로 동기유발이 가능하다고 본다.

　　• 사회적 인간관 : 인간은 사회적 존재이므로, 사회·심리적 욕구가 인간행동의 기본적인 요인이라고 본다.

　　• 자기실현인간관 : 조직구성원은 자아실현을 추구하는 존재이므로, 동기부여는 직무를 통한 개인의 자아실현욕구가 충족됨으로써 이루어지는 내재적인 것이라고 본다.

　　• 복잡한 인간관 : 인간은 복잡·다양한 존재이며, 동기는 상황과 역할에 따라 다르다고 본다.

　㉡ McGregor의 X·Y이론

　　• X이론 : 인간의 본질은 게으르고 일하기를 싫어하며 생리적 욕구와 안전의 욕구를 추구하고 새로운 도전을 꺼리고, 피동적이기 때문에 외부의 제재와 통제를 통해 조종될 수 있다고 본다.

　　• Y이론 : 인간은 자기행동의 방향을 스스로 정하고 자제할 능력이 있으며 책임있는 행동을 한다고 본다.

　㉢ Ouchi의 Z이론 : 평생고용제, 장기에 걸친 평정 및 승진, 비전문적 경력통로, 내적 통제방식, 집단적 의사결정, 책임을 통한 만족감 고취, 전체적 관심 등의 특징을 주장한다.

② 동기부여이론

　㉠ 내용이론(욕구이론)

　　• Maslow의 욕구단계설 : 생리적 욕구, 안전의 욕구, 애정의 욕구, 존경의 욕구, 자아실현의 욕구

　　• Alderfer의 ERG이론 : 생존의 욕구, 인간관계의 욕구, 성장욕구

　　• Herzberg의 욕구충족요인 이원설 : 위생요인(불만을 일으키는 요인), 동기요인(만족을 일으키는 요인)

　　• Likert의 관리체제모형 : 체제1(수탈적 권위형), 체제2(온정적 권위형), 체제3(협의적 민주형), 체제4(참여적 민주형)

　㉡ 과정이론

　　• Vroom의 기대이론 : 성과가 분명하고 성과에 따른 보상이 클 것으로 기대될수록 개인의 동기는 강하게 작용한다.

　　• Porter & Lawler의 성과만족이론(EPRS이론) : 노력, 성과, 보상, 만족의 환류를 주장하며, 성과에 미치는 요인으로 노력을 강조한다.

　　• Adams의 형평성이론 : 개인의 투입에 대한 보수, 승진 등과 같은 결과의 비율이 준거인과 비교하여 어느 한쪽이 크거나 작을 때 불공정성이 지각되며 이 불공정성을 제거하기 위해 동기가 유발된다.

　　• 순치이론(보강이론) : 외부자극에 의하여 학습된 행동이 유발되는 과정 또는 어떤 행동이 왜 지속되는가를 밝히려는 이론이다.

4. 조직관리론

(1) 갈등

① 갈등의 기능
  ㉠ 역기능 : 조직의 목표달성을 저해한다.
  ㉡ 순기능 : 조직발전의 새로운 계기로써 선의의 경쟁을 유발시킨다.

② 갈등의 원인과 해결방안
  ㉠ 개인적 갈등의 원인과 해결방안 : 수락불가능성(목표 수정), 비교불가능성(대안선택), 불확실성(다른 대안모색)
  ㉡ 복수 의사주체 간의 갈등해결방안 : 상위목표의 제시, 공동의 적 설정, 자원의 증대, 회피, 완화, 타협, 상관의 명령, 제도개혁

(2) 리더십

① 리더십의 유형
  ㉠ 고전이론적 관점
    • White와 Lippitt의 유형 : 권위형, 자유방임형, 민주형
    • Blake & Mouton의 관리망모형 : 무관심형, 친목형, 과업형, 타협형, 단합형
  ㉡ 상황이론적 관점
    • Tannenbaum과 Schmidt의 유형 : 리더십 유형은 지도자와 집단이 처한 상황에 따라 신축적으로 결정되고, 가장 효율적인 리더십의 유형은 상황과 변수에 따라 신축적으로 결정된다고 보았다.
    • Hersey와 Blanchard의 상황적 리더십이론 : 부하의 성숙도가 낮은 상황일 경우에는 지시적인 과업행동을 취하는 것이 효과적이고, 부하의 성숙도가 중간정도의 상황에서는 부하를 참여시키도록 노력하는 관계성 행동이 효과적이며, 부하의 성숙도가 높은 상황에서는 부하에게 권한을 대폭 위임해 주는 것이 효과적이라고 보았다.
  ㉢ 최근의 이론적 관점
    • 카리스마적 리더십이론 : 카리스마적 리더가 뛰어난 개인적 능력으로 부하에게 심대하고 막중한 영향을 미칠 수 있고 그 영향으로 부하가 탁월한 업적을 성취할 수 있게 한다는 점을 강조한다.
    • 거래적 리더십 : 보상에 관심을 가지고 있고, 업무를 할당하고 그 결과를 평가하며, 예외에 의한 관리에 치중하고 책임과 결정을 기피하는 안정지향의 리더십이다.
    • 변혁적 리더십 : 카리스마, 영감, 지적 자극, 개인적 배려, 조직의 생존과 적응 중시에 치중하며, 조직합병을 주도하고 신규부서를 만들어 내며, 조직문화를 새로 창출해 내는 등 조직에서 변화를 주도하고 관리하는 변화지향의 리더십이다.

(3) 의사전달

① 의사전달의 기능 … 정책결정의 합리성을 확보하고, 조정 · 통제 · 리더십의 효과적 수단을 확보할 수 있도록 한다.

② 의사전달의 유형
　㉠ 공식적 의사전달
　　• 장점 : 상관의 권위유지에 기여하고 의사전달이 확실하고 편리하며 비전문가도 의사결정이 용이하다. 또한 전달자와 대상자가 분명하고 책임소재가 명백하다.
　　• 단점 : 결정된 사안의 배후사정을 전달하기 곤란하며 법규에 의거하므로 의사전달의 신축성이 없어 유동적 환경변화에 대한 신속한 대응이 곤란하다.
　㉡ 비공식적 의사전달
　　• 장점
　　－전달이 신속하고 상황적응력이 강하고 배후사정을 자세히 전달할 수 있다.
　　－긴장감과 소외감의 극복과 개인적 욕구의 충족에 기여한다.
　　－행동의 통일성을 확보해 주고 공식적 의사전달의 보완기능을 한다.
　　－유익한 정보를 제공하여 관리자에 대한 조언의 역할을 한다.
　　• 단점
　　－공식적인 권위체계와 의사전달체계가 무력화될 수 있고 책임소재가 불분명하다.
　　－조정과 통제가 어렵고 감정과 정서에 치중하여 왜곡의 가능성이 높다.

(4) 행정정보화

① 필요성 … 폭증하는 행정수요에 대응하고, 정책결정과정의 합리화를 통하여 복잡한 정책문제해결을 위한 최적대안을 효과적으로 탐색 · 선택하며, 행정의 분권화, 지방화, 민주화, 인간화에 대비하고, 행정관리의 능률화 개선과 행정서비스의 질적 향상을 위하여 그 필요성이 절실하다.

② 행정정보체계(PMIlS) … 행정조직의 운영, 행정관리, 정책의 형성 · 집행 · 평가, 행정서비스의 제공 등을 지원하기 위하여 각종 정보를 수집 · 검색하고 목적에 맞게 처리하여 제공해 주는 국가정보관리를 위한 행정체제를 의미한다.

③ 정보공개
　㉠ **정보공개의 목적 및 필요성** : 헌법에 명시된 국민의 알 권리를 보장하고 국정의 투명성 확보와 행정통제의 효과적 수단이 되어 공무원의 권력남용과 부패 및 관료제 조직의 폐해를 예방할 수 있고, 정부의 정보를 공개함으로써 문제인식을 공유하여 국민의 행정참여를 촉진시킬 수 있다.

ⓛ 한계 : 정보는 이를 청구한 청구인에게만 제공되어 청구하지 않으면 제공받을 수 없다. 또한 공공기관이 새로운 정보를 수집 또는 작성할 의무는 없기 때문에 정보공개제도의 충실화를 위해서는 각종 회의의 공개와 회의록의 공표 등을 포함하는 정보공표의무제도가 확립되어야 한다.

④ 전자정부 … 정보기술을 이용하여 행정활동의 모든 과정을 혁신하고 대국민 서비스를 고급화한 지식정보사회형 정부이다. 1990년대 미국 클린턴 정부가 국민의 삶의 질 향상과 경제발전에 정보기술을 이용하고자 시작한 개념으로 최근에는 유비쿼터스 정부로 발전하였다.

5. 조직변동론

(1) 조직혁신(OI ; Organization Innovation)

① 의의 … 목표지향적 성격을 띠며 계획적·의도적·인위적 변화과정이다.

② 주체
  ㉠ 착상자 : 새로운 아이디어, 사업계획을 구상해 내는 소수의 창조분자로서 하위계층이다.
  ㉡ 창도자 : 아이디어를 추진하는 통찰력이 있는 중간관리층이다.
  ㉢ 채택자 : 창도자를 지원, 새로운 계획을 선도적으로 채택하는 최고관리층이다.

③ 조직혁신에 대한 저항과 극복방안 … 혁신으로 기득권의 침해에 대한 저항이 생길 시 손실 보상, 설득과 양해로 극복 가능하다.

(2) 조직발전(OD ; Organization Development)

① 의의 … 인위적·계획적으로 구성원의 가치관 및 태도 등을 변화시키려는 조직혁신이다.

② 조직발전의 기법
  ㉠ 감수성훈련(실험실훈련, T−Group Study) : 경험과 감성 중시, 행동가능한 능력배양에 역점을 둔다.
  ㉡ 관리망훈련 : 생산에 대한 관심과 사람에 대한 관심의 이원적 변수에 의거하여 빈약형·친목형·조직인형·권위복종형·단합형 관리 등으로 구분하고, 이 중 계획적이고 체계적인 훈련을 통하여 단계적으로 사람과 생산의 관련성을 극대화하려는 단합형 관리를 가장 바람직한 관리유형으로 본다.
  ㉢ 작업집단발전 : 개인이 작업집단에 대하여 무관심한 경우 발생할 수 있는 조직목표달성에의 장애요인을 제거하기 위해서 마련된 기법이다.
  ㉣ 태도조사환류기법 : 전체 조직을 설문지로 조사하여 얻은 자료를 설문지를 제출한 사람들에게 다시 환류시키는 기법이다.

③ 조직발전의 성공요건과 한계 … 내부적으로도 개혁을 요구하는 분위기가 조성되어야 하며 장기적 노력이 필요하므로 많은 비용과 시간이 소요된다.

(3) 조직의 동태화

① 개념 … 조직이 환경변화에 신축성 있게 적응하고 끊임없이 제기되는 새로운 행정수요를 충족시킬 수 있도록, 경직화된 수직적 구조의 관료제조직으로부터 변동대응능력을 가진 쇄신적 조직으로 전환시켜 문제해결 중심의 협동체제(Adhocracy)를 구성해 나가는 과정을 의미한다.

② 동태적 조직의 유형(Adhocracy)
  ㉠ Project Team(특별작업반) : 횡적 관계의 중시로 전문가의 동기부여에 효과적이므로 극대화된 역량을 발휘할 수 있지만 임시성에 따른 심리적 불안감이 있고, 구성원간 갈등·대립·긴장이 발생하기 쉽다.
  ㉡ Task Force(전문가조직) : 외부전문가의 도입 및 활용으로 전문적이고 구체적인 과업수행이 이루어지지만 행정의 일관성을 저해하기 쉽다.
  ㉢ Matrix조직(복합조직, 행렬조직) : 프로젝트 조직과 기능 조직을 절충한 형태로 책임과 권한한계의 불명확성문제가 제기된다.
  ㉣ 책임운영기관(Agency) : 중앙정부의 집행 및 서비스전달기능을 분리하여 자율성을 부여하고, 그 운영성과에 대하여 책임을 지도록 하는 성과 중심의 사업부서화된 행정기관을 말한다.

4   인사행정론

1. 인사행정의 기초

(1) 인사행정의 변천

① 엽관주의(Spoils System) … 미국에서 처음 도입된 것으로, 복수정당제가 허용되는 민주국가에서 선거에서 승리한 정당이 정당 활동에 대한 공헌도와 충성심의 정도에 따라 공직에 임명하는 제도이다. 행정의 비전문성과 안정성 미확보의 우려가 있다.

② 실적주의(Merit System) … 개인의 능력·실적을 기준으로 정부의 공무원을 모집·임명·승진시키는 인사행정체제이다. 공직임용의 기회균등으로 사회적 평등 실현이 가능해지고 행정의 공정성이 확보되며 신분보장이 법령에 의해 규정됨으로써 행정의 안정성과 계속성이 확보될 수 있다.

(2) 직업공무원제(Career System)

① 의의 … 현대행정의 고도의 전문화·기술화 및 책임행정의 확립, 재직자의 사기앙양을 위해 중립적·안정적 제도의 요구에 부응하여 나온 인사제도로 영국 및 유럽의 지배적인 제도이다.

② 직업공무원제의 장·단점
  ㉠ 장점 : 신분보장으로 인한 행정의 안정화, 공직에 대한 직업의식의 확립, 정권교체시 행정의 공백상태의 방지, 행정의 계속성과 정치적 중립성 확보에 용이하다.
  ㉡ 단점 : 공직의 특권화와 관료주의화, 행정에 대한 민주통제의 곤란, 일반행정가 중심으로 인한 전문화, 행정기술발전의 저해, 유능한 외부인사 등용이 곤란, 학력·연령 제한으로 인한 기회의 불균형이 생길 수 있다.

(3) 대표관료제(Representative Bureaucracy)

① 의의 … 사회를 구성하는 모든 주요 집단으로부터 인구비례에 따라 관료를 충원하고, 그들을 정부관료제 내의 모든 계급에 비례적으로 배치함으로써 정부관료제가 그 사회의 모든 계층과 집단에 공평하게 대응하도록 하는 제도이다.

② 대표관료제의 문제점 … 관료들의 사회화 과정을 경시하고 상류계급의 공직임용을 제한하게 되는 역차별의 문제로 사회분열이 조장된다.

(4) 공직의 분류

① 경력직과 특수경력직의 종류와 기능
  ㉠ 경력직
   • 일반직 : 기술·연구 또는 행정일반에 대한 업무를 담당하며 직군별로 분류되는 공무원
   • 특정직 : 법관·검사·경찰·소방·군인·교육공무원 등
  ㉡ 특수경력직
   • 정무직공무원 : 선거로 취임하거나 임명할 때 국회의 동의가 필요한 공무원 또는 고도의 정책결정 업무를 담당하거나 이러한 업무를 보조하는 공무원으로서 법률이나 대통령령(대통령비서실 및 국가안보실의 조직에 관한 대통령령만 해당한다)에서 정무직으로 지정하는 공무원
   • 별정직공무원 : 비서관·비서 등 보좌업무 등을 수행하거나 특정한 업무 수행을 위하여 법령에서 별정직으로 지정하는 공무원

② 직위분류제와 계급제
  ㉠ 직위분류제 : 직무 또는 직위라는 관념에 기초하여 직무의 종류, 곤란도, 책임도 등을 기준으로 하여 직류별·직렬별·등급별로 분류·정리하는 제도이다.
  ㉡ 계급제 : 학력·경력·자격과 같은 공무원이 가지는 개인적 특성을 기준으로, 유사한 개인의 특성을 가진 공무원을 하나의 범주나 집단으로 구분하여 계급을 형성하는 제도이다.

2. 채용

(1) 시험

① 의의 … 능력 있는 자와 능력 없는 자를 구별하는 가장 효과적인 방법으로 잠재적 능력의 측정, 직무수행능력의 예측, 장래의 발전가능성 측정에 효용이 있다.

② 측정기준
- ㉠ 타당도 : 측정하려는 대상의 내용을 얼마나 충실하고 정확하게 측정하고 있는가를 나타내는 것으로, 시험성적과 근무성적을 비교해 본다.
- ㉡ 신뢰도 : 대상을 얼마나 일관성 있게 측정하고 있는가를 나타내는 것으로, 동일한 내용의 시험을 반복시행한 결과가 비슷해야 한다. 제고방법으로는 채점의 객관성 향상, 보다 많은 문항수, 시험시간의 적절성이 있다.
- ㉢ 객관도 : 채점의 공정성에 관한 것으로 제고방법으로는 평가도구·방법의 객관화, 명확한 평가기준의 설정, 공동평가의 종합 등이 있다.

(2) 임용

① 외부임용 … 공개경쟁채용과 특별채용을 이용한다.

② 내부임용
- ㉠ 수직적 내부임용 : 승진, 강임
- ㉡ 수평적 내부임용 : 배치전환(전보, 전직, 전입, 파견근무), 겸임, 직무대행

3. 능력발전

(1) 근무성적평정

① 도표식 평정척도법 … 평정요소를 나열하고 평정요소마다 우열을 나타내는 척도인 등급을 표시한 평정표를 사용한다. 평정표의 작성과 사용이 용이하다는 장점이 있으나, 평정요소의 합리적 선정과 기준이 모호하며, 연쇄효과, 집중화 경향, 관대화 경향이 나타나기 쉽다.

② 사실기록법 … 객관적인 사실에 기초하여 근무성적을 평가하는 방법으로 산출기록법, 주기적 검사법, 근태기록법, 가감점수법 등이 있다. 객관적이기는 하나 작업량을 측정하기 어려운 업무에 대하여는 적용할 수 없다는 단점이 있다.

③ 서열법 … 피평정자 간의 근무성적을 비교해서 서열을 정하는 방법으로, 비교적 작은 집단에 대해서만 가능하고 집단 내의 전체적인 서열 외에 객관적 자료는 제시하지 못한다.

④ **체크리스트법** … 표준행동목록에 단순히 가부를 표시하는 방법으로, 평정요소가 명확하게 제시되어 있고 평정하기가 비교적 쉬우나, 평정요소에 관한 평정항목선정이 곤란하고 질문항목이 많을 경우 평정자가 곤란을 겪게 된다.

⑤ **강제선택법** … 2개 또는 4~5개의 항목 가운데서 피평정자의 특성에 가까운 것을 강제적으로 골라 표시하도록 하는 방법으로, 신뢰성과 타당성이 높다는 장점이 있으나, 평정기술항목들을 만들기 어렵고 작성비용이 많이 드는 단점이 있다.

⑥ **강제배분법** … 평정점수의 분포비율을 획일적으로 미리 정해 놓는 방법이다. 피평정자가 많을 때에는 관대화 경향에 따르는 평정오차를 방지할 수 있으나, 현실을 왜곡하는 부작용이 초래될 수 있다.

4. 사기

(1) 보수체계

① **직무급** … 동일직무에 대한 동일보수의 원칙에 근거하여 직무의 내용·곤란성·책임도를 기준으로 한 보수를 말한다.

② **성과급(능률급)** … 공무원의 직무에 대한 실적·성과·능률의 정도를 고려하여 보수를 결정하는 것으로 생산성 향상에 가장 유리하다.

③ **근속급(연공급)** … 공무원의 근속 연수를 기준으로 한 보수이다.

④ **직능급** … 직무를 수행하는 데 요구되는 능력을 기준으로 보수를 결정한다.

(2) 고충처리

① **국민권익위원회**
   ㉠ **설치 이유** : 고충민원의 처리와 이에 관련된 불합리한 행정제도를 개선하고, 부패의 발생을 예방하며 부패행위를 효율적으로 규제하도록 하기 위하여 국무총리 소속으로 국민권익위원회를 둔다.
   ㉡ **기능** : 국민의 권리보호·권익구제 및 부패방지를 위한 정책의 수립 및 시행, 부패방지 및 권익구제 교육·홍보 계획의 수립·시행, 부패행위 신고 안내·상담 및 접수, 신고자의 보호 및 보상, 법령 등에 대한 부패유발요인 검토 등이 있다.

② **공무원단체** … 공무원의 권익을 증진하고 실적제가 강화될 수 있으나 공무원의 단체 활동은 국민 다수의 이익에 부정적 영향을 미칠 수 있다.

5. 근무규율

(1) 공무원의 정치적 중립

① **미국** … 1883년 Pendleton법에서 분류직 공무원의 정치활동을 금지하였으며 1939년 Hatch법을 통해 선거 자금 제공과 선거운동 금지, 정당 강요와 보상 금지 등을 규정하였다.

② **영국(Whitley협의회)**

　㉠ 하위직 : 정치활동의 자유를 허용하였다.

　㉡ 서기계급(중간계급) : 입후보만을 금지하였다.

　㉢ 행정·집행계급(고위계급) : 정치활동을 금지하였다.

③ **우리나라**

　㉠ 헌법 제7조 제2항 : 공무원의 신분과 정치적 중립성은 법률이 정하는 바에 의하여 보장된다.

　㉡ 국가공무원법 제65조 : 공무원은 정당이나 그 밖의 정치단체의 결성에 관여하거나 가입할 수 없으며 선거 에서 특정 정당이나 특정인을 지지하거나 반대하는 행위를 할 수 없다. 또한 다른 공무원에게 이와 같은 행위를 요구하거나 정치적 행위의 보상·보복으로서 이익·불이익을 약속하여서는 안 된다.

(2) 신분보장

① **징계사유**

　㉠ 국가공무원법(지방공무원법) 및 법의 명령(지방공무원의 경우 지방자치단체의 조례 또는 규칙)을 위반한 때

　㉡ 직무상의 의무를 위반하거나 직무를 태만히 한 때

　㉢ 직무 내외를 불문하고 체면 또는 위신을 손상하는 행위를 한 때

② **징계의 종류**

　㉠ 파면 : 5년간 임용에 금지되는 강제퇴직이다.

　㉡ 해임 : 3년간 공직임용에 제한되는 강제퇴직이다.

　㉢ 강등 : 1계급 아래로 직급을 내리고 공무원 신분은 보유하나 3개월간 직무에 종사하지 못하며 그 기간 중 보수는 전액을 감한다.

　㉣ 정직 : 1~3개월, 신분은 보유하나 직무에 종사하지 못하며 보수는 전액을 감한다.

　㉤ 감봉 : 1~3개월, 보수의 3분의 1을 감한다.

　㉥ 견책 : 전과에 대해 훈계하고 회개하게 한다.

1. 예산의 기초이론

(1) 예산의 의의

① **예산의 개념** … 형식적 의미로는 헌법과 국가재정법에 의거하여 편성, 국회의 심의·의결을 거친 1회계연도 간의 재정계획이다. 실질적 의미로는 재정수요와 이에 충당할 재원을 비교하여 배정한 1회계연도에 있어서 의 세입·세출의 예정적 계산이다.

② **예산의 기능**

  ㉠ **정치적 기능** : 예산은 단순히 합리적·과학적·총체적 결정이 아닌, 다양한 이해관계의 조정과 타협으로 결정되어 가치배분적 성격을 가진다.

  ㉡ **법적 기능** : 예산은 입법부가 행정부에 대해 재정권을 부여하는 하나의 형식이며, 예산이 법률의 형식을 가지지 않더라도 입법부의 승인을 받음으로써 강제적으로 집행해야 할 의무를 가지게 된다.

  ㉢ **행정적 기능**(A. Schick) : 통제적 기능, 관리적 기능, 계획기능을 가진다.

  ㉣ **경제적 기능**(R.A. Musgrave)

   • 자원배분기능 : 정부는 현재의 수요·공급을 직접 담당하거나 예산지원으로 자원을 배분한다.

   • 소득재분배기능 : 상속세·소득세 등의 세율조정이나 사회보장적 지출 등을 통하여 사회계층의 소득분배 의 불균등을 해소한다.

(2) 예산의 종류

① **일반회계예산** … 조세수입을 주재원으로 한 국가 활동에 사용되는 예산이다.

② **특별회계예산** … 특정한 세입으로 특정한 세출에 충당함으로써 일반의 세입·세출과 구분하여 계리할 필요 가 있을 때 법률로써 설치하는 회계이다.

③ **본예산** … 정상적인 편성과 심의를 거쳐 최초로 확정되는 예산으로 정기적으로 매년 다음 해의 총세입과 세 출을 예산으로 편성하여 정기예산국회에 다음 회계연도가 시작되기 120일 전에 제출하는 예산이다.

④ **수정예산** … 예산안이 편성되어 국회에 제출된 후 심의를 거쳐 성립되기 이전에 부득이한 사유로 인하여 그 내용의 일부를 수정하고자 하는 경우 작성되는 예산안을 의미한다.

⑤ **추가경정예산** … 예산이 국회를 통과하여 예산이 성립된 이후 예산에 변경을 가할 필요가 있을 때, 국회에 제출하여 성립되는 예산을 말한다.

⑥ **준예산** … 의회에서 예산안이 성립되지 않은 경우 예산의 의결이 있을 때까지 세입범위 안에서 전년도 예산에 준하여 일정한 경비를 지출할 수 있도록 하는 제도로 우리나라에서 활용되고 있다.

⑦ **잠정예산** … 회계연도 개시 전까지 예산 불성립시, 일정기간 동안 일정금액 예산의 국고지출을 잠정적으로 의회의결하에 허용하는 제도이다.

⑧ **가예산** … 부득이한 사유로 예산이 국회에서 의결되지 못한 경우에 최초의 1개월분을 국회의 의결로 집행할 수 있는 예산이다. 1개월 간의 기간 제한이 있다는 점에서 잠정예산과 차이가 나며, 국회의 의결을 필요로 한다는 점에서 준예산과 다르다.

2. 예산과정

(1) 예산과정

① **예산편성과정** … 중앙관서의 장의 중기사업계획서 제출→기획재정부장관의 예산편성지침서 시달→중앙관서의 장의 예산요구서 작성 및 제출→기획재정부의 사정→정부 예산안의 확정과 국회 제출

② **예산편성의 형식**
   ㉠ **예산총칙** : 세입·세출예산 이외에 매년도의 재정운영에 필요한 기초사항에 관하여 국회의 의결을 받아두는 형식이다.
   ㉡ **세입·세출예산** : 당해 회계연도의 모든 수입과 지출 예정액을 제시하고 있는데, 세입예산은 법적 효력이 없고, 세출예산은 법적 효력이 있다.
   ㉢ **계속비** : 수년에 걸쳐 완성되는 공사, 제조, 연구개발사업은 경비의 총액과 연부액을 정하여 미리 국회의 의결을 얻어 수년에 걸쳐 지출할 수 있다. 계속비의 연한은 회계연도로부터 5년이다.
   ㉣ **명시이월비** : 세출예산 중 경비의 성질상 연도 내에 그 지출을 끝내지 못할 것이 예측될 때에는 그 취지를 세입·세출예산에 명시하여 미리 국회의 승인을 얻어 다음 해에 이월하여 사용할 수 있다.
   ㉤ **국고채무부담행위** : 법률에 의한 것과 세출예산금액 또는 계속비 총액의 범위 내의 것 이외에 국가가 채무를 부담하는 행위를 할 때는 미리 예산으로서 국회의 의결을 얻어야 한다.

③ **예산의 심의**
   ㉠ **대통령의 시정연설** : 회계연도 개시 120일 전까지 예산안이 국회에 제출되면 본회의에서 대통령의 시정연설이 있게 된다.

ⓛ 상임위원회의 예비심사 : 국회의 각 상임위원회는 소관부처별 예산안을 예비심사한다.

ⓒ 예산결산특별위원회의 종합심사 : 기획재정부장관의 예산안 제안 설명과 전문위원의 예산안 검토 · 보고 후, 예산결산특별위원회는 국정 전반에 걸쳐 정책질의를 하며 각 부별로 예산안을 심의하고, 계수조정소위원회의 계수조정이 있은 후 전체 회의에 상정되어 의결, 본회의에 상정한다.

ⓔ 본회의 의결 : 본회의에서는 예산결산특별위원회 위원장의 심사보고에 이어 의원들의 질의 및 토론을 거쳐 예산안을 회계연도 30일 전까지 최종적으로 의결 · 확정한다.

④ **예산의 집행** ⋯ 국가의 수입과 지출을 실행 · 관리하는 모든 행위로, 국고의 수납, 지출행위와 지출원인행위, 국고채무부담행위를 포함하여 확정된 예산에 따라 수입을 조달 · 지출하는 모든 재정활동을 말한다.

ⓐ 예산의 이용 : 입법과목(장 · 관 · 항) 간에 예산을 상호융통해서 사용하는 것을 말한다.

ⓑ 예산의 전용 : 행정과목인 세항 또는 세항 내의 목(경비성질별 분류) 간에 상호융통해서 사용하는 것을 말한다.

ⓒ 예산의 이체 : 행정조직의 개편으로 인해 그 직무권한에 변동이 있을 때 예산도 이에 따라 변경시키는 것을 말한다.

ⓓ 예산의 이월 : 회계연도 독립의 원칙에 대한 예외로서 한 회계연도의 세출예산의 일정액을 다음 연도에 넘겨서 사용할 수 있도록 함으로써 시기적인 신축성을 유지해 주는 제도이다.

ⓔ 예비비 : 예측할 수 없는 예산 외의 지출 또는 예산초과지출에 충당하기 위하여 세입세출예산에 계상한 금액이다.

ⓕ 계속비 : 장기간 사업의 경우 경비의 총액과 연부액을 정하여 미리 국회의 의결을 얻은 범위 내에서 5년 이내에 걸쳐 지출할 수 있는 예산을 말한다. 예산 1년주의와 회계연도독립의 원칙에 대한 예외를 인정함으로써 예산집행의 신축성을 유지하기 위한 제도적 장치라고 할 수 있다.

ⓖ 국고채무부담행위 : 국가가 채무를 부담하는 행위만 당해연도에 하고, 실제 지출은 그 다음 회계연도에 이루어지는 것이다.

ⓗ 수입대체경비 : 용역 또는 시설을 제공하여 발생하는 수입과 관련되는 경비로서 대통령령이 정하는 경비를 말한다.

ⓘ 긴급배정 : 회계연도 개시 전에 미리 예산을 배정하는 긴급배정제도로 정보비, 여비, 경제정책상 조기집행을 필요로 하는 공공사업비 등이 해당된다.

⑤ **결산** ⋯ 예산 · 결산의 일치 여부, 예산집행의 적정성 · 적법성 등을 심사하여 정부의 예산집행에 대한 사후 감독과 정부의 국회예산심의권 침해를 방지하기 위한 통제장치이다.

3. 예산제도

(1) 예산제도의 형태

① **품목별 예산제도(LIBS)** … 지출의 대상·성질을 기준으로 하여 세출예산의 금액을 분류하는 것으로 예산의 집행에 대한 회계책임을 명백히 하고 경비사용의 적정화를 기하는 데 필요하다.

② **성과주의 예산제도(PBS)** … 관리 중심적 예산으로 지출을 필요로 하는 사업계획과 이에 따른 세부사업, 나아가서는 업무측정단위로 구획한 다음 이에 따라 예산을 편성한다(예산액 = 단위원가 × 업무량).

③ **계획예산제도(PPBS)** … 계획예산제도는 장기적 계획수립과 단기적 예산결정을 프로그램 작성을 통해 유기적으로 연결시킴으로써 자원배분에 관한 의사결정의 일관성과 합리성을 도모하려는 예산제도이다.

④ **목표관리(MBO)** … 상급자와 하급자가 공동으로 목표를 확인하고, 효과적인 관리를 통해 이 목표를 달성하고자 하는 관리기법인 동시에 예산기법이다.

⑤ **영기준예산(ZBB)** … 예산편성시에 기존 사업을 근본적으로 재검토하여 예산의 삭감은 물론 사업의 중단이나 폐지도 고려할 수 있는 예산결정방식이다.

⑥ **일몰법(SSL)** … 특정의 행정기관이나 사업이 일정기간(3~7년)이 지나면 자동적으로 폐지되게 하는 법률로 재검토하여 존속하게 한다.

⑦ **자본예산(CBS)** … 복식예산의 일종으로 정부예산을 경상지출과 자본지출로 구분하고, 경상지출은 경상수입으로 충당시켜 균형을 이루도록 하지만, 자본지출은 적자재정과 공채발행으로 수입에 충당하게 함으로써 불균형예산을 편성하는 제도이다.

⑧ **기타**

　㉠ **지출통제 예산제도** : 예산항목간 전용 허용, 회계과목의 단순, 불용액의 이월, 효율적 배당 허용 등으로 기관장이 예산을 자유롭게 지출할 수 있게 한다.

　㉡ **총괄배정 예산제도** : 포괄적 용도에 따라 전체액만 결정하여 신축성과 자율성을 보장한다.

　㉢ **다회계년도 예산제도** : 회계연도를 2년 이상으로 하며 연말의 예산낭비 방지, 시간·노력 절감, 사업의 계속성 보장 등의 장점이 있다.

　㉣ **산출 예산제도** : 예산의 사전승인 대신 자율성을 인정하고, 성과나 산출을 평가·통제한다.

　㉤ **총괄경상비 제도** : 매 회계연도마다 경상비 예산의 추계는 재무부가 각 부처와의 협의에 의해 결정하여 단일비목으로 국회에 제출하고, 국회는 제출된 경상비 예산안에 대하여 연간 금액한도를 기준으로 심의·확정하는 금액한도제 방식을 채택한다.

ⓗ 정치관리형 예산(BPM) : 계획예산제도에 대한 반발로 의회 우위를 확보하기 위하여 대두된 하향식 예산제도로서 의회 및 대통령의 정치적 계산에 의해 예산의 총한도가 정해지고 주정부 및 행정기관은 그 한도 내에서 우선순위를 통해 집행한다(하향식·집권식 결정).

ⓢ 지출대예산(EEB) : 계획예산제도와는 대조적으로 하부기관에서 대안 간의 선택이 이루어지게 하는 수단으로 상층부에서 사업의 우선순위와 지출한도를 설정하는 하향식 자원배분절차이다.

ⓞ 성과지향적 예산제도 : 성과 중심으로 예산을 운용하는 것으로 투입 중심의 예산제도에 반대되는 개념이다.

6 행정통제와 행정개혁

1. 행정책임과 행정통제

(1) 행정책임

① 의의 … 행정기관이나 행정인이 직무를 수행할 때 국민의 기대와 희망, 공익 및 행정관계법령 등이 규정하는 행동기준에 따라 행동할 의무를 지는 것을 말한다.

② 필요성 … 위임입법의 증대, 국민통제의 취약, 행정관할범위의 확대, 막대한 예산권의 행사, 정부 주도의 경제발전 추진, 결정권의 집중과 확대·강화 경향, 행정의 전문화·복잡화, 재량권의 확대가 이루어졌다.

(2) 행정통제

① 의의 … 행정책임을 보장하기 위한 사전적·사후적 제어장치로서 행정조직의 하부구조나 참여자들이 조직목표나 규범으로부터 이탈되지 않도록 하기 위한 제재와 보상 등의 활동을 말한다.

② 유형
  ㉠ 외부통제(민주통제) : 민중통제, 사법통제, 입법통제, 옴부즈만 제도
  ㉡ 내부통제(자율통제) : 정책·기획 통제, 관리통제, 공직윤리 등

③ 시민참여 … 행정의 의사결정과정에 국민이 개인적 또는 집단적으로 직·간접적인 영향을 미치거나 관여하는 것을 의미한다. 그러나 전문성을 저해하고 비능률을 초래하며 행정관청에 의한 대중조작의 위험성이 있다. 또한 정책과정의 복잡화와 지체를 초래하여 시간·자원을 낭비할 가능성이 있고, 적극적 참여의식의 결여, 대표성의 문제가 있을 수 있다.

2. 행정개혁

(1) 행정개혁

① 필요성
　　㉠ 국제적 환경의 변화, 권력·이익 투쟁의 작용으로 행정개혁이 요구된다.
　　㉡ 행정문제와 수요의 변동, 정부역할과 행정수요의 변동이 있다.

② 접근방법
　　㉠ 구조적 접근방법
　　　• 특징 : 공식적·합리적 조직과 조직원리에 중점을 두는 전통적 접근방법이다.
　　　• 문제점 : 후진국의 경우 형식주의에 치중할 위험성이 있고, 인간적 요인을 과소평가하며, 조직의 동태적 성격과 환경적 요인이 충분히 고려되지 않는다.
　　㉡ 기술적 접근방법
　　　• 특징 : 과학적 관리법의 원리를 적용하여, 사무관리 개선에 목표를 두고 행정수행과정을 중시한다.
　　　• 장·단점 : 전산화된 통합적 관리정보체계는 기술적 쇄신을 통해 표준적 절차와 조직의 과업수행에 영향을 준다. 그러나 기술과 인간성 간의 갈등을 소홀히 할 수 있다.
　　㉢ 인간관계론적(행태적) 접근방법
　　　• 특징 : 행정인의 가치관·태도 등을 감수성훈련 등 조직발전기법을 활용하여 인위적으로 변혁시켜 조직 전체의 개혁을 도모한다.
　　　• 문제점 : 인간의 행태변화는 장기적인 시간을 소요하며, 권위주의적 행정문화 속에서의 낮은 성공률을 보이며, 행태과학의 전문적 기술 및 지식이 요구된다.
　　㉣ 종합적 접근방법 : 구조적·기술적·인간관계적 접근방법이 상호보완적으로 병행된다. 정치적 성격과 환경적 요인의 중요성을 감안한 방법이며 현대행정에서 가장 타당한 행정개혁방안이라고 볼 수 있다.

(2) 감축관리

① 의의 … 행정개혁의 실천적 접근방법으로서 정책·조직·사업 등을 계획적으로 정비·폐지·축소하여 자원 활용의 총 효과성을 극대화하고자 하는 조직정비운동이다. 일몰법의 도입, 민영화의 확대, 제3섹터를 활용, 영기준예산(ZBB)의 채택, 정책의 종결, 사업의 합병 등을 활용, 규제의 폐지·축소 등의 방법을 시행한다.

② 저해요인 및 해소방안

   ㉠ 저해요인

- 법적인 제약이 따른다.
- 관련 수혜집단의 저항이 있을 수 있다.
- 심리적 · 정치적 원인이 작용할 수 있다.
- 과대한 비용 · 손실 · 매몰비용(sunk cost)이 소요된다.
- 담당행정조직의 존속지향성(동태적 보수주의 추구)이 있다.

   ㉡ 해소방안

- 부담의 보상을 해주고 관련정보의 누설을 방지한다.
- 제도적 장치(ZBB, 일몰법)를 확립한다.
- 동조세력의 확대와 외부인사의 참여 등을 유도한다.
- 기존정책의 폐해와 새로운 정책도입을 적극적으로 홍보한다.

7 지방행정론

1. 지방자치단체와 국가와의 관계

(1) 중앙집권의 장 · 단점

① 장점 ··· 행정관리의 전문화, 국가위기에 대한 신속한 대처 가능, 자원배분의 합리화, 대규모의 물질적 · 정신적 사업에 유리, 행정의 통일성, 안정성, 능률성에 기여, 광역적 · 거시적 · 전국적인 국가사업 추진, 급변하는 행정수요에 대한 소요재원 확보가 가능하다.

② 단점 ··· 중앙정부의 행정부담 가중, 행정수요의 지역적 특수성 무시, 공동체의식 · 자치의식 등의 결여, 참여의식의 저하, 지방 민주화 저해, 민주통제 약화, 권위주의적 · 전제주의적 경향이 나타날 수 있다.

(2) 신중앙집권화와 신지방분권화

① 신중앙집권화 ··· 기존의 지방자치를 부정하는 것이 아니라 지방정부와 기능적으로 협력하고 조화를 모색하기 위하여 등장하였다.

   ㉠ 촉진요인 : 행정사무의 양적 증가, 질적인 전문성의 한계, 과학기술과 교통 · 통신의 발달, 중앙재정에의 높은 의존도, 국민생활권의 확대와 경제규제의 필요성의 대두, 국민의 최저수준 유지의 필요성, 행정의 민주화 · 능률화의 조화가 필요하였다.

ⓒ 특징 : 능률성과 민주성이 조화되는 이념으로 비권력적·협력적·수평적·기능적 집권에 해당한다.

② **신지방분권화** … 중앙집권적 성향이 강했던 프랑스 등에서 정보화, 국제화, 도시화, 지역불균형 등으로 1980년대 이후 나타난 지방분권화 경향이다(미국의 Home Rule운동).

　ㄱ **촉진요인** : 정보화의 확산, 도시화의 진전, 중앙집권화의 폐해로 인한 지역간 불균형, 국제화·세계화의 추세로 활동영역이 확대되었다.

　ⓒ **특징** : 상대적·참여적·협조적·적극적 분권으로 능률성과 민주성이 조화된다. 국가의 사전적·권력적 관여를 배제하고, 지식적·사후적 관여만 하면서 국가는 기본정책결정을 담당하고, 지방은 집행을 담당한다.

2. 지방자치

(1) 지방자치단체의 사무

① **고유사무** … 지방자치단체가 자주적으로 처리하는 사무로 중앙으로부터 사후 교정적 감독을 받는다. 지방자치단체의 존립관련사무와 지방 공공복리에 관련된 사무가 이에 해당한다.

② **단체위임사무** … 국가 또는 상급단체의 사무가 법령에 의하여 지방자치단체에 위임되어 중앙의 교정적인 감독하에 처리되는 사무로 국가가 비용을 일부 부담한다. 보건소 운영, 예방접종사무, 시·군의 재해구호사무, 도의 국도 유지·보수사무 등이 이에 해당한다.

③ **기관위임사무** … 국가 또는 상급단체의 사무가 법령의 근거없이 상황에 따라 지방자치단체로 위임되어 지방의회의 간섭을 배제하고 상급단체의 사전적·전면적 감독을 받으며 처리하는 사무로 국가가 비용을 전액부담한다. 병역, 인구조사, 경찰, 선거에 관련된 사무가 이에 해당한다.

(2) 지방재정

① 지방수입의 분류

　ㄱ 자치단체의 자주성 정도
　　• 자주재원 : 지방자치단체가 스스로 조달하는 재원으로 지방세 수입, 세외수입 등이 있다.
　　• 의존재원 :국가나 상급자치단체에 의존하여 확보하는 재원으로 지방교부세, 국고보조금 등이 있다.

　ⓒ 용도의 제한 여부
　　• 일반재원 : 용도의 제한없이 자유롭게 지출할 수 있는 재원으로 지방세, 세외수입, 지방교부세 등이 있다.
　　• 특정재원 : 지출용도가 정해져 있는 재원으로 국고보조금 등이 있다.

ⓒ 규칙적 확보 여부
- 경상수입 : 매년 규칙적·안정적으로 확보할 수 있는 재원으로 지방세, 사용료, 수수료, 보통교부세 등이 있다.
- 임시수입 : 불규칙적·임시적·가변적으로 확보할 수 있는 재원으로 특별교부세, 부동산 매각 수입, 지방채 수입, 이월금 등이 있다.

② 지방재정자립도 … 지방자치단체의 세입구조를 지방세 수입, 세외수입, 지방교부세, 보조금으로 분류할 경우 그 중에서 지방세 수입과 세외수입이 세입총액에서 차지하는 비율을 의미한다.

$$\text{지방재정자립도} = \frac{\text{자주재원(지방세 · 세외수입)}}{\text{세입총액(지방세 · 세외수입, 지방교부세, 보조금 등)}} \times 100(\%)$$

❈ 핵심용어정리

⭘ 공공관리설(1980년대~현재)

행정을 시장메커니즘에 의한 국가경영으로 파악하며, 지역사회로부터 국제사회에 걸치는 여러 공공조직에 의한 행정서비스 공급체계의 복합적 기능에 중점을 두는 포괄적 개념으로 인식될 수 있으며, 통치·지배보다 경영의 의미가 강하다.

⭘ 파킨슨의 법칙(Parkinson's Principle)

① 개념 … 본질적인 업무량과는 직접적인 관련이 없이 공무원의 수는 일정한 비율로 증가한다는 사회심리학적 법칙이다.

② 부하배증의 법칙 … 공무원은 업무 과중시 동료보다는 그를 보조해 줄 부하를 보충받기를 원한다. 동료는 승진에 경쟁자가 될 가능성이 높고 부하는 서로 경쟁시킴으로써 통솔도 용이하고 자신의 권위를 보존할 수 있기 때문이다.

③ 업무배증의 법칙 … 부하가 배증되면 지시, 보고, 승인, 감독 등의 파생적 업무가 발생하여 본질적 업무와 관계없이 업무량이 증가한다. 그리고 배증된 업무량 때문에 다시 부하배증현상이 나타나고 이는 다시 업무배증 현상이 창조되는 순환과정을 거치면서 정부규모가 확대된다.

⭘ 포드 시스템(Ford System)

작업공정을 Gilbreth의 기본동작연구를 이용하여 세분화·전문화·표준화하고 이를 기계로 대치하여 이동조립법을 실시했다. Ford는 경영을 이윤추구의 수단이라기보다는 사회대중에 대한 봉사의 수단이 되어야 한다고 주장하였다. 즉, 일상품의 저가격과 임금수준의 향상을 통해 대중의 생활수준 향상을 경영을 통한 봉사로 보았다.

⭘ Hawthorne실험

1924~1932년에 걸쳐 E. Mayo 등의 학자들이 Hawthorne 공장을 대상으로 실험한 생산성 제고에 영향을 끼치는 변수에 관한 실험이다. 그 결과 노동의 작업량은 육체적 능력이 아닌 사회적 능력에 의하여 결정되고, 비경제적 동기부여가 생산성에 영향을 끼치며, 비공식조직이 생산성 제고와 깊은 연관이 있음을 발견하였다.

⭘ 무의사결정론(신엘리트론)

엘리트론이 R. Dahl 등의 다원주의자들에 의해 비판을 받게 되자, P. Bachrach와 M. Baratz가 권력의 두 얼굴에서 엘리트는 불리한 사태가 예상되거나 또는 행정관료가 과잉충성의 행태를 보일 때, 어떤 특정 문제를 정책의제로 채택하지 않고 기각·방치하여 결과적으로 정책대안을 마련하지 않기로 결정하는 경향이 있음을 지적했다. 이러한 무의사결정은 폭력 등의 강제력의 행사, 혜택의 박탈 또는 제공, 기존의 절차나 규칙에 위반되는 경우 의제화를 막거나 기존의 절차나 규칙의 수정을 통해 의제화를 저지하는 등의 방법을 통해 이루어진다고 주장했다.

⚪ 기획의 그레샴 법칙(Gresham's Law of Planning)

① 의의 ··· 기획을 수립할 책임이 있는 기획담당자는 어렵고 많은 노력을 요하는 비정형적 기획을 꺼려하는 경향을 가진다는 것으로, 불확실하고 전례가 없는 상황에서 쇄신적이고 발전지향적인 비정형적 결정이 이루어져야 함에도 불구하고 전례답습적인 정형적 결정·기획이 우선적으로 행해지는 현상을 말한다.

② 원인

- 예측능력의 한계 : 자료부족·분석능력의 부족은 쇄신적 기획활동을 저해한다.
- 목표의 무형성 : 상위목표가 무형적일수록 전통이나 선례를 답습하게 된다.
- 시간·비용·노력의 부족 : 동원 가능한 자원이 부족할 경우 상용적 기획에 그칠 수 있다.
- 환경요소의 무시 : 외부환경의 변화를 고려하지 않으면 정형적 기획에 그치게 된다.
- 과두제의 철칙 : 관료조직의 타성에 의해 목표의 변화가 일어나고, 이에 따라 창의적 기획활동(비정형적 기획)이 출현하지 않게 된다.

⚪ Task Force(전문가조직)

특별한 임무를 수행하기 위하여 각 조직 내의 필요한 전문가를 차출하여 한 사람의 책임자 아래 입체적으로 편성한 조직으로 Project Team에 비해 존속기간이 길고, 보다 대규모의 공식조직이다. 설치시에는 법적 근거를 요한다.

⚪ Matrix조직(복합조직, 행렬조직)

전통적인 관료제에 Project Team을 혼합함으로써 수직적 구조와 수평적 구조가 혼합형성된 임시적·동태적 조직을 말한다. 조직구성원은 기능구조와 사업구조에 중첩적으로 속하게 되어 다원적인 지휘·명령체계에서 중첩적인 지휘와 명령을 받게 된다.

⚪ Project Team(특별작업반)

특정 사업을 추진하거나 주어진 과제를 해결하기 위해서 조직 내의 인적·물적 자원을 결합하여 창설되는 동태적 조직으로서, 직무의 상호 연관성이라는 직무상의 횡적 관련을 중시하여, 전통적인 관료제 조직과 공존하면서 여러 기능을 통합하기 위해 조직된 잠정적인 조직이다. 설치시 법적 근거를 요하지 않는다.

⚪ 품목별예산제도(LIBS)

지출의 대상·성질을 기준으로 하여 세출예산의 금액을 분류하는 것으로 예산의 집행에 대한 회계책임을 명백히 하고 경비사용의 적정화를 기하는 데 필요하다. 행정재량 범위 제한 및 쉬운 통제로서 행정권 남용 억제, 회계책임 명확화, 지출의 합법성에 치중하는 회계검사 용이, 예산편성 용이 등의 장점이 있고, 예산의 신축성 저해, 행정부의 정책과 사업계획 수립에 유용한 자료를 제공하지 못함, 신규 사업이 아닌 전년도 답습사업만 확대, 투입과 관련 있지만 산출과 관련 없음 등의 단점이 있다.

1 다음 중 책임운영기관에 대한 설명으로 옳지 않은 것은?

① 직원의 임용권한은 중앙행정기관의 장에게 있다.

② 특별회계는 기획재정부 장관이 통합 관리한다.

③ 소속 직원의 신분은 공무원으로서 신분이 보장된다.

④ 공기업보다 책임운영기관이 이윤 추구를 더 중시한다.

⑤ 책임운영기관은 사업목표를 달성하는 데에 필요한 기관 운영의 독립성과 자율성이 보장된다.

> ✔ 해설 ④ 책임운영기관은 공공성이 더 큰 분야에 적용되기 때문에 기업성보다 공공성을 더 중시한다.

2 계획예산제도(PPBS)의 특징으로 옳지 않은 것은?

① 목표지향주의

② 효과성과 비교선택주의

③ 절약과 능률

④ 예산기간의 단기화

⑤ 과학적 객관성

> ✔ 해설 계획예산제도(PPBS)는 장기적 계획수립과 단기적 예산결정을 프로그램 작성을 통해 유기적으로 연결시킴으로써 자원배분에 관한 의사결정의 일관성과 합리성을 도모하려는 예산제도이다. 특징으로는 목표지향주의, 효과성과 비교선택주의, 절약과 능률, 과학적 객관성, 예산기간의 장기화 등이 있다.

3 다음에서 설명하는 것으로 옳은 것은?

> 집단구성원 간의 친화와 반발을 조사하여 그 빈도와 강도에 따라 집단 구조를 이해하는 척도로 인간관계의 그래프나 조직망을 추적하는 이론이다.

① 소시오메트리
② 마르코프체인
③ 대기행렬
④ 네트워크
⑤ 델파이 기법

 ② 마르코프체인 : 각 시행의 결과가 바로 앞의 시행의 결과에만 영향을 받는 일련의 확률적 시행
③ 대기행렬 : 서비스를 받기 위해 기다리고 있는 처리요구의 행렬
④ 네트워크 : 각기 독자성을 지닌 조직 간의 협력적 연계장치로 구성된 조직
⑤ 델파이 기법 : 예측하고자하는 특정 현상에 대해 그 분야의 전문가 집단에게 설문을 실시하여 의견을 듣고 그 반응을 수집하여 종합·분석하는 기법

4 다음 중 다면평가제에 대한 설명으로 옳지 않은 것은?

① 업무의 효율성과 이해의 폭 증진이 가능하다.
② 평가의 장·단점 환류를 통한 자기 역량 강화의 기회를 가질 수 있다.
③ 감독자의 민주적 리더십 발전에 기여한다.
④ 당사자들의 승복을 받아내기는 어렵다.
⑤ 일면평가보다는 평가의 객관성과 신뢰성을 확보할 수 있다.

✔ 해설 ④ 다면평가제는 평가의 수용성 확보가 용이하다.

5 다음 중 기금에 대한 설명으로 옳은 것은?

① 특정수입과 특정지출을 연계한다는 점에서 특별회계와 다르다.

② 기금운용계획도 예산과 마찬가지로 국회의 승인이 필요하다.

③ 예산의 팽창을 예방하고자 할 때 설치한다.

④ 집행에 있어서 엄격한 통제가 이루어진다.

⑤ 기금을 운용하는 기금관리주체는 국정감사의 대상기관이 아니다.

 ① 특정수입과 특정지출을 연계한다는 점에서 특별회계와 공통점이 있다.
③ 기금을 설치 할 경우 예산팽창의 가능성이 높아진다.
④ 집행에 있어서 상대적으로 자율성과 탄력성이 보장된다.
⑤ 기금을 운용하는 기금관리주체는 감사의 대상기관이다.

6 정책결정모형에 대한 설명으로 옳은 것만을 모두 고른 것은?

⊙ 점증모형은 기존 정책을 토대로 하여 그보다 약간 개선된 정책을 추구하는 방식으로 결정하는 것이다.
ⓛ 만족모형은 모든 대안을 탐색한 후 만족할 만한 결과를 도출하는 것이다.
ⓒ 사이버네틱스모형은 설정된 목표달성을 위해 정보제어와 환류과정을 통해 자신의 행동을 스스로 조정해 나간다고 가정하는 것이다.
ⓔ 앨리슨모형은 정책문제, 해결책, 선택기회, 참여자의 네 요소가 독자적으로 흘러 다니다가 어떤 계기로 교차하여 만나게 될 때 의사결정이 이루어진다고 보는 것이다.

① ⊙, ⓛ
② ⊙, ⓒ
③ ⓛ, ⓒ
④ ⓒ, ⓔ
⑤ ⊙, ⓒ, ⓔ

 ⓛ 만족모형은 인간의 인지능력, 시간, 비용, 정보 등의 부족으로 모든 대안을 탐색하는 것이 아니라 한정된 대안만을 검토하여 만족할 만한 대안을 선택한다.
ⓔ 쓰레기통모형에 대한 설명이다.

7 다음 중 세계잉여금의 사용 우선순위로 옳은 것은?

> ㉠ 공적자금상환　　　　　　　　　㉡ 교부세 및 교부금 정산
> ㉢ 국채차입금상환　　　　　　　　㉣ 다음 연도 세입에의 이입
> ㉤ 추경재원

① ㉠→㉡→㉢→㉣→㉤　　　　　② ㉡→㉠→㉢→㉤→㉣
③ ㉡→㉠→㉢→㉣→㉤　　　　　④ ㉢→㉠→㉡→㉤→㉣
⑤ ㉡→㉢→㉣→㉤→㉠

✔ 해설 세계잉여금의 사용 순위는 교부세 및 교부금 정산→공적자금상환→국채차입금상환→추경재원→다음 연도 세입에의 이입 순(順)이다.

8 다음에서 설명하는 직위분류제의 주요 개념을 올바르게 짝지은 것은?

> ㉠ 직무의 성질, 난이도, 책임의 정도가 유사해 채용과 보수 등에서 동일하게 다룰 수 있는 직위의 군을 말한다.
> ㉡ 동일한 직렬 내에서 담당 직책이 동일한 직무군을 말한다.

	㉠	㉡
①	직급	직류
②	직류	직군
③	직위	직류
④	등급	직위
⑤	직급	직렬

✔ 해설 ㉠ 직급에 대한 설명이다.
㉡ 직류에 대한 설명이다.

9 다음이 설명하고 있는 법칙은 무엇인가?

> – 본질적인 업무량과는 직접적인 관련이 없이 공무원의 수는 일정한 비율로 증가한다는 사회심리학적 법칙이다.
> – 부하배증의 법칙과 업무배증의 법칙이 있다.

① 파킨슨의 법칙
② 기획의 그레샴 법칙
③ 와그너의 법칙
④ 머피의 법칙
⑤ 파레토의 법칙

> ✔해설 ② 기획의 그레샴 법칙 : 기획을 수립할 책임이 있는 기획담당자는 어렵고 많은 노력을 요하는 비정형적 기획을 꺼려하는 경향을 가진다는 것
> ③ 와그너의 법칙 : 정부 규모는 경제 성장 속도보다 빠르게 증가한다는 것
> ④ 머피의 법칙 : 하려는 일이 항상 원하지 않는 방향으로만 진행되는 현상
> ⑤ 파레토의 법칙 : 사회현상의 80%는 20%로 인해 발생한다는 경험법칙

10 본래의 정책목표를 달성하였거나 표방한 목표를 달성할 수 없게 되었을 경우 새로운 목표를 재설정하는 것은?

① 목표의 비중변동   ② 목표의 전환
③ 목표의 승계   ④ 목표의 축소
⑤ 목표의 다원화

> ✔해설 ① 목표의 비중변동 : 목표간의 우선순위나 비중이 변동되는 현상
> ② 목표의 전환 : 조직이 원래 추구하던 목표는 유명무실해지고, 그 목표를 달성하기 위해 사용하던 수단에 더 주력하게 되는 현상
> ④ 목표의 축소 : 목표 수준을 하향조정하는 현상
> ⑤ 목표의 다원화 : 본래의 목표에 새로운 목표를 추가하는 현상

11 다음 중 행정을 정책의 구체화, 정책결정 · 형성 및 준입법적 기능으로 보며 행정의 가치지향성, 기술성을 중시하는 학설은?

① 통치기능설　　　　　　　　　　　　② 행정행태설

③ 행정관리설　　　　　　　　　　　　④ 발전기능설

⑤ 공공관리설

> **✔해설** 통치기능설은 1930년대 경제대공황을 계기로 나타난 행정국가시절의 개념이다. 특히 Applibe는 「정책과 행정」에서 '행정은 정책형성'이라고 인식하였다.

12 다음 중 자치구세에 해당하는 것을 모두 고르면?

> ㉠ 취득세　　　　　　　　　　　　　㉡ 레저세
> ㉢ 지방교육세　　　　　　　　　　　㉣ 재산세
> ㉤ 등록면허세

① ㉠, ㉡　　　　　　　　　　　　　② ㉠, ㉣

③ ㉡, ㉣　　　　　　　　　　　　　④ ㉣, ㉤

⑤ ㉢, ㉤

> **✔해설** 자치구세와 도세
>
> | 구분 | 자치구세 | 도세 |
> | --- | --- | --- |
> | 보통세 | 등록면허세, 재산세 | 취득세, 레저세, 등록면허세, 지방소비세 |
> | 목적세 | (자치구세는 목적세가 없다) | 지방교육세, 지역자원시설세 |

13 다음은 행정의 과정이다. 괄호 안에 들어갈 과정으로 옳은 것은?

> 목표설정 → (　　) → 기획 → 조직화 → 동작화 → 평가 → 시정조치

① 정책결정　　　　　　　　　　② 정책분석
③ 정책평가　　　　　　　　　　④ 문제의 구조화
⑤ 환류

> ✔ 해설 　행정과정은 연쇄적·순환적·동태적 과정이다. 목표설정 후 이것이 결정되면 기획과 조직화 과정을 거치고 이에 대한
> 평가를 통해 시정조치되면 또 다른 목표설정과정이 반복된다.
> ② **정책분석** : 정책의제설정 및 정책형성에 관련된 지식을 창출하는 사전적 활동
> ③ **정책평가** : 정책집행과정에서 의도한대로 집행되었는지, 또는 정책집행 이후 목표 달성여부의 평가
> ④ **문제의 구조화** : 정책분석의 첫 단계. 분석을 통한 정책문제의 명료화 과정
> ⑤ **환류** : 정책에 대한 국민의 반응을 분석하고 평가하여 새로운 투입으로 연결시키는 과정

14 다음 중 행정의 생태론적 접근방법에 대한 설명으로 옳지 않은 것은?

① 행정을 하나의 유기체로 파악한다.
② 1950년대 비교행정론의 중요한 방법론이 되었다.
③ 행정을 환경의 종속변수로 취급하는 접근법이다.
④ 행정을 독립변수로 취급한다.
⑤ 행정체제의 개방성을 강조한다.

> ✔ 해설 　생태론적 접근방법은 행정을 하나의 유기체로 파악하여 행정과 환경의 상호작용을 연구하며, 행정을 환경의 종속변수
> 로 취급하는 접근법이다.

15 공공서비스에 대한 설명으로 옳지 않은 것만을 모두 고른 것은?

> ㉠ 무임승차자 문제가 발생하는 근본 원인으로는 비배제성을 들 수 있다.
> ㉡ 정부가 공공서비스의 생산부문까지 반드시 책임져야 할 필요성은 약해지고 있다.
> ㉢ 전형적인 지방공공서비스에는 상하수도, 교통관리, 건강보험 등이 있다.
> ㉣ 공공서비스 공급을 정부가 담당해야 하는 이유로는 공공재의 존재 및 정보의 비대칭성 등이 있다.
> ㉤ 전기와 고속도로는 공유재의 성격을 가지는 공공서비스이다.

① ㉠, ㉡   ② ㉡, ㉢
③ ㉢, ㉣   ④ ㉢, ㉤
⑤ ㉣, ㉤

> ✔해설 ㉢ 건강보험은 지방공공서비스가 아니라 중앙정부 차원의 복지정책이다.
> ㉤ 전기와 고속도로는 유료재에 속한다.

16 다음 중 무의사결정의 수단 및 방법에 해당하지 않는 것은?

① 편견의 동원   ② 폭력
③ 적응적 흡수   ④ 과잉충성
⑤ 특혜의 박탈

> ✔해설 **무의사결정** … 정책결정자의 이익을 침해할 경우, 사회의 지배적 가치·이해에 대한 도전의 방지·과잉동조 또는 과잉
> 충성 등에 의해 발생한다. 즉, 의사결정자의 가치나 이익에 반대하는 잠재적이거나 현재적인 도전을 방해시키는 결과
> 를 초래하는 결정을 말한다.
> ※ 무의사결정의 발생원인과 수단
> ㉠ 발생원인
> • 편견의 동원, 기득권 옹호, 이슈(Issue)의 억압
> • 관료이익과의 상충, 과잉충성과 과잉동조
> • 사회의 지배적 가치·이해에 대한 도전의 방지
> • 정책문제의 포착을 위한 정보·지식·기술의 부족
> ㉡ 행사수단
> • 폭력과 권력의 동원·행사, 지연전략
> • 적응적 흡수, 위장합의
> • 특혜의 부여와 박탈, 관심의 분산
> • 편견·고정관념의 동원 및 수정·강화

17 직업공무원제의 특징으로 적절하지 않은 것은?

① 신분보장으로 인한 행정의 안정화

② 공직에 대한 직업의식의 확립

③ 공직의 특권화와 관료주의화

④ 행정에 대한 민주통제의 곤란

⑤ 기회의 균형

> ✔ **해설** **직업공무원제** … 현대행정의 고도의 전문화 · 기술화 및 책임행정의 확립, 재직자의 사기앙양을 위해 중립적 · 안정적 제도의 요구에 부응하여 나온 인사제도로 영국 및 유럽의 지배적인 제도이다.
> ⊙ **장점** : 신분보장으로 인한 행정의 안정화, 공직에 대한 직업의식의 확립, 정권교체시 행정의 공백상태 방지, 행정의 계속성과 정치적 중립성 확보에 용이하다.
> ⓒ **단점** : 공직의 특권화와 관료주의화, 행정에 대한 민주통제의 곤란, 일반행정가 중심으로 인한 전문화, 행정기술발전의 저해, 유능한 외부인사 등용이 곤란, 학력 · 연령 제한으로 인한 기회의 불균형이 생길 수 있다.

18 다음 중 행정개혁의 실패의 원인이 아닌 것은?

① 개혁추진자의 포획

② 자원부족

③ 집권적 · 비밀주의적인 개혁 추진

④ 내 · 외관계인의 참여

⑤ 불확실성 증대

> ✔ **해설** ④ 내 · 외관계인의 참여는 저항을 최소화시켜 행정개혁의 성공요건이 될 수 있다.

19 다음 중 예산제도별 특징에 관한 설명으로 옳지 않은 것은?

① 품목별 예산제도 – 조직마다 품목예산을 배정하기 때문에 활동의 중복을 막을 수 있다.

② 성과주의 예산제도 – 성과주의 예산에 있어 가장 어려운 점은 업무측정단위의 선정이다.

③ 자본예산제도 – 경상계정과 자본계정으로 구분한다.

④ 계획예산제도 – 계획예산제도는 질적이라기보다는 계량적 분석을 주로 한다.

⑤ 영기준예산제도 – 사업의 중단이나 폐지도 고려할 수 있는 예산제도이다.

✔ 해설 예산제도별 특징

㉠ **품목별 예산제도** : 정부지출의 대상이 되는 물품 또는 품목을 기준으로 하는 통제중심의 예산제도이다. 조직마다 품목예산을 배정하기 때문에 활동의 중복을 막기 어렵다.

㉡ **성과주의 예산제도** : 정부예산을 기능·활동·사업계획에 기초를 두고 편성하는 관리중심의 예산을 말한다. 이러한 성과주의 예산제도는 업무측정단위의 선정이 어렵다.

㉢ **자본예산제도** : 자본예산은 정부예산을 정책이나 절차상의 편의를 위해 경상지출과 자본지출로 나누는데, 경상지출은 수지균형을 이루며 경상수입으로 충당하지만, 자본지출은 적자재정이나 공채발행으로 충당하는 복식예산제도이다.

㉣ **계획예산제도** : 계획과 예산편성을 프로그램 작성을 통하여 합리적으로 결합시켜 자원배분을 효과적으로 달성하려는 일련의 계획예산제도이다. 따라서 단순한 예산편성제도가 아니라 예산이 갖는 계획·집행·통제의 전 관리과정에 걸친 기능을 충분히 발휘하기 위한 포괄적 기획관리의 발전체제이다. 계획예산은 B/C분석을 사용하기 때문에 질적이라기 보다는 계량적 분석을 주로 한다.

㉤ **영기준예산제도** : 예산편성시에 기존 사업을 근본적으로 재검토하여 예산의 삭감은 물론 사업의 중단이나 폐지도 고려할 수 있는 예산결정방식이다.

20 엽관주의에서 나타날 수 있는 병폐와 가장 거리가 먼 것은?

① 국민요구에 대한 비대응성　　② 공무원 임명의 자의성

③ 정책의 비일관성　　④ 행정의 비능률성

⑤ 행정관료의 정치적 부패

> ✔ 해설　엽관주의의 단점
> ㉠ 행정관료의 정치적 부패발생 및 정책의 일관성 저해
> ㉡ 공무원 임용의 공평성 상실 및 예산의 낭비와 행정의 비능률성, 자의성 발생
> ㉢ 행정의 대표성, 책임성, 공익성, 전문성, 안전성 저해

21 다음 중 동기부여와 관계없는 이론은?

① Maslow의 욕구단계설　　② McGregor의 X, Y이론

③ Herzberg의 욕구충족이론　　④ Simon의 합리 · 종합이론

⑤ Alderfer의 ERG이론

> ✔ 해설　④ 의사결정이론모형에 해당한다.
> ※ 동기부여의 내용이론(욕구이론)
> ㉠ Maslow의 욕구단계설
> ㉡ Alderfer의 ERG이론
> ㉢ Herzberg의 욕구충족요인 이원설
> ㉣ Likert의 관리체제모형
> ㉤ McClelland의 성취동기이론

22 다음 중 신중앙집권화를 촉진하고 있는 요인이 아닌 것은?

① 행정국가화　　② 행정의 광역화

③ 정보화의 진전　　④ 국민적 최저수준 유지

⑤ 국제정세의 불안정

> ✔ 해설　정보화의 진전은 신지방분권화를 촉진하는 요인에 해당한다.
> ※ 신중앙집권화의 촉진요인
> ㉠ 행정국가화
> ㉡ 행정의 광역화
> ㉢ 공공재정 비중의 증대
> ㉣ 국민적 최저수준 유지
> ㉤ 개발행정의 강화
> ㉥ 국제정세의 불안정과 국제적 긴장 고조

23 행정통제에서 외부통제에 해당하지 않는 것은?

① 민중통제   ② 사법통제
③ 입법통제   ④ 관리통제
⑤ 옴부즈만 제도

> **✔ 해설** ④는 내부통제에 해당한다.
>
> ※ **행정통제** … 행정책임을 보장하기 위한 사전적·사후적 제어장치로서 행정조직의 하부구조나 참여자들이 조직목표나 규범으로부터 이탈되지 않도록 하기 위한 제재와 조상 등의 활동을 말한다.
> ㉠ **외부통제**(민주통제) : 민중통제, 사법통제, 입법통제, 옴부즈만 제도
> ㉡ **내부통제**(자율통제) : 정책·기획 통제, 관리통제, 공직윤리 등

24 다음 중 시장실패(market failure)의 원인으로 적절하지 않은 것은?

① 정보의 비대칭성   ② 불완전 경쟁
③ 행정기구의 내부성   ④ 공공재의 존재
⑤ 외부효과의 발생

> **✔ 해설** ③ 정부실패의 원인이다.

25 신공공관리론에 대한 설명으로 옳지 않은 것은?

① 고위관리자의 개인적 책임과 역할을 강조한다.
② 행정조직을 비롯한 인사, 재정의 신축성과 탄력성을 추구한다.
③ 민간경영기법의 도입과 같은 시장과 유사한 기제를 활용한다.
④ 업무의 결과보다 투입 또는 과정을 중시한다.
⑤ 집행적 성격의 사업기능은 전문적 책임운영기관으로 분리·이관시키고 정부는 조정역할 및 정책능력을 강화한다.

> **✔ 해설** ④ 신공공관리론에서는 업무의 절차나 과정보다 결과 또는 성과에 중점을 둔다.

26 다음 중 공행정과 사행정의 유사성에 대한 예로 적절하지 않은 것은?

① 형평성을 고려한 복지정책
② 목적달성을 위한 수단
③ 관료제적 성격
④ 관리기술
⑤ 개방체제

✔ 해설 ① 평등성은 공행정과 사행정의 대표적인 차이점에 해당하며 경영은 이윤 극대화를 추구하기 때문에 고객에 따라 달리 취급하므로 형평성을 고려한 복지정책은 공행정에만 해당하는 특징이 된다.

27 다음 중 '신행정론'에 대한 설명으로 옳지 않은 것은?

① 행정은 많은 사람들의 상호주관성으로 이루어진다.
② 반계층제 · 탈관료제 조직을 강조한다.
③ 형평성을 강조하는 비전문가들이 가하는 행정의 형태이다.
④ 과학성 및 가치중립적인 관리를 추구한다.
⑤ 현실적합성과 처방성을 중시한다.

✔ 해설 ④ 과학성보다는 처방성과 기술성을 강조하였다.

28 정부실패의 원인으로 옳지 않은 것은?

① 정치인의 단결
② 정보의 불충분
③ 외부효과의 발생
④ 수혜자와 비용부담자의 불일치
⑤ 권력의 편재

✔ 해설 ③ 외부효과의 발생은 시장실패의 원인이다.

29 균형성과표(BSC)에 대한 설명으로 옳은 것만을 모두 고른 것은?

> ㉠ 조직의 비전과 목표, 전략으로부터 도출된 성과지표의 집합체이다.
> ㉡ 재무지표 중심의 기존 성과관리의 한계를 극복하기 위한 것이다.
> ㉢ 조직의 내부요소보다는 외부요소를 중시한다.
> ㉣ 재무, 고객, 내부 프로세스, 학습과 성장이라는 4가지 관점 간의 균형을 중시한다.

① ㉠, ㉡
② ㉠, ㉡, ㉣
③ ㉡, ㉢, ㉣
④ ㉡, ㉣
⑤ ㉢, ㉣

> ✔해설 ㉢ 조직의 내부요소와 외부요소의 균형을 중시한다.

30 다음 중 유기적 조직의 특성에 해당하는 것만을 모두 고른 것은?

> ㉠ 넓은 직무범위   ㉡ 높은 공식화 수준
> ㉢ 몰인간적 대면관계   ㉣ 다원화된 의사소통채널
> ㉤ 모호한 책임관계

① ㉠, ㉡, ㉢
② ㉠, ㉣, ㉤
③ ㉡, ㉢, ㉣
④ ㉡, ㉢, ㉤
⑤ ㉢, ㉣, ㉤

> ✔해설 ㉡㉢ 기계적 구조의 특성에 해당한다.

Chapter 03 경영학

1 경영이론

1. 기업이론

(1) 기업의 성격

① 오늘날 자본주의사회 내에서의 기업은 생산조직체, 경제적 기관, 사회적 기관의 성격을 지닌다.

② 기업성격의 변화
  ㉠ 전근대기업 : 봉건성, 생활성, 친화성
  ㉡ 근대기업 : 영리성
  ㉢ 현대기업 : 사회성, 공공성, 공익성

(2) 기업결합

① 목적 … 생산공정의 합리화, 상호 경쟁의 배제와 제한, 시장(자본)의 지배이다.

② 기업의 집중
  ㉠ 분류(결합방향을 기준으로)
    • 수평적 결합 : 동종·유사업종 간의 기업결합, 시장의 독점적 지배를 목적으로 한다.
    • 수직적 결합 : 동일 제품의 생산단계를 달리하는 기업 간의 결합으로 생산·유통과정의 합리화를 목적으로 한다.
    • 다각적 결합 : 생산상의 관계가 없는 다른 업종 간의 결합을 통해 위험을 분산시키고 기업지배력을 강화하고자 한다.
  ㉡ 기업제휴 : 경쟁관계에 있는 복수기업으로 동업조합 또는 사업자단체, 사업제휴, 카르텔 등이 있다.

    Point ≫ 카르텔 … 경제적으로 일종의 기업연합이나 법률적으로는 계약적 결합이며 법인격이 인정되지 않는다. 합리화 카르텔과 같이 시장지배나 경제제한을 목적으로 하지 않는 것도 있지만, 본래 어느 정도의 계약이나 협정의 범위 내에서의 경쟁제한을 목적으로 생겨났다.

ⓒ 기업집단화 : 법적으로 독립적인 복수기업이 결합하여 자본적·인적·기술적으로 밀접한 관계를 가진 통일적 집단을 형성하는 것으로 주식보유형 트러스트, 콘체른, 콤비나트 등이 있다.

- 트러스트 : 일종의 기업협동으로 다른 기업의 주식보유를 통한 지배와 시장의 독점을 시도한다. 가맹기업의 독립성은 없고, 동일 산업부문 또는 기술적으로 관련된 수직적인 산업부문만의 자본 지배를 말한다.
- 콘체른 : 일종의 기업집단으로 산업과 금융의 융합, 주식소유에 의한 지배(지주회사) 또는 융자 또는 중역파견에 의한 인적 결합 지배로 독립성이 유지되며 산업과 금융의 융합을 말하는 것으로 우리나라의 재벌이 이에 속한다.
- 콤비나트 : 콘체른과 같은 수직적 기업집단과는 달리 일정수의 유사한 규모의 기업들이 원자료와 신기술의 이용을 목적으로 사실상의 제휴를 하기 위하여 근접한 지역에서 대등한 관계로 결성하는 수평적 기업 집단(특정 공업단지 내의 기업집단)을 말한다.

ⓔ 기업집중화의 문제점
- 기업의 담합으로 자유경쟁이 저하되고 이로 인하여 소비자가 피해를 입을 수 있다.
- 기업이 집중화되면서 중소기업이 성장하지 못하게 된다.

③ 공기업의 등장

ⓐ 배경 : 국제경쟁사회에서 경쟁력을 제고하고 산업의 특성상 거대 자본이 필요하거나 혹은 공익성이 강조되는 사업을 수행하기 위하여 등장하였다.

ⓑ 형태
- 국공영기업 : 국가 또는 공공단체의 행정조직에 편입되어 행정관청의 일부로 운용된다.
- 법인공기업 : 법인기업의 형태로 형식적 독립성을 유지한다.
- 최근 재정부담과 관료화로 인한 폐단을 방지하고 효율성을 높이기 위해 기업화하거나 민영화하는 경우가 점차 증가하고 있다.

(3) 기업의 사회적 책임

① 사회적 책임의 필요성 … 고객으로부터 두터운 신뢰와 좋은 평판 획득, 종업원의 자부심과 보람 증대로 귀속의식과 애사심이 강화, 장기적으로 법규를 준수하기 위한 비용 감소 등이 있다.

② 사회적 책임의 유형
ⓐ 대외적 윤리 : 대리인 문제, 소비자에 대한 윤리 문제, 정부와 사회에 대한 책임
ⓑ 대내적 윤리 : 종업원에 대한 공정한 대우, 노조에 대한 책임 등

③ 기업윤리의 제고방안
 ㉠ 경영자의 역할 : 솔선수범, 기업윤리 규정, 종업원의 윤리성 평가 등
 ㉡ 제도적인 보완 : 사외이사제도, 공익대표 이사제도 등

(4) 경영목표와 의사결정

① 목표형성의 3가지 차원 … 목표의 내용, 범위, 실현기간

② 경영이념 … 경영자가 기업이라는 조직체(경영체)를 경영하는데 간직해야 할 신조 · 신념 · 이상으로서 기업관 또는 경영관이라고 할 수 있다.

③ 이익극대화 목표에 대한 비판
 ㉠ 이익극대화 가설은 경제인을 전제로 하고 있다.
 ㉡ 이익극대화 목표는 기업의 역사적 · 제도적 변화를 무시하고 있다.
 ㉢ 이익극대화 가설은 정태적이며, 장기 · 단기의 구별이 불가능하다.

④ 의사결정
 ㉠ 전제 : 사실과 가치
 ㉡ 단계 : 정보활동, 설계활동, 선택활동, 검토활동
 ㉢ 중요요소
  • 의사결정자 : 개인, 집단, 조직, 사회
  • 의사결정상황 : 확신성, 위험, 불확실성
  • 의사결정대상 : 생산, 마케팅, 재무경영

2. 경영관리론

(1) 경영관리의 개념

① 경영관리의 의의 … 효율성(최소비용의 최대효과)과 효과성(조직 전체 목적의 효과적 달성)을 위해 각 부문을 통합하여 일관성 있게 다루는 것을 말한다.

② 경영관리의 5요소(5M) … 경영자(Man), 기계(Machine), 원재료(Material), 자본(Money), 시장(Market)이다.

③ 경영관리의 발전 … 전통적 관리 → 과업관리(과학적 관리) → 포드시스템(동시관리) → 페욜리즘(관리기능) → 인간관계 중시 관리(호손실험) → 행동과학적 관리(목표관리, MBO) → 관리과학

(2) 경영관리의 기능

① **계획수립** ··· 대안 개발, 대안 선택, 미래 예측, 예산 편성
  ㉠ **전략** : 기업의 기본적 목표를 정하는 거시적 의사결정
  ㉡ **경영계획** : 생산 · 재무 · 마케팅 · 인사계획 등을 결정하는 세부적이고 전술적인 계획
  ㉢ **계획의 체계**
   • **프로그램** : 목표달성을 위하여 필요하고 연결되어 있는 제반활동 또는 연속되는 행동시스템이다.
   • **스케줄(일정계획)** : 목표달성을 위하여 어떠한 일을, 어떠한 순서로 연속하여 실행하여야 하는지에 대한 시간적 순서를 일정계획이라 한다.
   • **절차** : 미래의 시점에서 발생하는 활동의 관습적 처리방법을 설정하는 것으로서 업무수행의 기준이다.
   • **예산** : 계획기능의 하나인 통제를 위한 불가결한 수단일 뿐 아니라, 예산편성은 기업제반계획을 통합하기 위한 중요한 수단이 된다.
  ㉣ **경영계획의 종류**
   • **종합계획** : 전반관리층 또는 최고경영층에서 책임을 진다.
   • **단기계획** : 1년 이내의 계획을 말한다.
   • **개별계획** : 개개의 프로젝트마다 계획을 세운다.
   • **부문계획** : 기능별, 경영요소 또는 문제별로 세분한다.

② **조직화** ··· 계획을 효과적으로 달성하기 위해 조직의 체계를 갖추는 활동으로 경영의 인적 · 물적 요소의 상호관계를 설정하는 것을 의미한다.
  ㉠ **일의 분할** : 조직 전체 업무를 개인이나 집단에 할당한다.
  ㉡ **구성요소** : 직무(직능), 권한, 책임, 직위이다.

③ **조정** ··· 각 부서 간에 부각되는 이질성을 극복하는 활동으로 분업에 의한 전문화로 인하여 의견조정이 필요하다.

④ **통제** ··· 계획대로 이루어지고 있는지 확인하고 편차를 수정하는 활동으로, '성과측정 → 목표(계획)와 비교 → 편차의 수정의 순서'이다.
  ㉠ **사전통제** : 가장 바람직한 통제시스템으로 미래지향적 통제이다. 사전통제의 핵심은 예방인 관리활동으로 적시에 정확한 정보가 요구된다.
  ㉡ **동시통제** : 업무활동의 진행중에 실시되는 통제로 문제가 발생되어 비용이 크게 발생되기 전에 수정행동을 취해야 한다.
  ㉢ **사후통제** : 가장 보편적인 통제유형으로 결과뿐만 아니라 실시과정도 검토한다.

3. 마케팅 관리

(1) 마케팅 기초

① 마케팅의 기본요소 … 필요와 욕구, 수요, 제품, 교환, 시장

② 마케팅개념의 발전 … 생산개념 → 제품개념 → 판매개념 → 마케팅개념 → 사회지향적 마케팅개념

③ 현대마케팅의 특징 … 소비자지향성, 기업목적지향성, 사회적 책임지향성, 통합적 마케팅지향성

(2) 시장기회분석

① 마케팅 정보시스템
- ㉠ 내부보고시스템 : 정보전달, 보고수단
- ㉡ 마케팅 인텔리전스 시스템 : 일반적인 외부환경에 대한 정보 입수
- ㉢ 분석적 마케팅 시스템 : 2차적 정보로 변형
- ㉣ 마케팅 조사시스템 : 특수 마케팅 문제의 해결
  - 절차 : 조사문제의 정의 → 조사계획 수립 · 설계 → 자료의 수집 → 자료의 분석 · 해석 → 조사결과 보고
  - 조사방법 : 탐색조사, 기술조사, 인과관계조사
  - 조사계획 수립 및 설계 : 자료의 수집방법 · 종류 · 분석방법 계획 수립

② 마케팅 환경분석
- ㉠ 거시적 환경분석
- ㉡ 미시적 환경분석 : 회사내, 공급자, 중간매매상, 고객, 경쟁자, 대중
  - 경쟁환경분석 : 경쟁 유형 파악 → 경쟁집합 규정
  - 자사분석 : SWOT분석

③ 소비자 행동분석

마케팅 자극(4P) · 기타자극 : input(행동주의)

↓

소비자 특성 · 구매의사결정과정 : 매개변수(인지론)

↓

제품 · 상표 선택 : output

(3) 목표시장 선정과 마케팅 전략의 수립

① 시장세분화 ··· 다양한 욕구를 가진 소비자들을 특정 제품 및 믹스를 필요로 하는 유사한 집단으로 묶는 과정을 말한다.

② 목표시장 선정 ··· 자사의 경쟁우위가 특정 세분시장에서 확보될 수 있는가를 평가하여 상대적으로 경쟁우위에 있는 세분시장을 선정한다.

③ 제품 포지셔닝 ··· 자사제품이 경쟁제품과는 다른 차별적 경쟁우위 요인을 가지고 있어 목표시장내 소비자들의 욕구를 보다 효율적으로 잘 충족시켜 줄 수 있음을 소비자에게 인식시켜 주는 과정이다.

④ 제품 수명주기 전략 ··· 장기적(도입 → 성장 → 성숙 → 쇠퇴)인 전략을 세워 시장변화에 적응한다.

⑤ 경쟁적 마케팅 전략 ··· 시장 지위에 따른 마케팅 전략을 펼친다.

(4) 제품관리와 가격관리

① 제품과 브랜드
  ㉠ 제품의 수준 : 핵심제품, 실체제품, 증폭(확장)제품
  ㉡ 브랜드 : 제조업자 브랜드와 유통업자 브랜드 및 공동브랜드

② 제품 전략
  ㉠ 신제품 개발 절차 : 아이디어 창출 · 심사 → 사업성 분석 → 제품 개발 → 시험마케팅 → 생산
  ㉡ 제품 전략 : 제품 다양화, 제품 단순화, 제품 차별화, 계획적 진부화
  ㉢ 제품 믹스 전략 : 제품 라인 추가 전략(제품 개발 전략, 다각화 전략), 제품 라인 분할 · 통합 전략, 제품 라인 제거 전략(사업부 추가 · 폐지 또는 분할 · 통합의 의사결정)

③ 가격관리
  ㉠ 가격의 전략적 중요성 : 경쟁에 민감한 반응, 즉각적인 대응 가능, 소비자의 신속하고 민감한 반응 → 즉각적인 효과
  ㉡ 가격결정과정
    • 가격목표 : 시장 확대, 경쟁력 확보
    • 가격전략 : 경쟁상황 고려, 기본적인 방향의 결정
    • 가격정책
    −신제품 : 상층흡수 가격정책(skimming), 침투 가격정책(penetration)
    −재판매 가격유지정책 : 유료품에 대한 도 · 소매 가격 설정, loss leader방지, 가격안정과 명성유지
    −단일 가격정책과 탄력가격정책(제품계열마다)
    −가격주도제 : 시장주도자가 공표한 가격을 그대로 사용
    • 가격산정방법의 결정 : 원가 기준, 소비자(수요) 기준, 경쟁 기준
    • 최종가격 설정방법 : 소비자 지각에 기초(관습가격, 단수가격) 또는 지역별 가격설정(인도가격, 배달가

격) 또는 우표식 가격 결정(동일한 가격과 운송비)에 따라 결정한다.

- 가격조정 : 상황에 따라 가격 인하 또는 가격 인상 등의 방법을 통하여 합리적인 가격을 결정한다.

(5) 유통경로 관리

① **유통경로** … 교환과정의 촉진, 거래의 표준화, 고객서비스 제공, 제품구색의 불일치 완화, 소비자와 판매자의 연결 등의 역할

② **중요성** … 가장 낮은 탄력성, 중간상의 존재로 총거래수 최소의 원칙·분업의 원리 등에 의해 유통의 효율적 달성, 중간상인 관리의 초점

③ **유통경로 전략의 결정** … 유통커버리지 결정, 중간상 통제수준 결정

④ **유통경로의 계열화** … 미리 계획된 판매망을 전문적이고 일관적인 관리체계로 형성하여 만든 유통경로

⑤ **물적 유통관리(PDM)** … 마케팅 병참관리(logistics)

⑥ **기타**
  ㉠ 푸쉬(push)경로정책 : 인적 판매를 중심으로 자사의 제품을 소비시장에 판매하는 것
  ㉡ 풀(pull)경로정책 : 광고 및 판매촉진책에 의해 소비자의 제품에 대한 욕구를 확인하는 것

> **Point** 》 광고전략의 절차 … 광고목표 설정 → 광고예산 편성·배분 → 메시지 내용과 제시방법 결정 → 광고 매체의 선정 → 광고효과의 측정

4. 생산관리

(1) 생산관리의 개념

① **생산관리의 배경** … OR, SA, 컴퓨터과학의 발달 등 현대과학기술이 발전하면서 생산관리가 대두되었다.

② **생산관리** … 생산활동의 계획·조직·통제하는 관리기능을 의미한다.

③ **생산합리화의 3원칙** … 단순화(simplification), 표준화(standardization), 전문화(specialization)의 원칙이 있다.

④ 생산시스템의 중점은 산출의 과정과 피드백 통제를 반복하는 부분이다.

(2) 생산예측의 방법

① **정성적 방법** … 신제품을 시장에 처음 소개할 때처럼 새로운 상품에 대한 수요예측의 자료가 불충분할 경우에 주로 사용된다.

② **인과법** … 회귀모형, 계량경제모형, 투입·산출모형, 경기지표법, 소비자 구매경향 조사법, 제품수명주기분석법 등이 활용된다.

③ **시계열분석법** … 경향변동, 순환변동, 계절변동, 불규칙변동 등이 있다.

(3) 생산시스템의 유형

① **연속생산** … 중단없이 계속 가동되는 방식이다.

② **반복생산** … 작업실행과 작업중단을 반복하는 생산 방식이다.

③ **단속생산** … 주문된 제품의 수량과 납기에 맞추어 생산하는 방식이다.

2 조직관리

1. 조직

(1) 조직의 의의

① 인간은 보다 고도의 목적을 달성하기 위해서 조직을 형성한다.

② 기업도 대규모적인 생산이나 판매를 가능하게 하고 생산성을 한층 높이기 위해서는 여러 사람이 협력해서 기업목적을 달성할 수 있도록 업무를 분담하지 않으면 안 되게 되었다.

③ 집단 내의 사람들의 관계는 어디까지나 업무를 통한 관계이며, 보다 엄밀히 말하자면 기업목적을 달성하는 데에 필요한 활동을 하는 과정의 연결이다.

(2) 조직의 유형

① 조직의 기본형

  ㉠ 라인조직 : 명령계통은 명확하지만 각 관리자는 부하에 대하여 전면적인 책임과 지휘를 하여야 한다.

  ㉡ 기능조직 : 기능조직은 관리자가 전문적 기능에 따라 관리하는 것이나, 명령계통의 혼란이나 책임의 소재가 확실치 않은 단점이 있다.

ⓒ 라인과 스태프조직 : 전문적 기능을 살리고 명령계통을 확실케 한 것이다. 스태프란 현재 대부분의 기업조직에 받아들여지고 있는 것으로 집행할 권한은 갖지 못하나, 라인에 전문적 입장에서 조언이나 협력을 하는 것을 말한다.

② 기업조직의 유형

    ⊙ 사업별 조직(사업부제 조직) : 제품, 고객, 지역, 프로젝트 등을 기준으로 종업원들의 직위를 집단화하여 조직을 몇 개의 부서로 구분하는 조직이다. 즉, 사업부라 불리는 중간라인의 조직단위를 기업 내의 기업기능을 가질 수 있는 체제로 독립시킨 조직형태이다.

    ⓛ 기능별 조직 : 유사한 기술, 전문성, 자원 사용 등을 기준으로 종업원들의 직위를 집단화하여 조직을 몇 개의 부서로 구분하는 조직이다.

    ⓒ 매트릭스 조직 : 기능별 및 부서별 명령체계를 이중적으로 사용하여 조직을 몇 개의 부서로 구분하는 조직이다. 매트릭스 조직은 직능구조의 역할과 프로젝트 구조의 역할로 이루어진 이중역할구조로 되어 있으면서 복합적인 조직목표를 달성하는 것이 목적이다.

    ⓔ 프로젝트 조직 : 프로젝트(project)는 조직이 제 노력을 집중하여 해결하고자 시도하는 과제이고, 이러한 특정 목표를 달성하기 위하여 일시적으로 조직 내의 인적 · 물적 자원을 결합하는 조직형태가 프로젝트 조직이다.

    ⓜ 네트워크 조직 : 기본적으로 유연성, 부서간 통합 및 DB의 활용을 전제로 하므로 마케팅이행을 위한 조직으로 가장 적합한 형태로 볼 수 있다.

    ⓗ 가상조직(virtual organization) : 독립적인 기업들이 전략적 제휴나 합작투자를 통하여 형성하는 네트워크로서 특정한 목표를 달성한 후에는 해체되는 한시적인 기업형태이다.

(3) 조직의 기본원칙

① 3면등가의 원칙

    ⊙ 조직이 전체적인 질서를 갖고 원활한 운영을 가능케 하기 위해 직무를 명확히 규정하는 원칙이 3면등가의 원칙이다.

    ⓛ 직무를 명확히 하기 위해서는 각 직무의 책임, 권한, 의무의 세 부분이 대등해야 하는 것을 의미한다.

② 책임과 권한의 원칙

    ⊙ 조직구성원들이 직무를 분담함에 있어서 각 직무 사이의 상호관계를 명백히 해야 한다.

    ⓛ 구성원이 분담할 직무에 관한 명확한 책임과 그 직무를 수행하는 데에 필요한 일정한 권한이 부여되어야 한다.

③ 명령의 일원화 원칙 … 한 구성원은 한 사람의 상사 또는 특정 단수의 직근 상사로부터 명령과 지시를 받아야 한다.

④ **통제범위의 원칙** … 1명의 관리감독자가 통제하는 부하의 인원에는 한계가 있으므로 상층부의 경우는 5~6명, 말단에서는 20명을 한도로 함으로써 조직의 질서를 유지하는 것이다.

⑤ **전문화의 원칙** … 경영목적을 달성하기 위해서는 각종 업무를 수행해야 하므로 업무를 부문화하고 단일한 특정의 업무만을 각 구성원이 담당함으로써 경영활동의 능률을 증진시키자는 원칙이다.

⑥ **권한위양의 원칙** … 윗사람이 자신의 직무의 일부를 부하에게 위임할 경우 그 위임한 직무수행에 필요한 권한도 위양해야 한다.

2. 인사이론

(1) 인사관리

① **인사관리의 의의** … 조직에서 일하는 사람을 다루는 제도적 체계이며, 사람이 사람을 다루는 제도로서 관리의 대상과 주체 모두 인간이다.

② **기업의 인사관리** … 기업활동의 성과를 좌우하는 활동이므로 인사관리가 잘 되면 기업의 성과를 높이게 되어 결국 기업의 기본적인 기능, 즉 고객에게 보다 양질의 재화와 서비스를 더 좋은 조건으로 제공할 수 있게 되어 사회의 복지향상을 가져오는 기본방향이 된다.

③ **인사관리의 일반적인 특성**
  ㉠ 인사관리의 대상과 주체 모두 인간이다.
  ㉡ 인사관리는 주체와 대상이 모두 인간이라는 점에서 볼 때 인간 상호작용의 관계로 볼 수 있으며, 이때 이들이 공통적으로 영향을 받고 있는 사회·문화적 환경과 전통의 영향을 배경으로 하고 있음을 벗어날 수 없다.
  ㉢ 인사관리는 사람이 가지고 있는 능력이나 성향을 활용하는 데 그치지 않고 그 능력이나 성향을 바꾸는 것이 더 중요시 될 때도 있다.

(2) 직무분석

① **직무분석의 의의**
  ㉠ 직무분석(job analysis)이란 기업에서 요구되는 직무의 내용과 요건을 체계적으로 정리, 분석하여 인적자원관리에 필요한 직무정보를 제공하는 과정이다.
  ㉡ 직무분석은 직무에 관한 중요한 정보를 수집하고 수집된 정보를 분석하여 직무의 내용을 파악한 다음, 각 직무를 수행하는 데 요구되는 제요건들을 명확히 함으로써 향후의 인적자원관리기능이 원활히 수행될 수 있도록 하기 위한 기초작업이다.

ⓒ 직무분석의 결과는 종업원의 모집과 선발, 종업원에 대한 보상, 종업원의 평가 및 종업원의 교육훈련과 개발에 중요한 기초자료가 된다.

② 직무분석방법

　　㉠ 면접방식 : 숙련된 직무조사원이 개개의 감독자나 종업원을 면접하고 또한 관찰을 병용해서 직무를 분석하는 방식으로 오늘날 가장 널리 알려진 방법이다.

　　㉡ 질문서방식 : 질문서를 작성하여 해당 직무상의 종업원으로 하여금 기입케 하는 방법이다.

　　㉢ 종합적 방식 : 면접방식과 질문서방식을 종합하여 이 양자가 지니는 장점을 살리고 단점을 제거하려는 분석방법이다. 직무분석의 결과는 우선 직무분석표, 신체요건표, 종업원 특질표 등에 기록되었다가 다음에 직무기술서나 혹은 직무명세서를 작성하는 데 기본 자료로서 이용된다.

> Point ≫ 직무기술서와 직무명세서
> ㉠ 직무기술서 : 직무분석의 결과로 얻어진 정보를 일정한 양식으로 기록·정리한 문서이다.
> • 직무인식사항 : 직무명칭, 직무번호, 소속부처, 분석일자 등 포함
> • 직무개요 : 직무내용을 개략적으로 요약
> • 직무내용 : 직무의 내용과 성격 명시
> • 직무요건 : 교육, 경력, 능력, 성별, 나이, 지식 등
> ㉡ 직무명세서 : 직무기술서의 내용 중에서 직무요건만을 분리하여 구체적으로 작성한 문서로서 직무요건 중에서도 특히 성공적인 직무수행을 위하여 필요한 인적요건을 중심으로 기술한 것이다.

(3) 직무평가

① 직무평가의 의의 … 직무평가는 조직 내의 각 직무가 가지고 있는 숙련도, 책임, 난이도, 복잡성, 노력, 위험도 등을 평가하여 각 직무간의 상대적 가치를 결정하는 과정이다.

② 직무평가의 목적

　　㉠ 공정한 임금체계의 확립

　　㉡ 인적자원관리의 합리화

　　㉢ 노사협상의 기초

　　㉣ 노동시장에서의 경쟁력 유지

③ 직무평가의 방법

　　㉠ 서열법 : 직무의 난이도, 책임의 대소, 직무의 중요도, 장점 등 직무의 상대적 가치를 모두 고려하여 전체적으로 직무의 서열을 평가하는 방법이다.

　　㉡ 분류법(직무등급법) : 전반적인 직무가치나 난이도 등의 분류기준에 따라 미리 여러 등급을 정하고 여기에 각 직무를 적절히 평가하여 배정하는 방법으로, 서열법과 유사한 장·단점이 있다.

　　㉢ 점수법 : 각 직무에 공통평가요소를 선정하고 여기에 가중치를 부여한 후, 각 직무요소별로 얻은 점수와 가중치를 곱하고 이를 합계하여 그 점수가 가장 높은 직무를 가장 가치있는 직무로 평가하는 방법이다.

ⓔ **요소비교법** : 조직 내의 가장 중심이 되는 직무를 선정하고 요소별로 직무를 평가한 후 나머지 평가하고
자 하는 모든 직무를 기준직무의 요소에 결부시켜 서로 비교하여 조직 내에서 이들이 차지하는 상대적
가치를 분석적으로 평가하는 방법이다.

(4) 직무설계

① **직무설계의 의의** … 개인과 조직을 연결시켜 주는 가장 기본단위인 직무의 내용과 방법 및 관계를 구체화하
여 종업원의 욕구와 조직의 목표를 통합시키는 것을 말한다.

② **직무설계의 효과**
  ㉠ 직무만족의 증대
  ㉡ 작업생산성 향상
  ㉢ 이직, 결근율 감소
  ㉣ 제품질의 개선과 원가 절감
  ㉤ 훈련비용 감소
  ㉥ 상하관계의 개선
  ㉦ 신기술 도입에 대한 신속한 적응

(5) 인적자원의 확보 및 유지관리

① **모집관리**
  ㉠ **내부모집**
    • 외부모집보다 간편하고 기존 종업원의 고과기록 등의 보유로 적합한 인재선발이 가능하며 홍보활동이
      필요없다.
    • 내부모집은 모집범위 제한, 승진을 위한 과당경쟁을 유발할 수도 있다.
      Point ≫ 내부모집방법
        ㉠ 인사기록카드 활용
        ㉡ 기업 내부 부서장의 추천
        ㉢ 사내 공개모집제도
  ㉡ **외부모집**
    • 기업 외부에서 기업에 필요한 인적자원을 확보한다.
    • 모집범위가 넓고 외부의 유능한 인재확보가 가능하다.
    • 모집·인력개발비용이 든다.
    • 부적격자 선발의 우려가 있다.

Point ≫ 외부모집방법

    ㉠ 광고에 의한 모집

    ㉡ 직업소개소 : 사설, 공공 직업소개소

    ㉢ 교육기관과의 협력에 의한 모집

    ㉣ 현 종업원의 추천에 의한 모집

    ㉤ 인턴십(internship)의 활용

    ㉥ 노조를 통한 모집

    ㉦ 연고모집 : 친척 채용

    ㉧ 개별, 수시모집 : 단기적·임시적 고용

  ㉢ 내·외부 공급원의 장·단점

구분	내부 공급원	외부 공급원
장점	• 승진자의 사기 진작 • 동기 부여 • 능력개발 강화 • 채용비용 절약	• 많은 선택 가능성 • 조직의 동태성 확보 • 신정보, 지식 제공 • 인적자원개발비 절약
단점	• 모집범위의 제한 • 승진되지 않은 구성원의 실망 • 승진을 위한 과당경쟁 • 안이한 분위기 • 인적자원 개발비용의 과다소요	• 부족한 정보로 부적격자 채용 위험 • 내부인력의 사기 저하 • 안정되기까지 적응기간 소요 • 채용비용의 과다소요

② 선발관리

  ㉠ 선발의 의의

    • 부적격자 배제과정이다.

    • 단계적 과정 : 부적격자 배제를 위해 단계적·연속적 선발과정을 거친다.

    • 차별선발 : 직무요건에 대비하여 적·부적격을 가린다.

    • 장기고용, 개발고용 : 현재 능력보다 장기적 성장가능성을 중시한다.

    • 인간성 중시 : 뛰어난 사람보다 인간됨됨이가 된 사람을 선발한다.

  ㉡ 선발과정 : 지원서 제출 및 검토→선발시험→면접→신체검사→신원 및 경력조회→채용결정과 선발

  ㉢ 선발상의 오류 : 선발오류 방지를 위하여 시험에 다양한 면접시험과 실기시험 등 새로운 선발도구를 추가하여 부적격자의 채용으로 직무성과를 그르치는 오류발생을 극소화시켜야 한다.

③ 배치 · 전환

　㉠ 배치(placement) : 유능한 인재가 선발되면 이들을 각 직무에 배속시키는 것을 말한다.

　㉡ 전환(transfer) : 일단 배치된 종업원을 어떠한 사정으로 인하여 현재의 직무에서 다른 직무로 바꾸어 재배치하는 것을 말한다.

　㉢ 기능 : 종업원에게 기업에 대한 귀속의식 · 일체감을 확립시키고, 직무에 대한 보람을 갖게 하며, 성취동기나 자아실현 욕구를 충족시켜 준다.

④ 인사고과

　㉠ 인사고과의 개념
　　• 인사고과는 기업 내 인간을 대상으로 한 평가이며 직무 자체에 대한 평가는 아니다.
　　• 인사고과는 인간과 직무와의 관계를 원칙으로 한다. 즉, 종업원이 직무를 수행함에 있어 나타나는 업적을 중점 평가한다.
　　• 인사고과는 상대적 비교 · 평가이므로 인사고과 결과만을 가지고 인적자원관리를 해서는 안 된다.

　㉡ 인사고과의 요소 : 성과, 능력, 태도 등 3영역으로 대별된다.

　㉢ 인사고과의 방법
　　• 전통적 고과방법 : 서열법, 기록법, 평가척도법, 대조표법, 강제할당법, 업무보고법 등
　　• 근대적 고과방법 : 자기신고법, 중요사건서술법, 면접법, 목표관리법, 인적자원회계, 평가센터법 등

　㉣ 인사고과상의 오류
　　• 현혹효과(halo effect) : 어느 한 측면에서의 호의적 · 비호의적 인상이 다른 측면 평가시에도 영향을 주는 경향을 말한다.
　　• 관대화경향(leniency tendency) : 실제보다 과대 또는 과소평가하는 경향을 말한다.
　　• 중심화경향(central tendency) : 보통이나 척도상 중심점에 평가가 집중되는 경향을 말한다.
　　• 논리적 오류(logical error) : 하나의 평가요소가 우수하면 다른 것도 우수한 것으로 판단하는 경향을 말한다.
　　• 대비오류(contrast error) : 피고과자의 특성을 고과자 자신의 특성과 비교하여 평가하는 경향을 말한다.
　　• 근접효과(proximity effect) : 공간적 · 시간적으로 근접하여 평가하는 경향을 말한다.
　　• 주관의 객관화(projection) : 고과자가 자신의 특성, 관점을 다른 사람에게 전가시키는 경향을 말한다.
　　• 지각적 방어(perceptual defense) : 좋은 것은 집중적으로 파고들고 싫은 것은 외면해 버리는 경향을 말한다.

⑤ 승진관리
  ㉠ 승진의 의의
    • 조직에서 한 종업원이 상위 직무로 옮기는 것을 말한다.
    • 보수, 지위가 오르고 책임이 수반되며 고차욕구 달성을 기대할 수 있다.
    • 종업원측에서는 자아실현과 욕구충족을 꾀할 수 있는 도구가 된다.
    • 경영자측에서는 인재의 효율적 확보, 배분을 통해 조직의 유효성을 증대시킬 수 있는 수단이 된다.
  ㉡ 승진관리의 기본방향
    • 연공서열주의 : 승진결정에서 근속연수, 학력, 연령, 경력 등 전통적 기준에 입각하여 승진하는 것으로 가족주의적 종신고용제, 유교사상, 집합주의, 장유유서(長幼有序) 등 동양문화풍토에 기초한다.
    • 능력주의 : 근무연수보다는 능력 등 합목적적 기준과 직무성과에 관련된 특성을 중시하는 것으로 개인주의적 계약고용제, 기독교사상, 합리주의 등 서구문화풍토에 기초한다.
  ㉢ 승진제도의 유형 : 연공승진제도, 직계승진제도, 자격승진제도, 대용승진제도, 조직변화승진제도 등이 있다.
⑥ 보상관리
  ㉠ 보상관리의 의의 : 보상이란 한 개인이 조직체에서 수행한 일의 대가로 받게 되는 효익(benefits)으로, 인적자원의 유지와 개발에 매우 유용한 요소이다.
    • 금전적 보상 : 임금, 상여금, 복리후생 등
    • 정신적 보상 : 도전감, 책임감, 성취감, 발전기회 등
  ㉡ 보상관리의 이론적 배경
    • 기대이론 : 보상제도는 종업원이 기대하고 이해할 수 있도록 설계되어야 한다. 즉, 성과목표는 종업원이 노력하면 달성할 수 있는 적정수준으로 설계되어야 한다는 이론이다.
    • 공정성이론 : 아담스(J.S. Adams)에 의해 제시되었으며 보상관리체계를 결정하는 데 이론적 바탕이 되며, 특히 보상산정기준의 타당성과 개인별 성과의 정확한 평가를 전제로 한다.
    • 2요인이론 : 허즈버그(F. Herzberg)가 제시한 이론으로 종업원의 직무만족요인을 2가지로 분류한다. 하나는 위생요인으로 환경에 관련된 요인이고, 또 하나는 동기요인으로 직무 그 자체와 관련된 요인이다.
  ㉢ 보상수준의 결정
    • 기업이 지불할 수 있는 임금수준은 기업의 지불능력 범위 내이어야 하고 기업의 생산성이나 수익성을 기초로 한다.
    • 임금수준의 최저한계는 물가변동을 감안한 생활비의 최저액을 임금의 최저기준으로 하여 평균가족수의 생계비가 보장되는 수준이어야 한다.
    • 동종업계에서 실시되고 있는 임금수준과 균형을 이루는 수준이어야 한다.
    • 노조, 정부 등에 의해 형성되는 사회일반의 균형적인 임금수준이어야 한다.

1. 재무관리

(1) 재무관리 의의

① **재무관리의 개념** … 기업경영의 하부 체계로서 자금의 조달과 운용에 관련된 의사결정을 수행하는 기업의 관리기능을 말한다.

② **재무관리의 목표** … 기업가치의 극대화이다.

(2) 재무관리의 기능

① **투자결정** … 기업이 어떤 종류의 자산을 어느 정도로 보유할 것인가에 대한 의사결정, 즉 기업 자산의 최적배합에 대한 의사결정을 말하며 기업의 미래현금흐름과 영업위험을 결정짓게 된다. 투자결정의 결과는 대차대조표의 차변항목으로 표시된다.

② **자본조달결정** … 투자에 소요되는 자본을 어떻게 효율적으로 조달할 것인가에 대한 의사결정, 즉 기업자본의 최적배합에 대한 의사결정을 말하며 기업의 재무위험을 결정짓게 된다. 자본조달 결정의 결과는 재무상태표의 대변항목으로 표시된다.

③ **배당결정** … 투자결정 및 자본조달결정으로 창출된 기업의 순이익 중 얼마를 주주에게 배당하고 얼마를 기업 내에 유보할 것인가에 대한 의사결정으로 배당결정은 사내 자본조달 결정과 연결되므로 자본조달결정의 한 형태로 볼 수 있다.

④ **재무분석결정** … 투자, 자본조달 및 배당결정을 비롯한 기업의 제반 의사결정에 필요한 정보를 얻기 위하여 기업의 회계 및 재무자료를 분석하는 의사결정이다.

(3) 재무관리의 영역

① **재무계획** … 재무계획은 이익계획과 자본구조계획(자금계획)으로 대별된다. 이익계획은 다시 수익계획과 비용계획으로 나누어지며, 예산의 형식으로 부문책임과 결합되어 견적포괄손익계산서로서 회계적으로 표시된다. 자본구조계획은 고정자본구조 계획(설비자본 구조계획)과 운전자본 구조계획(현금수지계획ㆍ현금수지예산)으로 나누어지며, 견적재무상태표로서 회계적으로 표시된다.

② 재무조직 … 재무조직의 중심과제는 재무관리조직이며, 그 전형은 컨트롤러제도(controllership)에 있다. 컨트롤러제도는 경영활동에 관한 계수적 자료의 수집ㆍ분석ㆍ제공을 전담하는 분야를 설치하여, 기업경영자의 종합적 관리활동을 보좌하는 제도인데 기업회계가 재무회계적 기능에서 관리회계를 포함하는 계수관리적 기능으로 발달함에 따라 재무ㆍ회계를 직접적으로 집행하는 라인의 성격을 가진 재무 부문과 계수에 의한 간접적 통제를 담당하는 스태프의 성격을 가진 컨트롤러 부문으로 구분되어, 후자의 장(長)인 컨트롤러가 경영집행진을 보좌하는 제도, 즉 컨트롤러제도가 도입되었다. 미국의 기업경영에서 발달한 것으로, 현재는 관리회계적 기능과 내부감사기능을 보유하는 경우가 있으며 계수적 관리의 방법인 예산제도의 집행에 있어서는 특히 중요한 역할을 수행하고 있다.

③ 재무통제 … 재무통제는 경영분석ㆍ경영비교ㆍ예산차이분석에 의하여 전개되는데, 그 집약적 지표는 자본이익률이다.

2. 회계관리

(1) 회계의 개념 및 분류

① 개념 … 회계란 회계정보이용자가 합리적인 판단이나 의사결정을 할 수 있도록 기업실체에 관한 유용한 경제적 정보를 식별, 측정, 전달하는 과정이다.

② 분류 … 정보이용자를 대상으로 분류하는데, 내부정보이용자(경영자)와 외부정보이용자(투자자와 채권자)을 대상으로 재무회계와 관리회계로 구분된다.

구분	재무회계	관리회계
목적	기업의 외부이해관계자인 주주나 채권자에게 유용한 정보를 제공한다.	기업의 내부이해관계자인 경영자에게 유용한 정보를 제공한다.
보고수단	재무제표	특수목적의 보고서
시각적 관점	과거지향적	미래지향적
기준의 유무	일반적으로 인정된 회계원칙을 준수한다.	통일된 회계원칙이나 이론이 없다.
강조점	객관성	목적적합성

(2) 일반적으로 인정된 회계원칙(GAAP ; generally accepted accounting principles)

① 특성
  ㉠ 회계행위의 지침이며, 회계실무를 이끌어 가는 지도원리이다.
  ㉡ 모든 기업에 적용가능한 보편타당성과 이해관계자집단의 이해를 조정한다.
  ㉢ 경제적 환경의 변화에 따라 변화한다.

② 필요성 ··· 재무제표를 작성하는 방법이 기업간·기간 간에 상이하다면 재무제표의 신뢰성이 떨어지고 재무정보의 비교가능성·이해가능성이 저하되어 결과적으로 회계정보의 유용성이 감소하므로 판단의 기준이 되는 일정한 원칙이 필요하다.

③ 회계원칙의 제정방법 ··· 과거에는 귀납적 방법을 사용하였으나, 현재는 연역적 방법을 중요시한다. 즉, 재무회계의 목적을 설정하고 이를 출발점으로 하여 회계실무에 적용할 수 있는 회계원칙을 정립한다.

(3) 재무회계의 이론적 체계

① 개념 ··· 오랜 시간을 두고 회계행위가 암묵적으로 관습화된 것을 일반화하여 이것을 회계행위의 기준으로 수용하게 되었는데, 이의 정당성을 논리적으로 체계화한 것이다.

⭕ **재무회계의 이론적 구조**

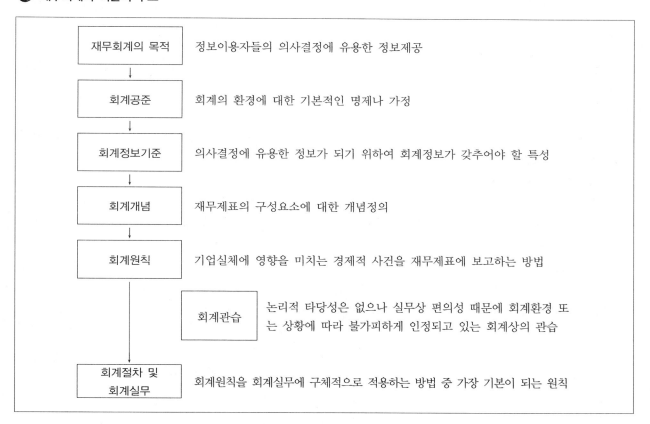

② 회계공준 ··· 회계이론을 논리적으로 전개하기 위한 기본적인 가정, 명제로서 회계가 이루어지는 정치·경제·사회적 환경으로부터 귀납적으로 도출된 것이며, 회계공준을 설정하는 이유로는 회계원칙을 연역적으로 도출하기 위한 토대를 마련하는 데 있다.

㉠ 발생주의 공준 : 정보이용자의 의사결정에 유용한 정보를 제공하기 위해서는 거래나 사건의 영향을 현금이나 현금성자산의 수입·지출을 기준으로 인식하지 않고 발생한 기간에 인식하는 것을 말한다.

• 발생(accrual) : 당기 발생 수익, 비용에 대하여 현금의 수입과 지출이 완료되지 않은 것이다.

 −미수수익 : 수익 발생, 현금 수입 미완료

 −미지급비용 : 비용발생, 현금 지출 미완료

• 이연(deferral) : 현금의 수입 혹은 지출은 완료되었지만 수익과 비용이 발생하지 않은 것이다. 미래에 발생할 수익, 비용에 대한 현금의 수입과 지출이 완료되어 수익과 비용의 인식을 이연시킨 것이다.

 −선수수익 : 현금 수입이 완료된 미래 수익

 −선급비용 : 현금 지출이 완료된 미래 비용

㉡ 계속기업의 가정 : 기업은 특별한 사유가 없는 한 계속적으로 기업활동을 영위하며, 영업활동을 청산하거나 중대하게 축소시킬 의도가 없다는 가정이다. 이러한 계속기업의 가정으로 인하여 다음과 같은 후속 개념들이 나타난다.

• 기업의 자산을 역사적 원가로 평가하는 역사적 원가주의의 근거가 된다.

• 유형자산의 취득원가를 미래의 기간에 걸쳐 비용으로 배분하는 감가상각 등의 회계처리방식이 정당화된다.

• 자산, 부채의 분류 방법이 청산우선순위가 아닌 유동성배열법으로 분류 표시하는 근거가 된다.

③ 회계정보의 질적특성 … 한국채택국제회계기준(K-IFRS)에서는 이해가능성, 목적적합성, 신뢰성, 비교가능성을 주요 질적 특성으로 제시하고 있다.

㉠ 이해가능성(전제조건)

• 정보의 측면 : 기업은 정보이용자들이 쉽게 이해할 수 있는 형태로 회계정보를 제공하여야 한다.

• 정보이용자 측면 : 회계정보 이용자도 적당한 수준의 지식을 가지고 있으며 정보를 이해하는데 필요한 적절한 노력을 하여야 한다.

㉡ 목적적합성 : 회계정보를 이용하여 의사결정을 하는 경우와 이용하지 않고 의사결정을 하는 경우에 의사결정 결과에 차이를 발생시키는 정보의 능력으로 다음과 같은 하부속성이 있다.

• 예측가치 : 정보이용자들이 미래를 예측하는 데 도움을 주는 영향을 말한다.

• 확인가치 : 과거에 회계정보를 이용하지 않고 예측했던 예측치를 확신시키거나 과거에 잘못 예측한 사실을 알게 하여 과거의 예측치를 수정할 수 있게 하는 영향을 말한다.

• 중요성 : 중요성이란 정보이용자의 의사결정에 미치는 영향력의 크기와 관련이 있다.

ⓒ 신뢰성 : 정보에 오류나 편의(bias, 치우침)가 없어 객관적으로 검증가능하며 표현하여야 할 바를 충실하게 표현하고 있는 정보의 특성으로 다음의 하부속성을 갖추어야 한다.
  • 표현의 충실성 : 회계정보가 기업실체의 경제적 자원과 의무, 그리고 이들의 변동을 초래하는 거래 및 사건을 충실하게 표현하여야 한다.
  • 중립성 : 특정 정보이용자에게만 유리하게 하기 위하여 의도적으로 편견이 개입된 정보를 제공하여서는 아니 된다.
  • 형식보다 실질 우선 : 법률적 형식, 외관상의 형식에만 충실하지 말고 경제적 현실에 맞게 측정, 보고해야 한다.
  • 완전성 : 재무정보 신뢰성 확보를 위해서는 정보의 중요성과 원가를 고려한 범위 안에서 완전하게 정보를 제공해야 한다.
ⓔ 비교가능성
  • 기간별 비교가능성(일관성, 계속성) : 한 회사의 일정한 회계사상에 대하여 매 기간마다 같은 회계처리방법을 일관성 있게 적용하면 그 기업의 회계정보의 기간별 변동추이를 쉽게 비교하고 분석할 수 있어 유용하다.
  • 기업간 비교가능성 : 서로 다른 회사들의 회계처리방법과 보고양식이 유사하면 특정기업의 정보를 다른 기업의 유사정보와 쉽게 비교하고 분석할 수 있어 유용하다.
④ 회계개념(재무제표의 구성요소)
  ㉠ 재무상태
  • 자산 : 과거의 거래나 사건의 결과로서 특정 실체에 의하여 획득되었거나 통제되고 있는 미래의 경제적 효익, 즉 미래의 현금유입을 증가시키거나 현금지출을 감소시키는 능력을 말한다.
  • 부채 : 과거의 거래나 사건의 결과로서 미래에 특정 실체가 다른 실체에 자산을 이전하거나 용역을 제공해야 할 현재의 의무로부터 발생할 미래의 경제적 효익의 희생이다.
  • 자본 : 자산에서 부채를 차감한 후에 남은 잔여지분으로 순자산 또는 주주지분이라고도 한다.
  ㉡ 성과
  • 수익 : 기업의 중요한 영업활동으로부터 일정 기간 동안 발생하는 순자산의 증가(자산의 유입·증가나 부채의 감소)
  • 비용 : 기업의 중요한 영업활동으로부터 일정 기간 동안 발생하는 순자산의 감소(자산의 유출·사용이나 부채의 발생)
  ㉢ 자본유지조정 : 자산, 부채의 재평가 또는 재작성에 의한 자본의 증가·감소액이다.

⑤ 회계원칙

　　㉠ **개념** : 기업실체에 영향을 미치는 경제적 사건을 재무제표 등에 보고하는 방법을 기술한 것으로 회계처리를 할 때 준수하여야 할 지침이며, 회계실무를 이끌어가는 지도원리를 말한다.

　　㉡ **역사적 원가의 원칙** : 모든 자산과 부채는 취득 또는 발생시점의 교환가치(취득원가)로 평가하여야 한다는 원칙을 말한다.

　　㉢ **현행원가** : 자산은 동일 혹은 동등한 자산을 현재에 취득할 시 그 대가로 지불하여야 할 현금이나 현금성자산의 금액으로 평가한다.

　　㉣ **실현가능(이행)가치** : 자산은 정상적으로 처분할 시 수취할 것으로 예상가능한 현금이나 현금성자산의 금액으로 평가한다.

　　㉤ **현재가치** : 자산은 정상적인 영업과정에서 그 자산으로 인해 창출될 것으로 기대할 수 있는 미래 순현금유입액의 현재할인가치로 평가한다.

⑥ 회계관습

　　㉠ **개념** : 실무상 유용성이나 편의성 때문에 회계환경에 따라 불가피하게 인정되고 있는 회계상의 관습을 말한다.

　　㉡ **중요성** : 회계정보가 정보이용자의 의사결정에 영향을 미치는가의 여부에 따라 판단되는데, 의사결정에 영향을 미치면 중요한 것이다. 중요성은 금액, 수량, 비율상의 중요성인 양적 중요성과 특정 사실의 존재 여부(부도발생, 소송사건)가 정보이용자의 의사결정에 영향을 미치는 질적 중요성으로 구분할 수 있다. 의사결정에 영향을 미치지 않는 중요하지 않은 거래나 회계정보는 간단히 실무적 방법을 기록하거나 상세히 보고하지 않아도 된다는 의미이다. 단, 중요성 개념은 기업의 규모나 처한 상황에 따라 달라지므로 주의해야 한다.

　　㉢ **보수주의** : 어떤 거래에 대하여 두 개의 측정치가 있을 때 재무적 기초를 견고히 하는 과정에서 이익을 낮게 보고하는 방법을 말한다. 즉, 기업의 입장에서 자산은 가능한 적게, 부채는 가능한 많게, 수익은 가급적 적게, 비용은 될 수 있으면 많게 기록하는 입장이다. 여기서 한 가지 주의할 점은 보수주의를 적용하면 특정 연도의 순이익은 작아지지만 미래 회계연도에는 그만큼 순이익이 크게 보고된다는 것이다. 즉, 보수주의의 적용은 순이익의 기간귀속에만 영향을 미칠 뿐 순이익총액에는 영향을 주지 않는다. 또한 보수주의는 이익조작가능성, 왜곡된 정보제공, 기간별 비교가능성 저해 등의 단점을 가진다.

　　㉣ **업종별 관행** : 특정 기업이나 특정 산업에서 정상적인 회계원칙으로 처리할 수 없는 사항에 대해서 특수하게 인정되어야 할 회계실무를 말한다.

(4) 재무제표

① **의의** … 기업의 재무상태와 경영성과 등을 정보이용자에게 보고하기 위한 수단으로서 한국채택국제회계기준에 따라 작성하는 재무보고서이다. 재무제표 중 재무상태표만이 일정시점의 개념이고 나머지의 기본재무제표는 일정 기간의 개념을 나타낸다.

② **재무제표의 종류**

   ㉠ **재무상태표** : 일정시점에 있어서 기업의 재무상태인 자산, 부채 및 자본에 관한 정보를 제공하는 정태적 보고서다.

   ㉡ **포괄손익계산서** : 일정기간 동안 기업이 얻은 경영성과를 표시하는 동태적 보고서로서, 미래현금흐름 예측과 미래수익창출능력 예측에 유용한 정보를 제공한다.

   ㉢ **현금흐름표** : 기업의 일정기간 동안 현금의 변동내역을 나타내는 동태적 보고서이다. 현금흐름표는 현금주의 개념의 손익계산서로 기업의 자금흐름과 미래현금흐름전망에 대한 정보를 제공한다.

   ㉣ **자본변동표** : 일정기간 동안에 발생한 자본의 변동을 나타내는 보고서이다.

   ㉤ **주석** : 재무제표에 표시된 내용을 설명하거나 표시되지 않은 정보를 제공한다. 한국채택국제회계기준(K-IFRS)에서는 이익잉여금처분계산서(결손금처리계산서)가 주석으로 공시된다.

③ **재무제표의 유용성** … 재무제표는 재무제표 이용자의 경제적 의사결정에 유용한 정보를 제공하여야 한다. 이 경우 재무제표 정보이용자의 정보요구는 다양하지만, 일반투자자의 요구에 유용한 정보는 기타 정보이용자의 요구에도 부합하는 것으로 본다.

   ㉠ 투자자나 채권자 등 정보이용자들의 의사결정에 유용한 정보를 제공한다.

   ㉡ 미래 현금흐름을 예측하는데 유용한 정보를 제공한다. 즉, 투자자나 채권자 등이 기업으로부터 받게 될 미래 현금의 크기, 시기, 불확실성 등을 평가하는데 유용한 정보를 제공한다.

   ㉢ 기업의 재무상태, 경영성과 그리고 현금흐름의 변동 및 자본변동에 관한 정보를 제공한다.

   ㉣ 경영자의 수탁책임 이행성과를 평가하는데 유용한 정보를 제공한다.

✳ 핵심용어정리

◯ 고객경험관리(CEM : Customer Experience Management)

고객이 어떻게 생각하고 느끼는지를 파악하고, 이를 토대로 고객의 경험을 데이터 하여 구축한 것으로, 기업은 모든 접점에서 고객과 관계를 맺고 각기 다른 고객 경험 요소를 서로 통합해준다. 그리고 고객에게는 감동적인 경험을 갖도록 해주어 기업 가치를 높인다. 고객은 단순히 가격과 품질만을 검토하여 이성적으로 제품을 구매하는 것이 아니라, 친절한 매장 직원이나 편리한 주문시스템 같은 감성적 요인으로 구매를 하는 경향이 있다는 측면에서 등장한 고객관리기법으로 콜롬비아 비즈니스 스쿨의 번트 슈미트 교수(Bernd. Schmitt)가 그의 저서 「CRM을 넘어 CEM으로」에서 처음 소개하였다.

◯ 기업의 사회적 책임(CSR : Corporate Social Responsibility)

기업이 생산 및 영업활동을 하면서 이윤 창출만을 목표로 하는 것이 아니라 환경경영, 윤리경영, 사회공헌과 노동자를 비롯한 지역사회 등 사회 전체의 이익을 동시에 추구하며, 그에 따라 의사결정을 하는 사회공헌적 책임을 말한다. 취약계층에 일자리를 창출하거나 영업활동을 통해 창출되는 이익을 지역공동체에 투자하는 등의 활동을 통해 기업들은 사회·경제·환경 측면에서 지속적인 성과를 창출하여 기업의 가치를 증진시키고 있다.

◯ 서브프라임 모기지(sub-prime mortgage)

미국에서 신용등급이 낮은 저소득층을 대상으로 높은 금리에 주택 마련 자금을 빌려 주는 비우량 주택담보대출을 뜻한다. 미국의 주택담보대출은 신용도가 높은 개인을 대상으로 하는 프라임(prime), 중간 정도의 신용을 가진 개인을 대상으로 하는 알트 A(Alternative A), 신용도가 일정 기준 이하인 저소득층을 상대로 하는 서브프라임의 3등급으로 구분된다. 2007년 서브프라임 모기지로 대출을 받은 서민들이 대출금을 갚지 못해 집을 내놓아 집값이 폭락하며 금융기관의 파산 및 글로벌 금융위기를 야기시켰다. 시사주간지 타임에서 서브프라임 모기지를 '2010년 세계 50대 최악의 발명품'으로 선정하였다.

◯ 자기자본투자(PI : Principal Investment)

증권사들이 고유 보유자금을 직접 주식·채권·부동산 및 인수·합병(M&A) 등에 투자해 수익을 얻는 것으로 주식거래 중개와는 별도로 한다. 해외 투자은행들은 위탁수수료 수익 비중에 비해 자기자본투자의 비중이 높지만 국내 증권사들의 경우 위탁수수료 수익 비중이 자기자본투자에 비해 높다.

◯ 역모기지론(reverse mortgage loan)

고령자들이 보유하고 있는 주택을 담보로 금융기관에서 일정액을 매월 연금형식으로 받는 대출상품이다. 주택연금 또는 장기주택저당대출이라고 한다. 부동산을 담보로 주택저당증권(MBS)을 발행하여 장기주택자금을 대출받는 제도인 모기지론과 자금 흐름이 반대이기 때문에 역모기지론이라고 한다. 주택은 있으나 경제활동을 할 수 없어 소득이 없는 고령자가 주택을 담보로 사망할 때까지 자택에 거주하면서 노후 생활자금을 연금 형태로 지급받고, 사망하면 금융기관이 주택을 처분하여 그 동안의 대출금과 이자를 상환 받는다.

⭕ 주택담보대출비율(LTV : Loan To Value ratio)

금융기관에서 주택을 담보로 대출해 줄때 적용하는 담보가치대비 최대대출가능 한도를 말한다. 주택담보대출비율은 기준시가가 아닌 시가의 일정비율로 정하며, 주택을 담보로 금융기관에서 돈을 빌릴 때 주택의 자산 가치를 얼마로 설정하는 가의 비율로 나타낸다.

⭕ 방카슈랑스(bancassurance)

프랑스어 은행(Banque)과 보험(Assurance)의 합성어로 좁은 의미에서는 은행과 보험사가 업무제휴협정을 체결하거나 은행이 자회사로 보험사를 세워 은행 업무와 보험 업무를 한 곳에서 제공하는 것을 말하며, 큰 의미에서는 은행과 보험 나아가서 증권까지를 종합적으로 판매·관리하는 유니버설뱅킹시스템을 말한다. 고객은 한 번의 금융기관 방문으로 다양한 금융 서비스를 받을 수 있고, 은행을 통해 보다 싼 보험 상품을 구입할 수 있으며, 은행 상품과 보험 상품을 이상적으로 조합해 효율적인 리스크관리가 가능하다는 장점이 있다. 우리나라도 1997년 주택은행과 한국생명이 방카슈랑스 상품의 효시인 단체신용생명보험을 내놓았고, 2003년부터 보험·증권업계에 미치는 영향을 고려해 단계별로 시행하였다.

⭕ BCG매트릭스

BCG매트릭스는 컨설팅 전문회사인 'Boston Consulting Group'에 의해 개발된 것으로 기업 경영전략 수립의 분석도구로 활용된다. 이는 사업의 성격을 단순화, 유형화하여 어떤 방향으로 의사결정을 해야 할지를 명쾌하게 얘기해 주지만, 사업의 평가요소가 상대적 시장점유율과 시장성장률뿐이어서 지나친 단순화의 오류에 빠지기 쉽다는 단점이 있다. X축은 상대적 시장점유율, Y축은 시장성장률을 놓고 각각 높음·낮음의 두 가지 기준을 정한 매트릭스로 구성하여 사업을 4가지로 분류했다.

① star사업 … 수익과 성장이 큰 성공사업으로 지속적인 투자가 필요하다.
② cash cow 사업 … 기존 투자에 의해 수익이 지속적으로 실현되는 자금 원천사업으로 시장성장률이 낮아 투자금이 유지·보수에 들어 자금산출이 많다.
③ question mark 사업 … 상대적으로 낮은 시장 점유율과 높은 성장률을 가진 신규사업으로 시장점유율을 높이기 위해 투자금액이 많이 필요하며, 경영에 따라 star사업이 되거나 dog 사업으로 전락할 위치에 놓이게 된다.
④ dog 사업 … 수익과 성장이 없는 사양사업으로 기존의 투자를 접고 사업철수를 해야 한다.

⭕ 미스터리쇼퍼(mystery shopper)

일반고객으로 가장하여, 매장에서 상품구매나 서비스를 이용해 보면서 점원의 친절, 판매기술, 매장분위기 등의 다양한 서비스를 평가하고, 개선점을 제안하는 사람을 말하며, 외식업체를 비롯하여 금융회사, 병원, 백화점 등에서 활용하고 있다. 기업에서는 판매원의 고객서비스태도, 매장관리상태 등을 점검하고, 정부에서는 불법, 위반행위 등을 하는 판매점을 단속하거나 점검하기 위한 방법으로 활용한다.

○ POS(Point Of Sales)시스템

판매시점 정보관리시스템을 의미한다. 유통업체 매장에서 팔린 상품에 관한 정보를 판매시점에서 품목·수량·가격 등과 같은 유통정보를 기록함으로써 컴퓨터를 이용하여 재고나 매출과 관련된 자료를 분석·활용할 수 있는 유통업계 정보시스템을 말한다. POS시스템은 판매정보입력을 쉽게 하기 위해 상품 포장지에 바코드(Bar Code)나 OCR태그(광학식 문자해독 장치용 가격표) 등을 부착시켜 판독기(Scanner)를 통과하면 해당 상품의 각종 정보가 자동적으로 메인 컴퓨터에 들어가게 된다. 백화점, 은행, 대형서점 등 유통 서비스업계는 이 정보를 활용하여 매출동향을 파악하는 것은 물론 적정 재고량을 유지할 수 있는 장점이 있어 상품관리·자동화업무를 추진하고 있다.

○ 스팟세일(spot sale)

말 그대로 특정 시점, 특정 장소(spot)에서 할인해 주는 행사를 말한다. 과거엔 폐점을 앞둔 밀어내기판촉이 일반적이었고 상품도 이월상품이 대부분이었으나, 최근에는 제철상품이나 인기상품들이 더 많다. 유통업체들이 최근엔 스팟세일을 이미지 제고수단으로 격상시켰기 때문이다.

○ PSA(Professional Service Automation)

PSA는 정보기술(IT)서비스 및 컨설팅 회사의 서비스 관련 프로세스와 자원을 관리하고 프로젝트의 효율적인 수행을 지원하는 애플리케이션이다. PSA의 주요 기능은 사업기회 평가, 제안서 작성, 프로세스 관리, 지식 관리를 중심으로 하는 '영업기회관리'와 직원이력 및 프로젝트 요구조건 등을 관리하는 '자원관리' 등으로 구성되어 있다. 이와 함께 근무시간·비용입력·검토승인 등을 포함하는 '프로젝트관리'도 포함된다. PSA는 인력과 보유기술에 대한 현재 상황을 검토한 후 고객들에게 최적의 서비스를 효율적으로 제공하는 방법을 제시함으로써 비용절감, 고객만족도 증가, 프로젝트 수주증가 등의 효과를 안겨주며 SPO(Service Process Optimization)로도 불린다.

○ M-commerce(Mobile Commerce)

휴대형 무선기기를 이용한 모든 인터넷 비즈니스를 지칭하는 것으로 무선 인터넷서비스를 할 수 있는 통신사업분야와 이를 지원하는 솔루션 및 소프트웨어분야가 모두 포함된다. M-commerce환경은 이동성이 보장된다는 점에서 기존의 유선네트워크와는 환경 자체가 다르다. M-commerce는 시·공간의 제약을 받지 않고 필요한 정보를 얻을 수 있는 편리성과 유선인터넷에 비해 좀 더 개인화된 맞춤서비스가 가능하다. M-commerce가 활성화되면 기업효율과 비용절감을 가져올 수 있는 새로운 기회가 생긴다. 예를 들어 현장 작업의 경우, 작업처리사항의 신속한 문서화나 필요한 기업내부 데이터의 신속한 접근이 가능해질 것이다.

○ 오픈북 경영(Open-Book Management)

정보공유경영을 말한다. 모든 종업원들에게 기업의 재정상태나 경영정보를 공유할 수 있도록 하여 종업원들이 경영자와 같은 주인의식을 갖도록 함으로써 기업 전체의 이익을 우선시하도록 하려는 경영전략으로, 기업의 위기 공감과 책임과 권리의 공동인식 등과 기업의 구조를 변경하지 않고 구성원들을 혁신의 주체로 변화시킬 수 있는 장점이 있다.

○ M-비즈(Mobile Business)

이동중 인터넷 접속이 가능한 사업을 지칭한다. 인터넷 접속도구로 이동전화를 비롯한 개인디지털장비(PDA)가 빠르게 보급됨에 따라 컴퓨터를 이용한 기존의 E-비즈니스가 퇴색하고, 대신 M-비즈니스가 급부상하고 있다. M-비즈니스가 급확산 추세를 보이는 것은 휴대폰 등 이동장비가 컴퓨터보다 훨씬 더 폭넓게 보급되어 있기 때문이다. 인터넷을 휴대형기기로 연결하는 무선애플리케이션프로토콜(WAP)표준방식이 에릭슨, 노키아, 모토로라 등 세계 주요 이동전화 메이커들로부터 강력한 지지를 받고 있어 M-비즈니스는 앞으로 더욱 빠른 속도로 활기를 띨 전망이다.

○ DIY(Do It Yourself)

소비자가 스스로 자신이 원하는 물건을 만드는데 쓰이는 상품을 의미한다. 엄밀한 의미에서 DIY는 반제품상태의 부품을 사다가 직접 조립하거나 제작하는 과정을 통해 다양하고 창조적인 재미를 느낄 수 있는 상품을 지칭하며 넓은 의미로는 DIY조리기구·DIY페인트·DIY자동차용품 등 스스로 만들거나 손질하는데 쓰이는 상품 전부가 포함된다. 미국에서는 1950년대부터 선보였으며, 동네 슈퍼마켓에 대부분 DIY코너가 마련되어 있다. 우리나라는 1988년부터 DIY상품을 취급하고 있다.

○ 관계마케팅(Relation Marketing)

겉보기엔 전혀 상관이 없어 보이는 상품들에서 공통점을 추출해 내는 마케팅기법이다. 예를 들어, 한 고객이 여름휴가를 어디서 보내고 주말엔 어떤 비디오를 빌리는지 예측이 가능하다는 것이 이 마케팅의 전제이다. 다른 마켓에서의 습관이나 태도를 분석함으로써 그 고객이 우리 시장으로 올 때 어떻게 행동할지 추론할 수 있다는 것이다.

○ 최초공모(IPO ; Inicial Public Offering)

IPO는 주식회사가 증권거래소나 코스닥시장에 상장 또는 등록하기 위해 일반인을 대상으로 새로 발행한 주식을 모집하는 것을 말한다. 공모주청약이란 바로 이 주식을 사겠다고 증권사에 신청하는 것이다. 일반적으로 기업을 공개할 때는 공모를 실시하기 때문에 IPO는 기업공개와 동의어로 사용되기도 한다. 하지만 엄격하게 나누자면 기업공개(going public)는 공모를 하지 않고 이미 발행된 주식을 파는 매출을 통해서도 가능하기 때문에 좀더 포괄적인 개념이다.

○ 3S운동

생산성의 향상·품질의 개선을 추진하기 위해서 부품규격 등의 표준화(standardization), 제품의 단순화(simplification), 제조공정 및 작업의 전문화(specialization) 등을 기업 내에서 실행하려는 경영합리화운동을 말한다.

⭘ 5S서비스

금융·호텔·병원·수송 등 종래의 전통적인 서비스업 외의 새로 개발된 5가지 서비스 산업을 의미한다.
- substitute : 기업·개인의 업무 대행서비스
- softw-ware : 컴퓨터 시스템의 사용·유지관리, 프로그램 등 서비스
- security : 생명·재산 보호, 개인·기업의 안전서비스
- social : 복지사업 등 사회보장 확립 서비스
- special : 변호사·의료·사설학원 등 서비스

⭘ 컨소시엄(Consortium)

공사채나 주식과 같은 유가증권의 인수가 어려울 때 이의 매수를 위해 다수의 업자들이 공동으로 창설하는 인수조합이나 정부나 공공기관이 추진하는 대규모 사업에 여러 개의 업체가 한 회사의 형태로 참여하는 경우를 일반적으로 컨소시엄이라고 한다. 보통 컨소시엄을 구성할 때는 투자위험 분산, 개발이익의 평등분배, 부족한 기술의 상호보완 등이 고려되어야 하며, 컨소시엄의 주목적은 단독으로 진행했을 경우 안게 될 위험부담을 분담하기 위한 것이다.

⭘ 해피 콜(Happy Call)

특별한 목적없이 판매활동을 활성화시키는 간접 마케팅의 한 방식으로 인사차 하는 방문이나, 고객 서비스 차원에서 고객의 불만을 접수·처리한 뒤 해당 소비자에게 결과를 사후 통보해 주는 행위 등을 말한다.

⭘ 프랜차이즈(franchise)

상품을 제조·판매하는 제조업자 또는 판매업자가 체인본부를 구성, 독립소매점을 가맹점으로 해 소매영업을 하는 것을 말한다. 프랜차이즈계약에 의해 계약자인 체인본부가 피계약자인 가맹점에 특정상호, 상표에 따라 상품이나 용역을 제조, 판매할 수 있는 권리를 부여한다. 피자·주유소·호텔·슈퍼마켓체인 등에서 많이 나타난다. 계약자가 가맹점에 대해 소유권을 갖지 않은 채 피계약자에게 영업관리, 경영지도, 판촉지원을 해주는 등 영업상의 특권을 부여하고 피계약자 입장에서는 경영권을 유지한 채 영업을 할 수 있다.

⭘ 시장지배적 사업자(市場支配的事業者)

시장지배적 사업자 지정은 특정 품목의 시장점유율이 높은 독과점기업의 횡포로부터 소비자와 다른 사업자를 보호하기 위해 1981년부터 실시해 온 제도이다. 독점규제 및 공정거래에 관한 법률에 따라 상위 1개사의 시장점유율이 50%를 넘거나 상위 3개사의 점유율이 75% 이상인 품목과 기업을 매년 지정하고 있다. 시장지배적 사업자로 지정되면 가격 및 물량조절, 타사업자 영업방해, 신규참여방해, 독과점적 지위를 이용한 부당행위에 대해 별도로 규제받는다.

○ 다단계판매(multilevel marketing)

최초의 소비자가 판매회원이 되어 또 다른 소비자를 모집하고, 이들이 다시 판매회원이 되는 반복과정을 거쳐 거대한 점조직의 판매망을 갖추는 판매기법이다. 모든 소비자가 가지치기식으로 회원을 확보하므로 조직성장속도가 빠르고 판매회원들에게 판매실적에 따라 일정 비율 마진을 보장해 주므로 엄청난 영업력을 형성한다. 혈연·학연·지연 등 인맥관계를 총동원, 일반광고효과보다 월등한 구전(口傳)광고를 무기로 회원을 모집하는 것이 특징이다. 상품광고나 매장없이 유통비용을 절감하여 소비자와 생산자에게 그 혜택을 돌려 준다는 원칙은 강제구매·재고부담 등으로 사회적 물의를 일으키는 피라미드판매와 구별된다.

○ 바잉파워(buying power)

대량판매점의 거대한 판매력을 배경으로 한 구매력을 뜻한다. 대량거래에 의한 유통의 효율화로 소비자 이익에 공헌하는 한편, 메이커나 도매상에 대한 우월한 지위를 남용하여 경제적 마찰을 일으키기 쉽다. 불공정 거래행위 등의 폐단이 생기기도 한다.

○ 마일리지서비스(mileage service)

한 항공사의 비행기를 이용해 일정 거리를 여행하면 보너스로 무료항공권을 지급하는 판촉프로그램이다. 초기에는 단순히 여행거리만 합산했으나 최근 들어 은행·카드회사 등 금융기관과 제휴하여 예금이나 환전액, 카드사용실적에 따라 점수를 더해준다. 호텔·렌터카업체·전화회사 등도 마일리지서비스에 가세, 이용정도에 따라 여러가지 서비스를 제공하고 있다.

○ 법정관리(法定管理)

기업이 자력으로 회사를 운영하기 어려울 만큼 부채가 많을 때 법원에서 제3자를 지정하여 자금을 비롯한 기업활동 전반을 관리하게 하는 것을 말한다. 법정관리신청을 하면 법정관리체제의 전단계 조치인 재산보전처분결정을 내려 이 날부터 회사와 관련된 모든 채권·채무가 동결되고, 법정관리결정을 내려 법정관리자를 지정하면 법정관리체제로 전환된다. 법정관리신청이 기각되면 파산절차를 밟거나 항고·재항고를 할 수 있는데, 항고·재항고기간중엔 법원의 회사재산보전처분결정이 그대로 효력을 발생, 시간벌기작전으로 파산위기를 넘기기 위한 목적으로 이용되는 경우도 있다. 부도위기에 몰린 기업을 파산시키기보다 살려내는 것이 단기적으로는 채권자의 이익을 희생시키는 대신 장기적으로는 기업과 채권자에게는 물론 국민경제 전반에 바람직한 경우가 많다는 점에서 이 제도를 시행하고 있다. 또 회사의 경영을 계속 유지시켜 줌으로써 인적 자원이나 경영노하우를 보호하는 측면도 있다. 그러나 법정관리가 부실기업의 도피처로 악용되거나 남용되는 사례가 많다는 비판도 있다.

○ 독약계약(poison pill plan)

가장 강력하고 적극적인 기업인수·합병(M & A) 방어수단이다. 주주에게 보통주로 전환할 수 있는 우선주나 특정 권리를 행사할 수 있는 증서를 무상으로 배부, 일정 조건을 만족시키는 상황이 발생하면 비싼 가격에 주식을 회사에 되파는 식으로 권리를 부여한다.

○ 리콜(recall)

소환수리제로, 자동차에서 비행기까지 모든 제품에 적용되는 소비자보호제도로서 자동차와 같이 인명과 바로 직결되는 제품의 경우 많은 국가에서 법제화해 놓고 있다. 2만여개의 부품으로 구성된 자동차의 경우 부품을 일일이 검사한다는 것은 기술적으로 불가능하며 대부분 표본검사만 하기 때문에 품질의 신뢰성이 완벽하지 못해, 이에 대한 사후보상으로 애프터서비스제와 리콜제가 있다. 애프터서비스제가 전혀 예기치 못한 개별적인 결함에 대한 보상임에 비해 리콜제는 결함을 제조사가 발견하고 생산일련번호를 추적, 소환하여 해당 부품을 점검·교환·수리해 주는 것을 말한다. 리콜은 반드시 공개적으로 해야 한다. 소비자에게 신문·방송 등을 통해 공표하고 우편으로도 연락해 특별점검을 받도록 해야 한다.

○ 리스트럭처링(restructuring)

사업재구축으로, 발전가능성이 있는 방향으로 사업구조를 바꾸거나 비교우위가 있는 사업에 투자재원을 집중적으로 투입하는 경영전략을 말한다. 사양사업에서 고부가가치의 유망사업으로 조직구조를 전환하므로 불경기 극복에 효과적이며, 채산성(採算性)이 낮은 사업은 과감히 철수·매각하여 광범위해진 사업영역을 축소시키므로 재무상태도 호전시킬 수 있다.

○ M&A(Mergers and Acquisitions)

기업의 인수·합병을 말한다. M & A는 우호적인 매수와 비우호적인 매수로 나뉘는데, 비우호적인 경우, 매수대상 기업의 주식을 일정한 값으로 매입해 버릴 것을 공표하는 테이크 오버 비드(TOB)란 방법도 이용된다. 우리나라도 1997년 4월 1일부터 주식소유한도가 완전폐지되어 본격적인 M&A시대로 접어 들었다.

○ 백기사(white knight)

경영권 다툼을 벌이고 있는 기존 대주주를 돕기 위해 나선 제3자이다. 이때 우호적인 기업인수자를 백마의 기사라고 한다. 백마의 기사는 목표기업을 인수하거나 공격을 차단해 주게 된다. 백기사처럼 기업을 인수하는 단계까지 가지 않고 기업의 주식확보를 도와주는 세력을 백영주(white squire)라고 한다.

○ 그린마케팅(green marketing)

1992년 리우환경회의 이후 환경을 덜 손상시키는 소위 그린상품 판매에서 한발 더 나아가 생태학적으로 보다 안전한 제품, 재활용이 가능하고 썩어 없어지는 포장재, 보다 양호한 오염통제장치, 에너지를 더욱 효율적으로 활용하는 방안의 개발 등 환경의 효율적인 관리를 통해 인간의 삶의 질을 향상시키는데 초점을 맞춘 마케팅활동을 가리킨다.

○ 환경친화적 기업경영제도(環境親和的 企業經營制度)

기업으로 하여금 스스로 기업활동 전과정에 환경경영계획을 세우도록 하는 제도이다. 기업이 매년 상반기 중 자재구입에서부터 오염물질 배출단계까지 경영 전과정에 걸쳐 1년 간의 환경목표를 설정, '환경기업' 지정을 신청하면 환경부는 이를 토대로 매년 말 그 이행 여부를 심사, 환경친화적 기업으로 인정해 준다. 환경친화적 기업으로 선정되면 배출시설 설치허가와 자가측정의무 면제, 환경부의 지도단속 대상에서 제외, 오염저감시설 설치시 각종 세제 및 융자 혜택을 받게 된다. 우리나라는 영국·일본에 이어 세계에서 세 번째로 1995년 4월 17일부터 시행하고 있다.

⭕ 7C

7C란 21세기 지식산업시대의 경쟁력 강화에 필수적인 7가지 요소로서, 미국 교육부와 상무부가 발표한 보고서에서 나온 용어이다. 7C는 정보통신 및 컴퓨터 네트워크 간의 연결성(connectivity), 특정 소수집단을 초월한 지역단위(community)의 기반, 지식사회를 주도적으로 이끌 인적 기반 등의 수용성(capacity), 인터넷 웹사이트를 구성하는 내용물(contents), 지역사회 내부의 협동체제(collaboration), 지식사회를 지속적으로 혁신하는 데 동원될 자금력(cash) 등 7가지 요소이다. 각각의 요소들이 유기적으로 결합할 때 국가경쟁력의 극대화를 기대할 수 있을 것이다. 네트워크기술 발달은 앞으로 시간과 공간을 초월한 경쟁구도를 만들어 낼 것으로 전망된다. 경쟁의 치열함이나 속도도 지금과는 비교할 수 없을 정도이다. 탄탄한 인프라 기반과 순발력 있는 창의적 인재의 조화가 성패의 관건이다.

⭕ 3C

세계 정상급 기업이 되기 위한 요건이다. 발상(Concepts), 능력(Competence), 관계(Connections)를 의미한다. 미 하버드대 경영대학원의 로저베스모스 캔터교수가 자신의 저서 '세계정상급'에서 제시한 것으로, 먼저 발상은 최신의 지식과 아이디어를 습득해야 하며 기술을 계속 향상시켜야 한다. 두 번째는 가장 높은 수준에서 일할 수 있는 능력을 갖추어야 한다. 또한 전세계에 걸쳐 적합한 인물들과 교류를 갖는 관계를 유지해야 한다. 그밖에 전세계 사람들과 허심탄회하게 일할 수 있는 세계화(Cosmopolitan)적 인식과 활동, 공동의 문제들을 함께 해결해 나가려는 협력(Collaborations)의 자세도 중요하다고 지적하고 있다.

⭕ B2B·B2C

B2B는 Business to Business(기업 對 기업)의 줄임말로 기업과 기업이 전자상거래를 하는 관계를 의미하며, 인터넷 공간을 통해 기업이 원자재나 부품을 다른 기업으로부터 구입하는 것이 대표적이다. 일반소비자와는 큰 상관이 없지만 거래규모가 엄청나서 앞으로 전자상거래를 주도할 것으로 보인다.

B2C는 Business to Consumer의 줄임말로 기업이 개인을 상대로 인터넷상에서 일상용품을 판매하는 것이 대표적이다. 현재 인터넷에서 운영되고 있는 전자상거래 웹사이트의 대부분이 B2C를 겨냥하고 있다. 이밖에도 전자상거래의 유형 중에는 C2B, C2C도 있으나 차지하는 비중은 미미한 편이다.

○ 컨슈머리즘(consumerism)

소비자주권운동으로, 1960년대 후반 이후 기술혁신에 의한 신제품의 대규모 개발, 대량 소비붐과 함께 불량품, 과대광고, 부당한 가격인상 및 유해식품 등의 부작용이 세계적으로 확대되었다. 컨슈머리즘은 소비자들이 힘을 모아 이러한 왜곡된 현상을 시정하고 자신들의 권리를 지키려는 운동이다. 구체적으로는 대규모 불매운동과 생산업자가 상품의 안정성을 보장할 의무를 법제화시키는 방법 등이 있다.

○ 트러스트(trust)

동종 또는 유사한 기업의 경제상·법률상의 독립성을 완전히 상실하고 하나의 기업으로 결합하는 형태로, 이는 대자본을 형성하여 상대경쟁자를 누르고 시장을 독점지배할 수 있다. 일반적으로 거액의 자본을 고정설비에 투자하고 있는 기업의 경우에 이런 형태가 많다. 트러스트의 효시는 1879년 미국에서 최초로 형성된 스탠더드 오일 트러스트(standard oil trust)이다.

○ 경영자혁명(經營者革命)

오늘날 기업의 지배적 지위는, 기업의 소유자(자본가)가 아닌 경영자가 경영의 실권을 잡는 경영자사회로 되어 가고 있다는 것을 뜻한다. 미국의 철학자이며, 사회평론가인 번햄(J. Burnham)이 '경영자혁명시대'라고 주장한 데서 나온 말로, 이는 주식분산화에 의거한 현상이다.

○ 테일러시스템(Taylor system)

19세기 말 미국의 테일러(F.W. Taylor)가 제창한 것으로서 과업관리(task management)라고도 한다. 시간연구(time study)와 동작연구(motion study)에 의하여 공정한 하루의 과업을 정하고 그 과업의 성취도에 따라 차별임금을 지급하며, 직능식 관리제도를 실시하여 작업능률을 향상시키려는 관리방법이다.

○ 토탈마케팅(total marketing)

마케팅활동이 회사 전반적인 체제로 전개되는 것으로, 직접적인 판매활동은 물론 제품계획·시장조사·상품유통·판매가격의 결정·광고 및 판매촉진·판매원 교육·금융판매 등을 포함한 전반적인 마케팅관리를 말한다.

○ R&D(Research and Development)

연구개발을 뜻한다. 'research'는 기초연구와 응용연구, 'development'는 이러한 연구성과를 기초로 제품화하는 개발업무를 가리킨다.

○ ZD(Zero Defects)운동

무결점운동이다. QC(품질관리)기법을 제조부문에만 한정하지 않고 일반관리사무에까지 확대적용하여 전사적(全社的)으로 결점이 없는 일을 하자는 것이다. 구체적으로는 전(全)종업원에게 경영참가의식을 갖게 하여 사기를 높임으로써, 전원이 결점을 없애는데 협력해 나가도록 하는 운동이다.

⭕ 포드시스템(ford system)

1903년 세워진 포드 자동차회사에서 포드(H. Ford)에 의해 실시된 경영합리화방식을 말한다. 작업조직을 합리화한 컨베이어 시스템(conveyor system)에 의한 대량생산, 즉 분업생산공정의 철저한 기계화로 각종 작업의 전체적인 동시진행을 실현하고 관리활동을 자동화한 제도이다.

⭕ 포디즘(fordism)

포드(H. Ford)의 경영이념이다. 포드는 이윤보다는 사회적 봉사를 경영목적으로 삼고, 낮은 판매가격으로 제품을 시장에 공급하는 한편 노동자들의 임금은 가급적 증대시켜 기업이 사회대중의 생활수준을 향상시키는 봉사기관으로서의 선도적 역할을 해야 한다고 주장했다.

⭕ QM(Quality Management)운동

일본 기업들의 세계시장 진출로 미국 시장이 잠식당하는데 자극을 받아 미국의 기업들이 대대적으로 벌이고 있는 품질경영운동을 말한다. 품질은 고객의 요구와 일치, 저품질을 만들지 않도록 노력, 결함률은 제로, 품질측정기준은 결함발생액으로 삼는다는 네 가지의 원칙을 내용으로 한다.

⭕ QC(Quality Control)운동

제품의 품질을 유지·향상시키기 위한 품질관리상운동이다. 오늘날의 품질관리는 가장 경제적이고 가장 도움을 주며, 구입자가 만족하는 품질의 제품을 개발하여 설계·생산·판매하고 서비스하는 것을 말한다.

⭕ TQC(Total Quality Control)

종합적 품질관리를 뜻한다. 제품의 설계·생산기술·제조·검사·유통기구·마케팅 등 각 분야에 걸쳐 품질의식을 높여 종합적인 품질보증체계를 마련해 가는 것을 말한다.

⭕ JIT(Just In Time)

생산현장에서 꼭 필요한 물자를 필요한 양만큼만 필요한 시간과 장소에 생산·보관하는 방식이다. 재고감소·납기준수·낭비제거 등을 위한 기법으로, 경영자원을 최대한으로 활용하는 것을 목표로 한다. 이 방식은 일본의 도요타 자동차사가 미국의 GM타도를 목표로 창안한 기법으로, 자동차와 함께 도요타 생산방식(TPS)의 축을 이루고 있다. JIT 시스템이 중점을 두는 생산활동은 사람, 기계, 물자 등 3M을 적절하게 조화시키는 것이다. JIT시스템은 이같은 3M을 조화하는 과정에서 낭비를 제거한다. 제조공정의 시간을 단축하기 위해 필요한 재료를 필요한 때에 필요한 양만큼 만들거나 운반하는 것이다. 이를 간판방식이라고도 한다. 그러나 최근 들어 어느 생산라인 한 곳만 차질을 빚거나 수송이 막히면 전면적인 생산마비가 불가피하다는 문제점이 제기돼 도요타자동차사 내에서도 JIT에 대한 재평가작업이 활발히 이뤄지고 있다.

⭕ 전략정보시스템(SIS ; Strategic Information System)

경쟁기업에 대하여 전략적인 우위를 점하기 위해 구축하는 정보시스템으로 전사적인 토탈시스템에서 생산, 재무관리, 판매, 물류 등의 개별시스템까지 기업에 따라 규모나 영향력이 달라질 수 있다. 이러한 전략정보시스템의 구축으로 시장점유율 변동에 영향이 발생하므로 경쟁기업에서도 시스템을 구축하여 경쟁을 벌이기도 한다.

⭕ OR(Operation Research)

제2차 세계대전 중에 작전계획의 과학적 연구를 바탕으로 발전되었으나, 전후에는 기업경영에 도입 · 활용되었다. 생산계획, 재고관리, 수송문제, 설비계획 등 여러 경영정책의 결정을 수학적 · 통계학적으로 구하는 방법이다. 선형계획법, 시뮬레이션, 게임이론, PERT 등이 대표적으로 이용된다.

⭕ 머천다이징(merchandising)

적당한 상품을 알맞은 값으로 적당한 시기에 적당량을 제공하기 위한 상품화계획을 말한다. 이러한 상품을 생산하기 위해서는 제품의 품질, 디자인, 제품의 개량, 새로운 용도 발견, 제품라인의 확장 등에 관한 철저한 시장조사가 행해져야 한다.

⭕ 벤치마킹(bench marking)

주변에서 뛰어나다고 생각되는 상품이나 기술을 선정하여 자사의 생산방식에 합법적으로 근접시키는 경영기법이다. 기업이 당해 업계에서 최고수준의 기업이 되기 위해 최고수준의 기업제품이나 기술을 분석하여 자사와의 차이점을 찾아내고, 그 차이점을 자사의 제품개발이나 생산기술에 응용하는 것이다.

⭕ 사내벤처(社內 Venture)

새로운 제품을 개발하거나 본래의 주업무와는 다른 시장으로 진출하고자 할 때, 기업 내부에 설치하는 독립적인 사업체를 말한다. 미국의 IBM 등 대기업들이 이 방식을 채택하고 있는데, 단기간에 신규사업을 육성하는 데 효율적이다.

⭕ 시너지효과(synergy effect)

기업의 합병으로 얻은 경영상의 효과로, 합병 전에 각 기업이 가졌던 능력의 단순한 합 이상으로 새로운 능력을 갖게 되는 결과를 말한다. 각종 제품에 대해 공통의 유통경로 · 판매조직 · 판매창고 · 수송시설 등을 이용함으로써 생기는 판매시너지, 투자시너지, 생산시너지, 경영관리시너지 등이 있다. 시너지란 본래 인체의 근육이나 신경이 서로 결합하여 나타내는 활동, 혹은 그 결합작용을 의미한다.

이노베이션(innovation)

슘페터(J.A. Schumpeter)의 경제발전이론의 중심개념으로 기술혁신을 뜻한다. 혁신의 주체는 기업이며 기업은 신(新)경영조직 구성 · 신생산방법 도입 · 신시장 개척 · 신자원 개발로 높은 이윤획득의 기회를 창출한다는 것이다.

VE(Value Engineering)

가치공학(價値工學)을 의미하는 표현으로 최저의 비용으로 필요한 기능을 확실히 달성하기 위하여 조직적으로 제품 또는 서비스의 기능을 연구하는 방법이다. VE의 궁극적 목표는 이러한 연구를 통하여 고객의 입장에서 제품이나 서비스의 가치에 관한 문제를 분석하여 가치를 높이는 일이다.

프로슈머(prosumer)

'producer(생산자)'와 'consumer(소비자)'의 합성어로 토플러(A. Toffler) 등 미래학자들이 예견한 상품개발주체에 관한 개념이다. 소비자가 직접 상품의 개발을 요구하며 아이디어를 제안하고, 기업은 이를 수용하여 신제품을 개발한다.

제조물책임법(PL ; Product Liability)

소비자가 상품의 결함으로 손해를 입었을 경우 제조업자는 과실이 없어도 책임이 있다는 무과실책임이 인정되어 기업이 배상책임을 지도록 하는 것이다. 우리나라 현행 민법에서는 피해자측이 과실을 입증하지 못하면 기업은 책임을 면할 수 있게 되어 있다. 그러나 수입품에 의한 소비자피해가 발생했을 때에는 해당 외국기업이 배상책임을 지도록 하고 있다.

시뮬레이션(simulation)

모의연습 또는 모의실험이라고 하는데, 실제 현상의 본질이나 그 현상의 시스템을 모방하여 모델을 사용 · 실험하여 얻은 결과를 이용해 실제로 존재하는 현상의 특성을 설명하고 예측하는 기법을 말한다. 선박, 항공기 등의 설계, 기업의 경영전략, 각종 경제예측 등에 이용되고 있다. 또 매크로 경제모델에 의한 시뮬레이션은 현실 경제구조나 경제행동의 인과관계에 관한 수학적 · 통계학적 기법을 이용하여 함수나 방정식으로 표시하고 이것으로 조립한 계량모델을 사용한다.

IR(Investor Relations)

기업설명회를 뜻한다. 기관투자가, 펀드매니저 등 주식투자자들에게 기업에 대한 정보를 제공하여 투자자들의 의사결정을 돕는 마케팅활동의 하나이다. 기업입장에서는 자사주가가 높은 평가를 받도록 함으로써 기업의 이미지를 높이고 유상증자 등 증시에서의 자금조달이 쉬워지는 효과를 거둘 수 있다.

○ ERP(전사적 자원관리 ; Enterprise Resource Planning)

MRP(물류지원관리 ; Material Resource Planning)에서 한 단계 진보한 개념으로 기업 내의 모든 인적·물적 자원을 효율적으로 관리하여 경쟁력을 높여주는 통합정보시스템을 말한다. 경영활동의 수행을 위해 인사, 생산, 판매, 회계 등의 여러가지 운영시스템으로 분산되어 있는데 ERP는 이러한 경영자원을 하나의 체계로 통합관리하는 시스템을 재구축하여 생산성을 극대화하려는 기업 리엔지니어링 기법이다.

○ 헤일로효과(halo effect)

헤일로(halo)란 후광을 뜻하는데, 인물이나 상품을 평정할 때 대체로 평정자가 빠지기 쉬운 오류의 하나로 피평정자의 전체적인 인상이나 첫인상이 개개의 평정요소에 대한 평가에 그대로 이어져 영향을 미치는 등 객관성을 잃어버리는 현상을 말한다. 특히 인사고과를 할 경우 평정자가 빠지기 쉬운 오류는 인간행동이나 특성의 일부에 대한 인상이 너무 강렬한 데서 일어난다. 헤일로효과를 방지하기 위해서는 감정·선입감·편견을 제거하고, 종합평정을 하지 말고 평정요소마다 분석 평가하며, 일시에 전체적인 평정을 하지 않을 것 등이 필요하다.

○ 매트릭스 조직(matrix organization)

기능별 및 부서별 명령체계를 이중적으로 사용하여 조직을 몇 개의 부서로 구분하는 조직이다. 매트릭스 조직은 직능구조의 역할과 프로젝트 구조의 역할로 이루어진 이중역할구조로 되어 있으면서 복합적인 조직목표를 달성하는 것이 목적이다. 매트릭스 조직은 신축성과 균형적 의사결정권을 동시에 부여함으로써 경영을 동태화시키나 조직의 복잡성이 증대된다는 문제점이 있다.

○ 분사(分社)

회사의 특정 부분을 별도 회사로 분리하는 것을 말한다. 물리적인 방법을 통한 인력재분배과정을 통해 새롭게 탄생한 외부의 새로운 조직이 아웃소싱의 형태로 운영될 수도 있고 외주, 인재파견 혹은 컨설팅의 형태로도 운영될 수 있다. 이는 인수주체에 따라 스핀오프, EBO, MBO 등으로 나뉜다.

○ MBO(Management Buy Out)

고용안정을 기하면서 조직을 슬림화시키는 구조조정기법을 말한다. 기업구조조정과정에서 현경영진과 종업원이 중심이 되어 자신들이 속해 있는 기업이나 사업부를 매수하는 것을 말한다. MBO에 참여하는 은행이나 벤처캐피털은 자금지원 외에도 MBO 대상기업에 대한 지속적인 감시와 모니터링을 수행하므로 MBO 성패를 좌우하는 중요한 역할을 담당한다. MBO는 대기업이 계열사나 사업부를 분리할 때 주로 사용되며, 자회사분리 또는 신설(spin-off), 기업분할(split-off), 모기업 소멸분할(split-up), 자회사분리 및 공개상장(equity carve-out), 지분매각, 영업양도 등의 형태로 이루어진다. 최근 MBO는 정리해고·청산 등에 따른 실업증가가 사회문제로 떠오르면서 구조조정의 새로운 수단으로 각광받고 있다.

⭕ 톱 매니지먼트(top management)

경영관리조직에서 최고경영층을 의미한다. 이는 수탁관리층(이사회), 전반관리층(대표이사 · 사장), 부문관리층(부장)의 세 가지로 구성된다.

⭕ 라인(line) · 스태프(staff)

라인은 구매 · 제조 · 판매부문과 같이 경영활동을 직접적으로 집행하는 조직이며, 스태프는 인사 · 경리 · 총무 · 기술 · 관리부문과 같이 라인활동을 촉진하는 역할을 하는 조직이다. 기업규모가 작을 때에는 라인만으로도 충분하지만 규모가 확대됨에 따라 직능이 분화되어 스태프를 두게 된다.

⭕ 인사고과(人事考課)

종업원의 근무성적평가제도를 말한다. 인사고과의 목적은 종업원의 능률을 심사하고 적성 및 평소 근무성적을 파악함으로써 종업원을 적재적소에 배치하여 보다 능률적이고 효율적인 성과를 얻기 위한 인사관리를 하는 데 있다.

⭕ 애드호크러시(ad-hocracy)

목적달성을 위해 조직이 편성되었다가 일이 끝나면 해산하게 되는 일시적인 조직을 말한다. 예를 들면 프로젝트팀(project team)이나 태스크 포스(task force) 등이다. 토플러(A. Toffler)는 현대사회의 특징을 가속성과 일시성이라고 하였는데, 이러한 현상이 기업조직에서도 나타나서 조직의 영속성이 없어져가고 있다고 한다.

⭕ X이론 · Y이론

미국의 맥그리거(D. McGregor)가 인간행동의 유형에 대해 붙인 이론이다. 그의 이론에 따르면 X이론형 인간은 일하기를 싫어하고 명령받기를 좋아하며 책임을 회피하는 등 일신의 안정만을 희구하며, Y이론형 인간은 사람에게 있어 일은 자기능력을 발휘하고 자기실현을 이룩할 수 있는 것이므로 오히려 즐거운 것이어서 스스로 정한 목표를 위해 노력한다는 것이다.

⭕ OJT(On the Job Training)

종업원을 훈련시키는 한 방식으로 직무를 통한 훈련, 즉 직장 내 훈련을 말한다. 실제 종사하고 있는 직무와 관련된 지식 · 기능을 연마하는 것이 그 목적이다.

⭕ 메리트시스템(merit system)

19세기 초에 미국 민주주의 풍조에서 생긴 엽관제도의 폐단을 없애기 위해 생겨난 공무원임용제도에서 비롯된 제도이다. 근무상태, 능률, 능력 등을 세밀히 조사하여 급료(봉급 · 상여금)에 차별을 두는 일종의 능률급제이다.

⭕ 분권관리(分權管理)

기업전체조직을 부문단위로 편성하고, 최고경영자는 각 부문의 관리자에게 권한과 책임을 위임하여 자주성과 결정권을 갖게 하는 관리조직의 형태로 집권관리에 대립한 말이다.

⭕ 브레인스토밍(brain storming)

창조적 두뇌의 집단적 개발방법으로, 참석자가 아무런 구속도 받지 않고 자유롭게 창조적 아이디어를 발표하도록 하여 새로운 아이디어를 얻으려는 것이다. 그러기 위해서는 타인의 아이디어를 비판하지 않으며, 자유분방한 아이디어를 환영하며, 되도록 많은 아이디어를 서로 내놓아야 한다.

⭕ 호손실험(hawthorn research)

미국의 웨스턴 일렉트릭회사(Western Electric Company)에 속해 있는 호손공장에서 메이요(E. Mayo)를 중심으로 한 하버드대학 교수들이 1924년부터 8년 동안에 걸쳐 실시한 인사관리에 대한 실험이다. 그 결과 작업능률을 좌우하는 것은 임금·노동조건 등 작업환경으로서의 물적 조건뿐만 아니라 근로자의 태도와 정감 등 인간관계의 조정이 매우 중요하다는 것이 증명되었다. 이로 인해서 인간관계론의 성립을 보게 되었다.

⭕ 다운사이징(downsizing)

감량경영을 뜻하는 말로, 기구축소 또는 감원, 원가절감이 목표이기는 하지만 원가절감과는 개념이 다르다. 단기적 비용절약이 아니라 장기적인 경영전략으로, 그 특징은 수익성이 없거나 비생산적인 부서 또는 지점을 축소·제거하는 것, 기구를 단순화하여 관료주의적 경영체제를 지양하고 의사소통을 원활히 하여 신속한 의사결정을 도모하는 것 등이다.

⭕ 커리어 플랜(career plan)

인간관계나 파벌에 따른 인사이동이 아닌 종업원의 희망, 장래의 목표 등을 파악한 후 능력과 경험을 파악한 후 계획적으로 직장의 훈련 또는 연수를 진행시켜 나가는 제도를 말한다. 커리어 프로그램 또는 직능개발 프로그램이라고도 한다.

⭕ EVA(Economic Value Added)

경제적 부가가치를 의미하며 세후 영업이익에서 자본비용을 차감한 값으로 투하된 자본과 비용으로 실제로 얼마나 많은 이익을 올렸느냐를 따지는 경영지표를 말한다. 회계장부상으로는 순익이 나더라도 EVA가 마이너스인 경우에는 기업의 채산성이 없는 것을 의미한다. 1980년대 후반 미국의 스턴스튜어트 컨설팅사에 의해 도입, 선진국에서는 기업의 재무적 가치와 경영자 업적평가에서 순이익이나 경상이익보다 훨씬 효율적인 지표로 활용되고 있다. 어느 기업의 EVA가 마이너스라는 것은 투자자 입장에서 보면 투자할 가치가 없다는 뜻이다.

● 풋백옵션(putback option)

일정한 실물 또는 금융자산을 약정된 기일이나 가격에 팔 수 있는 권리를 풋옵션이라고 한다. 풋옵션에서 정한 가격이 시장가격보다 낮으면 권리행사를 포기하고 시장가격대로 매도하는 것이 유리하다. 옵션가격이 시장가격보다 높을 때는 권리행사를 한다. 일반적으로 풋백옵션은 풋옵션을 기업인수합병에 적용한 것으로, 본래 매각자에게 되판다는 뜻이다. 파생금융상품에서 일반적으로 사용되는 풋옵션과 구별하기 위해 풋백옵션이라고 부른다. 인수시점에서 자산의 가치를 정확하게 산출하기 어렵거나, 추후 자산가치의 하락이 예상될 경우 주로 사용되는 기업인수합병방식이다.

● 감가상각(減價償却)

토지를 제외한 건물 · 비품 등의 고정자산은 시간의 경과와 사용의 정도에 따라서 그 가치가 점차 감소해 간다. 이 가치감소를 결산시에 일괄계산하여 손실과 함께 해당 고정자산의 이월액에서 감액시켜야 하는데, 이 절차를 감가상각이라 하고 그 감가액을 감가상각비라 한다.

● 선입선출법(FIFO ; First-In First Out method)

상품매출시 먼저 매입한 것부터 순차적으로 매출하는 형식이다. 이 방법에 따르면 매입된 가격이나 수량이 각각 다르다 하더라도 평균단가계산을 할 필요가 없으며, 재고자산이 현시가에 가장 가까운 가액으로 평가된다는 장점이 있다.

● 후입선출법(LIFO ; Last-In First-Out method)

후에 입고된 것을 먼저 출고하는 방법으로, 선입선출법의 반대가 되는 방법이다. 이 방법은 시가에 가까운 매출원가 또는 소비액을 표시하게 되는 반면, 기말재고품을 비교적 구원가로 계산하게 된다. 따라서 물가상승시에는 다른 계산법보다 매출원가가 커지므로 이익이 적게 되고, 물가하락시에는 매출원가가 적으므로 이익은 커지게 된다.

● 고정비율(固定比率)

고정자산을 자기자본으로 나눈 비율로, 자본의 유동성을 나타낸다. 이 비율은 100% 이하가 이상적이다.

● 이익준비금(利益準備金)

상법 제458조에 규정된 것으로, 그 자본의 2분의 1에 달할 때까지 매결산기 이익배당금의 10분의 1 이상을 계속적으로 적립해야 하며, 주식배당의 경우에는 그러하지 아니하는 법정준비금이다. 이것은 자본준비금과 함께 결손보존과 자본전입에만 국한되어 있는 소극적 적립금이다.

○ 레버리지효과(reverage effect)

차입금 등 타인자본을 지렛대로 삼아 자기자본이익률을 높이는 것으로, 지렛대효과라고도 한다. 차입금 등의 금리 코스트보다 높은 수익률이 기대될 때에는 타인자본을 적극적으로 활용해서 투자하는 것이 유리하나, 과도하게 타인자본을 도입하면 불황시에 금리부담 등으로 저항력이 약해진다.

○ 무형고정자산(無形固定資産)

고정자산 중 물적인 형태가 없는 것으로, 영업권·특허권·실용신안권·의장권·광업권과 같은 법률상의 권리와, 상호와 같이 사실상 가치가 있는 권리, 전화가입권·철도지선전용권 등의 전용권이 포함된다.

○ 레이더스(raiders)

기업약탈자 또는 사냥꾼을 뜻한다. 자신이 매입한 주식을 배경으로 회사경영에 압력을 넣어 기존 경영진을 교란시키고 매입주식을 비싼값에 되파는 등 부당이득을 취하는 집단이다. 즉 여러 기업을 대상으로 적대적 M&A를 되풀이하는 경우를 말한다.

○ 종업원지주제도(從業員持株制度)

회사가 종업원에게 자사주의 보유를 권장하는 제도로서 회사로서는 안정주주를 늘리게 되고 종업원의 저축을 회사의 자금원으로 할 수 있다. 종업원도 매월의 급여 등 일정액을 자금화하여 소액으로 자사주를 보유할 수 있고 회사의 실적과 경영 전반에 대한 의식이 높아지게 된다.

1 직무설계의 효과로 적절하지 않은 것은?

① 직무만족의 증대
② 작업생산성 향상
③ 이직, 결근율 감소
④ 훈련비용의 증가
⑤ 상하관계의 개선

 직무설계…개인과 조직을 연결시켜 주는 가장 기본단위인 직무의 내용과 방법 및 관계를 구체화하여 종업원의 욕구와 조직의 목표를 통합시키는 것을 말한다.
직무설계의 효과로는 직무만족의 증대, 작업생산성의 향상, 이직·결근율 감소, 제품질의 개선과 원가 절감, 훈련비용 감소, 상하관계의 개선, 신기술 도입에 대한 신속한 적응 등이 있다.

Answer 1.④

2 직무분석을 하는 방법 가운데 다음이 설명하는 직무분석법은?

> 직무분석자가 직무수행을 하는 종업원의 행동을 관찰한 것을 토대로 직무를 판단하는 것으로서, 장점으로는 간단하게 실시할 수 있는 반면에 정신적 집중을 필요로 하는 업무의 활용에는 다소 어려우며 피관찰자의 관찰을 의식한 직무수행 왜곡으로 인해 신뢰성의 문제점이 생길 수 있다.

① 면접법
② 질문지법
③ 워크 샘플링법
④ 관찰법
⑤ 작업기록법

✔ **해설** ④ 관찰법(Observation Method)에 대한 설명이다.

※ **직무분석의 방법** … 직무분석의 방법에는 관찰법, 면접법, 질문지법, 중요사건 서술법, 작업기록법, 워크샘플링법 등이 있다. 더불어서 직무분석 시에 목적과 특정 조직에서 현실적으로 적용가능한 방법인지를 반드시 고려해서 가장 효과적인 방법을 선택해야 한다.

㉠ **관찰법(Observation Method)** : 관찰법은 직무분석자가 직무수행을 하는 종업원의 행동을 관찰한 것을 토대로 직무를 판단하는 것으로서, 장점으로는 간단하게 실시할 수 있는 반면에 정신적·집중을 필요로 하는 업무의 활용에는 다소 어려우며 피관찰자의 관찰을 의식한 직무수행 왜곡으로 인해 신뢰성의 문제점이 생길 수 있다.

㉡ **면접법(Interview Method)** : 면접법은 해당 직무를 수행하는 종업원과 직무분석자가 서로 대면해서 직무정보를 취득하는 방법으로서, 적용직무에 대한 제한은 없으나, 이에 따른 면접자의 노련미가 요구되며, 피면접자가 정보제공을 기피할 수 있다는 문제점이 생길 수 있다.

㉢ **질문지법(Questionnaire)** : 질문지법은 질문지를 통해 종업원에 대한 직무정보를 취득하는 방법으로서, 이의 적용에는 제한이 없으며 그에 따르는 시간 및 비용의 절감효과가 있는 반면에 질문지 작성이 어렵고 종업원들이 무성의한 답변을 할 여지가 있다.

㉣ **중요사건 서술법(Critical Incidents Method)** : 중요사건 서술법은 종업원들의 직무수행 행동 중에서 중요하거나 또는 가치가 있는 부분에 대한 정보를 수집하는 것을 말하며, 장점으로는 종업원들의 직무행동과 성과간의 관계를 직접적으로 파악이 가능한 반면에 시간 및 노력이 많이 들어가고 해당 직무에 대한 전반적인 정보획득이 어렵다는 문제점이 있다.

㉤ **워크 샘플링법(Work Sampling Method)** : 워크 샘플링법은 관찰법의 방식을 세련되게 만든 것으로서 이는 종업원의 전체 작업과정이 진행되는 동안에 무작위로 많은 관찰을 함으로써 직무행동에 대한 정보를 취득하는 것을 말한다. 더불어, 이는 종업원의 직무성과가 외형적일 때 잘 적용될 수 있는 방법이다.

㉥ **작업기록법** : 작업기록법은 직무수행자인 종업원이 매일매일 작성하는 일종의 업무일지로, 수행하는 해당 직무에 대한 정보를 취득하는 방법으로서, 비교적 종업원의 관찰이 곤란한 직무에 적용이 가능하고, 그에 따른 신뢰성도 높은 반면에 직무분석에 필요한 정보를 충분히 취득할 수 없다는 문제점이 있다.

3 다음 중 동기부여의 중요성에 해당하지 않는 것은?

① 개인의 동기부여는 경쟁우위 원천으로서의 사람의 중요성이 커지는 가운데 기업경쟁력 강화의 핵심 수단이 된다.

② 동기부여는 변화에 대한 구성원들의 저항을 줄이고 자발적인 적응을 촉진함으로써 조직 변화를 용이하게 하는 추진력이 된다.

③ 동기부여는 구성원 개개인으로 하여금 과업수행에 대한 자신감 및 자긍심을 갖게 한다.

④ 동기부여는 조직 구성원들이 소극적이고 수동적으로 업무를 진행하게 함으로써 자아실현을 할 수 있는 기회를 부여한다.

⑤ 동기부여는 개인의 자발적인 업무수행노력을 촉진하여 직무만족 및 생산성을 높이고 나아가 조직유효성을 제고시킨다.

> ✔ 해설 **동기부여의 중요성**
> ㉠ 동기부여는 개인의 자발적인 업무수행노력을 촉진하여 직무만족 및 생산성을 높이고 나아가 조직유효성을 제고시킨다.
> ㉡ 개인의 동기부여는 경쟁우위 원천으로서의 사람의 중요성이 커지는 가운데 기업경쟁력 강화의 핵심 수단이 된다.
> ㉢ 동기부여는 변화에 대한 구성원들의 저항을 줄이고 자발적인 적응을 촉진함으로써 조직변화를 용이하게 하는 추진력이 된다.
> ㉣ 동기부여는 구성원 개개인으로 하여금 과업수행에 대한 자신감 및 자긍심을 갖게 한다.
> ㉤ 동기부여는 조직 구성원들이 적극적이고 능동적으로 업무를 진행하게 함으로써 자아실현을 할 수 있는 기회를 부여한다.

4 우진이는 이번에 새로 사귄 여자 친구와 데이트하면서 저녁식사를 할 만한 곳을 알아보고 있다. 하지만 외식을 거의 해 본 경험이 없었고, 금전적 여유도 별로 없던 우진이는 그 많은 선택 가능한 대안 중에서도 상황 상 주위의 가까운 친구들이 강력하게 추천하는 분식집을 선택하기로 했는데, 이것은 소비자 구매의사 결정 과정에서 대안의 평가에 속하는 한 부분으로 어디에 가깝다고 볼 수 있는가?

① 사전편집식   ② 휴리스틱 기법
③ 순차적제거식   ④ 결합식
⑤ 분리식

> ✔**해설** ② 휴리스틱(Heuristic) 기법은 시간 및 정보 등이 불충분해서 합리적인 판단을 할 수 없거나, 또는 굳이 체계적이면 서 합리적인 판단을 할 필요가 없는 상황에서 신속하게 사용하는 어림짐작의 기술을 말한다.

5 다음 중 윤리경영의 중요성 및 그 효과에 대한 내용으로 가장 거리가 먼 것을 고르면?

① 기업의 경영성과 및 조직유효성 증대에도 영향을 미친다.
② 대내적인 기업이미지 향상으로 브랜드 가치를 높이는데 기여한다.
③ 조직구성원의 행동규범을 제시하고, 윤리적 성취감을 충족시켜준다.
④ 사회적 정당성 획득의 기반으로 시장, 특히 주주와 투자자로부터 지속적인 신뢰를 얻는 데 기여한다.
⑤ 기업의 국제경쟁력을 평가하는 글로벌 스탠더드의 잣대로 윤리경영이 최우선 순위이다.

> ✔**해설** 윤리경영의 중요성 및 효과
> ㉠ 대외적인 기업이미지 향상으로 브랜드 가치를 높이는데 기여
> ㉡ 기업의 국제경쟁력을 평가하는 글로벌 스탠더드의 잣대로 윤리경영이 최우선 순위
> ㉢ 기업의 경영성과 및 조직유효성 증대에 영향
> ㉣ 사회적 정당성 획득의 기반으로 시장, 특히 주주와 투자자로부터 지속적인 신뢰를 얻는 데 기여
> ㉤ 조직구성원의 행동규범을 제시하고, 윤리적 성취감의 충족

6 다음 생산관리 상의 문제점 중 다품종 소량생산의 문제에 해당하지 않는 것은?

① 계획변경에 의한 품종변경, 사양변경이 자주 일어난다.
② 계획변경에 의하여 생산우선순위가 변동된다.
③ 영업부서의 긴급오더에 의한 계획변경이 빈번하게 일어난다.
④ 기술정보가 미비하다.
⑤ 사전관리의 미비로 계획변경이 빈번하다.

 해설 생산관리 상의 문제점 중 다품종 소량생산의 문제
㉠ 계획변경에 의하여 생산우선순위가 변동된다.
㉡ 제품의 도면설계지연에 따른 생산계획의 변경이 일어난다.
㉢ 소로트 생산에 의한 생산계획의 변경이 빈번하게 일어난다.
㉣ 사전관리의 미비로 생산계획의 변경이 빈번하게 일어난다.
㉤ 계획변경에 의한 품종변경, 사양변경이 자주 일어난다.
㉥ 영업부서의 긴급오더에 의한 계획변경이 빈번하게 일어난다.
㉦ 확정생산계획의 수립지연으로 빈번한 계획변경이 발생한다.

7 다음이 설명하는 오류는?

> 어떤 한 부분에 있어 어떠한 사람에 대해서 호의적인 태도 등이 다른 부분에 있어서도 그 사람에 대한 평가에 영향을 주는 것을 의미하는데, 예를 들어 종업원 선발 시 면접관에게 면접에서 좋은 인상을 준 사람에 대해, 면접관들이 생각할 때 그 사람에게서 좋은 인상을 받은 만큼 업무에 대한 책임감이나 능력 등도 좋은 것이라고 판단하는 것을 말한다.

① 현혹효과   ② 관대화 경향
③ 규범적 오류   ④ 규칙적 오류
⑤ 중심화 경향

해설 ① 현혹효과에 대한 설명이다. 현혹효과는 어떤 한 부분에 있어 어떠한 사람에 대해서 호의적인 태도 등이 다른 부분에 있어서도 그 사람에 대한 평가에 영향을 주는 것을 의미하는데, 예를 들어 종업원 선발 시 면접관에게 면접에서 좋은 인상을 준 사람에 대해, 면접관들이 생각할 때 그 사람에게서 좋은 인상을 받은 만큼 업무에 대한 책임감이나 능력 등도 좋은 것이라고 판단하는 것을 말한다.

8 다음 중 마이클 포터의 5-Forces에 대한 설명으로 적절한 것은?

① 공급자의 교섭력 - 집중도
② 신규 진입의 위협 - 규모의 경제
③ 대체재의 위협 - 산업의 경기변동
④ 구매자의 교섭력 - 유통망에 대한 접근
⑤ 대체재의 위협 - 집중도

✔ 해설 Porter의 산업구조 분석모형

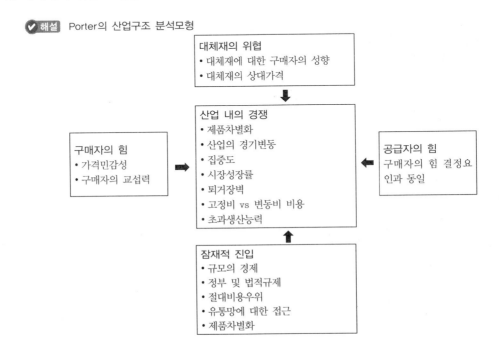

9 직업구조를 형성하기 위한 방법 중 조직 내의 직무에 관한 정보를 체계적으로 수집하여 처리하는 활동을 무엇이라 하는가?

① 직무평가   ② 직무설계
③ 직무확장   ④ 직무분석
⑤ 직무전환

✔ 해설 직업구조를 형성하기 위한 방법
㉠ **직무분석**: 조직 내의 직무에 관한 정보를 체계적으로 수집하여 처리하는 활동을 말한다. 여기서 직무란 하나의 직위가 수행하는 업무의 묶음을 말한다.
㉡ **직무평가**: 직무들의 상대적인 가치를 체계적으로 결정하는 작업이다.
㉢ **직무설계**: 직무의 내용, 기능, 그리고 연관관계를 결정하는 활동이다.

10 다음 중 인적 자원 관리의 환경 요소 중 외부 환경에 속하지 않는 것은?

① 정부개입의 증대
② 가치관의 변화
③ 노동조합의 발전
④ 정보기술의 발전
⑤ 경제여건의 변화

> ✔해설 ② 인적자원관리의 내부환경으로는 종업원들의 노동력 구성의 변화, 가치관의 변화, 조직규모의 확대 등이 있으며, 외부환경으로는 정부개입의 증대, 경제여건의 변화, 노동조합의 발전, 정보기술의 발전 등이 있다.

11 Taylor의 과학적 관리법의 목표는 무엇인가?

① 인간관계의 개선
② 기계화의 지속적인 발전
③ 인간노동의 능률화
④ 개인목표와 조직목표의 합치
⑤ 구성원의 동기유발

> ✔해설 테일러(Taylor)의 과학적 관리법
> ㉠ 테일러는 종업원의 조직적인 태업이 그들의 자의적인 작업수행태도에서 비롯된다는 점을 파악한 후 개인의 작업을 간단한 요소동작으로 분해하고, 각 요소동작의 형태·순서·소요시간 등을 동작연구(motion study)와 시간연구(time study)를 사용하여 작업환경을 표준화하고 하루에 수행해야 할 업무량, 즉 과업을 설정하여 공장경영의 합리화를 기하려고 하였다.
> ㉡ 과학적 관리법의 2대 목표인 노동자의 번영과 고용주의 번영을 실현하기 위해 노동자에게는 높은 임금을, 고용주는 낮은 노무비를 추구할 수 있게 한다.

Answer 8.② 9.④ 10.② 11.③

03. 경영학 » 407

12 다음 중 기업인수·합병(M&A)에 따른 이점이 아닌 것은?

① 독자적인 시장개척능력이 신속하게 이루어진다.

② 기업을 그대로 인수할 경우 인수되는 기업이 보유한 유리함을 그대로 향유할 수 있다.

③ 경영실적을 어느 정도 예측할 수 있으므로 미래의 불확실성 정도를 줄일 수 있다.

④ 기존 기업이 갖고 있는 모든 설비나 종업원을 그대로 물려받게 될 경우 창업에 따르는 시간과 경비를 그만큼 절감할 수 있다.

⑤ 시장에 조기진입이 가능하다.

> ✔해설 M&A의 장·단점
> ㉠ 장점
> • 시장에의 조기진입 가능
> • 기존업계 진입 시 마찰회피와 시장에서의 시장지배력 확보
> • 적절한 M&A 비용으로 인하여 투자비용을 절약
> • 신규 시장진입으로 인한 위험을 최소화하여 이를 회피하는 기능
> ㉡ 단점
> • M&A로 취득자산의 가치 저하 가능
> • M&A시 필요 인재의 유출, 종업원 상호간의 인간관계 악화 및 조직의 능률 저하 가능
> • M&A 성공 후 안이한 대처로 인해 기업이 약화
> • M&A 소요자금의 외부차입으로 인한 기업의 재무구조 악화

13 포드주의에 대한 설명 중 옳은 것은?

① 유연생산체계를 극복하기 위해 고안된 생산방식이다.

② 과학적 관리법으로 노동자들의 숙련지식을 박탈하고 노동을 단순화시킨다.

③ 노동자들의 업무를 최대한 세분화하고 각 업무를 표준화시킴으로써 노동에 대한 구상기능과 실행기능을 분리시켜 작업에 대한 관리와 성과측정을 용이하게 한다.

④ 컨베이어 벨트라는 자동화설비를 도입하여 작업의 흐름을 기계의 흐름에 종속시켜 높은 생산성을 유지하게 하는 생산방식으로, 대량생산·소비체제를 구축한다.

⑤ 작업능률을 좌우하는 것은 물적 조건 뿐만이 아니라 인간관계도 매우 중요하다.

> ✔해설 포드주의(fordism) … 미국 포드자동차회사에서 처음 개발된 것으로 포디즘적 생산방식에 있어 부품들의 흐름은 기계(컨베이어 벨트, 운반기, 이동조립대)에 의해 이루어진다.

14 다음의 내용을 참조하여 의미하는 것을 바르게 고른 것은?

> 이러한 조직은 직능구조의 역할과 프로젝트 구조의 역할로 이루어진 이중역할구조로 되어 있으면서 복합적인 조직목표를 달성하는 것이 목적이다. 이 조직은 신축성과 균형적 의사결정권을 동시에 부여함으로써 경영을 동태화시키나 조직의 복잡성이 증대된다는 문제점이 있다.

① 팀제 조직
② 네트워크 조직
③ 프로젝트 조직
④ 매트릭스 조직
⑤ 라인 조직

> ✔ 해설 매트릭스 조직은 기능별 및 부서별 명령체계를 이중적으로 사용하여 조직을 몇 개의 부서로 구분하는 조직이다.
> ① 팀제 조직 : 상호보완적인 소수가 공동의 목표달성을 위해 책임을 공유하고 문제해결을 위해 노력하는 수평적 조직이다. 능력과 적성에 따라 탄력적으로 인재를 팀에 소속시키고 팀장을 중심으로 동등한 책임 하에 구분된 일을 하면서 상호유기적인 관계를 유지하는 조직형태이다.
> ② 네트워크 조직 : 기본적으로 유연성, 부서간 통합 및 DB의 활용을 전제로 하므로 마케팅 이행을 위한 조직으로 가장 적합하다.
> ③ 프로젝트 조직 : 프로젝트는 조직이 제 노력을 집중하여 해결하고자 시도하는 과제이고, 이러한 특정 목표를 달성하기 위하여 일시적으로 조직 내의 인적·물적 자원을 결합하는 조직형태이다.
> ⑤ 라인 조직 : 명령계통은 명확하지만 각 관리자는 부하에 대하여 전면적인 책임과 지휘를 하여야 하는 형태이다.

15 정부가 추진하고 있는 기업공개의 궁극적 목적은?

① 기업경영의 재무유동성 유지
② 기업이윤의 사회적 공정배분 실현
③ 경영의 합리화와 국제경쟁력 제고
④ 일반국민의 국민주 청약기회 확대
⑤ 기업의 이윤극대화 실현

> ✔ 해설 기업공개가 활발히 추진될 경우 전문경영체제로 옮겨가게 되므로 합리적인 경영이 가능하게 된다.

16 경영기능의 분화과정에서 경영활동의 목적달성을 위해 직접 공헌하는 기능은?

① staff
② line
③ OD
④ lower management
⑤ middle management

> ✔해설 라인과 스태프
> ㉠ 라인(line) : 구매 · 제조 · 판매부문과 같이 경영활동을 직접적으로 집행하는 조직이다.
> ㉡ 스태프(staff) : 인사 · 경리 · 총무 · 기술 · 관리부문과 같이 라인활동을 촉진하는 역할을 하는 조직이다.

17 브레인스토밍(Brain Storming)에 대한 설명으로 옳지 않은 것은?

① 즉흥적이고 자유분방하게 여러가지 아이디어를 창안하는 활동이다.
② 오스본(A.F. Osborn)에 의하여 제안되었다.
③ 관련분야 최고의 전문가들만 참여한다.
④ 여러 사람이 모여서 집단적 토의를 하게 된다.
⑤ 타인의 아이디어를 비판하지 말아야 한다.

> ✔해설 브레인스토밍 … 한 가지 문제를 집단적으로 토의하여 제각기 자유롭게 의견을 말하는 가운데 정상적인 사고방식으로는 도저히 생각해낼 수 없는 독창적인 아이디어가 나오도록 하는 것이다. 브레인스토밍을 성공시키기 위해서는 자유분방한 아이디어를 환영할 것, 타인의 아이디어를 비판하지 말 것, 되도록 많은 아이디어를 서로 내놓을 것 등이 중요하다.

18 애드호크러시에 대한 다음 설명 중 옳지 않은 것은?

① 수직적 권한의 계층원리가 더욱 강화된다.
② 일시적인 과제를 해결하기 위한 임시적 조직이다.
③ 토플러(A. Toffler)의 저서인 '미래의 충격'에서 처음으로 이 용어가 사용되었다.
④ 환경적응적이고 동태적인 특성을 가진다.
⑤ 민주성과 자율성이 강한 조직이다.

> ✔해설 Adhocracy(애드호크러시) … 종래 계층적 조직형태가 지닌 경직성을 극복하기 위해 제기된 역동적, 임시적, 동태적, 유기적 조직형태를 말한다.

19 ZD운동이란?

① 품질관리운동   ② 지역방위운동
③ 무결점운동   ④ 전격디지털운동
⑤ 자원관리운동

> ✔ **해설**   ZD(Zero Defects)운동 … QC(품질관리)기법을 제조부문뿐 아니라 일반관리사무에까지 확대적용하여 전사적으로 결점을 없애는 데 협력해 나가도록 하는 무결점운동이다.

20 다음 중에서 정부나 기업체가 일반에게 이해를 얻고 관심을 끌기 위해 하는 모든 활동은?

① HR(Human Relation)
② PR(Public Relations)
③ MBO(Management By Objects)
④ OR(Operations Research)
⑤ IR(Investor Relations)

> ✔ **해설**   ① 인간관계   ③ 목표관리   ④ 경영정책을 수학적·통계학적으로 구하는 방법   ⑤ 기업설명활동

21 다음이 설명하고 있는 것은?

> 이 방식은 일본의 도요타 자동차사가 미국의 GM타도를 목표로 창안한 기법으로, 자동차와 함께 도요타 생산방식(TPS)의 축을 이루고 있다. 이 방식이 중점을 두는 생산활동은 사람, 기계, 물자 등 3M을 적절하게 조화시키는 것이다. 제조공정의 시간을 단축하기 위해 필요한 재료를 필요한 때에 필요한 양만큼 만들거나 운반하는 것이다.

① QM   ② QC
③ TQC   ④ JIT
⑤ PR

> ✔ **해설**   JIT(Just In Time)은 생산현장에서 꼭 필요한 물자를 필요한 양만큼만 필요한 시간과 장소에 생산·보관하는 방식이다.

Answer   16.②   17.③   18.①   19.③   20.②   21.④

22 다음 중 주식회사의 장점으로 옳은 것은?

① 기업의 단순성   ② 무한책임사원으로만 구성

③ 자본조달의 용이성   ④ 법인이 아니라는 점

⑤ 정관이 필요없다는 점

> ✔해설 주식회사는 주주라는 불특정 다수인으로부터 거액의 자본을 조달할 수 있으며, 출자인 주주로부터 조달된 자본이 독립되어 전문경영자에 의한 운영이 가능하다.

23 경영의 합리화를 기하는 목적은?

① 종업원의 임금향상

② 재정의 균형과 안전을 도모하여 독점 배제

③ 생산비의 절감과 기술 및 능률 향상

④ 고용량 증대 및 생산량 증대

⑤ 종업원의 복리후생 증진

> ✔해설 기업경영의 모든 면에서 효율성을 높이고자 하는 것을 경영합리화라고 한다.

24 마케팅믹스 중 촉진(promotion)에 관한 다음 설명 중 옳은 것은?

① 인적 판매(personal selling)란 제품 또는 서비스의 판매나 구매를 촉진시키기 위한 단기적인 자극책을 말한다.

② 홍보(publicity)란 특정 기업의 아이디어, 제품 또는 서비스를 대가로 지불하면서 비인적 매체를 통해 제시하고 촉진하는 것이다.

③ 풀(pull)전략이란 소비자 수요를 조장하고 또한 유통경로를 통해 제품을 끌어당기기 위해 광고와 소비자 촉진에 많은 예산을 투입하는 촉진전략을 말한다.

④ 판매촉진이란 한 사람 또는 그 이상의 잠재고객과 직접 대면하면서 대화를 통하여 판매를 실현시키는 방법이다.

⑤ 광고란 제품 및 서비스의 활동을 독려하기 위해 단기간에 전개되는 인센티브 위주의 커뮤니케이션 활동을 의미한다.

> ✔해설 ① 판매촉진 ② 광고 ④ 인적 판매 ⑤ 판매촉진

25 포드시스템(ford system)에 관한 설명 중 적절하지 않은 것은?

① 기업관리에 있어서 인간관계의 분석과 노사 간의 협조에 중점을 두었다.

② 포드(H. Ford)는 기업의 경영을 사회에 대한 봉사의 수단으로 생각하였다.

③ 포드시스템은 백색사회주의라는 비난을 받기도 하였다.

④ 포드시스템은 과학적 관리운동이 봉착한 딜레마를 타개하기 위하여 주창된 것이었다.

⑤ 컨베이어 시스템을 도입하여 대량 생산이 가능해졌다.

> ✔해설 ① 인간관계론은 호손실험결과를 토대로 메이요(E. Mayo)가 주창했다.

26 다음에서 설명하고 있는 마케팅 기법을 일컫는 말로 적절한 것은?

> • 사회 구성원으로서의 책임을 다하여 기업의 이미지를 긍정적으로 구축하는 것
> • 사람으로서 마땅히 해야 할 도리
> • 한 예시로 신발을 판매하는 T브랜드가 활발한 기부활동을 펼치는 것

① PPL 마케팅   ② 노이즈 마케팅

③ 코즈 마케팅   ④ 퍼포먼스 마케팅

⑤ 앰부시 마케팅

> ✔해설 코즈 마케팅은 기업이 사회 구성원으로서 마땅히 해야 할 책임을 다함으로써 긍정적인 이미지를 구축하고 이를 마케팅에 활용하는 전략이다.
> ① 대가를 받고 특정 기업의 제품을 영화나 드라마에 노출시켜주는 마케팅 전략
> ② 각종 이슈를 요란스럽게 치장해 구설수에 오르도록 하거나, 화젯거리를 만들어 소비자들의 이목을 집중시켜 인지도를 늘리는 마케팅 기법
> ④ 광고로 유입된 고객의 전환율을 분석하여 더 나은 전략을 수립하는 것
> ⑤ 공식스폰서는 아니지만 행사장 주변의 판촉활동 등을 통해 스폰서와 유사한 효과를 얻는 마케팅 활동

27 벤처(Venture)기업에 대한 설명으로 옳지 않은 것은?

① 한 나라의 기초가 되는 산업을 말한다.

② 실리콘밸리가 미국의 벤처기업 거점이 되고 있다.

③ 1인 또는 소수의 핵심적인 창업인이 높은 위험을 부담하면서 높은 수익률을 추구하는 것이 특징이다.

④ 우리나라의 경우 '한글과 컴퓨터사'가 그 대표적인 예라고 할 수 있다.

⑤ 소수의 기술 창업인이 기술혁신의 아이디어를 상업화하기 위해 설립한 기업이다.

> **✔해설** 벤처기업 … 신기술이나 노하우 등을 개발하고 이를 기업화함으로써 사업을 하는 창조적인 기술집약형 기업을 말한다.

28 호텔이나 펜션 등이 성수기에는 가격을 인상하고 비수기에 가격을 할인하고 있다. 이러한 유형의 마케팅활동을 무엇이라 하는가?

① 재마케팅　　　　　　　　　　　　② 개발적 마케팅

③ 자극적 마케팅　　　　　　　　　　④ 동시화 마케팅

⑤ 니치 마케팅

> **✔해설** ① 재마케팅(remarketing) : 수요가 포괄적이거나 감퇴하는 상품에 대하여 소비자의 욕구나 관심을 다시 불러 일으키려는 마케팅기법을 말한다.
> ② 개발적 마케팅(developmental marketing) : 고객이 어떠한 욕구를 갖고 있는가를 분명히 알고 나서 그러한 욕구를 충족시킬 수 있는 새로운 제품이나 서비스를 개발하려고 하는 것이다. 예로는 세계적인 석유파동이 발생했을 때 각국의 자동화 회사들은 전기자동차 개발에 집중 투자를 하는 마케팅전략을 말한다.
> ③ 자극적 마케팅(stimulant marketing) : 하나의 목적물에 대하여 사람들이 알고 있지 못하거나 관심을 갖고 있지 않을 때 그러한 목적물에 대한 욕구를 자극하려고 하는 것을 말한다. 예로는 골동품수집가들로 하여금 버려져 있는 낡은 철조망에 대하여 관심을 갖도록 하는 것이다.
> ④ 동시화 마케팅(synchro marketing) : 생산의 시간적 패턴과 수요의 시간적 패턴을 일치시키려는 마케팅기법으로 수요의 계절적·시간적 변동이 심한 경우에 이용한다. 동시화 마케팅은 제품이나 서비스의 공급능력에 맞추어 수요의 발생시기를 조정 내지 변경하려고 하는 것이므로 평일에 예식장을 이용하면 더 할인해 주는 것은 좋은 예가 된다.
> ⑤ 니치 마케팅 : 틈새를 공략하는 시장이라는 의미로 기존의 시장에서 세분화된 특정적인 소비자를 대상으로 상품을 판매하는 것을 말한다.

29 마케팅믹스의 요소가 아닌 것은?

① 가격
② 촉진
③ 제품
④ 수량
⑤ 유통

> ✔해설 마케팅믹스(marketing mix)의 요소 … 제품(product)·가격(price)·촉진(promotion)·유통(place) 등이 있으며, 이를 4P 라 한다.

30 주변에서 뛰어나다고 생각되는 상품이나 기술을 선정하여 자사의 생산방식에 합법적으로 근접시키는 방법의 경영전략은?

① 벤치마킹(bench marking)
② 리컨스트럭션(reconstruction)
③ 리엔지니어링(reengineering)
④ 리포지셔닝(repositioning)
⑤ 이노베이션(innovation)

> ✔해설 벤치마킹(bench marking) … 초우량기업이 되기 위해 최고의 기업과 자사의 차이를 구체화하고 이를 메우는 것을 혁 신의 목표로 활용하는 경영전략이다.

31 경영자 지배를 가능하게 한 경영환경과 관련이 적은 것은?

① 소유와 경영의 분리현상
② 전문경영자의 출현
③ 기술수준의 급속한 발전
④ 주식분산
⑤ 소액주주의 확산

> ✔해설 경영자 지배 … 주식회사의 경영체제가 종전의 소유경영으로부터 전문경영으로 이행됨을 의미한다.

Answer 27.① 28.④ 29.④ 30.① 31.③

32 선진국이 먼저 이룩한 기술과 업적을 그대로 인정하고 우리나라는 그 위에 $+\alpha$ 를 찾아야 한다는 한국형 기술 · 산업전략의 경영철학이론은?

① X이론   ② Y이론

③ Z이론   ④ W이론

⑤ 동기이론

> ✔ **해설**   W이론 … 1993년 서울대 이면우교수가 주창한 이론으로 외국의 경영이론이나 철학을 무분별하게 수용하여 산업현장에서 무리하게 적용함으로써 발생하는 비능률을 제거하고 우리 실정에 맞는 독자적인 경영철학을 확립하자는 것이다.

33 전혀 관련이 없는 이종기업 간의 합병 또는 매수를 통한 기업결합의 형태는?

① 컨글러머레이트   ② 신디케이트

③ 벤처캐피탈   ④ 조인트 벤처

⑤ 카르텔

> ✔ **해설**   컨글러머레이트(conglomerate)의 특징
> ⊙ 2차대전 후 자재원, 제품개발, 생산기술 혹은 마케팅경로와 관계가 없는 제품이나 용역을 생산하는 기업들의 합병이 발생하게 되었는데, 이것이 이종복합적 회사이다.
> ⓒ 미국에서 컨글러머레이트가 등장한 것은 1950년의 독점금지법의 개정으로 인하여 기업의 수평적 합병 및 수직적 합병이 어려워졌기 때문이다.

34 다음 중 사이먼이 주장한 의사결정의 두 가지 전제는?

① 사실, 가치   ② 사실, 위험

③ 위험, 가치   ④ 위험, 목표

⑤ 가치, 목표

> ✔ **해설**   사이먼은 의사결정에서 사실과 가치의 두 가지 결정전제가 있다고 주장하였다. 즉, 가치적 · 윤리적 여건으로서의 가치전제와 목표실현을 위한 행동의 적부의 판단에 필요한 사실적 지식 · 정보로서의 사실적 전제이다.

35 환경의 기회와 위협을 파악하고 기업의 강점과 약점을 인식하여 여러가지 전략적 반응을 유도하는 기법은?

① 이슈분석   ② 이해관계자분석

③ SWOT분석   ④ 비용-수익분석

⑤ 3C분석

> ✔해설   SWOT분석 … 환경분석시 내부 환경과 외부 환경을 분석하고 나면, 이를 토대로 기업내부 능력의 강점과 약점, 그리고 환경이 제공하는 기회와 위협요인으로 파악한다.

36 기업의 독립성을 잃지 않고 자유경쟁을 배제하여 시장가격을 독점할 수 있는 기업집중 형태는?

① 카르텔   ② 트러스트

③ 콘체른   ④ 콤비나트

⑤ 컨소시엄

> ✔해설   카르텔(cartel) … 같은 종류의 여러 기업들이 경제상 · 법률상의 독립성을 유지하면서 상호간 무리한 경쟁을 피하며, 시장을 독점하기 위해 협정을 맺고 횡적으로 연합하는 것을 말한다.

37 의사결정에 필요한 모든 정보자료의 흐름을 과학적이고 합리적으로 체계화한 것은?

① MIS   ② 포드시스템

③ 테일러시스템   ④ 파일링시스템

⑤ 전략정보시스템

> ✔해설   MIS(Management Information System) … 경영정보시스템을 의미한다. 기업경영의 의사결정에 사용할 수 있도록 기업 내외의 정보를 전자계산기로 처리하고 필요에 따라 이용할 수 있도록 인간과 전자계산기를 연결시킨 경영방식이다.

Answer   32.④   33.①   34.①   35.③   36.①   37.①

Chapter 04 경제학

1 경제학의 기초

1. 경제 행위와 기본 문제

(1) 희소성의 법칙

① 인간의 욕망은 무한한 반면 이를 충족시켜 줄 수 있는 경제적 자원은 제한되어 있음을 희소성의 법칙(law of scarcity)이라고 한다(G. Cassel).

② 경제적 자원이 희소하기 때문에 제한된 자원을 어떻게 사용하는 것이 합리적인지에 관련된 선택의 문제에 직면하게 된다.

(2) 합리적 선택

① 합리적 선택을 한다는 것은 최소의 비용으로 최대의 효과를 낼 수 있도록 해야 함을 의미한다.

② 경제원칙
   ㉠ **최대효과의 원칙** : 주어진 자원으로 최대의 효과를 얻고자 하는 것이다.
   ㉡ **최소비용의 원칙** : 일정한 목적을 최소의 자원으로 달성하고자 하는 것이다.
   ㉢ 최대효과의 원칙 혹은 최소비용의 원칙이 달성되었을 때를 경제적으로 효율적이라고 한다.

> **Point ≫ 합리적 선택**
> ㉠ **소비자의 합리적 선택** : 소비자는 소득과 가격에 의해서 제약된 범위 안에서 자신의 기호(입맛)에 가장 알맞은 상품량을 선택함으로써 효용극대화를 이룬다.
> ㉡ **생산자의 합리적 선택** : 생산자는 투자예산과 요소가격에 의해서 제약된 범위 안에서 자신의 생산기술에 가장 알맞은 요수투입량을 선택함으로써 비용극소화(생산량극대화)를 이룬다.
> ㉢ **공급자의 합리적 선택** : 공급자는 제약된 시장범위 안에서 자신의 이윤을 극대화할 수 있는 수량과 가격을 선택함으로써 이윤극대화를 이룬다.

(3) 기회비용과 매몰비용

① 기회비용(opportunity cost)

　　㉠ 어떤 선택을 함으로써 포기해야 하는 다른 선택대안 중에서 가치가 가장 큰 것을 의미한다.

　　㉡ 항상 기회비용의 관점에서 의사결정을 내려야 합리적인 선택을 할 수 있다.

② 매몰비용(sunk cost)

　　㉠ 이미 지출한 뒤에는 다시 회수가 불가능한 비용을 말한다.

　　㉡ 합리적인 선택을 하기 위해서는 이미 지출되었으나 회수가 불가능한 매몰비용은 고려하지 말아야 한다.

2. 합리적 선택의 주체와 대상

(1) 경제주체

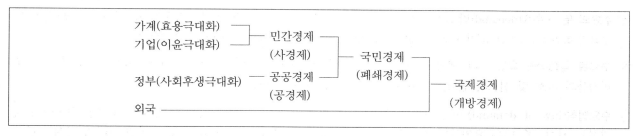

(2) 경제행위의 대상

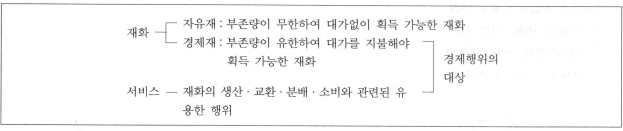

Point 》 미시경제학과 거시경제학

　㉠ 미시경제학(microeconomics)

　　• 소비자의 효용극대화 행위로부터 수요곡선과 요소공급곡선이 도출되는 과정 및 기업의 이윤극대화 행위로부터 공급곡선과 요소수요곡선이 도출되는 과정에 대해서 분석한다.

　　• 생산물시장에서 재화가격과 생산량, 그리고 생산요소시장에서 요소가격과 고용량이 결정되는 과정을 분석한다.

　　• 시장에서 결정된 가격에 의해 한 나라 전체의 자원배분이 결정되므로 미시경제학에서는 특히 개별시장에서 수요·공급에 의해 가격과 생산량이 결정되는 메커니즘을 중요하게 다룬다.

　　• 경제 전체의 일반균형, 외부성과 공공재, 정보의 비대칭성 등에 대해서도 연구한다.

ⓛ 거시경제학(macroeconomics)
- 거시경제학에서는 총체적인 거시경제변수인 국민소득(GDP), 물가, 고용, 실업 등의 결정요인을 분석한다.
- 경제활동수준이 주기적으로 변동하는 경기변동과 장기적으로 경제규모가 점차 커지는 경제성장의 요인에 대해서 분석한다.
- 정부정책이 경제활동에 미치는 영향과 그 파급경로 등을 연구한다.

2 미시경제학

1. 수요·공급이론

(1) 수요의 개념

① 수요의 뜻 … 수요(demand)란 소비자가 어떤 재화를 일정한 기간에 일정한 가격으로 사려고 하는 욕구를 말하며, 수요량(garrulity)이란 소비자가 그 재화나 용역을 구매하고자 하는 최대수량을 의미한다.

② 수요를 결정하는 요인 … 그 재화의 시장가격, 그 재화를 제외한 다른 재화들의 가격, 소비자의 소득수준, 소비자들의 기호 및 선호의 변화, 그 나라 인구의 크기, 생산기술의 변화 등이 있다.

③ 수요법칙(law of demand) … 상품의 가격이 오르면 수요량은 감소하고 상품의 가격이 내리면 수요량이 증가하는 사실, 즉 다른 요인들이 불변일 때 어떤 상품의 가격과 그 재화의 수요 간에 반비례의 관계가 존재하는 것을 말한다.

④ 수요량의 변화와 수요의 변화
ⓐ 수요량의 변화 : 어떤 재화에 대한 수요의 결정요인들 중에서 그 재화의 가격만이 변하여 수요가 변하는 것
ⓑ 수요의 변화 : 어떤 재화의 수요결정요인 중에서 그 재화가격 이외의 다른 요인의 변화에 따라 수요곡선 자체가 이동하게 된다.

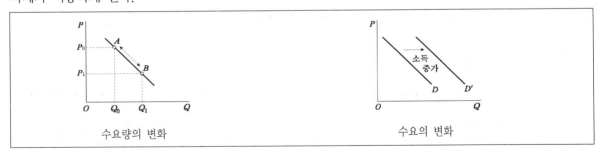

수요량의 변화   수요의 변화

⑤ 수요곡선의 이동

㉠ 소득의 증가, 대체재 가격의 상승, 보완재 가격의 하락, 그 상품을 선호할 집단에 유리한 소득의 재분배→오른쪽으로 이동(D1 : 수요증가)

㉡ 소득의 감소, 대체재 가격의 하락, 보완재 가격의 상승, 그 상품을 선호할 집단에 불리한 소득재분배, 인구의 감소→왼쪽으로 이동(D2 : 수요감소)

⑥ 수요의 탄력성

㉠ 수요의 가격탄력성(price elasticity of demand) : 가격변화의 정도에 대응하는 수요량변화의 정도를 나타내는 척도이다.

$$수요의 \ 가격탄력성(\,e\,) = \frac{수요량의 \ 변동률}{가격의 \ 변동률}$$

㉡ 수요의 가격탄력성의 크기

• e>1(탄력적) : 사치품, 공산품
• e<1(비탄력적) : 필수품, 농산물
• e=1(단위탄력적)
• e=0(완전비탄력적) : 토지, 희소재
• e=∞(완전탄력적) : 완전경쟁상품

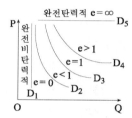

㉢ 수요의 가격탄력성의 경제적 효과

• e=0 : 가격을 인하하면 기업의 총수입이 감소, 가격을 인상하면 총수입은 증가
• e<1 : 가격을 인하하면 총수입이 감소, 인상하면 총수입은 증가
• e=1 : 총수입에 변동없음
• e>1 : 가격을 인하하면 총수입이 증가, 인상하면 총수입은 감소
• e=∞ : 가격을 약간만 인하하여도 총수입이 무한대로 증가, 약간만 인상하여도 수요가 0이 되므로 총수입은 0

(2) 공급이론

① 공급(supply)의 뜻 … 공급이란 생산자가 생산물을 일정한 기간에 일정한 가격으로 판매하고자 하는 의도된 재화서비스량을 말한다. 실제로 판매를 달성한 양은 아니며, 의도된 수량을 공급량이라 한다.

② 공급을 결정하는 요인 … 그 재화의 시장가격, 다른 재화의 가격, 생산요소의 가격변동, 기술수준, 기업의 목표, 보조금 지급(공급곡선 우측 이동), 조세 부과(공급곡선 좌측 이동), 외부 환경 등이 있다.

③ 공급법칙(law of supply) … 상품의 가격이 오르면 공급량은 증가하고 상품의 가격이 내리면 공급량은 감소하는 사실, 즉 다른 요인들이 불변일 때 어떤 재화의 가격과 공급간에 비례의 관계가 존재하는 것을 말한다.

④ 공급량의 변화와 공급의 변화
   ㉠ 공급량의 변화 : 다른 모든 요인들이 불변일 때 그 재화의 가격만이 변하여 공급량이 변화하는 것을 공급량의 변화라고 한다. 이것이 주어진 공급곡선상에서의 공급량의 변화로 나타난다.
   ㉡ 공급의 변화 : 어떤 재화의 가격 이외의 요인들 중에서 적어도 하나가 변하면, 그 재화의 모든 가격수준에서 재화의 공급량이 변하게 되고 공급곡선 자체도 이동하게 되는 것을 말한다.

⑤ 공급곡선의 이동
   ㉠ 기술의 진보, 다른 상품가격의 하락, 생산요소 가격의 하락 → 오른쪽으로 이동(S1 : 공급증가)
   ㉡ 다른 상품가격의 상승, 생산요소가격의 상승 → 왼쪽으로 이동(S2 : 공급감소)

⑥ 공급의 탄력성
   ㉠ 공급의 가격탄력성 : 재화의 가격이 변동할 때 그 재화의 공급량이 얼마나 변할 것인가를 측정하는 척도이다.

$$\text{공급의 가격탄력성}(\,e\,) = \frac{\text{공급량의 변동률}}{\text{가격의 변동률}}$$

   ㉡ 공급의 가격탄력성의 크기
   • e>1(탄력적) : 공산품
   • e<1(비탄력적) : 농산물
   • e=1(단위탄력적)
   • e=0(완전비탄력적) : 희소재
   • e=∞(완전탄력적) : 배급상품

Point ≫ 다른 상품의 가격변화와 수요·공급의 변화
- ㉠ 다른 상품의 가격변화와 수요의 변화
  - 보완재의 가격상승 : 샤프가격의 상승→샤프수요량 감소→샤프심 수요량 감소
  - 대체재의 가격상승 : 샤프가격의 상승→샤프수요량 감소→볼펜 수요량 증가
- ㉡ 다른 상품의 가격변화와 공급의 변화
  - 보완재의 가격상승 : 샤프심의 가격상승→샤프심의 공급량 증가→샤프의 공급량 증가
  - 대체재의 가격상승 : 볼펜의 가격상승→볼펜의 공급량 증가→샤프의 공급량 감소

(3) 균형(equilibrium)의 결정 및 이동

① 시장의 균형
- ㉠ 균형의 개념 : 균형이란 외부적인 충격이 없는 한 현재 상태가 계속 유지되는 상태를 의미한다.
- ㉡ 균형의 결정 : 수요곡선과 공급곡선이 교차하는 점에서 균형이 달성되며, 균형가격과 균형거래량이 결정된다.

② 균형가격과 균형거래량의 변화
- ㉠ 수요증가로 수요곡선이 우측으로 이동하면 균형가격은 상승하고 균형거래량도 증가한다.
- ㉡ 공급증가로 공급곡선이 우측으로 이동하면 균형가격은 하락하나 균형거래량은 증가한다.
- ㉢ 수요와 공급이 모두 증가하면 균형거래량은 증가하나 균형가격의 변화는 수요곡선과 공급곡선의 이동폭에 따라 달라진다.
  - 수요곡선 이동폭 > 공급곡선 이동폭 : 균형가격↑
  - 수요곡선 이동폭 < 공급곡선 이동폭 : 균형가격↓

2. 소비이론

(1) 한계효용이론

① **한계효용체감의 법칙** … 재화의 소비가 증가될수록 총효용은 증가하나 한계효용은 점점 감소한다는 법칙으로, 고센(H.H. Gossen)의 제1법칙 또는 마샬(A. Marshall)의 욕망포화의 법칙이라고도 한다.

② **한계효용균등의 법칙** … 일정한 소득을 가진 소비자가 여러 재화를 소비하려는 경우 재화의 소비에 의해 얻어지는 주관적인 만족도, 즉 효용의 극대화를 원한다. 효용이 극대화되게 하기 위해서는 각 재화의 한계효용이 균등하게 되도록 재화의 소비를 분배하는 것이 가장 유리하다는 이론으로, 고센의 제2법칙 또는 극대만족의 법칙이라고도 한다.

③ **가치의 역설** … 물은 다이아몬드에 비해 이용가치가 크므로 교환가치(가격)도 높아야 되나 오히려 현실에서는 다이아몬드의 가격이 물의 가격보다 높게 되는데, 이를 아담 스미스(A. Smith)는 '가치의 역설(가치의 이율배반)'이라고 했다.

(2) 무차별곡선이론

① 무차별곡선(indifference curve) … 두 재화밖에 없을 때 동일한 만족을 주는 두 재화의 소비량의 무수한 조합을 연결한 곡선을 말한다.

② 무차별곡선의 특징

  ㉠ 우하향의 형태를 취한다.

  ㉡ 한계대체율체감의 법칙을 반영하여 원점에 대하여 볼록하다.

  ㉢ 만족수준을 달리하는 무차별곡선은 교차하지 않는다.

  ㉣ 원점에서 멀리 떨어진 무차별곡선일수록 높은 만족수준을 나타낸다.

> Point ≫ 소비자균형의 이동
> ㉠ 소득효과(income effect) : 두 재화의 가격이 일정한데 소비자의 소득이 변화한다면 가격선은 평행이동할 것이며, 이에 따라 소비자의 균형점도 이동하게 되는 효과를 말한다.
> ㉡ 대체효과(substitution effect) : 소비자가 상대적으로 가격이 상승한 재화의 구매를 감소시키고 상대적으로 가격이 저렴해진 재화의 구매를 증가시키는 것을 말한다.
> ㉢ 가격효과(price effect) : 소득은 일정 불변인데 X재의 가격이 하락하면 가격선이 이동되고 따라서 균형구입점도 이동된다. 일반적으로 가격이 하락한 재화의 구매를 증가시키고, 가격이 불변인 재화의 구입을 상대적으로 감소시킨다.

3. 생산이론

(1) 생산의 개요

① 생산 … 생산요소를 적절히 배합·가공하여 인간에게 유용한 재화와 서비스를 창출하여 사회후생을 증대시키는 행위를 말한다.

```
생산요소          ──────▶   생산주체        ──────▶   생산물
(토지, 노동, 자본)           (생산방식결정)              (재화, 서비스)
```

② 생산요소 … 어떤 생산물을 생산하기 위하여 투입되는 모든 인적·물적·자원을 말한다.

  ㉠ 본원적 생산요소 : 노동, 자연

  ㉡ 파생적 생산요소 : 자본(토지 : 자연에도 속하나 주로 자본에 속함)

(2) 수확체감의 법칙(한계생산력 체감의 법칙)

① 고정요소가 존재하는 단기에 가변요소 투입량을 증가시키면 어떤 단계를 지나고부터는 그 가변요소의 한계생산물이 지속적으로 감소하는 현상을 말한다.

② 정도의 차이는 있으나 단기에 거의 모든 산업부문에서 나타나는 일반적인 현상이다.

(3) 생산자균형이론

① **생산자균형의 개념** … 일정한 산출량을 최소비용으로 생산하고 있는 경우, 또는 일정한 생산비로써 최대의 산출량을 생산하고 있는 경우로 한계생산력 균등의 법칙이 바로 생산자균형의 조건이다.

② **한계생산력 균등의 법칙** … 생산자가 일정한 산출량을 생산하는데 있어서 생산비를 극대화시키는 생산요소의 결합방법으로 일정 생산비로써 극대의 산출량을 얻는 방법과 같은 것이다.

$$\frac{\text{요소 A의 한계생산력}}{\text{요소 A의 가격}} = \frac{\text{요소 B의 한계생산력}}{\text{요소 B의 가격}}$$
$$= \frac{\text{요소 C의 한계생산력}}{\text{요소 C의 가격}}$$
$$= \text{화폐 1단위의 한계생산력}$$

③ **생산자균형** … 등비용곡선과 등생산량곡선이 접하는 점에서 달성된다. 이는 주어진 생산량을 최소생산비로 생산할 수 있는 노동과 자본의 결합을 나타내며, 또한 주어진 총생산비로 최대의 생산량을 달성시켜 줄 수 있는 자본과 노동의 결합을 표시하는 점으로, 가장 경제적 효율이 높으며 한계생산과 자본의 한계생산의 비율이 노동의 가격과 자본의 가격의 비율과 일치한다.

4. 시장이론

(1) 시장의 형태

① **완전경쟁시장** … 다수의 수요자와 공급자, 동질적 재화, 특정 산업으로의 자유로운 진입과 퇴거, 경제주체들의 완전한 정보 보유(일물일가의 법칙 성립)의 조건이 충족될 때 성립하는 시장형태이다.

② **독점시장** … 한 산업을 하나의 기업이 독점적으로 지배하는 시장형태이다(원인에 따라서 자연적 독점, 법률적 독점, 경제적 독점, 국가적 독점 등으로 분류).

③ **과점시장** … 소수의 기업들이 서로 유사한 상품을 생산하여 하나의 시장에서 상호 경쟁하는 시장형태이다.

④ **독점적 경쟁시장** … 완전경쟁과 같이 다수의 수요자와 다수의 기업들이 참여하되 참여기업들은 각기 디자인·품질·상표·포장 등에 있어서 어느 정도 차이가 있는 유사상품을 생산·공급하여 상호 경쟁하는 시장형태이다.

(2) 시장의 비교

구분	완전 경쟁시장	독점시장	과점시장	독점적 경쟁시장
공급자수	다수	1인	소수	다수
상품의 질	동질	단일상품	동질 또는 이질	이질
판매방법	시장판매 또는 경매	권장 및 제도 PR	광고, 품질경쟁, 관리가격	
시장참여의 자유	자유	제한	제한	자유
특징	가격순응자	가격설정자, 가격차별화	가격의 경직과 상호 의존성	상품차별화
대표적 산업	극히 일부의 농산물시장, 증권시장 등	담배, 인삼 시장 등	자동차, 냉장고 등의 상품시장	약국, 병원, 주유소 등

3 거시경제학

1. 국민소득론

(1) 국부와 국민소득

① 개념

국부	국민소득
• 일정 시점에 있어서 한 나라 전체의 토지와 자본의 총량 • 국민소득창출의 기반 • 저량개념	• 일정 기간 동안에 생산·소비되는 재화와 서비스의 총량 • 소비·저축·투자의 기반 • 유량개념

② 국부와 국민소득의 관계
  ㉠ 국부와 노동이 결합하여 일정 기간 동안에 생산된 것이 국민소득이다.
  ㉡ 국부를 기반으로 국민소득이 창출되고, 국민소득의 일부는 다시 국부를 증가시키는 데 사용된다.

(2) 국민소득지표

① 국내총생산(GDP ; Gross Domestic Product)
   ⊙ 개념 : 국내총생산은 모든 재화와 서비스의 생산량을 합하여 경제 전체 생산량의 크기를 나타내는 것으로 여러 가지 거시경제지표 중에서 가장 중요한 지표로 인식되고 있다.
   ⓒ GDP의 측정
   • 3면등가의 법칙

   > • 생산국민소득 = 지출국민소득 = 분배국민소득
   > • 국내총생산(GDP) = 국내총지출(GDE) = 국내총소득(GDI)

   • 국내총생산(GDP) : 생산측면에서 GDP는 모든 최종생산물의 시장가치를 합하여 계산할 수도 있고, 각 생산단계에서의 부가가치와 고정자본소모를 합하여 계산할 수도 있다.

   > GDP = 최종생산물의 시장가치의 합계
   >   = 부가가치 + 고정자본소모

   • 국내총지출(GDE ; Gross Domestic Expenditure)

   > GDE = 민간소비지출(C) + 국내총투자(I) + 정부소비지출(G) + 순수출($X-M$)

   • 국내총소득(GDI ; Gross Domestic Income)

   > GDI = 임금 + 지대 + 이자 + 이윤 + 순간접세 + 고정자본소모 = 피용자보수 + 영업이익 + 순간접세 + 고정자본소모

② 국민총소득(GNI)
   ⊙ GNI의 개념
   • 국민총소득(GNI ; Gross National Income)은 국민들이 생산활동을 통해 획득한 소득의 구매력을 나타내는 지표로 일정 기간 동안 한 나라 국민이 소유하고 있는 생산요소를 국내외에 제공한 대가로 벌어들인 소득이다.
   • GDP가 한 나라의 생산활동을 나타내는 생산지표인 것에 비하여, GNI는 국민들의 생활수준(후생수준)을 측정하기 위한 소득지표이다.
   ⓒ GDP와 GNI의 관계

   > GNI = GDP + 교역조건 변화에 따른 실질무역손익 + (국외수취요소소득 − 국외지급요소소득)
   >   = GDP + 교역조건 변화에 따른 실질무역손익 + 국외순수취요소소득
   >   = GDI + 국외순수취요소소득

- 국외순수취요소소득
  - 국외순취요소소득 : 우리나라 국민이 외국에서 벌어들인 소득
  - 국외지급요소소득 : 외국인이 우리나라에서 벌어들인 소득
- 교역조건이란 수출상품 1단위와 교환되는 수입상품의 수량이다.

③ 기타 국민소득지표

　㉠ 국민총처분가능소득($GNDI$) : 국민경제 전체가 소비나 저축으로 자유롭게 처분할 수 있는 소득을 말한다.

$$GNDI = GNI + (국외수취경상이전 - 국외지급경상이전)$$
$$= GNI + 국외순수취경상이전$$
$$= 총소비 + 총저축$$

　㉡ 국민순소득(NNI) : 한 나라 국민이 순수하게 벌어들인 소득으로 GNI에서 고정자본소모를 차감한 것을 말한다.

$$NNI = GNI - 고정자본소모$$
$$= 모든 부가가치의 합계$$
$$= C + I_n + G + (X - M) \quad (I_n : 신투자)$$

　㉢ 국민처분가능소득(NDI) : 국민경제 전체가 처분할 수 있는 소득 중 고정자본소모를 차감한 것을 말한다.

$$NDI = GNDI - 고정자본소모$$
$$= GNI - 고정자본소모 + 국외순수취경상이전$$
$$= NNI + 국외순수취경상이전$$

　㉣ 국민소득(NI) : 한 나라 국민이 제공한 생산요소에서 발생한 소득의 총액을 말한다.

$$NI = NNI - (간접세 - 對기업보조금)$$
$$= NNI - 순간접세$$
$$= 임금 + 지대 + 이자 + 이윤$$
$$= 피용자보수 + 영업잉여$$

　㉤ 개인본원소득(PPI) : 국민소득(NI)에서 법인소득과 정부가 받은 이자, 임대료 등 개인에게 지급되지 않은 부분을 차감한 것을 말한다.

$$PPI = NI - 법인소득 - 정부의 재산소득$$
$$= 피용자보수 + 가계부문의 기업 및 재산소득$$

ⓑ 개인처분가능소득(*PDI*) : 개인원본소득(*PPI*)에서 개인이 생산활동과 관계없이 받은 순이전소득을 합한 것으로 개인이 자유롭게 처분할 수 있는 소득을 말한다.

$$PDI = PPI + 순이전소득$$
$$= 민간소비지출 + 개인저축$$

ⓢ 개인조정처분가능소득 : 개인처분가능소득(*PDI*)에 사회적 현물이전을 합한 것을 말한다.

$$개인조정처분가능소득 = PDI + 사회적 현물이전$$

2. 화폐금융이론

(1) 화폐금융이론의 기초

① 화폐의 기능
　　ⓐ 교환의 매개수단(가장 본질적인 기능)
　　ⓑ 가치의 척도
　　ⓒ 장래 지불의 표준
　　ⓓ 가치저장수단
　　ⓔ 회계의 단위

② 화폐의 발달
　　ⓐ 형태의 발달 : 상품화폐 → 금속화폐 → 지폐 → 신용화폐
　　ⓑ 화폐제도의 발달 : 자연화폐제도 → 본위화폐제도 → 관리통화제도

③ 통화
　　ⓐ 경제 내에서 유통되고 있는 화폐를 말하는데, 흔히 통화량과 같은 의미로 쓰인다.
　　ⓑ 통화량의 지표
　　　• 협의통화(M1) : 지급수단으로서 화폐의 기능을 중시한 통화지표
　　　• 광의통화(M2) : 협의통화에 정기예금, 정기적금 등 예금은행의 저축성예금과 거주자외화예금을 포함시킨 개념
　　　• 총유동성(Lf) : 종전의 M3라고 불리던 통화지표로 광의통화에 예금취급 금융기관의 만기 2년 이상 M2 대상 금융상품과 보험사의 보험계약준비금 등을 포함하는 개념
　　　• 광의유동성(L) : 나라 경제의 전체 유동성 크기를 측정하기 위해 개발한 지표로 시중의 유동성을 가장 넓게 파악하는 통화지표

(2) 금융정책

① 금융정책의 수단
  ㉠ 일반적인 금융정책수단(간접규제수단)
    • 공개시장조작정책 : 공개시장에서 국공채를 매입·매각함으로써 통화량과 이자율을 조정하는 것을 말한다. 통화량 조절수단 중 가장 빈번하게 이용되는 정책수단이다.
    -국공채매입 → 본원통화↑ → 통화량↑ → 이자율↓
    -국공채매각 → 본원통화↓ → 통화량↓ → 이자율↑
    • 재할인율정책 : 예금은행이 중앙은행으로부터 차입할 때 적용받는 이자율인 재할인율을 조정함으로써 통화량과 이자율을 조절하는 정책이다. 재할인율정책이 효과적이 되기 위해서는 예금은행의 중앙은행에 대한 자금의존도가 높아야 한다.
    -재할인율↓ → 예금은행 차입↑ → 본원통화↑ → 통화량↑ → 이자율↓
    -재할인율↑ → 예금은행 차입↓ → 본원통화↓ → 통화량↓ → 이자율↑
    • 지급준비율정책 : 법정지급준비율을 변화시킴으로써 통화승수의 변화를 통하여 통화량과 이자율을 조절하는 정책이다.
    -지준율↓ → 통화승수↑ → 통화량↑ → 이자율↓
    -지준율↑ → 통화승수↓ → 통화량↓ → 이자율↑
  ㉡ 선별적인 정책수단(직접규제수단)
    • 대출한도제 : 직접적으로 중앙은행과 예금은행의 대출한도를 제한하거나 자산을 규제함으로써 금융기관의 대출한도를 제한하는 것이다.
    • 이자율규제 : 은행의 예금금리와 대출금리를 직접규제하는 것이다.
    • 창구규제, 도의적 설득 등이 있다.

② 물가안정목표제
  ㉠ 개념 : 물가안정목표제란 사전에 정해진 기간 내에 달성하고자 하는 인플레이션 목표를 설정한 후, 원칙적으로 중간목표 없이 공개시장조작정책, 재할인율정책 등의 정책수단을 이용하여 인플레이션 목표를 직접 달성하는 통화정책 운용체계를 말한다.
  ㉡ 운용방식
    • 물가안정목표제에서는 정책시행에 있어 통화량뿐만 아니라 금리, 환율, 자산가격 등 다양한 정보변수가 활용된다.
    • 정책을 집행함에 있어 각국에서는 초단기금리가 운용목표로 사용되고 있는데, 우리나라에서도 금융기관 간 초단기 자금거래에 적용되는 콜금리를 일정 수준으로 유지하는 방식으로 운용되고 있다.
  ㉢ 기대효과
    • 중앙은행의 목표가 '물가안정'으로 단일화됨에 따라 중앙은행 통화정책에 대한 신뢰도가 높아질 것으로 보인다.

• 물가안정목표제 도입으로 중앙은행이 무엇보다 물가안정을 중시하게 됨에 따라 인플레이션율이 낮아질 것으로 전망된다.

3. 인플레이션 및 실업이론

(1) 인플레이션(inflation)

① 인플레이션의 개념
   ㉠ 인플레이션은 화폐가치가 하락하여 일반물가수준이 지속적으로 오르는 것을 말한다.
   ㉡ 인플레이션은 소비자물가지수가 상승하는 것으로 알 수 있다.

> Point 》 인플레이션의 발생원인
> ㉠ 통화량의 과다증가로 화폐가치가 하락한다.
> ㉡ (과소비 등으로) 생산물수요가 늘어나서 수요초과가 발생한다.
> ㉢ 임금, 이자율 등 요소가격과 에너지비용 등이 오르므로 생산비용이 오른다.
> ㉣ 시장의 독점화로 인하여 독점가격이 설정된다.

② 인플레이션의 영향
   ㉠ 예상유무에 따른 인플레이션

구분	예상치 못한 인플레이션	예상된 인플레이션
부와 소득의 재분배	• 인플레이션은 화폐가치가 지속적으로 하락하는 것을 뜻하므로 채권자(현금보유자, 봉급생활자, 연금수혜자 등)의 실질소득 감소 • 채무자(중앙은행, 기업, 정부 등)에게 유리	채권자(현금보유자, 봉급생활자, 연금수혜자 등)가 명목임금, 이자율 등을 올리므로 소득의 재분배가 발생하지 않음
생산과 고용	가계가 적응적 기대를 하므로 생산과 소득 및 고용이 단기적으로 증가하나, 장기적으로는 고용확대 효과가 사라짐	가계가 합리적 기대를 하므로 생산과 소득 및 고용이 증가하지 않음
경제의 불확실성 증대	장기계약과 거래의 회피, 장기채권에 대한 수요감소, 단기성 위주의 자금대출을 야기시켜 사회적인 후생손실을 초래함	불확실성을 크게 증가시키지 않음

   ㉡ 예상유무와 관계없이 발생하는 인플레이션
   • 경제의 효율성 저하
   -인플레이션은 화폐에 대하여 부과하는 일종의 조세이므로 사람들은 화폐보유를 기피하게 된다.
   -메뉴비용(menu cost)이 발생한다.
   • 물가변화에 따라 가격을 조정하려면 가격표작성비용(메뉴비용)이 발생한다.

- 메뉴비용이 커서 가격조정이 즉각적으로 이루어지지 않는 경우에는 재화의 상대가격이 변화하고 이에 따라 자원배분의 비효율성이 초래된다.
- 경제성장 저해 : 인플레이션 → 실물자산 선호↓ → 금융저축↓ → 투자↓ → 경제성장↓
- 조세부담 : 일반적으로 조세는 명목소득에 대하여 부과되므로 실질소득이 불변이라도 인플레이션에 따라 명목소득이 증가하면 조세부담이 증가한다.
- 국제수지 : 인플레이션 → 국산품의 상대가격↑ → 수출↓, 수입↑ → 경상수지 악화

③ 인플레이션의 유형

ㄱ 수요견인 인플레이션 : 총수요가 초과하여 발생하는 인플레이션이다.
- 고전학파와 통화주의학파의 견해
- 원인 : 통화량증가 → 물가상승
- 대책 : 통화량안정 → 물가안정
- 케인즈학파의 견해
- 원인 : 총수요증가 → 물가상승
- 대책 : 긴축정책 → 총수요감소 → 물가안정

ㄴ 비용인상 인플레이션 : 생산비용의 증가로 인하여 발생하는 인플레이션이다.
- 케인즈학파의 견해
- 원인 : 요소가격상승 → 물가상승
- 대책 : 요소가격안정(소득정책) → 물가안정
- 통화주의학파의 견해 : 통화량증가 없는 인플레이션은 불가능하다고 본다.
- 공급중시경제학파 : 세율인상 → 생산비용증가 → 물가상승

ㄷ 혼합형 인플레이션
- 총수요측요인과 총공급측요인이 동시에 작용하여 발생하는 물가상승을 의미한다.
- 총수요증가와 총공급감소가 동시에 이루어지면 물가가 대폭 상승하게 된다. 그러므로 AD곡선과 AS곡선의 이동폭에 따라 국민소득은 증가할 수도 있고 감소할 수도 있다.

④ 인플레이션의 억제정책

ㄱ 점진주의(gradualism)정책 : 점진적으로 총수요를 줄임으로써 서서히 인플레이션을 낮추거나 급격한 산출량 감소를 초래하지 않으면서 인플레이션을 억제하고자 하는 정책이다.

ㄴ 급진주의(cold-turkey)정책 : 일시에 총수요를 대폭 줄임으로써 단시일 내에 인플레이션을 억제하고자 하는 정책으로 이 정책을 실시하면 인플레이션을 단기간에 낮출 수 있으나 산출량의 급격한 변동을 초래할 가능성이 있다.

Point ≫ 스태그플레이션 … 경제불황과 물가상승이 동시에 발생하는 현상을 말한다. 그 원인에 대해서는 통설이 없지만 대체로 호경기의 후유증 내지 재정정책과 통화정책의 후유증이라고 주장되고 있다.

(2) 실업이론

① **실업의 의의** … 실업이란 노동할 의사와 능력을 가지고 있으면서도 취업의 기회를 얻지 못한 상태로, 노동의 존재량과 고용량의 차이로 나타나는 현상이다.

② **실업의 유형**

ㄱ 자발적 실업

* 개념 : 일할 능력을 갖고 있으나 현재의 임금수준에서 일할 의사가 없어서 실업상태에 있는 것이다.
* 유형
－마찰적 실업 : 일시적으로 직장을 옮기는 과정에서 실업상태에 있는 것이다.
－탐색적 실업 : 보다 나은 직장을 찾기 위해 실업상태에 있는 것이다.
* 대책 : 직업정보의 흐름을 원활하게 하는 것이다.

ㄴ 비자발적 실업

* 개념 : 일할 의사와 능력은 갖고 있으나 현재 임금수준에서 일자리를 구하지 못하여 실업상태에 있는 것이다.
* 유형
－경기적 실업(케인즈적 실업) : 경기침체로 인해 발생하는 대량의 실업이다.
－구조적 실업 : 일부 산업의 급속한 사양화 등으로 일부 산업에서의 노동공급과잉으로 발생하는 실업이다.

4. 경제성장과 경제발전

(1) 경기변동

① **경기변동의 개념** … 일국의 경제가 주기적으로 일정 기간에 걸쳐 변동을 반복하는 것을 말하며, 경기순환이라고도 한다.

② **경기변동의 종류**

종류	주기	원인
콘드라티에프파동(장기파동 · 대순환)	약 50~60년	기술혁신
쿠즈네츠파동	약 20년	경제성장률의 변동
주글라파동(중기파동 · 주순환)	약 9~10년	설비투자의 변동
키친파동(단기파동 · 소순환)	약 40개월	재고변동, 금리 · 물가변동

③ 경기변동에 대한 대책
  ㉠ 재정정책
    • 호경기 때 : 재정긴축정책(조세수입 증대, 정부지출 감소)
    • 불경기 때 : 재정확장정책(조세감면, 정부지출 증대)
  ㉡ 금융정책
    • 호경기 때 : 재할인율 인상, 지급준비율 인상, 유가증권의 매각
    • 불경기 때 : 재할인율 인상, 지급준비율 인하, 유가증권의 매입

(2) 경제성장과 경제발전

① **경제성장의 개념** … 경제규모가 양적으로 확대되는 것을 말하며, 경제규모의 지표로서 보통 GNP(국민총생산)가 사용된다.

② **실질경제성장률** … 불변 시장가격으로 계산된 불변 국민소득의 성장률을 나타낸 것으로, 다음과 같이 계산한다.

$$실질경제성장률(\%) = \frac{금년도\ 실질GNP - 전년도\ 실질GNP}{전년도\ 실질GNP} \times 100$$

③ **경제발전의 개념** … 경제성장이 사회 전반의 발전과 병행하면서 이루어지는 과정으로, 사회발전의 전제조건이 된다.

> Point 》경제성장과 경제발전의 차이
>   ㉠ 경제성장 : 양적 규모의 확대, 규모의 변동이 가능한 장기현상, 연속적 변동
>   ㉡ 경제발전 : 질적 · 구조적 변화를 수반, 기술혁신이 가능한 장기현상, 불연속적 변동

5. 재정이론

(1) 재정

① **재정의 개념** … 국가 또는 공공단체가 공공적 욕구를 충족하기 위하여 필요로 하는 물질적 수단을 조달하고 관리 · 사용하는 일체의 행위를 말한다.

② **재정의 기능** … 효율적 자원배분 기능, 공평한 소득분배 기능 · 경제발전, 완전고용 기능 등이 있다.

③ **재정의 3대원칙**
  ㉠ 양출제입의 원칙
  ㉡ 강제 · 능력부담의 원칙
  ㉢ 수지균형의 원칙

④ 재정과 경제안정

    ㉠ 경기 침체시 : 정부지출 증대, 조세수입 축소→민간부문의 소비·투자 수요 증가→경기회복

    ㉡ 경기 과열시 : 정부지출 감축, 조세수입 증대→민간부문의 수요 감소→경기 안정

(2) 공공재

① 공공재의 개념 ··· 국가 또는 공공기관을 통해 공급되는 재화와 용역으로, 사회재 또는 집합재라고도 한다.

② 공공재의 성격

    ㉠ 소비의 비경합성 : 한 사람이 소비에 참여함으로써 얻는 이익이 다른 모든 개인들이 얻는 이익을 감소시키지 않는다는 것이다.

    ㉡ 소비의 비배제성 : 재화의 소비에서 얻는 혜택으로부터 특정 그룹의 사람들을 배제할 수 없다는 것이다.

    ㉢ 소비의 비경합성과 비배제성은 각각 독립적으로 양립한다.

(3) 예산

① 예산의 개념 ··· 일정 기간에 있어서 정부경제를 운영하기 위해 정치적 절차에 의하여 결정되는 계획으로, 세입과 세출로 구성된다.

② 예산제도

    ㉠ 증분주의 : 전통적인 방법으로, 통제기능만을 중심으로 하고 예산의 효율성을 고려하지 않은 채 전년도 예산을 답습하는 제도이다.

    ㉡ 성과주의 예산제도 : 구입되어야 할 재화에 중점을 두지 않고 이루어야 할 성과에 중점을 두는 예산제도이다.

    ㉢ 계획예산제도(PPBS ; Planning Programming Budgeting System) : 예산의 관리기능보다는 계획기능을 강조하는 예산제도이다.

    ㉣ 영기준예산제도(ZBB ; Zero Base Budgeting system) : 전년도의 예산을 전혀 고려하지 않고 새로이 예산을 기획하는 제도이며, 증분주의에 완전히 반대되는 개념이다.

(4) 조세

① 조세의 종류

    ㉠ 조세 전가에 따라 : 직접세, 간접세

    ㉡ 조세 용도에 따라 : 일반세, 목적세

    ㉢ 과세 주체에 따라 : 국세, 지방세

    ㉣ 과세 표준에 따라 : 종량세, 종가세

    ㉤ 과세 대상에 따라 : 물세, 인세

ⓗ 과세 독립성 여부에 따라 : 독립세, 부과세

ⓢ 세율에 따라 : 비례세, 누진세, 역진세

Point » ㉠ 비례세 : 과세대상의 금액과 관계없이 일정한 세율적용(주로 간접세)
㉡ 누진세 : 과세대상의 금액이 많을수록 높은 세율 적용
㉢ 역진세 : 과세대상이 금액이 많을수록 낮은 세율 적용(실제로는 없는 제도)

② 직접세와 간접세의 비교

구분	직접세	간접세
특징	• 납세자와 담세자가 동일하다. • 조세전가성이 없다. • 수입을 기준으로 부과된다.	• 납세자와 담세자가 다르다. • 조세전가성이 있다(대중과세). • 지출을 기준으로 부과된다.
장점	• 부담능력에 따른 공평한 과세이므로 사회정의에 부합된다. • 조세부담이 전가되지 않으므로 생산 및 유통을 교란하는 정도가 작다.	• 조세저항이 작다. • 세무행정이 간단하다. • 수입조달이 편리하고 거액의 수입을 확보할 수 있다(자본 축적).
단점	• 조세저항이 크다. • 복잡한 과세기술이 필요하다.	• 비례과세가 되므로 공평부담이 안 된다. • 가격을 높이고 생산 및 유통을 교란하기 쉽다.

4 국제무역이론

1. 국제무역론

(1) 무역이론

① 스미스(A. Smith)의 절대우위론(절대생산비설) … 절대적으로 생산비가 적게 드는 재화를 생산하는 교역 → 각 국가마다 자국에 유리한 적성을 가진 재화생산을 전문화하고, 전문화된 재화를 상호 교환하게 된다면 당사국들은 국제분업의 이익을 얻을 수 있다.

② 리카도(D. Ricardo)의 비교우위론 … 상대적으로 유리한 상품을 선택적으로 생산하여 교역 → 어느 한 나라가 다른 나라보다 모든 산업에서 절대우위를 가질 경우 절대우위론을 따르면 무역이 될 수 없다. 이런 경우 각국은 비교우위에 있는 재화를 특화하여 무역을 하면 이익이 증대된다.

Point ≫ 비교우위론의 문제점
ㄱ 생산요소가 노동 하나밖에 없다.
ㄴ 교역조건(두 나라 간의 상품의 교환비율)의 범위만 나타낼 뿐 교역조건이 어떻게, 어느 수준에서 결정되는가의 설명이 없다.
ㄷ 양국에서 상품의 기회비용이 불변이다. 이는 생산가능곡선이 불변임을 의미한다.
ㄹ 교역 참가국은 무역이 발생하면 모두 한 재화만 생산(완전특화)한다.

③ 헥셔-오린(Hecksher-Ohlin)의 비교우위론 … 리카도가 밝히지 못한 비교생산비 차이의 원인을 규명하여 이론적 근거를 제시하였다.

ㄱ 헥셔-오린의 정리

- 요소부존비율의 정리 : 나라에 따라 생산요소(자본과 노동)의 상대적 부존량이 다르고 재화에 따라 생산에 필요한 요소의 집약도가 다르기 때문에, 각국은 상대적으로 풍부한 생산요소를 보다 많이 사용하는 재화생산에 특화하고 상대적으로 부족한 생산요소를 사용하는 재화를 수입함으로써 무역상의 이익을 얻을 수 있다.
- 요소가격균등화의 정리 : 요소부존상태의 차이에 의해 국가 간의 비교생산비 차이가 발생되고 이에 따라 무역이 성립되면 비록 국가 간에 생산요소가 직접 이동하지 않더라도 국가간 생산요소의 상대가격이 균등화되는 경향이 있다.

ㄴ 레온티에프의 역설 : 레온티에프(W. Leontief)가 미국의 수출입상품에 관한 산업관련표를 이용하여 실증한 결과, 미국이 노동에 비해 자본이 풍부함에도 불구하고 노동집약적인 상품을 수출하고 자본집약적인 상품을 수입한다는 결론을 얻었다.

(2) 무역정책론

① 자유무역주의

ㄱ 자유무역주의란 국가 간의 무역활동도 완전히 시장경제원리에 따라 자유롭게 이루어지도록 방임하자는 이론이다.

ㄴ 각국이 비교우위가 있는 재화생산에 특화하여 자유무역을 하게 되면 국제적으로 자원배분의 효율성이 제고된다.

ㄷ 무역이 이루어지면 각국의 소비가능영역이 확대되므로 무역당사국들의 후생이 증대된다.

ㄹ 자유무역에 관한 주장은 아담 스미스의 절대우위론에서 출발하여 리카도의 비교우위론을 거쳐 현대적인 무역이론으로 발전하였다.

ㅁ 대부분의 경제학자들은 자유무역을 옹호하고 있으나, 자유무역을 할 경우 모든 사람의 후생이 증가하는 것이 아니라 일부 불리해지는 계층도 발생하게 된다.

② 보호무역주의

ㄱ 보호무역주의란 국가산업을 보호·육성하고 경제성장을 위하여 국가가 적극적으로 수입을 규제해야 한다는 이론이다.

ⓛ 보호무역과 관련된 주장은 독일의 역사학파 경제학자인 리스트(F. List)의 유치산업보호론에서 최초로 제기되었다.

ⓒ 그 후 일부 학자들에 의해 후진국 입장에서 보호무역의 타당성을 주장하는 이론이 등장하였고, 선진국의 사양산업을 보호하기 위한 신보호무역주의 주장도 제기되었다.

ⓔ 유치산업보호론 이외에도 실업방지, 국가안보측면 등에서 보호무역을 주장하는 이론이 등장하였다.

(3) 관세(traiff, Customs, Customs Duties)

① 개념 ⋯ 관세선을 통과하는 상품에 대하여 부과하는 조세를 의미한다. 역사적으로 볼 때 관세는 수량할당 (quota)과 더불어 오랫동안 널리 사용되어 온 무역정책수단이다.

② 목적
    ㉠ 관세는 자국의 산업을 보호·육성하는 데 가장 큰 목적이 있다.
    ㉡ 관세는 특정 상품의 수입이 지나치게 증가하는 것을 방지하는 목적이 있다.

③ 관세의 경제적 효과
    ㉠ 관세는 소비감소, 자국생산증가, 재정수입증가, 국제수지개선 등의 효과가 있다.
    ㉡ 관세는 사회적 잉여가치를 감소시키는 효과도 있고, 개선시키는 효과도 있다.

④ 비관세장벽(non-tariff barrier)
    ㉠ 수량할당(quota) : 특정 상품의 수입을 일정량 이상은 금지시키는 제도로 비관세장벽 중에서 가장 많이 이용되는 제도이다.
    ㉡ 수출자율규제(VER) : 수입국이 수출국에게 압력을 가해 수출국이 자율적으로 수출물량을 일정 수준으로 줄이도록 하는 정책이다.
    ㉢ 수입과징금 : 수입억제를 위하여 수입상품의 일부 내지는 전부를 대상으로 일종의 조세를 부과하는 것이다.
    ㉣ 수출보조금 : 수출재 생산에 대하여 보조금을 지급하는 것이다.
    ㉤ 수입허가제 : 수입품목에 대하여 정부의 허가를 받도록 하는 제도이다.

        Point ≫ 수량할당과 수출자율규제의 차이점
            ㉠ 수량할당제하에서는 수입허가권을 얻은 수입업자가 낮은 국제가격으로 수입하여 국내에서 비싼 가격으로 판매하므로 관세부과시의 관세수입에 해당되는 부분이 국내수입업자의 초과이윤으로 귀속된다.
            ㉡ 수출국이 수출량을 자율적으로 제한하면 국내에서 가격이 상승하므로 수출업자가 처음부터 높은 가격으로 수출하므로 수량할당제하에서 국내수입업자의 초과이윤에 해당되는 부분이 외국의 수출업자에게 귀속된다.
            ㉢ 수입국의 사회후생측면에서 보면 수량할당보다 수출자율규제가 더 열등한 방법이다.

(4) 국제기구와 경제통합

① GATT(General Agreement on Tariffs and Trade) … 관세와 무역에 관한 일반 협정으로 국제기구가 아닌 협정의 형태로 시작되었다.

    ㉠ 목적 : 관세인하, 비관세 장벽의 규제, 회원들 간의 이해관계 침해방지, 각국의 분쟁해결

    ㉡ 기본원칙 : 최혜국대우, 내국민대우, 상호주의

② 우루과이라운드(UR) … 시장개방확대, GATT규율강화, 농산물, 섬유협정 등 GATT체제 밖의 문제를 다루었다.

③ WTO(World Trade Organization)

    ㉠ WTO의 개요

        • GATT의 8차 협정인 UR의 결과 1995년 WTO가 설립된다.

        • GATT(관세 및 무역에 관한 일반협정)체제를 대신하여 세계무역질서를 세우고 우루과이 라운드협정의 순조로운 이행을 도와주는 국제기구이다.

        • 소재지는 스위스 제네바이다.

    ㉡ WTO의 기능

        • 회원국들 사이의 분쟁을 조정하고 해결한다.

        • 세계무역의 새로운 이슈를 제기하고 논의한다.

④ 경제통합

    ㉠ 자유무역지대 : 가맹국 간의 관세 및 여타 규제를 폐지하지만 비가맹국에 대해서는 독립적인 관세 및 비관세장벽을 유지하는 경제통합의 형태이다.

    ㉡ 관세동맹 : 가맹국 간의 재화 이동에 대한 차별을 없애고 비가맹국에 대해 각국이 공동관세를 부과하는 경제통합이다.

    ㉢ 공동시장 : 가맹국 간의 재화 이동에 대한 규제를 없애는 것 뿐 아니라 요소이동에 대한 제한도 철폐하는 경제통합형태이다.

    ㉣ 경제동맹 : 관세의 철폐와 생산요소의 자유로운 이동은 물론 가맹국간의 재정 · 금융정책에 있어서도 상호협조가 이루어지는 경제통합의 형태이다.

2. 국제금융론

(1) 환율

① 의미 … 통화제도가 다른 나라와 거래를 위해 정해 놓은 자국 화폐와 외국 화폐와의 교환비율을 말한다.

② 표시방법 … 외국 화폐 1단위와 교환되는 자국 화폐의 단위로 표시한다.

③ 환율의 변화
  ㉠ 평가절상(환율인하) : 수입증가, 수출감소, 국내 경기의 침체가능성, 외채부담의 감소, 국제수지의 악화
  ㉡ 평가절하(환율인상) : 수입감소, 수출증가, 인플레이션 발생가능성, 외채부담의 증가, 국제수지의 개선

④ 환율제도

구분	고정환율제도	변동환율제도
국제수지불균형	국제수지의 불균형이 조정되지 않는다.	환율변동을 통하여 자동적으로 조정된다.
환위험	작다.	크다(환투기의 발생가능성).
국제무역과 투자	환율이 안정적이므로 국제무역과 투자가 활발히 일어난다.	환위험이 크기 때문에 국제무역과 투자가 저해된다.
해외교란요인의 파급 여부	해외의 교란요인이 국내로 쉽게 전파된다.	해외의 교란요인이 발생하더라도 국내경제는 별 영향을 받지 않는다.
금융정책의 자율성 여부	국제수지변화에 따라 통화량이 변화→금융정책의 자율성 상실	국제수지 불균형이 환율변동에 따라 조정→금융정책의 자율성 유지
정책효과	금융정책 무력	재정정책 무력
투기적인 단기자본이동	환율이 고정되어 있으므로 투기적인 단기자본 이동이 적다.	환투기로 인한 단기자본 이동이 많다.
환율	정부의 정책변수(외생변수)	국제수지변화에 따라 환율이 조정(내생변수)

(2) 국제수지

① 국제수지의 개념
  ㉠ 국제수지란 일정 기간에 일국의 거주자와 외국의 거주자 사이의 모든 경제적 거래를 체계적으로 분류한 것을 말한다.
  ㉡ 유량(flow)의 개념이며 복식부기의 원리에 따라 기록된다.

② 국제수지표의 내용

　㉠ 경상계정

　　• 상품수지
　　－거주자와 비거주자 사이의 상품거래를 계상한다.
　　－국제수지에 있어서 가장 기본적이며 중요한 항목이다.
　　• 서비스수지
　　－거주자와 비거주자 사이의 용역거래를 계상한다.
　　－운수, 여행, 통신서비스, 보험서비스, 특허권 등의 사용료, 금융서비스, 정보서비스 등의 항목이 포함된다.
　　• 소득수지
　　－근로자 파견, 직접투자, 증권투자 등에 따른 소득이전을 계상한다.
　　－외국인 노동자 혹은 내국인 해외근로자가 수취하는 급료(임금), 직접투자, 증권투자 등에 따른 투자소득(이자·배당) 등이 포함된다.
　　• 경상이전수지
　　－국가 간의 무상증여를 계상한다.
　　－무상원조, 국제기구출연금 등이 포함된다.

　㉡ 자본계정

　　• 투자수지
　　－민간기업, 금융기관 등에 의한 투자자금의 이동을 계상한다.
　　－직접투자, 증권투자(주식, 채권 등), 기타투자(대출, 차입) 등에 따른 자본이동이 포함된다.
　　• 기타 자본수지
　　－자본이전과 특허권 등 기타 자산의 매매에 따른 자금이동을 계상한다.
　　－해외이주비 등의 자본이전, 토지·지하자원, 특허권, 상표권 등 유무형자산의 거래에 따른 자본이동이 포함된다.

　㉢ 준비자산증감

　　• 통화당국(한국은행)의 외환시장개입에 따른 대외준비자산의 증감을 계상한다.
　　• 준비자산증감의 크기는 '경상수지 + 자본수지 + 오차 및 누락'과 크기는 같고 부호만 반대이다.

③ 국제수지의 균형

　㉠ 국제수지표상의 몇몇 계정만을 보면 대변과 차변이 일치할 경우도 있고 그렇지 않은 경우도 있는데 대변과 차변의 합계가 일치하는 경우를 국제수지균형, 일치하지 않는 경우를 불균형이라고 한다.

　㉡ 자율적 거래란 국가 간의 가격·소득·이자율 등 경제적 요인의 차이에 따라 발생하는 거래를, 보정적 거래란 자율적 거래에서 발생한 불균형을 조정하기 위한 거래를 의미한다.

　㉢ 대체로 국제수지표상의 상단에 위치할수록 자율적인 성격이 강하고, 하단으로 내려갈수록 보정적인 성격이 강해진다.

❈ 핵심용어정리

○ 필수공익사업(必須公益事業)

국민경제에 미치는 영향이 큰 사업이나, 공공의 이익을 도모하기 위해 공중의 일상생활에 반드시 필요한 서비스를 공급하는 공익사업 중 특히 공중의 일상생활과 밀접하게 관련되어 있는 사업을 필수공익사업이라 한다. 필수공익사업의 종류에는 철도사업, 도시철도사업 및 항공운수사업, 수도사업, 전기사업, 가스사업, 석유정제사업 및 석유공급사업, 병원사업 및 혈액공급사업, 한국은행사업, 통신사업이 있다. 필수공익사업장의 노동쟁의는 직권중재, 긴급조정에 의한 제약을 받고 있어 국제노동기구(ILO)가 우리나라에 할 수 있는 한 필수공익사업을 축소하라는 권고를 하고 있다.

○ 목표관리(目標管理, MBO : management by objectives)

MBO 이론은 목표설정의 가장 대표적인 예로서 '목표에 의한 관리'라고도 부르며 1965년 피터 드러커(Peter Drucker)가 「경영의 실제」에서 주장한 이론이다. 종업원들로 하여금 직접 자신의 업무 목표를 설정하는 과정에 참여하도록 함으로써 경영자와 종업원 모두가 만족할 수 있는 경영목표를 설정할 수 있다. 특히 종업원들은 자신에 대한 평가방법을 미리 알고 업무에 임하고, 평가 시에도 합의에 의해 설정된 목표달성 정도에 따라 업적을 평가하며 결과는 피드백(feedback)을 거쳐 경영계획 수립에 반영된다.

○ 인플레이션헤지(inflationary hedge)

인플레이션의 발생으로 화폐가치가 하락하는 경우 이에 따른 손실에 대한 방어수단으로서 부동산·주식·상품 등을 구입하여 물가상승에 상응하는 명목 가치의 증가를 보장하는 것을 말한다. 인플레이션헤지의 대상에는 변질이나 부패될 우려가 없고 환금성이 좋은 상품과 토지·건물 등의 부동산, 그리고 주식이 있다. 이 중에서 주식은 부동산에 비해 소액의 화폐가 소비되고 매각도 용이해 인플레이션헤지의 대상으로서 가장 널리 이용되고 있다.

○ 뱅크런(bank run)

은행에 돈을 맡긴 예금주들이 은행의 예금 지급 불능사태를 우려해 일시에 은행으로 달려가 대규모로 예금을 인출하는 현상을 말한다. 이는 금융시장이 극도로 불안한 상황일 때 예금주들이 은행에 맡긴 돈을 회수하지 못할지도 모른다는 극심한 공포감에서 발생하는데, 뱅크런의 발생으로 은행은 당장 지급 할 돈이 바닥나게 되는 공황상태에 빠지게 된다. 이러한 예금자들의 불안감을 해소하기 위해 금융당국은 은행이 예금지급불능사태가 되더라도 일정규모의 예금은 금융당국이 보호해주는 예금보험제도를 시행하고 있다.

○ 립스틱효과(lipstick effect)

경기불황일 때 저가상품이 잘 팔리는 현상으로 저가제품 선호추세라고도 한다. 본래 립스틱만 발라도 분위기를 바꾸는 효과를 얻는다는 뜻으로 불황일 때 립스틱처럼 저렴한 가격으로 만족할 수 있는 제품이 인기를 끄는 현상을 의미하게 되었다. 특히 여성의 어려운 경제여건을 나타내는 것으로, 저렴한 립스틱만으로도 만족을 느끼며 쇼핑을 알뜰하게 하는 데에서 유래된 말이다.

O G20

G7을 확대개편한 세계경제협의기구로, 주요 국제 금융현안을 비롯하여 특정 지역의 경제위기 재발방지책 등을 논의하기 위한 선진·신흥경제 20개국 재무장관 및 중앙은행 총재 회의의 모임을 말한다. G7과 한국, 중국, 인도, 아르헨티나, 브라질, 멕시코, 러시아, 터키, 호주, 남아프리카공화국, 사우디아라비아 등 11개 주요 신흥 시장국이 첫 회의 때 회원국으로 결정되었고 이후 인도네시아, 유럽연합(EU) 의장국이 들어가 모두 20개국이 되었다. 그리고 국제기구로 IMF(국제통화기금), IBRD(세계은행), ECB(유럽중앙은행)이 참여한다. G20 정상회의는 처음 경제위기 극복을 위한 한시적 협의기구라는 성격이 강했으나 제3차 피츠버그 정상회의 이후 세계경제 문제를 다루는 최상위 포럼으로 격상되었고, 제5차 정상회의가 2010년 11월 11~12일 한국의 서울에서 열렸으며, 제11차 정상회의는 2016년 9월 4~5일 중국 항저우에서 열렸다.

O 다보스포럼(Davos forum)

세계경제포럼 연차총회의 통칭으로 민간 재단이 주최하지만 세계 각국의 정계(政界)·재계(財界)·관계(官界)의 유력인사들이 모여 공식적인 의제 없이 참가자의 관심분야에 대한 각종 정보를 교환하고 세계경제 발전 방안에 대하여 논의한다. 매년 1~2월 스위스의 고급 휴양지인 다보스에서 회의를 하기 때문에 일명 '다보스 회의'라고도 한다. 1971년 독일 출신의 하버드대 경영학교수 클라우스 슈바브(K. Schwab)에 의해 만들어져 독립적 비영리재단 형태로 운영되고 있고 본부는 제네바에 있으며, 기관지 「월드링크(World Link)」를 격월간으로, 「세계경쟁력 보고서」를 매년 발간한다.

O 자유무역협정(FTA : Free Trade Agreement)

국가와 국가 사이에 무역장벽을 완화하거나 철폐하여 무역자유화를 실현하기 위한 양 국가 또는 지역사이에 체결하는 특혜무역협정으로 각 나라가 무역을 자유화함으로써 무역거래와 국제간의 분업이 확대돼 서로의 이익이 증대될 것이라는 자유주의 경제이론에서 출발한다. FTA는 상품분야의 무역자유화와 관세인하에 중점을 두고 있었으나 WTO 체제 이후 상품의 관세철폐이외에도 서비스 및 투자 자유화까지 포괄하는 것이 일반적인 추세다. 그 밖에 지적재산권, 정부조달, 무역구제제도 등 정책의 조화부문까지 협정의 대상 범위가 확대되었고 다자간 무역 협상 등을 통하여 전반적인 관세수준이 낮아지면서 다른 분야로 협력영역을 늘려가게 된 것도 이 같은 포괄범위 확대의 한 원인이다. 우리나라는 한국과 칠레 간에 2004년 4월1일 FTA가 최초로 발효되었다.

O 개인워크아웃제도(개인신용회복지원제도)

금융기관간 맺은 '신용회복지원협약'에 따른 신용불량자구제제도이다. 최저생계비 이상의 소득이 있는 개인 또는 개인사업자가 채무과다로 현재의 소득으로는 채무상환을 할 수 없어 신용불량자로 등재되어 있는 경우 신용회복지원위원회에 개인워크아웃신청을 하면, 금융기관의 채무를 일정 부분 조정하여 줌으로써 신용불량자가 경제적으로 회생할 수 있도록 도와주는 제도이다. 개인워크아웃제도는 사회적으로 신용불량자가 급증하자 금융감독원이 신용불량자 증가 억제 및 금융이용자보호대책의 일환으로 마련한 제도로 2002년 10월 도입되었다.

○ 전시효과(demonstration effect)

후진국이나 저소득자가 선진국이나 고소득자의 소비양식을 본떠 그 소비를 증대시키는 경향으로, 신문·라디오·영화·TV 등의 선전에 대한 의존도가 크다. 근대 경제이론에서는 전시효과에 의해 소비성향이 상승함으로써 저축률이 저하되므로 자본축적을 저지한다고 하여 문제시하고 있다. 듀젠베리효과라고도 한다.

○ 소비자기대지수(消費者期待指數, consumer expec-tation index)

경기에 대한 소비자들의 기대심리를 반영한 지수를 말한다. 기준점수를 100으로 하고 이를 웃돌면 6개월 이후의 경기가 현재보다 개선될 것으로 보는 가구가 나빠질 것으로 보는 가구보다 많다는 것을 의미한다. 매월 통계청에서 작성하는데, 주요 기대지수는 경기·가계생활·소비지출·내구소비재 및 외식·문화·오락 등이고 소득계층 및 연령대별로 분석해서 작성한다.

○ 서킷브레이커(circuit breakers)

주식거래 시 주가가 급격하게 하락할 때 매매를 일시적으로 중단하는 제도이다. 뉴욕증권거래소에서 1987년 10월 이른바 블랙먼데이(Black Monday)의 증시폭락이후 최초로 도입되었으며, 우리나라에서는 유가증권시장에 1998년 12월 7일부터 국내주식가격 제한폭이 상하 15%로 확대되면서 도입되었고 코스닥시장은 2001년 9·11테러 이후 이 제도가 도입되어 그날 처음 발동되었다. 서킷브레이커는 주가가 폭락하는 경우 거래를 정지시켜 시장을 진정시키는 목적으로 주가지수가 전일종가 대비 10% 이상 하락한 상태로 1분 이상 지속될 경우 발동된다. 서킷브레이커가 발동되면 처음 20분 동안 모든 종목의 호가 접수 및 매매거래가 정지되며, 향후 10분 동안 새로 동시호가만 접수되고, 하루 한번만 발동할 수 있으며, 장 종료 40분 전에는 발동할 수 없다.

○ 리디노미네이션(redenomination)

디노미네이션은 화폐, 채권, 주식 등의 액면금액을 의미한다. 따라서, 리디노미네이션은 디노미네이션을 다시 한다는 것으로, 한 나라의 화폐를 가치의 변동 없이 화폐, 채권, 주식 등의 액면을 동일한 비율의 낮은 숫자로 표현하거나, 새로운 통화단위로 화폐의 호칭을 변경하는 것으로, 우리나라에서는 1953년에 100원을 1환으로, 화폐개혁이 있었던 1962년에 10환을 1원으로 바꾼 일이 있으며, 2004년에 1,000원을 1원으로 바꾸는 안이 논의되기도 했다. 리디노미네이션을 실시할 경우에 거래편의 제고, 통화의 대외적 위상재고, 인플레이션 기대심리 억제, 지하자금의 양성화 촉진 가능성 등의 장점 등이 있으나, 새 화폐 제조와 컴퓨터시스템·자동판매기·장부 변경 등에 대한 큰 비용, 물가상승 우려, 불안심리 초래 가능성 등의 문제가 있다.

○ 왝더독(wag the dog)

꼬리가 개의 몸통을 흔든다는 뜻으로, 앞뒤가 바뀌었다는 말이다. 증권시장에서 주가지수 선물가격이 현물지수를 뒤흔드는 현상으로 주식시장이 장 마감을 앞두고 선물시장의 약세로 말미암아 프로그램 매물이 대량으로 쏟아져 주가가 폭락하는 경우를 나타내는 현상을 일컫는다. 여기서 프로그램 매물이란 선물과 현물의 가격차이가 벌어졌을 때 상대적으로 싼 쪽을 사고 비싼 쪽을 팔아 이익을 남기는 거래방식이다. 주로 투신사 등의 기관투자자의 거래에서 이용되고 컴퓨터로 처리하기 때문에 프로그램 매매라고 한다.

○ 트리플위칭데이(triple witching day)

주가지수선물, 주가지수옵션, 개별주식옵션의 만기가 동시에 겹치는 날로 3개의 주식파생상품의 만기가 겹쳐 어떤 변화가 일어날지 아무도 예측할 수 없어 혼란스럽다는 의미에서 생긴 말이다. 트리플위칭데이는 현물시장의 주가가 다른 날보다 출렁일 가능성이 상존하는데 이를 가리켜 만기일효과(expiration effect)라고 부른다. 또한 결제일이 다가오면 현물과 연계된 선물거래에서 이익을 실현하기 위해 주식을 팔거나 사는 물량이 급변, 주가가 이상 폭등·폭락하는 현상이 나타날 가능성이 크다. 특히 결제 당일 거래종료시점을 전후해서 주가의 급변동이 일어날 수 있다. 미국의 경우는 S&P500 주가지수선물, S&P100 주가지수옵션, 개별주식옵션 등의 3가지 파생상품계약이 3·6·9·12월 세 번째 금요일에, 한국은 3·6·9·12월의 두 번째 목요일에 트리플위칭데이를 맞게 된다.

○ 인뎀니피케이션(indemnification)

계약 전 매각대상 금융회사에 계류중인 소송문제 및 부실자산 등 손실발생가능성 있는 부분이 계약 후 손실로 확정될 때 매도자쪽에서 보상해 주는 계약조항을 말한다. 우발채무에 대한 사후손실보상이라 할 수 있다. 이는 인수 이전에 발생한 부실채권이 법정소송으로 자산가치를 정확히 평가할 수 없을 때 사후적으로 정산된다는 점에서 기업을 인수한 후 추가로 부실이 발생했을 경우 매각자로부터 손실분에 해당하는 자금을 보전받는 풋백옵션과는 다르다. 즉, 풋백옵션은 기업을 인수한 후 부실자산이 추가로 발견될 경우 매각자에게 부실을 전부 떠넘기는 것인데 비해, 우발채무는 장래의 확정손실발생가능성에 일종의 조건을 달아 두는 부가조항이다. 인뎀니피케이션은 최근 들어 금융회사 매각시 매수자측이 종종 요구하는 사항이다.

○ 리세션(Recession)

호황이 점차 중단되면서 생산활동의 저하·실업률 상승 등의 현상이 나타나는 경기후퇴를 이르는 말로 이러한 상태가 계속 진행되면 불황이 된다.

○ 공적 자금(公的資金)

대출금 회수가 어려워 위기에 처한 금융기관을 회생시키거나 정리하는 구조조정을 지원하거나 금융시스템을 정상화하기 위하여 쓰이는 돈을 말한다. 따라서 부실기업에 직접 투입되는 것이 아니라 부실금융기업에만 지원된다. 정부산하기관인 예금보험공사, 자산관리공사 등이 자금을 조달, 채권을 발행하고 정부가 이에 대한 지급을 보증해 주기 때문에 '공적'이라는 개념이 붙었다.

○ 워크아웃(workout)

주채권은행을 중심으로 한 채권단이 해당 기업과의 자율적인 협약에 따라 부실기업의 재무구조를 개선해 회사를 살리는 것이다. 일시적인 유동성 부족 등으로 외부기관의 도움만 받으면 쉽게 회생할 수 있을 때 유리하고, 법정관리에 비해 의사결정이 빨리 이루어지는 것이 장점이다. 해당 기업도 고통분담차원에서 인원 및 조직축소와 유휴자산매각, 감자(減資), 부실경영진 퇴진 등의 조치를 취한다.

O PCR(Price Currency Ratio)·PSR(Price Selling Ratio)

PER(Price Earning Ratio ; 주가수익비율)을 대신해 떠오르는 새로운 투자기법이다. 주가를 주당 이익금으로 나눈 수치인 PER은 과거 수치를 기준으로 하기 때문에 현재의 가치를 반영하기 힘든 부분이 있다. 이 때문에 PER을 보완할 수 있는 여러가지 보조지표가 필요해졌는데 PCR이 그 대표적인 지표이다. PCR은 주가를 주당 현금흐름(이익에 감가상각비를 합한 것)으로 나눈 비율로 위기상황을 얼마나 유연하게 대처할 수 있는가를 알아보는데 유용하다. PSR은 주가를 1주당 매출액으로 나눈 지표이다.

O 생산자물가지수(PPI ; Producer Price Index)

대량거래로 유통되는 모든 상품의 가격변동을 측정하기 위해 작성된 지수이다. 도매물가지수를 사용해 오다 1990년부터 생산자물가지수로 바꿨다. 이 지수는 1차 거래단계가격을 대상으로 한다. 국내 생산품은 생산자 판매가격을, 수입품의 경우는 수입업자 판매가격을 기준으로 하고 이것이 불가능할 경우 다음 거래단계인 대량도매상 또는 중간도매상의 판매가격을 이용한다. 소비자물가지수와 같은 특수목적지수와는 달리 상품의 전반적인 수급동향을 파악할 수 있고 포괄범위가 넓기 때문에 국민경제의 물가수준측정에 대표성이 가장 큰 지수이다. 한편 생산자물가지수는 기업 간의 중간거래액을 포함한 총거래액을 모집단으로 하여 조사대상품목을 선정하였기 때문에 원재료, 중간재 및 최종재에 해당되는 품목이 혼재되어 있어 물가변동의 중복계상 가능성이 크다고 할 수 있다. 이러한 생산자물가지수의 한계를 보완하기 위하여 한국은행은 '가공단계별 물가지수' 또한 편제해 오고 있다.

O 사이드카(side car)

선물시장이 급변할 경우 현물시장에 대한 영향을 최소화함으로써 현물시장을 안정적으로 운용하기 위해 도입한 프로그램 매매호가 관리제도의 일종으로, 주식시장에서 주가의 등락폭이 갑자기 커질 경우 시장에 미치는 영향을 완화하기 위해 주식매매를 일시 정지시키는 제도인 서킷 브레이커(circuit braker)와 반대되는 개념이다. 주가지수 선물시장을 개설하면서 도입하였는데, 지수선물가격이 전일종가 대비 5% 이상 상승 또는 하락해 1분간 지속될 때 발동하며, 일단 발동되면 발동시부터 주식시장 프로그램 매매호가의 효력이 5분간 정지된다. 그러나 5분이 지나면 자동적으로 해제되어 매매체결이 재개되고, 주식시장 후장 매매 종료 40분 전(14시 20분) 이후에는 발동할 수 없으며, 또 1일 1회에 한해서만 발동할 수 있도록 되어 있다.

O 선물거래(先物去來, futures trading)

미래의 약속일시에 상품인도와 대금결제를 실행할 것을 현재시점에서 계약하는 거래이다. 이러한 선물거래는 공인된 거래소에서 이루어지며 현시점에 합의된 가격으로 미래에 상품을 인수 혹은 인도하는 것이다. 또한 상품인도를 하지 않은 상태에서 되팔거나 되사들여 매매차액을 정산할 수 있다. 상품의 대량생산, 대량판매가 이루어짐에 따라 가격변동에 의해 입을 수도 있는 손실을 예방하는 것이 주목적이며, 선물거래소는 이 거래를 전문으로 행하는 시장이다. 우리나라 선물거래소에는 국채, 옵션, CD, 증권금리, 주가지수, 달러, 금 등이 상장되어 있다.

○ 환매조건부채권(還買條件附債權)

발행기관이 미리 약속한 조건(만기금리 등)에 따라 되사기로 하고 판매하는 채권을 말한다. 흔히 줄여서 환매채 또는 RP(Repurchase Agreement)라 부른다. 채권을 보유한 금융기관이 채권만기일 전에 단기간 자금을 조달할 필요가 있을 때 이 채권을 환매채 형식으로 판다.

○ 콜(call loan, call money)

단자, 금융기관이나 증권회사 상호 간의 단기대부·차입을 말한다. '부르면 대답한다.'는 식으로 극히 단기에 회수할 수 있는 대차여서 콜이라고 부른다. 공급자측에서 볼 때 콜론(call loan), 수요자측에서 볼 때 콜머니(call money)가 된다. 언제나 회수할 수 있는 단기대부이므로 은행으로서는 유휴자금을 운용하는데 최적의 방법이다.

○ 전환사채(CB ; Convertible Bond)

사채발행회사의 주식으로 전환할 수 있는 사채로, 사채의 확실성·안정성과 주식의 투기성이라는 유리한 조건에 의하여 사채모집을 쉽게 하기 위한 제도이다. 전환사채도 일반사채와 같이 이사회의 결의로 발행할 수 있으나 기존 주주를 보호하기 위하여 전환사채인수권을 주주에게 주되, 그렇지 않은 경우에는 정관에 특별한 규정이 없으면 주주총회의 특별결의를 요한다. 전환사채에 의해 발행하는 주식의 발행가액은 전환사채의 발행가액으로 한다.

○ 부가가치세(VAT ; Value Added Tax)

부가가치세(VAT)는 국세·보통세·간접세에 속한다. 그리고 부가가치세는 모든 재화 또는 용역의 소비행위에 대하여 부과되는 일반소비세이며, 조세의 부담이 거래의 과정을 통하여 납세의무가 있는 사업자로부터 최종소비자에게 전가되는 간접소비세이고, 모든 거래단계에서 생성된 각각의 부가가치에 부과되는 다단계거래세의 성격을 가진다.

○ 고시가격(告示價格)

국가가 일정한 정책목표를 달성하기 위해 결정한 특정 물품의 판매가격을 말한다. 정부는 법령에 의하여 쌀·석탄·석유·비료 등과 같은 물품의 품목 및 가격을 고시하며, 이는 통제가격에 속한다.

○ 녹색신고(綠色申告)

인정과세(認定課稅)제도를 지양하고 자진납부제도를 확립하기 위한 조세징수의 한 방법으로, 일정한 가격승인을 받은 납세의무자가 양심적으로 정확하게 과세표준을 신고하면 각종 세제상의 혜택을 준다. 녹색은 정직과 결백을 뜻하기 때문에 신고용지를 녹색으로 한 것에서 생긴 용어로, 주로 전문용역 소득자들에게 적용된다.

○ 스태그플레이션(stagflation)

'stagnation(침체)'과 'inflation'의 합성어로, 경기침체하의 인플레이션을 의미한다. 경기가 후퇴함에 따라 생산물이나 노동력의 공급초과현상이 일어남에도 불구하고 물가가 계속해서 상승하는 현상을 말한다.

○ 리카도효과(Ricardo effect)

일반적으로 호경기 때에는 소비재 수요증가와 더불어 상품의 가격상승이 노동자의 화폐임금보다 급격히 상승하게 되므로 노동자의 임금이 상대적으로 저렴해진다. 이 경우 기업은 기계를 대신하여 노동력을 사용하려는 경향이 발생하는데, 이를 리카도효과라 한다.

○ 기펜의 역설(Giffen's paradox)

재화의 가격이 하락하면 수요가 증가하고 가격이 상승하면 수요가 감소하는 것이 일반적이나, 열등재의 경우 그 재화의 가격이 하락해도 오히려 수요가 감소하는 경우가 있다. 이러한 현상을 기펜의 역설이라고 하며, 이러한 재화를 기펜재라고 한다.

○ 모라토리엄(moratorium)

전쟁 · 천재(天災) · 공황 등으로 경제가 혼란되어 채무이행에 어려움이 생길 때 국가의 공권력에 의해 일정 기간 채무의 이행을 연기 또는 유예하는 것을 뜻한다. 이는 일시적으로 안정을 도모하기 위한 채무국의 응급조치로서, 채무의 추심이 강행되면 기업도산의 수습을 할 수 없게 되는 우려에서 발동한다. 모라토리엄을 선언하면 국가신인도가 직강하되고 은행 등 금융업체들의 신용도가 사실상 제로상태에 빠지므로 대외경상거래가 마비된다. 이에 따라 수출이 힘들어지고 물가가 상승하며 화폐가치가 급락한다. 대규모 실업사태와 구조조정의 고통이 장기화되며, 외채사용이 엄격히 통제된다.

○ 불확실성의 시대(the age of uncertainty)

미국의 경제학자 갤브레이스(J.K. Galbraith)가 1977년 발표한 책이다. 본래는 영국 BBC방송의 TV강좌용으로 작성했던 원고를 책으로 펴낸 것으로, 경제사를 알기 쉽게 설명하고 있다. 그는 확신에 넘치는 경제학자나 자본가 혹은 제국주의자나 사회주의자가 존재하지 않는 현대를 가리켜 '불확실성의 시대'라고 하였다.

○ 지불준비제도

중앙은행이 시중은행의 대출량을 조절하기 위해서 시중은행의 예금지급준비율을 변동시키는 것이다. 통화량이 많은 경우 준비율을 인상하여 대출량을 줄임으로써 이를 수축시키고, 반대의 경우에는 준비율을 인하시킨다.

○ 팩토링(factoring)

팩터라 불리는 금융기관이 기업으로부터 상업어음이나 외상매출채권 등을 매입하거나 담보로 하여 기업에게 자금을 지급해주고 외상매출액의 대금을 회수해 주는 금융서비스를 말한다. 1920년대 기업들이 상거래 대가로 현금 대신 받은 매출채권을 신속히 현금화하여 기업활동을 돕자는 취지로 미국에서 처음 도입했다.

○ 불환지폐(不換紙幣)

발행자인 정부나 은행이 본위화폐(금·은화)와 교환해 주겠다는 보증을 하지 않고 발행하여 발행자인 정부 또는 은행의 신용과 법률의 힘만으로 통용시키는 것으로, 한국은행권과 같은 것이다.

○ 세이의 법칙(Say's law)

프랑스 경제학자 세이(J.S. Say)가 주장한 이론으로서, 판로설이라고도 불린다. "공급은 스스로 수요를 창조한다."라고 하여 자유경쟁의 경제에서는 일반적 생산과잉은 있을 수 없으며 공급은 언제나 그만큼의 수요를 만들어 낸다는 주장이다. 이 이론은 고전학파 경제학의 기본명제가 되었던 것으로, 공황발생 이후부터는 설득력을 잃고 케인스의 유효수요이론이 그 위치를 대신하였다. 판매와 구매의 통일면만 보고 화폐의 유동성을 무시한 것이라는 비판을 받는다.

○ 승수이론(乘數理論)

경제현상에 있어서 최초의 경제량의 변화에 의한 계속적인 파급관계를 분석하여 최종적으로 생겨난 총효과를 밝히는 경제이론으로, 최종적으로 생겨난 효과를 승수효과라 한다. 케인스 경제학체계의 기본을 이루는 것으로, 투자가 파급효과를 통하여 결국은 같은 액수의 저축을 낳는다고 하였다.

○ 외부경제효과(外部經濟效果)

생산자나 소비자의 경제활동이 시장을 통하지 않고 직간접으로 제3자의 경제활동이나 생활에 영향을 미치는 것을 말한다. 외부경제효과가 있으면 시장기구가 완전히 작동해도 자원의 최적배분이 실현되지 못한다.

○ 일물일가(一物一價)의 법칙

완전경쟁이 행해지는 시장에서는 동일한 시기, 동일한 시장에서 동일한 품질의 물품에는 동일한 가격이 붙여진다는 법칙이다. 제본스(W.S. Jevons)는 이를 무차별의 법칙이라고 하였다.

○ 동태설(動態說)

이자나 이윤은 정태(靜態)하에서 생길 수 없으며 기업가는 항상 새로운 기술도입으로 상품의 품질개량·생산비의 인하 등을 통하여 이윤을 확보하게 되는데, 이 이윤 중에서 이자가 지불된다고 하는 슘페터(J. Schumpeter)의 이론이다.

○ 디플레이션(deflation)

상품거래에 비하여 통화량이 지나치게 적어 물가는 떨어지고 화폐가치가 오르는 현상이다. 지나친 통화량수축, 저축된 화폐의 재투자 부진, 금융활동의 침체, 구매력저하 등이 원인이며 생산위축, 실업자증가, 실질임금증가 등의 결과가 나타난다. 이를 타개하기 위해서는 유효수요확대, 통화량증대, 저리금리정책, 조세인하, 사회보장, 실업자구제 등의 정책이 필요하다.

⭕ 준지대(準地代)

인간이 만든 기계나 그밖의 생산의 제도구에서 얻을 수 있는 소득을 일컫는 말로, 마샬(A. Marshall)이 처음 사용하였다. 즉 자연의 산물인 토지에서 얻어지는 소득을 지대라고 하는 것에서, 어떤 특정한 생산 제용구(공장·기계·기업조직·기업가의 재능·수공업적인 숙련도 등)가 지대의 성질을 갖는 소득을 가져오는데 대해 준지대라고 하였다.

⭕ 슈바베의 법칙(Schwabe's law)

19세기 후반 슈바베(H. Schwabe)에 의해 주장된 것으로, 생계비 중에서 주거비가 차지하는 비율을 통계적으로 설명한 법칙이다. 즉 가난할수록 전체 생계비에서 차지하는 주거비의 비율이 높다는 것이다.

⭕ 가계소득(家計所得)

기업이나 정부부문에 대하여 한 가계 내의 근로수입, 집세 또는 지대, 이자, 사업수입, 배당금수입 등을 합한 소득을 말한다. 가계는 수입과 지출의 두 가지 측면이 있는데, 지출은 소비와 저축으로 구성된다.

⭕ 빈곤의 악순환(vicious circle of poverty)

후진국은 국민소득이 낮기 때문에 국내저축이 미약하므로 높은 투자가 형성될 수 없다. 따라서 국민소득의 성장률이 낮으며, 이런 현상이 되풀이되는 과정을 빈곤의 악순환이라고 한다. 미국의 경제학자 넉시(R. Nurkse)가 '저개발국의 자본형성 제문제'에서 처음 사용한 용어이다.

⭕ 할인정책(금리정책)

중앙은행은 자금의 수요가 과대한 경우 재할인율을 인상함으로써 시중은행의 대출이자율이 인상되도록 하여 자금의 수요를 억제하며, 반대로 자금의 수요가 부족한 경우 재할인율을 인하시킴으로써 시중은행의 이자율이 인하되도록 하여 자금의 수요를 증가시키는 것을 말한다.

⭕ 디노미네이션(denomination)

관리통화제하에서 화폐의 호칭단위를 낮추는 것을 말한다. 인플레이션에 의하여 팽창한 통화의 계산단위를 바꾸는 것으로, 엄밀한 의미에서는 평가절하라 할 수 없다.

⭕ 로자효과(Rossa effect)

개인이 가지고 있는 정부증권을 매각해서 자금공급을 변화시키려는 자금공급자의 행동을 억압함으로써 정부증권을 자금공급자의 손에 동결시키려는 효과를 말한다.

○ 쿠르노의 점(Cournot's point)

독점가격은 독점기업의 이윤이 극대화하는 점에서 결정되는데, 독점기업에 가장 큰 이윤을 주는 가격과 공급량(생산량)을 동시에 표시하는 점을 쿠르노의 점이라 한다.

○ 주가지수(株價指數)

주식시세의 변동을 나타내는 지수이다. 이는 한 시점의 주가를 기준으로 하여 그 기준시가와 비교시점의 시가를 비교한 수치로서 주가변동을 나타낸다. 현재는 1980년 1월 4일의 주가지수를 100으로 하여 기준으로 삼는데, 상장된 모든 종목의 현시가 총액을 기준시점의 총액으로 나눠 100을 곱하는 공식을 사용한다.

○ 지하경제(underground economy)

사채놀이 · 부동산 · 전매행위 · 계 등 정부가 그 실태를 파악하지 못하고 있어서 과세대상에서 제외되는 경제활동분야를 말한다. 소득이 발생했을 때에는 세무관서에 보고하고 세금을 납부하는 것이 원칙인데, 이는 탈세를 노려 허위로 소득을 신고하므로 국가재정을 위협하는 행위이다.

○ 관리통화제도(管理通貨制度)

정부 또는 중앙은행이 경제사정에 따라 정책적으로 통화량을 통제·관리하는 제도로, 통화량 조절에 의해 물가를 안정시킬 수 있다. 운영방법으로는 통화발행량 조작, 공개시장 조작, 지급준비율제도, 금리정책 등이 있다.

○ 마진머지(margin money)

신용장개설 보증금을 말한다. 일반적으로 은행이 업자에게 신용을 공여하는 경우 보증금으로 징수하는 현금이다. 즉 은행에서는 예금이자와 대부이자와의 차액 또는 담보물의 시가와 담보가격과의 차익, 증권거래에 있어서는 투자가가 증권업자에게 제공하는 증거금, 생산원가와 판매가의 차액 등을 가리킨다.

○ 패리티가격(parity price)

농산물가격을 결정함에 있어서 생활비로부터 산출해 내지 않고 공산가격과 서로 균형을 유지하도록 뒷받침해 주는 가격을 말한다. 패리티가격은 최저공정가격의 일종으로, 농가보호가 그 목적이다.

○ 엥겔의 법칙(Engel's law)

독일의 통계학자 엥겔(E. Engel)은 가계지출에 대해 음식물비의 비율을 조사한 결과 그 비율의 크기가 생활정도를 나타내는 지표가 된다고 했다. 즉 소득이 낮은 가정일수록 전체의 생계비에 대한 음식물비의 비율이 높고, 소득의 증가에 따라 음식물비의 비율이 감소하고 문화비의 비율이 증가한다는 것이다.

○ 독점자본주의

산업혁명 이후 자유경쟁원칙이 무너지고 대자본에 의한 독점산업이 커다란 비중을 차지하게 되면서 대기업 간의 경쟁이 더욱 심해진 상태의 자본주의를 말한다. 이 시대에는 산업자금을 조달하는 은행 또는 금융자본의 지위가 강화되어 산업계를 지배하는 추세였기 때문에 금융자본주의라고도 한다.

○ 마샬의 K(Marshallian K)

명목GNP에 대한 통화공급량 잔고의 비율로, 통화공급의 적정수준을 측정하는 지표로 사용되고 있다. 통화공급의 범위는 현금통화·예금통화·준통화(정기성 예금)·CD(양도성 예금)의 합계액인데 정기예금을 제외하거나 우편예금 등을 더한 숫자가 사용되기도 하고, 명목GNP 대신 명목국민소득이 쓰이기도 한다.

○ 거미집이론(cobweb theory)

균형가격은 완전경쟁시 수요와 공급이 일치하는 점에서 결정된다. 그러나 가격의 변동에 대응하여 수요량은 대체로 즉각적인 반응을 보인다고 할 수 있는 반면, 공급량은 반응에 일정한 시간을 필요로 하므로 실제에 있어 시간차가 생겨서 다소간 시행착오가 행해진 후 비로소 균형가격이 성립된다. 이것을 그림으로 설명한 것이 거미집이론이다.

○ 톱니효과(ratchet effect)

한 번 상승된 소비수준은 소득이 감소하더라도 과거 최고소득의 영향으로 소득이 감소한 만큼 소비가 줄지 않는 것을 말한다.

○ 베블렌효과(veblen effect)

허영심에 의해 수요가 발생하는 것으로, 가격이 상승한 소비재의 수요가 오히려 증가하는 현상이다. 예를 들면 다이아몬드는 비싸면 비쌀수록 여성의 허영심을 사로잡게 되어 가격이 상승하면 수요가 오히려 증대한다.

○ 피구효과(Pigou effect)

임금의 하락이 고용의 증대를 가져온다는 피구(A.C. Pigou)의 이론을 말한다. 즉, 기업의 임금인하는 사람들이 보유하고 있는 현금이나 예금잔고의 실질가치를 인상하는 결과가 되어 일반물가수준은 하락하게 된다. 이러한 실질현금잔고의 증가는 소득에 변화가 없더라도 소비지출을 증가시키므로 결과적으로 고용을 증대시킨다.

○ 그레샴의 법칙(Gresham's law)

"악화(惡貨)가 양화(良貨)를 구축한다."는 그레샴(S.T. Gresham)의 이론이다. 실질가치가 서로 다른 두 가지 종류의 화폐가 동시에 유통될 경우, 실질가치가 우량한 화폐는 용해·저장·수축 등으로 유통계에서 자취를 감추고 악화만이 남아서 유통된다는 것이다.

○ 보완재(補完財)

재화 중에서 동일 효용을 증대시키기 위해 함께 사용해야 하는 두 재화를 말한다. 이들 재화는 따로 소비할 경우의 효용합계보다 함께 소비할 경우의 효용이 더 크다. 보완재의 예로는 커피와 설탕, 버터와 빵, 펜과 잉크 등이 있다.

◯ 우발채무(偶發債務)

확정된 채무는 아니나 장래의 상황에 따라서 채무화할 가능성이 있는 불확정 채무로, 대차대조표의 금액란에 표시하지 않고 주석으로 기재한다. 우발자산이 발생하는 것은 보증채무·어음할인 및 어음배서·선물매매계약이며, 우발손실이 발생하는 것은 상품보증·작업보증·손해배상의무이다.

◯ CMA(Cash Management Account)

어음관리구좌라 하며, 단자회사 및 종합금융회사가 고객으로부터 받은 일정 규모의 예탁금융 CP(신종기업어음)나 담보 및 무담보 기업어음·국공채 등의 증권에 투자해서 얻은 수익을 고객에게 되돌려 주는 저축상품이다.

◯ 공개시장조작(公開市場造作)

중앙은행이 보유하고 있는 금이나 유가증권 및 외환을 매입 또는 매각함으로써 금융을 조절하는 수단이다. 즉 자금이 핍박하여 금리가 올라갈 때에는 중앙은행이 시중은행이나 공개시장에서 증권 또는 금·외환을 사들여 이에 대한 대금을 지불함으로써 통화량을 증가시켜 금융핍박을 완화하고, 이와 반대로 통화량이 많을 때에는 매각조작을 통하여 금융시장의 자금을 흡수한다.

◯ 관세장벽(tariff wall)

수입을 억제하여 국내산업을 보호하고 또한 국가의 재정수입을 증대시킬 목적으로 수입상품에 높은 관세를 부과함으로써 국내 수입품가격을 높이는 것을 말한다.

◯ 비관세장벽(NTB ; Non Tariff Barrier)

정부가 국산품과 외국품을 차별하여 수입을 억제하려는 정책일반으로, 관세 이외의 방법이다. 전형적인 것은 수입수량제한, 국내산업보호정책, 수출에 대한 금융지원과 세제상의 감면 등 우대조치, 반덤핑정책 등으로 정부의 국내산업보호와 수출장려정책의 수단을 말한다.

◯ 구매력평가설(PPP ; Purchasing Power Parity)

스웨덴의 카셀(G. Cassel)이 주장한 학설로, 두 나라의 화폐가 자국에서 가지는 구매력의 비율에 의하여 두 나라 사이의 환시세가 결정되고 변동된다는 학설이다. 국제대차설, 환심리설과 병칭되는 고전적 환시세 결정이론의 하나이다.

O **네거티브시스템(negative system)**

원칙적으로는 수출입을 자유화하고 예외적으로 수출입을 제한하여 금지하는 품목만을 규정하는 무역제도로, 이때 금지하는 품목을 네거티브리스트(negative list)라 한다. 이 제도의 목적은 무역자유화의 폭을 넓히고 국내산업의 체질을 개선하며 일반인의 소비생활을 향상시키는데 있으며, 우리나라에서도 채택하고 있다.

O **포지티브시스템(positive system)**

수출입 공고방법으로는 가능품목을 공고하고, 공고에 포함되지 않은 품목은 원칙적으로 수출입을 제한하는 제도이다. 수출입 허용품목 표시제라고도 하며, 네거티브시스템과 반대되는 제도이다.

O **외화가득률(外貨稼得率)**

외화수취율이라고도 한다. 수출품이 실제로 외화를 획득하는 비율로서, 특정한 수출상품에 관하여 그 수출가격으로부터 생산에 사용한 수입원료의 가격을 차감하고 그 잔액을 수출가격으로 나눈 것이다. 따라서 외화가득률을 높이기 위해서는 원료수입을 경감해야 한다.

O **국제통화기금(IMF ; International Monetary Fund)**

통화에 관한 국제협력과 국제무역을 촉진하기 위해 1944년 브레튼우즈협정에 따라 설립된 UN 전문기구이며, 그 협정 가맹국의 출자로 설치된 국제금융 결제기관이다. 주로 단기자금을 융통하는데, 국제수지가 불균형한 나라에 대해 외환자금을 공여함으로써 국제수지의 균형을 꾀하는 한편, 환시세의 안정의 다각적 결제에 의한 환거래의 자유를 확립함으로써 국제무역의 균형적 성장을 꾀하려는데 그 목적이 있다. 본부는 워싱턴에 있으며, 우리나라는 1955년에 가입했다.

O **임팩트론(impact loan)**

본래는 소비자 수입에 쓰이는 외환차관을 뜻하는 말이었으나 최근에는 차관의 조건, 즉 자금의 용도가 지정되어 있지 않은 차관을 말한다. 외화를 국내에서의 설비투자나 노무조달에 이용함으로써 고용과 임금소득이 늘고 소비재에 대한 수요가 증가해 인플레이션의 충격(임팩트)작용을 초래한다는 뜻에서 생긴 말이다. 타이드론(tied loan)에 반대되는 개념이다.

O **IBRD(International Bank for Reconstruction and Development)**

국제부흥개발은행 또는 세계은행이라고 한다. 전쟁으로 인하여 파괴된 가맹국의 경제부흥과 저개발국의 경제개발을 위하여 1944년 IMF(국제통화기금)와 함께 브레튼우즈협정에 의하여 설립된 기구이다. 본부는 워싱턴에 있으며, 우리나라는 1955년에 가입했다.

1 다음의 사례와 가장 관련 깊은 경제학 개념이 바르게 연결된 것은?

> 희경이는 며칠 전부터 계속되는 야근으로 피곤한 남자친구를 위해 보양식을 사주려고 한다. 인터넷을 검색한 결과 TV음식프로그램에도 소개되었고 평소 남자친구가 좋아하는 메뉴를 판매하는 ○○음식점을 찾아내었다. 희경이와 남자친구는 주말을 이용해 ○○음식점을 방문하였다. 하지만 ○○음식점 앞에는 사람들이 길게 늘어서 있다. 희경이와 남자친구는 배는 고프지만 다른 가게로 가지 않고 자리가 날 때까지 기다리기로 했다.

① 기대효용 - 기대가치
② 기대효용 - 기회비용
③ 기회비용 - 한계효용
④ 희소성 - 한계효용
⑤ 희소성 - 기회비용

✔해설 ② 선택을 통하여 자신이 얻게 되는 만족감을 기대효용이라 하며 많은 대안 중 어떠한 것을 선택했을 때 포기한 대안 중 가장 큰 가치를 말한다. 따라서 제시된 사례에서는 배가 고프지만 참고 기다리는 시간을 바로 기회비용으로 볼 수 있으며 기회비용보다 음식이나 서비스를 통해 얻게 되는 만족감 즉, 기대효용이 크기 때문에 다른 음식점으로 가지 않고 줄을 서서 기다리는 것이다.

Answer 1.②

2 다음 중 설명이 바르지 않은 것은?

① 경상수지는 제품이나 서비스를 해외에 사고 판 총액에서 받은 돈과 내준 돈의 차액을 말한다.

② 서비스수지는 자본수지의 일부이다.

③ 상품수지는 상품의 수출과 수입의 차액을 나타내는 수지이다.

④ 소득수지는 경상수지에 해당한다.

⑤ 자본수지는 실물이 아닌 자본 거래에 따른 수입과 지급의 차액이다.

> ✔ 해설 국제수지의 종류
> ㉠ 경상수지 : 제품이나 서비스를 해외에 사고 판 총액에서 받은 돈과 내준 돈의 차액을 말한다.
> • 상품수지 : 상품의 수출과 수입의 차액을 나타내는 수지
> • 서비스수지 : 해외여행, 유학·연수, 운수서비스 등과 같은 서비스 거래 관계가 있는 수입과 지출의 차액을 나타내는 수지
> • 소득수지 : 임금, 배당금, 이자처럼 투자의 결과로 발생한 수입과 지급의 차액을 나타내는 수지
> • 경상이전수지 : 송금, 기부금, 정부의 무상원조 등 대가없이 주고받은 거래의 차액을 나타내는 수지
> ㉡ 자본수지 : 소득을 이루지 않는 돈 자체가 오고 간 결과의 차이를 나타내는 것이다.

3 희소성의 법칙이란 무엇인가?

① 모든 재화의 수량이 어떤 절대적 기준에 미달한다는 원칙이다.

② 몇몇 중요한 재화의 수량이 어떤 절대적 기준에 미달한다는 법칙이다.

③ 인간의 생존에 필요한 재화가 부족하다는 법칙이다.

④ 인간의 욕망에 비해 재화의 수량이 부족하다는 법칙이다.

⑤ 투입된 생상요소가 늘어나면 늘어날수록 산출량이 기하급수적으로 늘어난다는 법칙이다.

> ✔ 해설 희소성의 법칙 … 무한한 인간욕망에 대하여 재화와 용역이 희소하기 때문에 경제문제가 발생한다는 법칙을 의미한다. 희소한 자원은 경제주체로 하여금 경제적 선택(economic choice)을 강요한다.

4 다음 중 케인즈 경제학이 성립된 역사적 배경으로 적절한 것은?

① 1930년대 대공황

② 제2차 세계대전

③ 1950년대 냉전시대

④ 제1차 석유파동

⑤ 제2차 석유파동

> ✔ 해설 미국의 경제대공황의 처방책으로 케인즈(J.M Keynes)는 소비가 있어야 공급이 생긴다고 주장하면서 정부 지출의 필요성을 역설하였다.

5 경제문제가 발생하는 가장 근본적인 원인은?

① 이윤극대화의 원칙   ② 한계효용의 법칙
③ 희소성의 원칙   ④ 분배의 원칙
⑤ 다수결의 원칙

> ✔해설   더 많이 생산하고 더 많이 소비하려는 사람들의 욕망은 자원의 희소성으로 인하여 제한되므로, 경제활동은 항상 선택의 문제에 직면하게 된다.

6 다음 설명 가운데 케인즈주의에 해당하지 않는 것은?

① 적자재정정책에 반대한다.
② 경기조절식(anticyclical) 경제정책을 추진한다.
③ 정부의 시장개입기능을 활성화한다.
④ 수요관리를 통하여 임금생활자의 구매력을 높인다.
⑤ 금융정책을 불신한다.

> ✔해설   케인즈와 케인즈학파의 경제학자들은 금융정책을 불신하고 적자재정에 의한 보정적 재정정책을 쓸 것을 주장하였다.

7 경제활동에 있어서는 합리적인 선택과 결정이 항상 필요하다. 그렇다면 다음의 내용과 관련하여 중요한 판단기준 두 가지를 고른다면?

> • 인간의 욕망은 무한한데 자원은 희소하므로 항상 선택의 문제에 직면한다.
> • 누구를 위하여 생산할 것인가의 문제에는 공공복리와 사회정의의 실현을 함께 고려해야 한다.

① 효율성과 형평성   ② 타당성과 실효성
③ 안정성과 능률성   ④ 희소성과 사회성
⑤ 효율성과 효과성

> ✔해설   제시된 내용은 자원의 희소성과 분배의 문제에 대해 언급하고 있다. 자원의 희소성 때문에 선택의 문제가 발생하므로 최소의 비용으로 최대의 만족을 추구하는 효율성이 판단기준이 되고, 분배의 경우 가장 바람직한 상태인 형평성이 판단기준이 된다.

8 자유주의적 경제에 의한 생산불균형과 경제적 변화는 '보이지 않는 손(invisible hands)'에 의하여 조정된다고 주장한 사람은?

① 마르크스(K. Marx)
② 리카도(D. Ricardo)
③ 슘페터(J.A. Schumpeter)
④ 스미스(A. Smith)
⑤ 프리드만(M. Friedman)

> ✔해설 스미스(A. Smith)는 중상주의정책을 비판하고 경제상의 자유방임주의를 주장하여 '보이지 않는 손(invisible hands)'에 의한 경제의 예정조화적 발전을 주장하였다.

9 공급은 스스로 수요를 창조한다는 법칙은?

① 킹의 법칙
② 세이의 법칙
③ 그레샴의 법칙
④ 엥겔의 법칙
⑤ 케인즈 법칙

> ✔해설 세이(J.S. Say)는 "공급은 스스로 수요를 창조한다."라고 하여 자유경쟁의 경제에서는 일반적 생산과잉은 있을 수 없으며, 공급은 언제나 그만큼의 수요를 만들어 낸다고 하였다.

10 다음 중 '빈곤의 악순환'이란 말을 한 학자는?

① 넉시(R. Nurkse)
② 로스토(W.W. Rostow)
③ 클라크(C. Clark)
④ 맬더스(T.R. Malthus)
⑤ 리카도(D. Ricardo)

> ✔해설 빈곤의 악순환 … 후진국은 국민소득이 낮으므로 국내저축이 미약하여 높은 투자가 이루어질 수 없고 따라서 국민소득 성장률이 낮아지는데, 이것이 되풀이되는 현상을 말한다.

11 다음 중 자본주의의 발전단계로 적절한 것은?

① 상업자본주의 → 산업자본주의 → 독점자본주의 → 수정자본주의
② 산업자본주의 → 상업자본주의 → 독점자본주의 → 수정자본주의
③ 산업자본주의 → 독점자본주의 → 수정자본주의 → 상업자본주의
④ 독점자본주의 → 상업자본주의 → 산업자본주의 → 수정자본주의
⑤ 수정자본주의 → 상업자본주의 → 독점자본주의 → 산업자본주의

자본주의의 발전단계 ··· 상업자본주의(16~17C) → 산업자본주의(18~19C 말) → 독점자본주의(19C 말~20C 초) → 수정자본
주의(20C)

12 가격이 상승한 소비재의 수요가 오히려 증가하는 경제현상을 의미하는 용어로서 과시적인 소비행동과 관련된 용어는?

① veblen effect
② pogonia effect
③ 외부효과
④ 유효수요의 원리
⑤ 스놉효과

베블렌효과(veblen effect) ··· 가격이 상승한 소비재의 수요가 오히려 증가하는 현상이다. 미국의 경제학자 베블렌이
그의 저서 '유한계급론'에서 고소득 유한계급의 과시적인 고액의 소비행동을 논한 데서 비롯되었다.

13 다음의 내용과 관련이 있는 용어로 적합한 것은?

> • 정수네 아버지의 소득이 경기불황으로 300만 원에서 250만 원으로 줄었다.
> • 정수네 집의 소비수준은 변한 것이 없다.

① 마샬효과
② 베블렌효과
③ 립스틱효과
④ 톱니효과
⑤ 밴드왜건효과

톱니효과(ratchet effect) ··· 만약 한 사람의 소득이 100일 때 50을 소비하다 소득이 150으로 증가하면 소비 역시 90
으로 증가하게 된다. 하지만 어떠한 사유로 소득이 150에서 100으로 감소하게 되면 일반적으로 소비도 50으로 줄어야
하는 것이 합리적이지만 소비를 거의 줄이지 않은 80의 수준에서 상당기간 지속하게 된다. 과거의 소비습관이 남아 있
어 소득이 감소하더라도 당장의 소비를 감소시키지 못하는 소비의 비가역성이 나타나는데 이를 바로 소비의 톱니효과
라고 한다.

14 소득소비곡선상의 X재의 수요가 증대할 때 Y재의 수요는 감소하는 경우 X재에 대해서 Y재를 무엇이라 부르는가?

① 보통재   ② 보완재

③ 대체재   ④ 열등재

⑤ 기펜재

> ✔ **해설** 대체재(경쟁재) … 재화 중에서 동종의 효용을 얻을 수 있는 두 재화를 말한다. 대체관계에 있는 두 재화는 하나의 수요가 증가하면 다른 하나는 감소하고, 소득이 증대되면 상급재의 수요가 증가하고 하급재의 수요는 감소한다. 예를 들어 버터(상급재)와 마가린(하급재), 쌀(상급재)과 보리(하급재), 쇠고기(상급재)와 돼지고기(하급재) 등이다.
> ② 재화 중에서 동일 효용을 증대시키기 위해 함께 사용해야 하는 두 재화를 말한다.
> ④ 소득이 증가할수록 그 수요가 줄어드는 재화를 의미한다.
> ⑤ 열등재 중에서 소득효과가 너무 커서 가격이 하락했는데도 수요가 감소하는 재화를 말한다.

15 실업이론에 대한 설명으로 옳지 않은 것은?

① 자발적 실업은 일할 능력을 갖고 있으나 현재의 임금수준에서 일할 의사가 없어서 실업상태에 있는 것이다.

② 마찰적 실업은 장기적으로 실업상태에 있는 것이다.

③ 탐색적 실업은 보다 나은 직장을 찾기 위해 실업상태에 있는 것이다.

④ 비자발적 실업은 일할 의사와 능력은 갖고 있으나 현재 임금수준에서 일자리를 구하지 못하여 실업상태에 있는 것이다.

⑤ 경기적 실업은 경기침체로 인해 발생하는 대량의 실업이다.

> ✔ **해설** 마찰적 실업은 일시적으로 직장을 옮기는 과정에서 실업상태에 있는 것이다.

16 기업이 생산물을 해외시장에서는 낮은 가격에 판매하고, 국내시장에서는 높은 가격에 판매하여 이윤을 증대시킬 수 있는 경우로 옳은 것은?

① 수요의 가격탄력성이 해외시장에서는 높고 국내시장에서는 낮은 경우
② 수요의 가격탄력성이 해외시장에서는 낮고 국내시장에서는 높은 경우
③ 수요의 소득탄력성이 해외시장에서는 높고 국내시장에서는 낮은 경우
④ 수요의 소득탄력성이 해외시장에서는 낮고 국내시장에서는 높은 경우
⑤ 수요의 가격탄력성이 해외시장과 국내시장이 같은 경우

✔ 해설 가격차별에 따른 이윤증대방법 … 가격차별이란 동일한 재화에 대하여 서로 다른 가격을 설정하는 것으로, 수요의 가격탄력성에 따라 이루어지는데, 기업은 수요의 가격탄력성에 반비례하도록 가격을 설정해야 한다.
ⓐ 가격탄력성이 높은 시장 : 낮은 가격을 설정해야 한다.
ⓑ 가격탄력성이 낮은 시장 : 높은 가격을 설정해야 한다.
※ 가격차별 결과 소비자들에게 미치는 영향 … 가격차별이 이루어지면 수요가 탄력적인 소비자들은 유리해지는 반면에, 수요가 비탄력적인 소비자들은 오히려 불리해진다.

17 다음 내용 중 옳은 것은?

① 열등재는 항상 기펜의 역설현상을 나타낸다.
② 정상재는 절대로 기펜의 역설현상을 나타낼 수 없다.
③ 대체효과는 항상 가격의 변화와 같은 방향으로 나타난다.
④ 소득효과는 항상 가격의 변화와 같은 방향으로 나타난다.
⑤ 열등재이면서 대체효과가 소득효과보다 큰 것이 기펜재이다.

✔ 해설 ①⑤ 열등재이면서 대체효과보다 소득효과가 더 큰 것이 기펜재이다.
③ 대체효과는 재화와 관계없이 항상 가격효과는 부(−)의 효과이다.
④ 소득효과는 정상재는 정(+)의 효과이고, 열등재 · 기펜재는 부(−)의 효과이다.

Answer 14.③ 15.② 16.① 17.②

18 다음 중 역(逆)마진 현상이란?

① 예금금리가 대출금리보다 낮다.
② 대출금리가 예금금리보다 낮다.
③ 총예금 금액보다 총대출 금액이 작다.
④ 총대출 금액보다 총예금 금액이 작다.
⑤ 대출금리와 예금금리가 같다.

✔해설 예금금리가 대출금리보다 높은 경로로 저축의 증대를 꾀하면서 저금리로 기업에 대출하여 인플레이션 현상을 수습하고 내자동원을 극대화하기 위해 단기적으로 채택되는 금리정책이다.

19 생산요소의 투입량과 생산량 간의 관계가 다음과 같다면 알 수 있는 것은?

구분	노동 = 1	노동 = 2	노동 = 3
자본 = 1	60	90	110
자본 = 2	80	120	150
자본 = 3	90	140	180

① 규모에 대한 수확체감, 한계생산성 체감
② 규모에 대한 수확체감, 한계생산성 불변
③ 규모에 대한 수확불변, 한계생산성 체감
④ 규모에 대한 수확불변, 한계생산성 불변
⑤ 규모에 대한 수확체증, 한계생산성 체감

✔해설 모든 생산요소 투입량이 x배 증가하였을 때 생산량이 정확히 x배 증가하는 경우를 규모에 대한 수확(수익)불변이라고 한다. 한계생산물이란 가변요소 1단위를 추가적으로 투입하였을 때 총생산물의 증가분을 의미하는데, 자본투입량이 일정하게 주어져 있을 때 노동의 한계생산물은 점점 감소하므로 한계생산성은 체감하고 있다.

20 화폐의 기능으로 옳지 않은 것은?

① 교환의 매개수단
② 가치의 혼란
③ 장래 지불의 표준
④ 가치저장수단
⑤ 회계의 단위

✔ 해설 ② 화폐의 기능 중 하나는 가치의 척도이다.

21 다음 중 중앙은행의 기능이 아닌 것은?

① 정부의 은행
② 화폐발생
③ 상업어음 재할인
④ 신용창조
⑤ 공개시장 조작

✔ 해설 ④ 민간개인의 예금을 흡수하고 예금창조, 즉 신용창조를 함으로써 대출에 필요한 자금을 조달하는 것은 시중은행의 기능이다.

22 물가상승률이 지나치게 높은 시기에 가장 바람직하지 않은 경제정책은?

① 세율 인하
② 통화량 감축
③ 정부지출 삭감
④ 공무원봉급 동결
⑤ 금리 인상

✔ 해설 물가상승률이 지나치게 높은 시기에는 경기를 안정시키는 정책이 필요하다. 이 시기 정부는 재정지출을 줄이고, 금리와 세율을 인상하여 민간투자와 소비를 억제함으로써 경기를 진정시키는 안정화정책을 활용해야 한다.
① 세율을 인하하게 되면 가처분소득이 증가하여 소비가 증가하므로 경기가 더욱 과열된다.

23 물가상승률과 실업률 사이에는 상충관계(trade-off)가 있어서 완전고용과 물가안정이라는 두 가지 정책목표를 동시에 달성시킬 수 없음을 보여주는 것은?

① 필립스곡선
② 구축효과(crowding out effect)
③ 거미집이론
④ 풀코스트원리(full-cost principle)
⑤ 유동성함정

 ① 실업률과 화폐임금상승률 간의 상반되는 관계를 나타낸 것이며, 각국은 자국의 고유한 필립스곡선을 가진다. 원래 필립스곡선은 임금상승률과 실업률 간의 관계를 표시했으나 현재는 물가상승률과 실업률 간의 반비례관계를 나타내는 것이 일반적이다.
② 수요의 반응에 비해 공급의 반응이 지체되어 일어나는 현상이다.
③ 재정투자는 민간투자를 감소시키기 때문에 기대한 만큼 소득증대를 가져오지 못한다는 이론이다.
④ 평균비용에다 몇 %에 해당하는 이윤액을 부가해서 가격을 결정하는 가격결정원리를 말한다.
⑤ 경제주체들이 돈을 움켜쥐고 시장에 내놓지 않는 상황으로 통화량을 증가시켜도 이자율은 하락하지 않으며 통화정책과 재정정책 모두 무력해지는 상태이다.

24 로렌츠곡선에 대한 설명이다. 옳지 않은 것은?

① 소득의 불평등 정도를 측정하는 방법이다.
② 소득의 누적점유율과 인구의 누적점유율 간의 관계이다.
③ 지니 집중계수는 로렌츠곡선의 단점을 보완한다.
④ 로렌츠곡선은 가치판단을 전제하는 측정방법이다.
⑤ 소득의 분포가 완전히 균등하면 곡선은 대각선(45° 직선)과 일치한다.

해설 로렌츠곡선 ··· 미국의 경제학자 로렌츠(M.O. Lorenz)가 소득분포의 상태를 나타내기 위하여 작성한 도표로, 소득이 사회계층에 어떤 비율로 분배되는가를 알아보기 위한 것이다. 가로축에 저소득인구로부터 소득인구를 누적하여 그 백분율을 표시한 결과 45°선의 균등분포선과는 다른 소득불평등곡선이 나타났다.

25 다음 중 모라토리움이란?

① 통화개혁

② 지불유예

③ 채무청산

④ 약정이율

⑤ 국제통화기금

> ✔ 해설 모라토리움(moratorium) … 전쟁, 천재, 공황 등으로 경제가 혼란되어 채무이행이 어려울 때 국가가 일정 기간 채무이행을 연기 또는 유예시키는 것을 뜻한다.

26 수입 200,000원, 저축 40,000원, 음식물비 80,000원일 때 엥겔계수는?

① 40%

② 45%

③ 50%

④ 60%

⑤ 70%

> ✔ 해설 엥겔계수 $= \dfrac{80,000}{(200,000-40,000)} \times 100 = 50(\%)$

27 로렌츠곡선을 완전평등선을 접근시키는 방법으로서 선진국이 주로 채용하는 정책은?

① 독점금지법

② 공공투자

③ 보호관세

④ 누진세

⑤ 민영화

> ✔ 해설 누진세 … 과세대상의 금액이 많을수록 높은 세율을 적용하는 조세로, 소득재분배의 효과가 크다.

28 소득이 200,000원일 때 150,000원을 소비하던 사람의 소득이 250,000원으로 오르자 소비는 180,000원으로 올랐다고 하면, 그 사람의 한계소비성향은?

① 0.2　　　　　　　　　　　　② 0.6
③ 0.72　　　　　　　　　　　④ 0.8
⑤ 0.9

✔ 해설　한계소비성향 = $\dfrac{\text{소비의 증가분}}{\text{소득의 증가분}} = \dfrac{30,000}{50,000} = 0.6$

29 다음 중 공급의 탄력성과 수요의 탄력성이 비교적 작은 것은?

① 쌀　　　　　　　　　　　　② 영화관람
③ 시계　　　　　　　　　　　④ 책
⑤ 보석

✔ 해설　필수품일수록 탄력성이 작고, 사치품일수록 탄력성이 크다.

30 패리티지수(parity index)란 주로 어떤 부문에 적용되는가?

① 환율　　　　　　　　　　　② 농산물가격
③ 공산물가격　　　　　　　　④ 임금상승률
⑤ 수출품가격

✔ 해설　패리티가격(parity price) … 농산물가격을 결정함에 있어서 공산품가격과 서로 균형을 유지하도록 뒷받침해 주는 가격으로, 농가보호가 그 목적이다.

31 다음 중 커피와 홍차의 관계는?

① 대체재　　　　　　　　　　② 보완재
③ 독립재　　　　　　　　　　④ 기펜재
⑤ 열등재

✔ 해설　대체재(경쟁재) … 재화 중에서 동종의 효용을 얻을 수 있는 두 재화이다.

32 일정 기간 한 나라 안에서 자국민과 외국인이 생산한 최종생산물 가치의 합계는?

① 국민순생산(NNP) ② 국민소득(NI)
③ 국내총생산(GDP) ④ 국민총생산(GNP)
⑤ 국민총처분가능소득(GNDI)

> ✔ 해설 ① 국민총생산에서 감가상각비를 제외한 금액으로 국민경제의 순생산액이다.
> ② 국민순생산에서 간접세를 빼고 정부보조금을 더한 합계액으로 요소소득의 합계액이다.
> ③ 한 나라의 국경 안에서 일정 기간에 걸쳐 새로이 생산한 재화와 용역의 부가가치 또는 모든 최종재의 값을 화폐 단위로 합산한 것을 의미한다.
> ④ 한 나라의 국민이 국내와 국외에서 생산한 것의 총합을 의미한다.
> ⑤ 국민경제 전체가 소비나 저축으로 자유롭게 처분할 수 있는 소득을 말한다.

33 "악화가 양화를 구축한다."는 법칙을 주장한 사람은?

① 그레샴(S.T. Gresham) ② 케인스(J.M. Keynes)
③ 스미스(A. Smith) ④ 피셔(L. Fisher)
⑤ 리카도(D. Ricardo)

> ✔ 해설 그레샴의 법칙 … "악화(惡貨)가 양화(良貨)를 구축한다."는 이론이다. 실질가치가 서로 다른 두 가지 종류의 화폐가 동시에 유통될 경우, 실질가치가 우량한 화폐는 용해·저장·수축 등으로 유통계에서 사라지고 악화만이 유통된다는 것이다.

34 중앙은행이 재할인율을 인상할 경우에 나타나는 효과는?

① 이자율의 하락과 통화량의 증가
② 이자율의 상승과 통화량의 감소
③ 이자율의 상승과 통화량의 증가
④ 이자율의 하락과 통화량의 감소
⑤ 이자율 상승과 대출 증가

> ✔ 해설 재할인율 … 시중은행이 기업들로부터 할인매입한 어음을 한국은행이 다시 할인매입할 때 적용하는 금리를 의미한다.
> ㉠ 재할인율 인상 : 일반 은행의 이자율 상승→대출 감소→통화량 감소
> ㉡ 재할인율 인하 : 일반 은행의 이자율 이하→대출 증가→통화량 증가

35 다음의 설명 중 옳은 것은?

① 독점기업들이 시장지배를 목적으로 결합한 연합체를 카르텔(cartel)이라 한다.

② 독점적 경쟁시장에서는 수많은 기업들이 존재하므로 시장지배력이 없다.

③ 과점시장에서의 한 기업의 행동은 경쟁기업의 행동에 전혀 영향을 못 미친다.

④ 독점적 경쟁시장에서 기업은 단기적으로는 이윤을 얻을 수 있으나 장기적으로는 이윤을 얻을 수 없다.

⑤ 완전경쟁시장에서 기업들은 가격설정자의 역할을 한다.

> ✔해설 ① 과점기업들의 연합체를 카르텔(cartel)이라 한다.
> ② 약간의 시장지배력을 유지한다.
> ③ 상호 의존성의 원리에 입각한다.
> ⑤ 가격순응자의 역할을 한다.

36 예상유무에 따른 인플레이션에 대한 설명으로 옳지 않은 것은?

① 예상치 못한 인플레이션인 경우 화폐가치가 지속적으로 하락하는 것을 뜻한다.

② 예상된 인플레이션의 경우 채권자가 명목임금, 이자율 등을 올리므로 소득의 재분배가 발생하지 않는다.

③ 예상치 못한 인플레이션의 경우 가계가 적응적 기대를 하므로 생산과 소득 및 고용이 단기적으로 증가하나, 장기적으로는 고용확대효과가 사라진다.

④ 예상된 인플레이션의 경우 가계가 합리적 기대를 하므로 생산과 소득 및 고용이 증가하지 않는다.

⑤ 예상된 인플레이션의 경우 경제의 불확실성을 크게 증가시킨다.

> ✔해설 예상된 인플레이션의 경우 경제의 불확실성을 크게 증가시키지 않는다.

37 우리나라의 현행 환율제도는?

① 자유변동환율제　　　　　　　　　② 시장평균환율제
③ 고정환율제　　　　　　　　　　　④ 복수통화바스켓제
⑤ 관리변동환율제도

> ✔해설 우리나라는 1997년 12월부터 자유변동환율제도를 채택하였다. 미 달러화의 매매기준율은 금융결제원 자금중개실을 통한 외국환은행간 원·달러 거래를 거래금액에 따라 가중평균하여 결정한다.

38 다음이 설명하고 있는 것은?

> 미국의 수출입상품에 관한 산업관련표를 이용하여 실증한 결과, 미국이 노동에 비해 자본이 풍부함에도 불구하고 노동집약적인 상품을 수출하고 자본집약적인 상품을 수입한다는 결론을 얻었다.

① 스미스의 절대우위론
② 리카도의 비교우위론
③ 레온티에프의 역설
④ 로렌츠곡선
⑤ 그레샴의 법칙

 ① 스미스의 절대우위론 : 절대적으로 생산비가 적게 드는 재화를 생산하는 교역
② 리카도의 비교우위론 : 상대적으로 유리한 상품을 선택적으로 생산하여 교역
④ 로렌츠곡선 : 소득이 사회계층에 어떤 비율로 분배되는가를 알아보기 위한 도표이다.
⑤ 그레샴의 법칙 : 실질가치가 서로 다른 두 가지 종류의 화폐가 동시에 유통될 경우, 실질가치가 우량한 화폐는 용해 · 저장 · 수축 등으로 유통계에서 사라지고 악화만이 유통된다는 것이다.

39 다음 중 관세부과의 효과가 아닌 것은?

① 소비억제효과
② 산출량증가효과
③ 국제수지개선효과
④ 소비자후생 및 사회후생증대효과
⑤ 재정수입증대효과

 관세를 부과하면 국내의 생산이 증가하므로 산출량증가효과가 발생하고 국내소비가 감소하므로 소비억제효과가 발생한다. 또한 정부의 재정수입이 증가하므로 재정수입증대효과가 나타난다. 그리고 관세를 부과하면 수입이 감소하고 교역조건이 개선되므로 국제수지개선효과도 기대할 수 있다. 그러나 관세부과는 소비자잉여를 감소시키고 사회후생손실을 가져오는 문제점이 있다.

40 원화가치의 하락을 초래하는 요인이 아닌 것은?

① 국내 경기의 호전
② 국내 물가의 상승
③ 국내 이자율의 상승
④ 국내 한계수입성향의 증가
⑤ 국내통화량 증가

> ✔해설 원화가치의 하락은 곧 환율인상을 의미한다. 국내 경기의 호전, 국내 물가의 상승, 국내 한계수입성향의 증가는 환율인상을 초래하지만, 국내 이자율이 상승하면 외환이 유입되어 환율하락을 초래한다.

41 한국의 한 MP3 제조회사가 중국에 공장을 세우고 한국인과 중국인 노동자를 고용하는 경우, 다음 설명 중 옳은 것은?

① 한국의 GNP와 중국의 GNP가 증가한다.
② 한국의 GDP와 중국의 GDP가 증가한다.
③ 중국의 GNP는 증가하지만 한국의 GNP는 증가하지 않는다.
④ 중국의 GDP는 증가하지만 한국의 GDP는 감소한다.
⑤ 한국의 GDP만 증가한다.

> ✔해설 ① 한국인과 중국인 노동자를 고용하여 생산하므로 두 국가의 GNP는 모두 증가하며, 중국 내에서 생산활동이 이루어지므로 중국의 GDP도 증가한다.
> ※ GDP와 GNP
>   ㉠ GDP : 일정 기간 동안에 한 나라의 국경 내에서 생산된 최종총생산의 시장가치
>   ㉡ GNP : 일정 기간 동안에 한 나라의 국민에 의해서 생산된 최종생산물의 시장가치

Answer 40.③ 41.①

Chapter 05 사회보장론

1 사회보험의 개요

(1) 정의

전국민을 대상으로 질병, 노령, 실업, 사망 등 신체장애로 인한 활동능력의 상실과 소득의 감소가 발생하였을 때에 보험방식에 의해 그것을 보장하는 제도이다.

(2) 특성

① 성립조건

⊙ 위험(사고)발생이 규칙적이어야 한다. 사고가 어떤 일정의 비율로 누군가에게 발생한다는 것을 통계의 축적으로부터 경험적으로 인지되어야 한다.

ⓒ 위험에 대비하여 공동의 기금을 조성하여야 한다. 보험자는 위험이 발생한 경우 이 공동의 기금으로 급여를 해야 하며, 공동의 급여를 만들기 위해서는 보험집단의 각 구성원이 일정액을 갹출해야 한다.

ⓒ 보험기금으로부터의 수지가 균등해야 한다. 위험률의 측정이 정확하게 이루어지면 보험료의 갹출과 보험기금으로부터의 급여가 균형을 이루게 된다.

ⓔ 가입은 법률에 의해 강제화된다.

ⓜ 급여자격은 각자의 갹출을 토대로 주어진다.

ⓗ 급여의 결정방법은 법률에서 결정한다.

ⓢ 각자의 급여수준은 통상 갹출액과 직접적인 관련이 없으며 그 이전의 소득과 가족수에 따라 이루어진다.

ⓞ 장기적 관점에서 적절한 급여에 대한 재정계획이 확립되어야 한다.

ⓩ 비용은 1차적으로 근로자와 사업주의 갹출에 의해 이루어진다.

ⓩ 사회보험계획은 정부가 관리하거나 감독해야 한다.

○ 사회보험과 사보험의 특징 비교

구분	사회보험	사보험(민간보험)
가입방법	강제적 가입	임의적 가입
보험료 부과방식	소득수준에 따른 차등부과	위험정도·급여수준에 따른 부과
보험급여	필요에 따른 균등급여	보험료수준에 따른 차등급여
보험료 징수방식	법률에 따른 강제징수	사적 계약에 따른 징수
원리	사회적 적절성(복지)	개인적 적절성(형평)
보호	최저수준의 소득보장	개인의 의사와 지불능력에 좌우

② 특성

ㄱ 사회성 : 사회평등, 사회조화, 사회평화 등

ㄴ 보험성 : 공통된 위험에 대한 공동부담

ㄷ 강제성 : 불균형한 생활격차의 완화를 위해 국가가 개입하여 공정한 재분배 실시

ㄹ 부양성 : 자금부담능력에 따른 차별부담을 통해 저소득층의 자금부담경감 도모

2 연금보험제도

(1) 연금제도의 정의

일반적으로 가계를 책임지는 자가 노령, 폐질, 사망 등에 의하여 소득을 상실했을 때에 그 자신과 유족의 보호를 위하여 미리 설정한 기준에 따라 장기간에 걸쳐 정기적으로 급여를 제공받는 소득보장제도이다.

(2) 연금제도의 발달과정

① 독일

ㄱ 1889년 : 노동자연금제도 도입

ㄴ 1911년 : 직원연금제도 도입

ㄷ 1923년 : 광부연금제도 도입

ㄹ 제1, 2차 세계대전 기간

• 1914년 : 군복무기간의 가입기간 인정

• 1919년 : 유사군복무기간의 가입기간 인정

• 1916년 : 노동자·직원연금 지급개시연령 인하

• 1938년 : 자영자에 대한 적용범위 확대

ⓜ 1957년(제1차 연금개혁) : 연금액이 전후 독일의 경제발전에 따른 임금 및 물가인상을 반영하지 못하였고, 연금제도를 가난한 자에 대한 부조적인 성격 대신에 임금대체 수단으로서의 보험적인 성격으로 인식하기 시작

ⓑ 1957년 : 농민노령부조제도 도입

ⓢ 1972년(제2차 연금개혁) : 지속적인 경기침체 여파로 노동시장 불안정 및 연금재정 안정화 조치 필요

ⓞ 동ㆍ서독 연금법 통합
 • 1990년 : 화폐ㆍ경제ㆍ사회통합협정 체결
 • 1991년 : 연금이행령 제정

ⓩ 1992년(제3차 연금개혁) : 인구노령화, 경기불황, 고실업 등에 따른 연금재정 안정화 조치 필요

ⓩ 2002 연금개혁 : 낮은 출산율 및 기대여명 연장에 대처하기 위한 조치 마련 및 연금재정 안정화, 여성의 노후빈곤 문제 해소

② 영국

ⓐ 1908년 : 노령연금법

ⓑ 1917년 : 국민보험법 제정

ⓒ 1935년 : 과부ㆍ고아ㆍ노령거출연금법에 의한 연금제도 창설

ⓓ 1942년 : 연금제도 체계화

ⓔ 1959년 : 차등연금제도 확립

ⓕ 1975년 : 사회보장연급법의 입법

ⓖ 1992년 : 사회보장통합법

ⓗ 1995년 : 연금법

ⓘ 1995년 : 복지개혁연금법

ⓙ 2000년 : 아동ㆍ연금ㆍ사회보장법

(3) 연금보험의 특징과 기본원칙

① 특징

ⓐ 급여는 욕구조사가 없는 권리로서 지급된다.

ⓑ 사적 연금과 달리 사회보험기금은 충분한 기금조성이 아니다.

ⓒ 급여가 개인적 공평성보다도 사회적 적합성에 기초해 있다.

ⓓ 급여는 법령에 의하여 규정되어 있다.

ⓔ 적용범위가 강제적 사업이다.

ⓕ 급여는 예견된 욕구에 기초해 있으며 소득과 관련되어 있다.

② 기본원칙

　　㉠ 강제가입 : 연금보험은 거의 예외없이 강제가입을 채택하고 있다. 연금보험에서는 노후의 경제적 보장을 위하여 일정 범주에 해당하는 국민이면 예외없이 적용대상으로 하여 강제적으로 기여금을 납부하게 하고, 이를 기록·관리하여 향후 급여혜택을 준다.

> **Point** 》 강제가입원칙을 채택하는 이유
> 　　㉠ 임의가입에 따른 역선택을 방지할 수 있다.
> 　　㉡ 강제가입은 대규모의 가입자들을 포함함으로써 위험분산기능을 극대화시킬 수 있을 뿐만 아니라 규모의 경제를 통해 보험료의 저액화를 도모할 수 있다.
> 　　㉢ 강제가입은 규모의 경제를 통해 관리운영비를 절감함으로써 보다 많은 재원을 급여지출에 충당할 수 있으며 신규모집비, 광고비 등의 부대비용을 최소화할 수 있다.

　　㉡ 최저수준의 보장 : 공적연금은 노령, 장애, 사망 등의 사회적 위험발생시 최저수준의 생활을 보장해야 한다는 데 대해서는 별다른 이견이 존재하지 않는다. 그러나 최저수준이 어느 수준을 의미하는 것이냐에 대해서는 상당한 논란이 있다.

　　㉢ 개별적 공평성과 사회적 적절성 : 공적연금의 재원이 잠재적 수급자의 기여금으로부터 나올 때 언제나 생길 수 있는 문제는 개별적 공평성과 사회적 적절성을 어떻게 반영할 것인가 하는 것이다. 개별적 공평성은 기여자가 기여금에 직접적으로 연계된, 즉 기여금에 보험수리적으로 상응하는 액을 연금급여로 지급받는 것을 의미한다. 반면에 사회적 적절성은 모든 기여자에게 어떤 일정생활수준을 보장하는 것이다.

> **Point** 》 사회적 적절성을 확보하는 방법들
> 　　㉠ 연금급여산식을 저소득층에게 유리한 방향으로 구조화
> 　　㉡ 연금수급자의 피부양자를 고려하여 배우자 급여나 어린 자녀에 대한 급여를 지급
> 　　㉢ 초기가입 노령세대에게 보다 유리한 혜택을 제공

　　㉣ 급여에 대한 권리 : 연금보험에서 급여는 권리로서 지급되는 것이기 때문에 수급요건으로서 욕구에 대한 검증이 요구되지 않는다. 욕구조사 또는 자산조사는 생활을 유지하는 데 필요한 소득 및 재산이 불충분하다는 것을 입증해야 하는 공공부조에서 사용되며, 연금보험의 수급자들은 소득이나 자산에 대한 검증없이 급여에 대한 권리를 지니게 된다.

(4) 우리나라의 연금제도

① 공무원연금제도

　　㉠ 적용대상 : 국가공무원법, 지방공무원법, 그 밖의 법률에 따른 공무원으로 단, 군인과 선거에 의하여 취임하는 공무원은 제외한다.

　　㉡ 급여의 종류
　　　• 단기급여 : 요양급여, 부조급여
　　　• 장기급여 : 퇴직급여, 장해급여, 유족급여, 퇴직수당, 순직유족급여, 위험직무순직유족급여

　　㉢ 관리운영체계 : 공무원연금제도의 운영에 관한 사항은 인사혁신처장이 맡아서 주관하고, 집행은 공무원연금공단에서 실시한다.

② 사립학교교직원 연금제도

    ㉠ 적용대상 : 사립학교의 교원과 사무직원이 대상이다. 다만, 임시로 임명된 사람, 보수를 받지 않는 사람, 조건부로 임명된 사람은 제외된다.

    ㉡ 급여의 종류

      • 단기급여 : 교직원의 직무로 인한 질병·부상·장해·사망에 대하여 지급한다.

      • 장기급여 : 교직원의 퇴직·장해 및 사망에 대하여 지급한다.

    ㉢ 관리운영체계 : 각종 급여는 그 권리를 가질 사람의 신청을 받아 사립학교교직원연금공단이 결정한다.

③ 군인연금제도

    ㉠ 적용대상 : 부사관 이상의 현역 군인에게 적용한다. 다만, 지원에 의하지 아니하고 임용된 부사관은 제외한다.

    ㉡ 급여의 종류 : 퇴역연금, 퇴역연금일시금, 퇴역연금공제일시금, 퇴직일시금, 상이연금, 유족연금, 유족연금부가금, 유족연금특별부가금, 유족연금일시금, 유족일시금, 재해보상금, 사망조위금, 재해부조금

    ㉢ 관리운영체계 : 국방부에서 관장한다.

④ 국민연금제도

    ㉠ 가입 대상 : 국내에 거주하는 국민으로서 18세 이상 60세 미만인 자는 국민연금 가입 대상이 된다. 다만, 「공무원연금법」, 「군인연금법」, 「사립학교교직원 연금법」 및 「별정우체국법」을 적용받는 공무원, 군인, 교직원 및 별정우체국 직원, 그 밖에 아래의 대통령령으로 정하는 자는 제외한다.

      • 노령연금의 수급권을 취득한 자 중 60세 미만의 특수 직종 근로자

      • 조기노령연금의 수급권을 취득한 자. 다만, 조기노령연금의 지급이 정지 중인 자는 제외

    ㉡ 가입자의 종류

      • 사업장가입자 : 1인 이상의 근로자를 사용하는 사업장 또는 주한외국기관으로서 1인 이상의 대한민국 국민인 근로자를 사용하는 사업장(당연적용사업장)에 근무하는 18세 이상 60세 미만의 사용자와 근로자는 외국인을 포함하여 모두 국민연금에 가입하여야 한다.

        Point ≫ 사업장 가입대상에서 제외되는 경우

          ㉠ 공무원연금법, 공무원 재해보상법, 사립학교교직원 연금법 또는 별정우체국법에 따른 퇴직연금, 장해연금 또는 퇴직연금일시금이나 군인연금법에 따른 퇴역연금, 퇴역연금일시금, 군인 재해보상법에 따른 상이연금을 받을 권리를 얻은 자. 다만, 퇴직연금 등 수급권자가 국민연금과 직역연금의 연계에 관한 법률에 따라 연계 신청을 한 경우에는 그러하지 아니하다.

          ㉡ 국민연금에 가입된 사업장에 종사하는 18세 미만 근로자는 사업장가입자가 되는 것으로 본다. 다만, 본인이 원하지 아니하면 사업장가입자가 되지 아니할 수 있다.

          ㉢ 「국민기초생활 보장법」에 따른 생계급여 수급자 또는 의료급여 수급자는 본인의 희망에 따라 사업장가입자가 되지 아니할 수 있다.

- 지역가입자 : 국내에 거주하는 18세 이상 60세 미만의 국민으로서 사업장가입자가 아닌 사람은 당연히 지역가입자가 된다.

> Point ≫ 지역가입자 가입대상에서 제외되는 경우
> ㉠ 다음의 어느 하나에 해당하는 자의 배우자로서 별도의 소득이 없는 자
>   - 국민연금 가입 대상에서 제외되는 자
>   - 사업장가입자, 지역가입자 및 임의계속가입자
>   - 노령연금 수급권자 및 퇴직연금 등 수급권자
> ㉡ 퇴직연금 등 수급권자. 다만, 퇴직연금 등 수급권자가 「국민연금과 직역연금의 연계에 관한 법률」 제8조에 따라 연계 신청을 한 경우에는 그러하지 아니하다.
> ㉢ 18세 이상 27세 미만인 자로서 학생이거나 군 복무 등의 이유로 소득이 없는 자(연금보험료를 납부한 사실이 있는 자는 제외한다)
> ㉣ 「국민기초생활 보장법」에 따른 생계급여 수급자 또는 의료급여 수급자
> ㉤ 1년 이상 행방불명된 자

- 임의가입자 : 임의가입은 국내에 거주하고 18세 이상 60세 미만 국민으로서 사업장가입자나 지역가입자가 될 수 없는 사람이 의무가입이 아닌 본인의 선택에 따라 임의가입자가 될 수 있다.
- 임의계속가입자 : 다음의 어느 하나에 해당하는 자는 65세가 될 때까지 보건복지부령으로 정하는 바에 따라 국민연금공단에 가입을 신청하면 임의계속가입자가 될 수 있다. 이 경우 가입 신청이 수리된 날에 그 자격을 취득한다.
- 국민연금 가입자 또는 가입자였던 자로서 60세가 된 자. 다만, 다음의 어느 하나에 해당하는 자는 제외한다.
  ⓐ 연금보험료를 납부한 사실이 없는 자
  ⓑ 노령연금 수급권자로서 급여를 지급받고 있는 자
  ⓒ 반환일시금을 지급받은 자
- 전체 국민연금 가입기간의 5분의 3 이상을 대통령령으로 정하는 직종의 근로자로 국민연금에 가입하거나 가입하였던 사람(이하 "특수직종근로자"라 한다)으로서 다음의 어느 하나에 해당하는 사람 중 노령연금 급여를 지급받지 않는 사람
  ⓐ 노령연금 수급권을 취득한 사람
  ⓑ 특례노령연금 수급권을 취득한 사람
㉢ 관장 : 국민연금사업은 보건복지부장관이 맡아 주관한다.

㉣ **노령연금**

- 노령연금
- 수급권자 : 가입기간이 10년 이상인 가입자 또는 가입자였던 자에 대하여는 60세(특수직종근로자는 55세)가 된 때부터 그가 생존하는 동안 노령연금을 지급한다.
- 지급의 연기에 따른 가산 : 60세 이상 65세 미만인 사람(특수직종근로자는 55세 이상 60세 미만인 사람)이 연금지급의 연기를 희망하는 경우에는 1회에 한정하여 65세(특수직종근로자는 60세) 전까지의 기간에 대하여 그 연금의 전부 또는 일부의 지급을 연기할 수 있다.

- 노령연금액 : 다음의 구분에 따른 금액에 부양가족연금액을 더한 금액으로 한다.
  1. 가입기간이 20년 이상인 경우 : 기본연금액
  2. 가입기간이 10년 이상 20년 미만인 경우 : 기본연금액의 1천분의 500에 해당하는 금액에 가입기간 10년을 초과하는 1년(1년 미만이면 매 1개월을 12분의 1년으로 계산한다)마다 기본연금액의 1천분의 50에 해당하는 금액을 더한 금액

- **조기노령연금**
  - 수급권자 : 가입기간이 10년 이상인 가입자 또는 가입자였던 자로서 55세 이상인 자가 대통령령으로 정하는 소득이 있는 업무에 종사하지 아니하는 경우 본인이 희망하면 60세가 되기 전이라도 본인이 청구한 때부터 그가 생존하는 동안 일정한 금액의 연금을 받을 수 있다.
  - 조기노령연금액 : 가입기간에 따라 노령연금액 중 부양가족연금액을 제외한 금액에 수급연령별로 다음의 구분에 따른 비율(청구일이 연령도달일이 속한 달의 다음 달 이후인 경우에는 1개월마다 1천분의 5를 더한다)을 곱한 금액에 부양가족연금액을 더한 금액으로 한다.
    1. 55세부터 지급받는 경우에는 1천분의 700
    2. 56세부터 지급받는 경우에는 1천분의 760
    3. 57세부터 지급받는 경우에는 1천분의 820
    4. 58세부터 지급받는 경우에는 1천분의 880
    5. 59세부터 지급받는 경우에는 1천분의 940

- **소득활동에 따른 노령연금액** : 노령연금 수급권자가 대통령령으로 정하는 소득이 있는 업무에 종사하면 60세 이상 65세 미만(특수직종근로자는 55세 이상 60세 미만)인 기간에는 노령연금액에서 부양가족연금액을 제외한 금액에 다음 각 부분에 따른 금액을 뺀 금액을 지급한다. 이 경우 빼는 금액은 노령연금액의 2분의 1을 초과할 수 없다.
  - 초과소득월액이 100만원 미만인 사람 : 초과소득월액의 1천분의 50
  - 초과소득월액이 100만원 이상 200만원 미만인 사람 : 5만원+(초과소득월액-100만원)×1천분의 100
  - 초과소득월액이 200만원 이상 300만원 미만인 사람 : 15만원+(초과소득월액-200만원)×1천분의 150
  - 초과소득월액이 300만원 이상 400만원 미만인 사람 : 30만원+(초과소득월액-300만원)×1천분의 200
  - 초과소득월액이 400만원 이상인 사람 : 50만원+(초과소득월액-400만원)×1천분의 250

ⓜ **장애연금**
- 수급권자 : 가입자 또는 가입자였던 자가 질병이나 부상으로 신체상 또는 정신상의 장애가 있고 다음의 요건을 모두 충족하는 경우에는 장애 정도를 결정하는 기준이 되는 날(장애결정 기준일)부터 그 장애가 계속되는 기간 동안 장애 정도에 따라 장애연금을 지급한다.
- 해당 질병 또는 부상의 초진일 당시 연령이 18세(다만, 18세 전에 가입한 경우에는 가입자가 된 날을 말한다) 이상이고 노령연금의 지급 연령 미만일 것

- 다음의 어느 하나에 해당할 것
  - ⓐ 해당 질병 또는 부상의 초진일 당시 연금보험료를 낸 기간이 가입대상기간의 3분의 1 이상일 것
  - ⓑ 해당 질병 또는 부상의 초진일 5년 전부터 초진일까지의 기간 중 연금보험료를 낸 기간이 3년 이상일 것. 다만, 가입대상기간 중 체납기간이 3년 이상인 경우는 제외한다.
  - ⓒ 해당 질병 또는 부상의 초진일 당시 가입기간이 10년 이상일 것
- 장애연금액
- 장애등급 1급에 해당하는 자에 대하여는 기본연금액에 부양가족연금액을 더한 금액
- 장애등급 2급에 해당하는 자에 대하여는 기본연금액의 1천분의 800에 해당하는 금액에 부양가족연금액을 더한 금액
- 장애등급 3급에 해당하는 자에 대하여는 기본연금액의 1천분의 600에 해당하는 금액에 부양가족연금액을 더한 금액
- 장애등급 4급에 해당하는 자에 대하여는 기본연금액의 1천분의 2천250에 해당하는 금액을 일시보상금으로 지급한다.

ⓑ 유족연금
- 수급권자 : 다음의 어느 하나에 해당하는 사람이 사망하면 유족연금을 지급한다.
- 노령연금 수급권자
- 가입기간이 10년 이상인 가입자 또는 가입자였던 자
- 연금보험료를 낸 기간이 가입대상기간의 3분의 1 이상인 가입자 또는 가입자였던 자
- 사망일 5년 전부터 사망일까지의 기간 중 연금보험료를 낸 기간이 3년 이상인 가입자 또는 가입자였던 자. 다만, 가입대상기간 중 체납기간이 3년 이상인 사람은 제외한다.
- 장애등급이 2급 이상인 장애연금 수급권자
- 유족연금액
- 가입기간이 10년 미만이면 기본연금액의 1천분의 400에 해당하는 금액+부양가족연금액
- 가입기간이 10년 이상 20년 미만이면 기본연금액의 1천분의 500에 해당하는 금액+부양가족연금액
- 가입기간이 20년 이상이면 기본연금액의 1천분의 600에 해당하는 금액+부양가족연금액

ⓢ 반환일시금
- 수급권자 : 가입자 또는 가입자였던 자가 다음의 어느 하나에 해당하게 되면 본인이나 그 유족의 청구에 의하여 반환일시금을 지급받을 수 있다.
- 가입기간이 10년 미만인 자가 60세가 된 때
- 가입자 또는 가입자였던 자가 사망한 때(유족연금이 지급되는 경우는 제외)
- 국적을 상실하거나 국외로 이주한 때
- 반환일시금액 : 가입자 또는 가입자였던 자가 납부한 연금보험료(사업장가입자 또는 사업장가입자였던 자의 경우에는 사용자의 부담금을 포함한다)에 대통령령으로 정하는 이자를 더한 금액으로 한다.

• 사망일시금

- 가입자 또는 가입자였던 사람, 노령연금 수급권자, 장애등급이 3급 이상인 장애연금 수급권자가 사망한 때에 국민연금법에 따른 유족이 없으면 그 배우자·자녀·부모·손자녀·조부모·형제자매 또는 4촌 이내 방계혈족에게 사망일시금을 지급한다. 다만, 가출·실종 등 대통령령으로 정하는 경우에 해당하는 사람에게는 지급하지 아니하며, 4촌 이내 방계혈족의 경우에는 대통령령으로 정하는 바에 따라 가입자 또는 가입자였던 사람, 노령연금 수급권자, 장애등급이 3급 이상인 장애연금 수급권자의 사망 당시 그 사람에 의하여 생계를 유지하고 있던 사람에게만 지급한다.

- 사망일시금은 가입자 또는 가입자였던 자의 반환일시금에 상당하는 금액으로 하되, 그 금액은 사망한 가입자 또는 가입자였던 자의 최종 기준소득월액을 연도별 재평가율에 따라 사망일이 속하는 해의 전년도의 현재가치로 환산한 금액과 같은 호에 준하여 산정한 가입기간 중 기준소득월액의 평균액 중에서 많은 금액의 4배를 초과하지 못한다.

- 노령연금 수급권자, 장애등급이 3급 이상인 장애연금 수급권자의 사망일시금은 수급권자가 사망할 때까지 지급받은 연금액이 가입자 또는 가입자였던 사람의 경우를 준용하여 산정한 금액보다 적은 경우에 그 차액에 해당하는 금액이다.

Point ≫ 우리나라 국민연금제도의 변천과정

ⓐ 1973. 12. 24 : 국민복지연금법 공포(석유파동으로 시행 연기)
ⓑ 1986. 12. 31 : 국민연금법 공포(구법 폐지)
ⓒ 1987. 9. 18 : 국민연금관리공단 설립
ⓓ 1988. 1. 1 : 국민연금제도 실시(상시근로자 10인 이상)
ⓔ 1992. 1. 1 : 사업장 적용범위 확대(상시근로자 5인 이상)
ⓕ 1993. 1. 1 : 특례노령연금 지급 개시
ⓖ 1995. 7. 1 : 농어촌지역 연금 확대 지급
ⓗ 1999. 4. 1 : 도시지역 연금 확대 적용(전국민 연금 실현)
ⓘ 2000. 7. 1 : 농어촌지역 특례노령연금 지급
ⓙ 2001. 11. 1 : 텔레서비스 시스템 전국 확대 운영
ⓚ 2003. 7. 1 : 사업장 적용범위 1단계 확대(근로자 1인 이상 법인·전문직종사업장)
ⓛ 2006. 1. 1 : 사업장 적용범위 확대완료(근로자 1인 이상 사업장 전체)
ⓜ 2008. 1. 1 : 완전노령연금(가입기간 20년 이상) 지급 개시
ⓝ 2009. 8. 7 : 국민연금과 4개 직역연금 가입기간 연계사업 시행
㉮ 2011. 4. 1 : 장애인 복지법 상 장애 전(全) 등급 심사 개시
㉯ 2012. 7. 1 : 10인 미만 사업장 저소득근로자에 대한 국민연금 보험료 지원사업 시행(두루누리 사업)
㉰ 2014. 7. 25 : 기초연금 지급 개시
㉱ 2015. 6. 22 : 노후준비지원법 제정과 국민연금공단에 중앙노후준비지원센터 지정·운영
㉲ 2016. 8. 1 : 구직급여 수급자를 대상으로 실업크레딧 시행
㉳ 2016. 11. 30 : 경력단절 여성 대상으로 추후납부를 확대하여 1국민 1연금 시대 개막
㉴ 2022. 7. 1 : 저소득 지역가입자 연금 보험료 지원사업 시행

※ 국민연금제도의 기능과 성격
① 기능
　　㉠ 노후의 생활계획 수립 기능
　　㉡ 임금소득의 상실시에 고령자의 권리로서 최저한의 소득보장 기능
　　㉢ 소득의 재분배 기능
② 성격
　　㉠ 공헌도에 따른 수급권획득 제도
　　㉡ 연금보험 사고에 대한 보험제도
　　㉢ 노후생활설계의 실질적인 기초제도
　　㉣ 국가책임의 강제가입제도
　　㉤ 공헌도에 따른 급여로 수급자의 긍지를 고취시키는 제도

※ 기초연금
① 도입목적 … 노인에게 기초연금을 지급하여 안정적인 소득기반을 제공함으로써 노인의 생활안정을 지원하고 복지를 증진함을 목적으로 한다.
② 수급대상 … 기초연금은 65세 이상인 사람으로서 소득인정액이 보건복지부장관이 정하여 고시하는 금액(선정기준액) 이하인 사람에게 지급한다. 공무원연금, 사립학교교직원연금, 군인연금, 별정우체국연금 수급권자 및 그 배우자는 원칙적으로 기초연금 수급대상에서 제외된다.
　　㉠ 소득인정액 : 본인과 배우자의 소득평가액과 재산의 소득 환산액을 합산한 금액
　　㉡ 선정기준액(2025년 기준)

단독가구	부부가구
2,280,000원	3,648,000원

③ 기초연금액의 산정 … 기초연금 수급권자에 대한 기초연금의 금액은 기준연금액과 국민연금 급여액 등을 고려하여 산정한다.

3 국민건강보험제도

(1) 국민건강보험제도의 개념

① 정의 … 피보험자가 질병이나 부상 등의 사고를 당했을 때 치료비나 요양비의 급여를 실시함으로써 국민보건의 회복 및 유지 또는 증진을 도모할 수 있는 사회보험방식의 제도이다.

② 효과
  ㉠ 역선택현상 방지효과 : 질병 가능성이 적은 사람보다 높은 사람이 보험에 가입하는 현상을 역선택현상이라 하는데, 모든 국민이 가입할 것을 법적으로 강제하는 의료보험은 이를 방지할 수 있다.
  ㉡ 간접적인 소득재분배 효과 : 피보험자들의 보험료가 위험발생확률보다는 소득수준에 의해 책정되기 때문에 간접적인 소득재분배 효과를 볼 수 있다.
  ㉢ 위험분산 기능의 수행 : 많은 인원을 집단화하여 위험을 분산함으로써 개개인의 부담을 경감하는 기능과 미리 적은 돈을 갹출하여 둠으로써 위험을 시간적으로 분산하는 기능을 수행하고 있다.

③ 제도유형
  ㉠ 무상의료서비스 방식
    • 운영방식 : 국가보건서비스 방식으로서 국민의 의료문제는 국가가 책임져야 한다는 기본전제에 근간을 두고 있다. 정부의 일반조세를 재원으로 하며 국가가 직접적으로 모든 국민에게 무상으로 의료를 제공하는 방식을 취한다. 조세방식, 베버리지 방식이라고도 하며 영국의 베버리지가 제안한 이래 영국, 스웨덴, 이탈리아 등에서 시행되고 있다.
    • 장점 : 소득수준에 관계없이 모든 국민에게 포괄적이고 균등한 의료를 보장하고 정부가 관리주체이므로 의료공급이 공공화되어 의료비 증가에 대한 통제가 강하다. 또한 조세제도를 통한 재원조달로 비교적 소득재분배 효과가 강하다.
    • 단점 : 의료의 사회화를 초래하여 상대적으로 의료의 질이 낮고 의료비 재원조달에 따른 어려움으로 정부의 비용부담이 커진다. 또한 의료수용자측의 비용의식부족, 장기간 진료대가문제 등 부작용이 나타나 오래전부터 이에 대한 제도개혁의 필요성이 대두되고 있다.
  ㉡ 의료보험방식
    • 운영방식 : 의료비에 대한 국민의 자기책임의식을 견지하되 이를 사회화하여 정부기관이 아닌 보험자가 보험료로써 재원을 마련하여 의료를 보장하는 방식이다. 정부는 후견적 지원과 감독을 행하게 된다. 비스마르크 방식이라고도 하며 독일의 비스마르크가 창시한 이래 독일, 프랑스, 일본, 우리나라 등이 이와 같은 방식을 취하고 있다.
    • 장점 : 조합원이 대표의견기구를 통해 의료보험운영에 관한 의사결정에 참여함으로써 제도운영의 민주성을 기할 수 있다. 국민의 비용의식이 강하게 작용하며 상대적으로 양질의 의료를 제공할 수 있다.
    • 단점 : 소득유형 등이 서로 다른 구성원에 대한 단일보험료 부과기준 적용의 어려움, 의료비 증가에 대한 억제기능이 취약하여 보험재정안정을 위한 노력이 필요하다.

(2) 국민건강보험제도의 발달과정

① 제도 도입기(1963 ~ 1976) … 1963년에 최초로 의료보험법을 제정하였다. 그러나 법률의 제정과정에서 경제적 자원부족을 이유로 강제적 성격의 의료보험제도가 임의적 성격으로 바뀌었다.

② 제도 발전기(1977 ~ 1989) … 이 시기는 현대적 의미의 의료보험제도를 본격적으로 실시한 때로 우리나라 의료보험제도 변천사에서 중요한 의미를 지닌다. 1976년에 기존의 의료보험법을 전면적으로 개정하고 1977년 7월 1일을 기하여 강제적 성격의 의료보험제도를 실시하는 한편 같은 해 저소득계층의 국민에 대하여는 공공부조 방식의 의료보호제도를 실시하였다.

③ 전국민 의료보장기(1988 ~ 1997) … 이 시기는 1988년 농어촌지역 의료보험, 1989년 도시지역 의료보험의 실시로 의료보험제도의 확대가 완성된 때이다. 이 시기 변화가 큰 의미를 지니는 것은 그때까지 의료보장의 수혜권에서 제외되었던 자영자계층에 대한 의료보험을 확대하여 전국민 의료보장을 달성했다는 점 때문이다.

④ 국민건강보험제도로 전환(1998 ~ 현재)
　ㄱ 2000년 7월 1일 기존의 조합식 의료보험제도는 통합방식으로 전환되고 제도의 명칭도 국민건강보험제도로 바뀌었다. 우선 관리운영기구를 지역·직장·공교를 완전 통합하여 하나의 국민건강보험공단으로 단일화하였으며, 기존에 의료보험연합회에서 담당하던 진료비심사기능은 국민건강보험공단과 독립된 건강보험심사평가원이 신설되어 담당하게 되었다.
　ㄴ 관리운영기구의 통합에 이어 기존의 직장·지역별로 독립채산제로 운용되던 의료보험재정을 하나의 통합된 기금으로 일원화하는 재정통합은 2002년부터 실시될 계획이었지만, 재정문제에 대한 논란으로 1년 6개월간 통합이 유예되었고, 2003년 7월 지역과 직장의 재정통합이 이루어지게 되었다.

(3) 국민건강보험제도의 기능과 특징

① 국민건강보험은 정부주도에 의한 강제적 가입이고 사회보장적 기능을 수행한다.

② 국민건강보험은 소득에 비례한 기여금(보험료)을 책정하여 부의 재분배 기능을 갖는다.

③ 국민건강보험은 경제적 부담을 보험원리에 의하여 완화하여 줌으로써 위험분산의 기능을 갖는다.

(4) 국민건강보험제도의 원칙

① 사회적 연대의 원칙에 따라 기여의 형평성과 급여의 충분성이 보장되어야 한다.

② 모든 국민에게 보편적으로 의료서비스가 이루어져야 하며 적용범위는 전국민을 포함하는 포괄성을 띠어야 한다.

③ 충분한 재정을 확보하여 재정의 안정성을 도모해야 한다.

④ 관리기구를 통합하고 민주화하여 관리운영의 효율화를 극대화한다.

⑤ 지나친 이윤추구로 의료가 상품화되는 것을 방지한다.

⑥ 사회보장제도로서 국민연대성의 원칙과 국민통합을 이루어 내야 한다.

(5) 국민건강보험의 적용대상

① 적용대상 … 국민건강보험의 적용대상은 의료급여법에 따라 의료급여를 받는 자, 독립유공자예우에 관한 법률 및 국가유공자 등 예우에 관한 법률에 따라 의료보호를 받는 자를 제외한 국내에 거주하는 모든 국민으로서, 가입자 또는 피부양자이다.

② 가입자의 종류

구분	직장가입자	지역가입자
가입자	• 모든 사업장의 근로자 및 사용자 • 공무원 및 교직원	
피부양자	• 직장가입자의 배우자 • 직장가입자의 직계존속(배우자의 직계존속 포함) • 직장가입자의 직계비속(배우자의 직계비속 포함)과 그 배우자 • 직장가입자의 형제 · 자매	직장가입자와 그 피부양자를 제외한 자

(6) 국민건강보험의 급여

① 급여의 형태

  ⊙ **현물급여** : 피보험자가 의료기관에서 제공받는 직접적 의료서비스를 말한다. 우리나라에서 원칙으로 하고 있는 형태이다.

  ⓒ **현금급여** : 피보험자에게 현금이 지급되는 급여를 말한다.

② 급여의 종류

　㉠ 요양급여 : 가입자 및 피부양자의 질병·부상·출산 등에 대하여 다음의 요양급여를 실시한다.

　　• 진찰·검사
　　• 약제·치료재료의 지급
　　• 처치·수술 및 그 밖의 치료
　　• 예방·재활
　　• 입원, 간호, 이송

　㉡ 요양비 : 공단은 가입자 또는 피부양자가 보건복지부령이 정하는 긴급하거나 그 밖의 부득이한 사유로 요양기관과 비슷한 기능을 하는 기관으로서 보건복지부령으로 정하는 기관에서 질병·부상·출산 등에 대하여 요양을 받거나 요양기관이 아닌 장소에서 출산한 경우에는 그 요양급여에 상당하는 금액을 보건복지부령으로 정하는 바에 따라 가입자나 피부양자에게 요양비로 지급한다.

　㉢ 부가급여 : 대통령령으로 정하는 바에 따라 임신·출산 진료비, 장제비, 상병수당, 그 밖의 급여를 실시할 수 있다. '대통령령으로 정하는'에 대한 내용은 다음과 같다.

　　• 부가급여는 임신·출산(유산 및 사산을 포함) 진료비로 한다.
　　• 임신·출산 진료비 지원 대상은 다음과 같다.
　　–임신·출산한 가입자 또는 피부양자
　　–2세 미만인 가입자 또는 피부양자("2세 미만 영유아")의 법정대리인(출산한 가입자 또는 피부양자가 사망한 경우에 한정)
　　• 공단은 다음의 구분에 따른 비용을 결제할 수 있는 임신·출산 진료비 이용권을 발급할 수 있다.
　　–임신·출산한 가입자 또는 피부양자의 진료에 드는 비용
　　–임산·출산한 가입자 또는 피부양자의 약제·치료재료의 구입에 드는 비용
　　–2세 미만 영유아의 진료에 드는 비용
　　–2세 미만 영유아에게 처방된 약제·치료재료의 구입에 드는 비용
　　• 이용권을 발급받으려는 사람("신청인")은 보건복지부령으로 정하는 발급 신청서에 해당한다는 사실을 확인할 수 있는 증명서를 첨부해 공단에 제출해야 한다.
　　• 이용권 발급 신청을 받은 공단은 신청인이 해당하는지를 확인한 후 신청인에게 이용권을 발급해야 한다.
　　• 이용권을 사용할 수 있는 기간은 이용권을 발급받은 날부터 다음의 구분에 따른 날까지로 한다.
　　–임신·출산한 가입자 또는 피부양자 : 출산일(유산 및 사산의 경우 그 해당일)부터 2년이 되는 날
　　–2세 미만 영유아의 법정대리인 : 2세 미만 영유아의 출생일부터 2년이 되는 날
　　• 이용권으로 결제할 수 있는 금액의 상한은 다음의 구분에 따른다. 다만, 보건복지부장관이 필요하다고 인정하여 고시하는 경우에는 다음의 상한을 초과하여 결제할 수 있다.
　　–하나의 태아를 임신·출산한 경우 : 100만 원
　　–둘 이상의 태아를 임신·출산한 경우 : 140만 원
　　• 규정한 사항 외에 임신·출산 진료비의 지급 절차와 방법, 이용권의 발급과 사용 등에 필요한 사항은 보건복지부령으로 정한다.

ⓔ 장애인에 대한 특례 : 장애인복지법에 따라 등록한 장애인인 가입자 및 피부양자에게는 보조기기에 대하여 보험급여를 할 수 있다.

ⓜ 건강검진 : 공단은 가입자와 피부양자에 대하여 질병의 조기 발견과 그에 따른 요양급여를 하기 위하여 건강검진을 실시한다.

- 일반건강검진 : 직장가입자, 세대주인 지역가입자, 20세 이상인 지역가입자 및 20세 이상인 피부양자
- 암 검진 : 암의 종류별 검진주기와 연령기준 등에 해당하는 사람
- 영유아건강검진 : 6세 미만의 가입자 및 피부양자

(7) 관리운영체계

1998년 10월을 기점으로 지역의보조합 227개와 공교의료보험관리공단이 우선 통합되어 국민의료보험관리공단으로 변경되었다. 그리고 2000년 7월 1일부터 139개의 직장의료보험조합도 국민의료보험관리공단으로 통합되어 국민건강보험공단이라는 단일보험자로 전환하였다. 이와 같이 단일보험자 조직으로의 통합은 기존의 분립적인 운영체제에 따른 구조적 문제였던 조합 간 재정격차, 부담의 비형평성, 과다한 관리운영 등의 문제를 완화시킬 수 있는 제도적 틀을 구축하였다는 의미를 지니고 있다.

① 국민건강보험공단의 업무
  ㉠ 가입자 및 피부양자의 자격 관리
  ㉡ 보험료와 그 밖에 이 법에 따른 징수금의 부과 · 징수
  ㉢ 보험급여의 관리
  ㉣ 가입자 및 피부양자의 질병의 조기발견 · 예방 및 건강관리를 위하여 요양급여 실시 현황과 건강검진 결과 등을 활용하여 실시하는 예방사업으로서 대통령령으로 정하는 사업
  ㉤ 보험급여 비용의 지급
  ㉥ 자산의 관리 · 운영 및 증식사업
  ㉦ 의료시설의 운영
  ㉧ 건강보험에 관한 교육훈련 및 홍보
  ㉨ 건강보험에 관한 조사연구 및 국제협력
  ㉩ 국민건강보험법에서 공단의 업무로 정하고 있는 사항
  ㉪ 「국민연금법」, 「고용보험 및 산업재해보상보험의 보험료징수 등에 관한 법률」, 「임금채권보장법」 및 「석면피해구제법」(이하 "징수위탁근거법"이라 한다)에 따라 위탁받은 업무
  ㉫ 그 밖에 이 법 또는 다른 법령에 따라 위탁받은 업무
  ㉬ 그 밖에 건강보험과 관련하여 보건복지부장관이 필요하다고 인정한 업무

② 건강보험심사평가원의 업무

 ㉠ 요양급여비용의 심사

 ㉡ 요양급여의 적정성 평가

 ㉢ 심사기준 및 평가기준의 개발

 ㉣ ㉠부터 ㉢까지의 규정에 따른 업무와 관련된 조사연구 및 국제협력

 ㉤ 다른 법률에 따라 지급되는 급여비용의 심사 또는 의료의 적정성 평가에 관하여 위탁받은 업무

 ㉥ 그 밖에 이 법 또는 다른 법령에 따라 위탁받은 업무

 ㉦ 건강보험과 관련하여 보건복지부장관이 필요하다고 인정한 업무

 ㉧ 그 밖에 보험급여 비용의 심사와 보험급여의 적정성 평가와 관련하여 대통령령으로 정하는 업무

(8) 포괄수가제

① **행위별 수가제** … 투약, 처치 및 수술, 검사 등 의료행위항목에 따라 진료비를 합산하여 진료비를 결정하는 제도이다. 가장 시장지향적이며 진료비 지불방식 중 진료비용의 절감효과가 가장 낮을 뿐 아니라 청구된 진료비를 일일이 심사해야 하기 때문에 관리가 어렵고 관리비용도 많은 방법이다.

② **질병군별(DRG) 포괄수가제**

 ㉠ **개념**: 환자가 분만 등으로 병원에 입원할 경우 퇴원할 때까지의 진료를 받은 진찰, 검사, 수술, 주사, 투약 등 진료의 종류나 양에 관계없이 요양기관종별(종합병원, 병원, 의원) 및 입원일수별로 미리 정해진 일정액의 진료비만을 부담하는 제도이다.

 ㉡ **DRG 지불제도의 장·단점**

  • 장점

  −적정량의 의료서비스 제공

  −행정비용의 절감

  −요양기관과 보험자간의 마찰 감소

  −요양기관의 경영효율화·의료비용의 절감

  • 단점

  −요양기관과 환자와의 마찰 예상

  −요양기관의 허위·부당청구의 우려

  −진료서비스의 규격화·기술개발 임상연구발전에 장애

4 **고용보험제도**

(1) 고용보험제도의 개념

① 정의 … 실업예방, 고용촉진 및 근로자 등의 직업능력의 개발·향상을 도모하고 국가의 직업지도, 직업소개 기능을 강화하며, 근로자 등이 실업한 경우 생활에 필요한 급여를 실시함으로써 근로자 등의 생활안정과 구직활동을 촉진하려는 사회보장제도이다.

② 성격 … 사전에 실업을 예방하고 다양한 고용안정, 직업능력개발사업 등을 행하며 실업급여를 지급하여 생활의 안정과 재취업을 촉진하는 사전적·적극적 차원의 사회보장에 속한다.

> Point ≫ 고용보험제도의 성립 … 1993년 5월에 고용보험연구기획단에서 고용보험제도 실시방안을 정부에 제출하였다. 이 방안을 기초로 1993년 7월에 고용보험법이 제정되었고, 이후에 고용보험시행령(1995. 4. 6)과 시행규칙(1995. 6. 12)이 마련됨으로써 1995년 7월 1일부터 시행하였다. 2006년 1월 1일부터 고용안정사업과 직업능력개발 사업을 통합하여 고용안정·직업능력개발 사업으로 운영하고 있다.

(2) 고용보험제도의 기능 및 특징

① 기능
  ㉠ 사회보장측면에서 고용보험제도는 실직자 및 이들 가족에 대한 경제적 지원을 통해 빈곤의 완화기능을 담당한다.
  ㉡ 사회적 측면에서 실업발생이 주로 고소득층보다는 저소득층에 집중될 수 있음을 고려하면, 경제적 보상과 재취업촉진지원 등을 통해 실업보험제도는 사회적 불평등 구조가 심화되는 것을 완화하고, 사회연대를 성취하는 기능을 담당한다.
  ㉢ 경제적 측면에서 고용보험제도는 실직기간 동안의 경제적 지원을 통해 실직자의 노동력을 보존함으로써, 국민경제의 주요한 생산요소를 유지·보존하는 기능을 담당한다. 또한 불황기에는 고용보험제도에 재정지출이 늘어남으로써 유효수요를 발생시키고, 호황기에는 고용보험제도에 사회구성원의 기여가 늘어나게 되어 경기과열을 예방하는 등 고용보험제도는 경기조절의 기제로서 그 기능을 하게 된다.
  ㉣ 정치적 측면에서 고용보험제도는 계층간 갈등, 특히 노사간 긴장과 갈등을 완화할 뿐 아니라 사회통합력을 제고시킴으로써 정치적 안정과 사회적 연대의 증진에 기여하는 기능을 담당한다.

② 특징
  ㉠ 임금근로자의 실업 중의 생활안정
  ㉡ 급부기간은 통상 1년 이내의 단기
  ㉢ 노사의 보험료를 주된 재원으로 운영
  ㉣ 수급자에 대한 직업소개소의 운영과 불가분의 관계
  ㉤ 강제적용방식의 채용
  ㉥ 일정기간의 거출이 수급의 최저요건

(3) 고용보험의 대상

① **적용범위** … 근로자를 사용하는 모든 사업 또는 사업장

② **적용 제외 근로자**

    ㉠ 1개월간 소정근로시간이 60시간 미만이거나 1주간의 소정근로시간이 15시간 미만인 근로자를 말한다. 다만, 3개월 이상 계속하여 근로를 제공하는 자와 일용근로자는 제외한다.

    ㉡ 「국가공무원법」과 「지방공무원법」에 따른 공무원. 다만, 대통령령으로 정하는 바에 따라 별정직공무원, 임기제공무원의 경우는 본인의 의사에 따라 고용보험에 가입할 수 있다.

    ㉢ 「사립학교교직원 연금법」의 적용을 받는 자

    ㉣ 그 밖에 대통령령으로 정하는 자

      • 농업·임업 및 어업 중 법인이 아닌 자가 상시 4명 이하의 근로자를 사용하는 사업에 종사하는 근로자. 다만, 본인의 의사로 고용노동부령으로 정하는 바에 따라 고용보험에 가입을 신청하는 사람은 고용보험에 가입할 수 있다.

      • 「별정우체국법」에 따른 별정우체국 직원

    ㉤ 65세 이후에 고용(65세 전부터 피보험 자격을 유지하던 사람이 65세 이후에 계속하여 고용된 경우는 제외)되거나 자영업을 개시한 사람에게는 실업급여와 육아휴직급여 규정을 적용하지 아니한다.

(4) 고용보험사업

① **고용안정사업**

    ㉠ **고용창출의 지원** : 고용노동부장관은 고용환경 개선, 근무형태 변경 등으로 고용의 기회를 확대한 사업주에게 대통령령으로 정하는 바에 따라 필요한 지원을 할 수 있다.

    ㉡ **고용조정의 지원**

      • 고용노동부장관은 경기의 변동, 산업구조의 변화 등에 따른 사업규모의 축소, 사업의 폐업 또는 전환으로 고용조정이 불가피하게 된 사업주가 근로자에 대한 휴업, 휴직, 직업전환에 필요한 직업능력개발훈련, 인력의 재배치 등을 실시하거나 그 밖에 근로자의 고용안정을 위한 조치를 하면 대통령령으로 정하는 바에 따라 그 사업주에게 필요한 지원을 할 수 있다. 이 경우 휴업이나 휴직 등 고용안정을 위한 조치로 근로자의 임금이 대통령령으로 정하는 수준으로 감소할 때에는 대통령령으로 정하는 바에 따라 그 근로자에게도 필요한 지원을 할 수 있다.

      • 고용노동부장관은 고용조정으로 이직된 근로자를 고용하는 등 고용이 불안정하게 된 근로자의 고용안정을 위한 조치를 하는 사업주에게 대통령령으로 정하는 바에 따라 필요한 지원을 할 수 있다.

      • 고용노동부장관은 지원을 할 때에는 고용정책 기본법에 따른 업종에 해당하거나 지역에 있는 사업주 또는 근로자에게 우선적으로 지원할 수 있다.

ⓒ 지역고용의 촉진 : 고용노동부장관은 고용기회가 뚜렷이 부족하거나 산업구조의 변화 등으로 고용사정이 급속하게 악화되고 있는 지역으로 사업을 이전하거나 그러한 지역에서 사업을 신설 또는 증설하여 그 지역의 실업예방과 재취업 촉진에 기여한 사업주, 그 밖에 그 지역의 고용기회 확대에 필요한 조치를 한 사업주에게 대통령령으로 정하는 바에 따라 필요한 지원을 할 수 있다.

ⓔ 고령자 등 고용촉진의 지원 : 고용노동부장관은 고령자 등 노동시장의 통상적인 조건에서는 취업이 특히 곤란한 자의 고용을 촉진하기 위하여 고령자 등을 새로 고용하거나 이들의 고용안정에 필요한 조치를 하는 사업주 또는 사업주가 실시하는 고용안정 조치에 해당된 근로자에게 대통령령으로 정하는 바에 따라 필요한 지원을 할 수 있다.

ⓜ 건설근로자 등의 고용안정 지원 : 고용노동부장관은 건설근로자 등 고용상태가 불안정한 근로자를 위하여 다음의 사업을 실시하는 사업주에게 대통령령으로 정하는 바에 따라 필요한 지원을 할 수 있다.
 • 고용상태의 개선을 위한 사업
 • 계속적인 고용기회의 부여 등 고용안정을 위한 사업
 • 그 밖에 대통령령으로 정하는 고용안정 사업

ⓗ 고용안정 및 취업의 촉진
 • 고용노동부장관은 피보험자 등의 고용안정 및 취업을 촉진하기 위하여 다음의 사업을 직접 실시하거나 이를 실시하는 자에게 필요한 비용을 지원 또는 대부할 수 있다.
  -고용관리 진단 등 고용개선 지원 사업
  -피보험자 등의 창업을 촉진하기 위한 지원 사업
  -그 밖에 피보험자 등의 고용안정 및 취업을 촉진하기 위한 사업으로서 대통령령으로 정하는 사업

ⓢ 고용촉진 시설에 대한 지원 : 고용노동부장관은 피보험자 등의 고용안정·고용촉진 및 사업주의 인력 확보를 지원하기 위하여 대통령령으로 정하는 바에 따라 상담 시설, 어린이집, 그 밖에 대통령령으로 정하는 고용촉진시설을 설치·운영하는 자에게 필요한 지원을 할 수 있다.

② 직업능력개발사업
 ㉠ 사업주에 대한 직업능력개발훈련의 지원 : 고용노동부장관은 피보험자 등의 직업능력을 개발·향상시키기 위하여 대통령령으로 정하는 직업능력개발 훈련을 실시하는 사업주에게 대통령령으로 정하는 바에 따라 그 훈련에 필요한 비용을 지원할 수 있다.
 ㉡ 피보험자 등에 대한 직업능력개발의 지원 : 고용노동부장관은 피보험자 등이 직업능력개발 훈련을 받거나 그 밖에 직업능력 개발·향상을 위하여 노력하는 경우에는 대통령령으로 정하는 바에 따라 필요한 비용을 지원할 수 있다.
 ㉢ 직업능력개발의 촉진 : 고용노동부장관은 피보험자 등의 직업능력 개발·향상을 촉진하기 위하여 다음의 사업을 실시하거나 이를 실시하는 자에게 그 사업의 실시에 필요한 비용을 지원할 수 있다.
 • 직업능력개발 사업에 대한 기술지원 및 평가 사업
 • 자격검정 사업 및 숙련기술장려법에 따른 숙련기술 장려 사업
 • 그 밖에 대통령령으로 정하는 사업

③ 실업급여
  ㉠ 구직급여
    • 구직급여의 수급 요건 : 다음의 요건을 모두 갖춘 경우에 지급
    - 이직일 이전 18개월간 법에 따른 피보험 단위기간이 통산하여 180일 이상일 것
    - 근로의 의사와 능력이 있음에도 불구하고 취업(영리를 목적으로 사업을 영위하는 경우를 포함한다)하지 못한 상태에 있을 것
    - 이직사유가 법에 따른 수급자격의 제한 사유에 해당하지 아니할 것
    - 재취업을 위한 노력을 적극적으로 할 것
    - 법에 따른 수급자격 인정신청일이 속한 달의 직전 달 초일부터 수급자격 인정신청일까지의 근로일 수의 합이 같은 기간 동안의 총 일수의 3분의 1 미만일 것(최종 이직 당시 일용근로자였던 사람만 해당)
    - 건설일용근로자로서 수급자격 인정신청일 이전 14일간 연속하여 근로내역이 없을 것(최종 이직 당시 일용근로자였던 사람만 해당)
    - 최종 이직 당시의 기준기간 동안의 피보험 단위기간 중 다른 사업에서 법에 따른 수급자격의 제한 사유에 해당하는 사유로 이직한 사실이 있는 경우에는 그 피보험 단위기간 중 90일 이상을 일용근로자로 근로하였을 것(최종 이직 당시 일용근로자였던 사람만 해당)

      Point ≫ 이직 사유에 따른 수급자격의 제한 … 규정에도 불구하고 피보험자가 다음의 어느 하나에 해당한다고 직업안정기관의 장이 인정하는 경우에는 수급자격이 없는 것으로 본다.
        ㉠ 중대한 귀책사유로 해고된 피보험자로서 다음의 어느 하나에 해당하는 경우
          • 형법 또는 직무와 관련된 법률을 위반하여 금고 이상의 형을 선고받은 경우
          • 사업에 막대한 지장을 초래하거나 재산상 손해를 끼친 경우로서 고용노동부령으로 정하는 기준에 해당하는 경우
          • 정당한 사유 없이 근로계약 또는 취업규칙 등을 위반하여 장기간 무단 결근한 경우
        ㉡ 자기 사정으로 이직한 피보험자로서 다음의 어느 하나에 해당하는 경우
          • 전직 또는 자영업을 하기 위하여 이직한 경우
          • 위의 중대한 귀책사유가 있는 자가 해고되지 아니하고 사업주의 권고로 이직한 경우
          • 그 밖에 고용노동부령으로 정하는 정당한 사유에 해당하지 아니하는 사유로 이직한 경우

    • 급여의 기초가 되는 임금일액
    - 구직급여의 산정 기초가 되는 임금일액은 법에 따른 수급자격의 인정과 관련된 마지막 이직 당시 근로기준법에 따라 산정된 평균임금으로 한다. 다만, 마지막 이직일 이전 3개월 이내에 피보험자격을 취득한 사실이 2회 이상인 경우에는 마지막 이직일 이전 3개월간(일용근로자의 경우에는 마지막 이직일 이전 4개월 중 최종 1개월을 제외한 기간)에 그 근로자에게 지급된 임금 총액을 그 산정의 기준이 되는 3개월의 총 일수로 나눈 금액을 기초일액으로 한다.
    - 위에 따라 산정된 금액이 근로기준법에 따른 그 근로자의 통상임금보다 적을 경우에는 그 통상임금액을 기초일액으로 한다. 다만, 마지막 사업에서 이직 당시 일용근로자였던 자의 경우에는 그러하지 아니하다.
    - 위의 두 조항에 따라 기초일액을 산정하는 것이 곤란한 경우와 보험료를 고용산재보험료징수법에 따른 기준보수를 기준으로 낸 경우에는 기준보수를 기초일액으로 한다. 다만, 보험료를 기준보수로 낸 경우에도 위의 두 조항에 따라 산정한 기초일액이 기준보수보다 많은 경우에는 그러하지 아니하다.
    - 위의 세 조항의 규정에도 불구하고 이들 규정에 따라 산정된 기초일액이 그 수급자격자의 이직 전 1일 소정근로시간에 이직일 당시 적용되던 최저임금법에 따른 시간 단위에 해당하는 최저임금액을 곱한 금액보다 낮은 경우에는 최저기초일액을 기초일액으로 한다. 이 경우 이직 전 1일 소정근로시간은 고용노동부령으로 정하는 방법에 따라 산정한다.

- 위의 세 조항의 규정에도 불구하고 이들 규정에 따라 산정된 기초일액이 보험의 취지 및 일반 근로자의 임금 수준 등을 고려하여 대통령령으로 정하는 금액을 초과하는 경우에는 대통령령으로 정하는 금액을 기초일액으로 한다.
- 대기기간과 소정급여일수
- 대기기간 : 실업급여의 수급자격이 인정되더라도 즉시 실업급여를 받는 것은 아니다. 실업의 신고일부터 계산하기 시작하여 7일간은 구직급여를 지급하지 않는데, 이를 대기기간이라고 한다.
- 소정급여일수 : 하나의 수급자격에 따라 구직급여를 받을 수 있는 날은 대기기간이 끝난 다음날부터 계산하기 시작하여 피보험기간과 연령에 따라 다음에서 정한 일수가 되는 날까지로 한다.

Point ≫ 구직급여의 소정급여 일수

구분		피보험기간				
		1년 미만	1년 이상 3년 미만	3년 이상 5년 미만	5년 이상 10년 미만	10년 이상
이직일 현재 연령	50세 미만	120일	150일	180일	210일	240일
	50세 이상	120일	180일	210일	240일	270일

※ 비고 : 「장애인고용촉진 및 직업재활법」 제2조 제1호에 따른 장애인은 50세 이상인 것으로 보아 위 표를 적용한다.

ⓛ 취업촉진 수당
- 조기재취업 수당 : 수급자격자가 안정된 직업에 재취직하거나 스스로 영리를 목적으로 하는 사업을 영위하는 경우로서 대통령령으로 정하는 기준에 해당하면 지급한다.
- 직업능력개발 수당 : 수급자격자가 직업안정기관의 장이 지시한 직업능력개발 훈련 등을 받는 경우에 그 직업능력개발 훈련 등을 받는 기간에 대하여 지급한다.
- 광역 구직활동비 : 수급자격자가 직업안정기관의 소개에 따라 광범위한 지역에 걸쳐 구직 활동을 하는 경우로서 대통령령으로 정하는 기준에 따라 직업안정기관의 장이 필요하다고 인정하면 지급할 수 있다.
- 이주비 : 수급자격자가 취업하거나 직업안정기관의 장이 지시한 직업능력개발 훈련 등을 받기 위하여 그 주거를 이전하는 경우로서 대통령령으로 정하는 기준에 따라 직업안정기관의 장이 필요하다고 인정하면 지급할 수 있다.

④ 육아휴직 급여 등
ㄱ 육아휴직 급여 : 고용노동부장관은 남녀고용평등과 일·가정 양립 지원에 관한 법률에 따른 육아휴직을 30일(근로기준법에 따른 출산전후휴가기간과 중복되는 기간은 제외한다) 이상 부여받은 피보험자 중 다음의 요건을 모두 갖춘 경우에 육아휴직 급여를 지급한다.
- 육아휴직을 시작한 날 이전에 법에 따른 피보험 단위기간이 합산하여 180일 이상일 것
ㄴ 출산전후휴가 급여 등 : 고용노동부장관은 남녀고용평등과 일·가정 양립 지원에 관한 법률에 따라 피보험자가 근로기준법에 따른 출산전후휴가 또는 유산·사산휴가를 받은 경우와 남녀고용평등과 일·가정 양립 지원에 관한 법률에 따른 배우자 출산휴가 또는 같은 법에 따른 난임치료휴가를 받은 경우로서 다음의 요건을 모두 갖춘 경우에 출산전후휴가 급여 등을 지급한다.
- 휴가가 끝난 날 이전에 법에 따른 피보험 단위기간이 통산하여 180일 이상일 것

- 휴가를 시작한 날[근로자의 수 등이 대통령령으로 정하는 기준에 해당하는 기업이 아닌 경우는 휴가 시작 후 60일(한 번에 둘 이상의 자녀를 임신한 경우에는 75일)이 지난 날로 본다] 이후 1개월부터 휴가가 끝난 날 이후 12개월 이내에 신청할 것. 다만, 그 기간에 대통령령으로 정하는 사유로 출산전후휴가 급여 등을 신청할 수 없었던 자는 그 사유가 끝난 후 30일 이내에 신청하여야 한다.

⑤ 고용보험기금
  ㉠ 고용노동부장관은 보험사업에 필요한 재원에 충당하기 위하여 고용보험기금을 설치한다.
  ㉡ 기금의 용도
    - 고용안정·직업능력개발 사업에 필요한 경비
    - 실업급여의 지급
    - 국민연금 보험료의 지원
    - 육아휴직 급여 및 출산전후휴가 급여 등의 지급
    - 보험료의 반환
    - 일시 차입금의 상환금과 이자
    - 이 법과 고용산재보험료징수법에 따른 업무를 대행하거나 위탁받은 자에 대한 출연금
    - 그 밖에 이 법의 시행을 위하여 필요한 경비로서 대통령령으로 정하는 경비와 법에 따른 사업의 수행에 딸린 경비

⑥ 심사 및 재심사청구
  ㉠ 피보험자격의 취득·상실에 대한 확인, 법에 따른 실업급여 및 육아휴직 급여와 출산전후휴가 급여 등에 관한 처분에 이의가 있는 자는 심사관에게 심사를 청구할 수 있고, 그 결정에 이의가 있는 자는 심사위원회에 재심사를 청구할 수 있다.
  ㉡ ㉠에 따른 심사의 청구는 확인 또는 처분이 있음을 안 날부터 90일 이내에, 재심사의 청구는 심사청구에 대한 결정이 있음을 안 날부터 90일 이내에 각각 제기하여야 한다.
  ㉢ ㉠에 따른 심사 및 재심사의 청구는 시효중단에 관하여 재판장의 청구로 본다.

5 산업재해보상보험제도

(1) 산재보험의 개념

① 정의 … 산재보험은 산업재해보상보험의 줄임말로, 근로자가 업무상 사고, 질병, 사망 등을 당했을 때 그것을 치료하고 본인과 부양가족의 생계를 보장하기 위하여 현금급여, 의료보호 및 재활서비스를 제공하는 제도를 말한다.

② 목적
  ㉠ 소득상실에 대한 실질적 보호

ⓛ 급여와 서비스의 효과적인 전달체계

ⓒ 충분한 의료보호와 서비스

ⓡ 직업적 상해와 질병에 대한 노동자의 광범위한 적용

ⓜ 안전의 장려

(2) 산재보험의 발달과정

① 1953년 우리나라 최초로 제정된 근로기준법 제8장에는 재해보상에 대한 사항을 규정하였으며, 산업재해에 대한 사용주의 개별책임주의를 채택하였다.

② 1963년 제정된 산업재해보상보험법은 근로기준법상에 명시된 산업재해에 대한 사용주의 책임을 강제보험화하는 목적에서 제정되었다.

> Point 》 산업재해보상보험법(1963. 11)
> ㉠ 성격
> • 근로기준법의 사용자 재해보상의무의 이행을 효과적으로 담보하는 형식
> • 근로관계를 전제로 한 사회보험으로서의 노동법적 성격
> • 사용자보상책임 담보수준을 넘어서 피보험자와 그 가족의 생활보장적 기능을 강화시키려는 이면적 성격
> ㉡ 사회보장적 특징
> • 사용자의 무과실책임
> • 보상급여는 손해에 대한 전보가 아닌 법에 의한 정형화 및 정액화
> • 사용자가 비용 전액부담
> • 사용자가 가입자가 되며 국가기관에서 관장
> • 신속한 법적 분쟁해결을 위한 특별심사기구 설치

③ 1964년 집단적 사용자 공동책임의 근대적 산업재해보상보험제도가 시작되었다.

④ 1973년 산업재활원을 설립하였다.

⑤ 1976년 근로복지공사를 설립하여 직업병 치료 및 재활사업을 실시하였다.

⑥ 1995년에 근로복지공단이 설립되어 근로복지공사가 해산되었고, 산재보험업무를 개시하여 권리, 의무를 포괄적으로 승계하였다.

⑦ 2005년에 근로복지공단에서 산재 · 고용보험 통합징수 업무를 수행하였다.

(3) 산재보험의 특징

① 산재보험제도에 관한 구체적인 사회입법은 근로기준법과 산업재해보상보험법이며, 강제노동재해보험유형에 속한다.

② 보험관계는 정부는 보험자, 사업주는 보험가입자, 근로자는 보험계약자로서 근로자는 피보험자의 개념이 성립되지 않으며, 사용자의 무과실책임 원칙이 적용된다.

③ 주로 제조업체에 해당되며, 근로복지가 잘 발전된 국가일수록 산재보험제도를 무시한다.

④ 사용자의 무과실책임 원칙하에 근로자를 보호하므로 비용은 전액 사업주가 부담하며, 사용주의 고의 및 과실의 경우가 발생하면 별도의 손해배상청구를 할 수 있도록 제도화하였다.

⑤ 자진신고, 자진납부의 원칙이 적용되며, 개별노동자 단위가 아닌 사업장 단위로 산재보험관리가 운영된다.

(4) 산재보험의 대상

① **적용범위** … 근로자를 사용하는 모든 사업 또는 사업장

② **법의 적용 제외 사업**

　㉠ 공무원 재해보상법 또는 군인재해보상법에 따라 재해보상이 되는 사업. 다만, 공무원 재해보상법에 따라 순직유족급여 또는 위험직무순직유족급여에 관한 규정을 적용받는 경우는 제외

　㉡ 선원법, 어선원 및 어선 재해보상보험법 또는 사립학교교직원 연금법에 따라 재해보상이 되는 사업

　㉢ 가구 내 고용활동

　㉣ 농업, 임업(벌목업은 제외), 어업 및 수렵업 중 법인이 아닌 자의 사업으로서 상시근로자 수가 5명 미만인 사업

(5) 보험급여의 종류

① **요양급여** … 요양급여는 근로자가 업무상의 사유로 부상을 당하거나 질병에 걸린 경우에 그 근로자에게 지급한다.

　㉠ 진찰 및 검사

　㉡ 약제 또는 진료재료와 의지 그 밖의 보조기의 지급

　㉢ 처치, 수술, 그 밖의 치료

　㉣ 재활치료

　㉤ 입원

　㉥ 간호 및 간병

　㉦ 이송

　㉧ 그 밖에 고용노동부령으로 정하는 사항

② **휴업급여**

　㉠ 휴업급여 : 휴업급여는 업무상 사유로 부상을 당하거나 질병에 걸린 근로자에게 요양으로 취업하지 못한 기간에 대하여 지급하되, 1일당 지급액은 평균임금의 100분의 70에 상당하는 금액으로 한다. 다만, 취업하지 못한 기간이 3일 이내이면 지급하지 아니한다.

ⓛ **부분휴업급여** : 요양 또는 재요양을 받고 있는 근로자가 그 요양기간 중 일정기간 또는 단시간 취업을 하는 경우에는 그 취업한 날 또는 취업한 시간에 해당하는 그 근로자의 평균임금에서 그 취업한 날 또는 취업한 시간에 대한 임금을 뺀 금액의 100분의 80에 상당하는 금액을 지급할 수 있다. 다만, 법에 따라 최저임금액을 1일당 휴업급여 지급액으로 하는 경우에는 최저임금액에서 취업한 날 또는 취업한 시간에 대한 임금을 뺀 금액을 지급할 수 있다.

ⓒ **저소득 근로자의 휴업급여** : 법에 따라 산정한 1일당 휴업급여 지급액이 최저 보상기준 금액의 100분의 80보다 적거나 같으면 그 근로자에 대하여는 평균임금의 100분의 90에 상당하는 금액을 1일당 휴업급여 지급액으로 한다. 다만, 그 근로자의 평균임금의 100분의 90에 상당하는 금액이 최저 보상기준 금액의 100분의 80보다 많은 경우에는 최저 보상기준 금액의 100분의 80에 상당하는 금액을 1일당 휴업급여 지급액으로 한다.

ⓔ **고령자의 휴업급여** : 휴업급여를 받는 근로자가 61세가 되면 그 이후의 휴업급여는 기준에 따라 산정한 금액을 지급한다. 다만, 61세 이후에 취업 중인 사람이 업무상의 재해로 요양하거나 61세 전에 법에 따른 업무상 질병으로 장해급여를 받은 자가 61세 이후에 그 업무상 질병으로 최초로 요양하는 경우 대통령령으로 정하는 기간에는 기준을 적용하지 아니한다.

ⓜ **재요양 기간 중의 휴업급여** : 재요양을 받는 사람에 대하여는 재요양 당시의 임금을 기준으로 산정한 평균임금의 100분의 70에 상당하는 금액을 1일당 휴업급여 지급액으로 한다.

③ **장해급여** … 장해급여는 근로자가 업무상의 사유로 부상을 당하거나 질병에 걸려 치유된 후 신체 등에 장해가 있는 경우에 그 근로자에게 지급한다. 장해급여는 장해등급에 따라 장해보상연금 또는 장해보상일시금으로 하되, 그 장해등급의 기준은 대통령령으로 정한다.

Point 》 장해급여표

장해등급	장해보상연금	장해보상일시금
제1급	329일분	1,474일분
제2급	291일분	1,309일분
제3급	257일분	1,155일분
제4급	224일분	1,012일분
제5급	193일분	869일분
제6급	164일분	737일분
제7급	138일분	616일분
제8급		495일분
제9급		385일분
제10급		297일분
제11급		220일분
제12급		154일분
제13급		99일분
제14급		55일분

④ **간병급여** … 간병급여는 요양급여를 받은 사람 중 치유 후 의학적으로 상시 또는 수시로 간병이 필요하여 실제로 간병을 받는 사람에게 지급한다.

⑤ **유족급여** … 유족급여는 근로자가 업무상의 사유로 사망한 경우에 유족에게 지급한다. 유족급여는 기준에 따른 유족보상연금이나 유족보상일시금으로 하되, 유족보상일시금은 근로자가 사망할 당시 법에 따른 유족보상연금을 받을 수 있는 자격이 있는 사람이 없는 경우에 지급한다.

    Point ≫ 유족급여의 금액

유족급여의 종류	유족급여의 금액
유족보상연금	유족보상연금액은 다음의 기본금액과 가산금액을 합한 금액으로 한다. • 기본금액 : 급여기초연액(평균임금에 365를 곱하여 얻은 금액)의 100분의 47에 상당하는 금액 • 가산금액 : 유족보상연금수급권자 및 근로자가 사망할 당시 그 근로자와 생계를 같이 하고 있던 유족보상연금수급자격자 1인당 급여기초연액의 100분의 5에 상당하는 금액의 합산액. 다만, 그 합산금액이 급여기초연액의 100분의 20을 넘을 때에는 급여기초연액의 100분의 20에 상당하는 금액으로 한다.
유족보상일시금	평균임금의 1,300일분

⑥ **상병보상연금** … 요양급여를 받는 근로자가 요양을 시작한 지 2년이 지난 날 이후에 다음의 요건 모두에 해당하는 상태가 계속되면 휴업급여 대신 상병보상연금을 그 근로자에게 지급한다. 상병보상연금은 중증요양상태등급에 따라 지급한다.

    ㉠ 그 부상이나 질병이 치유되지 아니한 상태일 것
    ㉡ 그 부상이나 질병에 따른 중증요양상태의 정도가 대통령령으로 정하는 중증요양상태등급 기준에 해당할 것
    ㉢ 요양으로 인하여 취업하지 못하였을 것

    Point ≫ 상병보상연금표

폐질등급	상병보상연금
제1급	평균임금의 329일분
제2급	평균임금의 291일분
제3급	평균임금의 257일분

⑦ **장례비** … 장례비는 근로자가 업무상의 사유로 사망한 경우에 지급하되, 평균임금의 120일분에 상당하는 금액을 그 장례를 지낸 유족에게 지급한다. 다만, 장례를 지낼 유족이 없거나 그 밖에 부득이한 사유로 유족이 아닌 자가 장례를 지낸 경우에는 평균임금의 120일분에 상당하는 금액의 범위에서 실제 드는 비용을 그 장례를 지낸 사람에게 지급한다.

⑧ **직업재활급여** … 직업재활급여의 종류는 다음과 같다.

    ㉠ 장해급여 또는 진폐보상연금을 받은 자나 장해급여를 받을 것이 명백한 자로서 대통령령으로 정하는 자 중 취업을 위하여 직업훈련이 필요한 자에 대하여 실시하는 직업훈련에 드는 비용 및 직업훈련수당
    ㉡ 업무상의 재해가 발생할 당시의 사업에 복귀한 장해급여자에 대하여 사업주가 고용을 유지하거나 직장적응훈련 또는 재활운동을 실시하는 경우에 각각 지급하는 직장복귀지원금, 직장적응훈련비 및 재활운동비

6 노인장기요양보험제도

(1) 노인장기요양보험의 개념

① 목적 … 고령이나 노인성 질병 등의 사유로 일상생활을 혼자서 수행하기 어려운 노인 등에게 제공하는 신체 활동 또는 가사활동 지원 등의 장기요양급여에 관한 사항을 규정하여 노후의 건강증진 및 생활안정을 도모 하고 그 가족의 부담을 덜어줌으로써 국민의 삶의 질을 향상하도록 함을 목적으로 한다.

② 정의
  ⑦ 노인 등 : 65세 이상의 노인 또는 65세 미만의 자로서 치매·뇌혈관성질환 등 대통령령으로 정하는 노인 성 질병을 가진 자를 말한다.
  ⑥ 장기요양급여 : 6개월 이상 동안 혼자서 일상생활을 수행하기 어렵다고 인정되는 자에게 신체활동·가사 활동의 지원 또는 간병 등의 서비스나 이에 갈음하여 지급하는 현금 등을 말한다.
  ⑥ 장기요양사업 : 장기요양보험료, 국가 및 지방자치단체의 부담금 등을 재원으로 하여 노인 등에게 장기요 양급여를 제공하는 사업을 말한다.
  ⑥ 장기요양기관 : 지정을 받은 기관 또는 지정의제된 재가장기요양기관으로서 장기요양급여를 제공하는 기 관을 말한다.
  ⑩ 장기요양요원 : 장기요양기관에 소속되어 노인 등의 신체활동 또는 가사활동 지원 등의 업무를 수행하는 자를 말한다.

③ 장기요양급여 제공의 기본원칙
  ⑦ 장기요양급여는 노인 등이 자신의 의사와 능력에 따라 최대한 자립적으로 일상생활을 수행할 수 있도록 제공하여야 한다.
  ⑥ 장기요양급여는 노인 등의 심신상태·생활환경과 노인 등 및 그 가족의 욕구·선택을 종합적으로 고려 하여 필요한 범위 안에서 이를 적정하게 제공하여야 한다.
  ⑥ 장기요양급여는 노인 등이 가족과 함께 생활하면서 가정에서 장기요양을 받는 재가급여를 우선적으로 제공하여야 한다.
  ⑥ 장기요양급여는 노인 등의 심신상태나 건강 등이 악화되지 아니하도록 의료서비스와 연계하여 이를 제 공하여야 한다.

(2) 장기요양보험

① 장기요양보험
  ㉠ 장기요양보험사업은 보건복지부장관이 관장한다.
  ㉡ 장기요양보험사업의 보험자는 국민건강보험공단으로 한다.
  ㉢ 장기요양보험의 가입자는 국민건강보험법에 따른 가입자로 한다.
  ㉣ 공단은 외국인근로자의 고용 등에 관한 법률에 따른 외국인근로자 등 대통령령으로 정하는 외국인이 신청하는 경우 보건복지부령으로 정하는 바에 따라 장기요양보험가입자에서 제외할 수 있다.

② 장기요양보험료의 징수
  ㉠ 공단은 장기요양사업에 사용되는 비용에 충당하기 위하여 장기요양보험료를 징수한다.
  ㉡ 장기요양보험료는 국민건강보험법에 따른 보험료와 통합하여 징수한다. 이 경우 공단은 장기요양보험료와 건강보험료를 구분하여 고지하여야 한다.
  ㉢ 공단은 통합 징수한 장기요양보험료와 건강보험료를 각각의 독립회계로 관리하여야 한다.

(3) 장기요양급여

① 종류
  ㉠ 재가급여
    • 방문요양 : 장기요양요원이 수급자의 가정 등을 방문하여 신체활동 및 가사활동 등을 지원하는 장기요양급여
    • 방문목욕 : 장기요양요원이 목욕설비를 갖춘 장비를 이용하여 수급자의 가정 등을 방문하여 목욕을 제공하는 장기요양급여
    • 방문간호 : 장기요양요원인 간호사 등이 의사, 한의사 또는 치과의사의 지시서에 따라 수급자의 가정 등을 방문하여 간호, 진료의 보조, 요양에 관한 상담 또는 구강위생 등을 제공하는 장기요양급여
    • 주ㆍ야간보호 : 수급자를 하루 중 일정한 시간 동안 장기요양기관에 보호하여 신체활동 지원 및 심신기능의 유지ㆍ향상을 위한 교육ㆍ훈련 등을 제공하는 장기요양급여
    • 단기보호 : 수급자를 보건복지부령으로 정하는 범위 안에서 일정 기간 동안 장기요양기관에 보호하여 신체활동 지원 및 심신기능의 유지ㆍ향상을 위한 교육ㆍ훈련 등을 제공하는 장기요양급여
    • 기타재가급여 : 수급자의 일상생활ㆍ신체활동 지원 및 인지기능의 유지ㆍ향상에 필요한 용구(소프트웨어를 포함)를 제공하거나 가정을 방문하여 재활에 관한 지원 등을 제공하는 장기요양급여로서 대통령령으로 정하는 것

ⓒ 시설급여 : 장기요양기관에 장기간 입소한 수급자에게 신체활동의 지원 및 심신기능의 유지·향상을 위한 교육·훈련 등을 제공하는 장기요양급여

ⓒ 특별현금급여
- 가족요양비(가족장기요양급여) : 공단은 다음에 해당하는 수급자가 가족 등으로부터 방문요양에 상당한 장기요양급여를 받은 때 대통령령으로 정하는 기준에 따라 당해 수급자에게 가족요양비를 지급할 수 있다.
  - 도서·벽지 등 장기요양기관이 현저히 부족한 지역으로서 보건복지부장관이 정하여 고시하는 지역에 거주하는 자
  - 천재지변이나 그 밖에 이와 유사한 사유로 인하여 장기요양기관이 제공하는 장기요양급여를 이용하기가 어렵다고 보건복지부장관이 인정하는 자
  - 신체·정신 또는 성격 등 대통령령으로 정하는 사유로 인하여 가족 등으로부터 장기요양을 받아야 하는 자
- 특례요양비(특례장기요양급여) : 공단은 수급자가 장기요양기관이 아닌 노인요양시설 등의 기관 또는 시설에서 재가급여 또는 시설급여에 상당한 장기요양급여를 받은 경우 대통령령으로 정하는 기준에 따라 당해 장기요양급여비용의 일부를 당해 수급자에게 특례요양비로 지급할 수 있다.
- 요양병원간병비 : 공단은 수급자가 의료법에 따른 요양병원에 입원한 때 대통령령으로 정하는 기준에 따라 장기요양에 사용되는 비용의 일부를 요양병원간병비로 지급할 수 있다.

② 장기요양급여의 제공
ⓐ 시기 : 수급자는 장기요양인정서와 개인별장기요양이용계획서가 도달한 날부터 장기요양급여를 받을 수 있다. 그럼에도 불구하고 수급자는 돌볼 가족이 없는 경우 등 대통령령으로 정하는 사유가 있는 경우 신청서를 제출한 날부터 장기요양인정서가 도달되는 날까지의 기간 중에도 장기요양급여를 받을 수 있다.
ⓑ 월 한도액 : 장기요양급여는 월 한도액 범위 안에서 제공한다. 이 경우 월 한도액은 장기요양등급 및 장기요양급여의 종류 등을 고려하여 산정한다.

❋ 핵심용어정리

⭕ 공공부조

공공부조는 '사회보장제도'의 한 유형으로 생활유지능력이 없거나 어려워 국가 및 지방자치단체의 일정한 법령 하에 공공비용으로 경제적 보호를 받고자 하는 자들에게 최저생활을 보장하고 자립을 지원하는 사회보장제도를 일컫는다. 공공부조는 1891년 덴마크에서 최초로 탄생하였고, 각 국가마다 다르게 표현되고 있다. 우리나라와 미국, 일본에서는 법률상 공적부조 또는 공공부조로, 영국에서는 국가부조로, 프랑스에서는 사회부조로 불린다. 우리나라에서는 1995년 12월 30일에 제정된 사회보장기본법에서 공적부조를 공공부조로 변경하였다.

⭕ 국제노동기구

노동자의 노동조건 개선 및 지위를 향상시키기 위하여 1919년 창설된 국제연합의 전문기구이다. 각국의 정부, 사용자 대표, 노동자 대표로 구성되어 있으며, 적정한 노동시간, 임금, 노동자의 보건·위생에 관한 권고를 하거나 노동입법 수준을 발전시켜 노동조건을 개선한다.

⭕ 뉴딜정책

미국의 루스벨트 대통령이 1933년 인민당과 사회주의자들의 주장을 수용하여 공황타개를 위한 정책제안으로 대통령이 되었는데, 여기서 탄생한 것이 '뉴딜정책'이다. 뉴딜정책은 대중에게 보다 풍요로운 삶을 가져다주겠다는 정책이다. 루스벨트는 1933년 취임하면서 3R 정책, 즉 Relief(구제), Recovery(부흥), Reform(개혁)을 슬로건으로 내세우고 의회로부터 비상대권을 인정받아 공황타개책을 마련하여 그 실시에 나섰다.

⭕ 메디케어(Medicare)

1965년 7월 30일 린든 존슨 대통령 때 제정되어 시행하고 있는 사회 보장제도로서 65세 이상 또는 소정의 자격요건을 갖춘 사람에게 제공하는 건강보험을 말한다.

⭕ 반환일시금

국민연금의 가입자 또는 가입자였던 자가 ① 가입기간이 10년 미만인 자가 60세가 된 때, ② 가입자 또는 가입자였던 자가 사망한 때. 다만, 유족연금이 지급되는 경우에는 그러하지 아니하다. ③ 국적을 상실하거나 국외로 이주한 때 등의 어느 하나에 해당하게 되면 본인이나 그 유족의 청구에 의하여 반환일시금을 지급받을 수 있다.

⭕ 생계급여

국민기초생활보장법에 따른 수급권자에 대한 급여는 생계급여, 주거급여, 의료급여, 교육급여, 해산급여(解産給與), 장제급여(葬祭給與), 자활급여가 있다. 이중 생계급여는 수급자에게 의복, 음식물 및 연료비와 그 밖에 일상생활에 기본적으로 필요한 금품을 지급하여 그 생계를 유지하게 하는 것으로 한다. 생계급여는 금전을 지급하는 것이 원칙이나 금전으로 지급할 수 없거나 금전으로 지급하는 것이 적당하지 아니하다고 인정하는 경우에는 물품을 지급할 수 있다. 수급품은 대통령령으로 정하는 바에 따라 매월 정기적으로 지급하여야 한다. 다만, 특별한 사정이 있는 경우에는 그 지급방법을 다르게 정하여 지급할 수 있다.

출제예상문제

1 연금보험은 강제가입원칙을 채택하고 있다. 다음 중 강제가입원칙을 채택하는 이유로 볼 수 없는 것은?

① 임의가입에 따른 역선택을 방지하기 위해서
② 규모의 경제를 통해 보험료의 저액화를 도모하기 위해서
③ 규모의 경제를 통해 관리운영비를 절감하기 위해서
④ 시장경제의 효율성을 위해서
⑤ 위험분산기능을 극대화시키기 위해서

> **✔해설** ④ 사회보장제도는 소득재분배효과가 있어서 시장의 실패를 보완하는 역할을 한다. 따라서 시장경제의 효율성과는 관련없다.
> ※ 강제가입원칙을 채택하는 이유
> ㉠ 임의가입에 따른 역선택을 방지할 수 있다.
> ㉡ 강제가입은 대규모의 가입자들을 포함함으로써 위험분산기능을 극대화시킬 수 있을 뿐만 아니라 규모의 경제를 통해 보험료의 저액화를 도모할 수 있다.
> ㉢ 강제가입은 규모의 경제를 통해 관리운영비를 절감함으로써 보다 많은 재원을 급여지출에 충당할 수 있다. 또한 신규모집비, 광고비 등의 부대비용을 최소화할 수 있다.

2 다음 중 사회보험의 특성에 해당하지 않는 것은?

① 강제성   ② 사회성
③ 선별성   ④ 보험성
⑤ 부양성

> **✔해설** 사회보험의 특성
> ㉠ **사회성**: 사회평등, 사회조화, 사회평화의 차원에서 생활의 위협에 대한 공동대처이다.
> ㉡ **보험성**: 공통된 위험에 대해 공동으로 부담한다.
> ㉢ **강제성**: 국가개입을 통해 불균형적 생활격차를 완화하고 분배의 공정을 기한다.
> ㉣ **부양성**: 자금의 능력에 따라 부담한다.

Answer   1.④   2.③

3 우리나라의 연금제도에 대한 설명이다. 옳은 것을 모두 고르면?

> ㉠ 공무원연금제도에 관한 정책결정은 인사혁신처에서, 집행은 공무원연금공단에서 실시한다.
> ㉡ 사립학교교직원 연금제도는 임시로 임명된 자, 보수를 받지 않는 자 등도 적용대상으로 본다.
> ㉢ 군인연금제도의 급여로는 퇴역연금, 상이연금, 유족일시금, 사망조위금, 재해부조금 등이 있다.
> ㉣ 국민연금제도에 따르면 소득이 있는 업무에 종사하고 있는 자는 연금을 수령할 수 없다.
> ㉤ 가입자 또는 가입자였던 자가 고의로 질병·부상 또는 그 원인이 되는 사고를 일으켜 그로 인하여 장애를 입은 경우에도 장애연금을 지급하여야 한다.

① ㉠, ㉡   ② ㉠, ㉢

③ ㉡, ㉣   ④ ㉢, ㉤

⑤ ㉣, ㉤

> ✔해설 ㉡ 사립학교교직원 연금제도의 적용대상은 사립학교의 교원과 사무직원으로, 임시로 임명된 자, 보수를 받지 않는 자, 조건부 임명자는 제외한다.
> ㉣ 국민연금법에 따르면 소득이 있는 업무에 종사하는 자 또한 연금을 수령할 수 있다(국민연금법 제63조의2 참고).
> ㉤ 가입자 또는 가입자였던 자가 고의로 질병·부상 또는 그 원인이 되는 사고를 일으켜 그로 인하여 장애를 입은 경우에는 그 장애를 지급 사유로 하는 장애연금을 지급하지 아니할 수 있다〈국민연금법 제82조 제1항〉.

4 다음 중 사회보험의 원칙이 아닌 것은?

① 강제적용의 원칙
② 기여를 전제로 한 급여
③ 사회적 적절성에 대한 강조
④ 자산조사를 반영한 급여
⑤ 소득의 최저수준 이상의 보장

> ✔해설 ④ 자산조사를 실시하여 급여의 내용을 결정하는 것은 공공부조이다. 사회보험은 자산조사에 따라 급부가 변하지 않는 법적으로 보장된 급여이다.

5 사회보험의 특징에 관한 설명으로 옳지 않은 것은?

① 사회적 위험으로부터 사람들을 보호하기 위해 강제적 가입방식으로 운용된다.

② 모든 가입자에게 최저한의 소득을 보장해 주는 제도이다.

③ 수급권은 권리로서 보장받는다.

④ 기여정도와 비례하여 급여를 받는다.

⑤ 보험료는 소득수준에 따라 차등부과된다.

> ✔해설 ④ 사보험의 특징이다. 사회보험은 필요에 따른 균등한 급여를 받는다.
>
> ※ 사회보험과 사보험의 특징
>
> | 구분 | 사회보험 | 사보험(민간보험) |
> |---|---|---|
> | 가입방법 | 강제적 가입 | 임의적 가입 |
> | 보험료 부과방식 | 소득수준에 따른 차등부과 | 위험정도, 급여수준에 따른 부과 |
> | 보험급여 | 필요에 따른 균등급여 | 보험료 수준에 따른 차등급여 |
> | 보험료 징수방식 | 법률에 따른 강제징수 | 사적 계약에 따른 징수 |
> | 원리 | 사회적 적절성(복지) | 개인적 적절성(형평) |
> | 보호 | 최저수준의 소득보장 | 개인의 의사와 지불능력에 좌우 |

6 다음 중 사회보험과 사보험의 특징을 비교한 설명으로 옳지 않은 것은?

① 사회보험은 강제적으로 가입이 이루어지나 사보험은 임의적으로 가입이 이루어진다.

② 사회보험은 요구·능력에 의해 보호수준을 결정하나 사보험은 최저수준을 보호한다.

③ 사회보험은 사회적 적합성의 원리에 기초하나 사보험은 개인적 공평성의 원리에 기초한다.

④ 사회보험은 소득수준에 따라 보험료를 차등부과하나 사보험은 위험정도·급여수준에 따라 보험료를 부과한다.

⑤ 사화보험은 법률에 따라 강제징수가 이루어지나 사보험은 사적계약에 따라 징수가 이루어진다.

> ✔해설 ② 사회보험은 최저수준을 보호하나 사보험은 요구와 능력에 의해 보호수준을 결정한다.

Answer 3.② 4.④ 5.④ 6.②

7 다음 중 사회보험의 제도적 한계라고 볼 수 있는 것은?

① 임의가입이 문제가 된다.

② 수지상등의 원칙의 적용으로 급여의 내용이 제한적이다.

③ 보험사고를 비롯한 가입자의 생활 전체를 보장한다.

④ 보험료 수준에 따라서 차등 급여될 수밖에 없다.

⑤ 자산조사를 하여야 한다.

> ✔해설 사회보험의 제도적 한계
> ㉠ 개개인의 생활 전체에 대한 보장없이 특정한 보험사고에 대해서만 단편적인 급여가 이루어진다.
> ㉡ 수지상등의 원칙의 적용으로 인해 급여내용에 있어서의 일정한 제한을 받게 된다.
> ㉢ 보험사고의 발생원인 자체를 예방할 수 없다.
> ㉣ 적용대상이 제한되어 있다.

8 건강보험심사평가원의 업무로 옳지 않은 것은?

① 요양급여비용의 심사

② 요양급여의 적정성 평가

③ 심사기준 및 평가기준의 개발

④ 건강보험과 관련되지 않은 업무

⑤ 보험급여 비용의 심사와 관련해 대통령령으로 정하는 업무

> ✔해설 건강보험과 관련하여 보건복지부장관이 필요하다고 인정한 업무〈국민건강보험법 제63조 제7호〉

9 우리나라의 사회보험에 해당하지 않는 것은?

① 산업재해보상보험　　　　　　　　② 국민기초생활보장

③ 고용보험　　　　　　　　　　　　④ 노인장기요양보험

⑤ 국민건강보험

> ✔해설 ② 우리나라는 의료보험, 국민연금, 산업재해보상보험, 고용보험, 노인장기요양보험 등 5대 사회보험제도를 실시하고 있다. 국민기초생활보장은 공공부조제도이다.

10 우리나라의 사회보험제도의 급여에 대한 설명으로 옳지 않은 것은?

① 노인장기요양보험제도 중 재가급여는 방문목욕이나 간호 같은 형태로 급여를 제공하는 것이다.
② 노인장기요양보험제도는 가족요양비, 특례요양비, 요양병원간병비 등의 특별현금급여를 지급한다.
③ 국민건강보험은 피보험자에게 현금을 지급하는 현금급여를 원칙으로 한다.
④ 국민건강보험의 급여에는 요양급여, 요양비, 임신·출산 진료비, 장제비 등이 있다.
⑤ 국민건강보험의 요양급여를 받는 자는 비용의 일부를 본인이 부담한다.

✔해설 ③ 우리나라 국민건강보험은 피보험자가 의료기관에서 제공받는 직접적 의료서비스를 제공하는 현물급여를 원칙으로 한다.

11 다음 중 실업보험의 1차적 목적에 속하지 않는 것은?

① 고용안정을 위한 고용주에 대한 자극
② 재취업할 수 있는 시간의 제공
③ 비자발적 실업기간에 있어서 현금급부 제공
④ 근로자의 생활수준의 유지
⑤ 실업자에 대한 구직 원조

✔해설 ① 2차적 목적에 해당한다.
※ G. Rejda의 실업보험의 목적
　㉠ 1차적 목적 : 비자발적 실업기간에 있어서 현금급부 제공, 근로자의 생활수준 유지, 재취업할 수 있는 시간의 제공, 실업자에 대한 구직 원조
　㉡ 2차적 목적 : 경기대책의 효과, 사회비용의 할당에 대한 기여, 인력효율화의 개선, 고용안정을 위한 고용자에 대한 자극, 숙련노동력의 유지

Answer 7.② 8.④ 9.② 10.③ 11.①

12 국민연금제도에 대한 설명으로 옳은 것은?

① 1973년에 국민연금법이 제정되어 1974년부터 실시되었다.

② 정책기획은 보건복지부에서, 집행은 국민연금공단에서 한다.

③ 국내거주의 20세 이상 60세 미만의 모든 국민이 그 적용대상이다.

④ 국고부담으로 운영된다.

⑤ 국민연금 가입자의 자격을 상실한 후 다시 그 자격을 취득하면 전후의 기간을 합산하지 않는다.

> ✔ 해설 ① 1973년에 국민복지연금법이 제정되었으나 계속적으로 미루어져 오다가 1986년 국민연금법으로 제정되어 1988년부터 시행되었다.
> ③ 국민연금의 대상은 기존의 여타 법률에 의해 이미 연금제도에 가입되어 있는 자를 제외한 18세 이상 60세 미만의 모든 국민이 해당된다.
> ④ 재원은 갹출금과 국고에서 내는 2자 방식을 택한다.
> ⑤ 전후의 기간을 합산한다.

13 노인장기요양보험법령에 따르면 장기요양보험사업을 관장하는 자는 누구인가?

① 대통령

② 지자체의 장

③ 보건복지부장관

④ 고용노동부장관

⑤ 국무총리

> ✔ 해설 장기요양보험사업은 보건복지부장관이 관장한다〈노인장기요양보험법 제7조 제1항〉.

14 우리나라의 국민연금에 관한 설명 중 옳은 것은?

① 65세 이상자가 받는다.

② 노령연금을 받기 위해서는 10년 이상의 가입기간이 필요하다.

③ 주관부서는 여성가족부이다.

④ 모든 국민에게 강제되어 있다.

⑤ 가입자는 사업장가입자와 지역가입자로만 구분한다.

> ✔해설 ② 국민연금법 제61조
> ① 국민연금 급여의 종류에 따라 55세~60세 이상자도 받을 수 있다.
> ③ 국민연금사업은 보건복지부장관이 맡아 주관한다.
> ④ 국내에 거주하는 18세 이상 60세 미만의 국민이 대상으로, 기존의 여타 법률에 의해 이미 연금제도에 가입되어 있는 자 (공무원·군인·사립학교 교직원 연금의 해당자 등)를 제외한다.
> ⑤ 가입자는 사업장가입자, 지역가입자, 임의가입자 및 임의계속가입자로 구분한다.

15 연금보험제도는 경제적 비보장에 대응하는 대책 중 하나라고 볼 수 있다. 다음 중 연금보험제도의 필요성에 해당하지 않는 것은?

① 경제성장의 재원 마련

② 근로자의 근시안적 사고 또는 미래통찰력의 결여

③ 소득재분배

④ 불확실성에 대한 보험

⑤ 사회안전망 역할

> ✔해설 ① 연금보험제도의 직접적인 필요성에 해당하지는 않는다. 다만, 적립방식의 연금보험제도의 경우 부수적인 효과로 발생하게 된다.

16 사회보험의 성립조건이 아닌 것은?

① 사고가 어떤 일정의 비율로 누군가에게 발생한다는 것을 통계의 축적으로부터 경험적으로 인지되어야 한다.

② 보험기금으로부터의 수지가 균등해야 한다.

③ 사회보험계획은 정부가 관리하거나 감독해야 한다.

④ 비용은 1차적으로 정부의 조세비용에 의해 이루어진다.

⑤ 급여의 결정방법은 법률로 결정한다.

> ✔ 해설 ④ 사회보험의 비용은 1차적으로 근로자와 사업주의 갹출에 의해 이루어진다.

17 다음 우리나라의 사회보험제도 중 현물급여를 중심으로 지급하는 제도는?

① 건강보험   ② 연금보험

③ 산업재해보상보험   ④ 고용보험

⑤ 기초연금

> ✔ 해설 ① 건강보험급여의 핵심은 요양급여로서 직접적인 의료서비스를 제공받는 것이다.

18 다음 중 사회보험의 수혜자격조건은?

① 개인의 요구   ② 사전의 노동이나 기여금에 의한 실적

③ 기관의 추천   ④ 자산조사

⑤ 사회적 기부

> ✔ 해설 사회보험의 수혜자격 조건은 사전의 노동이나 기여금에 의한 실적, 특수한 사고(사망, 실업, 상해 등)이다.

19 국민연금공단의 업무가 아닌 것은?

① 가입자에 대한 기록의 관리 및 유지
② 연금보험료의 부과
③ 급여의 결정 및 지급
④ 수급권자를 위한 자금의 대여 및 복지사업
⑤ 심사기준 및 평가기준의 개발

 ⑤ 건강보험심사평가원의 업무이다.
　　※ **국민연금공단의 업무**〈국민연금법 제25조〉
　　　㉠ 가입자에 대한 기록의 관리 및 유지
　　　㉡ 연금보험료의 부과
　　　㉢ 급여의 결정 및 지급
　　　㉣ 가입자, 가입자였던 자, 수급권자 및 수급자를 위한 자금의 대여와 복지시설의 설치·운영 등 복지사업
　　　㉤ 가입자 및 가입자였던 자에 대한 기금증식을 위한 자금 대여사업
　　　㉥ 가입대상과 수급권자 등을 위한 노후준비서비스 사업
　　　㉦ 국민연금제도·재정계산·기금운용에 관한 조사연구
　　　㉧ 국민연금기금 운용 전문인력 양성
　　　㉨ 국민연금에 관한 국제협력
　　　㉩ 그 밖에 이 법 또는 다른 법령에 따라 위탁받은 사항
　　　㉪ 그 밖에 국민연금사업에 관하여 보건복지부장관이 위탁하는 사항

20 고용보험법의 목적으로 알맞지 않은 것은?

① 실업의 예방
② 고용의 촉진
③ 근로자의 직업능력의 개발
④ 국가의 직업지도와 직업소개 기능 약화
⑤ 근로자의 생활안정

 고용보험의 시행을 통하여 실업의 예방, 고용의 촉진 및 근로자 등의 직업능력의 개발과 향상을 꾀하고, 국가의 직업
지도와 직업소개 기능을 강화하며, 근로자 등이 실업한 경우에 생활에 필요한 급여를 실시하여 근로자 등
의 생활안정과 구직 활동을 촉진함으로써 경제·사회 발전에 이바지하는 것을 목적으로 한다〈고용보험법 제1조〉.

21 다음 중 고용주가 전액을 부담하는 보험은?

① 국민건강보험　　　　　　　　　　② 고용보험

③ 국민연금　　　　　　　　　　　　④ 산업재해보상보험

⑤ 공무원연금

> ✔해설 산업재해보상보험은 근로자의 업무상 재해를 신속 공정하게 보상하기 위해 사업주의 가입이 강제되는 사회보험으로 고용보험·건강보험·국민연금은 근로자와 고용주 공동 부담하지만 산재보험은 원칙적으로 사업주가 전액 부담한다.

22 고용보험과 관련하여 고용안정·직업능력개발사업, 실업급여 지급 등을 담당하는 기관은?

① 고용노동부　　　　　　　　　　　② 보건복지부

③ 고용지원센터　　　　　　　　　　④ 근로복지공단

⑤ 국민연금공단

> ✔해설 고용보험의 관장부처는 고용노동부이며, 주요업무는 근로복지공단(고용보험의 적용과 보험료 징수업무)과, 고용지원센터(피보험자의 관리, 고용안정·직업능력개발사업, 실업급여 지급 등)로 이원화되어 있다.

23 고용보험에서 구직급여의 수준에 직접적으로 영향을 미치는 요소는?

① 가입기간　　　　　　　　　　　　② 근무기간

③ 연령　　　　　　　　　　　　　　④ 평균임금

⑤ 빈곤의 정도

> ✔해설 ④ 구직급여의 산정기초가 되는 임금일액(급여기초임금일액)은 근로기준법에 의한 평균임금을 근거로 계산되며, 임금확인이 곤란한 경우에는 기준임금에 따라 급여기초임금일액이 결정된다.

24 국민연금법에 따른 급여의 종류가 아닌 것은?

① 노령연금   ② 장애연금
③ 유족연금   ④ 반환일시금
⑤ 간병급여금

> ✔ 해설   급여의 종류〈국민연금법 제49조〉
>   ㉠ 노령연금
>   ㉡ 장애연금
>   ㉢ 유족연금
>   ㉣ 반환일시금

25 노인장기요양보험에 대한 설명으로 옳은 것을 모두 고른 것은?

> ㉠ 장기요양보험사업은 보건복지부장관이 관장한다.
> ㉡ 장기요양사업의 관리운영기관은 국민건강보험공단이다.
> ㉢ 65세 이상 노인 중 일정소득 이하의 노인에게 요양급여를 제공한다.
> ㉣ 대상자에게 제공되는 장기요양급여는 재가급여, 시설급여, 세제혜택급여로 구분된다.

① ㉠, ㉡   ② ㉠, ㉡, ㉢
③ ㉡, ㉣   ④ ㉠, ㉡, ㉣
⑤ ㉠, ㉢, ㉣

> ✔ 해설   ㉢ 노인장기요양보험에서 말하는 노인이란 65세 이상의 노인 또는 65세 미만의 자로서 치매 · 뇌혈관성 질환 등 대통령령으로 정하는 노인성 질병을 가진 자를 말한다.
>   ㉣ 대상자에게 제공되는 장기요양급여는 재가급여, 시설급여, 특별현금급여로 구분된다.

26 산재보험에 대한 설명 중 옳지 않은 것은?

① 사회보험 중에서 가장 먼저 발달한 제도이다.
② 보험료는 사업주와 근로자가 각각 반씩 부담한다.
③ 사용자에게 무과실 책임원칙을 부과한다.
④ 국가는 사업주가 의무적으로 보험에 가입하도록 하고 있다.
⑤ 산업재해보상보험은 고용노동부장관이 관장한다.

✔해설 ② 비용은 원칙으로 사업주가 전액 부담하고 국가는 보험사업의 사무집행에 소요되는 비용을 부담한다.

27 다음 산업재해보상보험에 대한 설명 중 옳지 않은 것은?

① 근로자가 업무와 관련하여 사고를 당했다면 사용자는 과실이 없어도 산재처리를 해야 한다.
② 산재보험급여를 받은 권리는 5년간 행사하지 아니하면 시효로 말미암아 소멸한다.
③ 산재사고로 사망한 근로자의 유족은 유족급여와 별도로 사용주를 대상으로 민사소송을 제기할 수 있다.
④ 산재를 당한 근로자가 2년이 지나도 완치되지 않고 폐질등급 기준에 해당하면 상병보상연금을 받을 수 있다.
⑤ 장의비는 근로자가 업무상의 사유로 사망한 경우에 지급한다.

✔해설 ② 3년간 행사하지 아니하면 시효로 말미암아 소멸한다.

28 다음 중 산재보험에서 업무상 재해에 해당하지 않는 것은?

① 업무 중 발생한 사고
② 시설물 등의 결함이나 관리소홀로 발생한 사고
③ 행사나 행사준비 중에 발생한 사고
④ 자가용 출근 중 교통사고
⑤ 업무에 따르는 필요적 부수행위 중 발생한 사고

> ✔ 해설 업무상의 재해의 인정 기준〈산업재해보상보험법 제37조〉… 근로자가 다음의 어느 하나에 해당하는 사유로 부상·질병 또는 장해가 발생하거나 사망하면 업무상의 재해로 본다. 다만, 업무와 재해 사이에 상당인과관계(相當因果關係)가 없는 경우에는 그러하지 아니하다.
> ㉠ 업무상 사고
> • 근로자가 근로계약에 따른 업무나 그에 따르는 행위를 하던 중 발생한 사고
> • 사업주가 제공한 시설물 등을 이용하던 중 그 시설물 등의 결함이나 관리소홀로 발생한 사고
> • 사업주가 주관하거나 사업주의 지시에 따라 참여한 행사나 행사준비 중에 발생한 사고
> • 휴게시간 중 사업주의 지배관리 하에 있다고 볼 수 있는 행위로 발생한 사고
> • 그 밖에 업무와 관련하여 발생한 사고
> ㉡ 업무상 질병
> • 업무수행 과정에서 물리적 인자(因子), 화학물질, 분진, 병원체, 신체에 부담을 주는 업무 등 근로자의 건강에 장해를 일으킬 수 있는 요인을 취급하거나 그에 노출되어 발생한 질병
> • 업무상 부상이 원인이 되어 발생한 질병
> • 「근로기준법」에 따른 직장 내 괴롭힘, 고객의 폭언 등으로 인한 업무상 정신적 스트레스가 원인이 되어 발생한 질병
> • 그 밖에 업무와 관련하여 발생한 질병
> ㉢ 출퇴근 재해
> • 사업주가 제공한 교통수단이나 그에 준하는 교통수단을 이용하는 등 사업주의 지배관리하에서 출퇴근하는 중 발생한 사고
> • 그 밖에 통상적인 경로와 방법으로 출퇴근하는 중 발생한 사고

29 다음 중 노인장기요양보험법상 재가급여에 해당하지 않는 것은?

① 방문요양   ② 가족요양비
③ 주·야간보호   ④ 단기보호
⑤ 방문목욕

> ✔ 해설 ② 가족요양비는 특별현금급여에 해당된다.
> ※ 재가급여의 종류 … 방문요양, 방문목욕, 방문간호, 주·야간보호, 단기보호, 기타재가급여

30 다음 중 노인장기요양보험법상의 정의로 옳은 것은?

① 노인 등 – 55세 이상의 노인 또는 55세 미만의 자로서 치매 · 뇌혈관성 질환 등의 질병을 가진 자를 말한다.

② 장기요양급여 – 6개월 이상 동안 혼자서 일상생활을 수행하기 힘들다고 인정되는 자에게 지급되는 것으로 현금급여로만 지급된다.

③ 장기요양사업 – 장기요양보험료, 국가 및 지방자치단체의 부담금 등을 재원으로 하여 노인 등에게 장기요양급여를 제공하는 사업을 말한다.

④ 장기요양기관 – 장기요양기관에 소속되어 노인 등의 신체활동 또는 가사활동 지원 등의 업무를 수행하는 자를 말한다.

⑤ 장기요양요원 – 재가장기요양기관으로서 장기요양급여를 제공하는 기관을 말한다.

✔ 해설 ① 노인 등이란 65세 이상의 노인 또는 65세 미만의 자로서 치매 · 뇌혈관성질환 등 대통령령으로 정하는 노인성 질병을 가진 자를 말한다〈노인장기요양보험법 제2조 제1호〉.
② 장기요양급여란 6개월 이상 동안 혼자서 일상생활을 수행하기 어렵다고 인정되는 자에게 신체활동 · 가사활동의 지원 또는 간병 등의 서비스나 이에 갈음하여 지급하는 현금 등을 말한다〈노인장기요양보험법 제2조 제2호〉.
④ 장기요양요원에 대한 설명이며, 장기요양기관은 지정을 받은 기관 또는 지정의제된 재가장기요양기관으로서 장기요양급여를 제공하는 기관을 말한다〈노인장기요양보험법 제2조 제4호〉.
⑤ 장기요양기관에 대한 설명이다.

31 국민연금가입자의 종별에 속하지 않는 것은?

① 임의계속가입자
② 직종가입자
③ 사업장가입자
④ 지역가입자
⑤ 임의가입자

✔ 해설 ② 국민연금법 제7조에 의하면 가입자 종별을 사업장가입자, 지역가입자, 임의가입자 및 임의계속가입자로 나누고 있다.

32 다음 중 산업재해보상보험의 급여라고 보기 어려운 것은?

① 요양급여　　　　　　　　　　　　② 장해급여

③ 상병보상연금　　　　　　　　　　④ 실업급여

⑤ 휴업급여

> ✔해설　④ 실업급여는 고용보험의 급여이다.

33 다음 중 산업재해보상보험법상 '휴업급여'에 대한 설명으로 옳지 않은 것은?

① 업무상 사유로 부상을 당하거나 질병에 걸린 근로자에게 요양으로 취업하지 못한 기간에 대해 지급한다.

② 요양기간 동안 일을 못하게 되면 1일 기준 평균임금 70% 상당의 금액을 보상받는다.

③ 취업하지 못한 기간이 3일 이내이면 지급하지 아니한다.

④ 근로자가 60세에 도달한 이후에는 휴업급여를 감액할 수 있다.

⑤ 부분휴업급여의 지급 요건 및 지급 절차는 대통령령으로 정한다.

> ✔해설　④ 휴업급여를 받는 근로자가 61세가 되면 그 이후의 휴업급여는 고령자 휴업급여 지급기준에 따라 산정한 금액을 지급한다.

인성검사

01 인성검사의 개요

1 허구성 척도의 질문을 파악한다.

　인성검사의 질문에는 허구성 척도를 측정하기 위한 질문이 숨어있음을 유념해야 한다. 예를 들어 '나는 지금까지 거짓말을 한 적이 없다.' '나는 한 번도 화를 낸 적이 없다.' 나는 남을 헐뜯거나 비난한 적이 한 번도 없다.' 이러한 질문이 있다고 가정해보자. 상식적으로 보통 누구나 태어나서 한번은 거짓말을 한 경험은 있을 것이며 화를 낸 경우도 있을 것이다. 또한 대부분의 구직자가 자신을 좋은 인상으로 포장하는 것도 자연스러운 일이다. 따라서 허구성을 측정하는 질문에 다소 거짓으로 '그렇다'라고 답하는 것은 전혀 문제가 되지 않는다. 하지만 지나치게 좋은 성격을 염두에 두고 허구성을 측정하는 질문에 전부 '그렇다'고 대답을 한다면 허구성 척도의 득점이 극단적으로 높아지며 이는 검사항목전체에서 구직자의 성격이나 특성이 반영되지 않았음을 나타내 불성실한 답변으로 신뢰성이 의심받게 되는 것이다. 다시 한 번 인성검사의 문항은 각 개인의 특성을 알아보고자 하는 것으로 절대적으로 옳거나 틀린 답이 없으므로 결과를 지나치게 의식하여 솔직하게 응답하지 않으면 과장 반응으로 분류될 수 있음을 기억하자!

2 '대체로', '가끔' 등의 수식어를 확인한다.

　'대체로', '종종', '가끔', '항상', '대개' 등의 수식어는 대부분의 인성검사에서 자주 등장한다. 이러한 수식어가 붙은 질문을 접했을 때 구직자들은 조금 고민하게 된다. 하지만 아직 답해야 할 질문들이 많음을 기억해야 한다. 다만, 앞에서 '가끔', '때때로'라는 수식어가 붙은 질문이 나온다면 뒤에는 '항상', '대체로'의 수식어가 붙은 내용은 똑같은 질문이 이어지는 경우가 많다. 따라서 자주 사용되는 수식어를 적절히 구분할 줄 알아야 한다.

3 솔직하게 있는 그대로 표현한다.

인성검사는 평범한 일상생활 내용들을 다룬 짧은 문장과 어떤 대상이나 일에 대한 선호를 선택하는 문장으로 구성되었으므로 평소에 자신이 생각한 바를 너무 골똘히 생각하지 말고 문제를 보는 순간 떠오른 것을 표현한다. 또한 간혹 반복되는 문제들이 출제되기 때문에 일관성 있게 답하지 않으면 감점될 수 있으므로 유의한다.

4 모든 문제를 신속하게 대답한다.

인성검사는 시간제한이 없는 것이 원칙이지만 기업체들은 일정한 시간제한을 두고 있다. 인성검사는 개인의 성격과 자질을 알아보기 위한 검사이기 때문에 정답이 없다. 다만, 기업체에서 바람직하게 생각하거나 기대되는 결과가 있을 뿐이다. 따라서 시간에 쫓겨서 대충 대답을 하는 것은 바람직하지 못하다.

5 자신의 성향과 사고방식을 미리 정리한다.

기업의 인재상을 기초로 하여 일관성, 신뢰성, 진실성 있는 답변을 염두에 두고 꼼꼼히 풀다보면 분명 시간의 촉박함을 느낄 것이다. 따라서 각각의 질문을 너무 골똘히 생각하거나 고민하지 말자. 대신 시험 전에 여유 있게 자신의 성향이나 사고방식에 대해 정리해보는 것이 필요하다.

6 마지막까지 집중해서 검사에 임한다.

장시간 진행되는 검사에 지칠 수 있으므로 마지막까지 집중해서 정확히 답할 수 있도록 해야 한다.

|1~350| 다음 제시된 문항이 당신에게 해당한다면 YES, 그렇지 않다면 NO를 선택하시오.

	YES	NO
1. 조금이라도 나쁜 소식은 절망의 시작이라고 생각해버린다.	( )	( )
2. 언제나 실패가 걱정이 되어 어쩔 줄 모른다.	( )	( )
3. 다수결의 의견에 따르는 편이다.	( )	( )
4. 혼자서 커피숍에 들어가는 것은 전혀 두려운 일이 아니다.	( )	( )
5. 승부근성이 강하다.	( )	( )
6. 자주 흥분해서 침착하지 못하다.	( )	( )
7. 지금까지 살면서 타인에게 폐를 끼친 적이 없다.	( )	( )
8. 소곤소곤 이야기하는 것을 보면 자기에 대해 험담하고 있는 것으로 생각된다.	( )	( )
9. 무엇이든지 자기가 나쁘다고 생각하는 편이다.	( )	( )
10. 자신을 변덕스러운 사람이라고 생각한다.	( )	( )
11. 고독을 즐기는 편이다.	( )	( )
12. 자존심이 강하다고 생각한다.	( )	( )
13. 금방 흥분하는 성격이다.	( )	( )
14. 거짓말을 한 적이 없다.	( )	( )
15. 신경질적인 편이다.	( )	( )
16. 끙끙대며 고민하는 타입이다.	( )	( )
17. 감정적인 사람이라고 생각한다.	( )	( )
18. 자신만의 신념을 가지고 있다.	( )	( )
19. 다른 사람을 바보 같다고 생각한 적이 있다.	( )	( )
20. 금방 말해버리는 편이다.	( )	( )

21. 싫어하는 사람이 없다. ··( )( )

22. 대재앙이 오지 않을까 항상 걱정을 한다. ······································( )( )

23. 쓸데없는 고생을 하는 일이 많다. ··( )( )

24. 자주 생각이 바뀌는 편이다. ···( )( )

25. 문제점을 해결하기 위해 여러 사람과 상의한다. ···························( )( )

26. 내 방식대로 일을 한다. ···( )( )

27. 영화를 보고 운 적이 많다. ···( )( )

28. 어떤 것에 대해서도 화낸 적이 없다. ···( )( )

29. 사소한 충고에도 걱정을 한다. ··( )( )

30. 자신은 도움이 안 되는 사람이라고 생각한다. ······························( )( )

31. 금방 싫증을 내는 편이다. ···( )( )

32. 개성적인 사람이라고 생각한다. ··( )( )

33. 자기 주장이 강한 편이다. ···( )( )

34. 뒤숭숭하다는 말을 들은 적이 있다. ···( )( )

35. 학교를 쉬고 싶다고 생각한 적이 한 번도 없다. ···························( )( )

36. 사람들과 관계맺는 것을 보면 잘하지 못한다. ······························( )( )

37. 사려깊은 편이다. ··( )( )

38. 몸을 움직이는 것을 좋아한다. ··( )( )

39. 끈기가 있는 편이다. ···( )( )

40. 신중한 편이라고 생각한다. ···( )( )

41. 인생의 목표는 큰 것이 좋다. ··( )( )

42. 어떤 일이라도 바로 시작하는 타입이다. ······································( )( )

43. 낯가림을 하는 편이다. ···( )( )

44. 생각하고 나서 행동하는 편이다. ···( )( )

45. 쉬는 날은 밖으로 나가는 경우가 많다. ··( )( )

46. 시작한 일은 반드시 완성시킨다. ···( )( )

47. 면밀한 계획을 세운 여행을 좋아한다. ·······································(　)(　)

48. 야망이 있는 편이라고 생각한다. ···(　)(　)

49. 활동력이 있는 편이다. ··(　)(　)

50. 많은 사람들과 와자지껄하게 식사하는 것을 좋아하지 않는다. ·······(　)(　)

51. 돈을 허비한 적이 없다. ··(　)(　)

52. 운동회를 아주 좋아하고 기대했다. ···(　)(　)

53. 하나의 취미에 열중하는 타입이다. ···(　)(　)

54. 모임에서 회장에 어울린다고 생각한다. ···································(　)(　)

55. 입신출세의 성공이야기를 좋아한다. ·······································(　)(　)

56. 어떠한 일도 의욕을 가지고 임하는 편이다. ···························(　)(　)

57. 학급에서는 존재가 희미했다. ···(　)(　)

58. 항상 무언가를 생각하고 있다. ···(　)(　)

59. 스포츠는 보는 것보다 하는 게 좋다. ·····································(　)(　)

60. '참 잘 했네요'라는 말을 듣는다. ···(　)(　)

61. 흐린 날은 반드시 우산을 가지고 간다. ··································(　)(　)

62. 주연상을 받을 수 있는 배우를 좋아한다. ······························(　)(　)

63. 공격하는 타입이라고 생각한다. ···(　)(　)

64. 리드를 받는 편이다. ···(　)(　)

65. 너무 신중해서 기회를 놓친 적이 있다. ··································(　)(　)

66. 시원시원하게 움직이는 타입이다. ···(　)(　)

67. 야근을 해서라도 업무를 끝낸다. ··(　)(　)

68. 누군가를 방문할 때는 반드시 사전에 확인한다. ·····················(　)(　)

69. 노력해도 결과가 따르지 않으면 의미가 없다. ························(　)(　)

70. 무조건 행동해야 한다. ··(　)(　)

71. 유행에 둔감하다고 생각한다. ···(　)(　)

72. 정해진 대로 움직이는 것은 시시하다. ····································(　)(　)

73. 꿈을 계속 가지고 있고 싶다. ··( )( )

74. 질서보다 자유를 중요시하는 편이다. ···( )( )

75. 혼자서 취미에 몰두하는 것을 좋아한다. ··( )( )

76. 직관적으로 판단하는 편이다. ···( )( )

77. 영화나 드라마를 보면 등장인물의 감정에 이입된다. ····································( )( )

78. 시대의 흐름에 역행해서라도 자신을 관철하고 싶다. ··································( )( )

79. 다른 사람의 소문에 관심이 없다. ··( )( )

80. 창조적인 편이다. ···( )( )

81. 비교적 눈물이 많은 편이다. ··( )( )

82. 융통성이 있다고 생각한다. ···( )( )

83. 친구의 휴대전화 번호를 잘 모른다. ··( )( )

84. 스스로 고안하는 것을 좋아한다. ···( )( )

85. 정이 두터운 사람으로 남고 싶다. ··( )( )

86. 조직의 일원으로 별로 안 어울린다. ··( )( )

87. 세상의 일에 별로 관심이 없다. ··( )( )

88. 변화를 추구하는 편이다. ···( )( )

89. 업무는 인간관계로 선택한다. ···( )( )

90. 환경이 변하는 것에 구애되지 않는다. ··( )( )

91. 불안감이 강한 편이다. ···( )( )

92. 인생은 살 가치가 없다고 생각한다. ··( )( )

93. 의지가 약한 편이다. ···( )( )

94. 다른 사람이 하는 일에 별로 관심이 없다. ··( )( )

95. 사람을 설득시키는 것은 어렵지 않다. ··( )( )

96. 심심한 것을 못 참는다. ··( )( )

97. 다른 사람을 욕한 적이 한 번도 없다. ··( )( )

98. 다른 사람에게 어떻게 보일지 신경을 쓴다. ··( )( )

99. 금방 낙심하는 편이다. ···( )( )

100. 다른 사람에게 의존하는 경향이 있다. ·····································( )( )

101. 그다지 융통성이 있는 편이 아니다. ·····································( )( )

102. 다른 사람이 내 의견에 간섭하는 것이 싫다. ·····················( )( )

103. 낙천적인 편이다. ···( )( )

104. 숙제를 잊어버린 적이 한 번도 없다. ·································( )( )

105. 밤길에는 발소리가 들리기만 해도 불안하다. ·····················( )( )

106. 상냥하다는 말을 들은 적이 있다. ·······································( )( )

107. 자신은 유치한 사람이다. ···( )( )

108. 잡담을 하는 것보다 책을 읽는 게 낫다. ·····························( )( )

109. 나는 영업에 적합한 타입이라고 생각한다. ··························( )( )

110. 술자리에서 술을 마시지 않아도 흥을 돋굴 수 있다. ···········( )( )

111. 한 번도 병원에 간 적이 없다. ···( )( )

112. 나쁜 일은 걱정이 되어서 어쩔 줄을 모른다. ·····················( )( )

113. 금세 무기력해지는 편이다. ···( )( )

114. 비교적 고분고분한 편이라고 생각한다. ·······························( )( )

115. 독자적으로 행동하는 편이다. ···( )( )

116. 적극적으로 행동하는 편이다. ···( )( )

117. 금방 감격하는 편이다. ···( )( )

118. 어떤 것에 대해서는 불만을 가진 적이 없다. ·····················( )( )

119. 밤에 못 잘 때가 많다. ···( )( )

120. 자주 후회하는 편이다. ···( )( )

121. 뜨거워지기 쉽고 식기 쉽다. ···( )( )

122. 자신만의 세계를 가지고 있다. ···( )( )

123. 많은 사람 앞에서도 긴장하는 일은 없다. ··························( )( )

124. 말하는 것을 아주 좋아한다. ···( )( )

125. 인생을 포기하는 마음을 가진 적이 한 번도 없다. ···( )( )

126. 어두운 성격이다. ···( )( )

127. 금방 반성한다. ···( )( )

128. 활동범위가 넓은 편이다. ··( )( )

129. 자신을 끈기 있는 사람이라고 생각한다. ···( )( )

130. 좋다고 생각하더라도 좀 더 검토하고 나서 실행한다. ··( )( )

131. 위대한 인물이 되고 싶다. ···( )( )

132. 한 번에 많은 일을 떠맡아도 힘들지 않다. ···( )( )

133. 사람과 만날 약속은 부담스럽다. ··( )( )

134. 질문을 받으면 충분히 생각하고 나서 대답하는 편이다. ··( )( )

135. 머리를 쓰는 것보다 땀을 흘리는 일이 좋다. ···( )( )

136. 결정한 것에는 철저히 구속받는다. ···( )( )

137. 외출 시 문을 잠갔는지 몇 번을 확인한다. ··( )( )

138. 이왕 할 거라면 일등이 되고 싶다. ···( )( )

139. 과감하게 도전하는 타입이다. ··( )( )

140. 자신은 사교적이 아니라고 생각한다. ··( )( )

141. 무심코 도리에 대해서 말하고 싶어진다. ···( )( )

142. '항상 건강하네요'라는 말을 듣는다. ···( )( )

143. 단념하면 끝이라고 생각한다. ··( )( )

144. 예상하지 못한 일은 하고 싶지 않다. ··( )( )

145. 파란만장하더라도 성공하는 인생을 걷고 싶다. ··( )( )

146. 활기찬 편이라고 생각한다. ···( )( )

147. 소극적인 편이라고 생각한다. ··( )( )

148. 무심코 평론가가 되어 버린다. ···( )( )

149. 자신은 성급하다고 생각한다. ··( )( )

150. 꾸준히 노력하는 타입이라고 생각한다. ··( )( )

151. 내일의 계획이라도 메모한다. ···(　)(　)

152. 리더십이 있는 사람이 되고 싶다. ···(　)(　)

153. 열정적인 사람이라고 생각한다. ···(　)(　)

154. 다른 사람 앞에서 이야기를 잘 하지 못한다. ·····················(　)(　)

155. 통찰력이 있는 편이다. ···(　)(　)

156. 엉덩이가 가벼운 편이다. ···(　)(　)

157. 여러 가지로 구애됨이 있다. ···(　)(　)

158. 돌다리도 두들겨 보고 건너는 쪽이 좋다. ·····························(　)(　)

159. 자신에게는 권력욕이 있다. ···(　)(　)

160. 업무를 할당받으면 기쁘다. ···(　)(　)

161. 사색적인 사람이라고 생각한다. ···(　)(　)

162. 비교적 개혁적이다. ···(　)(　)

163. 좋고 싫음으로 정할 때가 많다. ···(　)(　)

164. 전통에 구애되는 것은 버리는 것이 적절하다. ·····················(　)(　)

165. 교제 범위가 좁은 편이다. ···(　)(　)

166. 발상의 전환을 할 수 있는 타입이라고 생각한다. ·················(　)(　)

167. 너무 주관적이어서 실패한다. ···(　)(　)

168. 현실적이고 실용적인 면을 추구한다. ···(　)(　)

169. 내가 어떤 배우의 팬인지 아무도 모른다. ·····························(　)(　)

170. 현실보다 가능성이다. ···(　)(　)

171. 마음이 담겨 있으면 선물은 아무 것이나 좋다. ·····················(　)(　)

172. 여행은 마음대로 하는 것이 좋다. ···(　)(　)

173. 추상적인 일에 관심이 있는 편이다. ···(　)(　)

174. 일은 대담히 하는 편이다. ···(　)(　)

175. 괴로워하는 사람을 보면 우선 동정한다. ·······························(　)(　)

176. 가치기준은 자신의 안에 있다고 생각한다. ·····························(　)(　)

177. 조용하고 조심스러운 편이다. ··( )( )

178. 상상력이 풍부한 편이라고 생각한다. ··( )( )

179. 의리, 인정이 두터운 상사를 만나고 싶다. ······································( )( )

180. 인생의 앞날을 알 수 없어 재미있다. ··( )( )

181. 밝은 성격이다. ···( )( )

182. 별로 반성하지 않는다. ··( )( )

183. 활동범위가 좁은 편이다. ··( )( )

184. 자신을 시원시원한 사람이라고 생각한다. ··( )( )

185. 좋다고 생각하면 바로 행동한다. ···( )( )

186. 좋은 사람이 되고 싶다. ··( )( )

187. 한 번에 많은 일을 떠맡는 것은 골칫거리라고 생각한다. ··············( )( )

188. 사람과 만날 약속은 즐겁다. ···( )( )

189. 질문을 받으면 그때의 느낌으로 대답하는 편이다. ························( )( )

190. 땀을 흘리는 것보다 머리를 쓰는 일이 좋다. ·································( )( )

191. 결정한 것이라도 그다지 구속받지 않는다. ····································( )( )

192. 외출 시 문을 잠갔는지 별로 확인하지 않는다. ····························( )( )

193. 지위에 어울리면 된다. ··( )( )

194. 안전책을 고르는 타입이다. ···( )( )

195. 자신은 사교적이라고 생각한다. ···( )( )

196. 도리는 상관없다. ···( )( )

197. '침착하네요'라는 말을 듣는다. ··( )( )

198. 단념이 중요하다고 생각한다. ··( )( )

199. 예상하지 못한 일도 해보고 싶다. ···( )( )

200. 평범하고 평온하게 행복한 인생을 살고 싶다. ·······························( )( )

201. 몹시 귀찮아하는 편이라고 생각한다. ··( )( )

202. 특별히 소극적이라고 생각하지 않는다. ··( )( )

203. 이것저것 평하는 것이 싫다. ·····( )( )

204. 자신은 성급하지 않다고 생각한다. ·····( )( )

205. 꾸준히 노력하는 것을 잘 하지 못한다. ·····( )( )

206. 내일의 계획은 머릿속에 기억한다. ·····( )( )

207. 협동성이 있는 사람이 되고 싶다. ·····( )( )

208. 열정적인 사람이라고 생각하지 않는다. ·····( )( )

209. 다른 사람 앞에서 이야기를 잘한다. ·····( )( )

210. 행동력이 있는 편이다. ·····( )( )

211. 엉덩이가 무거운 편이다. ·····( )( )

212. 특별히 구애받는 것이 없다. ·····( )( )

213. 돌다리는 두들겨 보지 않고 건너도 된다. ·····( )( )

214. 자신에게는 권력욕이 없다. ·····( )( )

215. 업무를 할당받으면 부담스럽다. ·····( )( )

216. 활동적인 사람이라고 생각한다. ·····( )( )

217. 비교적 보수적이다. ·····( )( )

218. 손해인지 이익인지를 기준으로 결정할 때가 많다. ·····( )( )

219. 전통을 견실히 지키는 것이 적절하다. ·····( )( )

220. 교제 범위가 넓은 편이다. ·····( )( )

221. 상식적인 판단을 할 수 있는 타입이라고 생각한다. ·····( )( )

222. 너무 객관적이어서 실패한다. ·····( )( )

223. 보수적인 면을 추구한다. ·····( )( )

224. 내가 누구의 팬인지 주변의 사람들이 안다. ·····( )( )

225. 가능성보다 현실이다. ·····( )( )

226. 그 사람이 필요한 것을 선물하고 싶다. ·····( )( )

227. 여행은 계획적으로 하는 것이 좋다. ·····( )( )

228. 구체적인 일에 관심이 있는 편이다. ·····( )( )

229. 일은 착실히 하는 편이다. ···(　)(　)

230. 괴로워하는 사람을 보면 우선 이유를 생각한다. ···(　)(　)

231. 가치기준은 자신의 밖에 있다고 생각한다. ···(　)(　)

232. 밝고 개방적인 편이다. ···(　)(　)

233. 현실 인식을 잘하는 편이라고 생각한다. ···(　)(　)

234. 공평하고 공적인 상사를 만나고 싶다. ···(　)(　)

235. 시시해도 계획적인 인생이 좋다. ···(　)(　)

236. 적극적으로 사람들과 관계를 맺는 편이다. ···(　)(　)

237. 활동적인 편이다. ··(　)(　)

238. 몸을 움직이는 것을 좋아하지 않는다. ···(　)(　)

239. 쉽게 질리는 편이다. ···(　)(　)

240. 경솔한 편이라고 생각한다. ··(　)(　)

241. 인생의 목표는 손이 닿을 정도면 된다. ···(　)(　)

242. 무슨 일도 좀처럼 시작하지 못한다. ··(　)(　)

243. 초면인 사람과도 바로 친해질 수 있다. ···(　)(　)

244. 행동하고 나서 생각하는 편이다. ···(　)(　)

245. 쉬는 날은 집에 있는 경우가 많다. ···(　)(　)

246. 완성되기 전에 포기하는 경우가 많다. ···(　)(　)

247. 계획 없는 여행을 좋아한다. ··(　)(　)

248. 욕심이 없는 편이라고 생각한다. ···(　)(　)

249. 활동력이 별로 없다. ···(　)(　)

250. 많은 사람들과 왁자지껄하게 식사하는 것을 좋아한다. ·······························(　)(　)

251. 이유 없이 불안할 때가 있다. ···(　)(　)

252. 주위 사람의 의견을 생각해서 발언을 자제할 때가 있다. ·····························(　)(　)

253. 자존심이 강한 편이다. ···(　)(　)

254. 생각 없이 함부로 말하는 경우가 많다. ···(　)(　)

255. 정리가 되지 않은 방에 있으면 불안하다. ································( )( )

256. 거짓말을 한 적이 한 번도 없다. ···································( )( )

257. 슬픈 영화나 TV를 보면 자주 운다. ······························( )( )

258. 자신을 충분히 신뢰할 수 있다고 생각한다. ······················( )( )

259. 노래방을 아주 좋아한다. ···( )( )

260. 자신만이 할 수 있는 일을 하고 싶다. ····························( )( )

261. 자신을 과소평가하는 경향이 있다. ·······························( )( )

262. 책상 위나 서랍 안은 항상 깔끔히 정리한다. ······················( )( )

263. 건성으로 일을 할 때가 자주 있다. ·······························( )( )

264. 남의 험담을 한 적이 없다. ·······································( )( )

265. 쉽게 화를 낸다는 말을 듣는다. ··································( )( )

266. 초초하면 손을 떨고, 심장박동이 빨라진다. ······················( )( )

267. 토론하여 진 적이 한 번도 없다. ·································( )( )

268. 덩달아 떠든다고 생각할 때가 자주 있다. ·························( )( )

269. 아첨에 넘어가기 쉬운 편이다. ···································( )( )

270. 주변 사람이 자기 험담을 하고 있다고 생각할 때가 있다. ··········( )( )

272. 상처를 주는 것도, 받는 것도 싫다. ······························( )( )

273. 매일 그날을 반성한다. ···( )( )

274. 주변 사람이 피곤해 하여도 자신은 원기왕성하다. ················( )( )

275. 친구를 재미있게 하는 것을 좋아한다. ····························( )( )

276. 아침부터 아무것도 하고 싶지 않을 때가 있다. ····················( )( )

277. 지각을 하면 학교를 결석하고 싶어졌다. ··························( )( )

278. 이 세상에 없는 세계가 존재한다고 생각한다. ····················( )( )

279. 하기 싫은 것을 하고 있으면 무심코 불만을 말한다. ···············( )( )

280. 투지를 드러내는 경향이 있다. ···································( )( )

281. 뜨거워지기 쉽고 식기 쉬운 성격이다. ···························( )( )

282. 어떤 일이라도 헤쳐 나가는 데 자신이 있다. ·······································( )( )

283. 착한 사람이라는 말을 들을 때가 많다. ··( )( )

284. 자신을 다른 사람보다 뛰어나다고 생각한다. ····································( )( )

285. 개성적인 사람이라는 말을 자주 듣는다. ··( )( )

286. 누구와도 편하게 대화할 수 있다. ···( )( )

287. 특정 인물이나 집단에서라면 가볍게 대화할 수 있다. ······················( )( )

288. 사물에 대해 깊이 생각하는 경향이 있다. ·······································( )( )

289. 스트레스를 해소하기 위해 집에서 조용히 지낸다. ··························( )( )

290. 계획을 세워서 행동하는 것을 좋아한다. ···( )( )

291. 현실적인 편이다. ··( )( )

292. 주변의 일을 성급하게 해결한다. ···( )( )

293. 이성적인 사람이 되고 싶다고 생각한다. ···( )( )

294. 생각한 일을 행동으로 옮기지 않으면 기분이 찜찜하다. ···················( )( )

295. 생각했다고 해서 꼭 행동으로 옮기는 것은 아니다. ·······················( )( )

296. 목표 달성을 위해서는 온갖 노력을 다한다. ····································( )( )

297. 적은 친구랑 깊게 사귀는 편이다. ···( )( )

298. 경쟁에서 절대로 지고 싶지 않다. ···( )( )

299. 내일해도 되는 일을 오늘 안에 끝내는 편이다. ······························( )( )

300. 새로운 친구를 곧 사귈 수 있다. ···( )( )

301. 문장은 미리 내용을 결정하고 나서 쓴다. ·······································( )( )

302. 사려 깊은 사람이라는 말을 듣는 편이다. ·······································( )( )

303. 활발한 사람이라는 말을 듣는 편이다. ···( )( )

304. 기회가 있으면 꼭 얻는 편이다. ···( )( )

305. 외출이나 초면의 사람을 만나는 일은 잘 하지 못한다. ···················( )( )

306. 단념하는 것은 있을 수 없다. ··( )( )

307. 위험성을 무릅쓰면서 성공하고 싶다고 생각하지 않는다. ·················( )( )

308. 학창시절 체육수업을 좋아했다. ···( )( )

309. 휴일에는 집 안에서 편안하게 있을 때가 많다. ·······························( )( )

310. 무슨 일도 결과가 중요하다. ···( )( )

311. 성격이 유연하게 대응하는 편이다. ···( )( )

312. 더 높은 능력이 요구되는 일을 하고 싶다. ···································( )( )

313. 자기 능력의 범위 내에서 정확히 일을 하고 싶다. ·······················( )( )

314. 새로운 사람을 만날 때는 두근거린다. ··( )( )

315. '누군가 도와주지 않을까'라고 생각하는 편이다. ··························( )( )

316. 건강하고 활발한 사람을 동경한다. ···( )( )

317. 친구가 적은 편이다. ···( )( )

318. 문장을 쓰면서 생각한다. ··( )( )

319. 정해진 친구만 교제한다. ··( )( )

320. 한 우물만 파고 싶다. ···( )( )

321. 여러가지 일을 경험하고 싶다. ··( )( )

322. 스트레스를 해소하기 위해 몸을 움직인다. ···································( )( )

323. 사물에 대해 가볍게 생각하는 경향이 있다. ·································( )( )

324. 기한이 정해진 일은 무슨 일이 있어도 끝낸다. ····························( )( )

325. 결론이 나도 여러 번 생각을 하는 편이다. ··································( )( )

326. 일단 무엇이든지 도전하는 편이다. ···( )( )

327. 쉬는 날은 외출하고 싶다. ··( )( )

328. 사교성이 있는 편이라고 생각한다. ···( )( )

329. 남의 앞에 나서는 것을 잘 하지 못하는 편이다. ····························( )( )

330. 모르는 것이 있어도 행동하면서 생각한다. ···································( )( )

331. 납득이 안 되면 행동이 안 된다. ···( )( )

332. 약속시간에 여유를 가지고 약간 빨리 나가는 편이다. ·····················( )( )

333. 현실적이다. ··( )( )

334. 곰곰이 끝까지 해내는 편이다. ··( )( )

335. 유연히 대응하는 편이다. ···( )( )

336. 휴일에는 운동 등으로 몸을 움직일 때가 많다. ···························( )( )

337. 학창시절 체육수업을 못했다. ···( )( )

338. 성공을 위해서는 어느 정도의 위험성을 감수한다. ···················( )( )

339. 단념하는 것이 필요할 때도 있다. ··( )( )

340. '내가 안하면 누가 할 것인가'라고 생각하는 편이다. ················( )( )

341. 새로운 사람을 만날 때는 용기가 필요하다. ···························( )( )

342. 친구가 많은 편이다. ···( )( )

343. 차분하고 사려 깊은 사람을 동경한다. ··································( )( )

344. 결론이 나면 신속히 행동으로 옮겨진다. ·······························( )( )

345. 기한 내에 끝내지 못하는 일이 있다. ····································( )( )

346. 이유 없이 불안할 때가 있다. ···( )( )

347. 주위 사람의 의견을 생각해서 발언을 자제할 때가 있다. ··········( )( )

348. 자존심이 강한 편이다. ··( )( )

349. 생각 없이 함부로 말하는 경우가 많다. ·································( )( )

350. 정리가 되지 않은 방에 있으면 불안하다. ······························( )( )

면접기출

Chapter

★ 면접기출

1 최신 면접기출

1. 고객이 선물을 주고 갈 경우 어떻게 대응하겠습니까?

2. 공공기관에서 신뢰를 위해서 중요한 것은 무엇이라고 생각합니까?

3. 우리 공단의 핵심가치는 무엇이라고 생각합니까?

4. 국민연금 개혁에 대해 어떻게 생각합니까?

5. 모르는 직무에 대해 고객의 민원이 있다면 어떻게 대응하겠습니까?

6. 이전 직장이나 다른 일에서 고객이 불편사항을 해결해준 경험이 있습니까?

7. 자기소개를 해보시오.

8. 이직을 선택한 이유가 무엇인가요?

9. 본인의 장점은 무엇이라 생각합니까?

10. 본인만의 스트레스 해소법이 있다면 말해보시오.

11. 국민연금공단이 사회적으로 어떤 의미가 있다고 봅니까?

12. 리더가 가져야 할 자질은 무엇이라고 생각합니까?

13. 지금까지 살아오면서 성공해 본 경험이 있습니까?

14. 상사가 부당한 지시를 한다면 어떻게 대응하겠습니까?

15. 본인이 가장 소중하게 생각하는 것은 무엇입니까?

16. 그 이유는 무엇입니까?

17. 본인은 노는 게 좋습니까? 공부하는 게 좋습니까? 그 이유도 말해보시오.

18. 회사와 학교의 차이점은 무엇이라고 생각합니까?

19. 사회봉사경험이 있다면 말해보시오.

20. 본인만의 좌우명이 있습니까?

21. 주로 팀이나 모임에서 리더를 하는 쪽입니까 아니면 리더를 따르는 쪽입니까?

22. 다른 기업에서 인턴활동이나 업무를 하면서 느낀 점은 무엇이 있습니까?

23. 본인의 전공은 무엇이며, 가지고 있는 자격증은 무엇이 있습니까?

24. 회의도중 본인의 사수가 만든 보고서가 잘못되었다는 것을 알았을 때 어떻게 행동하겠습니까?

25. 다른 부서가 승인을 해주지 않아 업무진행이 더디고 있는 상황입니다. 그런데 해당 절차를 생략한다면 본인 팀의 성과가 보장된다고 할 때 해당 절차를 생략하겠습니까? 아니면 그대로 진행하겠습니까?

26. 4대 보험의 종류와 국민연금의 종류에 대해 설명해 보시오.

27. 다른 회사에서의 근무 경력이 있는 데 주로 무슨 업무를 했습니까?

28. 단체나 조직에서 본인이 제안한 부분이 수용되지 않았을 때 어떻게 행동했습니까?

29. 고객이 전화를 걸어왔는데 본인이 모르는 부분을 문의한다면 어떻게 대처할 것입니까?

30. 마지막으로 하고 싶은 말이 있다면 해보시오.

31. 까다로운 민원에 대한 대처방법을 말해보시오.

32. 일자리안정자금 사업에 대해 말해보시오.

33. 기초연금이란 무엇인가?

34. 4대보험 중 국민연금과 다른 보험 간 차이를 말해보시오.

35. 행복연금때문에 탈퇴하려는 사람이 많은데 이에 대한 대응방안을 말해보시오.

36. 개인적으로 힘들었던 일은 무엇인가?

37. 국민연금을 적게 내고 싶다는 사람에게 어떻게 대응할 것인가?

38. 스마트폰을 이용한 국민연금 홍보방안에 대해 말해보시오.

39. 국민연금 기금 운용 원칙 중 본인이 제일 중요하다고 생각하는 것은 무엇인가?

40. 고령화가 급속하게 진행되는데 국가가 할 수 있는 일은 무엇이고, 국민연금공단이 할 수 있는 일은?

41. 국민연금공단에서 시행하는 보육시설지원에 대해서 어떻게 생각하는가?

42. 기금고갈에 대한 우려가 있는데 이에 대해 어떻게 생각하는가?

43. 국민연금공단에서 자신이 꼭 일해야 하는 이유는 무엇인가?

44. 공공기관에서 근무하고 싶은 이유는 무엇인가?

45. 자신이 혁신적이라고 생각한다면 왜 그런지 예를 들어 설명해보시오.

46. 고객이 공단에 방문하여 막 화를 내면 어떻게 할 것인가?

47. 고객대응성과 업무능숙성 중에 국민연금공단이 필요로 하는 것은 무엇인가?

48. 고객대응성이 중시되는데 잘 할 자신이 있는가?

49. 본인은 노후준비를 어떻게 하고 있는가?

50. 자신만의 꿈이 있다면 말해보시오.

51. 주변 친구들이 규칙을 어기는 것을 본 적이 있는가?

52. 어딘가에서 리더가 되어 성공적인 성과를 만들어 낸 경험이 있다면 무엇인가?

53. 스스로 목적을 가지고 이를 추진하여 성공했던 경험이 있는가?

54. 국민연금 기금이 고갈되어 나중에 연금 수급을 받지 못할 것이라는 생각에 대한 자신의 의견과 해결방안을 말해보시오.

55. 상사가 부당한 일을 시켰을 때 어떻게 하겠는가?

56. 국민연금에 가입하지 않은 사람들을 어떻게 설득하겠는가?

57. 국민연금 급여의 종류를 알고 있는가?

58. 다른 사람의 실수로 인해 본인이 나가야 할 위기에 처해있다면 어떻게 하겠는가?

59. 당신이 기독교인데 휴일에 출근하여 일을 해야 한다면 어떻게 하겠는가?

60. 무인도에 간다면 3가지 들고 갈 것은 무엇인가?

61. 최근 공무원시험 열풍으로 인하여 사회적 낭비가 심한데 거기에 대한 생각을 말해보시오.

62. 연고지가 없는 곳에 가서 일주일 만에 어떤 보고서를 작성해야 할 경우에 어떻게 대응하겠는가?

63. 국민연금의 단점과 그 개선방안에 대해 말해보시오.

64. 국민연금을 계절에 비유한다면?

65. 국민연금은 온라인 업무가 많은데 홈페이지가 다운 되었을 경우 대처방안은?

66. 국민연금은 왜 필요한가?

67. 정의란 무엇인가?

68. 조용한 분위기를 좋아하는가? 시끄러운 분위기를 좋아하는가?

69. 국민연금과 금융권에서 실시하는 연금의 차이에 대해 말해보시오.

70. 연금공단은 지부가 많은데 타 연고지에 배정된다면 거주 문제를 어떻게 해결할 것인가?

71. 능력 위주, 연공서열 위주 진급에 대한 자신의 생각을 말해보시오.

72. 공단에 입사해서 자신이 할 수 있는 일이 무엇인가?

73. 장애인이 무엇이라고 생각하는가?

74. 국민연금공단이 하는 일은 무엇인가?

75. 사람과의 소통이 왜 중요한가?

76. 국민연금공단에 대해서 평소 어떻게 생각했는가?

77. 조직에서 어려운 일을 시킨다면 어떻게 할 것인가?

78. 공단에 대한 사람들의 인식이 안좋은데, 좋게 만들 수 있는 방법은?

가볍게! 빠르게! 확인하는 용어사전 시리즈

| 시사용어사전 | 경제용어사전 | 부동산용어사전 |

시사용어사전 1228
매일 접하는 각종 기사와 정보! 공기업/언론사/기업체/공무원 채용을 준비하는 수험생과
현대인이 꼭 알아야 할 최신 시사상식을 쏙쏙 뽑아 이해하기 쉽도록 영역별로 정리

경제용어사전 1050
주요 경제용어는 거의 다 실었다! 금융권/공기업/언론사/기업체/공무원 채용을 준비하기 전에,
경제 공부를 시작하기 전에 읽어보면 경제가 쉬워지도록 사전식으로 구성

부동산용어사전 1310
부동산에 대한 이해를 높이고 부동산의 개발과 활용, 투자 및 부동산 용어 학습에도
적극적으로 이용할 수 있는 교재, 공인중개사 출제용어도 수록

자격증

한번에 따기 위한 서원각 교재

한 권에 준비하기 시리즈 / 기출문제 정복하기 시리즈를 통해 자격증 준비하자!